RENALDO LIMIRO DA SILVA

A RECUPERAÇÃO JUDICIAL COMENTADA ARTIGO POR ARTIGO (LEI 11.101/05)

RENALDO LIMIRO DA SILVA

A RECUPERAÇÃO JUDICIAL COMENTADA ARTIGO POR ARTIGO (LEI 11.101/05)
2ª EDIÇÃO REVISTA E ATUALIZADA

Contém:

- A cronologia da consolidação da trava bancária no STJ.
- A análise dos julgamentos e dos votos dos Ministros do STJ quanto ao enfrentamento das questões mais polêmicas sobre a recuperação judicial.
- A análise da mais moderna doutrina sobre a recuperação judicial.
- As alterações da Lei n. 12.873, de 24.10.2013 (Atividade rural por pessoa jurídica).
- O enfrentamento, pelo autor, da interpretação dos artigos 64 e 65, diante da doutrina e da Jurisprudência dominantes.
- Todas as modificações introduzidas pela Lei Complementar n. 147/2014 à Lei n. 11.101/2005, devidamente comentadas.
- Modificações introduzidas pela Lei n. 13.043/2014, que acrescentou o art. 10-A à Lei n. 10.522/2002 (parcelamento dos débitos tributários junto à Fazenda Nacional), devidamente comentadas.

Belo Horizonte
2019

Copyright © 2019 Editora Del Rey Ltda.
Nenhuma parte deste livro poderá ser reproduzida, sejam quais forem os meios empregados, sem a permissão, por escrito, da Editora.
Impresso no Brasil | Printed in Brazil
EDITORIAL DEL REY LTDA

www.editoradelrey.com.br

Editor: Arnaldo Oliveira

Editor Adjunto: Ricardo A. Malheiros Fiuza

Diagramação / Capa: Alfstudio

Revisão: Responsabilidade do autor

EDITORA
Rua dos Goitacazes, 71 – Lojas 20 a 24
Centro - Belo Horizonte-MG
CEP 30190-909

Comercial:
Tel.: (31) 3284-3284 | 3293-8233
vendas@editoradelrey.com.br

Editorial:
editorial@editoradelrey.com.br

CONSELHO EDITORIAL:
Alice de Souza Birchal
Antônio Augusto Cançado Trindade
Antonio Augusto Junho Anastasia
Antônio Pereira Gaio Júnior
Aroldo Plínio Gonçalves
Carlos Alberto Penna R. de Carvalho
Dalmar Pimenta
Edelberto Augusto Gomes Lima
Edésio Fernandes
Felipe Martins Pinto
Fernando Gonzaga Jayme
Hermes Vílchez Guerrero
José Adércio Leite Sampaio
José Edgard Penna Amorim Pereira
Luiz Guilherme da Costa Wagner Junior
Misabel Abreu Machado Derzi
Plínio Salgado
Rénan Kfuri Lopes
Rodrigo da Cunha Pereira

S586r   Silva, Renaldo Limiro da
         A recuperação judicial comentada artigo por artigo (Lei 11.101/05). 2. ed. rev. atual. / Renaldo Limiro da Silva. Belo Horizonte: Del Rey, 2019.
         xxxii + 471 p.

   ISBN: 978-85-384-0546-7

   1. Brasil. [Lei de falências (2005)]. 2. Recuperação de empresa, legislação, Brasil. 3. Direito falimentar, Brasil. 4. Falência, legislação, Brasil. 5. Concordata, legislação, Brasil. 6. Processo falimentar, Brasil. I. Título.

                                       CDU 347.736(81)(094)

Ficha catalográfica elaborada pelo bibliotecário Junio Martins Lourenço CRB 6/3167.

Agradecimentos

Primeiro a Deus, por me fazer continuar acreditando na Justiça.

À minha esposa, Sônia Limiro, cujo incentivo para a realização deste livro foi fundamental, nada obstante a minha necessária ausência do seu lado. O seu estímulo, o seu apoio, a sua dedicação, tudo contribuiu positivamente para que, ao final, a conclusão destes trabalhos fosse exitosa. Sem essa colaboração, nada seria possível. Obrigado, meu amor; que Deus me dê você ao meu lado pelo menos mais duas vezes trinta e sete anos.

Aos meus filhos, Alexandre Limiro, Danielle Limiro Hanum e Daniel Limiro, também meus colegas de profissão e sócios da Limiro Advogados Associados S/S, pela honra que me deram de também serem advogados. Eduardo J. Couture, em seus famosos mandamentos do advogado, disse no 10º: "AMA A TUA PROFISSÃO – trata de conceber a advocacia de tal maneira que, no dia em que teu filho te pedir conselhos sobre seu destino ou futuro, consideres uma honra para ti propor-lhe que se faça advogado". A minha honra é maior que a sugerida para consideração por Couture, não só porque os meus três filhos são advogados; é maior porque eles se fizeram advogados. O meu amor à advocacia foi e é tão grande que, por certo, e pela nossa sempre próxima convivência, por isto só entenderam de seguir a minha profissão, sem que a mim viessem pedir conselhos sobre seu destino ou futuro. Ah, e que honra!

Aos meus pais, Onizio Limiro da Silva e Olinda Leonel da Silva (*in memorian*), pelo sempre incansável incentivo aos estudos a mim e aos meus irmãos Cleuza, Calimério, Renato, Neusa e Nilson (*in memorian*).

Aos meus sócios, Gustavo Augusto Sardinha Hanum, pela assessoria de TI, e Daniel Limiro, também meu filho, pela ajuda nas pesquisas.

Por fim, a todos os demais sócios e colegas de escritório, pelo incondicional apoio.

Sumário

NOTA INTRODUTÓRIA DO AUTOR À SEGUNDA EDIÇÃO XXV

NOTA INTRODUTÓRIA DO AUTOR XXIX

CAPÍTULO I – DISPOSIÇÕES PRELIMINARES 1

1. O EMPRESÁRIO E A SOCIEDADE EMPRESÁRIA 1
   - 1.1 O Código Civil e as Pessoas Jurídicas 2
   - 1.2 Pessoas Jurídicas de Direito Público 2
   - 1.3 Pessoas Jurídicas de Direito Privado 2
   - 1.4 Das exceções: cooperativas e sociedades simples 2
   - 1.5 Elementos identificadores do empresário/sociedade empresária. ... 3
   - 1.6 A EIRELI 4
   - 1.7 Forma como é exercida a atividade 5
   - 1.8 As Teorias: Atos de Comércio; Da Empresa 5
   - 1.9 Conhecendo melhor o artigo 966 do Código Civil 7
   - 1.10 O profissionalismo 7
   - 1.11 Pessoalidade 8
   - 1.12 Exercício da atividade econômica 9
   - 1.13 Exercício da atividade econômica organizada 10
   - 1.14 Perdeu o Direito Comercial a sua autonomia? 11
   - 1.15 Exceções: atividades econômicas não empresariais 13
   - 1.16 Sociedades Simples 14
   - 1.17 A exceção dentro da exceção 14
   - 1.18 O que é o elemento de empresa? 15
   - 1.19 O Empresário Rural e a Sociedade Empresária Rural 16
   - 1.20 Necessidade absoluta de inscrição do produtor rural no Registro Público de Empresas para ser equiparado ao empresário individual 18
   - 1.21 As Cooperativas 19

2. A LEI NÃO SE APLICA A
   DETERMINADAS SOCIEDADES EMPRESÁRIAS 21
   2.1 Empresa Pública e Sociedade de Economia Mista 21
   2.2 Monopólio da União 22
   2.3 Exploração pelo Estado de forma excepcional 23
   2.4 Empresas Públicas. Sociedade de Economia Mista. Definição 24
   2.5 O Foro das Empresas Públicas e das
       Sociedades de Economia Mista 25
   2.6 Exceções contidas no item II do art. 2º da Lei 11.101/05 25
   2.7 Instituição financeira pública ou privada 26
3. JUÍZO COMPETENTE PARA
   DEFERIR A RECUPERAÇÃO JUDICIAL 29
   3.1 Prevaleceu o mesmo conceito da velha Lei 30
   3.2 Como saber qual é o principal estabelecimento?
       A Companhia tem sede em Goiânia-GO 31
   3.3 Tem também atividade empresárial em Natal-RN 31
   3.4 São Paulo-SP – cérebro financeiro – também tem atividade 31
   3.5 Frutal-MG, tem a atividade e é onde tem
       domicílio o Presidente que comanda as atividades 31
   3.6 É Goiânia-GO, Natal-RN, São Paulo-SP ou Frutal-MG,
       o local do principal estabelecimento? 34
   3.7 Se há dúvida sobre qual é o principal estabelecimento, haverá
       atrasos no andamento do processo de recuperação judicial 34
4. ATUAÇÃO DO MINISTÉRIO PÚBLICO NA RECUPERAÇÃO JUDICIAL 36
   4.1 Inteiro teor do veto ao artigo 4º 37
   4.2 STJ decide como que avalizando o veto 39

CAPÍTULO II – DISPOSIÇÕES COMUNS À
RECUPERAÇÃO JUDICIAL E À FALÊNCIA 41

5. INEXIGIBILIDADE DE DETERMINADOS CRÉDITOS 41
   5.1 Obrigações a título gratuito 41
   5.2 Despesas efetuadas pelos credores 42
6. SUSPENSÃO DA PRESCRIÇÃO 45

7. SUSPENSÃO DAS AÇÕES E EXECUÇÕES EM FACE DO DEVEDOR 46

   7.1 Suspensão das ações e execuções somente contra o devedor. Não contra os garantidores 47

   7.2 Outro exemplo, muito comum no dia a dia 47

8. TERMO INICIAL DA SUSPENSÃO DAS AÇÕES E EXECUÇÕES 50

9. TEMPO DE SUSPENSÃO DAS AÇÕES E EXECUÇÕES 52

   9.1 Mas quando é que ocorre a definitiva suspensão das ações e execuções contra o devedor em recuperação judicial? 53

   9.2 O que pensa o STJ sobre a suspensão das ações e execuções contra o devedor só por 180 (cento e oitenta) dias 54

10. SUSPENSÃO DAS AÇÕES E EXECUÇÕES DOS CREDORES PARTICULARES EM FACE DO SÓCIO SOLIDÁRIO 59

11. PARÁGRAFO 4º DO ART. 6º DA LEI 11.101/05: LETRA MORTA 64

    11.1 Bens de capital essenciais à continuidade da atividade também podem ter prazo de retirada prorrogado 66

12. AÇÃO QUE DEMANDAR QUANTIA ILÍQUIDA (PARÁGRAFO PRIMEIRO, DO ART. 6º) 76

13. CRÉDITOS TRABALHISTAS (PARÁGRAFO 2º DO ART. 6º). 77

    13.1 STJ define que competência é da Justiça Comum 78

14. RESERVA DA IMPORTÂNCIA DEVIDA NA RECUPERAÇÃO JUDICIAL (PARÁGRAFO 3º DO ARTIGO 6º) 82

    14.1 TST. Normas procedimentais referentes à execução contra empresas em recuperação judicial 84

15. PARÁGRAFO 5º DO ART. 6º: PROSSEGUIMENTO DAS EXECUÇÕES TRABALHISTAS APÓS 180 DIAS 85

16. COMUNICAÇÃO DA PROPOSITURA DE NOVAS AÇÕES CONTRA O RECUPERANDO (PARÁGRAFO 6º DO ARTIGO 6º) 88

17. EXECUÇÕES DE NATUREZA FISCAL 89

    17.1 Finalmente, editada a Lei "específica sobre o parcelamento" 90

    17.2 Como funcionava antes da vigência da Lei "específica" 90

17.3 Execução fiscal em andamento, já com penhora. Pretensão de penhora sobre o faturamento bruto do devedor em recuperação. Proibição 94

18. PREVENÇÃO DA JURISDIÇÃO
(PARÁGRAFO 8º DO ARTIGO 6º DA LEI 11.101/05) 95

19. DA VERIFICAÇÃO E DA HABILITAÇÃO DOS CRÉDITOS 97

19.1 Desjudicialização das habilitações 97

19.2 Auxiliares do administrador judicial 98

19.3 Edital. Relação de credores 99

20. IMPUGNAÇÃO A SER APRESENTADA PELOS LEGITIMADOS 99

20.1 Autuação separada para cada impugnação 100

21. REQUISITOS DA HABILITAÇÃO DE CRÉDITO 101

21.1 Recomenda-se que a habilitação seja efetuada por técnico 101

21.2 TJGO confirma decisão que julgou improcedente habilitação retardatária e incompleta 102

22. HABILITAÇÕES FORA DO PRAZO: RETARDATÁRIAS 105

22.1 Exceção: titulares de créditos derivados da relação de trabalho ... 105

22.2 Habilitações apresentadas após o prazo, mas antes da homologação do quadro-geral de credores: recebidas como impugnações 107

22.3 Retificação do quadro-geral de credores. 107

23. CONTESTAÇÃO À IMPUGNAÇÃO 107

23.1 Litigiosidade: honorários advocatícios 108

23.2 STJ confirma litigiosidade e condenação em honorários 108

24. PRAZO COMUM AO DEVEDOR E AO COMITÊ (SE EXISTIR) 109

24.1 Parecer do administrador judicial 109

25. IMPUGNAÇÃO INSTRUÍDA COM DOCUMENTOS 110

25.1 Impugnações sobre o mesmo crédito: uma só autuação 110

26. SEM IMPUGNAÇÕES, RELAÇÃO DOS CREDORES É HOMOLOGADA COMO QUADRO-GERAL DOS CREDORES 111

27. CONCLUSOS AUTOS DE IMPUGNAÇÃO PARA DIVERSAS PROVIDÊNCIAS 112

27.1 Divergência doutrinária 113

28. JUIZ DA RJ DETERMINA RESERVA PARA FINS DE RATEIO 115
29. IMPUGNAÇÃO E SUA DECISÃO JUDICIAL. RECURSO DE AGRAVO 117
30. ADMINISTRADOR JUDICIAL E CONSOLIDAÇÃO DO
    QUADRO-GERAL DE CREDORES 119
    30.1 Quadro-Geral: importância e classificação
         de cada crédito na data do requerimento 121
    30.2 Recuperação Judicial: natureza de contrato judicial 121
    30.3 Quadro-geral juntado aos autos. E o *dies a quo*? 123
    30.4 Divergências na doutrina 123
    30.5 STJ decide: independe de trânsito em julgado 124
31. FALSIDADE, DOLO, SIMULAÇÃO, FRAUDE,
    ERRO ESSENCIAL: AÇÃO RESCISÓRIA 125
    31.1 A regra é do século passado 127
    31.2 Posicionamento doutrinário 127
32. SOCIEDADES EMPRESÁRIAS DO *TIPO MENOR* 129
33. O ADMINISTRADOR JUDICIAL. REQUISITOS 130
    33.1 Preferência por advogado, economista, administrador de
         empresas ou contador, ou pessoa jurídica especializada 131
34. ADMINISTRADOR JUDICIAL: É PRECISO SER PROFISSIONAL 134
    34.1 Competências do administrador comuns à recuperação
         judicial e à falência 135
    34.2 Consequências da Recusa (na Recuperação Judicial) 137
    34.3 Administrador Judicial. Competências específicas
         para a Recuperação Judicial 140
35. ANÁLISE DE CASO CONCRETO. JULGAMENTO DO STJ 144
36. NA FALÊNCIA 149
37. REMUNERAÇÃO DOS AUXILIARES DO ADMINISTRADOR JUDICIAL 151
38. RECUSA DE PRESTAR INFORMAÇÕES AO ADMINISTRADOR
    JUDICIAL PELO RECUPERANDO: CONSEQUÊNCIAS 152
39. ADMINISTRADOR JUDICIAL.
    APRESENTAÇÃO DE CONTAS SOB PENA DE DESTITUIÇÃO 153
    39.1 Recurso analisa pedido de destituição de administrador judicial
         e substituição da diretoria do devedor em recuperação judicial ... 154

40. REMUNERAÇÃO DO ADMINISTRADOR JUDICIAL 155
    40.1 Limitador da remuneração do administrador judicial 156
    40.2 Reserva de 40% do montante devido ao
         administrador judicial... 157
    40.3 Remuneração proporcional ao administrador
         judicial substituído 161
    40.4 Contas do administrador judicial não aprovadas 162
41. REMUNERAÇÃO DO ADMINISTRADOR:
    MASSA FALIDA E DEVEDOR 164
42. CONSTITUIÇÃO DO COMITÊ DE CREDORES 164
    42.1 Conceito de Comitê de Credores 165
    42.2 Divergências da doutrina (estudos nos parágrafos seguintes).... 166
    42.3 Formalidades para a participação posterior das classes
         que não indicaram representantes 167
    42.4 Como se indica o presidente do Comitê de Credores 167
    42.5 A Lei não obriga a constituição do Comitê de Credores............ 168
    42.6 Funcionamento do Comitê de Credores 168
    42.7 Composição do Comitê de Credores.. 171
    42.8 Microempresas e empresas de pequeno porte
         tem participação no Comitê de Credores................................... 176
43. ATRIBUIÇÕES DO COMITÊ DE CREDORES 177
    43.1 Inciso I – na recuperação judicial e na falência.......................... 182
    43.2 Inciso II – na recuperação judicial 185
    43.3 O "afastamento" é do devedor (empresário individual,
         pessoa natural) e não do administrador (sociedade empresária,
         pessoa jurídica) 188
    43.4 Devedor empresário individual, pessoa natural, é "afastado"
         (art. 65). Devedor administrador de sociedade empresária é
         "destituído" e substituído (parágrafo único do art. 64) 188
    43.5 Doutrinadores se equivocam na interpretação e
         aplicação das disposições da letra "c" do Inciso II
         do Art. 27, mas fazem escola... 190
    43.6 Decisões do Comitê e livro de atas.. 193

43.7 Maioria necessária 193
43.8 Mesmo inexistindo o Comitê, suas atribuições serão exercidas .. 194
43.9 Membros do Comitê não são remunerados 194
43.10 Condições para integrar o Comitê e ser Administrador Judicial . 195
43.11 Parentesco até 3º grau. Impedimento 196
43.12 Legitimados. Substituição dos integrantes dos órgãos 197
43.13 Juiz decide em 24 (vinte e quatro) horas 198
43.14 Motivos para destituição do Administrador e membros
do Comitê 200
43.15 Destituição. Novo Administrador e suplentes do Comitê 201
43.16 Administrador substituído na falência.
Prestação de contas em 10 (dez) dias 202
43.17 Responsabilidade dos membros do Comitê e do
Administrador Judicial. Dolo ou culpa 203
43.18 Quarenta e oito horas para assinatura do
Termo de Compromisso 205
43.19 Termo de compromisso não assinado no prazo legal.
Outro administrador 206
43.20 E a não assinatura do termo no prazo pelos
membros do Comitê? 206

44. É OBRIGATÓRIA A EXISTÊNCIA DA
ASSEMBLEIA-GERAL DE CREDORES? 209
44.1 Conceitos de Assembleia-Geral de Credores 210
44.2 A soberania da Assembleia-Geral de Credores 211
44.3 Atribuições da Assembleia-Geral de Credores 213
44.4 Deliberação sobre o plano de recuperação judicial 213
44.5 Plano de recuperação aprovado pela assembleia-geral de credores
com vícios. Cassada, de ofício, decisão homologatória 215
44.6 O Poder Judiciário só interfere em decisões assembleares de
aprovação do plano de recuperação judicial se houver vícios 216
44.7 Constituição do Comitê de Credores: atribuição da
Assembleia-Geral de Credores 217
44.8 As razões do veto 217

44.9 Pode o devedor requerer a desistência
da recuperação judicial? 218
44.10 A figura do gestor judicial e o "afastamento" do
devedor empresário individual, pessoa física, das
suas atividades empresariais. 219
44.11 Doutrinadores se equivocam na interpretação e aplicação do
dispositivo sob estudo – a letra "e" do Inciso I do art. 35 220
a) Para Fábio Ulhoa 220
b) Para Manoel Justino. 221
44.12 Norma elástica 222
44.13 A soberania da Assembleia Geral 222
44.14 Razões do veto 223
44.15 Procedimento para escolha e substituição dos
membros do Comitê de Credores 223
44.16 Modalidades de realização do ativo 223
44.17 Norma elástica 223
45. CONVOCAÇÃO. COMPETÊNCIA 224
45.1 Formalidades da convocação. O conteúdo do Edital 224
45.2 Cópia do Edital afixada na sede e filiais do devedor 225
46. CONVOCAÇÃO EXTRAORDINÁRIA DA AGC 225
46.1 A quem competem as despesas de convocação
e realização da AGC 225
47. PRESIDÊNCIA DA AGC 227
47.1 AGC para deliberar sobre o afastamento
do administrador judicial 227
47.2 Instalação da assembleia-geral de credores 228
47.3 Credor pode ser representado em
assembleia-geral de credores 230
47.4 Sindicatos podem representar trabalhadores em assembleia 231
47.5 Registro em ata do ocorrido na assembleia 233
48. VOTO DO CREDOR É PROPORCIONAL AO SEU CRÉDITO 233
48.1 Exceções para votação nas deliberações
sobre o plano de recuperação judicial:
Trabalhadores e Micro e Pequenas Empresas 234

48.2 Conversão da moeda estrangeira para
moeda brasileira na recuperação judicial 234

48.3 Conversão da moeda estrangeira para
moeda brasileira na falência.. 235

49. DIREITO A VOTO NA ASSEMBLEIA-GERAL DE CREDORES 235

49.1 Credores que não terão direito a voto na
assembleia-geral de credores... 236

49.2 Válidas as deliberações da AGC 237

49.3 Resguardados direitos de terceiros de boa-fé 237

50. PROIBIDA SUSPENSÃO OU ADIAMENTO DA AGC 238

51. COMPOSIÇÃO DA ASSEMBLEIA-GERAL DE CREDORES.................... 239

51.1. Micro e pequenas empresas passam a
compor a assembleia-geral de credores 239

51.2 Como votam os titulares dos respectivos créditos 240

51.3 Integrantes da classe do inciso III do artigo 41 241

51.4 Credores titulares de créditos quirografários, com privilégio
especial, com privilégio geral e subordinados 241

52. CONDIÇÕES PARA APROVAÇÃO DE PROPOSTA
EM ASSEMBLEIA-GERAL DE CREDORES 243

52.1 *Quorum* diferenciado. Exceções previstas na Lei 11.101/05 243

52.2 Ocorrendo empate na AGC, como se procede?....................... 244

52.3 Julgamento de um caso concreto.
Como se posicionou o julgador 244

52.4 Sem direito a voto na AGC 245

53. ELEIÇÃO DOS MEMBROS DO COMITÊ DE CREDORES:
PROCEDIMENTO.. 246

54. DELIBERAÇÕES SOBRE O PLANO DE RECUPERAÇÃO JUDICIAL 247

54.1 Para os credores micro e pequenos empresários,
os mesmos privilégios dos credores trabalhadores e
decorrentes de acidentes do trabalho (§ 2° do art. 45) 248

55. ATIVO DA FALÊNCIA. SUA APROVAÇÃO DE FORMA ALTERNATIVA . 249

CAPÍTULO III – DA RECUPERAÇÃO JUDICIAL 251
56. CONCEITOS DE RECUPERAÇÃO JUDICIAL 251
    56.1 Concedidos benefícios da assistência judiciária a devedor em recuperação judicial 254
    56.2 Princípios norteadores da recuperação judicial 254
    56.3 Princípio da preservação da empresa 255
    56.4 Princípio da separação dos conceitos de empresa e empresário 255
    56.5 Princípio da recuperação das sociedades empresárias recuperáveis 255
    56.6 Princípio da proteção aos trabalhadores 255
    56.7 Princípio da participação ativa dos credores 255
    56.8 Princípio do rigor na punição de crimes relacionados à falência e à recuperação judicial 256
    56.9 Aplicação dos princípios da Lei 11.101/05 em casos concretos .. 256
57. REQUISITOS PARA REQUERER A RECUPERAÇÃO JUDICIAL 258
    57.1 Lei Complementar número 147/2014 reduz de 8 (oito) para 5 (cinco) anos o prazo para micro e pequenos empresários pleitearem uma segunda recuperação judicial 260
58. CRÉDITOS SUJEITOS À RECUPERAÇÃO JUDICIAL 262
    58.1 Somente créditos existentes e declarados na data do pedido de recuperação é que a ela se submeterão 263
    58.2 Conservados os direitos dos credores na recuperação judicial ... 266
    58.3 Obrigações anteriores à recuperação judicial 270
59. A TRAVA BANCÁRIA 270
    59.1 Desnecessidade do registro do contrato 271
    59.2 A doutrina lista os créditos que não se submetem à recuperação judicial 272
    59.3 Conceito de bens de capital 273
    59.4 Como se aplica o princípio em um caso concreto 274
60. A "TRAVA BANCÁRIA" E O SUPERIOR TRIBUNAL DE JUSTIÇA 274
    60.1 Indagação do eminente Ministro Luis Felipe Salomão 275
    60.2 Cronologia da consolidação da "trava bancária" no STJ 276

60.3 Cinco julgamentos do STJ consolidam a "trava bancária" 277
60.4 Resp número 1.263.500 – ES: o primeiro 277
60.5 Resp número 1.202.918 – SP.: o segundo a
tratar da trava bancária 284
60.6 Terceiro recurso EDcl no recurso em mandado
de segurança número 41.646 – PA 297
60.7 Quarto recurso AgRg no conflito de competência
número 124.489 – MG 298
60.8 Quinto e último Recurso AgRg no Recurso Especial
número 1.326.851 – MT 301
60.9 A Recuperação judicial pode ser um direito inalcancável 303
60.10 Um exemplo, dentre centenas, talvez milhares 303
60.11 No STJ, a questão está pacificada.
A matéria é infraconstitucional 304
60.12 A confirmação da autorresposta do
Ministro Luis Felipe Salomão 304
60.13 A trava bancária é a falência da recuperção judicial 308
60.14 Cumprida a profecia do Mestre e jurisconsulto
Manoel Justino Bezerra Filho 308
60.15 A solução, nos parece, é a modificação da Lei 308
61. ACC ADIANTAMENTO A CONTRATO DE CÂMBIO 309
62. CRÉDITO GARANTIDO POR PENHOR SOBRE TÍTULOS DE CRÉDITOS....312
63. A LEI 11.101/05 POSSIBILITA A NEGOCIAÇÃO
ENTRE CREDOR E DEVEDORES 314
64. OS DIVERSOS MEIOS DE RECUPERAÇÃO JUDICIAL 315
64.1 Concessão de prazos e condições especiais para pagamento
das obrigações vencidas ou vincendas 315
64.2 Cisão, incorporação, fusão ou transformação de sociedade,
constituição de subsidiária integral, ou cessão de cotas ou ações,
respeitados os direitos dos sócios, nos termos da legislação
vigente 316
64.3 Alteração do controle societário 317
64.4 Substituição total ou parcial dos administradores do devedor
ou modificação de seus órgãos administrativos 318

64.5 Concessão aos credores de direito de eleição em separado de administradores e de poder de veto em relação às matérias que o plano especificar... 318

64.6 Aumento de capital social.. 319

64.7 Trespasse ou arrendamento de estabelecimento, inclusive à sociedade constituída pelos próprios empregados..................... 320

64.8 Redução salarial, compensação de horários e redução da jornada, mediante acordo ou convenção coletiva. 320

64.9 Dação em pagamento ou novação de dívidas do passivo, com ou sem constituição de garantia própria ou de terceiro 321

64.10 Constituição de sociedade de credores 321

64.11 Venda parcial dos bens.. 322

64.12 Equalização de encargos financeiros relativos a débitos de qualquer natureza, tendo como termo inicial a data da distribuição do pedido de recuperação judicial, aplicando-se inclusive aos contratos de crédito rural, sem prejuízo do disposto em legislação específica... 322

64.13 Usufruto da empresa 323

64.14 Administração compartilhada 323

64.15 Emissão de valores mobiliários... 324

64.16 Constituição de sociedade de propósito específico para adjudicar, em pagamento dos créditos, os ativos do devedor.. 324

65. GARANTIA REAL. SUPRESSÃO. ALIENAÇÃO DO BEM 325

65.1 Plano aprovado em assembleia vale para todos........................ 325

66. CRÉDITOS EM MOEDA ESTRANGEIRA. CONSERVAÇÃO DA VARIAÇÃO CAMBIAL 327

67. FASES DO PROCESSO DE RECUPERAÇÃO JUDICIAL 328

67.1 A petição inicial da recuperação judicial e seus requisitos 329

67.2 Causas concretas da situação patrimonial 329

67.3 Demonstrações contábeis. Três últimos exercícios sociais 330

67.4 Relação nominal dos credores.. 331

67.5 A relação integral dos empregados 331

67.6 Regularidade no Registro Público de Empresas (Junta Comercial)... 332

67.7 A relação dos bens particulares dos sócios e dos administradores do devedor 333
67.8 Acionistas controladores são liberados de juntarem a relação dos seus bens particulares.. 334
67.9 Extratos atualizados das contas bancárias 335
67.10 Certidões dos cartórios de protestos.. 335
67.11 Relação das ações judiciais 336
67.12 Documentos à disposição do juízo... 337
67.13 Micro e Pequenas Empresas. Documentação simplificada 337
67.14 Se o juiz determinar, documentos são depositados em cartório 337

68. DOCUMENTAÇÃO EM TERMOS... 339
68.1 Nomeação do administrador judicial 339
68.2 Dispensa de certidões negativas 340
68.3 Pedir não ofende. Mas quando a Lei proíbe, nega-se a pretensão 340
68.4 Suspensão de ações e execuções contra o devedor 341
68.5 Aeronave não é bem essencial. Mesmo existindo o contrato de arrendamento mercantil, não há atração ou vinculação ao juízo recuperacional 342
68.6 Apresentação de contas mensais 343
68.7 Intimação do Ministério Público 344
68.8 Publicação de edital e suas formalidades................................ 344
68.9 Deferido o processamento. Convocação da assembleia-geral de credores........................... 345
68.10 Devedor comunica suspensão de ações e execuções aos juízos competentes 346
68.11 Desistência da recuperação. Autorização da AGC 346

69. PRAZO DE 60 (SESSENTA) DIAS PARA APRESENTAÇÃO DO PRJ 347
69.1 Viabilidade econômica. Necessidade de demonstração............ 349
69.2 Laudo. Avaliação dos ativos 349
69.3 Aviso aos credores. Oferecimento de eventuais objeções.......... 349

70. PRIVILÉGIO AOS TRABALHADORES 350

71. OBJEÇÕES AO PRJ. PRAZO DE 30 (TRINTA) DIAS 351
   71.1 Pode ocorrer – e ocorreu – homologação de plano de recuperação judicial sem objeção de qualquer credor 352
   71.2 Entretanto, se houve objeção tempestiva, o juiz do feito tem a obrigação de convocar a assembleia-geral de credores para deliberar 353
72. OBJEÇÃO APRESENTADA PELOS CREDORES. PROCESSAMENTO 354
   72.1 Prazo para a realização da AGC 354
   72.2 AGC que aprovar plano indica membros do Comitê de Credores 355
   72.3 Plano apresentado pode sofrer modificações na AGC 355
   72.4 Plano rejeitado. Falência decretada 357
73. CERTIDÕES NEGATIVAS DE DÉBITOS TRIBUTÁRIOS 357
74. A LEI ESPECÍFICA (???) PARA O CANCELAMENTO E SUAS EXIGÊNCIAS 359
75. CUMPRIDAS AS EXIGÊNCIAS, A CONCESSÃO DA RECUPERAÇÃO JUDICIAL 361
76. NOVAÇÃO NA RECUPERAÇÃO JUDICIAL. PECULIARIDADES 366
   76.1 STJ entende que a novação operada pelo plano de recuperação judicial fica sujeita a uma condição resolutiva 367
   76.2 Para haver a novação na recuperação judicial, a AGC tem de aprová-la 368
   76.3 Novação na recuperação judicial. Outro aspecto sob julgamento 369
   76.4 A decisão judicial que concede a RJ é título executivo judicial 370
   76.5 Recurso de Agravo contra decisão que conceder a RJ 371
77. ALIENAÇÃO DE FILIAIS OU DE UNIDADES PRODUTIVAS ISOLADAS ... 371
   77.1 Sucessão sem qualquer ônus 374
   77.2 ADI 3.934-2. O STF resolveu, de vez, a questão 375
78. DEVEDOR EM RECUPERAÇÃO JUDICIAL NOS 2 (DOIS) ANOS SEGUINTES 378
79. CONSEQUÊNCIAS DO DESCUMPRIMENTO DO PLANO 380

80. OBRIGAÇÕES CUMPRIDAS. SENTENÇA DE ENCERRAMENTO........... 381
81. O DEVEDOR OU SEUS ADMINISTRADORES (SOCIEDADE EMPRESÁRIA, PESSOA JURÍDICA) SERÃO MANTIDOS NA CONDUÇÃO DA ATIVIDADE EMPRESARIAL DURANTE O PROCEDIMENTO DE RECUPERAÇÃO JUDICIAL................................ 383
    81.1 A nossa visão do que quis dizer o legislador nos artigos 64 e 65 da Lei 11.101/05, em conformidade com a Lei Complementar 95/1998 384
    81.2 Análise das disposições dos artigos 64 e 65 385
    81.3 As palavras "destituição" e "afastamento" 385
    81.4 As hipóteses legais para a destituição na condução da atividade empresarial dos administradores societários e para o afastamento dos devedores empresários individuais 386
    81.5 Poderão indagar: então, por que o termo "afastamento", do inciso VI, consta das mesmas hipóteses legais tanto para o administrador societário quanto para o empresário individual? ... 387
    81.6 Assim, e preliminarmente, delimitamos 388
    81.7 Antes, todavia, vamos nos socorrer dos sábios mandamentos da Lei Complementar número 95/1998, onde cada questão ou matéria é tratada como "assunto" ou "princípio" 388
    81.8 A lição de quem é Professor na interpretação das leis............... 390
    81.9 Em busca da nomenclatura (o termo técnico) apropriada 391
    81.10 A Administração na Sociedade Empresária Limitada. O Livro II do Código Civil "Do Direito de Empresa" 391
    81.11 A Administração nas Companhias: Lei 6.404/76 392
    81.12 Da Administração da Sociedade em Comandita por Ações..... 394
    81.13 Destituído o administrador societário por qualquer infringência aos cinco primeiros incisos do art. 64, há a substituição conforme previsão nos atos constitutivos: Sociedade Empresária não sofre solução de continuidade.. 395
    81.14 Para alguns doutrinadores e mesmo julgadores, destituído o administrador societário, há que se convocar assembleia-geral de credores para a escolha do gestor judicial........................... 395
    81.15 Segunda forma de substituição do administrador da sociedade empresária, também decorrente de sua destituição.. 396

81.16 A assembleia-geral de credores delibera; o juiz decide
(tem o poder jurisdicional) 396

81.17 Como se deve interpretar e aplicar um artigo de Lei 398

81.18 O artigo 65 da Lei 11.101/05. Análise 399

81.19 Extinto o DNRC – Departamento Nacional do Registro do
Comércio e instituído o DREI – Departamento de Registro
Empresarial e Integração 400

81.20 Conclusão das nossas análises sobre os
artigos 64 e 65 da Lei 11.101/05 401

82. O PENSAMENTO, A OPINIÃO, A INTERPRETAÇÃO DOS ARTIGOS
64 E 65 DA LEI 11.101/04, DE GRANDE PARTE DA DOUTRINA 403

82.1 Fábio Ulhoa Coelho 403

82.2 Manoel Justino Bezerra Filho 407

82.3 Gladston Mamede 411

82.4 José da Silva Pacheco 415

82.5 Écio Perin Júnior 417

82.6 Julio Kahan Mandel 418

82.7 Waldo Fazzio Júnior 423

82.8 Sérgio Campinho 425

82.9 Marlon Tomazette 426

82.10 Jorge Lobo 429

82.11 Amador Paes de Almeida 430

82.12 Ricardo Negrão 431

82.13 Conclusão sobre os pensamentos dos doutrinadores 432

83. EXEMPLOS DE JULGAMENTOS QUE SEGUIRAM OS
MESMOS CAMINHOS DA MAIORIA DOS DOUTRINADORES 432

83.1 Do Egrégio Tribunal de Justiça do Estado de São Paulo, 2ª
Câmara Reservada de Direito Empresarial 432

83.2 No mesmo sentido, do mesmo Egrégio Tribunal de Justiça de
São Paulo 434

83.3 Ainda, do Egrégio TJSP 434

83.4 Mais um julgado do Egrégio TJSP 435

83.5 Tribunal de Justiça de Santa Catarina 435

83.6 Estaria aqui – neste equívoco do Prof. Fábio Ulhoa Coelho –, a origem de todos os erros, desacertos, confusões e aplicações errôneas sobre os artigos 64 e 65 da Lei 11.101/05? 438

83.7 Tribunal de Justiça de Rondônia 438

83.8 Tribunal de Justiça da Bahia 439

83.9 Tribunal de Justiça do Paraná 440

84. A INGERÊNCIA DO JUDICIÁRIO NA GESTÃO DAS SOCIEDADES EMPRESÁRIAS QUANDO AFASTA (DESTITUI) OS ADMINISTRADORES E NOMEIA GESTOR JUDICIAL 441

84.1 Convite a todos os operadores do direito para o correto cumprimento dos artigos 64 e 65 da Lei 11.101/05. 442

85 A PROVA IRREFUTÁVEL DO ACERTO DA CONCLUSÃO DA NOSSA ANÁLISE SOBRE OS ARTIGOS 64 E 65 DA LEI 11.101/05 442

85.1 A origem: O relatório do saudoso Senador Ramez Tebet, de 04 de maio de 2004 – Comissão de Assuntos Econômicos, sobre o PLC número 71, de 2003 442

85.2 Equivocadamente, na redação do PLC 71, de 2003, omitiu-se a redação do art. 65, e do art. 64 avançou-se para a redação do art. 66 443

85.3 Descoberto o equívoco da redação. Emenda corrige o erro 445

86. QUE CONSEQUÊNCIAS PODERÃO ADVIR DECORRENTES DA APLICABILIDADE EQUIVOCADA DESTES DISPOSITIVOS (ARTS. 64 E 65) DA LEI 11.101/05 DURANTE TODO ESTE TEMPO? ... 447

87. PEDIDO DE RJ AJUIZADO. DEVEDOR PROIBIDO DE ALIENAR 448

87.1 Quem encontra-se no estado de recuperação judicial é proibido de alienar bens, exceto as hipóteses acima 449

88. CRÉDITOS MUDAM DE CLASSIFICAÇÃO 450

88.1 Crédito quirografário é reclassificado, em julgamento, para a natureza de extraconcursal 452

89. PARCELAMENTO DE DÉBITOS JUNTO ÀS FAZENDAS E AO INSS. DIREITO DO DEVEDOR EM RECUPERAÇÃO 453

89.1 Microempresas e empresas de pequeno porte em recuperação judicial ganham prazos maiores para parcelamentos de débitos tributários 454

90. FULANO DE TAL – "EM RECUPERAÇÃO JUDICIAL" 455

91. AS MICROEMPRESAS E AS EMPRESAS DE PEQUENO PORTE 457

    91.1 Manual do Supersimples... 457

    91.2 O "plano especial" não é obrigatório ao segmento 458

    91.3 Conceitos legais de Micro e Pequenas empresas 458

    91.4 Necessidade de registro nas Juntas Comerciais dos Estados...... 459

    91.5 "Plano especial". Necessidade de mencioná-lo........................ 459

    91.6 Lei Complementar número 147/2014 amplia classes de devedores sujeitos aos efeitos das recuperações judiciais das microempresas e empresas de pequeno porte 459

    91.7 "Plano Especial". Limite de no máximo 36 (trinta e seis) parcelas, mas LC 147/2014 concede aos micro e pequenos empresários possibilidades de abatimento nos seus débitos...... 460

    91.8 "Plano especial". Há correção monetária e juros de 12% ao ano 460

    91.9 "Plano especial". Não suspende execuções de créditos não abrangidos 461

    91.10 Todas as classes de credores de microempresa e empresa de pequeno porte deverão aprovar o plano especial de recuperação judicial 461

CAPÍTULO IV – DA CONVOLAÇÃO DA RECUPERAÇÃO JUDICIAL EM FALÊNCIA 463

92 DECRETO DE FALÊNCIA DURANTE A RECUPERAÇÃO JUDICIAL 463

93. PRESUNÇÃO DE VALIDADE DOS ATOS REALIZADOS DURANTE A RECUPERAÇÃO JUDICIAL, NA OCORRÊNCIA DA CONVOLAÇÃO 466

BIBLIOGRAFIA..469

NOTA INTRODUTÓRIA DO AUTOR À SEGUNDA EDIÇÃO

A Lei de Falências e Recuperação de Empresas, de número 11.101/05, em seu 13º ano de vigência, tem despertado nos operadores de direito, especialmente nos doutrinadores, um ânimo de que muita coisa em seu inteiro teor precisa de modificação. É bem verdade que durante sua vigência, os resultados alcançados não tiveram uma unanimidade quanto à sua receptividade, pois alguns os receberam como positivos, enquanto outros acharam o contrário. Para os primeiros, nada obstante os resultados auferidos, há o pensamento de que realmente a Lei já merece modificações; para os últimos, este pensamento já é mais antigo.

Como que atendendo a estes reclamos gerais, o Ministério da Fazenda, através de especialistas no assunto, constituiu um grupo com a incumbência de elaborar estudos e sugerir modificações à Lei 11.101/05. Após vários meses de estudos, o citado grupo apresentou o que, no seu entendimento, deveria ser modificado, acrescentando também outros tópicos como novidades. O que se sabe é que estes estudos dos especialistas foram remetidos à Casa Civil da Presidência da República, tendo de lá saído vários meses após e com profundas modificações naquilo que os especialistas tinham idealizado, desagradando-os. Transformado em Projeto de Lei, o mesmo foi remetido ao Congresso Nacional, onde se encontra parado.

Pela redação do citado Projeto de Lei, vê-se que o mesmo, além de contrariar os notáveis, também o faz quanto aos futuros recuperandos, pois concede muitos poderes às Fazendas Públicas, inclusive o de requerer a falência do devedor em caso de não cumprimento de parcelamento. De nosso lado, não acreditamos no sucesso desse Projeto de Lei junto ao Congresso Nacional, exatamente pelos potenciais prejuízos que podem não beneficiar os recuperandos.

Enquanto isso, vamos operando com a Lei 11.101/05, que mesmo com seus defeitos tem atendido, pelo menos em parte, às necessidades dos seus legitimados, destacando-se que os Tribunais, especialmente o Egrégio Superior Tribunal de Justiça, no enfrentamento das questões, tem decidido em conformidade com os princípios que precederam a confecção da Lei, especialmente sobre o da continuidade da atividade ou manutenção da empresa. De outro lado, esta segunda edição encontra-se devidamente atualizada com a mais nova jurisprudência, bem como quanto ao novo Código de Processo Civil (Lei número 13.105/15).

O AUTOR.

NOTA INTRODUTÓRIA DO AUTOR

Após mais de 9 (nove) anos de vigência – 09.06.2005 – e praticamente 10 (dez) de existência – 09.02.2005 –, a Lei 11.101/05 – Lei de Falências e Recuperação Judicial –, trouxe, efetivamente, uma nova realidade ao direito concursal brasileiro. Dos três institutos regulados pela Lei, o objeto deste livro – a Recuperação Judicial –, demonstrou nesse período a real possibilidade do empresário ou da sociedade empresária reerguer-se. Não estamos generalizando, mas dependendo de uma série de fatores, aqui citados exemplificativamente, como o passivo do devedor, o seu ativo, as espécies dos débitos do recuperando (se só com fornecedores ou, com estes, trabalhadores e bancos, assim como a modalidade dos empréstimos contraídos juntos às instituições financeiras), o conteúdo do plano de recuperação judicial, como deságios, dilação dos prazos e outros inúmeros meios de recuperação, etc., a recuperação é uma realidade.

Estes primeiros 9 (nove) anos de vigência, podemos afirmar, foram um período de adaptação à Lei 11.101/05, por todos os protagonistas desta arte, começando pelos próprios impetrantes do benefício legal e passando por advogados, magistrados de todas as instâncias, Ministério Público, aqueles nomeados administradores judiciais, os serventuários da Justiça, os credores, dentre outros. Foi, literalmente, uma escola, em que todos passaram pelas dificuldades naturais do aprendizado, uns pagando um preço mais alto, outros, menores. Mas o importante é que todos aprenderam. E, com isso, ganhou o instituto da Recuperação Judicial e aqueles que dele se beneficiam ou possam vir a se beneficiar.

Vale ressaltar a sempre importantíssima participação do Poder Judiciário que, por meio de seus ilustres magistrados de todas as instâncias, em tudo contribuíram para o aclaramento de determinados dispositivos, em alguns casos, até mesmo firmando jurisprudências que, literalmente, vão de encontro e chocam-se com dispositivos legais, mas que em obediência aos princípios que nortearam a confecção da Lei 11.101/05, como o da continuidade da atividade, da manutenção dos empregos, do interesse e participação efetiva dos credores, entre outros, prevalecem sobre a letra fria da Lei.

Desde o Egrégio STF – Supremo Tribunal Federal, ao decidir pela constitucionalidade (ADI 3934/DF) de alguns dispositivos questionados da Lei 11.101/05, do qual foi Relator o nobre Ministro Ricardo Lewandoski que, literalmente, deu um *show* de tecnicismo e conhecimentos, assim como um inconformismo retratado num Recurso Extraordinário – 583955/RJ – interposto contra Acórdão do Egrégio Superior Tribunal de Justiça, que mantivera decisão proferida em Conflito de Competência entre a Justiça do Trabalho e a Justiça Estadual Comum do Rio de Janeiro (esta, a competente), cujo Relator foi o também ilustre Ministro Ricardo Lewandowski (outro *show*), tudo analisado detalhadamente em nossos estudos. Passando pelos Tribunais de Justiça de São Paulo e Rio de Janeiro, que criaram ou Câmaras Especializadas ou mesmo Varas para julgamento específico das questões originadas da Lei 11.101/05, além de Súmulas (o TJSP) para melhor orientar.

O STJ Superior Tribunal de Justiça – última instância para conhecimento e julgamento de matérias infraconstitucionais, como a Lei 11.101/05 –, a nosso ver, já enfrentou todas as grandes questões que tinham em diversos Tribunais interpretações diversas, pacificando as questões. Por último, a tão temida trava bancária também já foi objeto de julgamento naquela Corte, e em fins do ano de 2013 houve a consolidação da Jurisprudência do STJ no sentido de se excluir dos efeitos da Recuperação Judicial os empréstimos que tenham a natureza de alienação fiduciária, concedidos por instituições financeiras, o que analisamos em nossos estudos com profundidade sob o título de "Cronologia da Consolidação da 'trava bancária' no STJ", bem como o voto dos ínclitos Ministros daquela Casa nas discussões das questões mais momentosas da Recuperação Judicial. Nos permitimos dizer que em nossos estudos, parafraseando Issac Newton, se enxergamos mais longe é porque subimos no ombro de gigantes, os quais são por nós citados e transcritos neste livro.

Todavia, a nosso ver, grande parte da doutrina e de julgadores, inclusive de Tribunais de Justiças, tem interpretado e aplicado de forma incorreta os dispositivos contidos nos artigos 64 e 65 da Lei 11.101/05, que regulam, respectivamente, a destituição dos administradores societários e o afastamento do empresário individual durante o procedimento de recuperação judicial. Procuramos mostrar os equívocos e os caminhos para as devidas correções, convocando, ao final, todos os operadores do Direito para a volta à obediência ao que diz a Lei.

Um dos grandes Tribunais de Justiça do Brasil, aquele que mais conhecemos pessoalmente e onde desempenhamos com mais frequência a nossa advocacia, o do Estado de Goiás, também em muito tem contribuído para os mesmos fins, pois todos os Desembargadores que o compõem são cultos, altamente preparados, conforme julgados contidos em nossos estudos. Atualmente, o Egrégio TJGO é presidido pelo nobre, culto e probo Desembargador Ney Teles de Paula, homem de fino trato com alma de poeta e voltado para a jurisdição, o qual será substituído no início deste ano de 2015 pelo eminente e também culto e probo Desembargador Leobino Valente Chaves, junto aos quais tive o privilégio de frequentar e concluir o curso de Direito na querida PUC-GO nos idos tempos compreendidos entre os anos de 1971 a 1975, onde os conheci e desde então passei a admirá-los e respeitá-los. Nas suas pessoas, rendo minhas homenagens a todos os integrantes desta mais alta e respeitadíssima Casa de Justiça do Estado de Goiás, e por extensão, ao próprio Estado de Goiás e a todos os goianos, que me acolheram sem qualquer formalidade, sem nem mesmo indagar quem eu era, de onde vinha e o que eu queria aqui.

Capítulo 1

DISPOSIÇÕES PRELIMINARES

Art. 1º Esta Lei disciplina a recuperação judicial, a recuperação extrajudicial e a falência do empresário e da sociedade empresária, doravante referidos simplesmente como devedor.

Art. 2º Esta Lei não se aplica a:

I – empresa pública e sociedade de economia mista;

II – instituição financeira pública ou privada, cooperativa de crédito, consórcio, entidade de previdência complementar, sociedade operadora de plano de assistência à saúde, sociedade seguradora, sociedade de capitalização e outras entidades legalmente equiparadas às anteriores.

Art. 3º É competente para homologar o plano de recuperação extrajudicial, deferir a recuperação judicial ou decretar a falência o juízo do local do principal estabelecimento do devedor ou da filial de empresa que tenha sede fora do Brasil.

Art. 4º (VETADO)

1. O EMPRESÁRIO E A SOCIEDADE EMPRESÁRIA

O empresário e a sociedade empresária são os sujeitos das normas do Direito Empresarial, e a Lei número 11.101/05 – a lei de recuperação de empresas e falências – constitui-se numa regra integrante deste denominado Direito Empresarial, que é um ramo do Direito Privado. Ora, sendo o empresário/sociedade empresária o legitimado para pleitear, desde que preenchidos os diversos requisitos exigidos, os benefícios da Recuperação Judicial, incumbe-nos, *prima facie*, fazer a sua identificação, distinguindo-o dos demais que com ele possam ter semelhanças.

Ao adentrarmos nos requisitos necessários para se identificar o empresário, procuraremos afastar toda e qualquer dúvida que por ventura possa aflorar na mente de qualquer estudante, vez que as especificidades para tal distinção permitem claramente a dissipação de qualquer eventual engano. Dessa forma, passamos a estudar o que é **o empresário** e o que tem ele de fazer, ou que requisitos tem que preencher, para se tornar tal.

1.1 O Código Civil e as Pessoas Jurídicas

No sistema legal brasileiro, contido no Código Civil – Lei 10.406/02, há uma grande divisão das **Pessoas Jurídicas** que ele regulamenta, de grande interesse para o entendimento dos nossos estudos, no que aprofundaremos para alcançarmos as nossas finalidades, até detectarmos onde se encontra o *empresário*, objeto de nossos estudos.

1.2 Pessoas Jurídicas de Direito Público

O Código Civil Brasileiro divide em duas categorias as Pessoas Jurídicas, sendo as primeiras, as de Direito Público Interno ou Externo. No artigo 41, trata das Pessoas Jurídicas de Direito Público Interno, sendo elas a União, os Estados, o Distrito Federal, os Territórios, os Municípios, as autarquias, inclusive as associações públicas, e as demais entidades de caráter público criadas por lei. Quanto às Pessoas Jurídicas de Direito Público Externo (Art. 42), são os Estados estrangeiros e todas as pessoas que forem regidas pelo direito internacional público.

1.3 Pessoas Jurídicas de Direito Privado

Quanto ao que nos interessa especificamente – as Pessoas Jurídicas de Direito Privado – são elas, conforme o artigo 44 do Código Civil: as associações, as **sociedades**, as fundações, as organizações religiosas, os partidos políticos e as **empresas individuais de responsabilidade Ltda.**, estas criadas recentemente pela Lei número 12.441/2011. E de todas essas Pessoas Jurídicas, para nossa melhor compreensão, trataremos em nossos estudos, as Pessoas acima destacadas (sociedades e empresas individuais de responsabilidade Ltda.), até mesmo porque todas as demais Pessoas Jurídicas anteriormente citadas tanto as de Direito Público quanto as de Direito Privado, jamais poderão ser **sociedades empresárias** ou **empresários**.

Ainda, mais especificamente, vamos estreitando frente ao Código Civil o nosso interesse que se circunscreverá somente sobre o Livro II – Direito de Empresa, e dentro deste, num caminho ainda mais estreito, cuidaremos exclusivamente das **sociedades empresárias** e do **empresário**, vez que o nosso objetivo, para os fins da Lei 11.101/05, é exclusivamente sobre ambos, não sendo demais já transcrever o inteiro teor do artigo 1º da Lei acima citada – LFRE, pois é aqui que se encontram os alvos das nossas pesquisas, dos nossos estudos:

> "Esta Lei disciplina a recuperação judicial, a recuperação extrajudicial e a falência do empresário e da sociedade empresária, doravante referidos simplesmente como devedor".

1.4 Das exceções: cooperativas e sociedades simples

Comparativamente, e unicamente para os efeitos do aclaramento dos exatos significados que buscamos para a compreensão dos institutos da sociedade empresária e do empresário, nos utilizaremos também dos institutos de outras sociedades, como a **simples**, incluindo-se a **cooperativa**, a **rural** e o **empresário rural**, que embora também exerçam a atividade econômica com profissionalismo (habitualidade e pessoalidade), com fins econômicos (o *animus* é a busca dos lucros) e com todos os fatores de produção devidamente organizados (capital, mão de obra, insumos e tecnologia), a Lei exclui do conceito de **empresário/sociedade empresária** as 2 (duas) primeiras, enquanto que para as 2 (duas) últimas, se cumpridas determinadas condições, àquelas são comparadas.

1.5 Elementos identificadores do empresário/sociedade empresária

É no próprio Código Civil Brasileiro que encontraremos os elementos necessários para se conhecer ou caracterizar com exatidão quem é a sociedade empresária e quem é o empresário, pois, ao tratar da **Sociedade**, diz ele em seu artigo 981, que:

> "celebram contrato de sociedade as pessoas que reciprocamente se obrigam a contribuir, com bens ou serviços, para o exercício de atividade econômica e a partilha, entre si, dos resultados." (grifos nossos).

Já no artigo seguinte, o 982, de forma muito sintética, diz:

> "salvo as exceções expressas, considera-se empresária a sociedade que tem por objeto o exercício de atividade própria de empresário sujeito a registro (art. 967); e, simples, as demais".

Ora, observamos no contexto de ambos os artigos anteriormente citados e transcritos que, efetivamente, o Código Civil não diz com exatidão, conforme estamos acostumados a nos depararmos com determinadas definições mesmo nos textos da Lei, o que seja sociedade e muito menos o que seja sociedade empresária.

Nada obstante, no contexto dos dispositivos citados, expressos estão todos os requisitos e condições necessários para encontrarmos as pessoas alvos dos nossos estudos, quais sejam, o empresário e a sociedade empresária, especialmente seguindo o que determina o artigo 982, mais especificamente os termos **"o exercício de atividade própria de empresário sujeito a registro"**, pois, ao conhecermos o que é o **empresário**, o que ele **exercita**, qual, enfim, é a sua **atividade**, estaremos, concomitantemente, conhecendo e identificando tanto um como a outra. (grifos nossos).

Por óbvio, salta aos olhos que a sociedade empresária e o empresário são os mesmos quanto à atividade exercida e desde que inscritos nas respectivas Juntas Comerciais de seus Estados, o que implica, para os efeitos da Lei, a regularidade; sendo, entretanto, a primeira, formada e exercida por duas ou mais pessoas (de forma coletiva), enquanto o empresário age por si só, sendo, portanto, uma pessoa física (é individual). É, em síntese, o empresário individual, o antigo comerciante individual, e a hoje sociedade empresária, a antiga sociedade comercial.

1.6 A EIRELI

Um novo tipo de sociedade passou a existir recentemente em nossa legislação, sendo incorporada no Código Civil, em seu artigo 980-A, a **EIRELI – *Empresa Individual de Responsabilidade Limitada***, que será constituída por uma única pessoa titular da totalidade do capital social, devidamente integralizado, que não será inferior a 100 (cem) vezes o maior salário-mínimo vigente no País. A Eireli foi criada recentemente pela Lei numero 12.441/2011, com vigência a partir de 09 de janeiro de 2012, mas que é, para os mesmos fins, uma sociedade empresária/empresário.

A criação desse tipo de sociedade no Brasil atinge antigas reivindicações de empreendedores, pois até então, individualmente, só existia a pessoa natural como empresário individual, cujo patrimônio da pessoa física era o mesmo do empresário e, numa hipótese de execução ou falência, não haveria distinção, pois todos responderiam pela obrigação, significando que a responsabilidade é **ilimitada**, ao contrário do que é agora, na EIRELI, **limitada**.

Na EIRELI, o nome empresárial deverá ser formado pela inclusão da expressão "EIRELI" após a firma ou a denominação social da empresa individual de responsabilidade limitada. Exemplo: João Pedro Carvalhaes "EIRELI". A Lei, proíbe, entretanto, aquele que constituir uma sociedade desse tipo, que simultaneamente faça parte de outra. Naquilo que couber, diz a Lei, aplicam-se à EIRELI, as disposições previstas para as sociedades limitadas.

Isso quer dizer que a diferença básica entre sociedade empresária e empresário, está exatamente na sua constituição, no contrato social que os cria, sendo que na primeira o exercício da atividade tem que se dar por duas ou mais pessoas, enquanto que no segundo e na EIRELI, é apenas uma. Daí, tornar-se mais fácil o entendimento da redação do acima transcrito artigo 1º da Lei 11.101/05, quando, após frisar os institutos que regula, diz que eles tem como destinatários o empresário e a sociedade empresária, doravante referidos simplesmente como **devedor** (grifo nosso).

Nesse mesmo sentido, vez que sociedade empresária, empresário e Empresa Individual de Responsabilidade Limitada têm, para os efeitos das disposições do Código Civil Brasileiro o mesmo significado, tudo é atividade – a diferença é só quanto ao número de integrantes –, assim como, para a Lei número 11.101/05, é considerado devedor tanto o empresário quanto a sociedade empresária e a EIRELI, para fins de praticidade, também faremos uso de apenas uma denominação para designarmos tanto o empresário quanto a sociedade empresária. Assim, quando escrevermos nestes nossos estudos as palavras empresário, sociedade empresária ou mesmo devedor, estaremos nos referindo àquele que exerce a atividade empresarial, pois é essa figura que perseguiremos até o final dos nossos estudos.

1.7 Forma como é exercida a atividade

Primeiramente, necessário se faz deixar claro que o empresário, atualmente, é identificado **pela forma como ele exerce a sua atividade,** e não como há alguns anos atrás – antes da vigência do Código Civil de 2002 (que entrou em vigor em 11 de janeiro de 2003), quando sua identificação era conhecida tendo por base os atos que praticava, o que, ao ver dos doutrinadores de então, além de ser muito burocrático, também tolhia e em muito a prática da mercancia de outrora.

1.8 As Teorias: Atos de Comércio; Da Empresa

Toda esta celeuma de então, cujas raízes se encontravam fincadas no Direito francês, caminhava com os passos da conhecida Teoria dos Atos de Comércio, então abraçada pelo nosso também antigo Direito Comercial, contida na Parte Primeira do nosso Código Comercial de 1850, parte esta revogada pelo Código Civil de 2002, o qual trouxe em substituição, agora da Itália, a denominada Teoria da Empresa.

Assim, o então comerciante regido pelas normas revogadas do Código Comercial de 1850, somente como tal seria considerado se praticasse os denominados atos de comércio. À época, vigorava também o Regulamento 737, do mesmo ano de 1850, que em seu artigo 19 trazia nos seus cinco parágrafos, uma lista de atividades discriminando o que considerava mercancia, como por exemplo, "**a compra e venda ou troca de effeitos moveis ou semoventes para os vender por grosso ou a retalho, na mesma especie ou manufacturados, ou para alugar o seu uso**" (parágrafo primeiro). (grifos nossos).

Mas, se hoje denomina-se **empresário/sociedade empresária**, que tem na Teoria da Empresa os seus fundamentos e princípios, o que significava, por fim, o **Comerciante/Sociedade Comercial**, submeter-se ao então vigente regime do também então denominado Direito Comercial?

Significava, em síntese, submeter-se às regras próprias daquele ramo do Direito Privado, como, por exemplo, antes que pudesse iniciar as suas atividades, estava obrigado a se registrar na respectiva Junta Comercial do seu Estado, sendo este o primeiro requisito para o efetivo exercício dos seus atos de mercancia.

Por outro lado, o Comerciante tinha também o dever de manter a Contabilidade regular de seu comércio; de igual forma, na hipótese de descumprimento de suas obrigações financeiras e preenchidas determinadas situações, estava o mesmo sujeito à falência, assim como se, a exemplo desta, em determinadas circunstâncias se encontrasse em situação de crise econômico-financeira, também poderia usufruir dos favores da antiga Concordata, tanto a Preventiva quanto a Suspensiva, sendo todos estes Institutos regulados pelo revogado Decreto-Lei 7.661/45.

Bem, com a vigência do novo Código Civil Brasileiro – Lei 10.406/02, que entrou em vigor no dia 11 de janeiro de 2003, todo o arcabouço jurídico acima foi revogado, vindo para substituir esta até então conhecida e denominada Teoria dos Atos de Comércio do direito francês, a Teoria da Empresa, importada da Itália, onde já existia deste o ano de 1942, com a vigência do Novo Código Civil italiano.

E aqui, sim, o então Comerciante, diante das novas configurações – Direito Empresarial no Código Civil (Livro II) que entrava em vigor *versus* Direito Comercial na revogada Parte Primeira do Código Comercial de 1850 – passou a ser denominado de Empresário (o antigo Comerciante Individual, pessoa física) ou Sociedade Empresária (a antiga Sociedade Comercial), cujos atos, para as respectivas caracterizações ou identificações, sofreram uma certa generalização. Ou seja, os atos de mercancia com toda a sua estreiteza, deram lugar agora aos amplos conceitos que têm a **forma** pela qual é exercida a atividade empresárial, não se circunscrevendo o exercício da mesma meramente em atos discriminados em lei, mas esticando o seu conceito, expandindo os modos de se determinar, de se identificar aquele que se tornou empresário/sociedade empresária.

Importante, decorrentemente, destacar que a diferença entre Direito Comercial e Direito Empresarial, ou entre Comerciante e Empresário, não pode ser considerada apenas uma questão de terminologia; é, sim, algo muito mais profundo, vez que hoje os elementos para a identificação ou os requisitos para se conhecer e qualificar o que é o empresário, em muito diferem do então vigente Direito Comercial, especialmente porque o ponto de partida hoje para tais misteres, é, essencial e fundamentalmente, a observância **da forma, do meio** pelo qual ele desempenha a atividade.

Onde, então, vamos encontrar essa resposta absoluta para a real e completa identificação hoje, segundo a Teoria italiana da Empresa, do que é o empresário, ou de que forma ele é identificado, ou ainda, o que se faz necessário para alguém fazer-se ou para se tornar empresário? É exatamente no artigo 966 do Código Civil de 2002, que vamos encontrar essa resposta, pois, o legislador civil, com grande proficiência, soube deixar claro esse conceito de empresário. Assim, nos termos do citado artigo 966 do Código Civil, o legislador foi feliz ao conceituar que:

> "considera-se empresário quem exerce profissionalmente atividade econômica organizada para a produção ou a circulação de bens ou de serviços."

Portanto, para ser empresário, aquele que o pretender, terá que fazê-lo com **profissionalismo**, exercendo uma **atividade econômica** (com fins lucrativos), e de forma **organizada** (organização dos fatores de produção). Mas, para que fins? O final do artigo responde: para produção ou circulação de bens ou serviços.

Repita-se, foi com base no Direito Civil italiano, mais especificamente no artigo 2.082 daquele diploma estrangeiro, que se trouxe para o nosso Direito, o Civil, o exato conceito estampado no acima citado e transcrito artigo 966. Prescreve o artigo 2.082 do Código Civil italiano que:

> "é **empresário quem exerce profissionalmente uma atividade econômica organizada com o fim de produção ou de troca de bens e de serviços**". (grifos nossos).

Não podemos afirmar que o artigo 966 do Código Civil brasileiro seja uma cópia *ipsis litteris* do artigo 2.082 do Código civil italiano, mas que literais e idênticos são todos os objetivos, conceitos e princípios de ambas as normas.

1.9 Conhecendo melhor o artigo 966 do Código Civil

Por evidente, é imprescindível um aprofundamento no conteúdo citado do artigo 966 do Código Civil, vez que o mesmo, embora de redação curta, contém uma profundidade de informações, as quais, se não bem exploradas na busca dos seus exatos significados, deixa o estudante sem entender os valorosos e indispensáveis ensinamentos sobre o novel conceito de empresário, os quais procuraremos deixar da forma mais clara. E o empresário/sociedade empresária, repetindo, é a parte legitimada para figurar no polo ativo do instituto sob estudos – a Recuperação Judicial de Empresas.

1.10 O profissionalismo

O primeiro requisito que o citado artigo 966 do CC exige de quem quer ser empresário é o **profissionalismo.** Entretanto, uma indagação necessária: em que consiste esse profissionalismo? Há, por exemplo, a necessidade de se fazer um curso, do qual se extraia condições ou mesmo habilitações que levem o interessado a graduar-se como profissional e a habilitar-se com diploma que o capacite ao exercício do mister? Ora, pois ter profissionalismo, em princípio, nos salta aos olhos o entendimento de que para tal ser, há, necessariamente, um caminho a ser perseguido, um curso a ser trilhado, um preparo a ser exercitado e que, ao final, exatamente por ter transposto esses trilhos, se submetido às suas exigências e nelas qualificado como apto, o pretendente adquiriu às necessárias e exigidas capacidades, e daí, ter adquirido o tão buscado profissionalismo.

Felizmente, para o sistema, a resposta é não. Ou seja, para se tornar empresário, nenhum curso preparatório ou mesmo de qualificação é necessário. Aliás, o ser empresário precede o exigido profissionalismo, pois esse é um ato consequente, isto é, quem for empresário tem que exercer a atividade com profissionalismo.

O profissionalismo se caracteriza primeiramente pela **habitualidade**. Quem quiser ser empresário, além de outros requisitos, terá de fazê-lo habitualmente. Ao contrário, quem, de forma meramente eventual, praticar qualquer ato correspondente ao exercício da atividade, como, por exemplo, vender parte dos seus suprimentos alimentares – uma saca de arroz que João vende ao seu vizinho Pedro, cujo estoque acabou; por isso só jamais poderá ser considerado empresário.

Entretanto, Pedro indica a outros que João tem estoque dos suprimentos que estes terceiros necessitam, os quais adquirem daquele os bens que satisfaçam suas necessidades. Se, diante da necessidade de outros, que também acorrem a João, ele continua vendendo seus suprimentos, aí sim sua atitude passaria a constituir-se uma habitualidade, o primeiro dos requisitos do profissionalismo, exigido para a caracterização do empresário estará devidamente preenchido por João.

1.11 Pessoalidade

Pessoalidade é um outro requisito exigido para a caracterização do **profissionalismo** que eleva o seu executor, a par do preenchimento dos demais requisitos, à qualificação de empresário. Mas, qual é o real significado de se exercer uma atividade com pessoalidade? Será que o próprio empresário, dentro desse conceito de pessoalidade, tem, necessariamente, que exercer por si só todas as funções objetos do contrato firmado com quem contratou, por exemplo, seus serviços? Assim: o empresário tem como objeto social de sua atividade serviços de guarda e segurança, inclusive armada. Ora, se a pessoalidade é uma exigência ao lado da habitualidade para termos o profissionalismo, significaria isso que o empresário, por sua própria pessoa, teria que se uniformizar, se armar e montar guarda onde fosse contratado; ou, teria que se paramentar todo para, num outro exemplo, ser segurança de um estabelecimento bancário em que fosse contratado?

Necessariamente, não! Pois, a pessoalidade, nessas hipóteses, não é configurada em função ou não da execução da atividade, mas o que a caracteriza, é se o sujeito contratado exerce ou não a sua atividade de forma direta, ou seja, ser o contratado para desempenhá-la. Só será considerado empresário aquele contratado para desempenhar as atividades contratadas e, muito importante: ele, o próprio empresário, poderá, sim, desempenhar a atividade, assim como também poderá fazer com que ela seja desempenhada por um empregado ou preposto seu. É o que ocorre, sem nenhuma dúvida, nas sociedades empresárias, em que o seu administrador não terá que cumprir pessoalmente as obrigações contratadas. Por fim, o interessante mesmo é que o empresário seja o contratado para o exercício da atividade – pouco importante se ele a exerce por si mesmo ou por terceiros sob sua responsabilidade. É isso, enfim, que é exercer a atividade de forma direta.

1.12 Exercício da atividade econômica

Mas isto, ainda, não é tudo. O conceito do artigo 966 do Código Civil é sim, muito amplo, muitíssimo amplo. Ainda, é absolutamente indispensável que a atividade exercida por esse empresário seja uma **atividade econômica**.

Primeiramente, vamos buscar o entendimento, a nosso ver, sobre o que, efetivamente, seja atividade econômica. Ora, poderia afirmar, num sentido sintético e muito restrito, que atividade econômica é aquela exercida pelo empresário com fins lucrativos. É claro, a resposta está aí, aliás, muito clara. Entretanto, para os fins que nos moveram na busca de entendimentos mais profundos e mais claros desse conceito, há ainda muito que se explicar para se poder entender lá no fundo o que realmente é uma atividade econômica.

Ora, em outras palavras, atividade econômica quer dizer que a atividade que o empresário exerce, tem por finalidade a obtenção de lucros, que o que move o empresário ao seu exercício é o *animus* do lucro, pois, repita-se, para os efeitos da lei, somente será considerado empresário aquele que explorar uma atividade com fins lucrativos, isto é, visando ter lucros decorrentes do exercício do seu mister. Comparativamente raciocinando, aquelas pessoas que exercem também uma atividade, mas com finalidade diversa, como por exemplo, para fins religiosos, sociais, culturais, políticos, entre outros, em nenhuma hipótese, jamais, poderá ser considerado empresário, vez que nesses exemplos não existe e nem poderia existir qualquer propósito para se ter lucros segundo os fins do exercício da atividade empresárial, isso porque não está exercendo uma atividade econômica.

É o caso específico das demais Pessoas Jurídicas de Direito Privado previstas no artigo 44 do Código Civil citado anteriormente: as associações, as fundações, as organizações religiosas e os partidos políticos. Essas pessoas, sob todas e quaisquer possibilidades, jamais poderão ser caracterizadas como empresários/sociedades empresárias.

Por outro lado, necessário se faz também expor a comparação seguinte, evitando alguma possível indução em erro. Ora, exercer uma atividade econômica é um elemento necessário para a caracterização do empresário, assim como o termo atividade econômica significa, para os efeitos da Lei, a busca por lucros. Daí, necessariamente, não pode decorrer o entendimento de que aquele empresário no efetivo exercício de sua atividade terá, por isso só, determinados lucros, e tampouco que ele, por estar exercendo uma atividade econômica (que significa buscar fins lucrativos), fatalmente terá sucesso (lucros) em sua atividade. Por fim, exercer uma atividade com fins lucrativos (a atividade econômica) não significa, ao final, que os lucros necessariamente advirão, mas, tem que ser buscados; o objetivo é tê-los.

1.13 Exercício da atividade econômica organizada

Exercer a atividade de **forma organizada**, é, também, outro requisito para se ser empresário. Isso significa a organização dos fatores de produção, que se constituem: **(a) no capital** (sem dinheiro é impossível); **(b) na mão de obra** (empregados); **(c) o insumo** (material utilizado no exercício da atividade); e **(d) a tecnologia** (conhecimento específico para o exercício da atividade). Para alguns doutrinadores, a questão da mão de obra pode ser resolvida entre os próprios empreendedores e os membros da família.

Dessa forma, presentes esses fatores de produção, verificando-se que eles se encontram devidamente organizados pelo responsável e este vier a exercer essa atividade organizada com fins lucrativos seguidos pelo profissionalismo, terá adquirido o *status* de empresário. Consequência natural é que ele irá se submeter ao regime do Direito Empresarial. E, por isso, nenhuma importância se dará à atividade que ele venha a exercer, desde que desta decorrera ou a produção e circulação de bens ou a produção e circulação de serviços. E para se usufruir dos benefícios da recuperação judicial, o necessário registro junto à respectiva sede da Junta Comercial do seu principal estabelecimento, se tiver mais que um, isso é, a regularidade.

Ricardo Fiúza, (2003, p. 869-870), em interessante exposição doutrinária, traz importantes esclarecimentos sobre este novo conceito de empresário:

> O conceito de empresário expresso no art. 966 do Código Civil reproduz, fielmente, a definição do Código Civil italiano de 1942 (art. 2.082). Três são os elementos ou atributos fundamentais desse conceito: a economicidade, como fator de geração de riquezas, a organização e a profissionalidade. O conceito de empresário não se restringe mais, apenas, às pessoas que exerçam atividades comerciais. O novo Código Civil eliminou e unificou a divisão anterior existente entre empresário civil e empresário comercial. A partir de agora, o conceito de empresa abrange outras atividades econômicas produtivas que até então se encontravam reguladas pelo Código Civil de 1916, e assim submetidas, dominantemente, ao direito civil. O empresário é considerado como a pessoa que desempenha, em caráter profissional, qualquer atividade econômica produtiva no campo do direito privado, substituindo e tomando o lugar da antiga figura do comerciante [...]. O novo Código Civil veio, portanto, a qualificar como atividade de empresa o exercício de profissões organizadas destinadas à produção ou circulação de riquezas, eliminando o critério anterior de separação entre as atividades comerciais e as atividades civis em razão da finalidade lucrativa.

E arremata Ricardo Fiúza:

> [...] No regime jurídico passado, como elemento diferenciador, seria comercial ou mercantil a atividade econômica que objetivasse o lucro, ficando submetidas à legislação civil todas as demais atividades que, em princípio, não perseguissem o lucro como escopo essencial. Em sentido amplo, o conceito de empresário deve

abranger tanto o empresário de firma individual como os administradores de sociedade, ficando agora as sociedades classificadas ou divididas entre sociedade empresária (antiga sociedade comercial) e sociedade simples (antiga sociedade civil).

É ainda de José da Silva Pacheco (2006), a seguinte observação:

> Insta salientar, ainda, que se considera empresária a sociedade que tem por objeto o exercício de atividade econômica organizada para a produção e circulação de bens ou de serviços, sujeita à inscrição no Registro Público de empresas mercantis (As Juntas Comerciais). As demais são consideradas sociedades simples. Entretanto, são consideradas empresárias as sociedades por ações, independentemente de seu objeto, como aliás, já assim determinava o art. 2º, Parágrafo 1º, da Lei n. 6.404/76. A sociedade cooperativa, por outro lado, seja qual for o seu objeto, será sempre considerada sociedade simples, e, desse modo, não sujeita à falência.

De igual forma, acrescentamos, não sujeita aos institutos da recuperação judicial e da extrajudicial.

Outro conceito abalizado de **empresário** é o emitido pelo insigne jurista e Desembargador do Egrégio Tribunal de Justiça de São Paulo, Ricardo Negrão, em sua obra *Manual de Direito Comercial e de Empresa*, diz das dificuldades existentes para se estabelecer um conceito aceitável de **empresário** e que, para tanto, há a necessidade de se remontar à gênese da história da evolução do Direito Comercial, a qual ele divide em quatro fases: (a) subjetiva-corporativista; (b) eclética; (c) objetiva e, por fim, a que mais nos interessa, que é a; (d) fase subjetiva-empresárial, segundo a qual ele afirma:

> Este é o período no qual o Direito Comercial hoje se encontra, uma vez que, com o advento do novo Código Civil, há a expressa adoção dos conceitos elaborados a partir do Código Comercial alemão de 1861. No estágio atual leva-se em conta novamente o subjetivismo. A Pessoa do empresário, isto é, aquele que exerce profissionalmente qualquer atividade econômica organizada para a produção ou circulação de bens ou serviços, é o centro do novo conceito empresárial, não se considerando o conceito histórico do comerciante (aquele que intermedeia a produção e o consumo), nem a prática de determinados atos definidos como comerciais (conceito objetivo), mas a qualidade daquele que exerce atividade empresárial [...] (NEGRÃO, 2012, 61-62).

1.14 Perdeu o Direito Comercial a sua autonomia?

Essa indagação é sempre feita e muitas discussões de alto nível têm se desenvolvido em seu torno. Para uns, diante da revogação da Parte Primeira (do artigo 1º ao 456) do antigo Código Comercial Brasileiro de 1850 – Lei n. 556 – que regulava os atos de comércio e para o qual, somente era comerciante quem praticava tais atos, além da vigência da nova Lei – Código Civil

Brasileiro – que institui em seu Livro II o denominado "Direito de Empresa", estaria caracterizada a perda da autonomia do Direito Comercial, acabando com a dicotomia até então existente, pois centralizou por meio da teoria adotada – **a Teoria da Empresa** – as matérias até então reguladas pelo Código Comercial e pelo Código Civil. Para outros, entretanto, mesmo se observando o acima exposto, esse ramo do Direito – o Comercial – ainda mantém viva a sua autonomia, e para tanto, citam exemplos que dizem ser irrefutáveis, como os fatos (a economia) que ensejam a existência desse ramo jurídico, a qual continua existindo.

Para esses últimos, o Código Civil de 2002 trouxe uma novidade jurídica – a figura do **empresário**, para os quais, o regime jurídico é o mesmo regime jurídico do antigo **comerciante**, trazendo como sustentação às suas afirmações, as disposições do art. 2.037 do vigente Código Civil Brasileiro, que prescreve:

> "Art. 2.037. Salvo disposição em contrário, aplicam-se aos empresários e sociedades empresárias as disposições de leis não revogadas por este Código, referentes a comerciantes, ou a sociedades comerciais, bem como a atividades mercantis."

Fica patente nas disposições acima que nem todas as disposições legais sobre comerciantes, sociedades comerciais ou mesmo atividades mercantis foram revogadas. E mais, que sobre os hoje – nova denominação do Código Civil – **empresários** e **sociedades empresárias**, não havendo disposição em contrário, aplicam-se aquelas disposições não revogadas, cujos destinatários eram os então denominados **comerciantes**, ou **sociedades comerciais**, e ainda, sobre as atividades, até então conhecidas por **mercantis**.

A bem da verdade, as disposições do Código Civil Brasileiro não tiveram por fim causar o desaparecimento do mundo jurídico dos fatos que até então eram considerados como **atos de comércio**. Apenas trouxe para si, afirmam os defensores desse pensamento, a responsabilidade de regular todos os atos praticados no mundo econômico entre pessoas de direito privado. Daí, o fim natural colocado na antiga divisão entre esses dois ramos do Direito – o Civil e o Comercial.

A par disso, o novo Código Civil não revogou, conforme se vê pelas disposições do artigo 2.037, parte das normas que regiam a antiga figura do comerciante, e, muito ao contrário, dispôs que essas normas passariam a reger aquela nova figura que ele havia introduzido, ou seja, a figura do empresário. Isto, por si só, dizem, não autoriza a afirmação de que o Direito Comercial teria desaparecido com o respectivo surgimento de outro direito – o direito empresárial. Principalmente porque a abrangência do Direito Comercial não se limitava apenas aos atos de comércio – revogados no bojo da Parte Primeira do Código Comercial de 1850 – mas tem ele outras divisões que continuam em plena vigência, como a própria presente Lei sob estudos – falência e a recuperação judicial e extrajudicial de empresas (Lei 11.101/05), a Lei das Sociedades Anônimas número 6.404/76, o Direito Aeronáutico, o Direito Marítimo, os títulos de crédito, entre outros.

Um dos grandes defensores de que o Direito Comercial não perdeu a sua autonomia é o eminente jurista, professor e doutor Fábio Ulhoa Coelho. Na sua incontestável sabedoria, afirma ele que:

> No Brasil, a autonomia do Direito Comercial vem referida na Constituição Federal, que, ao listar as matérias da competência legislativa privativa da União, menciona "direito civil" em separado de "direito comercial" (DF, art. 22, I). Na portaria do Ministério da Educação, é considerada disciplina curricular autônoma e essencial. Note-se que não compromete a autonomia do direito comercial a opção do legislador brasileiro de 2002, no sentido de tratar a matéria correspondente ao objeto desta disciplina no Código Civil (Livro II da Parte Especial), já que a autonomia didática e profissional não é minimamente determinada pela legislativa. Também não compromete a autonomia da disciplina a adoção, no direito privado brasileiro, da teoria da empresa. Como visto, a bipartição dos regimes jurídicos disciplinadores de atividades econômicas não deixa de existir, quando se adota o critério da empresárialidade para circunscrever os contornos do âmbito de incidência do direito comercial. Aliás, a teoria da empresa não importa nem mesmo a unificação legislativa do direito privado. Na Espanha, desde 1989, o Código do Comércio incorpora os fundamentos desta teoria, permanecendo diploma separado do Código Civil. (COELHO, 2009, p. 27-28).

O próprio Professor Fábio Ulhoa, não somente defende a autonomia do Direito Comercial, mas é o coordenador da Comissão de Juristas que trabalha com afinco sobre o Projeto de Lei número 1.572/2011, de autoria do Deputado Federal Vicente Cândido, do PT-SP, que cria um Novo Código Comercial, cuja votação preveem para 2015.

1.15 Exceções: atividades econômicas não empresariais

A par da delimitação do objeto de nossos estudos – o empresário e a sociedade empresária (os legitimados para figurarem no polo ativo da Ação de Recuperação Judicial) –, a nosso ver bem caracterizados em linhas volvidas, existem também na Lei Civil brasileira, outras espécies de atividades econômicas, sem contudo, se revestirem da empresárialidade, ou seja, no desempenho de seus misteres, não detêm devidamente organizados todos os fatores de produção.

Como entendemos ter aclarado o conceito do que efetivamente é empresário ou sociedade empresária, procuraremos agora dar luzes a essas outras espécies de sociedades, mostrando que, não obstante exerçam atividades econômicas, algumas não o fazem de forma organizada, ou não a exploram visando lucros, ou mesmo não o fazem com profissionalismo; daí, não poderem ostentar as qualidades de empresário, não podendo, por conseguinte, usufruírem dos benefícios que a Lei 11.101/05 prevê para aqueles que se encontrem em situação de crise econômico-financeira (o empresário/sociedade empresária), conforme disposto em seu artigo 47 da Lei 11.101/05.

1.16 Sociedades Simples

Entretanto, outras sociedades existem e que exercitam sua atividade da mesma forma que o empresário, isto é, desempenhando-a com profissionalismo, com fins econômicos, e tendo devidamente organizados todos os fatores de produção, mas a Lei as exclui deste conceito de empresário. São as **Sociedades Simples**.

A primeira espécie que encontramos está prevista no Parágrafo Único do artigo 966 do Código Civil, que assim se expressa:

> "Não se considera empresário quem exerce profissão intelectual, de natureza científica, literária ou artística, ainda com o concurso de auxiliares ou colaboradores, salvo se o exercício da profissão constituir elemento de empresa."

Exemplificativamente, uma sociedade de médicos, ou mesmo dentistas, ou ainda, de engenheiros, arquitetos, mesmo exercendo sua atividade com profissionalismo (habitualidade e pessoalidade), com fins lucrativos (é claro, não estão ali para trabalhar sem nada auferirem, o seu fim é ganhar dinheiro), devidamente organizada (pois detém todos os fatores de produção (capital, mão de obra, insumo e tecnologia), e cuja finalidade é a produção de serviços, não poderá ser considerada uma sociedade empresária.

Ora, poderão dizer: mas, como não, se todos os requisitos especificados no artigo 966 do Código Civil foram devidamente preenchidos? Sim, mas apesar disso, essas sociedades exercem uma **atividade intelectual de natureza científica**, pois, exercitar a medicina, a odontologia, ou mesmo a engenharia ou a arquitetura, tudo decorre de uma ciência. E daí, de acordo com a exceção prevista no Parágrafo Único do artigo 966, essa sociedade não pode ser empresária.

O mesmo se observa com as outras duas exceções também previstas no mesmo parágrafo citado, quais sejam, as **atividades intelectuais de natureza literária ou artística**. Como exemplo, uma sociedade de escritores ou de artistas de cinema, tevê ou teatro, da mesma forma jamais poderá ser uma sociedade empresária, nada obstante preencha os requisitos para tal, pois existe a vedação da lei.

1.17 A exceção dentro da exceção

Esta exceção encontra-se na parte final do Parágrafo Único do artigo 966, quando diz "[...] **salvo se o exercício da profissão constituir elemento de empresa**" (grifos nossos).

Ora, o exercício de qualquer uma das atividades intelectuais previstas no Parágrafo Único do art. 966, mesmo com todos os requisitos exigidos para ser empresário, diz a lei, não poderá ser considerado como tal, desde que, se esse exercício de qualquer uma das três atividades não se constitua em **elemento de empresa**. Ao contrário, se o exercício da atividade constituir-se em elemento de empresa, aí, sim, a situação se inverte e essa sociedade poderá ser empresária.

1.18 O que é o elemento de empresa?

Ao descermos a detalhes sobre determinados temas e denominações nesses estudos, o fazemos com o objetivo único de possibilitar ao estudioso um entendimento, se não completo, muito próximo daquilo que ele busca. É o caso da disposição anteriormente mencionada do Código Civil Brasileiro. A nosso ver, o legislador nos facilita o entendimento quando generaliza; entretanto, quando diz que, **salvo se o exercício da profissão constituir elemento de empresa** (§ único do art. 966 do CC), mas sem dizer o que é exatamente esse **elemento de empresa**, dificulta o entendimento de todo o dispositivo.

E, nada melhor do que compreendermos com profundidade, buscando na doutrina, o verdadeiro entendimento do que seja elemento de empresa. Novamente citamos o eminente Mestre Fábio Ulhoa Coelho, na obra *Manual de Direito Comercial*, quando, em um exemplo muito prático, nos dá o exato e profundo sentido do que realmente é esse elemento de empresa:

> Para compreender o conceito legal, convém partir de um exemplo. Imagine o médico pediatra recém-formado, atendendo seus primeiros clientes no consultório. Já contrata pelo menos uma secretária, mas se encontra na condição geral dos profissionais intelectuais: não é empresário, mesmo que conte com o auxílio de colaboradores. Nesta fase, os pais buscam seus serviços em razão, basicamente, de sua competência como médico. Imagine, porém, que, passando o tempo, este profissional amplie seu consultório, contratando, além de mais pessoal de apoio (secretária, atendente, copeira etc.), também enfermeiras e outros médicos. Não chama mais o local de atendimento de consultório, mas de clínica. Nesta fase de transição, os clientes ainda procuram aqueles serviços de medicina pediátrica, em razão da confiança que depositam no trabalho daquele médico, titular da clínica. Mas a clientela se amplia e já há, entre os pacientes, quem nunca foi atendido diretamente pelo titular, nem o conhece. Numa fase seguinte, cresce mais ainda aquela unidade de serviços. Não se chama mais clínica, e sim hospital pediátrico. Entre os muitos funcionários, além dos médicos, enfermeiros e atendentes, há contador, advogado, nutricionista, administrador hospitalar, seguranças, motoristas e outros. Ninguém mais procura os serviços ali oferecidos em razão do trabalho pessoal do médico que os organiza. Sua individualidade se perdeu na organização empresárial. Neste momento, aquele profissional liberal tornou-se elemento de empresa. Mesmo que continue clinicando, sua maior contribuição para a prestação dos serviços naquele hospital pediátrico é a de organizador dos fatores de produção. Foge, então, da condição geral dos profissionais intelectuais e deve ser considerado, juridicamente, empresário. (COELHO, 2009, p. 16-17)

Fabio Ulhoa continua ensinando, dizendo que:

> também os outros profissionais liberais e artistas sujeitam-se à mesma regra". Cita o exemplo do escultor que, frente ao progresso de seu trabalho, contrata alguém para socorrê-lo nas necessidades mais imediatas, como atender ao telefone, pagar

contas, limpar o ateliê, entre outras funções; ainda não é este escultor um empresário. Mas, frente a uma expansão maior – uma grande procura pelos trabalhos desse escultor – tem ele a necessidade de contratar diversos empregados. É exatamente nesse ponto, ressalta Fábio Ulhoa, que pode ocorrer o que ele denomina de *transição*, ou seja, o escultor sai da condição jurídica de profissional intelectual e adquire a condição jurídica de *elemento de empresa*. E finaliza o Mestre, dizendo que será exatamente o caso, se a reprodução de esculturas assinaladas com a assinatura do escultor não depender mais de nenhuma ação pessoal direta deste. Aí, juridicamente, o escultor – até então profissional intelectual – tornou-se, para os efeitos da definição do parágrafo único do artigo 966, parte final, do Código Civil Brasileiro, empresário.

Por outro lado, muito esclarecedor este comentário de José da Silva Pacheco (2004; 2006), quando se refere ao Parágrafo Único do art. 966 do Código Civil:

> [...] quando o advogado, o médico, o engenheiro, o químico, o farmacêutico exercem a profissão intelectual de natureza científica, ou o escritor exerce a profissão literária, ou os músicos, pintores, dramaturgos exercem a atividade artística, não são considerados empresários.

E continua o mestre:

> Contudo, se o exercício da profissão constituir elemento de empresa, ocorre a ressalva final no parágrafo único do art. 966. Assim, podem, por exemplo, ser consideradas empresárias: a) as sociedades de construção civil, em que o exercício da profissão de engenheiro, ou arquiteto constitui mero elemento instrumental da atividade empresárial; b) as sociedades hospitalares, em que o exercício da profissão de médicos, cirurgiões, enfermeiros, constituem meros elementos da atividade econômica, explorada de forma organizada; c) as sociedades editoras e as empresas jornalísticas, em que o exercício da profissão de escritor, de articulista se faz como elemento da atividade econômico-empresárial.

1.19 O Empresário Rural e a Sociedade Empresária Rural

A segunda exceção está prevista no artigo 971 do Código Civil Brasileiro, que diz:

O empresário, cuja atividade rural constitua sua principal profissão, pode, observadas as formalidades de que tratam o art. 968 e seus parágrafos, requerer inscrição no Registro Público de Empresas Mercantis da respectiva sede, caso em que, depois de inscrito, ficará equiparado, para todos os efeitos, ao empresário sujeito a registro.

A situação prevista nesse artigo tem como destinatário o empresário individual.

Primeiramente, vamos procurar entender o que efetivamente é **atividade rural**, qual o seu conceito, qual a sua abrangência. É na Instrução Normativa número 257/2002, da Secretaria da Receita Federal, que vamos encontrar uma definição do que é considerado como atividade rural. O artigo 2º da IN dá, de início, um conceito e extensão de atividade rural, para, em seguida, discriminá-las. Dessa forma:

"A exploração da atividade rural inclui as operações de giro normal da pessoa jurídica, em decorrência das seguintes atividades consideradas rurais: I – a agricultura; II – a pecuária; III – a extração e a exploração vegetal e animal; IV – a exploração de atividades zootécnicas, tais como apicultura, avicultura, cunicultura, suinocultura, sericicultura, piscicultura e outras culturas animais; (V[...]???)[1]; VI – o cultivo de florestas que se destinem ao corte para comercialização, consumo ou industrialização; VII – a venda de rebanho de renda, reprodutores ou matrizes; VIII – a transformação de produtos decorrentes da atividade rural, sem que sejam alteradas a composição e as características do produto *in natura*, feita pelo próprio agricultor ou criador, com equipamentos e utensílios usualmente empregados nas atividades rurais, utilizando exclusivamente matéria-prima produzida na área rural explorada, tais como: a) beneficiamento de produtos agrícolas: 1. descasque de arroz e de outros produtos semelhantes; 2. debulha de milho; 3. conserva de frutas; b) transformação de produtos agrícolas: 1. moagem de trigo e de milho; 2. moagem de cana-de-açúcar para produção de açúcar mascavo, melado, rapadura; 3. grãos em farinha ou farelo; c) transformação de produtos zootécnicos: 1. produção de mel acondicionado em embalagem de apresentação; 2. laticínio (pasteurização e acondicionamento de leite; transformação de leite em queijo, manteiga e requeijão); 3. produção de sucos de frutas acondicionados em embalagem de apresentação; 4. produção de adubos orgânicos; d) transformação de produtos florestais: 1. produção de carvão vegetal; 2. produção de lenha com árvores da propriedade rural; 3. venda de pinheiros e madeira de árvores plantadas na propriedade rural; e) produção de embriões de rebanho em geral, alevinos e girinos, em propriedade rural, independentemente de sua destinação (reprodução ou comercialização)."

Vimos que o leque do que se entende por atividade rural é por demais extenso, mas, se o empreendedor rural explora uma, algumas ou todas as atividades citadas anteriormente e somente elas, e quiser ostentar o *status* de **Empresário Rural**, bastará inscrever-se como tal no Registro Público de Empresas Mercantis de seu Estado – as Juntas Comerciais (cada Unidade da Federação tem uma) – devendo, para tanto, observar as formalidades do artigo 968 do mesmo Código Civil, cujas exigências são as seguintes:

---

1 O algarismo romano V seguido de reticências e interrogações foi inserido de propósito, vez que ele é omisso e desprovido de qualquer explicação do porquê de sua ausência na citada IN 257/02. É que do algarismo IV, sem qualquer justificativa, salta para o algarismo VI, ficando, por consequência, sem o V. O original encontra-se no sítio da Receita Federal e, se quiserem conferir, é só acessar <http://www.receita.fazenda.gov.br/Legislacao/ins/2002/in2572002.htm>. O meu acesso deu-se na data de 23 de janeiro de 2014.

"Art. 968. A inscrição do empresário far-se-á mediante requerimento que contenha: I – o seu nome, nacionalidade, domicílio, estado civil e, se casado, o regime de bens; II – a firma, com a respectiva assinatura autógrafa; III – o capital; IV – o objeto e a sede da empresa."

Feita a inscrição na respectiva Junta Comercial, diz o Código Civil em seu artigo 971, está o produtor rural equiparado, **para todos os efeitos legais, ao empresário sujeito a registro**, significando isso que ele (empresário individual) estará apto a sujeitar-se aos efeitos da Lei 11.101/05, ou seja, para os efeitos destes estudos estará apto a figurar no polo ativo de um pedido de recuperação judicial.

1.20 Necessidade absoluta de inscrição do produtor rural no Registro Público de Empresas para ser equiparado ao empresário individual

"O Produtor rural não pode beneficiar-se nem ser prejudicado pela disciplina da recuperação judicial e das falências se não estiver inscrito no Registro Público de Empresas Mercantis". Essas sábias afirmações são do ilustre juiz de Direito, em substituição na 1ª Câmara Cível do Egrégio Tribunal de Justiça do Estado de Goiás, Dr. Roberto Horácio de Rezende, ao proferir julgamento em que produtores rurais pretendiam ser equiparados a empresários, mesmo antes das devidas inscrições junto aos respectivos Registros Públicos de Empresas Mercantis, ou seja, nas Juntas Comerciais de seus domicílios, conforme Ementa abaixo:

> AGRAVO DE INSTRUMENTO. RECUPERAÇÃO JUDICIAL. PRODUTORES RURAIS. INEXISTÊNCIA DE PRÉVIA INSCRIÇÃO NO REGISTRO PÚBLICO DE EMPRESAS MERCANTIS. IMPOSSIBILIDADE DE EQUIPARAÇÃO A EMPRESÁRIO. O Produtor rural não pode beneficiar-se nem ser prejudicado pela disciplina da recuperação judicial e das falências se não estiver inscrito no Registro Público de Empresas Mercantis — Tampouco pode beneficiar-se da recuperação judicial em relação a operações realizadas antes de inscrever-se naquele registro, pois sua equiparação a empresário só ocorre com a referida inscrição. AGRAVO DE INSTRUMENTO CONHECIDO E PROVIDO.
>
> (TJGO, AGRAVO DE INSTRUMENTO 84371-51.2012.8.09.0000, Rel. DR(A). ROBERTO HORACIO DE REZENDE, 1ª CÂMARA CÍVEL, julgado em 12/06/2012, DJe 1092 de 29/06/2012).

E a sociedade que, a exemplo da pessoa física do produtor rural, não seja empresária, e que tenha por objeto o exercício de atividade própria de empresário rural? Terá os mesmos benefícios?

Sim, desde que também satisfaça as exigências do legislador, semelhantes às do empresário rural, estas agora contidas no artigo 984 do Código Civil, que prescreve:

> "A sociedade que tenha por objeto o exercício de atividade própria de empresário rural e seja constituída, ou transformada, de acordo com um dos tipos de sociedade empresária, pode, com as formalidades do art. 968, requerer inscrição no Registro Público de Empresas Mercantis da sua sede, caso em que, depois de inscrita, ficará equiparada, para todos os efeitos, à sociedade empresária."

Tudo o que foi exposto anteriormente deixa por demais claro que aquelas pessoas que exercem a atividade rural, seja ela individual ou mesmo em sociedade, fazendo-o com profissionalismo, fins econômicos e com os fatores de produção devidamente organizados, não estão obrigadas a fazerem suas inscrições junto ao Registro do Comércio, não se submetendo, por conseguinte, às regras do Direito Empresarial. Elas apenas possuem essa faculdade e, vindo a exercê-la, aí sim, se submeterão às normas respectivas, inclusive para os efeitos de serem aptos a requererem a recuperação judicial.

1.21 As Cooperativas

A **terceira** exceção é a Cooperativa. Esta, também por expressa determinação legal, mesmo que atue com todos os elementos necessários para a caracterização de empresário/sociedade empresária, quais sejam, com profissionalismo, com fins lucrativos e com todos os fatores de produção devidamente organizados, será necessariamente uma Sociedade Simples. O dispositivo legal que assim determina é o Parágrafo Único do artigo 982 do Código Civil:

"Parágrafo único. Independentemente de seu objeto, considera-se empresária a sociedade por ações; **e, simples, a cooperativa**. (grifos nossos).

E o seu registro, onde se fará? No Cartório de Registro Civil das Pessoas Jurídicas (é Sociedade Simples), ou no Registro do Comércio, a Junta Comercial de sua respectiva sede, que cuida do registro de sociedades empresárias e de empresários?

Há certa discussão na doutrina brasileira sobre esse assunto. É que as Sociedades Cooperativas são reguladas pela Lei número 5.764, de 16 de dezembro de 1971, anterior, portanto, à vigência do atual Código Civil. Segundo quem defende esse pensamento, as Sociedades Cooperativas eram, para os efeitos do revogado Código Civil de 1916, classificadas como Sociedade Civis, cujos registros eram efetuados nos Cartórios de Registros Civis de Pessoas Jurídicas.

Por outro lado, há os que defendem que as Sociedades Cooperativas têm de fazer seus respectivos registros junto ao Registro Público de Empresas Mercantis, isto é, na Junta Comercial de seu Estado, nada obstante dizer o vigente Código Civil que ela é, para todos os efeitos legais, uma Sociedade Simples, conforme Parágrafo Único do artigo 982. Entretanto, o novo Código Civil também determina, em seu Art. 1.093, "que a sociedade cooperativa reger-se-á pelo disposto no presente Capítulo, ressalvada a legislação especial".

Nos parece ter razão a corrente que defende este último pensamento, principalmente porque a Lei assim o diz. Observemos as disposições do artigo 32 da Lei 8.934, de 18 de novembro de 1994, que dispõe sobre o Registro Público de Empresas Mercantis e Atividades Afins e dá outras providências, quando trata *Dos Atos Pertinentes ao Registro Público de Empresas Mercantis e Atividades Afins:*

"Art. 32. O registro compreende:

I – a matrícula e seu cancelamento: dos leiloeiros, tradutores públicos e intérpretes comerciais, trapicheiros e administradores de armazéns-gerais;

II – O arquivamento:

a) dos documentos relativos à constituição, alteração, dissolução e extinção de firmas mercantis individuais, sociedades mercantis e cooperativas;

b) [...]".

Assim, delimitados os sujeitos destinatários dos favores do instituto sob estudos – o da Recuperação Judicial, sendo eles o empresário e a sociedade empresária, mas deixamos a advertência das disposições seguintes do próprio Código Civil:

"Art. 967. É obrigatória a inscrição do empresário no Registro Público de Empresas Mercantis da respectiva sede, antes do início de sua atividade."

"Art. 985. A sociedade adquire personalidade jurídica com a inscrição, no registro próprio e na forma da lei, dos seus atos constitutivos (arts. 45 e 1.150)."

"Art. 1.150. O empresário e a sociedade empresária vinculam-se ao Registro Público de Empresas Mercantis a cargo das Juntas Comerciais, e a sociedade simples ao Registro Civil das Pessoas Jurídicas, o qual deverá obedecer às normas fixadas para aquele registro, se a sociedade simples adotar um dos tipos de sociedade empresária."

Art. 2. Esta Lei não se aplica a:

I – empresa pública e sociedade de economia mista;

II – instituição financeira pública ou privada, cooperativa de crédito, consórcio, entidade de previdência complementar, sociedade operadora de plano de assistência à saúde, sociedade seguradora, sociedade de capitalização e outras entidades legalmente equiparadas às anteriores.

2. A LEI NÃO SE APLICA A DETERMINADAS SOCIEDADES EMPRESÁRIAS

Embora a Lei 11.101/05 exclua de sua aplicabilidade as sociedades empresárias objetos dos estudos deste capítulo (as mencionadas no Art. 2°, incisos I e II), aqui se falando tanto da falência como das recuperações judicial e extrajudicial, observaremos que, quanto à aplicação do primeiro instituto – a falência –, algumas empresas e em determinadas condições (exclusivamente algumas do Inciso II) sofrerão as suas consequências. Entretanto, quanto à **recuperação judicial**, insisto, objeto dos nossos estudos, nenhuma das empresas relacionadas tanto no inciso I, quanto no II do artigo 2° da Lei 11.101/05, jamais poderá gozar desse privilégio legal.

Em um primeiro raciocínio, e feitas as exclusões acima citadas, pode-se pensar que a Lei de recuperação judicial de empresas seria aplicada a toda e qualquer sociedade empresária. A verdade é outra, vez que a própria Lei é que expressamente exclui de seu alcance determinados tipos de sociedades empresárias, pelos motivos que procuraremos expor em cada caso específico.

2.1 Empresa Pública e Sociedade de Economia Mista

A primeira exclusão encontra-se no artigo 2° da Lei 11.101/05, que diz que esta Lei não tem aplicabilidade sobre: "I) Empresa Pública e Sociedade de Economia Mista".

Dúvida nenhuma existe de que ambas são atividades econômicas, exploradas como empresas, mas vamos procurar conhecer e entender como são constituídas, quem as explora, para quais finalidades, e porque são exceções à aplicabilidade da Lei de recuperação de empresas.

Para Salles de Toledo, (2010, p. 53) ao comentar o artigo 2° da Lei 11.101/05

> A Lei optou por excluir da disciplina falimentar as chamadas empresas estatais, ou seja, a empresa pública e a sociedade de economia mista [...] a razão de ser estaria no fato de que essas empresas são constituídas, ao menos em grande parte, com capital do Estado, não se podendo conceber que este venha a falir, de modo que sempre seria possível superar as crises das empresas de que participa [...].

Pesquisando a Lei Maior, vamos encontrar em seu artigo 173 o princípio pelo qual ela permite a exploração de atividade econômica (que é própria da sociedade – o empresário ou sociedade empresária) pelo Estado.

Importante, porém, recordarmos que quando da realização dos estudos para a identificação do público-alvo – o empresário e a sociedade empresária, nos deparamos com disposições dentro do Código Civil Brasileiro que faziam duas grandes divisões entre pessoas jurídicas (as de Direito Público e as de Direito Privado), e que somente dentro destas últimas encontramos as sociedades – as únicas que exercem com profissionalismo a atividade econômica e com os fatores de produção devidamente organizados; daí, deterem as qualidades de empresário/ sociedade empresária.

Observamos também, que dentro do primeiro grupo das pessoas – as de Direto Público, não existem sociedades ou empresários e que, por consequência, nenhuma daquelas pessoas seria objeto destes estudos, a não ser para fins de comparações, como o fazemos aqui e agora, até mesmo porque nenhuma delas detinha as qualidades que estamos estudando, ou seja, não podem ser empresários, não tem necessidade e nem obrigação de registro junto ao Registro do Comércio, as Juntas Comerciais. Enfim, as pessoas jurídicas de direito público não podem exercer atividade econômica.

Não é somente aqui que encontraremos disposições semelhantes a esta dentro da própria lei de recuperação de empresas – que excluem de sua aplicação determinadas espécies de entidades; outras disposições da mesma natureza ou semelhantes também permeiam o inteiro texto da Lei 11.101/05. Mas, vamos nos deter agora nas **Empresas Públicas e nas Sociedades de Economia Mista** (item I do artigo 2º), as quais pertencem à chamada administração pública indireta; são as chamadas *Estatais*.

Dispõe o artigo 173 da Constituição da República Federativa do Brasil:

> "Art. 173. Ressalvados os casos previstos nesta Constituição, a exploração direta de atividade econômica pelo Estado só será permitida quando necessária aos imperativos da segurança nacional ou a relevante interesse coletivo, conforme definidos em lei."

A primeira conclusão que tiramos desse artigo é que o Estado pode explorar diretamente atividade econômica, desde que esta conste do texto da Carta Magna. Já em um segundo momento, o Estado pode continuar fazendo o mesmo, mas de forma excepcional, ou seja, quando necessária aos imperativos da segurança nacional ou a relevante interesse coletivo, estes, entretanto, previstos em Lei (que não é a Constituição Federal).

2.2 Monopólio da União

O Estado (aqui referindo-se à União), e confirmando a primeira conclusão exposta no parágrafo acima, tem o privilégio de ter o monopólio de explorar as seguintes atividades econômicas, constantes do artigo 177 da Constituição Federal:

> "Art. 177. Constituem monopólio da União:
>
> I – a pesquisa e a lavra das jazidas de petróleo e gás natural e outros hidrocarbonetos fluidos;
>
> II – a refinação do petróleo nacional ou estrangeiro;

III – a importação e exportação dos produtos e derivados básicos resultantes das atividades previstas nos incisos anteriores;

IV – o transporte marítimo do petróleo bruto de origem nacional ou de derivados básicos de petróleo produzidos no País, bem assim o transporte, por meio de conduto, de petróleo bruto, seus derivados e gás natural de qualquer origem;

V – a pesquisa, a lavra, o enriquecimento, o reprocessamento, a industrialização e o comércio de minérios e minerais nucleares e seus derivados, com exceção dos radioisótopos cuja produção, comercialização e utilização poderão ser autorizadas sob regime de permissão, conforme as alíneas *b* e *c* do inciso XXIII do *caput* do art. 21 desta Constituição Federal."

Explora a União diretamente essas atividades econômicas? Para os efeitos dos nossos estudos, explora, sim, pois vimos que, para a caracterização do empresário, necessita-se que a exploração seja feita diretamente pelo contratado, ou por um preposto/empregado seu. Não que a União esteja aqui sendo considerada empresário/sociedade empresária, mas que ela desempenha tais atividades exatamente como as desempenha aqueles que exercem a empresa.

E este explorar diretamente a atividade, por si ou por terceiros sob sua responsabilidade (da União), fica por demais caracterizado quando a própria Constituição Federal a **autoriza** a contratar com empresas estatais ou mesmo privadas a realização das atividades previstas no incisos I a IV do artigo 177, reservando para as atividades especificadas no inciso V do mesmo artigo, **exclusivamente sobre os radioisótopos,** o regime de **permissão** quanto à sua pesquisa, produção, comercialização e utilização, enquanto a pesquisa e a lavra de recursos minerais somente poderão ser efetuados por meio de **autorização** ou **concessão** da União.

2.3 Exploração pelo Estado de forma excepcional

Passamos agora a examinar a nossa segunda conclusão das disposições do artigo 173 da Constituição Federal – segundo a qual o Estado pode também explorar atividades com fins lucrativos, mas somente nas hipóteses **quando necessária aos imperativos da segurança nacional ou a relevante interesse coletivo, conforme definidos em lei,** esclarecendo ser aqui que encontraremos as exceções da Lei 11.101/05 (Empresas Públicas e Sociedade de Economia Mista).

É a própria Constituição Federal, no mesmo artigo 173, em seu parágrafo único e em seus respectivos incisos, que dá os rumos do conteúdo da futura lei que definirá as específicas necessidades de a União, agora de forma excepcional, exercer atividades com fins lucrativos, expondo as seguintes bases:

"Art. 173. A lei estabelecerá o estatuto jurídico da empresa pública, da sociedade de economia mista e de suas subsidiárias que explorem atividade econômica de produção ou comercialização de bens ou de prestação de serviços, dispondo sobre:

I – sua função social e formas de fiscalização pelo Estado e pela sociedade;

II – a sujeição ao regime jurídico próprio das empresas privadas, inclusive quanto aos direitos e obrigações civis, comerciais, trabalhistas e tributários;

III – licitação e contratação de obras, serviços, compras e alienações, observados os princípios da administração pública;

IV – a constituição e o funcionamento dos conselhos de administração e fiscal, com a participação de acionistas minoritários;

V – os mandatos, a avaliação de desempenho e a responsabilidade do administrador.

Com base nessas linhas gerais, a Constituição Federal/88, recepcionou o Decreto-Lei número 200, de 25 de fevereiro de 1967, que dispõe sobre a organização da Administração Federal, estabelece diretrizes para a Reforma Administrativa e dá outras providências. Este Decreto-Lei 200, estabelece em seu artigo 4º que a Administração Federal compreende a Administração Direta e a Administração Indireta, esta compreendendo 4 (quatro) categorias de entidades, todas dotadas de personalidade jurídica própria, sendo elas as **Autarquias**, as **Empresas Públicas** e as **Sociedades de Economia Mista** (objetos dos nossos estudos), e **Fundações Públicas**.

2.4 Empresas Públicas. Sociedade de Economia Mista. Definição

É o próprio Decreto-Lei número 200/67 que nos dá a exata definição dos institutos sob análise. Assim:

> "**Empresa Pública** é a entidade dotada de personalidade jurídica de direito privado, com patrimônio próprio e capital exclusivo da União, criado por lei para a exploração de atividade econômica que o Governo seja levado a exercer por força de contingência ou de conveniência administrativa podendo revestir-se de qualquer das formas admitidas em direito." (item II do artigo 5º)

> "**Sociedade de Economia Mista** é a entidade dotada de personalidade jurídica de direito privado, criada por lei para a exploração de atividade econômica, sob a forma de sociedade anônima, cujas ações com direito a voto pertençam em sua maioria à União ou a entidade da Administração Indireta".

Apesar de nos parecer completamente autoexplicativas as próprias definições da Lei, cabe-nos apenas fazer pequenas observações sobre diferenças existentes sobre os Institutos, vez que estas últimas devem ter a forma de Sociedade Anônima (S/A), o que quer dizer que serão reguladas pela Lei específica, a de número 6.404/1976, enquanto as primeiras gozam do privilégio de poderem revestirem-se de qualquer uma das formas previstas dentro do Direito de Empresa (Sociedade

Simples e Empresárias), ou ainda, em conformidade com a Lei 6.404/76, Lei das Sociedades Anônimas.

Também o capital das sociedades de economia mista é formado pela união dos recursos públicos e dos recursos privados, com a divisão das ações, representativas do capital, entre a entidade que representa o governo e a iniciativa privada. Há, porém, uma exigência da Lei quanto às Sociedades de Economia Mista federais, de que a maioria das ações com direito a voto pertençam à União ou à entidade de Administração Indireta Federal. Isso quer dizer que o controle acionário permanece com o Estado, o mesmo observando-se com relação às demais esferas de Governos.

Quanto às Empresas Públicas, o capital para a sua constituição é inteiramente público, inexistindo qualquer possibilidade de participação de recursos particulares. Há somente uma permissão na lei, mas desde que a maioria do capital votante de uma empresa pública federal permaneça de propriedade da União: a participação no capital de outras pessoas jurídicas de direito público interno, bem como de entidades da Administração Indireta da União, dos Estados, do Distrito Federal e dos Municípios. Aplica-se aqui o mesmo raciocínio empregado sobre as Sociedades de Economia Mista, quanto às demais esferas de Governos.

2.5 O Foro das Empresas Públicas e das Sociedades de Economia Mista

Se as Empresas Públicas (federais) figurarem nos polos ativo, passivo ou em outras causas em que elas tiverem algum interesse, mesmo na condição de assistentes ou opoentes, exceto as de falência, as de acidente do trabalho e as sujeitas à Justiça Eleitoral e à Justiça do Trabalho, serão processadas e julgadas pela Justiça Federal (CF, art. 109, I). Já as Empresas Públicas estaduais ou municipais serão demandadas ou demandarão junto às respectivas Justiças Estaduais, de conformidade com a disposição dos respectivos Códigos de Organização e Divisão Judiciária. Quando às Sociedades de Economia Mista, inclusive as federais, terão suas causas processadas e julgadas na Justiça Estadual.

2.6 Exceções contidas no item II do art. 2º da Lei 11.101/05

Neste item II, entendeu o legislador de excluir do alcance da Lei diversas empresas, das mais diferentes espécies, vez que estas têm regime próprio de liquidação ou de execução concursal dentro dos próprios institutos legais que as criaram, ou ainda, porque em decorrência de suas finalidades não se poderia proceder a uma liquidação ou qualquer espécie de execução na forma da Lei 11.101/05 para a satisfação dos seus credores ou daqueles que detenham quaisquer direitos originários dessa relação. São as seguintes as empresas a que nos referimos:

"instituição financeira pública ou privada, cooperativa de crédito, consórcio, entidade de previdência complementar, sociedade operadora de plano de assistência à saúde, sociedade seguradora, sociedade de capitalização e outras entidades legalmente equiparadas às anteriores."

É ainda de Paulo Salles de Toledo (2010, p. 53), o interessante pensamento/ensinamento do porquê da inaplicabilidade da Lei 11.101/05 às entidades especificadas no inciso II do seu artigo 2º:

"[...] a especificidade da atuação dessas empresas, bem como as repercussões econômicas de suas crises, explicaria, de um lado, a alegada insuficiência das normas aplicáveis à atividade empresárial "comum", e, de outro, a existência de sistemas paralelos, em que o Estado-Administração, e não o Estado-Juiz, se encarregaria de fornecer a adequada tutela legal."

2.7 Instituição financeira pública ou privada

A Lei 6.024, de 13 de março de 1974, que dispõe sobre a intervenção e a liquidação extrajudicial de instituições financeiras, constitui-se no nosso primeiro norte, pois em seu artigo primeiro, prescreve que:

"as instituições financeiras privadas e as públicas não federais, assim como as cooperativas de crédito, estão sujeitas, nos termos desta Lei, à intervenção ou à liquidação extrajudicial, em ambos os casos efetuada e decretada pelo Banco Central do Brasil [...]."

Encontramos também na Lei o conceito do que seja "Instituição Financeira", pois, a partir daí, saberemos delimitar o nosso campo de estudos sobre essas empresas. Diz o artigo 17, este da Lei 4.595, de 31 de dezembro de 1964, que dispõe sobre a Política e as Instituições Monetárias, Bancárias e Creditícias, Cria o Conselho Monetário Nacional e dá outras providências, o que é considerado **Instituição Financeira:**

"Art. 17. Consideram-se instituições financeiras, para os efeitos da legislação em vigor, as pessoas jurídicas públicas ou privadas, que tenham como atividade principal ou acessória a coleta, intermediação ou aplicação de recursos financeiros próprios ou de terceiros, em moeda nacional ou estrangeira, e a custódia de valor de propriedade de terceiros."

Tal conceito é complementado pelo Parágrafo Único desse mesmo artigo, quando prescreve que:

"Para os efeitos desta lei e da legislação em vigor, equiparam-se às instituições financeiras as pessoas físicas que exerçam qualquer das atividades referidas neste artigo, de forma permanente ou eventual."

O primeiro ponto importante e que efetivamente nos mostra a não aplicabilidade da Lei 11.101/05, isto, **em princípio** quanto à falência (que em uma determinada circunstância se aplicará a algumas dessas empresas), mas, jamais o instituto da **recuperação judicial**, é o disposto em Lei especial, quando diz que os ali discriminados estão sujeitos "[...] à intervenção ou à liquidação extrajudicial, em ambos os casos efetuada e decretada pelo Banco Central do Brasil [...]." (Art. 1º da Lei 6.024/74).

Ao prescrever que se sujeitam aos termos do citado artigo 1º da Lei 6.024/74 as "Instituições Financeiras Pública ou Privada", não as especificando, entretanto, resta-nos encontrá-las, pois, saber quais são é de fundamental importância, especialmente diante da existência no mercado de diversos órgãos/empresas/entidades que praticam atividades de coleta, intermediação ou mesmo aplicação de recursos financeiros próprios ou de terceiros, ou ainda, que fazem a custódia de valor de propriedade de terceiros.

Após o artigo 18 da Lei 4.595/64 dizer que as instituições financeiras somente poderão funcionar no País mediante prévia autorização do Banco Central da República do Brasil ou decreto do Poder Executivo, quando forem estrangeiras, passa a discriminar em seu parágrafo primeiro as entidades/empresas que se subordinam aos efeitos desta Lei, nos mostrando, dessa forma, o que são as Instituições Financeiras Públicas ou Privadas, quais sejam:

"§ 1º. Além dos estabelecimentos bancários oficiais ou privados, das sociedades de crédito, financiamento e investimentos, das caixas econômicas e das cooperativas de crédito ou a seção de crédito das cooperativas que a tenham, também se subordinam às disposições e disciplina desta lei no que for aplicável, as bolsas de valores, companhias de seguros e de capitalização, as sociedades que efetuam distribuição de prêmios em imóveis, mercadorias ou dinheiro, mediante sorteio de títulos de sua emissão ou por qualquer forma, e as pessoas físicas ou jurídicas que exerçam, por conta própria ou de terceiros, atividade relacionada com a compra e venda de ações e outros quaisquer títulos, realizando nos mercados financeiros e de capitais operações ou serviços de natureza dos executados pelas instituições financeiras."

Em complementação à extensão do que se considera "Instituição Financeira Pública ou Privada", a Lei 4.380, de 21 de agosto de 1964, que institui a correção monetária nos contratos imobiliários de interesse social, o sistema financeiro para aquisição da casa própria, cria o Banco Nacional da Habitação (BNH), e Sociedades de Crédito Imobiliário, as Letras Imobiliárias, o Serviço Federal de Habitação e Urbanismo e dá outras providências, nada obstante ser mais antiga que a Lei 4.595/64, traz nova roupagem com a redação que foi dada pela Lei 11.977/09, e, embora às vezes repetindo algumas entidades/empresas citadas pela 4.595/64, amplia o número das mesmas – as empresas que jamais se submeterão aos efeitos da **recuperação judicial**.

Com redação dada pela Lei 8.245/91, o artigo 8º da Lei 4.380/64, diz que o sistema financeiro da habitação, destinado a facilitar e promover a construção e a aquisição da casa própria ou moradia, especialmente pelas classes de menor renda da população, e será integrado pelas seguintes entidades:

"I – pelos bancos múltiplos;

II – pelos bancos comerciais;

III – pelas caixas econômicas;

IV – pelas sociedades de crédito imobiliário;

V – pelas associações de poupança e empréstimo;

VI – pelas companhias hipotecárias;

VII – pelos órgãos federais, estaduais e municipais, inclusive sociedades de economia mista em que haja participação majoritária do poder público, que operem, de acordo com o disposto nesta Lei, no financiamento de habitações e obras conexas;

VIII – pelas fundações, cooperativas e outras formas associativas para construção ou aquisição da casa própria sem finalidade de lucro, que se constituirão de acordo com as diretrizes desta Lei;

IX – pelas caixas militares;

X – pelas entidades abertas de previdência complementar;

XI – pelas companhias securitizadoras de crédito imobiliário; e

XII – por outras instituições que venham a ser consideradas pelo Conselho Monetário Nacional como integrantes do Sistema Financeiro da Habitação."

Encontradas nas leis todas as "Instituições Financeiras Públicas ou Privadas", inclusive aquelas "outras entidades legalmente equiparadas às anteriores" (parte final do Inciso II do artigo 2º da Lei 11.101/05), nenhuma dúvida se terá quanto à não aplicabilidade do instituto da recuperação judicial às mesmas. Entretanto, havíamos dito anteriormente que algumas dessas entidades, e em determinadas circunstâncias, se submeteriam aos efeitos da Lei 11.101/05, mas somente quanto ao instituto da falência, o que, em síntese, mostraremos a seguir, vez não se tratar de matéria atinente às nossas pesquisas.

Assim, temos duas Leis que regulam empresas/entidades diferentes, e que, em um determinado momento de suas operações, isto é, na ocorrência de determinados fatores, remetem o seu procedimento para a falência (Lei 11.101/05). São elas as de números 4.595/64, que dispõe sobre a Política e as Instituições Monetárias, Bancárias e Creditícias, Cria o Conselho Monetário Nacional e dá outras providências, e o Decreto-Lei número 73, de 21 de novembro de 1966, dispõe sobre o

Sistema Nacional de Seguros Privados, regula as operações de seguros e resseguros e dá outras providências.

Cuidam, em síntese, as leis mencionadas, das Instituições Financeiras e das Sociedades Seguradoras, respectivamente. Embora reguladas por institutos diferentes, o procedimento para a falência de ambos são muito semelhantes, vez que somente chegarão a essa condição se, dentro do processo preliminar de liquidação extrajudicial, e os respectivos ativos não forem suficientes para cobrir sequer metade do valor dos créditos quirografários (Art. 12, letra "d", da Lei 6.024/74 e Art. 26 do Dec-Lei 73/66).

Entretanto, motivos outros, agora dessemelhantes, existem para dar causa à falência, como, por exemplo, quando julgada inconveniente a liquidação extrajudicial, ou quando a complexidade dos negócios da instituição ou, a gravidade dos fatos apurados aconselharem a medida (específico para as instituições financeiras) e, quando houver fundados indícios da ocorrência de crime falimentar (específico para as sociedades seguradoras), motivos estes explicitados nos mesmos dispositivos citados no parágrafo anterior.

Vale ressaltar, ao final, que os procedimentos preliminares de Intervenção e Liquidação Extrajudicial são de competência exclusiva do Banco Central do Brasil, relativamente às Instituições Financeiras, e à SUSEP Superintendência de Seguros Privados, quando se tratar de sociedades seguradoras, tudo em conformidade com ambas as leis anteriores.

3. JUÍZO COMPETENTE PARA DEFERIR A RECUPERAÇÃO JUDICIAL

O Foro competente para se ajuizar um pedido de recuperação judicial está disciplinado no artigo 3º da Lei 11.101/05. Diz este artigo que:

"É competente para homologar o plano de recuperação extrajudicial, deferir a recuperação judicial ou decretar a falência o juízo do local do principal estabelecimento do devedor ou da filial de empresa que tenha sede fora do Brasil."

Não é demais recordar-se que durante a vigência do Decreto-Lei 7.661/45, que cuidava também da antiga Concordata, fixou-se que o juízo competente para tal seria aquele em cuja jurisdição o devedor tem o seu **principal estabelecimento** (artigo 7º combinado com o artigo 156). Mas, daí, entender-se com exatidão o que era o **principal estabelecimento** era problemático, especialmente frente às inúmeras possibilidades de fraudes que potencialmente se poderiam efetuar.

Apesar dos potenciais entraves decorrentes do conceito de **principal estabelecimento** e das voltas que se deu durante a vigência da lei de 1945, a Lei de 2005 seguiu o mesmo direcionamento, determinando que é competente para deferir a recuperação judicial o juízo do local do principal estabelecimento do devedor ou da filial de empresa que tenha sede fora do Brasil.

Por óbvio, tal dispositivo teve por destinatárias as grandes sociedades empresárias, as quais têm, além da sua matriz, diversas filiais ou mesmo centro de atividades – onde, por exemplo, não se fabrica, não se vende, mas se concentra o cérebro, decide-se, já que para a grande maioria dos destinatários da Lei 11.101/05 é de fácil compreensão a identificação do que seja o principal estabelecimento, até mesmo porque a maior parte só tem um.

3.1 Prevaleceu o mesmo conceito da velha Lei

Mas, qual era a dúvida de outrora que se trouxe para o presente, que entraves causou, que prejuízos reais ou potenciais existiram? E, se era assim, por que a Lei vigente incorporou em seu dispositivo praticamente a mesma redação do Decreto-Lei 7.661/45 quanto ao que seja o **principal estabelecimento**? Indaga-se: não era este o momento exato, já que se confeccionava uma nova lei para vigorar sobre a questão, por que, então, não se encontrou um dispositivo que não fosse alvo de possíveis fraudes, e até mesmo para dissipar as dúvidas que a velha lei trazia no seu bojo?

O conceito de principal estabelecimento variava em conformidade com os interessados – os concordatários, os quais, de maneira não muito ética, e dentre as possíveis interpretações que a lei lhes oferecia, "criavam" situações no sentido de que o foro que elegessem para o pedido de Concordata se caracterizasse como o correto.

Dúvidas como essas e outras estiveram presentes no Senado e na Câmara dos Deputados quando da elaboração desta Lei, vez que o que se queria evitar eram as fraudes, a exemplo das que ocorreram durante boa parte da vigência da Lei antiga, o que causou muito prejuízo a diversos credores, diante mesmo da manipulação que os então devedores desonestos criavam no sentido de driblar a lei, elegendo como seu principal estabelecimento aquele em que os credores tivessem mais dificuldades de acesso, ou no qual eles, por circunstâncias de seu interesse entendiam obter facilidades próprias ou dificuldades para os interessados.

Não que os devedores tivessem por si ou pela Lei essa elasticidade, mas faziam, por exemplo, antes de um pedido de Concordata, a modificação do endereço do estabelecimento principal e registravam nas respectivas Juntas Comerciais, levando-o para o local de uma filial em uma cidade muito distante de onde ocorriam os negócios originariamente; ou ainda, para uma filial de uma pequena cidade, cuja indústria seja a maior empregadora da região para, daí, junto ao Judiciário local, poder obter a sensibilidade quanto ao favorecimento do deferimento do pedido, visando a manutenção dos empregos, entre outros artifícios.

3.2 Como saber qual é o principal estabelecimento? A Companhia tem sede em Goiânia-GO

Assim, num primeiro exemplo, um ato constitutivo – o estatuto da companhia "Pescados Goiás S/A", prescrevia em determinada cláusula, que a mesma era sediada à rua tal, na cidade X, em Goiânia-GO. Quanto às demais atividades do grupo, dispersa em alguns Estados do Brasil, constava nos respectivos registros sociais que eram filiais da "Pescados Goiás S/A", de Goiás. Ora, não bastasse a lógica que salta aos olhos, nenhum outro entendimento razoável concluiria algo diferente de que a sede, a matriz à qual pertenciam aquelas filiais, tinha sede em Goiânia-GO. Decorrentemente, seria, então, a companhia sediada no Estado de Goiás, o **principal estabelecimento**?

3.3 Tem também atividade empresárial em Natal-RN

Entretanto, por ser o objeto social dessa companhia a compra, a industrialização, a transformação, o armazenamento e a venda de pescados em geral, tem ela, pela comodidade natural que decorre do exercício da empresa, uma filial/indústria instalada na cidade de Natal – RN, onde operacionaliza todos os fins objetivados nos seus estatutos. Por isso, seria o de Natal-RN, o **principal estabelecimento**?

3.4 São Paulo-SP – cérebro financeiro – também tem atividade

Por outro lado, essa mesma companhia, por entender que a cidade de São Paulo-SP, é o centro nervoso dos grandes negócios do Brasil, e que ali se encontram os principais e grandes compradores, inclusive os grandes exportadores de pescados e derivados, tem também ali uma filial (um grande escritório), para viabilizar a concretização dos seus fins, no qual quem decide é a Diretoria, formada por um Presidente e um comitê de negócios, ao qual estão subordinadas Goiás e Natal. Ou, por causa desses requisitos aqui expostos seria este – São Paulo, o **principal estabelecimento**?

3.5 Frutal-MG, tem a atividade e é onde tem domicílio o Presidente que comanda as atividades

O Presidente da Companhia Pescados Goiás S/A, frente às necessidades de crescimento da Companhia, e levando em consideração a logística, desenvolveu um projeto para se construir um posto de armazenagem, estocagem, vendas e distribuição que cobrisse uma grande parte do Estado de Minas Gerais – todo o Triângulo Mineiro –, parte do Estado de São Paulo e grande parte do Centro Oeste. Reunido com a Diretoria da companhia, decidiu-se que a cidade de Frutal-MG, que tem também o melhor entroncamento rodoviário do Brasil, detinha, em princípio, todas essas vantagens para a alavancagem do seu negócio naquelas regiões.

Em visita à cidade de Frutal-MG, o Presidente da Pescados Goiás S/A, recebeu das autoridades constituídas a melhor reciprocidade possível, inclusive a doação de um terreno para a construção de um edifício para armazenagem, estoque, vendas e distribuição dos pescados, além de alguns benefícios fiscais, vez que o planejamento da atividade era para gerar, logo no início de seu efetivo funcionamento, 200 (duzentos) empregos diretos.

Não bastasse só isso, o Presidente, em companhia das sempre gentis autoridades e moradores locais, foi levado pessoalmente para conhecer fisicamente a cidade de Frutal-MG, além dos seus diversos potenciais, com o que, ficou altamente encantado e seduzido. A cidade de Frutal-MG era exatamente o local ideal para os propósitos da Companhia. Tudo estava decidido.

Em poucos meses o edifício da Companhia Pescados Goiás S/A estava levantado, os 200 (duzentos) empregos garantidos devidamente contratados e a cidade de Frutal-MG, por suas autoridades e moradores, altamente agradecida ao presidente da Companhia, que também, mostrava a todos a mesma reciprocidade. E isso foi tão forte que motivou o presidente da Companhia a mudar-se para a cidade de Frutal-MG, onde estabeleceu domicílio, e por isso, literalmente, causou grandes modificações na constituição e funcionamento da atividade.

Por estar o presidente da Companhia domiciliado em Frutal-MG, e também para continuar na liderança de todas as atividades que ele comandava junto ao Comitê em São Paulo, determinou que se instalassem nas sedes da Companhia em Frutal-MG, em Goiânia-GO, em Natal-RN e em São Paulo-SP, o que há de mais moderno em tecnologia de informação e comunicação, que possibilitasse a ele da cidade de Frutal, por meio de videoconferências e outros modernismos, comandar toda a atividade em todos os locais.

O encantamento do presidente da Pescados Goiás S/A, mesmo em pouco tempo, com a força de trabalho dos empregados frutalenses, com o carinho que era tratado pelos moradores da cidade, com o desmedido apoio das autoridades constituídas à alavancagem da atividade e com a tranquilidade que lhe dava e à família ter Frutal por domicílio, fez com que ele, em um gesto de agradecimento, sugerisse à Diretoria, que aprovou à unanimidade, que o nome empresarial da atividade passasse a ser "Pescados Frutal S/A", promovendo, por consequência, alterações nos estatutos da Companhia com o respectivo registro nas Juntas Comerciais de Minas Gerais, Goiás, Rio Grande do Norte e São Paulo. A cidade de Frutal-MG, seria, por essas condições, a sede do principal estabelecimento?

Se a "Pescados Frutal S/A" fosse impetrar uma recuperação judicial, em que juízo de qual local ela deveria fazê-lo? Goiânia-GO, por ser a sede que consta no estatuto; Natal-RN, por sediar a indústria, por fabricar, transformar, inclusive com posto de venda, por sediar o parque industrial; São Paulo-SP, onde se encontra presente a Diretoria, ou Frutal-MG, onde está o Presidente que comanda a

Diretoria que decide por meio de um Comitê todos os grandes negócios da companhia, mas que tem na palavra do Presidente a última?

Sanando essa questão, desde a vigência da lei de 1945, o Superior Tribunal de Justiça, no Conflito de Competência onde foi Relator o Ministro Eduardo Ribeiro (DJ de 27/11/1989), assim decidiu:

> "Concordata – Competência. Foro competente para a Concordata preventiva é o do local em que o comerciante tem seu principal estabelecimento. **Entende-se por principal estabelecimento, não necessariamente aquele indicado como sede, nos estatutos ou no contrato social, mas a verdadeira sede administrativa, em que está situada a direção da empresa, de onde parte o comando de seus negócios**". (grifos nossos).

A parte acima grifada, observamos, tinha por finalidade a coibição de potenciais e existentes fraudes, pois ao fixar o entendimento do que seja o principal estabelecimento, como sendo o local em que está situada a empresa e de onde parte o comando de seus negócios, quis o STJ dizer que aquele endereço indicado nos atos constitutivos e registrados nas respectivas Juntas Comerciais como a matriz ou sede, não era, conforme se entenda, **necessariamente**, o principal estabelecimento.

Exemplo claro e incontestável das nossas afirmações acima, é demonstrado na decisão no CONFLITO DE COMPETÊNCIA Nº 32.988 – RJ (2001/0104253-7), no qual o Superior Tribunal de Justiça, tendo como Relator o então eminente Ministro Sálvio de Figueiredo Teixeira, julgado em 14 de novembro de 2001, assim ementou:

> "COMPETÊNCIA. ESTABELECIMENTO PRINCIPAL DA RÉ. PRECEDENTES. MUDANÇA DE DOMICÍLIO. INTENÇÃO DE FRAUDAR. CONFLITO CONHECIDO.
>
> I – Segundo o art. 7º do Decreto-Lei 7.661/45, "é competente para declarar a falência o juiz em cuja jurisdição o devedor tem o seu principal estabelecimento ou casa filial de outra situada fora do Brasil".
>
> II – Consoante entendimento jurisprudencial, respaldado em abalizada doutrina, "estabelecimento principal é o local onde a atividade se mantém centralizada", não sendo, de outra parte, "aquele a que os estatutos conferem o título principal, mas o que forma o corpo vivo, o centro vital das principais atividades do devedor".
>
> III – A transferência da sede da empresa do Rio de Janeiro, RJ, onde manteve seus negócios por muitos anos, para Caucaia, CE, depois de mais de trezentos títulos protestados e seis pedidos de falência distribuídos na Comarca fluminense, e o subsequente pedido de autofalência no domicílio cearense, evidenciam a pretensão de fraudar credores e garantir o deferimento da continuidade dos negócios em antecipação a qualquer credor ou interessado."

Nada obstante os julgados tratarem de falência, os mesmos princípios para o deferimento da antiga Concordata e da presente Recuperação Judicial, são exatamente os mesmos, principalmente quando se trata de juízo ou foro. De outra forma, isto quer dizer que o conceito de **principal estabelecimento** para o Superior Tribunal de Justiça é o mesmo tanto para a Lei de 1945 quanto para a presente Lei 11.101/05. Concretamente falando, em julgamento de 12 de maio de 2011 – na vigência, portanto, do novo diploma legal, o Egrégio Superior Tribunal de Justiça, na SENTENÇA ESTRANGEIRA CONTESTADA No 1.735 – PT (2007/0140920-4) (f), cujo Relator foi o Ministro Arnaldo Esteves Lima, a certa altura do seu voto e referindo-se ao diploma vigente – a Lei 11.101/05, disse que:

> "Ocorre, não obstante, que a legislação pátria aplicável prescreve que a declaração de falência está restrita, como regra, ao juízo do local onde o devedor possui o centro de suas atividades, haja vista o princípio da universalidade (artigo 3º da Lei n.o 11.101/2005)."

3.6 É Goiânia-GO, Natal-RN, São Paulo-SP ou Frutal-MG, o local do principal estabelecimento?

Depois de abeberarmos os sábios ensinamentos do Egrégio Superior Tribunal de Justiça, a nossa última instância para conhecer e julgar sobre matérias infraconstitucionais – que é o caso da presente Lei 11.101/05 –, a nós, nos parece, não resta a menor dúvida de que o juízo competente para conhecer e julgar um pedido de recuperação judicial da "Pescados Frutal S/A", é exatamente a cidade de Frutal-MG, pois é nela que está o cérebro vivo do comando das atividades e é dela que partem as últimas palavras quanto às respectivas decisões.

3.7 Se há dúvida sobre qual é o principal estabelecimento, haverá atrasos no andamento do processo de recuperação judicial

Toda essa problemática narrada nos comentários anteriores (a exemplo das jurisprudências citadas e transcritas acima), fatalmente vai redundar num Conflito de Competência (ou positivo ou negativo), sendo este um dos maiores prejuízos a serem suportados pelo credores, vez que a sua decisão final (a determinação pelo órgão da Justiça dizendo qual é o juízo que deve presidir o feito), sem dúvida, demora muito.

Mostrando essa irrefutável verdade quanto à demora, e, tratando-se concretamente da questão mencionada, ou seja, Conflito de Competência, transcrevemos abaixo a Ementa de número 116.743-MG (2011/0080932-0), na qual o Egrégio Superior Tribunal de Justiça, com publicação no DJ do dia 17 de dezembro de 2012, decide:

> "CONFLITO DE COMPETÊNCIA. AÇÃO DE FALÊNCIA CONTRA DETERMINADA EMPRESA. POSTERIOR PEDIDO DE RECUPERAÇÃO

DO GRUPO EMPRESARIAL DO QUAL FAZ PARTE A EMPRESA CONTRA A QUAL FOI AJUIZADO O FEITO FALIMENTAR. INEXISTÊNCIA DE ESTABELECIMENTO COMERCIAL DE QUALQUER DAS COMPONENTES DO GRUPO NO JUÍZO EM QUE TRAMITAM OS PROCESSOS. A EMPRESA ALVO DA DEMANDA DE FALÊNCIA ENCONTRA-SE ESTABELECIDA UNICAMENTE EM GUARANÉSIA. TEORIA DO FATO CONSUMADO. IMPOSSIBILIDADE, HAJA VISTA TRATAR-SE DE CASO DE COMPETÊNCIA ABSOLUTA DO JUÍZO DE GUARANÉSIA. ARTS. 3º E 6º, § 8º, DA LEI N. 11.101/05. PREVENÇÃO DO JUÍZO DA FALÊNCIA PARA EXAMINAR O PEDIDO DE RECUPERAÇÃO JUDICIAL.

1. O pedido de falência formulado por Agrocampo Ltda., empresa sediada em Guaxupé-MG, foi ajuizado nessa Comarca e direcionado apenas à Alvorada do Bebedouro S/A – Açúcar e Álcool, cuja sede está em Guaranésia-MG. No prazo da contestação, e perante o Juízo em que proposta a falência, a ré Alvorada e outras quatro pertencentes ao mesmo grupo empresárial postularam e obtiveram o deferimento da recuperação judicial.

2. O art. 3º da Lei n. 11.101/05 estabelece que o Juízo do local do principal estabelecimento do devedor é absolutamente competente para decretar a falência, homologar o plano de recuperação extrajudicial ou deferir a recuperação.

3. Em Guaxupé/MG não há estabelecimento da empresa contra a qual foi proposta a demanda de falência, nem de nenhuma outra integrante do Grupo Econômico Recuperando. Assim, fica evidenciada a incompetência absoluta do Juízo atuante naquela Comarca, o que afasta a possibilidade de aplicação da teoria do fato consumado.

4. Conforme se depreende dos autos, a empresa Alvorada do Bebedouro S/A – Açúcar e Álcool (ré na demanda falimentar) possui seu único estabelecimento em Guaranésia/MG, sendo esta a Comarca em que deveria ter sido proposta a ação de falência.

5. Conquanto o pedido de recuperação judicial tenha sido efetuado por cinco empresas que compõem um grupo econômico, certo é que contra uma dessas empresas já havia requerimento de falência em curso, o que, consoante o teor do art. 6º, § 8º, da Lei n. 11.101/05, torna prevento o Juízo no qual este se encontra para apreciar o pleito que busca o soerguimento das demandantes.

6. Conflito de competência conhecido para declarar a competência do Juízo de Direito da Vara de Guaranésia/MG para processar e julgar o processo de falência ajuizado em face de Alvorada do Bebedouro S.A – Açúcar e Álcool e o pedido de recuperação judicial proposto pelo grupo empresárial intitulado CAMAQ-ALVORADA".

O eminente jurista Dr. Julio Kahan Mandel, em sua obra *Nova Lei de Falências e Recuperação de Empresas* dá uma ideia perfeita desse entrave, quando, tecendo comentários sobre um caso concreto, nos auxilia com a seguinte afirmativa:

Há também o comentado caso das Fazendas Boi Gordo, que impetrou concordata preventiva no interior de Mato Grosso, onde se encontravam suas fazendas, e causou reação violenta de seus credores, que, distantes e com dificuldade de acesso à Comarca de Comodoro, não se conformaram, o que terminou em um Conflito de Competência, de número 36349, resolvido no STJ, que acabou por determinar a remessa dos autos para São Paulo, onde ficava a sede estatutária da empresa e onde também se reunia a diretoria. O caso levou um ano para ser definido. (MANDEL, 2005, p. 15)

Art. 4º (VETADO)

4. ATUAÇÃO DO MINISTÉRIO PÚBLICO NA RECUPERAÇÃO JUDICIAL

"O Ministério Público é instituição permanente, essencial à função jurisdicional do Estado, incumbindo-lhe a defesa da ordem jurídica, do regime democrático e dos interesses sociais e individuais indisponíveis." (Artigo 127 da Constituição Federal).

Pelas disposições do artigo 127 da nossa Constituição Federal, vê-se a grande e real importância dessa instituição, pois além de sua perenidade e essencialidade à função jurisdicional do Estado – aqui se tratando da Nação, à mesma é dado o privilégio da defesa da ordem jurídica, a par das mesmas incumbências quanto ao regime democrático e aos interesses sociais e individuais indisponíveis. Nota-se, assim, a sua importância generalizada no seio da sociedade brasileira, a qual, é patente, tem recebido dessa instituição em forma de trabalhos diversos em todas as esferas, o privilégio constitucional que lhe foi outorgado.

Conhecidas as eficientes atuações do Ministério Público nos processos de falência e concordatas quando da vigência do Decreto-Lei 7.661/45, por óbvio que o mesmo deveria ter o seu lugar reservado para atuações dentro do contexto da nova lei de recuperação e falências, a de número 11.101/05. Entretanto, a atuação prevista na Lei revogada era, para muitos doutrinadores, exagerada quanto às atuações da instituição, porque generalizada, isto é, o Ministério Público tinha muita participação, inclusive em atos processuais cuja presença era desnecessária, o que, para todos, era primeiramente um desprestígio à instituição, e em um segundo momento, proporcionava mais demora no desenrolar dos respectivos feitos.

Nas fases preliminares de confecção do projeto que futuramente se tornaria a Lei 11.101/05, e levadas em conta as experiências anteriores, havia por parte dos seus integrantes um relativo abrandamento quanto a se exigir da Instituição Ministério Público a sua participação em atos processuais conforme o era na Lei antiga, especialmente frente ao instituto ora estudado – a **recuperação judicial de empresas**, vez ser o novo regramento uma negociação travada somente entre devedor e credores.

Assim é que, as tratativas pelos integrantes confeccionistas da futura Lei, ao fim, as deliberações tiveram, na Câmara Federal, um novo direcionamento, determinando que a presença do Ministério Público somente seria exigida em alguns casos específicos, ao contrário do que possibilitavam as disposições do Decreto-lei 7.661/45. Tanto é, que o texto em comento e que foi aprovado na Câmara, saiu de lá com esta redação:

> "Art. 4º. O Ministério Público, por iniciativa própria ou mediante provocação, poderá intervir nos processos de recuperação judicial ou de falência quando constatado indício de crime, infração à lei ou ameaça de lesão ao interesse público."

Este, entretanto, não foi o entendimento do Senado Federal, que modificou a redação originária da Câmara, e determinou a obrigatoriedade da atuação do Ministério Público em todas as fases do processo, o que provocou as exposições dos Ministérios da Justiça e da Fazenda, entendendo que a Instituição ficaria por demais sobrecarregada e sem interesse processual para tanto, contribuindo, dessa forma, para a diminuição da elevada importância institucional do Ministério Público e, por consequência, inevitáveis entraves nas suas atuações primordiais. Daí, o veto presidencial ao inteiro teor do artigo 4º, nada obstante outras argumentações tenham sido alinhadas na exposição de motivos do Presidente da República, conforme abaixo:

4.1 Inteiro teor do veto ao artigo 4º

> "Senhor Presidente do Senado Federal,
>
> Comunico a Vossa Excelência que, nos termos do § 1º do art. 66 da Constituição, decidi vetar parcialmente, por contrariedade ao interesse público, o Projeto de Lei nº 4.376, de 1993 (nº 71/03 no Senado Federal), que "Regula a recuperação judicial, a extrajudicial e a falência do empresário e da sociedade empresária."

Ouvidos, os Ministérios da Justiça e da Fazenda manifestaram-se pelo veto ao seguinte dispositivo:

> "Art. 4º O representante do Ministério Público intervirá nos processos de recuperação judicial e de falência.
>
> Parágrafo único. Além das disposições previstas nesta Lei, o representante do Ministério Público intervirá em toda ação proposta pela massa falida ou contra esta."

Razões do veto

> "O dispositivo reproduz a atual Lei de Falências – Decreto-Lei nº 7.661, de 21 de junho de 1945, que obriga a intervenção do *parquet* não apenas no processo falimentar, mas também em todas as ações que envolvam a massa falida, ainda que irrelevantes, e.g. execuções fiscais, ações de cobrança, mesmo as de pequeno valor, reclamatórias trabalhistas etc., sobrecarregando a instituição e reduzindo sua importância institucional.

Importante ressaltar que no autógrafo da nova Lei de Falências enviado ao Presidente da República são previstas hipóteses, absolutamente razoáveis, de intervenção obrigatória do Ministério Público, além daquelas de natureza penal. Senão, veja-se:

> "Art. 52. Estando em termos a documentação exigida no art. 51 desta Lei, o juiz deferirá o processamento da recuperação judicial e, no mesmo ato: [...]
>
> V – ordenará a intimação do Ministério Público e a comunicação por carta às Fazendas Públicas Federal e de todos os Estados e Municípios em que o devedor tiver estabelecimento."
>
> "Art. 99. A sentença que decretar a falência do devedor, dentre outras determinações: [...]
>
> XIII – ordenará a intimação do Ministério Público e a comunicação por carta às Fazendas Públicas Federal e de todos os Estados e Municípios em que o devedor tiver estabelecimento, para que tomem conhecimento da falência."
>
> "Art. 142 [...]
>
> § 7º Em qualquer modalidade de alienação, o Ministério Público será intimado pessoalmente, sob pena de nulidade."
>
> "Art. 154. Concluída a realização de todo o ativo, e distribuído o produto entre os credores, o administrador judicial apresentará suas contas ao juiz no prazo de 30 (trinta) dias. [...]
>
> § 3º Decorrido o prazo do aviso e realizadas as diligências necessárias à apuração dos fatos, o juiz intimará o Ministério Público para manifestar-se no prazo de 5 (cinco) dias, findo o qual o administrador judicial será ouvido se houver impugnação ou parecer contrário do Ministério Público."

O Ministério Público é, portanto, comunicado a respeito dos principais atos processuais e nestes terá a possibilidade de intervir. Por isso, é estreme de dúvidas que o representante da instituição poderá requerer, quando de sua intimação inicial, a intimação dos demais atos do processo, de modo que possa intervir sempre que entender necessário e cabível. A mesma providência poderá ser adotada pelo *parquet* nos processos em que a massa falida seja parte.

Pode-se destacar que o Ministério Público é intimado da decretação de falência e do deferimento do processamento da recuperação judicial, ficando claro que sua atuação ocorrerá *pari passu* ao andamento do feito. Ademais, o projeto de lei não afasta as disposições dos arts. 82 e 83 do Código de Processo Civil, os quais preveem a possibilidade de o Ministério Público intervir em qualquer processo, no qual entenda haver interesse público, e, nesse processo específico, requerer o que entender de direito."

4.2 STJ decide como que avalizando o veto

Em recente julgamento de 18 de outubro de 2011, no RECURSO ESPECIAL N. 1.230.431 – SP (2011/0001130-7), em que é Relatora a eminente Ministra Nancy Andrighi, a mesma tece comentários sobre o veto transcrito anteriormente, de acordo com nossos comentários supra, explicitando o seguinte, conforme ementa:

> "COMERCIAL E PROCESSO CIVIL. PEDIDO DE FALÊNCIA AJUIZADO NA VIGÊNCIA DO DL Nº 7.661/45. INTERVENÇÃO DO MINISTÉRIO PÚBLICO EM AÇÃO CONEXA ANTES DO TRÂNSITO EM JULGADO DA DECISÃO QUE DECRETA A QUEBRA. POSSIBILIDADE. ANULAÇÃO DO PROCESSO. DEMONSTRAÇÃO DE PREJUÍZO. NECESSIDADE.
>
> 1. Na vigência do DL 7.661/45 era possível a intervenção do Ministério Público durante todo o procedimento de quebra, inclusive em sua fase pré-falimentar, alcançando também as ações conexas.
>
> 2. Com o advento da Lei 11.101/05, houve sensível alteração desse panorama, sobretudo ante a constatação de que o número excessivo de intervenções do Ministério Público vinha assoberbando o órgão e embaraçando o trâmite das ações falimentares. Diante disso, vetou-se o art. 4º da Lei 11.101/05, que mantinha a essência do art. 210 do DL 7.661/45, ficando a atuação do Ministério Público, atualmente, restrita às hipóteses expressamente previstas em lei.
>
> 3. Tendo em vista o princípio da instrumentalidade das formas, a anulação do processo falimentar ou de ações conexas por ausência de intervenção ou pela atuação indevida do Ministério Público somente se justifica quando for caracterizado efetivo prejuízo à parte.
>
> 4. Recurso especial não provido".

Demonstrando a sintonia de pensamento dos Ministros do Superior Tribunal de Justiça não somente entre si, mas também com o mesmo entendimento do veto transcrito anteriormente, o também eminente Ministro daquela Corte, Dr. Sidnei Beneti, no RECURSO ESPECIAL N. 996.264 – DF (2007/0241453-4), faz alusões sobre a atuação do Ministério Público nos processos de Falência e Recuperação Judicial, no mesmo direcionamento da sua colega, Minsitra Nancy Andrighi dizendo que:

> "FALÊNCIA. MINISTÉRIO PÚBLICO.
>
> FASE PRÉ-FALIMENTAR. DESNECESSIDADEDE INTERVENÇÃO. LEI N. 11.101/05. NULIDADE INEXISTENTE.
>
> I – A nova Lei de Falências e de Recuperação de Empresas (Lei nº 11.101/05) não exige a atuação geral e obrigatória do Ministério Público na fase pré-falimentar, determinando a sua intervenção, apenas nas hipóteses que enumera, a partir da sentença que decreta a quebra (artigo 99, XIII).

II – O veto ao artigo 4º daquele diploma, que previa a intervenção do Ministério Público no processo falimentar de forma genérica, indica o sentido legal de reservar a atuação da Instituição apenas para momento posterior ao decreto de falência.

III – Ressalva-se, porém, a incidência da regra geral de necessidade de intervenção do Ministério Público antes da decretação da quebra, mediante vista que o Juízo determinará, se porventura configurada alguma das hipóteses dos incisos do artigo 82 do Código de Processo Civil, não se inferindo, contudo, a necessidade de intervenção "pela natureza da *lide* ou qualidade da parte" (artigo 82, inciso III, parte final) do só fato de se tratar de pedido de falência.

IV – Recurso Especial a que se nega provimento."

Capítulo 2

DISPOSIÇÕES COMUNS À RECUPERAÇÃO JUDICIAL E À FALÊNCIA

> Seção I
>
> Disposições Gerais
>
> Art. 5º Não são exigíveis do devedor, na recuperação judicial ou na falência:
>
> I – as obrigações a título gratuito;
>
> II – as despesas que os credores fizerem para tomar parte na recuperação judicial ou na falência, salvo as custas judiciais decorrentes de litígio com o devedor.

5. INEXIGIBILIDADE DE DETERMINADOS CRÉDITOS

Tanto na falência, como no que de mais perto nos interessa – a Recuperação Judicial – não são exigíveis do recuperando determinados créditos, exatamente pela especialidade da questão, em que potencialmente diversos credores de categorias específicas previstas em Lei são os únicos detentores dos créditos existentes no Processo da Recuperação Judicial, e que também pelos meios próprios, também previstos em lei, é que poderão se habilitar ao recebimento dos mesmos.

5.1 Obrigações a título gratuito

O inciso I do artigo 5º trata sobre a inexigibilidade de se cobrar na Recuperação Judicial quaisquer **obrigações** a título gratuito, excluindo, dessa forma, toda e qualquer possibilidade de qualquer pessoa que detenha do devedor (aquele que pediu a Recuperação Judicial), exemplificativamente, qualquer promessa de recompensa, de favores, de atos de benemerência, de doações puras e simples, comodatos, cessões gratuitas, depósitos ou mútuos sem retribuição, de tentar, dessa forma, o recebimento do que, gratuitamente, lhe foi prometido ou ofertado.

Merece mais destaque a análise do que exatamente significam os termos legais de **obrigações a título gratuito**, entendendo-se como tal aquelas genericamente conhecidas como benefícios, ou seja, aquelas que proporcionam vantagens a somente uma das partes, vez que, qualquer ônus que venha a existir, existirá somente para uma delas – no caso, o devedor – e sem que este receba qualquer contraprestação; é, portanto, uma liberalidade, especialmente porque o devedor sofre redução em seu patrimônio beneficiando a outra parte.

Dessa forma, por exemplo, se um empresário individual se comprometeu verbalmente ou mesmo por escrito junto a qualquer terceiro, sem ter deste qualquer contraprestação, a firmar em seu nome mas em benefício daquele, um contrato de mútuo junto a uma instituição financeira (porque o seu nome está apto e o do terceiro não) e, antes desse fato ocorrer, receba o empresário do Poder Judiciário o deferimento do processamento de sua recuperação judicial então requerida, não poderá absolutamente, este terceiro, cobrar do recuperando o cumprimento dessa promessa ou mesmo pacto, seja dentro ou fora do processo de recuperação judicial, porque nessa hipótese observa-se a confusão entre as pessoas jurídica e natural do empresário.

O mesmo exemplo, com suas peculiaridades, serve também para a sociedade empresária, desde que firmado por quem de competência (designado no contrato social ou nos estatutos e com poderes para tal), isto é, o sócio em questão representa a sociedade e não a sua pessoa natural junto à instituição financeira no contrato de mútuo. Vindo a mesma a encontrar-se no estado jurídico de recuperação judicial, da mesma forma, não poderá o terceiro cobrar o cumprimento dessa obrigação da recuperanda.

5.2 Despesas efetuadas pelos credores

No inciso II deste artigo 5º, divide o legislador em dois grupos as despesas judiciais efetuadas pelos credores para tomarem parte na recuperação judicial, determinando que em uma situação, as mesmas são inexigíveis do recuperando, e noutra, exigíveis. A regra geral, entretanto, é que o vencido em uma demanda tem a obrigação de pagar/reembolsar ao vencedor todas as despesas efetuadas para tal fim, tudo compreendido dentro do que se denomina ônus da sucumbência.

De seu lado, além de determinar que a sentença condenará o vencido a pagar ao vencedor as despesas que antecipou e os honorários advocatícios (artigo 85 do CPC), o conceito de despesas também foi dado pelo legislador, determinando que as despesas abrangem não só as custas dos atos do processo, como também a indenização de viagem, diária de testemunha e remuneração do assistente técnico (parágrafo 2º do artigo 84 do CPC).

Assim, para a primeira hipótese – **despesas processuais inexigíveis** – sendo aquelas que o credor da recuperação judicial faz com os fins de receber o seu crédito já devidamente constituído e representado por qualquer instrumento judicial ou extrajudicial, esteja ou não declarado pelo devedor em sua inicial. Trata-se especificamente da questão da habilitação que o credor fará, o que será objeto de estudos mais à frente.

Na segunda hipótese, que é mesmo uma exceção, permite o legislador que se pode cobrar do recuperando "as custas judiciais decorrentes de litígio com o devedor". Aqui, quando se diz **custas judiciais**, devemos entendê-las segundo o conceito acima exposto de despesas (artigos 84 e 85 do CPC). Mas, enfim, que litígio é este com o devedor, em que se pode cobrar todas as despesas gastas pelo vencedor? É quando, por exemplo, o devedor é acionado para pagamento de determinada indenização e, ao final, é condenado.

Nesse ínterim, ele requer a recuperação judicial, cujo processamento é deferido. Devidamente liquidada a indenização (valor da condenação, honorários advocatícios, custas processuais, despesas com perícia, etc.), o credor habilita esse valor na recuperação judicial, na classe própria. Antes, é claro – enquanto ainda tramita a indenização, mas já deferido o processamento da recuperação, deve ele requerer ao juízo daquela que determine a necessária reserva da importância estimada devida no processo de recuperação, conforme permissivos legais do artigo 6º e seus §§ 1º, e 3º da Lei de Falências e Recuperação, objeto dos nossos mais à frente.

A doutrina, por seu turno, não é pacífica quanto à exposição supra, ou seja, há quem interpreta a parte final do comentado inciso II do artigo 5º, a nosso ver, de maneira gramatical, como o Mestre e Professor Bezerra Filho (2011, p. 68), em sua muito prestigiada obra, quando, discordando da nossa posição, assim se expressa:

> 5. As despesas feitas pelos credores para habilitação de seus créditos não podem ser exigidas na recuperação judicial ou falência. Observe-se que a Lei afasta a exigibilidade apenas das despesas feitas para participação na recuperação judicial ou na falência, estabelecendo que as custas judiciais decorrentes do litígio com o devedor são exigíveis. **Necessário também notar que a parte final do inciso faz menção exclusivamente a CUSTAS JUDICIAIS, expressão que não abrange honorários de advogado, não tratados neste tópico".** (grifos nossos)

> "6. Portanto, se uma parte entrar em litígio com a massa falida ou com a empresa em recuperação judicial, também responderá pelas custas [...]".

De seu lado, o não menos renomado jurista e Professor Mamede (2012, p. 32-33), numa interpretação lógica, traz à lume aquilo que acima sintetizamos, ao dizer:

> [...] No plano judicial, as despesas abrangem não só as custas dos atos do processo, como também a indenização de viagem, diária de testemunha e remuneração do assistente técnico. Sobre as despesas extrajudiciais, destacam-se não só as despesas com protesto do título, mas também todas as demais que tenham sido necessárias *para tomar na recuperação judicial ou falência.*

[...] No que diz respeito aos honorários advocatícios, tem-se, em primeiro lugar, a Lei 8.906/94, cujo artigo 22 prevê que a prestação de serviço profissional assegura aos inscritos na OAB o direito aos honorários convencionados, aos fixados por arbitramento judicial e aos da sucumbência. O artigo 5º, II, da Lei de Falência e Recuperação de Empresas, portanto, cria uma exceção a esta regra: o advogado que representa o interesse dos credores, dos sócios ou de terceiros interessados no processo de falência ou de recuperação judicial da empresa não faz jus a honorários sucumbenciais, embora conserve seu direito aos honorários convencionados com seu cliente. Em se tratando de ações em que se demanda quantia ilíquida, visando à declaração ou constituição do crédito a ser habilitado, parece-me que a expressão as custas judiciais decorrentes de litígio com o devedor, disposta no referido artigo 5º, II, da Lei 11.101/05, abrange os honorários advocatícios sucumbenciais, restabelecendo a ampla vigência do artigo 22 da Lei 8.906/94 e dos dispositivos que lhe são correlatos: o artigo 23, segundo o qual os honorários incluídos na condenação, por arbitramento ou sucumbência, pertencem ao advogado, tendo este direito autônomo para executar a sentença nesta parte, além do artigo 24, a prever que a decisão judicial que fixar ou arbitrar honorários e o contrato escrito que os estipular são títulos executivos e constituem crédito privilegiado na falência, concordata, concurso de credores, insolvência civil e liquidação extrajudicial."

Da mesma forma pensa o eminente jurista José da Silva Pacheco, (2006, p. 38-9), quando destaca, com sabedoria, que o Código de Processo Civil é fonte subsidiária da nova Lei de Recuperação Judicial e Falência, citando o artigo 199 da Lei 11.101/05 (mas o correto é o artigo 189), fazendo alusões específicas aos artigos 19 e 20 daquele diploma legal, que se referem, conforme já expressado acima, às despesas processuais e ao conceito das mesmas.

> Art. 6º. A decretação da falência ou o deferimento do processamento da recuperação judicial suspende o curso da prescrição e de todas as ações e execuções em face do devedor, inclusive aquelas dos credores particulares do sócio solidário.
>
> § 1º Terá prosseguimento no juízo no qual estiver se processando a ação que demandar quantia ilíquida.
>
> § 2º É permitido pleitear, perante o administrador judicial, habilitação, exclusão ou modificação de créditos derivados da relação de trabalho, mas as ações de natureza trabalhista, inclusive as impugnações a que se refere o art. 8º desta Lei, serão processadas perante a justiça especializada até a apuração do respectivo crédito, que será inscrito no quadro-geral de credores pelo valor determinado em sentença.
>
> § 3º O juiz competente para as ações referidas nos §§ 1º e 2º deste artigo poderá determinar a reserva da importância que estimar devida na recuperação judicial ou na falência, e, uma vez reconhecido líquido o direito, será o crédito incluído na classe própria.

§ 4º Na recuperação judicial, a suspensão de que trata o caput deste artigo em hipótese nenhuma excederá o prazo improrrogável de 180 (cento e oitenta) dias contado do deferimento do processamento da recuperação, restabelecendo-se, após o decurso do prazo, o direito dos credores de iniciar ou continuar suas ações e execuções, independentemente de pronunciamento judicial.

§ 5º Aplica-se o disposto no § 2º deste artigo à recuperação judicial durante o período de suspensão de que trata o § 4º deste artigo, mas, após o fim da suspensão, as execuções trabalhistas poderão ser normalmente concluídas, ainda que o crédito já esteja inscrito no quadro-geral de credores.

§ 6º Independentemente da verificação periódica perante os cartórios de distribuição, as ações que venham a ser propostas contra o devedor deverão ser comunicadas ao juízo da falência ou da recuperação judicial:

I – pelo juiz competente, quando do recebimento da petição inicial;

II – pelo devedor, imediatamente após a citação.

§ 7º As execuções de natureza fiscal não são suspensas pelo deferimento da recuperação judicial, ressalvada a concessão de parcelamento nos termos do Código Tributário Nacional e da legislação ordinária específica.

§ 8º A distribuição do pedido de falência ou de recuperação judicial previne a jurisdição para qualquer outro pedido de recuperação judicial ou de falência, relativo ao mesmo devedor.

6. SUSPENSÃO DA PRESCRIÇÃO

Maria Helena Diniz (2005, p. 810), em sua monumental obra diz ao tratar do tema:

> PRESCRIÇÃO CIVIL. *Direito Civil e Direito Comercial*. É a perda da pretensão de o titular do direito violado exigir a prestação devida e da capacidade defensiva em razão do não uso dela durante um período de tempo. É uma pena ao negligente que deixar de exercer sua pretensão dentro do prazo legal. Tal prescrição é regulamentada pelo direito civil.

E o Direito Civil, por meio do artigo 189 do Código Civil, diz que "violado o direito, nasce para o titular a pretensão, a qual se extingue, pela **PRESCRIÇÃO**, nos prazos a que aludem os artigos 205 e 206" (também do mesmo Código). Por seu turno, o artigo seguinte do mesmo Código Civil – o de número 190, prevê que "a exceção prescreve no mesmo prazo em que a pretensão".

Maria Helena Diniz, ao afirmar que a **prescrição** é a perda da pretensão de o titular do direito violado exigir a prestação devida, está se referindo ao artigo 189 do CC; e, ao dizer que a **prescrição** é também a perda da capacidade defensiva, refere-se ao artigo 190 do mesmo CC, sendo que, para ambas as hipóteses, tudo ocorre em razão do não uso dela (a pretensão) durante um período de tempo.

A prescrição é um Instituto de ampla aplicação no direito positivo, mas aqui nos interessa de perto a sua aplicabilidade e os efeitos que ela causa na recuperação judicial. O artigo 6º da Lei 11.101/05 diz que o "despacho do deferimento do processamento da RJ suspende o curso da prescrição e de todas as ações e execuções em face do devedor, inclusive aquelas dos credores particulares do sócio solidário".

Importante desde já ressaltar quanto à aplicação relativa (Parágrafo Único do art. 71) do Instituto da prescrição quando da modalidade do requerimento da recuperação judicial com base no **plano especial** – assim compreendido aquele previsto nos artigos 70 a 72 dessa Lei, tendo como destinatárias específicas, e se empresários ou sociedades empresárias, as Microempresas e as Empresas de Pequeno Porte (segundo a definição da Lei Complementar 123/06), e que afirmarem esse propósito na petição inicial. Nada obstante, quando da oportunidade (momento certo para tratarmos dessa questão), teceremos comentários com mais abrangência sobre este **plano especial de recuperação judicial**.

Todavia, essa suspensão da prescrição, no caso da recuperação judicial, é por tempo limitado, assim como também, ao contrário do que se pensa sobre o que está prescrito no *caput* deste art. 6º, em uma leitura superficial, nem todas as ações e execuções em face do recuperando serão suspensas. Esse artigo sob estudos contém 8 (oito) parágrafos e, muitas vezes, ao analisarmos determinada situação, teremos a necessidade de recorrermos simultaneamente a outra ou outras contidas nos citados parágrafos, até mesmo na busca de uma melhor compreensão.

Especificamente sobre a prescrição, a sua limitação está subordinada ao exato cumprimento pelo recuperando das obrigações assumidas no respectivo plano de recuperação judicial e que se vencerem até 2 (dois) anos depois da concessão da recuperação (e não do deferimento do processamento que é outra coisa completamente diferente), conforme dispõe o artigo 61 da Lei 11.101/05, oportunidade em que o juízo do feito decretará por sentença o encerramento da recuperação judicial (artigo 63).

7. SUSPENSÃO DAS AÇÕES E EXECUÇÕES EM FACE DO DEVEDOR

Um dos grandes privilégios que a Lei 11.101/05 concede ao devedor que requer recuperação judicial, é o simples despacho do juízo condutor do feito deferindo o processamento do seu requerimento, previsto no *caput* do artigo 6º. Ora, ao deferir o processamento da recuperação judicial requerida – o que normalmente ocorre quando o recuperando é alvo de diversas ações e execuções, muitas vezes com bens próprios e de terceiros (garantidores) todos comprometidos com penhoras, arrestos, sequestros ou outras medidas judiciais, é automático (art. 52, III, da Lei 11.101/05) o benefício da suspensão dessas ações e execuções. Isso significa que haverá, literalmente, uma completa e geral paralização daquelas ações e execuções. A Lei diz **suspensão**, não se permitindo, por consequência, a prática de qualquer ato. E se houver, por acaso, a prática contrária, a mesma será objeto de pedido de ineficácia/nulidade pelo recuperando ao respectivo juízo da RJ.

7.1 Suspensão das ações e execuções somente contra o devedor. Não contra os garantidores

Muitos enganos têm se verificado quando da suspensão das ações e execuções contra o devedor em recuperação, o que ocorre quando do deferimento do processamento da recuperação judicial. É que os garantidores acreditam que essa suspensão também os atinge.

O nobre Juiz de Direito, Dr. Carlos Roberto Favaro, em substituição na 1ª Câmara Cível do Egrégio Tribunal de Justiça do Estado de Goiás, teve submetido ao seu julgamento uma questão como esta. Relator do Agravo Regimental contra decisão monocrática que não proveu o recurso para suspender, também, as ações e execuções contra os garantidores, Carlos Roberto Favaro, não vendo nada de novo no Agravo que pudesse modificar a decisão, assim decidiu:

> AGRAVO REGIMENTAL CONTRA DECISÃO MONOCRÁTICA. AGRAVO DE INSTRUMENTO. EMBARGOS DO DEVEDOR. SUSPENSÃO DA EXECUÇÃO EM FACE DOS AVALISTAS. NÃO CABIMENTO. APROVAÇÃO DO PLANO DE RECUPERAÇÃO JUDICIAL DO OBRIGADO PRINCIPAL. IRRELEVÂNCIA. AUSÊNCIA DE FATOS NOVOS A JUSTIFICAR O PEDIDO DE RECONSIDERAÇÃO. I – A aprovação do plano de recuperação judicial do devedor principal não exerce qualquer influência sobre as execuções que tramitam em desfavor dos avalistas, porquanto a novação operada é sui generis e não alcança as garantias prestadas, conforme ressai da exegese conjunta dos artigo 49, parágrafo 1º, e 59, caput, ambos da Lei nº 11.101/05. Tal sistemática se harmoniza, inclusive, com a própria natureza jurídica do aval, que representa obrigação autônoma e solidária. II – Inexistindo fundamento ou fato novo capaz de conduzir o julgador a nova convicção, nega-se provimento ao Agravo Regimental. AGRAVO REGIMENTAL CONHECIDO, MAS IMPROVIDO.
>
> (TJGO, AGRAVO DE INSTRUMENTO 230245-33.2013.8.09.0000, Rel. DR(A). CARLOS ROBERTO FAVARO, 1ª CÂMARA CÍVEL, julgado em 15/10/2013, DJe 1417 de 31/10/2013).

7.2 Outro exemplo, muito comum no dia a dia

Em uma outra situação, imaginemos um devedor que em face do mesmo esteja tramitando uma Reclamatória Plúrima, em fase de execução, cujo imóvel sede do mesmo, além de único, está penhorado e com praça designada. O devedor não tem, absolutamente, qualquer outra saída para salvar o seu imóvel e dar continuidade às suas atividades. Piorando a situação, como é sabido, as verbas objetos da Plúrima tem natureza alimentar. Nos parece que nada, absolutamente nada, a não ser receber do juízo distribuído o deferimento do processamento da recuperação judicial seja a única saída do recuperando. Caso não ocorra essa hipótese, sabe ele que perderá o imóvel e a atividade, vez serem maiores os créditos dos trabalhadores que o valor do imóvel, que também foi avaliado por baixo, e que existem muitos terceiros interessados em arrematá-lo, vez ser de extraordinária localização para o exercício de qualquer atividade.

Sendo ainda mais pessimista, avancemos um pouco mais na presente questão, imaginando que, mesmo tendo o juízo da recuperação judicial deferido o processamento desta, a Justiça do Trabalho, no dia seguinte, na data designada, realizou a praça, culminando com a adjudicação do citado imóvel pelos Reclamantes. O que fazer?

Os sábios ensinamentos dos eminentes Ministros do Egrégio Superior Tribunal de Justiça nos dão o correto direcionamento, especialmente os da Relatora do Conflito Positivo de Competência número 111.614 – DF (2010/0072357-6), Ministra Nancy Andrighi, no qual foi Suscitante a empresa Agropecuária Vale do Araguaia Ltda. Em Recuperação Judicial e Suscitado o Juízo de Direito da Vara de Recuperação Judicial e Falências do Distrito Federal, publicado no DJe de 19 de junho de 2013, cuja Ementa recebeu os seguintes termos:

> "CONFLITO POSITIVO DE COMPETÊNCIA. JUÍZO DO TRABALHO E JUÍZO DA RECUPERAÇÃO JUDICIAL. ADJUDICAÇÃO DO BEM, NA JUSTIÇA TRABALHISTA, DEPOIS DE DEFERIDO O PEDIDO DE PROCESSAMENTO DA RECUPERAÇÃO JUDICIAL. DESFAZIMENTO DO ATO. COMPETÊNCIA DO JUÍZO UNIVERSAL.
>
> 1 – A jurisprudência desta Corte assentou-se no sentido de que, decretada a falência ou deferido o processamento da recuperação judicial, as execuções contra o devedor não podem prosseguir, ainda que exista prévia penhora. Na hipótese de adjudicação posterior levada a efeito em juízo diverso, o ato deve ser desfeito, em razão da competência do juízo universal e da observância do princípio da preservação da empresa.
>
> 2 – De acordo com o entendimento deste Tribunal Superior, admite-se a prorrogação do prazo suspensivo das ações e execuções ajuizadas em face da sociedade em crise econômico-financeira, previsto no art. 6º, § 4º, da Lei n. 11.101/2005.
>
> 3 – Conflito de competência conhecido, declarada a competência do Juízo da Vara de Falência e Recuperações Judiciais e decretada a nulidade da adjudicação."

Neste e em diversos outros conflitos de competência, pacificou-se no STJ o entendimento sobre a existência e prevalência da universalidade do juízo da recuperação judicial (tema a ser abordado oportunamente), e, nessa hipótese, corroborando o que diz a Lei 11.101/05 em seu artigo 6º, o deferimento do processamento da RJ, por si só, tem o condão de, a partir de então, suspender o curso de todas as ações e execuções em face do recuperando.

No caso em questão, o processo no juízo diverso (o da Reclamatória), cujos atos de praça e correspondente adjudicação foram posteriores ao ato do deferimento do processamento da recuperação judicial, houve, conforme transcrição acima e comentários nossos em parágrafos outros, o desfazimento destes atos, ou seja, todos os praticados após o citado despacho de deferimento da RJ.

Fosse o contrário, isto é, praticados antes do deferimento da RJ, os caminhos a seguir seriam outros, como a convalidação tanto da praça quanto da adjudicação, o que é melhor explicitado pela própria Ministra Relatora em seu voto, do qual transcrevemos o seguinte:

> "VOTO
>
> Cinge-se a controvérsia a estabelecer o juízo competente para a prática de atos de constrição e alienação de bens integrantes do patrimônio de sociedade em recuperação judicial.
>
> - Da adjudicação de imóvel pertencente à sociedade recuperanda e do prazo suspensivo previsto no art. 6º, § 4º, da Lei n. 11.101/2005.
>
> A Segunda Seção deste Superior Tribunal de Justiça firmou entendimento segundo o qual é válida a adjudicação do bem penhorado em processo de execução singular quando esta se perfectibiliza **antes** do deferimento do pedido de processamento da recuperação judicial (EDcl nos EDcl no AgRg no CC 105.345/DF, Rel. Min. Raul Araújo, DJe 01/07/2011).
>
> Nesse sentido, confira-se também os seguintes julgados: EDcl nos EDcl no AgRg no CC 109.541/PE, Rel. Min. Paulo de Tarso Sanseverino, Rel. p/ Acórdão Min. Raul Araújo, Segunda Seção, DJe 16/04/2012, e CC 28.418/PR, Rel. Min. Castro Filho, Segunda Seção, DJ 14/04/2003.
>
> Por ocasião daquele julgamento, ficou assentado que "os atos praticados nas execuções em trâmite contra o devedor entre a data de protocolização do pedido de recuperação [ou antes dela, por imperativo lógico] e o deferimento de seu processamento são, em princípio, válidos e eficazes, pois os processos estão em seu trâmite regular".
>
> Infere-se a *contrario sensu*, portanto, que não compete ao juízo da execução deferir, em momento posterior à autorização do processamento da recuperação judicial, requerimento de adjudicação de bem titulado pela sociedade recuperanda.
>
> De fato, é pacífica a jurisprudência desta Corte no sentido de que a competência para adoção de medidas de constrição e venda de bens integrantes do patrimônio de sociedade em recuperação judicial é do juízo onde tramita o processo

respectivo. Nesse sentido os seguintes precedentes: CC 103.025/SP (Rel. Min. Fernando Gonçalvez, 2ª Seção, DJ de 5/11/2009); CC 100.922/SP (Rel. Min. Sidnei Beneti, 2ª Seção, DJ de 26/6/2009); CC 88.661/SP (Rel. Min. Fernando Gonçalves, 2ª Seção, DJe de 28/5/2008); e CC 61.272/RJ (Rel. Min. Ari Pargendler, 2ª Seção, DJ de 25/6/2007).

No particular, depreende-se das peças acostadas aos autos que o pedido de processamento da recuperação judicial foi deferido pelo Juízo de Direito da Vara de Falências e Recuperações Judiciais do Distrito Federal na data de 13/11/2008 (e-STJ, fls. 26/32).

A adjudicação do imóvel da recuperanda (Fazenda Santa Luzia), por seu turno – levada a efeito nos autos da ação civil pública em trâmite na Justiça do Trabalho – foi deferida em 9/11/2009. A assinatura do auto respectivo, momento a partir do qual a adjudicação é considerada perfeita e acabada (art. 655-B do CPC), ocorreu em 11/11/2009 (e-STJ, fls. 85/87).

A aprovação do plano de recuperação pela assembleia de credores, por fim, sobreveio em 17/12/2009 (e-STJ, fls. 34/35), sendo homologado pelo juiz em 4/2/2010 (e-STJ, fls. 38/42)."

8. TERMO INICIAL DA SUSPENSÃO DAS AÇÕES E EXECUÇÕES

Nada obstante, a nosso ver, a clareza do disposto no artigo 6º ora sob estudos, paira ainda certa confusão a respeito do termo inicial da suspensão de todas as ações e execuções em face do devedor, alguns pretendendo que tal termo ocorresse a partir do protocolo do pedido de recuperação judicial. Tais pretensões se justificam, pois na prática, embora louváveis os esforços e diligências dos dignos magistrados, há casos em que o despacho do deferimento só ocorre após 30 (trinta) dias ou mais do protocolo – o que é compreensível em conformidade com as peculiaridades de cada caso. E daí, a justa pretensão do devedor que se encontra nessa situação, pois todos os atos praticados dentro de todas as ações e execuções que tramitam contra o mesmo, inclusive após o protocolo do pedido e até o despacho deferitório do processamento da RJ, serão válidos.

Na sua grande responsabilidade de interpretar as normas infraconstitucionais, o Superior Tribunal de Justiça se manifestou sobre a questão, eliminando qualquer dúvida sobre o termo inicial da suspensão das ações e execuções contra o recuperando. Em Ementa de lavra do eminente Ministro Raul Araújo, nos EDcl nos EDcl nos EDcl no AgRg no CONFLITO DE COMPETÊNCIA Nº 105.345 – DF (2009/0099044-9), em uma interpretação que classificou como sistemática e afirmando serem *ex nunc* os feitos de despacho deferitório da RJ, assim se posicionou, entre outros utilíssimos pensamentos:

"EMBARGOS DE DECLARAÇÃO NOS EMBARGOS DE DECLARAÇÃO NOS EMBARGOS DE DECLARAÇÃO NO AGRAVO REGIMENTAL NO

CONFLITO DE COMPETÊNCIA. OBSCURIDADE. INTELIGÊNCIA DO ART. 49 DA LFR (LEI 11.101/2005). SUSPENSÃO DAS AÇÕES E EXECUÇÕES CONTRA O DEVEDOR. TERMO INICIAL. DEFERIMENTO DO PROCESSAMENTO DA RECUPERAÇÃO JUDICIAL. DECISÃO COM EFEITOS "*EX NUNC*". EMBARGOS DE DECLARAÇÃO ACOLHIDOS.

1. A regra do art. 49 da Lei 11.101/2005 merece interpretação sistemática. Nos termos do art. 6º, *caput*, da Lei de Falências e Recuperações Judiciais, é a partir do deferimento do processamento da recuperação judicial que todas as ações e execuções em curso contra o devedor se suspendem. Na mesma esteira, diz o art. 52, III, do referido diploma legal que, estando a documentação em termos, o Juiz deferirá o processamento da recuperação judicial e, no mesmo ato, ordenará a suspensão de todas as ações e execuções contra o devedor. Assim, os atos praticados nas execuções em trâmite contra o devedor entre a data de protocolização do pedido de recuperação e o deferimento de seu processamento são, em princípio, válidos e eficazes, pois os processos estão em seu trâmite regular.

2. A decisão que defere o processamento da recuperação judicial possui efeitos "*ex nunc*", não retroagindo para atingir os atos que a antecederam.

3. O art. 49 da Lei 11.101/2005 delimita o universo de credores atingidos pela recuperação judicial, instituto que possui abrangência bem maior que a antiga concordata, a qual obrigava somente os credores quirografários (DL n. 7.661/45, art. 147). A recuperação judicial atinge "*todos os créditos existentes na data do pedido, ainda que não vencidos*", ou seja, grosso modo, além dos quirografários, os credores trabalhistas, acidentários, com direitos reais de garantia, com privilégio especial, com privilégio geral, por multas contratuais e os dos sócios ou acionistas.

4. O artigo 49 da LFR tem como objetivo, também, especificar quais os créditos, desde que não pagos e não inseridos nas exceções apontadas pela própria lei, que se submeterão ao regime da recuperação judicial e aqueles que estarão fora dele. Isso, porque, como se sabe, na recuperação judicial, a sociedade empresária continua funcionando normalmente e, portanto, negociando com bancos, fornecedores e clientes. Nesse contexto, se, após o pedido de recuperação judicial, os débitos contraídos pela sociedade empresária se submetessem a seu regime, não haveria quem com ela quisesse negociar.

5. Na hipótese, o aresto embargado deu ao dispositivo infraconstitucional a interpretação que entendeu pertinente, dentro do papel reservado ao STJ pela Carta Magna (art. 105), concluindo que o crédito fora validamente adimplido antes do deferimento do processamento da recuperação judicial, momento em que a execução não estava suspensa e eram válidos e eficazes os atos nela praticados, razão pela qual o Juízo do Trabalho é o competente para ultimar os atos referentes à adjudicação do bem imóvel.

6. Embargos de declaração acolhidos, para sanar obscuridade, sem efeitos infringentes."

9. TEMPO DE SUSPENSÃO DAS AÇÕES E EXECUÇÕES

Já quanto ao tempo da suspensão das ações e execuções (nem todas) em face do devedor, o parágrafo 4º, do art. 6º, determina que :

> "na recuperação judicial, a suspensão de que trata o *caput* deste artigo em hipótese nenhuma excederá o prazo improrrogável de 180 (cento e oitenta) dias contado do deferimento do processamento da recuperação, restabelecendo-se, após o decurso do prazo, o direito dos credores de iniciar ou continuar suas ações e execuções, independentemente de pronunciamento judicial."

Antes de tudo, por que essa suspensão de no máximo 180 (cento e oitenta) dias das ações e execuções (nem todas) contra o devedor? É pacífico hoje entre os doutrinadores e a jurisprudência, inclusive a do STJ, que esse prazo legal é o tempo dado ao recuperando para que ele possa, liberado de todas as pressões decorrentes dos efeitos das ações e das execuções que ele possa estar sofrendo, reorganizar a sua atividade.

Esse prazo, conforme afirmamos na nossa obra *Recuperação Judicial de Empresas* (2005) era muito pequeno frente a tantas responsabilidades a serem cumpridas pelo recuperando, mas, suficiente para os devedores diligentes. Lamentavelmente, erramos. Hoje, mais de 8 (oito) anos após a vigência da Lei e do nosso comentário acima mencionado, e diante do pensamento de diversos Tribunais, bem como do Superior Tribunal de Justiça, temos comprovada a nossa afirmação (tempo pequeno), pois já é pacífico que os 180 (cento e oitenta) dias da Lei podem ser prorrogados (desde que não contribua para tal a vontade deliberada do devedor), e até mesmo somente mediante o deferimento do processamento, isto é, antes do deferimento da recuperação judicial propriamente dito.

Nos enganamos também quando afirmamos que, para o devedor-recuperando diligente, os 180 (cento e oitenta) dias de suspensão seriam suficientes para a sua reorganização, e que nesse ínterim deveria o mesmo estar com o Plano de Recuperação Judicial devidamente aprovado, mesmo pela respectiva Assembleia-geral de Credores (na hipótese de existência de qualquer rejeição por parte de qualquer credor), e quem sabe, até mesmo homologado pelo juízo do feito.

De seu lado, entretanto, a prática nos mostrou o contrário e, pior, até mesmo com segmentos considerados de pequeno porte. Aqui é quando, mais uma vez, se atesta definitivamente a irrefutável veracidade do velho jargão do Direito de que "**cada caso é um caso**", pois, a considerarmos as peculiaridades de cada um, de igual aplicabilidade encontraremos os mesmos procedimentos legais (por óbvio estamos falando do Plano de Recuperação Judicial comum), enquanto que de diferente é inimaginável o que se poderá nos apresentar tanto de um como do outro, querendo, com isso, dizer que tudo pode acontecer para que um processo tenha mais celeridade e outro, exatamente o contrário.

Entretanto, também tendo sob análise essa prática da qual falamos, a magistratura brasileira não somente porque passou e passa por ela, como também neste mesmo exercício, entendeu os percalços dos operadores do direito quando da busca da correta aplicação da Lei – aí se autoincluindo, e veio em socorro dos recuperandos que efetivamente querem sair da situação passageira de crise econômico-financeira, enfim, daqueles que merecem a aplicabilidade do grande princípio da *preservação da empresa* ou *continuidade da atividade*, assim vista e entendida pelos nobres magistrados. Nunca, é claro, se esquecendo da profunda análise sobre a viabilidade de recuperação de quem a pretende.

Até mesmo porque, por outro lado, entenderam os respeitados integrantes da nossa magistratura, que o próprio procedimento, muitas vezes, é que não permite ao devedor o cumprimento das obrigações legais exigidas em tão exíguo prazo, e daí, a par do princípio acima mencionado, elasticar com razoabilidade o prazo que oportunize o cumprimento de todas as responsabilidades impostas ao devedor pelos ditames legais, evitando, dessa forma, a falência, e agindo literalmente contra o que diz o Parágrafo 4º do art. 6º, e desde que exista a possibilidade de recuperação. Entretanto, visando o bem maior e obedecendo o grande princípio da mesma Lei 11.101/05, qual seja, o da continuação da atividade.

Nesse sentido, houve uma rápida internalização por parte da magistratura brasileira quanto à conscientização de que os citados 180 (cento e oitenta) dias de suspensão eram um prazo pequeno diante dos entraves naturais do procedimento da recuperação judicial, bem como diante do indiscutível e maior princípio contido na Lei 11.101/05 – o da preservação da empresa (se esta é viável merece a chance de tentar recuperar-se), e daí, da mesma forma, uma visível rapidez em uniformizar o pensamento nas diversas instâncias no sentido de prorrogação do mencionado prazo.

9.1 Mas quando é que ocorre a definitiva suspensão das ações e execuções contra o devedor em recuperação judicial?

Estudamos que o juiz, ao deferir o processamento da recuperação judicial, determinará a suspensão das ações e execuções contra o devedor, conforme dispõe o artigo 6º. Já o § 4º deste mesmo artigo 6º, limita a suspensão das ações e execuções no prazo máximo de 180 (cento e oitenta dias) a contar do deferimento do processamento da recuperação judicial. Mas, e a suspensão definitiva? Pode ocorrer? Quando?

A questão nos é respondida pelo ilustre Desembargador Geraldo Gonçalves da Costa, da 5ª Câmara Cível do Egrégio Tribunal de Justiça do Estado de Goiás, quando do julgamento do Agravo Regimental no Agravo de Instrumento, em que o devedor recuperando pretendia a suspensão da execução.

Para o digno Des. Geraldo Gonçalves da Costa, algo ainda deveria se implementar para que a suspensão das execuções contra o devedor em recuperação pudessem ser suspensas, (não definitivamente, mas enquanto se verificasse o cumprimento do pactuado em AGC sob a observância do judiciário), ou seja, a partir homologação do plano de recuperação judicial pelo juiz singelo, conforme podemos observar na síntese de sua decisão:

> AGRAVO REGIMENTAL NO AGRAVO DE INSTRUMENTO. EMBARGOS À EXECUÇÃO. EFEITO SUSPENSIVO. GARANTIA DA TOTALIDADE DA DÍVIDA. PROCESSO DE RECUPERAÇÃO JUDICIAL. SUSPENSÃO DAS EXECUÇÕES EM FACE DO DEVEDOR. NECESSIDADE DE HOMOLOGAÇÃO PELO JUIZ DO PLANO DE RECUPERAÇÃO. AUSÊNCIA DE FATOS OU ARGUMENTOS NOVOS CAPAZES DE ALTERAR A DECISÃO RECORRIDA.
> 1. No caso dos autos, verificada que a garantia prévia não corresponde à totalidade do valor do crédito cobrado na execução, ausente um dos requisitos autorizadores do § 1º do art. 739-A do CPC, razão pela qual não é possível atribuir aos embargos o efeito suspensivo pretendido. 2. Nos termos da Lei 11.101/05, o plano de recuperação da empresa deve ser homologado pelo juiz competente para que possa gerar a suspensão de todas as ações e execuções movidas em face do devedor. 3. Quando a parte agravante não traz nenhuma argumentação suficiente para ensejar a modificação da linha de raciocínio adotada na decisão monocrática, impõe-se o desprovimento do regimental, porquanto interposto à míngua de elemento capaz de desconstituir a decisão que negou seguimento ao apelo. 4. Agravo regimental conhecido e desprovido. Decisão mantida.

> (TJGO, AGRAVO DE INSTRUMENTO 380337-57.2012.8.09.0000, Rel. DES. GERALDO GONCALVES DA COSTA, 5ª CÂMARA CÍVEL, julgado em 24/01/2013, DJe 1238 de 05/02/2013).

9.2 O que pensa o STJ sobre a suspensão das ações e execuções contra o devedor só por 180 (cento e oitenta) dias

Como exemplo desse uniforme pensamento da magistratura brasileira, citamos, do STJ, o AgRg no CONFLITO DE COMPETÊNCIA Nº 119.624 – GO (2011/0257631-6), cujo relator foi o eminente Ministro Luis Felipe Salomão, tendo como Suscitante o Frigorífico Margen Ltda., e como Suscitados os Juízos das 19ª, 43ª e 80ª Vara do Trabalho de São Paulo-SP, e Juízo de Direito da 2ª Vara Cível Fazendas Públicas e Registros Públicos de Rio Verde-GO. A Ementa ficou assim redigida:

> "EMENTA
>
> PROCESSUAL CIVIL. AGRAVO REGIMENTAL. CONFLITO DE COMPETÊNCIA. RECUPERAÇÃO JUDICIAL. PROCESSAMENTO DEFERIDO. NECESSIDADE DE SUSPENSÃO DAS AÇÕES E EXECUÇÕES. COMPETÊNCIA DO JUÍZO DA RECUPERAÇÃO JUDICIAL. PRECEDENTES.

1. Em regra, uma vez deferido o processamento ou, *a fortiori*, aprovado o plano de recuperação judicial, revela-se incabível o prosseguimento automático das execuções individuais, mesmo após decorrido o prazo de 180 dias previsto no art. 6º, § 4, da Lei 11.101/2005. Precedentes.

2. [...]

3. Agravo regimental não provido."

Tão contundente é o voto do ilustre Ministro Luis Felipe Salomão, que tomamos a liberdade de transcrevê-lo na íntegra, eis que o mesmo dá uma verdadeira lição de *per si* e também citando outros julgados de colegas do STJ, todos no mesmo sentido, qual seja, o de que o período de 180 (cento e oitenta) dias pode ser prorrogado e que, acima de tudo, há que se preservar a atividade. Assim:

"2. A irresignação, *data venia*, não prospera.

A jurisprudência desta Corte acerca da interpretação a ser dada ao art. 6º, §§ 4º e 5º, da Lei 11.101/05, que trata da suspensão das ações e execuções propostas em face do devedor quando deferido o processamento da recuperação judicial, é torrencial no sentido da competência do Juízo da recuperação, levando-se em consideração o fato de que o princípio da preservação da empresa deve prevalecer".

"O mencionado dispositivo ostenta a seguinte redação:

Art. 6º [...]

§ 4º Na recuperação judicial, a suspensão de que trata o *caput* deste artigo em hipótese nenhuma excederá o prazo improrrogável de 180 (cento e oitenta) dias contado do deferimento do processamento da recuperação, restabelecendo-se, após o decurso do prazo, o direito dos credores de iniciar ou continuar suas ações e execuções, independentemente de pronunciamento judicial.

§ 5º Aplica-se o disposto no § 2º deste artigo à recuperação judicial durante o período de suspensão de que trata o § 4º deste artigo, mas, após o fim da suspensão, as execuções trabalhistas poderão ser normalmente concluídas, ainda que o crédito já esteja inscrito no quadro-geral de credores'."

"É bem de ver que o prazo de 180 dias, fixado pela lei para suspensão das ações e execuções, é um período de defesa, de modo a permitir que a empresa possa se reorganizar, sem ataques ao seu patrimônio, com intuito de viabilizar a apresentação do plano de recuperação. Nada impede, pois, que o juízo da recuperação, dada as especificidades de cada caso, amplie o prazo legal."

"Em regra, portanto, uma vez deferido o processamento ou, *a fortiori*, aprovado o plano de recuperação judicial, revela-se incabível o prosseguimento automático das execuções individuais, **mesmo após decorrido o prazo de 180 dias previsto no art. 6º, § 4, da Lei 11.101/2005.**"

Para dar maior embasamento ao seu pensamento quanto à possibilidade de prorrogação do prazo de 180 (cento e oitenta) dias, isto é, que o automatismo previsto no teor do parágrafo 4º do art. 6º da Lei 11.101/05 não deve, absolutamente, ser regra, e desde que deferido o processamento da recuperação judicial ou mesmo concedida a RJ, o Ministro Luis Felipe Salomão cita e transcreve precedentes, em que seus pares avalizam o que pensa. Como, exemplificativamente:

> "Em precedente bastante conhecido, o Ministro Hélio Quaglia Barbosa, no julgamento do Conflito de Competência nº 73.380/SP, de que foi relator, assim se pronunciou:
>
> 'A aparente clareza dos mencionados preceitos traduz a preocupação do legislador de evitar – a todo custo – que o instituto da recuperação judicial seja utilizado como estratagema para que a empresa em recuperação não pague seus credores e venha até mesmo a aumentar o volume das dívidas, uma vez que continua em operação; esconde, todavia, uma particularidade de ordem prática: caso voltem a ter curso várias execuções individuais, com determinação de penhoras sobre bens e/ou faturamento, ou mesmo ocorrendo venda de bem do patrimônio, como poderá o administrador judicial cumprir o plano de recuperação aprovado pelos credores e homologado judicialmente?'"

Como ressaltou o saudoso Ministro, com propriedade, tal questionamento não passou desapercebido por esta 2ª Seção, por ocasião do julgamento do Conflito de Competência nº 61.272/RJ, Relator o Ministro Ari Pargendler, *leading case* sobre a nova Lei de Recuperação Judicial e Falência.

Julgando o agravo regimental interposto contra a decisão concessiva de liminar no referido conflito, ressaltou o eminente Ministro:

> "A jurisprudência formada à luz do Decreto-Lei nº 7.661, de 1945, concentrou no juízo da falência as ações propostas contra a massa falida no propósito de assegurar a igualdade dos credores (*pars condicio creditorum*), observados evidentemente os privilégios e preferências dos créditos.
>
> *Quid*, em face da Lei 11.101, de 2005 ? Nova embora a disciplina legal, a medida liminar deferida nestes autos partiu do pressuposto de que subsiste a necessidade de concentrar na Justiça Estadual as ações contra a empresa que está em recuperação judicial, agora por motivo diferente: o de que só o Juiz que processa o pedido de recuperação judicial pode impedir a quebra da empresa. Se na ação trabalhista o patrimônio da empresa for alienado, essa alternativa de mantê-la em funcionamento ficará comprometida.
>
> A exigência de que o processo de recuperação judicial subsista até a definição de quem é o juiz competente para decidir a respeito da sucessão das obrigações trabalhistas impõe, salvo melhor entendimento, a manutenção da medida liminar.

Bem por isso, constitui expressão da orientação que tem prevalecido no Superior Tribunal de Justiça o acórdão proferido no CC nº 73.380/SP, Relator o Ministro Hélio Quaglia Barbosa, do qual transcrevo o seguinte excerto, verbis:

Ora, uma vez aprovado e homologado o plano, contudo, não se faz plausível a retomada das execuções individuais após o mero decurso do prazo legal de 180 dias; a consequência previsível e natural do restabelecimento das execuções, com penhoras sobre o faturamento e sobre os bens móveis e imóveis da empresa em recuperação implica em não cumprimento do plano, seguido de inevitável decretação da falência que, uma vez operada, resultará novamente, na atração de todos os créditos e na suspensão das execuções individuais, sem benefício algum para quem quer que seja."

Naquela oportunidade, ressaltou o ilustre Ministro:

"Nem se alegue que os trabalhadores poderiam ficar reféns, indefinidamente, do plano de recuperação, uma vez permitida a extrapolação do prazo de 180 dias, pois a nova lei, como se sabe, possui regras firmes a serem observadas pelo administrador judicial e pela autoridade judiciária condutores da recuperação, como o prazo não superior a uma ano para pagamento dos créditos trabalhistas ou decorrentes de acidente do trabalho (art. 54), além de prever drástica sanção, em seu art. 61, §1º:

'§ 1º Durante o período estabelecido no caput deste artigo (dois anos depois da concessão da recuperação judicial), o descumprimento de qualquer obrigação prevista no plano acarretará a convolação da recuperação em falência, nos termos do art. 73 desta Lei.'"

Diversos são os precedentes dessa Corte flexibilizando o prazo de suspensão, quando já aprovado o plano de recuperação judicial. A propósito:

PROCESSO CIVIL. AGRAVO REGIMENTAL. CONFLITO POSITIVO DE COMPETÊNCIA. JUÍZO DE DIREITO E JUIZADO ESPECIAL CIVIL. RECUPERAÇÃO JUDICIAL. AÇÃO INDENIZATÓRIA. MONTANTE APURADO. ART. 6º, § 4º, DA LEI N. 11.101/2005. RETOMADA DAS EXECUÇÕES INDIVIDUAIS. AUSÊNCIA DE RAZOABILIDADE. CRÉDITO EXTRACONCURSAL. PRECEDÊNCIA EM RELAÇÃO A QUAISQUER OUTROS. FATO SUPERVENIENTE. CONVOLAÇÃO DA RECUPERAÇÃO JUDICIAL EM FALÊNCIA. HABILITAÇÃO NO JUÍZO FALIMENTAR E SUJEIÇÃO DOS CRÉDITOS AO CONCURSO DE CREDORES. COMPETÊNCIA DO JUÍZO DA VARA EMPRESARIAL.

1. Com a edição da Lei n. 11.101, de 2005, respeitadas as especificidades da falência e da recuperação judicial, é competente o respectivo Juízo para prosseguimento dos atos de execução, tais como alienação de ativos e pagamento de credores, que envolvam créditos apurados em outros órgãos judiciais, ainda que tenha ocorrido a constrição de bens do devedor.

2. Se, de um lado, deve-se respeitar a exclusiva competência do juizado especial cível para dirimir as demandas previstas na Lei n. 9.099/1995, de outro, não se pode perder de vista que, após a apuração do montante devido à parte autora naquela jurisdição especial, processar-se-á no Juízo da recuperação judicial a correspondente habilitação, consoante os princípios e normas legais que regem o plano de reorganização da empresa recuperanda.

3. A Segunda Seção do STJ tem jurisprudência firmada no sentido de que, no normal estágio da recuperação judicial, não é razoável a retomada das execuções individuais após o simples decurso do prazo legal de180 dias de que trata o art. 6º, § 4º, da Lei n. 11.101/2005.

4. O crédito constituído no curso da recuperação judicial advindo de decisão proferida em ação proposta contra o devedor, inclusive de natureza indenizatória, por se inserir na categoria de crédito extraconcursal e, portanto, ter precedência em relação a quaisquer outros, deve submeter-se ao processo de recuperação, caso não tenha sido objeto de reserva, ao invés de ser perseguido por meio de medidas judiciais em juízos diversos, uma vez que implicaria oneração de bens da sociedade recuperanda, descontrole na negociação e no pagamento de credores e desestímulo para o equacionamento do estado de crise econômico-financeira.

5. Em razão de fato superveniente, isto é, decreto da falência da empresa mediante sentença – ato circunscrito à convolação da recuperação judicial em regime falimentar –, os créditos já submetidos ao processo de recuperação e aqueles constituídos até a data da quebra sujeitam-se ao concurso de credores, observadas as regras aplicáveis à verificação e habilitação de créditos, bem como o disposto no art. 80 da Lei de Recuperação e Falência.

6. Agravo regimental desprovido (AgRg no CC 92.664/RJ, Rel. Min. João Otávio de Noronha, DJe 22/8/2011 – PROCESSO CIVIL. CONFLITO DE COMPETÊNCIA. AGRAVO REGIMENTAL. RECUPERAÇÃO JUDICIAL. EXECUÇÃO TRABALHISTA. AGRAVO REGIMENTAL NÃO PROVIDO.

1. Após o deferimento da recuperação judicial, a competência para a prática de atos que comprometam o patrimônio da empresa em recuperação é do Juízo onde esta se processa.

2. Segundo entendimento firmado pela Segunda Seção do Superior Tribunal de Justiça, não é razoável a retomada das execuções individuais após o simples decurso do prazo de 180 dias previsto no art. 6, § 4º, da Lei 11.101/2005.

3. Agravo regimental a que se nega provimento AgRg no CC 104.500/SP, Rel. Min. Vasco Della Giustina [Desembargador convocado do TJ/RS – grifo nosso], DJe 02/06/2011)

COMERCIAL E PROCESSUAL CIVIL. AGRAVO REGIMENTAL. CONFLITO DE COMPETÊNCIA. RECUPERAÇÃO JUDICIAL. LEI N. 11.101/2006, ART. 6º, § 4º. SUSPENSÃO DAS AÇÕES E EXECUÇÕES. PRAZO DE 180 DIAS. HOMOLOGAÇÃO DO PLANO DE RECUPERAÇÃO. PROVA DO

RETARDAMENTO. AUSÊNCIA. FLEXIBILIZAÇÃO. POSSIBILIDADE. IMPROVIMENTO.

I. O deferimento da recuperação judicial carreia ao Juízo que a defere a competência para distribuir o patrimônio da massa falida aos credores conforme as regras concursais da lei falimentar.

II. A extrapolação do prazo de 180 dias previsto no art. 6º, § 4º, da Lei n. 11.101/2005 não causa o automático prosseguimento das ações e das execuções contra a empresa recuperanda, senão quando comprovado que sua desídia causou o retardamento da homologação do plano de recuperação.

III. Agravo regimental improvido (AgRg no CC 113.001/DF, Rel. Min. Aldir Passarinho Junior, DJe 21/3/2011)

3. No tocante ao sugerido comprometimento do Juízo goiano para processar e julgar a recuperação judicial, certo é que os fatos comunicados nos autos do CC 103.012/GO pela empresa Xinguará Indústria e Comércio S/A em relação ao magistrado que atuava na 2ª Vara Cível e Fazendas Públicas e Registros Públicos de Rio Verde/GO estão sendo investigados pela respectiva Corregedoria Regional, por determinação da ilustre Corregedora do Conselho Nacional de Justiça, encontrando-se a aludida Vara, atualmente, sob a responsabilidade de outra magistrada.

4. Ante o exposto, nego provimento ao agravo regimental.

É como voto.".

10. SUSPENSÃO DAS AÇÕES E EXECUÇÕES DOS CREDORES PARTICULARES EM FACE DO SÓCIO SOLIDÁRIO

No sítio <http://juridiconewscndl.publicacoesonline.com.br/> acessado na data de 22 de agosto de 2013, encontramos, sob o título: "TJSP. Art. 6, *caput* da Lei n. 11.101/05. Expressão 'sócio solidário'. Alcance e intenção do legislador", datado de 17 de abril de 2012, parte do texto do Acórdão de lavra do eminente Desembargador do Egrégio Tribunal de Justiça de São Paulo, Ricardo Negrão, no Agravo de Instrumento de número 7.053.221-3, que nos dá, com profunda precisão, um amplo conceito do que seja **sócio solidário**.

Com a mesma proficiência, o também escritor e professor nos brinda com lições sobre sócios de outra natureza, fazendo comparações entre as espécies e mostrando porque um, pelas suas características legais é o destinatário do benefício da suspensão, e outro, por ter outra natureza e peculiaridades, não tem contra si suspensas as ações e execuções:

> "A expressão 'sócio solidário' não se refere a participante de toda e qualquer sociedade que figure como litisconsorte passivo em ação de execução, e sim ao cotista com responsabilidade **ilimitada, isto é, aos que, por força do contrato social,**

respondem de forma solidária e ilimitada ao patrimônio social: "A classificação das responsabilidades dos sócios em sete tipos ordinários [...] compreende, entre outros, aqueles que, por força de cláusula contratual ou da lei, respondem de forma subsidiária ao patrimônio social, ilimitada e solidariamente entre eles. Esse tipo de sócio é encontrado na composição da maioria das sociedades previstas na legislação societária: o sócio da sociedade em nome coletivo; o sócio de indústria, na extinta sociedade de capital e indústria; o sócio comanditado nas sociedades em comandita simples e por ações; o sócio ostensivo nas sociedades em conta de participação; o sócio tratador na sociedade em comum; e o sócio da sociedade simples, se assim estabelecer o contrato."

"Todos esses sócios têm em comum a responsabilidade ordinária de responderem com bens pessoais após o exaurimento do patrimônio social. Há entre eles um elo de solidariedade no pagamento dos credores da sociedade, por valores que excedem o patrimônio desta, e não limitada ao capital social que, eventualmente, já tivessem integralizado" (*Manual de Direito Comercial e de Empresa*, vol. 1, 4ª ed., São Paulo, Saraiva, 2005, p. 269-270). Como se vê, a intenção do legislador ao redigir o artigo 6º da nova Lei de Falências foi impedir quaisquer constrições sobre bens particulares de sócios com responsabilidade ilimitada e solidária para salvaguardar o direito dos credores – comuns e particulares – em razão do elo de responsabilidades que se forma a partir dos eventos falimentar ou recuperatório. ... Assim, salvo na hipótese de sócios com responsabilidade solidária e ilimitada, o processamento de pedido de recuperação judicial e o decreto falimentar não produzem efeitos sobre as ações e execuções movidas contra sócios, acionistas ou cotistas de sociedades sujeitas a estes regimes. O tratamento a eles dispensado pela legislação falimentar – atual e a revogada – é o do regime comum das obrigações." (grifos nossos).

O Egrégio Tribunal de Justiça de Goiás também firmou seu entendimento no mesmo direcionamento, ou seja, o de que o garantidor (aval) de empresa recuperanda, pela autonomia da obrigação, absolutamente não goza dos privilégios da suspensão das ações e execuções, os quais tem por destinatários somente a requerente e seus sócios solidários, se for esta a hipótese.

No Agravo Regimental no Agravo de Instrumento de número 228655-89.2011.8.09.0000 (201192286553), da Comarca de Aparecida de Goiânia, o eminente Juiz de Direito, Dr. José Carlos de Oliveira, em substituição no segundo grau, ao julgar a insatisfação do recorrente – um garantidor solidário de uma empresa em recuperação judicial –, demonstra, com sabedoria, a correta aplicabilidade da Lei 11.101/05, na síntese da Ementa, e esmiuçando, eu seu voto, toda a abrangência dos diversos dispositivos aplicáveis ao caso, além de buscar na doutrina e na jurisprudência brasileira, pensamentos e decisões para abrilhantar os seus ensinamentos. A Ementa ficou assim redigida:

"DR. JOSÉ CARLOS DE OLIVEIRA – JUIZ DE DIREITO SUBSTITUTO EM 2º GRAU. EMENTA: AGRAVO REGIMENTAL EM AGRAVO DE

INSTRUMENTO. AÇÃO DE EXECUÇÃO. DESISTÊNCIA. EMPRESA EM RECUPERAÇÃO JUDICIAL. PROSSEGUIMENTO. AVALISTA.

I – Incabível a modificação da decisão monocrática via agravo regimental, quando foi proferida com fulcro no art. 557, *caput*, do CPC e está de acordo com o entendimento dominante desse Tribunal de Justiça e dos Tribunais Superiores, tendo-se em conta, ainda, a ausência de fato novo a ensejar a reforma do julgado.

II – Correta a decisão que defere o pedido do exequente e exclui do polo passivo a empresa em recuperação judicial, determinando o prosseguimento da execução em relação ao avalista, haja vista que o aval é dotado de autonomia substancial.

III – Mesmo diante da recuperação judicial, o credor da empresa que está em recuperação judicial tem preservado o direito e privilégio em face do devedor solidário e garantidor da dívida, razão pela qual a ação de execução não deve ser suspensa em relação ao avalista.

IV – Na hipótese, o avalista não ostenta a condição de sócio solidário, pois a pessoa jurídica em tela é sociedade limitada, razão pela qual não se aplica a suspensão de que trata o artigo 6º, da Lei nº 11.101/05.

AGRAVO REGIMENTAL CONHECIDO, MAS IMPROVIDO. DECISÃO MONOCRÁTICA MANTIDA."

Em seu brilhante voto, e após enfatizar que não vislumbrava nenhum fato novo hábil a ensejar a reconsideração requerida, citou o teor da decisão recorrida, a qual, afirmou o Ilustre Juiz, "mantenho por seu próprios fundamentos". E, após adentrar na questão propriamente dita do beneficiário da suspensão – o sócio solidário do devedor em recuperação judicial ou falência, e ter transcrito o citado artigo 6º da Lei 11.101/05, faz as seguintes observações, referindo-se, inicialmente, à parte final da redação desse dispositivo:

"O sócio solidário supramencionado, refere-se ao sócio com responsabilidade ilimitada, devendo ser suspensas as execuções também ajuizadas em face dele, pois, como o sócio de responsabilidade ilimitada também é falido no regime de lei em vigor (art. 81), não haveria possibilidade de se dar regular prosseguimento à execução contra ele instaurada, uma vez que seus bens pessoais (sobre os quais iria recair a penhora na execução) serão arrecadados na falência, para satisfação da universalidade dos credores.

No presente caso, o avalista não ostenta a condição de sócio solidário, pois a pessoa jurídica em tela é sociedade limitada, razão pela qual não se atribui responsabilidade ilimitada e solidária a seus sócios. Assim, a suspensão de que trata o artigo 6º não seria óbice ao regular processamento da execução, por não dizer respeito às ações e execuções em andamento contra o coobrigado, pois refere-se exclusivamente ao falido, ao recuperando e ao sócio de responsabilidade ilimitada."

Pensamento idêntico é o dos Ministros integrantes da 4ª Turma do Egrégio Superior Tribunal de Justiça, contido no RECURSO ESPECIAL

Nº 1.269.703 – MG (2011/0125550-9), em que é Relator mais uma vez o digno Ministro Luis Felipe Salomão, de cujos ensinamentos não nos cansamos de abeberar, cuja Ementa e partes do voto, transcrevemos a seguir:

"EMENTA. DIREITO EMPRESARIAL E PROCESSUAL CIVIL. RECURSO ESPECIAL. EXECUÇÃO AJUIZADA EM FACE DE SÓCIO-AVALISTA DE PESSOA JURÍDICA EM RECUPERAÇÃO JUDICIAL. SUSPENSÃO DA AÇÃO. IMPOSSIBILIDADE. PENHORA VIA *BACEN-JUD*. ESGOTAMENTO DOS MEIOS APTOS A GARANTIR A EXECUÇÃO. DESNECESSIDADE.

1. O *caput* do art. 6º da Lei n. 11.101/05, no que concerne à suspensão das ações por ocasião do deferimento da recuperação, alcança apenas os sócios solidários, presentes naqueles tipos societários em que a responsabilidade pessoal dos consorciados não é limitada às suas respectivas quotas/ações.

2. Não se suspendem, porém, as execuções individuais direcionadas aos avalistas de título cujo devedor principal é sociedade em recuperação judicial, pois diferente é a situação do devedor solidário, na forma do § 1º do art. 49 da referida Lei. De fato, «[a] suspensão das ações e execuções previstas no art. 6º da Lei n. 11.101/2005 não se estende aos coobrigados do devedor" (Enunciado n. 43 da I Jornada de Direito Comercial CJF/STJ).

3. [...]

4. Recurso especial não provido."

"VOTO. O SENHOR MINISTRO LUIS FELIPE SALOMÃO (Relator):

2. A primeira tese sustentada pelo recorrente é a de que deve ser suspensa a execução dirigida contra ele, cujo objeto é uma cédula de crédito bancário na qual figura como avalista, mas que possui como devedora principal sociedade submetida a recuperação judicial, da qual é sócio.

Indicou como suporte jurídico do pleito o *caput* do art. 6º da Lei n. 11.101/05, cuja redação é a seguinte:

Art. 6º. A decretação da falência ou o deferimento do processamento da recuperação judicial suspende o curso da prescrição e de todas as ações e execuções em face do devedor, inclusive aquelas dos credores particulares do sócio solidário.

É bem verdade que há precedente deste Colegiado, do qual não participei, acolhendo a tese apresentada pelo recorrente:

COMERCIAL E PROCESSUAL CIVIL. AGRAVO REGIMENTAL. POSSIBILIDADE. PRETENSÃO DE REEXAME DE MATÉRIA DE MÉRITO. RECUPERAÇÃO JUDICIAL. EXECUÇÃO INDIVIDUAL. SUSPENSÃO.

I. Há entendimento nesta Corte de que não se mostra consentâneo com a recuperação judicial o prosseguimento de execuções individuais, devendo estas ser suspensas e pagos os créditos de acordo com o plano de recuperação homologado em juízo.

II. Agravo regimental desprovido.

(AgRg no Ag 1.297.876/SP, Rel. Ministro ALDIR PASSARINHO JUNIOR, QUARTA TURMA, julgado em 18/11/2010, DJe 29/11/2010)

[...]

"3. Nesta oportunidade, peço licença aos que pensam de forma diversa para dissentir do julgado invocado como paradigma, porque, a meu juízo, não se suspendem as execuções individuais direcionadas aos avalistas de título cujo devedor principal é sociedade em recuperação judicial.

A tese apresentada no recurso especial, se bem analisada, baralha a ideia de sócio solidário e a de devedor solidário e, de fato, não se sustenta.

É que o *caput* do art. 6º da Lei n. 11.101/05, no que concerne à suspensão das ações por ocasião do deferimento da recuperação, alcança os sócios solidários, presentes naqueles tipos societários em que a responsabilidade pessoal dos consorciados não é limitada às suas respectivas quotas/ações, como é o caso, por exemplo, da sociedade em nome coletivo (art. 1.039 do CC/02) e da sociedade em comandita simples, no que concerne aos sócios comanditados (art. 1.045 do CC/02).

A razão de ser da norma que determina, tanto na falência quanto na recuperação judicial, a suspensão das ações ainda que de credores particulares dos sócios solidários é simples, pois na eventualidade de decretação da falência da sociedade os efeitos da quebra estendem-se àqueles, nos mencionados tipos societários menores, mercê do que dispõe o art. 81 da Lei n. 11.101/05:

Art. 81. A decisão que decreta a falência da sociedade com sócios ilimitadamente responsáveis também acarreta a falência destes, que ficam sujeitos aos mesmos efeitos jurídicos produzidos em relação à sociedade falida e, por isso, deverão ser citados para apresentar contestação, se assim o desejarem.

[...]

Situação diversa, por outro lado, ocupam os devedores solidários ou coobrigados. Para eles, a disciplina é exatamente inversa, prevendo a Lei expressamente a preservação de suas obrigações na eventualidade de ser deferida a recuperação judicial do devedor principal.

Nesse sentido, é o que dispõe § 1º do art. 49 da Lei:

§ 1º Os credores do devedor em recuperação judicial conservam seus direitos e privilégios contra os coobrigados, fiadores e obrigados de regresso.

[...]

3.2. Deveras, no caso de aval, por se tratar de obrigação cambiária autônoma, ao avalista não socorre a suspensão das ações ajuizadas em desfavor do avalizado que teve a recuperação judicial deferida, sendo certo que sua obrigação, em face dos credores da empresa recuperanda, deve ser preservada por expressa disposição legal".

Citou ainda o Ministro doutrina e jurisprudência, inclusive do STJ, que davam embasamento ao seu posicionamento. Quanto à última, destacamos o REsp 1.095.352/SP, Rel. Min. MASSAMI UYEDA, DJe 3.2.11), o EAg 1.179.654/SP, Rel. Ministro SIDNEI BENETI, SEGUNDA SEÇÃO, julgado em 28/3/2012, DJe 13/4/2012, e o REsp 1.095.352/SP, Rel. Ministro MASSAMI UYEDA, TERCEIRA TURMA, julgado em 9/11/2010, DJe 25/11/2010). Por fim, reafirmando o seu voto, finalizou o Ministro Luis Felipe Salomão, dizendo que "na recente I Jornada de Direito Comercial realizada pelo CJF/STJ foi aprovado o Enunciado n. 43, segundo o qual "[a] suspensão das ações e execuções previstas no art. 6º da Lei n. 11.101/2005 não se estende aos coobrigados do devedor".

"4. [...]

5. Diante do exposto, nego provimento ao recurso especial.

É como voto".

11. PARÁGRAFO 4º DO ART. 6º DA LEI 11.101/05: LETRA MORTA

Diante destes vastos e sublimes entendimentos do Egrégio Superior Tribunal de Justiça, aqui capitaneados pelo eminente Ministro Luis Felipe Salomão e seus pares da 2ª Secção, pode-se, a nosso ver, considerar letra morta na Lei 11.101/05 o ora questionado Parágrafo 4º do art. 6º, pois, pacífico ficou o entendimento de que os malsinados e improrrogáveis 180 (cento e oitenta dias) de suspensão contados a partir do deferimento do processamento, em nenhuma hipótese futura terá qualquer aplicação.

Isso porque, em um primeiro momento, a automaticidade que lhe emprestara o legislador (ao Parágrafo 4º do art. 6º), ou seja, o restabelecimento do direito dos credores de continuar ou iniciar suas ações e execuções independentemente de pronunciamento judicial, exceto por negligência ou procrastinação do devedor (é da jurisprudência), não encontrará nenhuma guarida dos doutores da Lei. Se assim afirmamos, é exatamente porque o potencial excesso de prazo ocorrido após o período dos *improrrogáveis* 180 (cento e oitenta) dias, não terá a mínima parcela de culpa do devedor, e daí, não poder a atividade sofrer solução de continuidade por ato de qualquer credor, até mesmo porque estaria ferindo de morte o maior arcabouço deste instrumento legal da recuperação, qual seja, a manutenção da empresa, visando dar cumprimento a todos aqueles princípios insculpidos no *caput* do art. 47.

Já em um segundo momento, e a prática a tal nos autoriza, duvidamos que qualquer credor, ou mesmo o Administrador Judicial, ou ainda o Ministério

Público, em qualquer feito de recuperação judicial, poderia, na literalidade que expressam os doutores exposta nas diversas jurisprudências dos diversos Tribunais brasileiros, repita-se, inclusive a do STJ, comprovar que o recuperando estaria se utilizando de meios processuais aéticos, que pudessem retardar o deferimento do processamento do seu pedido.

Até mesmo porque, a nosso ver, tem ele (devedor) pouca ou nenhuma influência para a prática de atos procrastinatórios, pois todo o procedimento depende ou de atos do Administrador Judicial (a formação do Quadro Geral de Credores, por exemplo), ou do juiz condutor do feito, como a designação de data para a realização da Assembleia-geral dos Credores; e, ainda, dos serventuários da Justiça das respectivas escrivanias, como na redação e conferência do edital de convocação, etc. Por óbvio, nas duas últimas hipóteses, havendo rejeição de qualquer credor.

Não fora somente isto, mas mesmo antes disto, e dependendo do número de credores, os quais se admite, exemplificativamente, às centenas, existindo mesmo centenas de credores trabalhistas ou decorrentes de acidentes de trabalho, centenas de credores portadores de títulos com garantia real, centenas de credores quirografários, com privilégio especial, com privilégio geral, subordinados e até mesmo extra concursais. E ainda, que hajam diversas solicitações de reservas de importâncias pecuniárias, pois correm contra o devedor diversas Reclamatórias na Justiça Especializada ainda em fase cognitiva, assim como tramitam na Justiça Comum Estadual algumas ações de Indenização, também ilíquidas.

Todos esses exemplos, só para imaginarmos a extensão e a longevidade dos trabalhos do Administrador Judicial e seus auxiliares, desde o envio de correspondências a todos os credores, as posteriores habilitações, a verificação dos créditos, etc., e mais tantos outros empecilhos potenciais e naturais do procedimento específico que podem ocorrer, não poderão, absolutamente, serem debitados ao recuperando, pois, para tudo há prazos, alguns impraticáveis, até mesmo com o conhecimento e a óbvia complacência dos magistrados, figurando essa irrefutável verdade nas diversas jurisprudências dos diversos Tribunais brasileiros aqui citadas e transcritas ou apenas mencionadas.

Finalmente, em um terceiro momento, e sendo o devedor um daqueles que não querem se recuperar (e olha que eles existem, a exemplo de alguns antigos concordatários!), por certo não terá, sequer, o processamento do seu pedido de recuperação judicial deferido, vez que, nessa hipótese, absurda, mas existente, não deterá as condições legais mínimas para tal, não atendendo as exigências dos artigos 48 e 51 da Lei 11.101/05.

Se assim fosse, nessa oportunidade o MM. Juiz do feito o intimaria para emendar a inicial. Não o fazendo, ou o fazendo de forma irregular (pois não possui o que a Lei determina), o juiz indeferiria o requerimento de recuperação judicial, e aquelas ações e execuções já em curso contra o devedor continuariam com seu trâmite normal (até mesmo porque nada ocorreu que as suspendesse), voltando, assim, aos credores, a tranquilidade psicológica do livre prosseguimento dos feitos ajuizados contra aquele devedor, que na verdade não quer ou não tem condições de se recuperar, podendo também decorrer até mesmo pedido de falência por algum credor que preencha os requisitos legais.

11.1 Bens de capital essenciais à continuidade da atividade também podem ter prazo de retirada prorrogado

Até mesmo os **bens de capital essenciais à continuidade da atividade** do recuperando, uma das exceções de não submissão aos efeitos da recuperação judicial, prevista no art. 49 parágrafo 3º da Lei 11.101/05 (hipóteses de contratos de arrendamento mercantil, alienação fiduciária, venda com reserva de domínio, exemplificativamente), cuja venda ou retirada do estabelecimento do devedor é proibida pelo tempo acima mencionado, também se submetem às mesmas regras de prorrogação.

Aqui também nesse caso específico, encontramos o mesmo posicionamento jurisprudencial, isto é, além dos já citados e *improrrogáveis* 180 (cento e oitenta) dias previstos no Parágrafo 4º do art. 6º, há também um aumento do prazo, demonstrando, de vez, que este dispositivo, praticamente, não terá mais aplicabilidade futura, isto porque a prática nos tem provado por todos os pontos de vistas jurídicos e práticos que este tempo de suspensão é muito pequeno diante de todas as formalidades legais dos procedimentos e outros entraves naturais.

Mais uma vez, nos socorremos dos valiosos e temperados ensinamentos do eminente Ministro do STJ, Luis Felipe Salomão, que no RECURSO ESPECIAL Nº 1.263.500 – ES (2011/0151185-8), DJe de 12.04.2013, tendo como Relatora a Ilustre Ministra Maria Isabel Gallotti. Em voto-vista, dentre tantas considerações de fundamental importância, sempre relevando e preservando a continuidade da atividade, enfatizou o renomado Ministro que, em determinadas situações, e sob a prudente análise do juízo do feito, a ora questionada prorrogação, além dos 180 (cento e oitenta) dias de Lei, deve ser aplicada.

A Ementa do REsp acima mencionado, de lavra da eminente Relatora Ministra Maria Isabel Gallotti, foi vasada nos seguintes termos:

> "EMENTA
>
> RECURSO ESPECIAL. RECUPERAÇÃO JUDICIAL. CONTRATO DE CESSÃO FIDUCIÁRIA DE DUPLICATAS. INCIDÊNCIA DA EXCEÇÃO DO ART. 49, § 3º DA LEI 11.101/2005. ART. 66-B, § 3º DA LEI 4.728/1965.
>
> 1. Em face da regra do art. 49, § 3º da Lei nº 11.101/2005, não se submetem aos efeitos da recuperação judicial os créditos garantidos por cessão fiduciária.

2. Recurso especial provido."

Já o venerando Acórdão, recebeu esta redação:

"ACÓRDÃO

Prosseguindo no julgamento, após o voto-vista do Ministro Luis Felipe Salomão, dando parcial provimento ao recurso especial, divergindo parcialmente da Relatora, e os votos dos Ministros Antonio Carlos Ferreira, Marco Buzzi e Raul Araújo acompanhando o voto da Ministra Relatora, a Quarta Turma, por unanimidade, deu provimento ao recurso especial, com ressalvas do Ministro Luis Felipe Salomão. Os Srs. Ministros Antonio Carlos Ferreira, Marco Buzzi e Raul Araújo Filho votaram com a Sra. Ministra Relatora.

Brasília/DF, 05 de fevereiro de 2013 (Data do Julgamento)."

Transcrevemos, como as mais importantes, as seguintes **ressalvas** contidas no mencionado voto-vista do Ministro Luis Felipe Salomão, como segue:

"1. Nos autos da recuperação judicial de Indústria de Móveis Modelar Ltda., em trâmite na 2ª Vara Cível da Comarca de Linhares/ES, foi determinada a inclusão de crédito do Banco Bradesco S/A, no valor de R$ 1.115.594,20 (um milhão, cento e quinze mil, quinhentos e noventa e quatro reais e vinte centavos), representado pelos contratos ns. 3626-64.052 e 3626-61.161, os quais estavam garantidos, pela recuperanda, por cessão fiduciária de duplicatas mercantis.

O credor impugnou o edital em que constava o referido crédito, aduzindo que os mencionados contratos não se sujeitariam à recuperação judicial, em razão do que prevê o art. 49, § 3º, da Lei n. 11.101/2005. A empresa recuperanda, por sua vez, pleiteou a devolução dos valores recebidos pelos credores (entre eles o Banco Bradesco S/A) durante a recuperação judicial resultantes do pagamento de débitos oriundos de contratos garantidos por cessão fiduciária de crédito.

O juízo de piso acolheu o pleito deduzido pela recuperanda, determinando o seguinte:

[...] a expedição de ofícios às instituições financeiras indicadas à fls.. 3.300, a fim de que estas promovam a liberação, em favor da Recuperanda, dos montantes indevidamente recebidos, no prazo de 48 (quarenta e oito) horas, para a conta-corrente indicada à fls. 3.298, sob pena de multa diária de R$ 10.000,00 (dez mil reais), em caso de descumprimento, sem prejuízo da configuração de crime de desobediência e do ilícito penal tipificado no art. 172, da Lei n. 11.101/2005 (fl. 306).

O Banco Bradesco S/A interpôs agravo de instrumento pleiteando a não inclusão dos valores em questão no bojo da recuperação judicial, porquanto se trata de crédito fiduciário, excluído do rito especial recuperacional pelo art. 49, § 3º, da Lei n. 11.101/05. Aduziu que o direito creditório deve ser considerado como bem móvel, razão por que incide o mencionado dispositivo legal. Subsidiariamente, pugnou pela redução da multa cominatória, então fixada em R$ 10.000,00 (dez mil reais) por dia de descumprimento da ordem judicial.

O TJES negou provimento ao agravo de instrumento nos termos da seguinte ementa:

RECUPERAÇÃO JUDICIAL – CONTRATO SUJEITO AOS EFEITOS DA RECUPERAÇÃO – ABERTURA DE CREDITO GARANTIDA POR ALIENAÇÃO FIDUCIÁRIA DE DUPLICATAS – MULTA DIÁRIA – RAZOABILIDADE.

1. Via de regra, sujeitam-se à recuperação judicial todos os créditos existentes na data do pedido, ainda que não vencidos (art. 49, *caput*, da Lei 11.101/2005).

2. As exceções previstas em lei são a do banco que antecipou ao exportador recursos monetários com base em contrato de câmbio (art. 86, inciso II, da Lei 11.101/2005) e a do proprietário fiduciário, do arrendador mercantil e do proprietário vendedor, promitente vendedor ou vendedor com reserva de domínio, quando do respectivo contrato (alienação fiduciária em garantia, leasing, venda e compra, compromisso de compra e venda e compra ou venda com reserva de domínio) consta cláusula de irrevogabilidade ou irretratabilidade (art. 49, § 3º, da Lei 11.101/2005).

3. A cessão fiduciária que garante o contrato de abertura de crédito firmado entre as partes, prevista no § 3º do artigo 66-B, da Lei 4.728/65, transfere ao credor fiduciário a posse dos títulos, conferindo-lhe o direito de receber dos devedores os créditos cedidos e utilizá-los para garantir o adimplemento da dívida instituída com o cedente, em caso de inadimplência.

4. A cessão fiduciária de títulos não se assemelha à exceção prevista na lei de recuperação judicial no tocante ao proprietário fiduciário. Nesta o que se pretende é proteger o credor que aliena fiduciariamente determinado bem móvel, ou imóvel para a empresa em recuperação, circunstância oposta ao que ocorre nos casos em que a empresa cede fiduciariamente os títulos ao banco.

5. O § 3º do artigo 49 da Lei 11.101/05 refere-se a bens móveis materiais, pois faz alusão expressa à impossibilidade de venda ou retirada dos bens do estabelecimento da empresa no período de suspensão previsto no § 4º do art. 6º, da referida Lei, circunstância que não se aplica aos títulos de crédito, pois os créditos em geral são bens móveis imateriais.

6. A mera afirmação de que o valor a ser devolvido está equivocado não tem o condão de elidir o parecer técnico elaborado pelo Administrador Judicial.

7. Considerando a natureza da demanda, a necessidade de se imprimir agilidade e efetividade ao plano de recuperação homologado no Juízo de 1º Grau e a capacidade financeira do agravante, tenho que o valor arbitrado a título de astreinte, nesse momento, não transpõe os limites da razoabilidade.

8. Recurso conhecido e desprovido.

No recurso especial, o recorrente repetiu, em síntese, a tese antes apresentada nas instâncias ordinárias, no sentido de que o credor fiduciário não se sujeita à recuperação judicial nos termos do art. 49, § 3º, da Lei n. 11.101/05, insurgindo-se contra a determinação do Juízo de piso de que fossem devolvidos os valores recebidos a título de crédito cedido fiduciariamente pela empresa recuperanda. Subsidiariamente, pleiteou a redução das *astreintes*.

A eminente Relatora, Ministra Isabel Gallotti, conheceu do recurso e lhe deu provimento para que fossem 'excluídos dos efeitos da recuperação judicial os créditos de titularidade do recorrente que possuem garantia de cessão fiduciária', fazendo incidir o art. 49, § 3º, da Lei n. 11.101/05, no sentido de que o 'credor titular da posição de proprietário fiduciário de bens móveis' não se submete à recuperação judicial [...]".

O cerne da questão, conforme ficou muito bem explicitado e o será mais ainda no curso da exposição do voto, é o banco credor buscando mostrar que o contrato efetuado com o recuperando enquadra-se numa das exceções da Lei 11.101/05, mais especificamente no parágrafo 3º do art. 49, isto é, não se sujeita aos efeitos da recuperação judicial, com o que, aliás, concordou plenamente o Egrégio Tribunal de Justiça do Estado do Espírito Santo; daí, o Recurso Especial pela instituição financeira credora, onde o Ministro Luis Felipe Salomão, ao pedir vistas, pôde, com maestria, lecionar com profundidade sobre a questão, como segue:

"[...] Na assentada do dia 6.12.2012, pedi vista dos autos para melhor exame do caso. Passo ao voto.

2. A matéria em exame é de extrema relevância, porquanto gravitam em torno dela dois interesses em conflito: o da sociedade em recuperação judicial e o do credor, instituição financeira, que recebeu títulos de crédito em garantia fiduciária de contrato de abertura de crédito.

Cumpre ressaltar, para logo, que, em se tratando de recuperação judicial, o interesse imediato de entrada de capital no caixa da empresa recuperanda, embora aparente o contrário, muitas vezes não significa a melhor solução para a manutenção da empresa, notadamente quando tal providência testilha com direitos de credores eleitos pelo sistema jurídico como de especial importância.

Isso porque, se as garantias conferidas aos credores, principalmente instituições financeiras, forem gradativamente minadas por decisões proferidas pelo Juízo da recuperação, é a própria sociedade em recuperação que poderá sofrer as consequências mais sérias, como, por exemplo, não conseguindo mais crédito junto ao sistema financeiro.

Por isso, a importância de que as decisões proferidas no âmbito da recuperação judicial devem, sempre e sempre, ser precedidas de uma detida reflexão acerca de suas reais consequências, para que não se labore exatamente na contramão do propósito de preservação da empresa.

3. Por outro lado, em razão da importância do crédito bancário, seja para as empresas em normal situação financeira, seja para aquelas em recuperação judicial, é absolutamente justificável o especial tratamento conferido pelo legislador às instituições financeiras no âmbito do processo recuperacional – a chamada "trava bancária" na recuperação judicial.

Com efeito, até mesmo pela teleologia da exclusão de certos créditos do processo de recuperação, não tenho dúvida em afirmar que o credor garantido por cessão fiduciária de direitos creditórios enquadra-se na regra própria aplicável ao "credor titular da posição de proprietário fiduciário" a que se refere o art. 49, § 3º, da Lei, nos termos do que propugna o voto proferido pela Sra. Ministra Isabel Gallotti, permitindo a conclusão de que o credor garantido por cessão fiduciária de crédito também "não se submeterá aos efeitos da recuperação judicial e prevalecerão os direitos de propriedade sobre a coisa e as condições contratuais".

Assim, penso que é mesmo adequado se conferir uma interpretação larga às referências a bens "móveis" e "imóveis" e à "propriedade sobre a coisa" contidas na primeira parte do referido parágrafo 3º, para alcançar também os direitos creditórios, como prevê o art. 83 do Código Civil de 2002.

Nesse sentido, e na linha do voto proferido pela eminente Relatora, cito, por todos, a doutrina de Fábio Ulhoa Coelho, para quem o crédito fiduciário insere-se na categoria de bem móvel e, por isso mesmo, é abrangido pela chamada "trava bancária":

'Alguns advogados de sociedades empresárias recuperandas procuram levantar a "trava bancária" do art. 49, § 3º, da LF, sob o argumento de que a *cessão fiduciária de direitos creditórios* não estaria abrangida pelo dispositivo porque este cuida da propriedade fiduciária de *bens* móveis ou imóveis. Esse argumento procurava sustentar que na noção de bens somente poderiam ser enquadradas as coisas corpóreas.

Não vinga a tentativa. Os direitos são, por lei, considerados espécies de bens móveis. Confira-se, a propósito, o art. 83, III, do CC. Nesse dispositivo, o legislador brasileiro consagrou uma categoria jurídica secular, a dos *bens móveis para efeitos legais*.

[...]

Se a lei quisesse eventualmente circunscrever a exclusão dos efeitos da recuperação judicial à titularidade fiduciária sobre bens *corpóreos*, teria se valido dessa categoria jurídica, ou mesmo da expressão equivalente "coisa". Enquanto "bens" abrange todos os objetos suscetíveis de apropriação econômica, "coisa" restringe-se aos bens corpóreos (COELHO, Fábio Ulhoa. *Comentários à lei de falência e de recuperação de empresas*. 8. ed. São Paulo: Saraiva, 2011, p. 194-195).

Porém, a mesma largueza interpretativa – sob pena de possível incongruência hermenêutica – é de ser conferida a todo o dispositivo, precisamente a sua parte final, que visa a equacionar os interesses do credor e da empresa em recuperação e restringe a satisfação do crédito – mesmo que não participante da recuperação –, quando tal providência puder comprometer o próprio funcionamento da empresa.

Para melhor compreensão, transcreve-se o art. 49, § 3º, da Lei n. 11.101/05:

Art. 49. Estão sujeitos à recuperação judicial todos os créditos existentes na data do pedido, ainda que não vencidos.

[...]

§ 3º Tratando-se de credor titular da posição de proprietário fiduciário de bens móveis ou imóveis, de arrendador mercantil, de proprietário ou promitente vendedor de imóvel cujos respectivos contratos contenham cláusula de irrevogabilidade ou irretratabilidade, inclusive em incorporações imobiliárias, ou de proprietário em contrato de venda com reserva de domínio, seu crédito não se submeterá aos efeitos da recuperação judicial e prevalecerão os direitos de propriedade sobre a coisa e as condições contratuais, observada a legislação respectiva, não se permitindo, contudo, durante o prazo de suspensão a que se refere o § 4º do art. 6º desta Lei, a venda ou a retirada do estabelecimento do devedor dos bens de capital essenciais a sua atividade empresarial. (a parte negritada da transcrição é do original).

Destarte, assim como os direitos creditórios transferidos por cessão fiduciária inserem-se na parte inicial do dispositivo ("bens móveis" e "propriedade sobre a coisa"), tais direitos também devem sofrer a restrição relativa à retirada de bens que guarnecem o estabelecimento, sempre que "essenciais a sua atividade empresarial", sejam eles "bens de capital" ou não.

Deveras, não é de boa técnica conferir interpretação ampliativa a "bens móveis" ou "propriedade sobre a coisa" e uma restritiva e literal a "bens de capital" no mesmo dispositivo legal.

4. Nessa linha de raciocínio, a solução da controvérsia, a meu juízo, não se resume unicamente em interpretar a expressão "bens móveis" contida no art. 49, § 3º, da Lei n. 11.101/05, para saber se o crédito resultante de cessão fiduciária de título submete-se aos efeitos da recuperação judicial ou não.

Na verdade, cumpre investigar qual o significado da exceção legal segundo a qual, "[t]ratando-se de credor titular da posição de proprietário fiduciário de bens móveis ou imóveis [...], seu crédito não se submeterá aos efeitos da recuperação judicial e prevalecerão os direitos de propriedade sobre a coisa e as condições contratuais".

Nesse passo, parece mais adequado estabelecer que o alcance da exceção somente é perfeitamente compreendido com a leitura conjunta da parte final do § 3º do art. 49, segundo a qual, mesmo para os credores fiduciários, que têm seus direitos de propriedade preservados, não se permite, "durante o prazo de suspensão a que se refere o § 4º do art. 6º desta Lei, a venda ou a retirada do estabelecimento do devedor dos bens de capital essenciais a sua atividade empresarial".

Com essa medida, creio que os diversos interesses que aparentemente conflitam no seio da recuperação ficam preservados.

Vale dizer, da leitura dos dispositivos legais e à luz dos princípios que regem o processo recuperacional, a exceção alusiva ao crédito fiduciário contida no art. 49, § 3º, da Lei significa que, muito embora o credor fiduciário não se submeta aos efeitos da recuperação e que lhe sejam resguardados os direitos de proprietário fiduciário, não está ele livre para simplesmente fazer valer sua garantia durante o prazo de suspensão das ações a que se refere o art. 6º, § 4º.

Mesmo no caso de créditos garantidos por alienação fiduciária, os atos de satisfação que importem providência expropriatória devem ser sindicáveis pelo Juízo da recuperação.

E isso por uma razão simples: não é o credor fiduciário que diz se o bem gravado com a garantia fiduciária é ou não essencial à manutenção da atividade empresarial e, portanto, indispensável à realização do Plano de Recuperação Judicial, mas sim o Juízo condutor do processo de recuperação."

Até este ponto do muito bem explícito e lançado voto-vista do Ministro Luis Felipe Salomão, demonstrou o mesmo alta sensibilidade quanto aos interesses dos litigantes, vez que, em princípio, e como nos parece deixar transparecer, a razão parece assistir a ambos, ou seja: a instituição financeira, pela espécie de contrato firmado com o recuperando, não se sujeita aos efeitos da recuperação judicial; enquanto que o último, exatamente por se encontrar nesta situação, necessita de caixa para, não só dar continuidade à sua atividade, mas sobretudo para demonstrar a todos os atores envolvidos – até mesmo ao Judiciário –, que essa situação de crise econômico-financeira por que passa é momentânea, e que aqueles fundos na posse do banco credor, se voltassem a ele – o recuperando –, em muito contribuiria para os fins previstos e constantes no Plano de Recuperação. Não só por isto, mas é pensamento do credor.

Nada obstante os profundos créditos que merecem por si só as observações do digno Ministro, entendeu o mesmo, para dar mais amplitude ao seu posicionamento, buscar junto a seus pares pensamentos iguais ou semelhantes aos que ele muito bem expôs, transcrevendo-os, inclusive, conforme vemos a seguir:

"Sobre o tema, a Segunda Seção se manifestou em mais de uma oportunidade.

A título de exemplo, lembro o Conflito de Competência 110.392/SP, Rel. Ministro Raul Araújo, Segunda Seção, julgado em 24/11/2010, em que se discutia a competência para ação de imissão na posse de imóvel gravado com garantia fiduciária, ajuizada em desfavor de empresa em recuperação judicial pelo credor fiduciário.

O voto condutor do acórdão, proferido pelo Relator, esquadrinhou com precisão a circunstância de que o proprietário fiduciário, embora não se submeta aos efeitos da recuperação, sujeita-se ao freio legal referente à satisfação do crédito mediante a realização da garantia.

Nessa linha, asseverou Sua Excelência, firme em lapidar magistério de Arnoldo Wald e Ivo Waisberg:

Em primeiro lugar, não se desconhece que o credor titular da posição de proprietário fiduciário de bem imóvel não se submete aos efeitos da recuperação judicial, consoante disciplina o art. 49, § 3º, da Lei 11.101/05 [...].

É de se ver, porém, que esse tratamento diferenciado concedido ao credor fiduciário não impede que seja limitado o direito de retomada do bem de sua propriedade, a prudente critério do Juízo da recuperação, consoante esclarecem Arnoldo Wald e Ivo Waisberg, ao comentar referido dispositivo legal, *verbis*:

"Por outro lado, pela importância econômica que a retirada de um bem ou equipamento pode significar, às vezes inviabilizando a continuidade da empresa, o legislador achou por bem, embora retirando o crédito dos efeitos da recuperação judicial, limitar o direito de retomada dos bens de propriedade desses credores em posse do devedor, para que este pudesse manter a atividade em curso. Assim, durante o prazo de suspensão das ações de 180 dias do § 4º do art. 6º, os bens objetos dos contratos mencionados no dispositivo não poderão ser retomados.

Aprovado o plano, e se a continuidade da atividade econômica o exigir, o juiz poderá, fundamentadamente, dilatar o prazo, de forma limitada, para viabilizar a recuperação.

A proteção que se faz da manutenção da atividade produtiva busca viabilizar, pelo período de suspensão, a eficaz apresentação de um plano de recuperação sem que a empresa em crise seja impedida de retomar suas atividades, ou mesmo tenha de abandoná-las por completo antes da votação de seu plano de recuperação. Isso se torna particularmente clara se lembrarmos que o prazo de suspensão estende-se por 30 dias além daquele legalmente previsto no § 1º do art. 56 para votação do plano de recuperação judicial.

A exclusão de certos créditos dos efeitos da recuperação é louvável. No entanto, daí não se pode supor que é ampla e absoluta a possibilidade do detentor de crédito oriundo dos negócios aqui descritos de fazer valer seus direitos na forma antes pactuada.

O inegável escopo esposado pela NLFR em seu art. 47, qual seja, o de sustentar o funcionamento da empresa em razão de sua reconhecida função social, deve ser levado em consideração na leitura do parágrafo em comento." (*Comentários à Nova Lei de Falência e Recuperação de Empresas*, coordenadores: Osmar Brina Corrêa-Lima e Sérgio Mourão Corrêa Lima. Rio de Janeiro: Forense, 2009).

[...]

Isso não significa, porém, que o imóvel não deva ser entregue ao credor fiduciário, mas sim que, em atendimento ao princípio da preservação da empresa (art. 47 da Lei 11.101/05), pode o Juízo da Recuperação Judicial estabelecer prazos e condições para essa entrega, fixando remuneração justa para o credor enquanto o bem permanece na posse do devedor.

[...]

Assim, compete ao Juízo da 2ª Vara Cível de Itaquaquecetuba, onde tramita a recuperação judicial da indústria de alimentos OLI MA, levando em consideração os aspectos destacados nessa decisão, equacionar os interesses em conflito, tomando em conta, de um lado, o direito do credor fiduciário e, do outro, o princípio da preservação da empresa, permitindo a manutenção da fonte produtora e dos empregos, caso isso se mostre viável".

Sendo ainda mais abrangente, o Ministro Luis Felipe Salomão citou e transcreveu uma Ementa de um Conflito de Competência, onde é Relator o eminente Ministro Paulo de Tarso Sanseverino, da mesma Segunda Seção do STJ, cujo entendimento, também, entre todos os interesses em conflito, aflora-se como o mais importante o da necessidade de preservação da atividade econômica, conforme abaixo:

"Na mesma direção, confira-se também:

CONFLITO POSITIVO DE COMPETÊNCIA. JUÍZO DA RECUPERAÇÃO JUDICIAL. LEI N. 11.101/05. AÇÃO DE BUSCA E APREENSÃO. CRÉDITOS GARANTIDOS FIDUCIARIAMENTE. DISCUSSÃO NA ORIGEM ACERCA DA HIGIDEZ DA GARANTIA SOBRE OS BENS FUNGÍVEIS E CONSUMÍVEIS QUE COMPÕE OS ESTOQUES DA EMPRESA (ÁLCOOL). CRÉDITOS QUE ESTÃO INCLUÍDOS NO PLANO DE RECUPERAÇÃO APROVADO. NECESSIDADE DE PRESERVAÇÃO DA ATIVIDADE ECONÔMICA. COMPETÊNCIA DO JUÍZO UNIVERSAL. CONFLITO DE COMPETÊNCIA JULGADO PROCEDENTE PARA DECLARAR COMPETENTE O JUÍZO DA 3ª VARA CÍVEL DA COMARCA DO RECIFE, SUSCITADO. (CC 105.315/PE, Rel. Ministro PAULO DE TARSO SANSEVERINO, SEGUNDA SEÇÃO, julgado em 22/09/2010, DJe 05/10/2010)".

Finalizando seu extraordinário voto, Luis Felipe Salomão lembra com muita propriedade o caráter negocial ostentado no Plano de Recuperação Judicial, quando, por muitas vezes, nada obstante a vontade contrária de alguns credores sujeitos à RJ, os direitos destes sofrem reduções. Não disse o Ministro, mas, em uma rápida leitura, poderia ocorrer a quem não detivesse a atenção devida, o pensamento de que, para encontrar-se nesta condição (redução de direitos dentro da RJ) somente estariam aqueles sujeitos aos efeitos desse processo. E que os em posição contrária, como o Banco credor, exatamente em decorrência de não estar sujeito aos efeitos da RJ, poderia, só por isto, usufruir plenamente dos privilégios jurídicos que a Lei lhe assegura, como a retomada do bem após os 180 (cento e oitenta) dias.

Não! Absolutamente não! Nada disso sequer foi pensado pelo eminente Ministro que, na sequência do seu pensamento-voto, diz exatamente o contrário, reafirmando sua refinada sensibilidade no sentido de continuidade da atividade, afirmando, inclusive, a existência da extensão dos efeitos da recuperação judicial até mesmo àqueles que a ela não se sujeitam, como é o caso sob análise, mas que os critérios do juiz do feito é que determinarão o momento e as razões dessa prorrogação. Assim:

> "5. De fato, convém lembrar que o Plano de Recuperação Judicial ostenta nítido caráter negocial e que, em não raras vezes, reduz direitos dos credores que a ele se sujeitam.
>
> Por essa ótica, afirmar que o credor fiduciário não se subsume à recuperação judicial significa, primeiramente, que ele não pode ser compelido às tratativas do Plano, aos acordos a que chegou a Assembleia de credores. Por outro lado, dizer que sua propriedade fiduciária também é preservada significa não ser possível, em princípio, a utilização do bem dado em garantia para satisfazer créditos de terceiros incluídos no Plano.
>
> Porém, a satisfação do próprio crédito fiduciário está limitada pelo imperativo maior de preservação da empresa, contido na parte final do § 3º do art. 49 e no *caput* do art. 47, de modo que é o Juízo da recuperação que vai ponderar, em cada caso, os interesses em conflito, o de preservar a empresa, mediante a retenção de bens essenciais ao seu funcionamento, e o de satisfação do crédito tido pela Lei como de especialíssima importância.
>
> Em suma, o fato de o crédito fiduciário não se submeter à recuperação judicial não torna o credor livre para satisfazê-lo de imediato e ao seu talante. Preservam-se o valor do crédito e a garantia prestada, mas se veda a realização da garantia em prejuízo da recuperação.
>
> Aliás, em boa verdade, com a recuperação judicial, todos os credores direta ou indiretamente são, de alguma forma, atingidos, mesmo aqueles que pela Lei não se sujeitam aos efeitos da medida, de modo que nenhum está totalmente livre para satisfazer seu crédito contra uma empresa em recuperação como melhor lhe convier.
>
> Assim como o credor fiduciário – que tem a liberdade de satisfação do crédito limitada –, o credor tributário, que também não é incluído no Plano de Recuperação Judicial, sofre, indiretamente, algumas limitações, uma vez que, embora as execuções fiscais tenham normal prosseguimento, a jurisprudência do STJ reiteradamente tem vedado a prática de atos expropriatórios tendentes à satisfação do crédito fazendário à revelia do Juízo da recuperação.
>
> 6. Com base nessas premissas jurídicas que se me afiguraram de extrema importância ao desate da controvérsia, volto à análise do caso concreto.
>
> Em síntese, o ora recorrente, credor por cessão fiduciária de duplicatas, pretende o recebimento de seu crédito diretamente dos devedores, cuja obrigação fora assumida, originariamente, perante à empresa em recuperação, a qual lho transferiu mediante o instrumento previsto no art. 66-B, § 3º, da Lei n. 4.728/65.

Assim – e com a devida vênia de entendimento contrário –, percebe-se que a pretensão recursal tem a virtualidade de colocar o credor por cessão fiduciária em posição não alcançada por nenhum outro, esteja ou não submetido ao Plano de Recuperação, como é o caso do proprietário fiduciário de coisa móvel ou imóvel corpórea ou a Fazenda Pública. Estes últimos, como antes afirmado, mesmo não se sujeitando ao Plano de Recuperação, estão submetidos a limitações referentes à satisfação do seu crédito, o que não aconteceria com o credor garantido por cessão fiduciária.

Vale dizer que a tese desenvolvida no recurso, a meu juízo, extrapola até mesmo a disposição do art. 49, § 3º, da Lei, porquanto retira do Juízo da recuperação a mínima possibilidade de ponderação entre a qualidade do crédito e a essencialidade dos valores à atividade empresarial; autoriza o credor a "liquidar extrajudicialmente" a garantia a seu nuto e à revelia da recuperação, o que pode esvaziar o patrimônio da empresa recuperanda e inviabilizar seu soerguimento; enfim, transforma o credor garantido por cessão fiduciária de títulos em um supercredor, ao qual nem o proprietário fiduciário de bem móvel corpóreo (art. 49, § 3º) nem a Fazenda Pública se emparelham.

Com efeito, a solução que se me afigura correta é a que harmoniza a situação da empresa em crise e as garantias do credor fiduciário, de modo que os valores recebíveis mediante o instrumento de cessão fiduciária não sejam simplesmente diluídos para o pagamento dos outros credores submetidos ao Plano, tampouco liquidados extrajudicialmente pelo credor fiduciário na satisfação do próprio crédito, sem a interferência judicial [...].

[...]"

É como voto."

12. AÇÃO QUE DEMANDAR QUANTIA ILÍQUIDA (PARÁGRAFO PRIMEIRO, DO ART. 6º)

Uma das exceções previstas no ora comentado art. 6º da Lei 11.101/05, – **suspensão de ações em face do devedor**, é a prevista no Parágrafo Primeiro, ou seja, **não** são suspensas aquelas ações em curso contra o devedor, que demandam quantias ainda não conhecidas, sendo, portanto, **ilíquidas**, as quais continuam a tramitar em seus juízos de origem e até o exato conhecimento do seu real valor. Trata-se, nesta hipótese, e como exemplo, de ações de indenização em andamento em face do devedor/recuperando, quando este, no pedido de recuperação judicial, recebe o deferimento.

Uma questão específica sobre ação em andamento em que se demandava quantia ilíquida foi julgada contra empresa em recuperação judicial recentemente pelo Egrégio Tribunal de Justiça de Goiás, em Conflito Negativo de Competência, quando, seguindo a orientação do parágrafo sob estudos, o nobre Desembargador

Relator, Dr. Fausto Moreira Diniz da 2ª Seção Cível, determinou que nessa hipótese não há a atração do juízo de *vis atractiva*, conforme ementa abaixo:

> "CONFLITO NEGATIVO DE COMPETÊNCIA. AÇÃO ORDINÁRIA PROPOSTA CONTRA EMPRESA RÉ EM PROCESSO DE RECUPERAÇÃO. AÇÃO QUE DEMANDA QUANTIA ILÍQUIDA. JUÍZO COMPETENTE. NÃO ATRAÇÃO DO JUÍZO DE VIS ATRACTIVA. PROCEDÊNCIA RECONHECIDA. RESTITUIÇÃO DOS AUTOS AO JUÍZO SUSCITADO. Tratando-se, in casu, de ação declaratória de inexistência de débito e de nulidade de título executivo extrajudicial, cumulada com pedido de indenização, em que se postula quantia ilíquida, inaplicável o princípio da universalidade do juízo falimentar e de recuperação judicial. Inteligência do § 1º do artigo 6º da Lei nº 11.101/2005. JUÍZO DE CONFLITO NEGATIVO PROCEDENTE.
>
> (TJGO, CONFLITO DE COMPETENCIA 389560-97.2013.8.09.0000, Rel. DES. FAUSTO MOREIRA DINIZ, 2ª SEÇÃO CÍVEL, julgado em 09/12/2013, DJe 1449 de 17/12/2013)."

13. CRÉDITOS TRABALHISTAS (PARÁGRAFO 2º DO ART. 6º).

Este Parágrafo 2º do artigo 6º, tem causado as mais diversas formas quanto à sua interpretação. Cada doutrinador, a seu modo, mostra o seu entendimento do que efetivamente querem dizer ou o que exatamente significam estes termos:

> "§ 2º É permitido pleitear, perante o administrador judicial, habilitação, exclusão ou modificação de créditos derivados da relação de trabalho, mas as ações de natureza trabalhista, inclusive as impugnações a que se refere o art. 8º desta Lei, serão processadas perante a justiça especializada até a apuração do respectivo crédito, que será inscrito no quadro-geral de credores pelo valor determinado em sentença."

Em conformidade com nossas afirmações acima, o eminente Desembargador do Egrégio Tribunal de Justiça de São Paulo, emérito professor e grande jurista Ricardo Negrão, afirma:

> "O Parágrafo 2º do artigo 6º é de difícil interpretação, sugerindo a cisão do procedimento de verificação de crédito em dois procedimentos distintos, de curso paralelo, sendo um deles perante a Justiça do Trabalho. Entretanto, esta interpretação conduziria à quebra da unidade procedimental e permitira ingerência de órgão jurisdicional não pertencente à Justiça Comum às decisões em Assembleia-geral, acarretando, ainda, incidentes recursais que prejudicariam a celeridade e a economia processual". (fls. 97/98).

Queremos crer que a sugestão da cisão do procedimento de verificação de crédito em dois procedimentos distintos e paralelos, na percepção do eminente jurista, referem-se (i) à fase administrativa – *é permitido pleitear, perante o administrador judicial, habilitação, exclusão ou modificação de créditos derivados da relação de trabalho* –, e, (ii) a uma outra fase, esta a segunda, mas paralela àquela, envolvendo uma justiça especializada, quando declina que um deles seria perante a **Justiça do Trabalho**, cujos dispositivos do mencionado Parágrafo 2º outorga competência à mesma para processar "[...] *as ações de natureza trabalhista, inclusive as impugnações a que se refere o art. 8º desta Lei* [...]". (grifos nossos).

Segue em seu raciocínio o brilhante jurista Ricardo Negrão, citando diversos doutrinadores, cada um com seu ponto de vista sobre a interpretação deste Parágrafo 2º do artigo 6º, sem se ter, entretanto, identidade entre eles, para, mais à frente, às fls. 99, dizer com autoridade, que, "[...] *discordando de tais judiciosas lições, entendemos que o legislador não cindiu o procedimento de verificação de créditos*".

Após demonstrar com autoridade e profundidade os elementos que o conduziram a esta discórdia, Ricardo Negrão, agora às fls. 100 da obra mencionada, conclui seu pensamento sobre o tópico

> "3.2.6. Impugnação de crédito trabalhista", com esta lição: "Pretender transformar a impugnação de crédito em procedimentos distintos: alguns em curso no Juízo falimentar (ou recuperação de empresas) e outros em inúmeros outros Juízos trabalhistas, somente traz desvantagens ao processamento que se pretende célere, acarretando, obviamente, transtornos ao trabalhador, principal interessado na celeridade processual, em razão da natureza alimentar de seu crédito".

Com toda a razão o eminente Desembargador paulista, pois cindir os procedimentos seria o caos. Ademais, os tão decantados princípios que precederam a confecção do Diploma Legal 11.101/05 com os objetivos precípuos de possibilitar às sociedades empresárias e aos empresárias a superação de uma possível crise econômico-financeira, alguns deles insculpidos no artigo 47 da citada Lei, como **(i) manutenção da fonte produtora, (ii) manutenção do emprego dos trabalhadores, (iii) a preservação dos interesses dos credores**, cairiam todos por terra.

Não seria mesmo possível sequer administrar uma ação de recuperação judicial sob dois comandos simultâneos e díspares, no qual um primeiro – a Justiça Comum Estadual –, entendendo obedecer os ditames legais, trabalharia na confecção do quadro geral de credores para se conhecer com exatidão quem tem o que para receber, quando e onde se classifica; já o segundo, a Justiça do Trabalho, sob o mesmo entendimento, literalmente, teria outro procedimento, como a execução, o arresto, a penhora *on line*, entre outros, para satisfazer exclusivamente o credor trabalhista.

13.1 STJ define que competência é da Justiça Comum

Fatos como esses ocorreram às dezenas no Judiciário brasileiro, isto é, a partir da vigência da Lei 11.101/05 – 09/06/2005 –, com decisões amplamente conflitantes da Justiça Comum com a Justiça do Trabalho, pois cada uma, sob o mesmo entendimento – a obediência à Lei –, procuravam dar solução (a sua) à questão sob análise. Até que, finalmente, o Ministério Público do Estado do Rio de Janeiro, frente às ocorrências processuais havidas entre os Suscitados (Juízo de Direito da 1ª Vara Empresarial do Rio de Janeiro-RJ e Juízo da 5ª Vara do Trabalho do Rio de Janeiro-RJ), que abaixo citaremos e transcreveremos (partes), houve por bem suscitar um Conflito de Competência junto ao órgão competente – o Egrégio Superior Tribunal de Justiça –, que viria de vez definir o que era de competência de cada uma das Justiças (a Comum Estadual e a do Trabalho) decorrentemente dos dispositivos da então nova Lei de Recuperação de Empresas e Falências.

No Superior Tribunal de Justiça o aludido Conflito de Competência recebeu o número 61.272-RJ, e teve como Relator o eminente Ministro Ari Pargendler que, em seu relatório (parte), foi a fundo sobre as razões e origens do citado Conflito de Competência, assim esclarecendo:

> "Nos autos de ação de rito especial proposta pelo Sindicato Nacional dos Aeronautas e outros contra Varig S/A Viação Aérea Rio Grandense, Rio Sul Linhas Aéreas S/A e Nordeste Linhas Aéreas S/A (fl. 10/43), o MM. Juiz do Trabalho Substituto Dr. Evandro Lorega Guimarães, do Rio de Janeiro, em regime de plantão, antecipou a tutela (fl. 44/45), que teve, entre outros, o efeito de arrestar os bens e direitos de Varig S/A Viação Aérea Rio Grandense ("toda a malha de serviços Varig, doméstica e internacional", "a marca Varig em todas as suas variações", "o programa Smiles, sua marca e receitas", etc. – fl. 38, 1º vol.).
>
> Paralelamente, nos autos da ação de recuperação judicial de "Varig S/A – Viação Aérea Rio Grandense", "Rio Sul Linhas Aéreas S/A" e "Nordeste Linhas Aéreas S/A", o MM. Juiz de Direito Dr. Luiz Roberto Ayoub, da 8ª Vara Empresarial do Rio de Janeiro, determinou a alienação da Unidade Produtiva "Varig" (fl. 1.028/1.031, 5º vol.).
>
> O leilão se realizou no dia 20 de julho de 2006, tendo como único licitante Aéreo Transportes Aéreos S/A, que arrematou o respectivo objeto (fl. 1.025/1.027, 5º vol.)."

Houve aqui, a nosso ver, a concretização da sugestão percebida pelo ilustre jurista Ricardo Negrão, citado em linhas volvidas, vez que a Justiça do Trabalho, em atendimento a requerimento dos empregados da Varig S/A, determinou, em despacho concedido em tutela antecipada, o arresto dos mesmos bens da Varig S/A que a Justiça Comum, paralelamente, por seu digno juiz Dr. Luiz Roberto Ayoub, da 8ª Vara Cível (hoje 1ª Cível) do Rio de Janeiro-RJ, onde se processava a Recuperação Judicial da mencionada companhia, alienara, via leilão, ao único licitante *Aéreo Transportes Aéreos S/A*.

Prossegue, de seu lado, o Ínclito Ministro Ari Pargendler, com o seu relatório:

> "Nessas condições, em que dois juízes – exercendo jurisdição em ramos diferentes do Poder Judiciário – decidiram de modo diverso sobre o mesmo patrimônio (um já tendo processado a respectiva alienação judicial), o Ministério Público do Estado do Rio de Janeiro suscitou perante o Superior Tribunal de Justiça o presente conflito de competência (fl. 02/08)."

Em atendimento à liminar requerida pelo Ministério Público do Rio de Janeiro-RJ, ao concedê-la, o Relator o fez sob as seguintes argumentações:

> "A jurisprudência formada à luz do Decreto-Lei nº 7.661, de 1945, concentrou no juízo da falência as ações propostas contra a massa falida. A recuperação judicial está norteada por outros princípios, mas parece razoável presumir que ela ficaria comprometida se os bens da empresa pudessem ser arrestados pela Justiça do Trabalho. Defiro, por isso, a medida liminar para que seja sobrestada a ação de rito especial proposta pelo Sindicato Nacional dos Aeronautas e outros contra Varig S/A Viação Aérea Rio Grandense e outros perante o Juízo do Trabalho da 5ª Vara do Rio de Janeiro, RJ, designando provisoriamente o MM. Juízo da 8ª Vara Empresarial do Rio de Janeiro, RJ" (fl. 52, 1º vol.).

Na visão do Ministro Relator, nada obstante o revogado Decreto-Lei 7.661/45, que até então regulava a Falência e a extinta Concordata, fixasse no juízo correspondente todas as ações propostas contra a massa falida, e, apesar de ter o novel Instituto da Recuperação Judicial sua base em princípios outros, isso, por si só, não lhe tirava a razoabilidade de antever que o possível sucesso da Recuperação Judicial em curso estaria altamente comprometido, caso pudesse e prevalecesse aquela presente situação, qual seja, o arresto dos bens da recuperanda pela Justiça do Trabalho.

Com base nessas assertivas, o Ministro Ari Pargendler, ao deferir a liminar, nos parece, o fazia já com base nos princípios que precederam e foram bases da Lei de Recuperação Judicial e Falência, embora não os declinasse. Entretanto, patente ficou que, ao afirmar que a prevalência de tal situação comprometeria a Recuperação Judicial, estava o mesmo decidindo pela continuidade desta e pelo seu sucesso, ficando isso muito claro quando, além de sobrestar a ação de rito especial do juízo trabalhista, designou, provisoriamente, para dar continuidade aos interesses envolvidos na questão, o juízo que presidia a Recuperação Judicial – o da 8ª Vara Cível do Rio de Janeiro-RJ.

Houve, na sequência, recursos de Agravos, Embargos de Declaração, Embargos de Declaração nos Embargos de Declaração, entre outros. E, em um destes recursos – Embargos de Declaração –, interpostos pela Associação de Comissários da Varig, obviamente rejeitados, observamos a profunda felicidade dos julgadores da 2ª Seção do STJ, liderados pelo eminente Relator Ministro Ari Pargendler, em cuja ementa, embora sintética, abrangeu por completo, a nosso ver, todos os pontos envolvidos na questão que, definitivamente, aclararam por completo qualquer dúvida que por acaso persistisse até aquele momento:

> "EMENTA:
>
> CONFLITO DE COMPETÊNCIA. PROCESSO DE RECUPERAÇÃO JUDICIAL.
> A regra é a de que a decretação da falência ou o deferimento do processamento da recuperação judicial suspende o curso da prescrição e de todas as ações e execuções

em face do devedor (Lei nº 11.101/2005, art. 6º, *caput*). Excepcionalmente, prosseguem: a) no juízo no qual se estiver processando a ação (e não no juízo da recuperação ou no juízo falimentar) a ação que demandar quantia ilíquida (art. 6º, § 1º); b) no juízo trabalhista, a ação trabalhista até a apuração do respectivo crédito (art. 6º, § 2º); c) as execuções de natureza fiscal (art. 6º, § 7º). Nenhuma outra ação prosseguirá depois da decretação da falência ou do deferimento do processamento da recuperação judicial, vedado ao juiz, naquelas que prosseguem, a prática de atos que comprometam o patrimônio do devedor ou que excluam parte dele do processo de falência ou de recuperação judicial" (fl. 1.078, 5º vol.).

A clareza da redação dessa ementa foi precedida de grande tecnicismo, pois desde o seu princípio ficou claro que a regra da Lei de Falências e Recuperação de Empresas, expressa em seu artigo 6º, é que quando, ou da decretação da falência ou mesmo do deferimento do processamento da recuperação judicial, há a suspensão do curso da prescrição e de todas as ações em face do devedor (seja falido ou recuperando).

Na sequência, com o mesmo tecnicismo, adentrou a redação da ementa nas exceções, isto é, nada obstante se tenha decretado a falência ou deferido o processamento da recuperação judicial, algumas ações **não são suspensas**, mas prosseguem em seu curso normal e junto aos respectivos juízos que as processam – **que não é nem o juízo da falência e nem o juízo da recuperação judicial** –, sendo estas ações as que demandam quantia **ilíquida**, ressaltando que essa previsão encontra-se no Parágrafo Primeiro do citado artigo 6º da Lei 11.101/05.

Embora o Parágrafo 2º do artigo 6º trate também de ações em que se busquem ou se demandem quantias ilíquidas, houve por parte do legislador a preocupação de positivar com especificidade que as ações de natureza trabalhista seriam processadas perante a justiça especializada (que é a do Trabalho) até a **apuração** do respectivo crédito (ou seja, até a **liquidação** dos valores pleiteados). Encontrados os valores **ilíquidos**, o ato seguinte (envio de ofício) é a sua inscrição no quadro geral dos credores, cujo processamento se verifica junto ao juízo da recuperação judicial ou da falência. Por fim, nesta hipótese, é somente essa a única função que o legislador outorgou à Justiça do Trabalho.

Nada obstante a positivação, a ementa, ainda que pareça redundante, também explicitou que uma das exceções previstas no artigo 6º era a previsão do seu parágrafo 2º, qual seja, **a ação trabalhista até a apuração do respectivo crédito**. Como última exceção, citou as execuções de natureza fiscal, previstas no Parágrafo 7º do artigo 6º.

Arrematando com maestria a redação da aludida ementa, ficou assentado que, fora as exceções muito bem delineadas e explícitas, nenhuma outra ação, seja de que natureza fosse, deveria ter prosseguimento após a decretação da falência ou o deferimento do processamento da recuperação judicial. E que naquelas que prosseguissem (as exceções) ficaria vedado ao juiz presidente do feito.

"[...] a prática de atos que comprometam o patrimônio do devedor ou que excluam parte dele do processo de falência ou de recuperação judicial." (grifos nossos).

Não bastasse a clareza redacional da ementa; não fosse suficiente o presente espírito da nova lei quanto a um novo rumo para o sucesso e a real superação de crise econômico-financeira do empresário ou da sociedade empresária; não fosse tão claro o passado que sintetizou no juízo falimentar – o da Justiça Comum Estadual –, todas as ações contra a massa falida; e, ainda, não fosse compreensível que os princípios da Lei de recuperação de empresas e falência são outros que não os do Decreto-Lei 7.661/45, mas que no âmago de ambos os diplomas legais o que se busca é a real e efetiva recuperação ou superação da crise pelo devedor recuperando, ainda assim, inconformismos foram registrados.

Mas, ao final, e como diferente não poderia ser, a Egrégia 2ª Seção do Superior Tribunal de Justiça, na data de 25 de abril de 2007, ao julgar o mérito da questão, à unanimidade, conheceu do presente Conflito de Competência de número 61.272-RJ, para declarar como competente a Primeira Vara Empresarial do Rio de Janeiro-RJ, a suscitada, nos termos do voto do Ministro Relator, Ari Pargendler, cuja ementa transcrevemos em parte:

"CONFLITO DE COMPETÊNCIA. 1. [...];

2. LEI DE RECUPERAÇÃO JUDICIAL (Lei nº 11.101, de 2005). A Lei nº 11.101, de 2005, não teria operacionalidade alguma se sua aplicação pudesse ser partilhada por juízes de direito e juízes do trabalho; competência constitucional (CF, art. 114, incs. I a VIII) e competência legal (CF, art. 114, inc. IX) da Justiça do Trabalho. Conflito conhecido e provido para declarar competente o MM. Juiz de Direito da 1ª Vara Empresarial do Rio de Janeiro."

Pelo brilhantismo e acerto da presente decisão, e por uma questão de homenagem, ressaltamos que, além do Emérito Ministro Relator, Ari Pargendler, naquela data de 25 de abril de 2007, também votaram, e com ele, os seguintes integrantes da 2ª Seção do STJ: a Sra. Ministra Nancy Andrighi, os Srs. Ministros Castro Filho, Hélio Quaglia Barbosa, Massami Uyeda, Humberto Gomes de Barros e Cesar Asfor Rocha. Impedido o Sr. Ministro Carlos Alberto Menezes Direito.

14. RESERVA DA IMPORTÂNCIA DEVIDA NA RECUPERAÇÃO JUDICIAL (PARÁGRAFO 3º DO ARTIGO 6º)

O parágrafo 3º possui a seguinte redação:

"O juiz competente para as ações referidas nos §§ 1º e 2º deste artigo poderá determinar a reserva da importância que estimar devida na recuperação judicial ou na falência, e, uma vez reconhecido líquido o direito, será o crédito incluído na classe própria."

Observamos nos comentários dos Parágrafos 1º e 2º deste artigo 6º, que os juízes competentes para as citadas ações são aqueles que presidem feitos onde os valores pleiteados ainda não são conhecidos na sua íntegra, quer dizer, são valores **ilíquidos**. Tais valores nem sempre são liquidados dentro da celeridade prevista pelo legislador e pela necessidade do credor, mas aquele, exatamente por isso, proporciona a este uma medida que poderá lhe evitar sérios prejuízos.

É que, ao invés de o credor somente permanecer aguardando a concretização da efetiva liquidação do seu pleito para a consequente habilitação junto ao juízo competente – o que preside o feito da recuperação judicial –, a Lei faculta ao juiz presidente do feito em liquidação, que estime a importância do crédito liquidando e determine ao seu colega – o juiz da recuperação judicial –, que proceda à respectiva reserva.

Nada obstante a Lei dizer *que o juiz competente* **poderá determinar** [...], esta providência, necessariamente, terá que ser tomada pelo advogado do requerente, nos próprios autos, tão logo tenha conhecimento do deferimento da Recuperação Judicial do réu, por meio de requerimento ao juízo respectivo, para que este *determine* (ofício) ao juízo da RJ, a reserva da importância que estimar devida. Feita a reserva, aguarda-se o respectivo trânsito em julgado da ação, oportunidade em que o mesmo procedimento acima se renovará, só que agora com a comunicação do valor devidamente liquidado, o qual será incluído na classe própria de credores na ação de RJ.

Assim, reconhecidos (liquidados) tais os valores, com trânsito em julgado, o mesmo juiz que determinou a reserva deverá informar agora ao mesmo juiz da RJ, o valor líquido do crédito para que ele seja incluído na classe própria (I – créditos derivados da legislação do trabalho ou decorrentes de acidentes do trabalho; II – créditos com garantia real; III – créditos quirografários, com privilégio especial, com privilégio geral ou subordinados).

Pode ocorrer que essa ação – indenizatória ou qualquer outra em trâmite, exceto na Justiça do Trabalho, seja julgada improcedente, ou apenas procedente em parte, de maneira que o valor já reservado pelo juízo da RJ não seja exatamente o valor liquidado, podendo ser maior ou mesmo menor. Na primeira hipótese (maior), o valor excedente ao liquidado e habilitado na classe própria, será rateado entre os demais credores habilitados, tudo em conformidade com as respectivas preferências; na outra, se o valor liquidado for menor que a reserva, cabe ao credor habilitar nas mesmas condições o valor desta. Quanto ao valor que faltar para completar o valor da liquidação, o caminho é o mesmo, com a diferença de se saber como ocorrerá esta habilitação, pois a forma da mesma necessariamente obedecerá a evolução do processo da RJ, o que abordaremos nesses estudos.

Excetuamos propositalmente no Parágrafo anterior a Justiça do Trabalho, a qual, e, por certo, em obediência aos efeitos *erga omnes* da decisão do Egrégio

Supremo Tribunal Federal – transitada em julgado –, e objeto de comentários quando da análise acima do Parágrafo 2º deste mesmo artigo 6º, tratou de regulamentar a questão, fazendo-o junto à "Consolidação dos Provimentos da Corregedoria-Geral da Justiça do Trabalho", em versão atualizada e sistematizada, divulgada no DEJT de 24.02.2016, em que, nos artigos 80/84, sob o título "Normas Procedimentais Referentes à Execução contra Empresas em Recuperação Judicial", determina os procedimentos quando da ocorrência do previsto no título anterior.

Por ser de extraordinária importância para todos os operadores do Direito, transcrevemos abaixo as citadas Normas Procedimentais.

14.1 TST. Normas procedimentais referentes à execução contra empresas em recuperação judicial.

"Art. 80. Deferida a recuperação judicial, caberá ao juiz do trabalho, que entender pela cessação da competência para prosseguimento da execução trabalhista, determinar a expedição de Certidão de Habilitação de Crédito para ser submetida à apreciação do administrador judicial.

Parágrafo único. Da Certidão de Habilitação de Crédito deverá constar:

I – nome do exequente, data da distribuição da reclamação trabalhista, da sentença condenatória e a de seu trânsito em julgado;

II – a especificação dos títulos e valores integrantes da sanção jurídica, das multas, dos encargos fiscais e sociais (imposto de renda e contribuição previdenciária), dos honorários advocatícios e periciais, se houver, e demais despesas processuais;

III – data da decisão homologatória dos cálculos e do seu trânsito em julgado;

IV – o nome do advogado que o exequente tiver constituído, seu endereço, para eventual intimação, e número de telefone a fim de facilitar possível contato direto pelo administrador judicial.

Art. 81. Expedida a Certidão de Habilitação de Crédito, os juízes do trabalho deverão se abster de encaminhar diretamente às secretarias dos juízes de direito ou dos juízes das varas especializadas em recuperações judiciais e falências ou mesmo ao administrador judicial os autos das execuções trabalhistas e/ou Certidões de Créditos Trabalhistas.

Art. 82. Os juízes do trabalho manterão em seus arquivos os autos das execuções trabalhistas que tenham sido suspensas em decorrência do deferimento da recuperação judicial, de modo que, com o seu encerramento ou com o encerramento da quebra em que ela tenha sido convolada (art. 156 e seguintes da Lei 11.101/2005), seja retomado o seu prosseguimento, para cobrança dos créditos que não tenham sido totalmente satisfeitos.

Art. 83. O juiz do trabalho contrário à cessação da competência para prosseguimento da execução trabalhista contra a empresa recuperanda, deverá proferir decisão fundamentada, da qual dará ciência aos juízes de direito das comarcas ou aos juízes das varas especializadas, que tenham deferido o pedido de recuperação judicial, para adoção de medida judicial pertinente.

Art. 84. As disposições desta Subseção não se aplicam no caso de o juiz do trabalho determinar o direcionamento da execução contra sócio ou sócios da empresa, na esteira da teoria da desconsideração da personalidade jurídica, ou determinar o seu direcionamento à empresa que integre grupo econômico do qual faça parte a empresa recuperanda.

Por outro lado, e antes mesmo do procedimento acima, uma vez estando líquidos os possíveis créditos trabalhistas – como, por exemplo, declarados corretamente conforme mandamentos do inciso IV do artigo 51 da Lei 11.101/05 –, o caminho do credor trabalhista será mais curto e sem ônus financeiros, vez que ele mesmo pode praticar por si só o ato de habilitação perante o administrador, conforme faculdade da primeira parte do Parágrafo Segundo do art. 6º.

15. PARÁGRAFO 5º DO ART. 6º: PROSSEGUIMENTO DAS EXECUÇÕES TRABALHISTAS APÓS 180 DIAS

Mais uma vez temos que voltar a comentar sobre a suspensão das ações e execuções pelo prazo de 180 dias prevista no parágrafo 4º deste artigo 6º da Lei 11.101/05. Isso se deve às disposições do parágrafo 5º do mesmo artigo, que assim prescreve:

> "Aplica-se o disposto no § 2º deste artigo à recuperação judicial durante o período de suspensão de que trata o § 4º deste artigo, **mas, após o fim da suspensão, as execuções trabalhistas poderão ser normalmente concluídas, ainda que o crédito já esteja inscrito no quadro-geral de credores.** (grifos nossos).

Os mesmos comentários tecidos acima sobre a suspensão das ações e execuções por 180 dias em face do devedor recuperando, têm aqui a mesma aplicabilidade, ou seja, demonstrar a inviabilidade de sua aplicação na hipótese previstas neste parágrafo 5º, desde que, para tanto, não haja incorrido o devedor para o atraso do prosseguimento normal do processo de Recuperação Judicial.

Na prática, tentou-se muito o cumprimento do disposto no citado parágrafo 5º, pois, para a Justiça do Trabalho, terminados os 180 dias de suspensão, "[...] as execuções trabalhistas poderão ser normalmente concluídas [...]". Entretanto, e conforme salta aos olhos, haveria na hipótese um choque muito grande de dois princípios do Direito, sendo um do Direito Trabalhista – a busca pelo recebimento dos direitos do trabalhador, de caráter alimentar – e o outro, do Direito Empresarial, qual seja, a manutenção da atividade.

Fazer as duas coisas ao mesmo tempo, sabe-se, é impossível, porque uma é prejudicial à outra. Entretanto uma tem que ser implementada. Assim, executa-se os créditos trabalhistas após o prazo de 180 dias, ou se trabalha no sentido da preservação da atividade? A Justiça do Trabalho, por diversas vezes, tentou dar cumprimento à Lei, surgindo, por consequência, os necessários Conflitos de Competência, vez que os juízos da Justiça Comum, com base no princípio da universalidade do juízo da RJ, diziam-se competentes para presidir todos os atos no respectivo processo, enquanto a especializada, por seu turno, prosseguia nas execuções em obediência ao término do prazo de 180 dias, pois, segundo entendia, estava cumprindo a Lei.

Diante dessa e de outras tantas interpretações por outras questões divergentes e originadas da Lei 11.101/05, as Justiças Comuns Estaduais e a Justiça do Trabalho, cada uma arvorando-se na titularidade de presidir o processo respectivo, diversos Conflitos de Competência foram instaurados, cabendo, por fim, ao Egrégio Superior Tribunal de Justiça pronunciar-se e dizer com quem estava a razão.

Por exemplo, no Conflito de Competência número 111.074-DF, cujo Relator foi o Ministro Paulo de Tarso Sanseverino, a hipótese acima sob análise ocorreu, recebendo dele e seus pares a seguinte Ementa:

> "CONFLITO DE COMPETÊNCIA. RECUPERAÇÃO JUDICIAL. EXECUÇÕES TRABALHISTAS. ATRATIVIDADE. LEI N. 11.101/05. INTERPRETAÇÃO SISTEMÁTICO-TELEOLÓGICA DOS SEUS DISPOSITIVOS. MANUTENÇÃO DA ATIVIDADE ECONÔMICA.
>
> A manutenção de execuções trabalhistas individuais, aplicando-se isoladamente o disposto no art. 6º, §5º, da LF n. 11.101/05, afrontaria os princípios reitores da recuperação judicial. Prevalência do princípio da preservação da empresa (art. 47). Competência do juízo universal.
>
> [...]
>
> CONFLITO DE COMPETÊNCIA JULGADO PARCIALMENTE PROCEDENTE PARA DECLARAR COMPETENTE O JUÍZO DA VARA DE FALÊNCIAS E RECUPERAÇÕES JUDICIAIS DO DISTRITO FEDERAL, SUSCITADO". (grifos nossos).

Em seu brilhante voto, o Ministro Relator demonstrou sua sensibilidade ao entender que as normas que disciplinam a atratividade exercida pelo juízo recuperacional deverão sofrer uma interpretação sistemática, e que a aplicação do parágrafo 5º do artigo 6º, se feita de forma inadvertida e isolada, pode causar um esvaziamento da Recuperação Judicial.

Pela importância, transcrevemos do voto do Ministro Paulo de Tarso Sanseverino os principais tópicos de seu pensamento, no qual ele deixa por demais claro que o espírito da Lei – especificamente o parágrafo 5º do artigo 6º da Lei 11.101/05 –, nada obstante a clareza da Lei que diz que passados os 180 dias as execuções trabalhista prosseguem em sua normalidade, é, absolutamente outro, até mesmo porque, deixa entender que se assim o fosse, a Recuperação Judicial, que tem por fim a manutenção da atividade, poderia estar completamente inviabilizada, o que significaria perda de uma série de benefícios/princípios, até mesmo maiores que os propósitos do prosseguimento das execuções trabalhistas. Assim se expressou, em parte, o Ínclito Ministro:

> "Eminentes Colegas, suscita-se conflito entre os juízos da Vara de Falências e Recuperação Judicial do Distrito Federal e Juízos de determinadas Varas do Trabalho em que tramitam execuções de títulos judiciais contra a sociedade empresária suscitante, que teve processada a sua recuperação judicial em 19/06/2010.
>
> Tenho que as normas a disciplinarem a atratividade exercida pelo juízo falencial deverão ser sistematicamente interpretadas, não se podendo, inadvertidamente, aplicar o disposto no art. 6, §5º, sob pena de um mais do que provável esvaziamento dos propósitos da recuperação judicial.
>
> Os princípios informadores da recuperação, bem explicitados no art. 47 da Lei de Falências, consubstanciados na preservação da sociedade empresária, sua função social e o estímulo à atividade econômica, recomendam buscar-se solução ao presente conflito no disposto no seu art. 6, §2º, cujos termos relembro:
>
> Art. 6º A decretação da falência ou o deferimento do processamento da recuperação judicial suspende o curso da prescrição e de todas as ações e execuções em face do devedor, inclusive aquelas dos credores particulares do sócio solidário.
>
> [...]
>
> §2º É permitido pleitear, perante o administrador judicial, habilitação, exclusão ou modificação de créditos derivados da relação de trabalho, mas as ações de natureza trabalhista, inclusive as impugnações a que se refere o art. 8º desta Lei, **serão processadas perante a justiça especializada até a apuração do respectivo crédito, que será inscrito no quadro-geral de credores pelo valor determinado em sentença.** (grifos nossos)
>
> Mais bem se resguardará a máxima efetividade aos dispositivos informadores da recuperação, permanecendo a competência da Justiça do Trabalho até a apuração dos respectivos créditos, para, após, serem habilitados no Juízo Universal; restringindo-se ao juízo falencial a coordenação dos atos constritivos e impedindo-se que a solvência dos referidos créditos abale o reequilíbrio da empresa no especial estado de recuperação.
>
> Permitir-se à Justiça Especializada proceder à execução dos créditos já liquidados malograria, por certo, o plano traçado pela empresa e homologado pelo juízo falencial, desbaratando-se os relevantes fins do instituto da recuperação judicial".

Também de clareza solar é o pensamento do Ministro Helio Guaglia Barbosa, integrante da Segunda Secção do STJ, ao proferir seu pensamento sintetizado na Ementa no Conflito de Competência número 73.380-SP, no qual diz ser inquestionável a real incompatibilidade da execução trabalhista frente à Recuperação Judicial, e diante dos inafastáveis princípios desta, especialmente o da manutenção da atividade, ela deve prevalecer. Eis o inteiro teor da citada Ementa:

> "CONFLITO POSITIVO DE COMPETÊNCIA. VASP. EMPRESA EM RECUPERAÇÃO JUDICIAL. PLANO DE RECUPERAÇÃO APROVADO E HOMOLOGADO. EXECUÇÃO TRABALHISTA. SUSPENSÃO POR 180 DIAS. ART. 6°, *CAPUT* E PARÁGRAFOS DA LEI 11.101/05. MANUTENÇÃO DA ATIVIDADE ECONÔMICA. FUNÇÃO SOCIAL DA EMPRESA. INCOMPATIBILIDADE ENTRE O CUMPRIMENTO DO PLANO DE RECUPERAÇÃO E A MANUTENÇÃO DE EXECUÇÕES INDIVIDUAIS. PRECEDENTE DO CASO VARIG – CC 61.272/RJ. CONFLITO PARCIALMENTE CONHECIDO.
>
> 1. A execução individual trabalhista e a recuperação judicial apresentam nítida incompatibilidade concreta, porque uma não pode ser executada sem prejuízo da outra.
>
> 2. A novel legislação busca a preservação da sociedade empresária e a manutenção da atividade econômica, em benefício da função social da empresa.
>
> 3. A aparente clareza do art. 6°, §§ 4° e 5°, da Lei 11.101/05 esconde uma questão de ordem prática: a incompatibilidade entre as várias execuções individuais e o cumprimento do plano de recuperação.
>
> 4. "A Lei n° 11.101, de 2005, não terá operacionalidade alguma se sua aplicação puder ser partilhada por juízes de direito e por juízes do trabalho." (CC 61.272/RJ, Segunda Seção, Rel. Min. Ari Pargendler, DJ de 25.06.07).
>
> 5. Conflito parcialmente conhecido para declarar a competência do Juízo da 1ª Vara de Falências e Recuperações Judiciais da Comarca de São Paulo".

16. COMUNICAÇÃO DA PROPOSITURA DE NOVAS AÇÕES CONTRA O RECUPERANDO (PARÁGRAFO 6° DO ARTIGO 6°)

Protocolizado e distribuído o pedido de Recuperação Judicial, ocorre o que tecnicamente se denomina de **Prevenção**, ou seja, aquele juízo distribuído, em decorrência também do princípio da universalidade, passa a ser o único competente para conhecer de processos/ações que digam respeito àquele recuperando, conforme se explicitou anteriormente (e competente é aquele juízo onde se localiza o principal estabelecimento do devedor).

Entretanto, uns, por desconhecer, outros, por não serem familiarizados com as especificidades da questão, ajuízam, na condição de credores do devedor, ações com distribuição para outros juízos, o que é incorreto tecnicamente, vez tratar-se a questão do interesse tanto do recuperando quanto de todos os credores. Por isso, só o juízo distribuído quando do protocolo de recuperação judicial, ser o único competente para conhecer da questão (repetimos – o juízo do principal estabelecimento do devedor/recuperando).

Daí, o legislador prever no Parágrafo 6º do artigo 6º da Lei 11.101/05, que

> "[...] independentemente da verificação periódica perante os cartórios de distribuição, as ações que venham a ser propostas contra o devedor deverão ser comunicadas ao juízo da falência ou da recuperação judicial:
>
> I – pelo juiz competente, quando do recebimento da petição inicial;
>
> II – pelo devedor, imediatamente após a citação."

Essa **verificação periódica perante os cartórios de distribuição**, embora, dizem, não há palavra inútil na Lei, nos parece ser desnecessária, porque o seu ou os seus destinatários, são unicamente os dois mencionados no incisos logo abaixo – o juiz competente e o próprio devedor. Se assim o for, haverá uma redundância; se não, há que se perquirir os destinatários dessas expressões, aqueles que periodicamente terão que fazer verificação perante os cartórios de distribuição, e sejam eles quais forem, estarão apenas antecipando o conhecimento e não as providências respectivas, pois estas, reafirmamos, estão previstas nos dois incisos, e, necessariamente, serão tomadas ou pelo juiz competente ou pelo próprio devedor, cada um a seu tempo.

17. EXECUÇÕES DE NATUREZA FISCAL

Muito se falou anteriormente, citando diversos e diferentes procedimentos sobre ações e execuções contra o recuperando, comentando sobre as respectivas suspensões, as suas causas, os seus efeitos, o que dizem a lei, a doutrina e, finalmente, a jurisprudência, hoje já farta sobre a questão, especialmente o pensamento já uniformizado do Superior Tribunal de Justiça, que permite aos operadores do direito um norte firme e seguro, especialmente na defesa do maior princípio dos diversos que regem a Lei 11.101/05, o da preservação da atividade.

Entretanto, nada se falou sobre as execuções de natureza fiscal. Não porque a Lei, até aquele momento, não tivesse tratado especificamente da questão, pois quando ela diz que "a decretação da falência ou o deferimento do processamento da recuperação judicial suspende o curso da prescrição e de todas as ações e execuções em face do devedor [...]" (art. 6º), há uma generalização, e daí, poder-se-ia incluir também as execuções de natureza fiscal, nada obstante, ter que serem tratadas considerando suas especificidades.

Mas, é agora, em obediência às diretrizes que o legislador deu ao confeccionar o diploma legal, e também ao curso desses estudos, o momento oportuno para se tratar dessa questão, até mesmo porque a Lei 11.101/05, destinou um parágrafo específico, o 7º do artigo 6º, que diz:

"As execuções de natureza fiscal não são suspensas pelo deferimento da recuperação judicial, ressalvada a concessão de parcelamento nos termos do Código Tributário Nacional e da legislação ordinária específica."

Primeiramente, observamos que o parágrafo 7º do artigo 6º, que tem como foco exclusivo as execuções de natureza fiscal, ao contrário dos seus antecessores, trata da **não suspensão** destas, mas não quando do deferimento do **processamento da recuperação**, que é um momento processual que antecede o do **processamento da recuperação judicial**. Naquele, o juízo do feito, estando em termos a documentação exigida, o deferirá juntamente com a tomada de diversas medidas, enquanto que neste, a concessão somente ocorrerá algum tempo depois e após a aprovação do Plano de Recuperação Judicial pela Assembleia-geral de Credores ou pela não objeção do mesmo por qualquer credor.

A ressalva que se faz ao final do citado parágrafo 7º do art. 6º, "[...] a concessão do parcelamento nos termos do Código Tributário Nacional e da legislação ordinária específica", está, em outras palavras, dizendo que o postulante à recuperação judicial, se quiser tê-la deferida, primeiramente deve estar quite com os cofres das Fazendas Públicas das três esferas do Governo; em segundo lugar, se o pretenso recuperando estiver sendo executado por qualquer das Fazendas, diz a Lei que, nada obstante **a não suspensão** dessa execução, abre-se ao requerente a possibilidade de ter o deferimento de sua pretensão (da recuperação judicial), desde que pleiteie e consiga um parcelamento (este suspende a exigibilidade do crédito tributário) para esse débito, tudo conforme manda do Código Tributário Nacional e a legislação ordinária específica.

17.1 Finalmente, editada a Lei "específica sobre o parcelamento".

"A legislação ordinária "específica" somente veio a existir quase 10 (dez) anos após a criação da Lei 11.101/05, ou seja, no dia 13 de novembro de 2014, também data de sua entrada em vigor, quando se editou a Lei número 13.043/2014, que acrescentou o Artigo 10-A à Lei número 10.522, de 19 de julho de 2002, que facultou aos empresários (pessoas físicas) e sociedades empresárias (pessoas jurídicas), inclusive as microempresas e as empresas de pequeno porte, que pleitearem ou tiverem deferido o processamento de sua recuperação judicial, a possibilidade de obterem junto à Fazenda Nacional o parcelamento de seus débitos em 84 (oitenta e quatro) parcelas mensais e consecutivas. (Direcionamos a atenção do prezado amigo leitor para os comentários sobre o artigo 57 desta Lei).

17.2 Como funcionava antes da vigência da Lei "específica".

Ora, indagações poderão surgir sobre como se procedia anteriormente à edição da Lei número 13.043/2014, pois foram, praticamente, 10 (dez anos) de vigência da Lei de Recuperação e Falências sem qualquer instrumento legal que regulasse o parcelamento e a sua forma para os que requeressem a recuperação judicial? Dizia o parágrafo 4o do art. 155-A do Código Tributário Nacional que"

> "a inexistência de lei específica a a que se refere o § 3o deste artigo importa na aplicação das leis gerais de parcelamento do ente da Federação ao devedor em recuperação judicial, não podendo, neste caso, ser o prazo de parcelamento inferior ao concedido pela lei federal "específica".

O que quis o legislador, por fim, foi uma completa dependência do pretenso recuperando às normas fiscais, ou seja, não haverá nenhum impeditivo às pretensões de quem se encontre naquele momento em grave crise econômico-financeira em ter deferida a sua RJ, desde que, primeiramente, esteja com sua situação fiscal devidamente regularizada, compreendendo-se primeiramente a inexistência de qualquer débito e, em um segundo momento, em havendo débito, que este seja parcelado.

O exato cumprimento desses mandamentos significaria, desde o princípio da vigência da Lei 11.101/05, o afastamento completo de qualquer possibilidade da grande maioria dos pretensos recuperandos conseguirem o deferimento das suas recuperações judiciais, visto que, quando se decidem a fazer uso desse instituto – a RJ – há muito já deixaram de cumprir com diversas das suas obrigações financeiras, sendo as primeiras as de natureza fiscal.

Entretanto, e felizmente, esse lamentável atrelamento da concessão da recuperação judicial à regularidade das obrigações fiscais, não vingou junto aos nossos Tribunais, tendo estes demonstrado nesse curto período de vigência da Lei 11.101/05, que antes da satisfação da insaciável sede arrecadatória do Fisco em suas 3 (três) esferas, há que se cultivar princípios maiores que precederam e foram a base para a confecção desse diploma legal, como a preservação da empresa e a continuidade da atividade.

A par dessas destrutivas exigências legais para a concessão da recuperação judicial, o artigo 57 desta Lei sob comento também impôs exigências no mesmo sentido, ou seja, as de que após o percurso de todo o calvário para se chegar ao momento do deferimento do pedido, o juiz somente poderá fazê-lo, se "o devedor apresentar certidões negativas de débitos tributários nos termos dos arts. 151, 205, 206 da Lei nº 5.172, de 25 de outubro de 1966 – Código Tributário Nacional." No momento oportuno – quando do respectivo estudo e comentários desse artigo, voltaremos a esse tópico.

Enfim, por que todas as execuções contra o devedor recuperando, a partir do deferimento do processamento da RJ são suspensas, e somente a execução fiscal não o é? Ora, em um primeiro pensamento, a execução fiscal é, a exemplo de todas as demais, uma execução com as mesmas finalidades, que decorre de um débito do devedor, em que o credor busca, por meio do Estado, a satisfação do seu crédito.

A doutrina, por sua vez, tem se posicionado de forma a analisar o porquê da não suspensão das execuções fiscais na recuperação judicial. Por exemplo, o nobre doutrinador Paulo F. C. Salles de Toledo, na obra *Comentários à Lei de Recuperação de Empresas e Falências* (2010, p. 20), sob o título:

> "2.1. Execuções fiscais: As execuções fiscais, como antes já sucedia com relação à falência e à concordata, não se suspendem com o processamento da recuperação judicial do executado. [...] A Fazenda não se sujeita à recuperação judicial, a não ser indiretamente, uma vez que lhe é facultado, estando o devedor sob esse regime, conceder-lhe eparcelamento da dívida [...]".

Para o emérito professor Gladston Mamede, na obra *Falências e Recuperação de Empresas* (2012, p. 42):

> "[...] O artigo 187 do Código Tributário Nacional, alterado pela Lei Complementar 118/05, estabelece que a cobrança judicial do crédito tributário não é sujeita a concurso de credores, portanto, falência, recuperação judicial ou extrajudicial de empresa, intervenção e liquidação extrajudicial e, mesmo, inventário e arrolamento [...].
>
> [...] A previsão de que a cobrança do crédito tributário não está sujeita a concurso de credores, nem a habilitação em falência ou recuperação de empresas, não traduz, de forma alguma, uma independência da Fazenda em relação ao concursus creditorum, agindo como se nada houvesse ocorrido. Pelo contrário, o patrimônio empresarial está vinculado ao juízo universal, inclusive em face do princípio da preservação de empresa [...]."

A Jurisprudência, entretanto, como termômetro do exato equilíbrio sobre a correta aplicabilidade da norma legal, tem amenizado certos rigores, como é o caso presente, em que se reconhece a não submissão dos créditos fiscais aos efeitos da recuperação judicial, entendendo, entretanto, que a continuidade da execução fiscal contra um recuperando, poderia interferir no correto cumprimento do seu plano de recuperação, ou até mesmo abortá-lo desde o início. Daí, o entendimento unânime, inclusive do Superior Tribunal de Justiça, no sentido de prevalência da competência do juízo da recuperação judicial, a partir do deferimento do processamento desta, quanto a determinar medidas que atinjam os bens integrantes do patrimônio da empresa recuperanda.

Esse posicionamento do Superior Tribunal de Justiça ficou por demais claro no Conflito de Competência número 119.970-RS, em que a nobre Relatora, Ministra Nancy Andrighi, demonstrando, mais uma vez, a sua indiscutível sensibilidade quanto à correta aplicabilidade do princípio da continuidade da atividade, reconheceu os privilégios da Fazenda Pública quanto a não ter suspensa a sua execução fiscal contra o recuperando, mas somente até o ponto em que este não sofra prejuízos decorrentes ou mesmo diminuição patrimonial. Consequentemente, a partir de então, a competência é do juízo da RJ, conforme se depreende da seguinte Ementa:

> "AGRAVO NO CONFLITO DE COMPETÊNCIA. JUÍZO DA EXECUÇÃO FISCAL E JUÍZO DA RECUPERAÇÃO JUDICIAL. COMPETÊNCIA DO JUÍZO FALIMENTAR PARA TODOS OS ATOS QUE IMPLIQUEM RESTRIÇÃO PATRIMONIAL.
>
> 1. As execuções fiscais ajuizadas em face da empresa em recuperação judicial não se suspenderão em virtude do deferimento do processamento da recuperação judicial, ou seja, a concessão da recuperação judicial para a empresa em crise econômico-financeira não tem qualquer influência na cobrança judicial dos tributos por ela devidos.
>
> 2. Embora a execução fiscal, em si, não se suspenda, são vedados atos judiciais que reduzam o patrimônio da empresa em recuperação judicial, enquanto for mantida essa condição. Isso porque a interpretação literal do art. 6º, § 7º, da Lei 11.101/05 inibiria o cumprimento do plano de recuperação judicial previamente aprovado e homologado, tendo em vista o prosseguimento dos atos de constrição do patrimônio da empresa em dificuldades financeiras.
>
> 3. Agravo não provido."

Em seu brilhante voto, que nos permitimos transcrever parte a seguir, a eminente Ministra Relatora adentra com profundidade às duas questões que analisa no mencionado Conflito de Competência, sendo uma o privilégio da Fazenda em não se submeter aos efeitos da RJ, podendo, por conseguinte, dar continuidade às pretensões executivas em andamento, e a outra, a situação da empresa recuperanda que, se sofrer os efeitos da execução, poderá não cumprir o seu plano de recuperação judicial.

Em seu posicionamento, Nancy Andrighi cita diversos julgados dos seus pares no mesmo sentido, demonstrando de vez o seguinte caminho para a presente questão e outras, de natureza igual ou semelhante:

> "Conforme já explicitado na decisão que concedeu a medida liminar pleiteada pela suscitante, é pacífica a jurisprudência deste Superior Tribunal de Justiça no sentido de que, uma vez aprovado o plano de recuperação judicial (ou decretada a quebra da sociedade), é do juízo respectivo a competência para determinar medidas que atinjam os bens integrantes do patrimônio da empresa recuperanda (ou em processo falimentar). Nesse sentido: CC 79170/SP, Rel. Ministro Castro Meira, Primeira Seção, DJe 19/09/2008; e CC 106.768/RJ, Rel. Ministro Luis Felipe Salomão, Segunda Seção, DJe 02/10/2009.
>
> De fato, não é razoável permitir o prosseguimento de atos de execução contra a empresa. Isso porque a expropriação dos bens que compõem o seu ativo fatalmente provocará prejuízos que colocarão em risco o próprio cumprimento do

plano de recuperação aprovado. Permitir o seguimento das execuções individuais vai de encontro ao princípio da universalidade e da preservação da empresa (art. 47 da Lei n. 11.101/2005).

Todavia, as execuções fiscais ajuizadas em face de sociedade recuperanda, de acordo com o disposto no art. 6º, § 7º, da Lei 11.101/05, não se suspendem em decorrência do deferimento do processamento da recuperação.

Tem-se, assim, de um lado, a previsão legal de continuidade dos executivos fiscais; de outro, a necessidade de preservação do patrimônio da sociedade em crise, cujo objetivo é justamente permitir que tal situação possa ser suplantada, preservando-se a empresa.

Ocorre que, como mencionado na decisão liminar, a interpretação literal do art. 6º, § 7º, da Lei 11.101/05 – da qual derivaria o prosseguimento dos atos de constrição na execução fiscal –, poderia ensejar a inibição do cumprimento do plano de recuperação apresentado pela empresa ainda em atividade.

Nesse contexto, a fim concretizar a finalidade prevista no princípio maior que vislumbra a preservação da sociedade empresária, – sobretudo considerando que a suscitante obteve a concessão da recuperação judicial e que, portanto, foi considerada economicamente viável pela Assembleia-geral de Credores –, deve ser coibida a prática de atos judiciais que resultem em redução de seu patrimônio.

Essa é a solução já adotada em diversos precedentes desta Corte, conforme se infere dos seguintes julgados: CC 114.987/SP, Rel. Min. Paulo de Tarso Sanseverino, 2ª Seção, DJe 23/03/2011; AgRg em CC 81.922/RJ, Rel. Min. Ari Pargendler, 2ª Seção, DJ de 4/6/2007; CC 116.213/DF, de minha relatoria, 2ª Seção, DJe 05/10/2011; CC 107.448/DF, 2ª Seção, Rel. Min. Luis Felipe Salomão, DJe de 27/10/2009 e AgRg em CC 104.638/SP, 2ª Seção, Rel. Min. Vasco Della Giustina, DJe de 28/4/2010."

17.3 Execução fiscal em andamento, já com penhora. Pretensão de penhora sobre o faturamento bruto do devedor em recuperação. Proibição

Como muito bem comentado acima com as opiniões de ilustres juristas, a execução fiscal não se submete aos efeitos da recuperação judicial; é também uma das ações que não se suspendem frente ao deferimento da impetração. Por outro lado, claro ficou também que nenhum ato contra o devedor, que possa prejudicar a efetiva recuperação ou o cumprimento das obrigações assumidas no plano de recuperação judicial, poderá ser tomado por qualquer credor em processo de execução fiscal.

O nobre Desembargador Gilberto Marques Filho, da 4ª Câmara Cível do Egrégio Tribunal de Justiça do Estado de Goiás, demonstrando a sensibilidade pelo princípio da continuação da atividade, julgou correta a decisão singela que indeferiu penhora sobre o faturamento bruto da empresa em recuperação judicial.

Em síntese, foi esse o entendimento do nobre Desembargador Gilberto Marques Filho, sobre a questão que, na sua visão, se permitida, causaria entraves ao efetivo cumprimento da recuperação judicial, conforme abaixo:

> AGRAVO DE INSTRUMENTO. EXECUÇÃO FISCAL. PENHORA SOBRE O FATURAMENTO DA EMPRESA EM RECUPERAÇÃO JUDICIAL. EXISTÊNCIA DE BENS PENHORADOS. 1- NOS TERMOS DO ARTIGO 47 DA LEI N. 11.101/05, TENDO A RECUPERAÇÃO JUDICIAL O OBJETIVO DE VIABILIZAR A SUPERAÇÃO DA SITUAÇÃO DE CRISE ECONÔMICO-FINANCEIRA DO DEVEDOR, A FIM DE PERMITIR A MANUTENÇÃO DA FONTE PRODUTORA, DO EMPREGO DOS TRABALHADORES E DOS INTERESSES DOS CREDORES, PROMOVENDO, ASSIM, A PRESERVAÇÃO DA EMPRESA, SUA FUNÇÃO SOCIAL E ESTIMULO À ATIVIDADE ECONÔMICA, A PENHORA SOBRE O SEU FATURAMENTO BRUTO, AFRONTA OS REFERIDOS OBJETIVOS. 2- ESCORREITA A DECISÃO QUE INDEFERE O PEDIDO DE PENHORA SOBRE O FATURAMENTO BRUTO DA EMPRESA EXECUTADA QUE ENCONTRA-SE EM RECUPERAÇÃO JUDICIAL, ANTE A EXISTÊNCIA DE CONSTRIÇÃO REALIZADA NOS AUTOS, QUE EMBORA NÃO SEJA EM VALOR SUFICIENTE, JÁ GARANTE PARCIALMENTE A DÍVIDA E AUSENTES OS REQUISITOS ESPECÍFICOS QUE JUSTIFIQUEM A EXCEPCIONALIDADE DA MEDIDA. AGRAVO DE INSTRUMENTO CONHECIDO E IMPROVIDO.
>
> (TJGO, AGRAVO DE INSTRUMENTO 232457-95.2011.8.09.0000, Rel. DES. GILBERTO MARQUES FILHO, 4ª CÂMARA CÍVEL, julgado em 29/09/2011, DJe 958 de 12/12/2011).

18. PREVENÇÃO DA JURISDIÇÃO (PARÁGRAFO 8º DO ARTIGO 6º DA LEI 11.101/05)

O último dispositivo legal do ora analisado artigo 6º da Lei de Falências e Recuperação de Empresas, é o Parágrafo 8º, com esta redação:

> "**A distribuição do pedido de falência ou de recuperação judicial previne a jurisdição para qualquer outro pedido de recuperação judicial ou de falência, relativo ao mesmo devedor.**" (grifos nossos).

Esse dispositivo tem que ser analisado juntamente com as disposições do artigo 3º dessa mesma Lei, que define a competência do juízo para deferir a recuperação judicial, como sendo aquele em que se encontra o principal estabelecimento do recuperando ou da filial da empresa que tenha sede fora do Brasil.

À primeira vista, e em uma análise muito perfunctória, poderia o leitor menos avisado ser induzido a acreditar que haveria uma contradição entre o que dispõe o parágrafo 8º do artigo 6º com o que regula o *caput* do artigo 3º da Lei 11.101/05, já que o primeiro determina que um pedido de recuperação judicial distribuído para um determinado juízo, fará deste o responsável (prevento) para qualquer outro pedido da mesma natureza ou mesmo de falência, relativo ao mesmo devedor. Observe-se que essa redação **não se trata da *prevenção* do juízo em que o devedor tenha o seu principal estabelecimento,** como diz o artigo 3º, o competente para deferir o pedido da RJ.

Não há, por óbvio, nenhuma contradição entre as normas acima citadas. A verdade é que ambos os institutos processuais – a **competência** e a **prevenção**, necessariamente, para a hipótese, tem que pertencer a um único juízo. Explico: a aplicabilidade do disposto no parágrafo 8º do artigo 6º somente terá cabimento se o juízo distribuído for o correto, ou, tecnicamente, o **competente**, isto é, aquele em que o devedor-recuperando tenha o seu principal estabelecimento. Aí, sim, ele se tornará **prevento** para qualquer outro pedido de outra RJ ou mesmo falência contra esse mesmo devedor.

A interpretação isolada do Parágrafo 8º do artigo 6º da Lei 11.101/05 nos faz crer que qualquer juízo que tenha distribuído para si um pedido de recuperação judicial, estaria prevento para qualquer outro ou mesmo de falência sobre o mesmo devedor-recuperando. Entretanto, antes de analisarmos se este juízo distribuído, por isto só, tornou-se prevento, temos que ter a certeza se ele é o competente, conforme as disposições do artigo 3º – onde se localizar "[...] o principal estabelecimento do devedor ou da filial de empresa que tenha sede fora do Brasil".

Aliás, dependendo da complexidade de determinados casos sob análise e afetos à Lei 11.101/05, não é mesmo tarefa fácil a lida com os institutos da **competência** e da **prevenção**, até mesmo para a acurada análise dos grandes juristas brasileiros, dentre eles os 3 (três) juízes de Direito, assim como os eminentes Ministros do Superior Tribunal de Justiça, integrantes da 2ª Seção (que participaram do julgamento da questão a seguir), cujos posicionamentos divergentes no Conflito de Competência número 116.743-MG, DJe 17/12/2012, comprovam a nossa assertiva.

Seção II
Da Verificação e da Habilitação de Créditos

> Art. 7º A verificação dos créditos será realizada pelo administrador judicial, com base nos livros contábeis e documentos comerciais e fiscais do devedor e nos documentos que lhe forem apresentados pelos credores, podendo contar com o auxílio de profissionais ou empresas especializadas.
>
> § 1º Publicado o edital previsto no art. 52, § 1º, ou no parágrafo único do art. 99 desta Lei, os credores terão o prazo de 15 (quinze) dias para apresentar ao administrador judicial suas habilitações ou suas divergências quanto aos créditos relacionados.

§ 2º O administrador judicial, com base nas informações e documentos colhidos na forma do *caput* e do § 1º deste artigo, fará publicar edital contendo a relação de credores no prazo de 45 (quarenta e cinco) dias, contado do fim do prazo do § 1º deste artigo, devendo indicar o local, o horário e o prazo comum em que as pessoas indicadas no art. 8º desta Lei terão acesso aos documentos que fundamentaram a elaboração dessa relação.

19. DA VERIFICAÇÃO E DA HABILITAÇÃO DOS CRÉDITOS

Esta Seção trata da **Verificação e da Habilitação de Crédito** e está contida no Capítulo II – Disposições Comuns à Recuperação Judicial e à Falência. Antes, entretanto, de o Administrador Judicial efetuar a verificação dos créditos, há a necessária habilitação dos mesmos, pelos seus respectivos credores, ocorrendo a realização dos atos, conforme se pode observar do título dessa Seção, uma inversão à sua redação.

O Parágrafo Primeiro deste artigo 7º trata da publicação do edital previsto no artigo 52, parágrafo primeiro desta Lei 11.101/05, oportunidade em que se abre e começa a correr o prazo de 15 (quinze) dias para que os credores apresentem diretamente ao Administrador Judicial (e não ao juiz do feito) as suas habilitações ou mesmo divergências quanto a qualquer crédito que o devedor-recuperando tenha relacionado em sua inicial.

O artigo 52 cuida, estando em termos a documentação exigida pela Lei, do deferimento do processamento da Recuperação Judicial, oportunidade em que o juiz do feito, dentre uma série de medidas que devem ser tomadas e explicitadas neste mesmo despacho do deferimento do processamento, também ordena a expedição de edital para publicação no órgão oficial, em cujo conteúdo deve haver a relação nominal de todos os credores, bem como a advertência acerca do prazo para que os mesmos habilitem seus créditos, cujo prazo, conforme o Parágrafo Primeiro do artigo 7º, é de 15 (quinze) dias.

19.1 Desjudicialização das habilitações

Ocorre, nessa hipótese, uma grande novidade trazida pela Lei 11.101/05, qual seja, a denominada **desjudicialização**. Isso se dá porque, quando da vigência do velho Decreto-Lei número 7.661, de 21 de junho de 1945 (denominada antiga Lei de Falências e Concordatas), a aqui tratada habilitação de crédito por seus respectivos proprietários, ocorria junto ao juízo do feito, o que, para alguns, o sobrecarregava nos seus afazeres, e agora, entendeu o legislador de passar tal responsabilidade diretamente aos cuidados do Administrador Judicial (antigo Comissário na antiga Concordata e Síndico na também antiga falência).

Assim, compete ao Administrador Judicial, após todos os trâmites acima expostos (publicação do edital após o deferimento do processamento e as respectivas habilitações), a verificação dos créditos no processo de recuperação judicial, tudo com base nas próprias declarações e documentos que forem apresentados pelos credores e comparados com os livros contábeis e documentos comerciais e fiscais do próprio devedor, a estas alturas já privilegiado pelo deferimento do processamento da recuperação judicial.

Sabemos todos, essa tarefa/responsabilidade do administrador judicial designado, não será absolutamente nada fácil, dependendo, principalmente, da complexidade da documentação comercial e fiscal, da sua extensão. De seu turno, a própria contabilidade do recuperando, e até mesmo o volume e complexidade dos documentos apresentados pelo credores poderão ser ingredientes no sentido de se dificultar o seu trabalho.

19.2 Auxiliares do administrador judicial

Decorrentemente, a própria Lei veio em socorro ao administrador judicial. Embora deva ser ele, preferencialmente, segundo o comando da lei, advogado, economista, administrador de empresas ou contador, ou mesmo pessoa jurídica especializada, o comum é que não deterá sozinho todos os conhecimentos técnicos, necessários e desejados para tal mister mas que pelo volume, complexidade, diversificação, etc., terá que contar com o auxílio de profissionais das diversas áreas para levar a bom termo essa verificação e outras responsabilidades mais.

Para tanto, a nova lei de recuperação judicial de empresas, em seu artigo 7º, facultou ao administrador judicial, desde que o juiz o autorize, a contratação dos profissionais que ele entender necessário para auxiliá-lo nessa difícil tarefa de realização da verificação dos créditos no processo de recuperação judicial.

Pode ocorrer entender o administrador judicial que todas as qualidades e profissionais que ele necessitar para uma perfeita prestação das suas funções se encontrem em um só corpo, ou seja, em uma empresa especializada, pessoa jurídica mesmo. A lei não discrimina entre uma categoria ou outra, se pessoa física ou jurídica, mas abre, na sua vasta visão de possibilitar todos os meios para ajudar na recuperação judicial da empresa, a possibilidade de o administrador judicial contar com quem efetivamente o ajude no desempenho das suas funções.

É dever do juiz, conforme frisado acima que, após a constatação de que a documentação que instrui a petição inicial do pedido de recuperação judicial se encontra em termos, praticar diversos atos quando do deferimento do processamento da recuperação judicial, como nomear o administrador judicial, com estrita observância do que dispõe e determina o artigo 21 deste Lei (profissional idôneo, preferencialmente advogado, economista, administrador de empresas ou contador, ou pessoa jurídica especializada).

Quis o legislador de 2005 dar aos institutos regulados pela Lei 11.101/05, inclusive este sob estudos – o da recuperação judicial, uma maior segurança em seus procedimentos, começando mesmo pela estrutura, nomeando-se alguém, primeiramente de sua confiança e, um segundo momento, como exige a Lei, um profissional gabaritado para desempenhar as tão importantes funções de administrador judicial. Não fosse só isso, esse profissional também tem o privilégio de contratar como auxiliares, outros profissionais que se fizerem necessários, pois a tarefa pode ser grande e a responsabilidade também.

19.3 Edital. Relação de credores

Passados os 15 (quinze) dias da publicação do edital, prazo este concedido para os credores apresentarem ao administrador judicial suas habilitações ou mesmo as suas divergências quanto aos créditos relacionados pelo requerente da recuperação judicial, prescreve o Parágrafo Segundo do artigo 7º, que o administrador judicial fará publicar edital contendo a relação de credores no prazo de 45 (quarenta e cinco) dias, adicionando-lhe também a responsabilidade de indicar o local, o horário e o prazo comum para que as pessoas indicadas no artigo 8º desta Lei possam acessar toda a documentação que serviram de base à construção da relação de credores.

Vejam que a responsabilidade do administrador judicial para a elaboração da relação de credores é enorme para um prazo tão curto de 45 (quarenta e cinco) dias, especialmente se considerarmos a hipótese de a ação de recuperação judicial ter centenas de credores das 4 (quatro) classes: (i) titulares de créditos derivados da legislação do trabalho ou decorrentes de acidentes do trabalho; (ii) titulares de créditos com garantia real, (iii) titulares de créditos quirografários, com privilégio especial, com privilégio geral ou subordinados; e, (iv) titulares de créditos enquadrados como microempresa e empresa de pequeno porte (art. 41, I, II, III e IV)".

> Art. 8º No prazo de 10 (dez) dias, contado da publicação da relação referida no art. 7º, § 2º, desta Lei, o Comitê, qualquer credor, o devedor ou seus sócios ou o Ministério Público podem apresentar ao juiz impugnação contra a relação de credores, apontando a ausência de qualquer crédito ou manifestando-se contra a legitimidade, importância ou classificação de crédito relacionado.
>
> Parágrafo único. Autuada em separado, a impugnação será processada nos termos dos arts. 13 a 15 desta Lei.

20. IMPUGNAÇÃO A SER APRESENTADA PELOS LEGITIMADOS

No parágrafo anterior nos referíamos às pessoas indicadas neste artigo 8º, sem contudo discriminá-las, sendo elas o Comitê de Credores (se existir na recuperação judicial), qualquer um dos credores relacionados ou não, o próprio devedor (o recuperando) ou os seus sócios (se os tiver, pois a empresa pode ser individual), e ainda, o Ministério Público.

Qualquer dessas pessoas têm o privilégio de, no prazo de 10 (dez) dias, contados da publicação do edital de que trata o Parágrafo Segundo do artigo 7º (relação de credores confeccionada pelo administrador judicial), de apresentar, agora ao juiz do feito (e não ao administrador judicial), impugnação contra a citada relação de credores, se ocorrer qualquer uma das seguintes hipóteses: (i) ausência de qualquer crédito; (ii) não legitimidade de qualquer credor; (iii) importância incorreta de crédito; e, (iv) ou mesmo classificação errônea de crédito relacionado (por exemplo, um crédito quirografário ser relacionado como com garantia real, etc.).

20.1 Autuação separada para cada impugnação

Em princípio, cada impugnação deverá ser autuada separadamente, e segundo determina a Lei n. 11.101/05 em seu artigo 13, deverá ser a mesma dirigida ao juiz por meio de petição, instruída com os documentos que tiver o impugnante, o qual indicará as provas necessárias, sendo que cada impugnação será devidamente instruída com os documentos a ela relativos. Todavia, se diversas forem as impugnações sobre um mesmo crédito, haverá somente uma autuação.

Todos nós, na condição de humanos, cometemos erros. Mas, se fomos antecipadamente advertidos, não podemos errar. Por isto, invoco e transcrevo a grande lição do Mestre Manoel Justino Bezerra Filho, em sua monumental obra *Lei de recuperação de empresas e falência* que nos adverte sobre o procedimento a ser feito mediante omissões do administrador judicial. Assim ensina o Mestre:

> "2. Se o administrador omitir o nome ou o crédito de algum credor que tenha se habilitado no prazo de 15 dias do parágrafo primeiro do artigo 7º, deverá este apresentar impugnação, que será processada em autos apartados. O mesmo procedimento devem adotar os credores ou interessados que forem incluídos na lista, mas que, por qualquer motivo, tenham discordância acerca da importância, classificação ou legitimidade do crédito. No entanto, o credor apenas poderá apresentar impugnação se tiver cumprido o parágrafo primeiro do art. 7º e tiver apresentado habilitação ou divergência; evidentemente, poderá também apresentar impugnação se o que constar na segunda lista divergir do que constava na primeira lista. Como já acima anotado, porém, se a segunda lista espelha o que constava da primeira lista e o credor não apresentou habilitação ou divergência no prazo do parágrafo primeiro do art. 7º, não poderá apresentar impugnação agora, objetivando a inclusão de seu crédito, pois terá de se valer da habilitação retardatária. Repita-se: a impugnação prevista no art. 8º não pode ser utilizada como substituto ao credor que não se habilitou no prazo do parágrafo primeiro do art. 7º.
>
> 3. Tudo porque – e nisso a Lei foi sábia –, mesmo antes do acionamento da jurisdição, ao credor que já havia sido dada a oportunidade de solucionar a questão

administrativamente (parágrafo primeiro do art. 7º), solução que deverá ser a preferida por todos os interessados, ante sua simplicidade e rapidez." (grifos nossos)

Art. 9º A habilitação de crédito realizada pelo credor nos termos do art. 7º, § 1º, desta Lei deverá conter:

I – o nome, o endereço do credor e o endereço em que receberá comunicação de qualquer ato do processo;

II – o valor do crédito, atualizado até a data da decretação da falência ou do pedido de recuperação judicial, sua origem e classificação;

III – os documentos comprobatórios do crédito e a indicação das demais provas a serem produzidas;

IV – a indicação da garantia prestada pelo devedor, se houver, e o respectivo instrumento;

V – a especificação do objeto da garantia que estiver na posse do credor.

Parágrafo único. Os títulos e documentos que legitimam os créditos deverão ser exibidos no original ou por cópias autenticadas se estiverem juntados em outro processo.

21. REQUISITOS DA HABILITAÇÃO DE CRÉDITO

O artigo 9º da Lei 11.101/05, diz que a habilitação de crédito **realizada pelo credor nos termos do art. 7º, Parágrafo Primeiro**, deve conter os documentos que enumera. Chama-nos a atenção, entretanto, quando diz **pelo credor**. Ora, aqui, literalmente, é pelo credor mesmo e não representado por seu advogado, pois, nessa fase, que se denomina de administrativa, a Lei faculta a prática desse ato diretamente pelos próprios credores.

Assim, ao formularem as suas habilitações de crédito, aqueles credores que não quiserem se utilizar dos serviços de um profissional – um advogado –, devem ter o extremo cuidado de fazê-lo o mais claro e o mais transparente possível, nunca se esquecendo de que a documentação que apresentar ao administrador judicial servirá de elemento importantíssimo para ele quando da verificação dos créditos. E mais, que por um ou por outro motivo que fuja da normalidade, o seu crédito poderá sofrer impugnação, que será objeto de julgamento pelo juiz, que pode dar razão ao impugnante.

21.1 Recomenda-se que a habilitação seja efetuada por técnico

Se os credores, conforme diz a Lei, podem por si só se habilitarem sem que haja a presença de um advogado, é porque praticarão esse ato junto ao administrador judicial; é enfim, um pedido administrativo, em que o credor, de posse dos documentos comprobatórios do seu crédito, e atendendo aos demais requisitos de todos os incisos deste artigo 9º, se dirige ao próprio administrador e demonstra que é credor de fulano, pela importância tal, sendo o seu crédito representado, por exemplo, por uma ou mais duplicatas.

Nada obstante essa aparente facilidade em se confeccionar um pedido, instruí-lo e apresentá-lo ao administrador judicial, fica aqui a advertência àqueles que assim quiserem proceder, às vezes imaginando economizar o pagamento de honorários a um profissional, que a questão, posteriormente, pode ganhar conotações que fujam aos mais comezinhos conhecimentos e trazer grandes prejuízos a quem se aventurar por esses caminhos.

Por exemplo, acreditar que com o simples ato de se habilitar, toda a questão estaria resolvida. Engano! Ora, decorrente dessa habilitação pode surgir, por exemplo, ou uma divergência ou mesmo uma impugnação. E o credor, pela simples condição de que todas as publicações são feitas pelos órgãos oficiais – o que ele naturalmente não acompanha – corre o risco de deixar passar em branco um prazo para a sua defesa ou impugnação, e daí, ter prejuízos. Para o advogado, entretanto, que acompanha todas as publicações dos órgãos oficiais, isso jamais ocorrerá.

Mas, de qualquer forma, seja pelos próprios credores ou por seus advogados constituídos, publicado o edital já mencionado, deverão, nos próximos 15 (quinze) dias, realizarem suas habilitações de crédito, que deverão conter:

I – o nome, o endereço do credor e o endereço em que receberá comunicação de qualquer ato do processo;

II – o valor do crédito, atualizado até a data da decretação da falência ou do pedido de recuperação judicial, sua origem e classificação;

III – os documentos comprobatórios do crédito e a indicação das demais provas a serem produzidas;

IV – a indicação da garantia prestada pelo devedor, se houver, e o respectivo instrumento;

V – a especificação do objeto da garantia que estiver na posse do credor.

21.2 TJGO confirma decisão que julgou improcedente habilitação retardatária e incompleta

A ilustre Desembargadora Amélia Martins de Araújo, da 1ª Câmara Cível do Egrégio Tribunal de Justiça de Goiás, ao analisar recurso de Agravo de Instrumento, na condição de Relatora, negou-lhe provimento e confirmou a sentença singela que, com base em falta de documentação hábil por parte do habilitante – "ausência de comprovação de implementação da condição contratual para a responsabilidade da faturizada. Origem do crédito não demonstrada" –, que havia, retardatariamente, tentado se habilitar. Eis abaixo o respectiva Ementa:

"AGRAVO DE INSTRUMENTO. HABILITAÇÃO DE CRÉDITO RETARDATÁRIA EM AÇÃO DE RECUPERAÇÃO JUDICIAL. CONTRATO DE *FACTORING*. CHEQUES SUPOSTAMENTE EMITIDOS PARA RECOMPRA DE TÍTULOS ANTERIORMENTE CEDIDOS EM RAZÃO DE DESACORDO COMERCIAL. AUSÊNCIA DE COMPROVAÇÃO DE IMPLEMENTAÇÃO DA CONDIÇÃO CONTRATUAL PARA A RESPONSABILIDADE DA FATURIZADA. ORIGEM DO CRÉDITO NÃO DEMONSTRADA. I – A comprovação da origem do crédito reclamado pelo habilitante constitui ônus processual que lhe incumbe, nos termos do artigo 9º, incisos II e III, da Lei nº 11.101/05, cujo não atendimento enseja a improcedência do pedido. II – O contrato de *factoring* ou fomento mercantil é atípico, eis que não possui regulamentação específica no ordenamento jurídico brasileiro, de sorte que deve ser preservada a liberdade negocial. Logo a intervenção do Poder Judiciário nas obrigações e direitos reciprocamente estabelecidos entre faturizador e faturizado deve ocorrer de forma comedida, apenas quando restarem evidenciadas a onerosidade excessiva ou a presença de cláusulas contrárias à ordem pública, máxime porque não se trata de relação de consumo. Precedentes do Superior Tribunal de Justiça. III – Estando pactuado nos contratos de *factoring* que as faturizadas somente se responsabilizariam pela recompra de títulos cedidos nas hipóteses de vício formal, inexistência do crédito ou não pagamento decorrente de sua culpa exclusiva (desacordo comercial com o consumidor) e não havendo comprovação da implementação de quaisquer dessas condições, é de se inferir que os cheques emitidos pelas sociedades em recuperação judicial não ostentam lastro para demonstrar a existência do crédito que se pretende habilitar, mormente ante a existência de indícios de que sejam oriundos de empréstimo puro, atividade restrita aos integrantes do Sistema Financeiro Nacional e, portanto, ilícita no âmbito do fomento mercantil. Consequentemente, não merece reforma a decisão que julgou improcedente o pedido de habilitação retardatária, por ausência de comprovação satisfatória da origem do crédito. AGRAVO DE INSTRUMENTO CONHECIDO E DESPROVIDO.

(TJGO, AGRAVO DE INSTRUMENTO 155103-23.2013.8.09.0000, Rel. DES. AMELIA MARTINS DE ARAUJO, 1ª CÂMARA CÍVEL, julgado em 03/12/2013, DJe 1446 de 12/12/2013)."

Fica, ainda, a observação de que os títulos e documentos que legitimam os créditos deverão ser exibidos no original ou por cópias autenticadas se estiverem juntados em outro processo.

Para aqueles que tiverem dúvidas ou acreditarem que sozinhos poderão resolver a questão, fica aqui a advertência, extraída dos sempre valiosos ensinamentos do eminente Ministro do Superior Tribunal de Justiça, Sidnei Beneti, quando do julgamento do Recurso Especial número 1.321.288-MT, julgado em 27 de novembro de 2012:

"EMENTA

PROCESSUAL CIVIL. DIREITO FALIMENTAR. RECUPERAÇÃO JUDICIAL. HABILITAÇÃO DE CREDORES. REQUISITOS FORMAIS. MEMORIAL DE CÁLCULO. APROVAÇÃO DO PLANO DE RECUPERAÇÃO JUDICIAL. NOVAÇÃO DAS DÍVIDAS ANTERIORES. CRÉDITOS TRABALHISTAS. DÍVIDAS CONSOLIDADAS.

1. A Lei de Falências exige que a habilitação de crédito se faça acompanhar da prova da dívida (*an* e *quantum debeatur*), bem como da origem e classificação dessa mesma dívida. Se as instâncias de origem, soberanas na apreciação da prova, concluíram pelo atendimento dessas exigências legais não há como barrar o processamento do pedido de recuperação judicial por ausência de memorial descritivo da dívida.

2. [...]

3. [...]

4. Recurso Especial a que se nega provimento."

Art. 10. Não observado o prazo estipulado no art. 7º, § 1º, desta Lei, as habilitações de crédito serão recebidas como retardatárias.

§ 1º Na recuperação judicial, os titulares de créditos retardatários, excetuados os titulares de créditos derivados da relação de trabalho, não terão direito a voto nas deliberações da assembleia-geral de credores.

§ 2º Aplica-se o disposto no § 1º deste artigo ao processo de falência, salvo se, na data da realização da assembleia-geral, já houver sido homologado o quadro-geral de credores contendo o crédito retardatário.

§ 3º Na falência, os créditos retardatários perderão o direito a rateios eventualmente realizados e ficarão sujeitos ao pagamento de custas, não se computando os acessórios compreendidos entre o término do prazo e a data do pedido de habilitação.

§ 4º Na hipótese prevista no § 3º deste artigo, o credor poderá requerer a reserva de valor para satisfação de seu crédito.

§ 5º As habilitações de crédito retardatárias, se apresentadas antes da homologação do quadro-geral de credores, serão recebidas como impugnação e processadas na forma dos arts. 13 a 15 desta Lei.

§ 6º Após a homologação do quadro-geral de credores, aqueles que não habilitaram seu crédito poderão, observado, no que couber, o procedimento ordinário previsto no Código de Processo Civil, requerer ao juízo da falência ou da recuperação judicial a retificação do quadro-geral para inclusão do respectivo crédito.

22. HABILITAÇÕES FORA DO PRAZO: RETARDATÁRIAS

A Lei busca em suas disposições impor aos jurisdicionados responsabilidades específicas a cada ato que ao mesmo couber, fixando, na grande maioria, prazo e sanções para o caso de descumprimento. No presente caso, se o credor não fizer a sua habilitação de crédito dentro dos 15 (quinze) dias após a publicação do edital, nada o impede de fazê-lo posteriormente. Por consequência, descumprido o prazo da Lei, há, na hipótese, a necessária sanção, vez que a citada habilitação, embora possa ser feita posteriormente, virá com a pecha de **habilitação retardatária**, cuja consequência sancionatória é a perda do direito de voto nas deliberações da assembleia-geral de credores, por aquele habilitante que não o fez dentro do prazo legal.

O não dar a essa questão a devida importância, ou seja, acreditar que a habilitação tempestiva não passa de um ato de somenos importância, pode levar aquele que assim proceder a sérios prejuízos, tanto para si quanto para os demais credores de uma recuperação judicial, pois pode ocorrer, entre tantos outros exemplos, que o não voto desse retardatário seja exatamente aquele pequeno detalhe que em uma Assembleia-Geral de Credores pode decidir sobre o futuro do recuperando.

22.1 Exceção: titulares de créditos derivados da relação de trabalho

A Lei de Recuperação de Empresas, como todas as demais – sempre albergando exceções, abre uma à regra acima, pois mesmo **retardatários**, todos os titulares de créditos derivados da relação de trabalho (que é de uma amplitude sem fim), e não somente da relação de emprego (o vínculo empregatício previsto na Consolidação das Leis do Trabalho), não perderão seu direito a votarem nas citadas deliberações das assembleias-gerais de credores.

Um exemplo concreto de prejuízo a quem se habilitar retardatariamente, ou mesmo não se habilitar, é o extraído do teor do Conflito de Competência número 114.952-SP, na 2ª Seção do STJ, do qual foi Relator o eminente Ministro Raul Araújo, sendo suscitante Pantanal Linhas Aéreas S/A – Em Recuperação Judicial, e suscitados os Juízos de Direito da 2ª Vara de Falências e Recuperações Judiciais de São Paulo-SP e da 54ª Vara do Trabalho de São Paulo-SP.

A presente questão trata-se de, mesmo após homologado o Plano de Recuperação Judicial pela 2ª Vara de Falências e Recuperações Judiciais de São Paulo-SP, havendo as respectivas comunicações, inclusive ao Juízo da 54ª Vara do Trabalho da capital paulista que, nada obstante, determinou a prática de atos de execução, a qual, segundo a exposição do voto-vista da eminente Ministra Nancy Andrighi, teve como fundamento as seguintes argumentações daquele magistrado da Justiça especializada:

> "Execução: a despeito de a suscitante ter informando sobre a homologação do seu plano de recuperação judicial (fls. 30/37, e-STJ), a Justiça do Trabalho prosseguiu

com a execução do crédito, **sob o argumento de que** "o art. 6º, caput, da Lei 11.101/2005 é expresso ao definir que o curso das ações fica suspenso a partir do deferimento do processamento da recuperação judicial. No § 4º do mencionado artigo, está definido que a suspensão jamais excederá 180 dias. [...] a ré teve deferido o processamento da recuperação judicial em 13.01.2008, de forma que o prazo de 180 dias acima mencionado expirou em 11.07.2008, possibilitando assim a continuidade do processo de execução" (fl. 43, e-STJ). (grifos nossos).

O voto-vista da Ministra Nancy Andrighi acompanhou o voto do Ministro Relator Raul Araújo e recebeu a seguinte Ementa:

"CONFLITO DE COMPETÊNCIA. RECUPERAÇÃO JUDICIAL. CRÉDITO SUJEITO À RECUPERAÇÃO. CRÉDITO LÍQUIDO. NÃO INCLUSÃO NO PLANO. HABILITAÇÃO. FACULDADE. IMPOSSIBILIDADE DE PROSSEGUIMENTO DA EXECUÇÃO INDIVIDUAL DURANTE O TRÂMITE DA RECUPERAÇÃO.

1. [...]

2. Se o crédito é ilíquido, a ação deve prosseguir no Juízo trabalhista até a apuração do respectivo valor (art. 6º, § 2º, da Lei 11.101/2005). **Porém, se o crédito já foi apurado, pode ser habilitado na recuperação judicial.**

3. Nos termos do art. 10 da Lei 11.101/2005, o crédito líquido não habilitado no prazo de quinze dias após a publicação do edital será recebido na recuperação na condição de habilitação retardatária, sendo da competência do Juízo da Recuperação estabelecer a forma como será satisfeito, sob pena de não ser adimplido durante o trâmite da recuperação, mas somente após seu encerramento, já que as execuções individuais permanecem suspensas.

4. A habilitação é providência que cabe ao credor, mas a este não se impõe. Caso decida aguardar o término da recuperação para prosseguir na busca individual de seu crédito, é direito que lhe assegura a lei. Porém, admitir que alguns credores que não atenderam ou não puderam atender o prazo para habilitação de créditos submetidos à recuperação (arts. 7º, § 1º, e 52, § 1º, III, da LF) prossigam com suas execuções individuais ofende a própria lógica do sistema legal aplicável. Importaria em conferir melhor tratamento aos credores não habilitados, além de significar a inviabilidade do plano de reorganização na medida em que parte do patrimônio da sociedade recuperanda poderia ser alienado nas referidas execuções, implicando, assim, a ruptura da indivisibilidade do juízo universal da recuperação e o desatendimento do princípio da preservação da empresa (art. 47 da LF), reitor da recuperação judicial.

5. Conflito conhecido, em face da impossibilidade de dois diferentes juízos decidirem acerca do destino de bens pertencentes à empresa sob recuperação, para declarar a competência do Juízo da 2ª Vara de Falências e Recuperações Judiciais de São Paulo – SP." (Grifamos).

22.2 Habilitações apresentadas após o prazo, mas antes da homologação do quadro-geral de credores: recebidas como impugnações

No Parágrafo 5º, ora sob análise, manda a Lei que as habilitações de crédito efetuadas após o prazo previsto, mas, se apresentadas antes da homologação do quadro-geral dos credores, serão recebidas como impugnação e processadas como tais. É a denominada "sanção" pois aqui tira-se do credor o privilégio de por si só habilitar-se por meio de simples pedido ao administrador judicial.

É que na impugnação, o requerimento tem por alvo o juiz do feito (e não mais o administrador judicial), o que quer dizer que o credor, se não for também advogado, necessariamente terá de contratar um, pois a questão é técnica e por um técnico deve ser tratada; até porque a Lei não dispensa neste caso o *ius postulandi* (direito de postular), que é privativo do advogado.

22.3 Retificação do quadro-geral de credores

Nem tudo, porém, estará perdido. Caso homologado o quadro-geral de credores sem que qualquer credor tenha se habilitado (apresentando o seu crédito com o respectivo documento comprobatório, etc.), a lei faculta ao mesmo que, observando o procedimento ordinário previsto no Código de Processo Civil, requeira ao juízo da recuperação judicial a retificação do quadro-geral para inclusão do seu respectivo crédito.

Ao juiz não restará outro caminho, caso procedente o pedido, a não ser determinar a retificação do quadro-geral para se incluir quem chegou nessas condições. Em primeiro lugar, porque a lei não regula a preclusão para quem não tenha, atempadamente ou mesmo de forma retardatária, habilitado o seu crédito. E em segundo lugar porque não tendo a Lei n. 11.101/05 o procedimento específico para esta questão, indicou os caminhos do Código de Processo Civil, mais precisamente o rito ordinário, para que qualquer credor, que por qualquer motivo não tivesse habilitado o seu crédito, o fizesse posteriormente sem nenhum prejuízo. É óbvio que isto causará retardamento ao andamento normal do procedimento.

> Art. 11. Os credores cujos créditos forem impugnados serão intimados para contestar a impugnação, no prazo de 5 (cinco) dias, juntando os documentos que tiverem e indicando outras provas que reputem necessárias.

23. CONTESTAÇÃO À IMPUGNAÇÃO

Na hipótese da existência de créditos impugnados, os respectivos credores serão intimados, para, no prazo de 5 (cinco) dias, contestarem a impugnação, abrindo-se-lhes oportunidade para juntarem todos os documentos que tiverem, além de indicarem outras provas que reputem necessárias. É um procedimento que, aparentemente, se apresenta simplório. Entretanto, não o é, vez que, conforme já explicitamos acima, e a exemplo de a impugnação exigir a presença de um técnico – o advogado –, a sua contestação também o exige.

Aliás, impugnar crédito na recuperação judicial significa, para o Superior Tribunal de Justiça, litigiosidade, decorrendo daí a condenação em honorários advocatícios. Assim, o grande cuidado que se deve ter diante desta inafastável verdade, pois, dependendo dos valores em discussão, pode significar a condenação em valores altamente consideráveis.

23.1 Litigiosidade: honorários advocatícios

No REsp 1197177 – RJ, transitado em julgado em 11/10/2013, a Terceira Turma do Superior Tribunal de Justiça (STJ) manteve a condenação das empresas Viação Aérea Rio Grandense (Varig), Rio Sul Linhas Aéreas e Nordeste Linhas Aéreas, em recuperação judicial, ao pagamento de honorários sucumbenciais em pedido de habilitação de crédito.

Apesar disso, os ministros reconheceram a existência de sucumbência recíproca e condenaram a empresa hoteleira Atlântica Hotels International Brasil (que formulou o pedido) ao pagamento de 30% da verba.

O pedido de habilitação de crédito no valor de R$ 178.458,45 foi impugnado pelas recuperandas, pois, segundo elas, o valor devido era menor – R$ 143.113,09.

O juiz de primeiro grau fixou o crédito em R$ 153.385,90, com base em parecer do administrador judicial, e ainda condenou as empresas ao pagamento de honorários advocatícios arbitrados em 10% desse valor. O Tribunal de Justiça do Rio de Janeiro (TJRJ) manteve a decisão na íntegra.

23.2 STJ confirma litigiosidade e condenação em honorários

No STJ, as empresas em recuperação sustentaram que seria incabível arcar com o ônus sucumbencial, "uma vez que se tratou de habilitação de crédito em que inexistiu litígio entre as partes".

Ao analisar o recurso especial, a ministra Nancy Andrighi, relatora, constatou que, embora quisessem negar, as próprias recuperandas reconheceram que impugnaram o valor apresentado pela empresa hoteleira, ainda que parcialmente, "iniciativa que tornou litigiosa a habilitação de crédito".

Andrighi citou precedente do STJ (REsp 1.098.069), segundo o qual são devidos honorários advocatícios quando for apresentada impugnação ao pedido de habilitação de crédito em concordata (recuperação judicial) ou falência. Quanto ao valor dos honorários advocatícios, a ministra explicou que "o cálculo deve levar em conta a proporção de ganho e de perda de cada parte em relação à lide como um todo".

Ela verificou que não houve resistência à pretensão integral da empresa hoteleira, pois foi reconhecido um crédito de R$ 143.113,09. Com isso, o valor objeto da lide passou a ser de apenas R$ 35.345,36, correspondente à diferença entre o crédito pleiteado e o admitido.

Por outro lado, Andrighi mencionou que o crédito declarado judicialmente e de fato habilitado na recuperação judicial foi de R$ 153.385,90, resultando num saldo de R$ 10.272,81.

"Conclui-se que as recorrentes desejavam pagar R$ 10.272,81 a menos, e a recorrida, receber R$ 25.072,55 a mais do que o valor real do crédito, o que, tomando por base o valor controvertido (R$ 35.345,36), equivale a dizer que o êxito das partes na ação foi na proporção aproximada de 70% para as recorrentes e 30% para a recorrida", constatou.

Diante disso, a ministra entendeu que o TJRJ equivocou-se quando imputou exclusivamente às recorrentes o ônus da sucumbência. A Terceira Turma deu parcial provimento ao recurso especial, "dividindo-se os ônus respectivos na proporção de 30% para as recorrentes e 70% para a recorrida".

> Art. 12. Transcorrido o prazo do art. 11 desta Lei, o devedor e o Comitê, se houver, serão intimados pelo juiz para se manifestar sobre ela no prazo comum de 5 (cinco) dias.
>
> Parágrafo único. Findo o prazo a que se refere o caput deste artigo, o administrador judicial será intimado pelo juiz para emitir parecer no prazo de 5 (cinco) dias, devendo juntar à sua manifestação o laudo elaborado pelo profissional ou empresa especializada, se for o caso, e todas as informações existentes nos livros fiscais e demais documentos do devedor acerca do crédito, constante ou não da relação de credores, objeto da impugnação.

24. PRAZO COMUM AO DEVEDOR E AO COMITÊ (SE EXISTIR)

O mesmo prazo é dado ao devedor, e ao Comitê de Credores, se houver, para se manifestarem sobre a contestação às impugnações no prazo comum de 5 (cinco) dias. Findo o prazo acima, o administrador judicial será intimado pelo juiz para emitir parecer no prazo de 5 (cinco) dias, devendo juntar à sua manifestação o laudo elaborado pelo profissional ou empresa especializada, se for o caso, e todas as informações existentes nos livros fiscais e demais documentos do devedor acerca do crédito, constantes ou não da relação de credores, objeto da impugnação.

24.1 Parecer do administrador judicial

Conforme se extrai das disposições, especialmente do Parágrafo único acima transcrito, essa missão do administrador judicial (emitir parecer) pode ser uma das mais difíceis do seu mister em uma recuperação judicial, se esta, por exemplo, for de uma companhia em que existam muitos credores envolvidos – em todas as quatro classes –, com muitas impugnações, contestações às impugnações e manifestações sobre as contestações às impugnações, etc. O seu prazo é de apenas 5 (cinco) dias, muito curto a nosso ver, apesar de poder contar com a ajuda de auxiliares.

> Art. 13. A impugnação será dirigida ao juiz por meio de petição, instruída com os documentos que tiver o impugnante, o qual indicará as provas consideradas necessárias.
>
> Parágrafo único. Cada impugnação será autuada em separado, com os documentos a ela relativos, mas terão uma só autuação as diversas impugnações versando sobre o mesmo crédito.

25. IMPUGNAÇÃO INSTRUÍDA COM DOCUMENTOS

Quando a Lei diz que "a impugnação será dirigida ao juiz por meio de petição", fica claro que este ato tem que ser praticado por advogado – o único que detém o *jus postulandi* (direito de postular) em juízo. Há, entretanto, casos em que o sistema jurídico brasileiro permite essa postulação mesmo para quem não seja advogado, como na Justiça do Trabalho. Porém, a cada dia, esse direito de postular concedido a não advogados vem perdendo força, não só diante do dispositivo art. 133 da Constituição Federal – "o advogado é indispensável à administração da justiça" –, mas, muito mais pela técnica que se exige diante dos procedimentos, o que é peculiar ao advogado.

25.1 Impugnações sobre o mesmo crédito: uma só autuação

Em obediência a um dos princípios que precederam a confecção da Lei 11.101/05 – o da celeridade processual –, nada obstante cada impugnação mereça a sua individualidade quanto à autuação, pode ocorrer simultaneamente diversas impugnações sobre um mesmo crédito, oportunidade em que se fará apenas uma autuação, embora a possível existência de diversos e diferentes documentos de cada credor impugnante, vez que o interesse de cada um pode ter suas especificidades. Isso significa que todas essas impugnações constarão de apenas um auto de processo, cabendo ao juízo do feito "destrinchar" a questão.

Renova-se aqui a advertência lançada nos comentários do artigo 11 desta Lei, sobre as consequências financeiras – condenação em honorários advocatícios e custas judiciais –, para quem protocola qualquer impugnação e mesmo para quem a contesta, valendo aqui o princípio da sucumbência, prescrito no artigo 20 e Parágrafos do Código de Processo Civil – "a sentença condenará o vencido a pagar ao vencedor as despesas que antecipou e os honorários advocatícios [...]". A advertência é no sentido de se fazer uma profunda análise sobre essa necessidade, pois, de repente, como no caso citado no artigo 11, por pouco ou quase nada, houve um desembolso recíproco de dinheiro, que, talvez, se poderia ter evitado. De toda forma, recomenda-se a leitura de parte da decisão do STJ citada e transcrita nos comentários do artigo 11 da Lei 11.101/05.

> Art. 14. Caso não haja impugnações, o juiz homologará, como quadro-geral de credores, a relação dos credores constante do edital de que trata o art. 7º, § 2º, desta Lei, dispensada a publicação de que trata o art. 18 desta Lei.

26. SEM IMPUGNAÇÕES, RELAÇÃO DOS CREDORES É HOMOLOGADA COMO QUADRO-GERAL DOS CREDORES

O legislador, ao determinar o procedimento na hipótese de inexistência de impugnações, o faz convicto de que isto pode ocorrer num processo de recuperação judicial. É o caso, exemplificativamente, do devedor recuperando relacionar em sua inicial todos os credores de todas as classes, com os respectivos endereços, a natureza, a classificação e o valor atualizado de cada crédito, conforme exigências do inciso III, do artigo 51, da Lei 11.101/05.

Deferido o processamento da recuperação judicial, há, nas diversas providências que o juiz do feito tem que cumprir simultaneamente, a necessária nomeação do administrador judicial e a ordenação de expedição de edital, devendo este conter obrigatoriamente, além de outros requisitos, a relação nominal dos credores, em que se discrimine o valor atualizado e a classificação de cada crédito" (art. 52, inciso I, e Parágrafo Primeiro, inciso II).

Praticados os atos conforme manda a Lei, por óbvio, haverá, no máximo, a habilitação dos credores, inexistindo, por consequência, qualquer divergência, vez que tudo está em conformidade. Decorrentemente, passados os 15 (quinze) dias que a Lei prevê, o administrador judicial fará publicar edital (artigo 7º, Parágrafo Segundo) contendo a relação de credores e, a partir daí, se abrirá o prazo de 10 (dez) dias para que qualquer credor, o próprio devedor ou seus sócios, ou ainda, o Ministério Publico possam apresentar impugnação por qualquer defeito detectado na citada relação de credores.

Ora, se tudo for feito corretamente, nenhum dos legitimados apresentará qualquer impugnação, mesmo porque não há o que impugnar. E, assim sendo, e dentro dos princípios da celeridade processual, essa relação de credores, alvo do edital publicado pelo administrador judicial, será homologada pelo juiz do feito como Quadro-Geral dos Credores, ficando dispensada a publicação determinada no artigo 18 (a ser analisado), o que significa um enorme ganho de tempo.

> Art. 15. Transcorridos os prazos previstos nos arts. 11 e 12 desta Lei, os autos de impugnação serão conclusos ao juiz, que:

I – determinará a inclusão no quadro-geral de credores das habilitações de créditos não impugnadas, no valor constante da relação referida no § 2º do art. 7º desta Lei;

II – julgará as impugnações que entender suficientemente esclarecidas pelas alegações e provas apresentadas pelas partes, mencionando, de cada crédito, o valor e a classificação;

III – fixará, em cada uma das restantes impugnações, os aspectos controvertidos e decidirá as questões processuais pendentes;

IV – determinará as provas a serem produzidas, designando audiência de instrução e julgamento, se necessário.

27. CONCLUSOS AUTOS DE IMPUGNAÇÃO PARA DIVERSAS PROVIDÊNCIAS

No curso dos procedimentos que regulam a verificação e a habilitação dos créditos, observamos que a oportunidade para a manifestação de credores, do próprio devedor ou de seus sócios, do Comitê de Credores (quando existir) e do Ministério Público, sobre a faculdade que a Lei lhes dá – "apresentar ao juiz impugnação contra a relação de credores, apontando a ausência de qualquer crédito ou manifestando-se contra a legitimidade, importância ou classificação de crédito relacionado" –, foi ampla, com prazos até alongados, não podendo existir qualquer reclamação de prováveis prejuízos de quem quer que seja.

Na sequência dos procedimentos, agora é a vez da prática de atos pelo Presidente do processo, o juiz do feito, que tem reguladas no artigo 15 e seus incisos determinadas providências que deverão ser tomadas. Determina a Lei que, transcorridos os prazos: (i) para que os credores que tiveram seus créditos impugnados sejam intimados para a respectiva contestação – que é de 5 (cinco) dias; e, (ii) havendo a aludida contestação, tanto o devedor quando o Comitê de Credor (na hipótese de existir), serão intimados pelo juiz para se manifestarem sobre a mesma, no prazo comum de 5 (cinco) dias, as seguintes providências serão tomadas.

Em um primeiro momento, os autos de impugnação serão conclusos ao juiz, que determinará, se verificar a ocorrência da inexistência de habilitações de créditos que não sofreram qualquer impugnação, que estes sejam inclusos no quadro-geral de credores pelos valores relacionados pelos próprios credores em sua inicial e posteriormente publicados em edital pelo administrador judicial, sob a denominação de *relação de credores*.

Em um outro ato, o juiz, caso entenda que as impugnações que lhe foram conclusas estejam devida e suficientemente esclarecidas – e isso ele somente saberá pela análise das alegações e provas apresentadas pelas partes impugnantes –, as julgará, com a observação de que deverá obrigatoriamente fazer menção, de cada crédito, o valor e a classificação. Ou seja, em cada uma das impugnações julgadas, caso o juiz entenda sobre a inclusão de crédito, mencionará o respectivo valor bem como a respectiva classificação.

27.1 Divergência doutrinária

Não é, entretanto, o que pensa o ilustre jurista Manoel Justino Bezerra Filho, que expressa o entendimento de que o juiz somente deverá manifestar a classificação do crédito na hipótese exclusiva de falência, quando diz: "[...] Quanto aos créditos impugnados, se verificar que já há nos autos elementos suficientes, julgará o feito e determinará o que entender correto, indicando, em caso de inclusão, o valor que deverá constar, bem como a respectiva classificação, ESTA EM CASO DE FALÊNCIA. (2011, p. 87-88) (grifos nossos)

Ousamos discordar do mestre, pois acreditamos que o juiz do feito deve, também, na recuperação judicial, mencionar, no julgamento de uma impugnação, a respectiva classificação do crédito que determinar seja incluído. Até mesmo porque as discussões, por exemplo, travadas nos autos de uma impugnação, podem ter por objeto a própria classificação do crédito.

A título de exemplo: um grande banco tem diversos créditos com garantia real frente ao recuperando, mas tem também um de natureza quirografária. Nada obstante tenha o recuperando relacionado na inicial os créditos da forma correta – *que este credor possui tantos créditos com garantia real e apenas um quirografário* –, o banco credor, entretanto, apresenta divergência, afirmando que todos os seus créditos pertencem à categoria dos com garantia real.

Por um vacilo do administrador judicial, ele "embarca" nas alegações do banco credor e, ao publicar o edital referente à relação de credores (Parágrafo 2º do artigo 7º), inclui o malsinado crédito quirografário na lista dos com garantia real.

Como essa lista de credores, potencialmente, será objeto de análise, repetimos, tanto pelos credores, como pelo Comitê de credores (se existir), pelo próprio devedor e seus sócios, além do Ministério Público, conforme faculdade do *caput* do artigo 8º, necessariamente, qualquer um deles verá o erro cometido pelo administrador judicial e apresentará ao juiz do feito a correspondente **impugnação**. Nesta, ressalte-se, dentre outros possíveis vícios que podem conter na aludida relação de credores, diz o artigo 8º que os legitimados podem apontar: (i) **a ausência de qualquer crédito**; (ii) **manifestação contra a legitimidade de qualquer crédito constante da relação**; e, (iii) **importância ou CLASSIFICAÇÃO do crédito relacionado** (artigo 8º).

Ora, se a **classificação** dos créditos é também objeto das eventuais **impugnações** na **recuperação judicial**, e isto, nos parece, fica muito claro por meio da combinação das redações do Parágrafo Primeiro do artigo 7º – "**Publicado o edital** previsto no art. 52, § 1º,(dispositivo específico para recuperação judicial) ou no parágrafo único do art. 99 (dispositivo específico para falência) desta Lei, os credores terão o prazo de 15 (quinze) dias para apresentar ao administrador judicial suas habilitações **ou suas divergências quanto aos créditos relacionados**" –, com o Parágrafo Primeiro e seus incisos do Artigo 52: – "Estando em termos a documentação exigida no art. 51 desta Lei, **o juiz deferirá o processamento da recuperação judicial e,** no mesmo ato [...]". Parágrafo Primeiro: "O juiz ordenará a expedição de edital, para publicação no órgão oficial, que conterá: I – o resumo do pedido do devedor e da **decisão que defere o processamento da recuperação judicial;** II – a relação nominal de credores, em que se discrimine o valor atualizado e **a classificação de cada crédito;** III – a advertência acerca dos prazos para habilitação dos créditos, na forma do **art. 7º, § 1º**, desta Lei, e para que **os credores apresentem objeção ao plano de recuperação judicial apresentado pelo devedor nos termos do art. 55 desta Lei**," (grifos nossos), – por decorrência natural do procedimento, necessariamente, também o será – **a classificação** –, objeto de apreciação ou julgamento pelo mesmo juízo.

Assim, se acontecer o exemplo acima citado, admitamos que o sempre atento Ministério Público tenha "visto" o vacilo do administrador judicial (a publicação do edital da relação dos credores) constando como crédito com garantia real um crédito quirografário, oportunidade em que apresentará ao juiz a competente impugnação, manifestando-se contra a errônea classificação do crédito relacionado (parte final do *caput* do artigo 8º).

Sequencialmente, os credores cujos créditos foram impugnados (o banco credor do exemplo acima teve seu crédito tido como com garantia real, mas que na verdade é quirografário, impugnado pelo Ministério Público) serão intimados para contestar a respectiva impugnação (artigo 11). O mesmo prazo – 5 (cinco) dias, é, posteriormente, concedido ao devedor e Comitê, se houver, para se manifestar sobre a contestação à impugnação (artigo 12). E é exatamente aqui o momento em que o devedor vai demonstrar e provar por a mais b que o crédito objeto dessa discussão não se enquadra, como quer o banco credor, na categoria dos com garantia real, mas sim como quirografário.

Finalmente, passadas todas essas fases e outras não citadas aqui, chegamos às disposições do artigo 15, que determinam que os autos de impugnação – neste caso os autos do exemplo acima citado –, serão conclusos ao juiz, que se os entender maduros os julgará, "[...] mencionando, de cada crédito o valor e a CLASSIFICICAÇÃO" (parte final do inciso II). Ora, tendo a impugnação por objeto a classificação, nos parece óbvio o enfrentamento da questão pelo juiz, cuja decisão não poderá ser outra se não a de que o crédito objeto da questão receba a classificação de quirografário.

Em conformidade com o nosso pensamento, trazemos lição do eminente Desembargador do Egrégio Tribunal de Justiça de São Paulo e emérito Professor, Dr. Ricardo Negrão que, em sua extraordinária obra *Manual de Direito Comercial e de Empresa, recuperação de empresas e falência*, ensinado sobre o Julgamento dos pedidos e das impugnações, previsto neste artigo 15, inciso II, diz:

> "[...] Paulo Fernando Campos Salles de Toledo anota, com propriedade, que a decisão será lançada nos autos principais (de falência ou de recuperação judicial), devendo ser transcrita nos autos que contém a relação provisória e nos de cada impugnação: '[...] **por uma questão de economia processual, convém que esta decisão seja uma só, para todas as impugnações (SEM PREJUÍZO, É CLARO, DE INDICAR, COMO DETERMINA O INCISO II EM FOCO, 'DE CADA CRÉDITO, O VALOR E A CLASSIFICAÇÃO)**.'" (grifos nossos).

Ainda que passasse sem ser notado o "cochilo" do administrador judicial e não houvesse qualquer impugnação, querendo com isso dizer que o crédito quirografário do banco foi relacionado como com garantia real, inclusive com a homologação do quadro-geral de credores pelo juiz, existe, ainda, a possibilidade de se modificar esse estado de coisas, o que será objeto de nossos estudos no artigo 19 desta Lei, para o qual chamamos a atenção do leitor.

Quanto aos demais incisos (III e IV) do artigo sob estudos – o 15 –, regulam ainda os atos específicos de responsabilidade do juiz do feito, determinando que este fixe os aspectos controvertidos em cada uma das restantes impugnações, decidindo as questões processuais pendentes, e, se necessário, designe audiência de instrução e julgamento, determinando as provas a serem produzidas.

> Art. 16. O juiz determinará, para fins de rateio, a reserva de valor para satisfação do crédito impugnado.
>
> Parágrafo único. Sendo parcial, a impugnação não impedirá o pagamento da parte incontroversa.

28. JUIZ DA RJ DETERMINA RESERVA PARA FINS DE RATEIO

Esse dispositivo tem causado em alguns doutrinadores certa confusão sobre sua interpretação, vez que ao analisarem essas prescrições do artigo 16 e seu parágrafo único, **que são, a nosso ver, específicas para tratar da reserva de crédito impugnado junto ao Juízo da Recuperação Judicial**, fazem referência e, às vezes, até mesmo remetem o leitor para as disposições de alguns parágrafos do artigo 6º, como se entre as respectivas redações existisse alguma relação.

É que, a nosso sentir, o raciocínio do legislador, por uma questão lógica, e desde o artigo 7º, tem um desenvolvimento que visa esmiuçar tudo o que se tratar tanto da verificação quanto da habilitação de créditos. Assim, à medida que ele vai delineando os rumos desse esmiuçamento, vai caminhando sempre em frente, no sentido de concluir o seu pensamento com o desfecho da questão, de formas que, nada obstante as determinações legais que ele atribuiu ao juiz do feito no artigo anterior, continua, a nosso ver, também neste artigo 16, legislando o complemento das atribuições deste mesmo magistrado da Recuperação Judicial.

Nesse sentido, quando o legislador diz que "o juiz determinará, para fins de rateio, a reserva de valor para satisfação do crédito impugnado", **ele está se referindo especificamente ao juiz que está julgando o crédito impugnado dentro da Recuperação Judicial**. Esse juiz é o mesmo dos comentários acima do artigo 15; aqui, neste artigo 16, o legislador, a nosso ver, complementa aquilo que ele entendeu fosse outra atribuição também específica desse juiz que preside a RJ – a reserva de valor, para fins de rateio, visando a satisfação daquele crédito impugnado –, que se sabe, demandará um tempo que ninguém pode dizer quanto, para o conhecimento do seu exato valor, e sem qualquer oposição de qualquer, ou seja, o seu trânsito em julgado.

A questão ora exposta – o juiz determinará – independe de provocação de quem quer que seja; é um ato que a Lei manda que parta do próprio juiz da RJ já que é de sua única a exclusiva competência; que ele determine, para aquele crédito impugnado sob seu exclusivo julgamento, e para fins de rateio, a reserva de valor que também é de seu único e exclusivo juízo, pois ele, a essas alturas do andamento processual, necessariamente já possui toda a documentação, provas, para conhecer e julgar aquele específico crédito que mereceu de um ou de alguns dos legitimados, alguma oposição. Mas, a diligência da parte interessada por seu advogado quanto a fiscalizar os atos do juiz, ou mesmo protocolar requerimento para tal, nunca deve ser esquecida e muito menos desprezada.

Já o artigo 6º, em seu *caput*, trata da suspensão da prescrição e de ações e execuções em face do devedor. E, em seus 8 (oito) parágrafos trata de assuntos complementares, mas que têm levado muitos pensadores do direito a se enveredarem por caminhos outros quando das respectivas interpretações, especialmente sobre as disposições dos Parágrafos Segundo e Terceiro, inclusive a confusão da inexistente relação desses dispositivos com os do artigo sob estudos, o 16.

Por conseguinte, remetemos o leitor aos nossos comentários em páginas anteriores sobre os Parágrafos 2º e 3º do artigo 6º, em que modestamente, procuramos aprofundar e detalhar com mais precisão as dúvidas existentes, analisando, inclusive, um Conflito de Competência originário do Rio de Janeiro junto ao Egrégio Superior Tribunal de Justiça, bem como o inconformismo sobre o resultado do julgamento do mesmo – o Recurso Extraordinário em que o Supremo Tribunal Federal conheceu a Repercussão Geral sobre o assunto: "Competência. Justiça Comum *versus* Justiça do Trabalho".

Por fim, o parágrafo único do ora comentado artigo 16, diz que se a impugnação for de apenas parte do crédito habilitado, isso não impedirá que a parte impugnante receba na RJ, e no momento oportuno, e na respectiva classe, o que lhe for destinado e que seja incontroverso. Esse ato, reservado exclusivamente ao juiz da RJ, como os do artigo 15 e incisos e o *caput* deste artigo 16, e ao contrário dos atos prescritos no artigo 6º e seus Parágrafos, cujos destinatários são outros juízes que não o da RJ, é, segundo entendemos, aquele último que o legislador destinou no fechamento do que acima denominamos de "esmiuçamento" da verificação e da habilitação de créditos dentro da Recuperação Judicial.

> Art. 17. Da decisão judicial sobre a impugnação caberá agravo.
>
> Parágrafo único. Recebido o agravo, o relator poderá conceder efeito suspensivo à decisão que reconhece o crédito ou determinar a inscrição ou modificação do seu valor ou classificação no quadro-geral de credores, para fins de exercício de direito de voto em assembleia-geral.

29. IMPUGNAÇÃO E SUA DECISÃO JUDICIAL. RECURSO DE AGRAVO

"Aplica-se a Lei n. 5.869, de 11 de janeiro de 1973 – Código de Processo Civil, no que couber, aos procedimentos previstos nesta Lei". Essas são as disposições do artigo 189 da Lei 11.101/05 – Lei de recuperação de empresas e falências, ficando o registro de que a LFRE se refere em sua redação original ao CPC que vigorou até 2015. Numa redação atualizada, diria "à Lei número 13.105, de 16 de março de 2015". Observamos que o transcrito artigo utiliza a expressão **no que couber**, significando isso que o Código de Processo Civil é aplicável à Lei 11.101/05, naquilo que não a contrariar.

Mas, quando há disposição expressa da Lei 11.101/05, determinando que se lhe aplique naquela hipótese disposições do Código de Processo Civil, obviamente que não há o que perquirir. É o que se verifica no presente caso da **impugnação** prevista neste artigo 17, para cuja decisão a Lei diz caber o recurso de agravo.

O recurso de agravo de que trata a Lei de recuperação, por óbvio, é o de instrumento, o que fica muito claro pelas necessidades do recorrente associadas às disposições do Parágrafo único do artigo 17, que possibilita ao Relator distribuído a faculdade de conceder efeito suspensivo à decisão agravada, ou ainda, se objeto do recurso, determinar a inscrição ou modificação do valor do crédito reconhecido ou mesmo a sua classificação no quadro-geral de credores. O prazo para esse recurso é de 10 (dez) dias

De muito dependerá a clareza das exposições do recurso de agravo de instrumento frente à decisão da **impugnação**, para que o Relator conceda o efeito suspensivo à mesma, ou ainda, para que o próprio juiz prolator exerça o direito de retratação e, fazendo-o, deverá comunicar ao Relator e este considerará prejudicado o agravo de Instrumento.

Se o juiz, entretanto, não reformar a sua decisão – a da impugnação – objeto do recurso de agravo de instrumento, que o Relator tenha (a clareza das exposições retromencionada) para que, com base nos elementos jurídicos e fundamentos oferecidos pelo recorrente, possa atender ao seu pedido liminar de concessão do efeito suspensivo, pois pode ocorrer na questão que a Assembleia-Geral de Credores, após qualquer objeção de qualquer credor, já esteja convocada e com data designada para deliberar sobre **aprovação, rejeição ou modificação do plano de recuperação judicial** apresentado pelo devedor (artigo 35, inciso I, letra "a"), e, pior, o recorrente dela não participar.

Isso, por consequência, e tudo dependendo do conteúdo do Plano de Recuperação Judicial, do total do crédito do agravante, de sua respectiva classificação, da participação dos demais credores (mais ou menos), da mesma forma o total e a classe a que pertencem, entre outros ingredientes, pode causar prejuízos inestimáveis a muitos. Por exemplo, ao próprio credor que não obteve a suspensão dos efeitos da decisão agravada, e por isto não poderá votar na Assembleia-Geral de Credores, porque não terá o seu nome arrolado no quadro-geral de credores e nem cumprido as demais exigências do artigo 39 da Lei 11.101/05.

Por outro lado, para o devedor/recuperando, e tudo também dependendo do que acima se expôs quanto aos participantes da AGC, da totalidade dos seus créditos, das respectivas classes, etc., tanto poderá representar prejuízos para a aprovação do Plano de Recuperação Judicial, se aprovado for, ou mesmo o contrário, ou seja, pode significar a ausência do voto do agravante um grande benefício se houver a aprovação. Aqui, o que vai prevalecer, portanto, é a diligência dos interessados por seus representantes legais, pois um cochilo pode significar uma ida sem volta.

Um aspecto interessante, que foi objeto de muita discussão em casos como o aqui tratado neste artigo – a **impugnação**, mas já devidamente assentado pelo Superior Tribunal de Justiça, é se haveria ou não condenação em honorários advocatícios à parte sucumbente. Constatou-se que na hipótese há litigiosidade e daí, a consequência é a condenação àquele que sucumbiu.

Nada obstante já tenhamos mencionado quando dos comentários do artigo acima, sobre este assunto de litigiosidade e objeto do Recurso Especial número 1.197.177 – RJ (2010/0106450-1), com Relatoria da eminente Ministra Nancy Andrighi, da Terceira Turma do STJ, DJe de 12/09/2013, aproveitamos o momento, por ser oportuno, para a transcrição da respectiva

"EMENTA:

PROCESSO CIVIL. JULGAMENTO MONOCRÁTICO DE EMBARGOS DE DECLARAÇÃO CONTRA DECISÃO COLEGIADA. PRESENÇA DOS

REQUISITOS DO ART. 557 DO CPC. POSSIBILIDADE. POSTERIOR RATIFICAÇÃO PELO ÓRGÃO COLEGIADO. NULIDADE. SUPRIMENTO. RECUPERAÇÃO JUDICIAL. HABILITAÇÃO DE CRÉDITO. IMPUGNAÇÃO. "HONORÁRIOS ADVOCATÍCIOS. CABIMENTO. SUCUMBÊNCIA RECÍPROCA. SUCUMBÊNCIA. DISTRIBUIÇÃO. PROPORÇÃO DE GANHO E PERDA DE CADA PARTE SOBRE A PARTE CONTROVERTIDA DO PEDIDO.

1. Admite-se o julgamento monocrático dos embargos de declaração opostos contra decisão colegiada, desde que presentes os requisitos do art. 557 do CPC. Ademais, eventual nulidade da decisão unipessoal ficará superada com a sua ratificação pelo órgão colegiado, na via do agravo interno. Precedentes.

2. São devidos honorários advocatícios nas hipóteses em que o pedido de habilitação de crédito em recuperação judicial for impugnado, conferindo litigiosidade ao processo. Precedentes.

3. Nos processos em que houver sucumbência recíproca, a distribuição dos ônus sucumbenciais deve ser pautada pelo exame da proporção de ganho e de perda sobre a parte controvertida do pedido, excluindo-se, portanto, aquilo que o réu eventualmente reconhecer como devido.

4. Recurso especial parcialmente provido."

Art. 18. O administrador judicial será responsável pela consolidação do quadro-geral de credores, a ser homologado pelo juiz, com base na relação dos credores a que se refere o art. 7º, § 2º, desta Lei e nas decisões proferidas nas impugnações oferecidas.

Parágrafo único. O quadro-geral, assinado pelo juiz e pelo administrador judicial, mencionará a importância e a classificação de cada crédito na data do requerimento da recuperação judicial ou da decretação da falência, será juntado aos autos e publicado no órgão oficial, no prazo de 5 (cinco) dias, contado da data da sentença que houver julgado as impugnações.

30. ADMINISTRADOR JUDICIAL E CONSOLIDAÇÃO DO QUADRO-GERAL DE CREDORES

Embora exista nessa Lei uma Seção destinada ao Administrador Judicial/Comitê de Credores (a partir do artigo 21), observamos que as referências ao mesmo encontram-se praticamente em todo o corpo do respectivo diploma legal, demonstrando a sua grande importância nesse vasto contexto, incluindo-se também as suas atuações dentro do processo de falência.

Mas, neste artigo 18, diz que o administrador judicial será responsável pela consolidação do quadro-geral de credores. Ora, **quadro-geral de credores** significa, conforme se pode interpretar literalmente as expressões, "o conjunto de todos os credores relacionados nominalmente num documento de responsabilidade do administrador, onde este tem, entre outras responsabilidades, as de mencionar as respectivas importâncias de cada crédito de cada devedor com suas correspondentes classificações, tendo por base a data do pedido (protocolo) da recuperação judicial".

Mas, de onde parte o administrador judicial para, primeiramente, saber quais são os credores? Da mesma forma, como e onde encontrará ele, de cada um desses credores, o valor do seu crédito? E mais, encontrados os credores e o valor do que cada um tem a receber na recuperação judicial, que *classificação* é essa a que se refere este artigo e que passos precisa dar o administrador para a sua efetiva concretização?

É o próprio artigo 18 que dá os caminhos iniciais a serem percorridos pelo administrador judicial para a consecução desse objetivo maior – a consolidação do quadro-geral dos credores –, dizendo que a sua base encontra-se no artigo 7º, Parágrafo 2º desta Lei, especificamente, na relação dos credores, que é obtida em decorrência das habilitações de créditos e suas divergências, bem como pela verificação que o próprio administrador ou seus auxiliares farão junto aos livros contábeis e documentos comerciais e fiscais do recuperando.

Importante também observar que o Parágrafo Único determina que o quadro-geral de credores mencionará a importância e a classificação "de cada crédito na data do requerimento da recuperação judicial [...]". Ao que se deve essa exigência legal?

O artigo 51 da Lei de recuperação de empresas e falência, que determina como será instruída a petição inicial de recuperação judicial, prevê que dentre os diversos documentos que deverão acompanhá-la, há a exigência de se juntar:

> "[...]
>
> III – a relação nominal completa dos credores, inclusive aqueles por obrigação de fazer ou de dar, com a indicação do endereço de cada um, a natureza, a classificação e o valor atualizado do crédito, discriminando sua origem, o regime dos respectivos vencimentos e a indicação dos registros contábeis de cada transação pendente;
>
> IV – **a relação integral dos empregados**, em que constem as respectivas funções, salários, indenizações e outras parcelas a que têm direito, com o correspondente mês de competência, e **a discriminação dos valores pendentes de pagamento**". (grifos nossos).

Isso significa, primeiramente, equanimidade entre todos os credores; após, já em um aspecto prático, visa não só facilitar o trabalho do administrador judicial na elaboração da lista ou quadro-geral de credores, assim como também evitar inconformismos por meio de impugnações quanto a valores corretos dos créditos declarados ou mesmo sua inexistência, facilitando, também, o trabalho do juiz condutor do feito, tudo caminhando para o cumprimento do princípio da celeridade, insculpido na própria Lei 11.101/05.

30.1 Quadro-Geral: importância e classificação de cada crédito na data do requerimento

Há, entretanto, um outro ponto a destacar, que nos parece ser o de maior relevância nesse caso, isto é, o porquê da exigência de se mencionar no quadro-geral, a **importância** e a classificação de cada crédito **na data do requerimento da recuperação judicial.**

É de sabença geral que para se estruturar uma ação de recuperação judicial não é tarefa fácil, vez que toda a documentação exigida por Lei (artigos 48 e 51 da Lei 11.101/05) é muito extensa. Mas é a regra. Entretanto, trazer para a data do protocolo do pedido de recuperação judicial a exata importância de todos os créditos, além de ser também uma tarefa difícil, percebemos que o legislador tinha um propósito maior.

30.2 Recuperação Judicial: natureza de contrato judicial

É que, ao contrário da falida Concordata (revogado Decreto-Lei 7.661/45), que era considerada um favor legal concedido aos devedores de boa-fé, a recuperação judicial de empresas (Lei 11.101/05) tem a natureza de um contrato judicial, em que, efetivamente, havendo qualquer objeção ao Plano de recuperação judicial apresentado pelo devedor, existirá o encontro entre este e respectivos credores com o fito de negociarem literalmente a forma de pagamento, por meio de uma Assembleia-Geral de Credores.

E, sendo uma forma de negociação entre devedor e credores, não podia, a nosso ver, a Lei que regula a questão impor qualquer responsabilidade de conotação financeira sobre o futuro acordo, como juros, multa, correção monetária ou qualquer outro ônus, pois isso descaracterizaria os seus princípios e os seus fundamentos.

Ademais, e demonstrando exemplificativamente esse caráter contratual/liberal da recuperação judicial, o próprio legislador meramente "sugeriu" que, "as obrigações anteriores à recuperação judicial observarão as condições originalmente contratadas ou definidas em lei, inclusive no que diz respeito aos encargos, **salvo se de modo diverso ficar estabelecido no plano de recuperação judicial.**" (Parágrafo 2º do artigo 49). (grifos nossos).

O que quis o legislador fazer? Em um primeiro momento, exigiu que o devedor pretendente da recuperação judicial declare em sua inicial o exato valor do seu débito até o dia do protocolo do pedido (Art. 51, III e IV acima transcritos), entendendo-se que aqui, exclusivamente aqui, impõe ele a obrigação ao impetrante de declarar o valor de face de cada débito mais os acréscimos contratados (os citados encargos).

Em um segundo momento, e aqui já nos encontramos na fase posterior ao deferimento do processamento do pedido da recuperação judicial, o legislador, literalmente, "abriu" ao impetrante todas as possibilidades legais e imagináveis de confeccionar e apresentar o seu plano de recuperação, discriminando pormenorizadamente os meios a serem empregados (art. 53, inciso I), **dentre outros** (artigo 50).

Com essa liberdade que o legislador concedeu ao devedor/recuperando, pode este, ao confeccionar seu plano, além de não prever o pagamento de qualquer juro, multa, correção monetária ou qualquer outro encargo que por acaso tenha declarado em seu pedido, prever deságios dos mais variados percentuais e prazos os mais longos e imagináveis. E a prática nos tem demonstrado isso, com a aprovação de muitos planos de recuperação que, a princípio, parecem teratológicos, mas que ao fim, são aprovados.

O que fez o legislador, contrariamente às pretensões do impetrante? Meramente concedeu aos credores a possibilidade de oferecerem objeção ao plano apresentado (art. 55). Feito isto por qualquer credor, é obrigação do juiz do feito convocar a Assembleia-Geral de Credores para deliberar sobre o plano, oportunidade em que estarão frente a frente os maiores interessados (credor e devedores) para efetivamente **negociarem**.

Quanto à *classificação de cada crédito*, conforme dito no parágrafo em comento, significa a responsabilidade do administrador judicial saber com exatidão, em qual das **classes** de credores ele vai lançar cada crédito de cada devedor[...] Daí, o termo *classificação*. É que um dos órgãos da recuperação judicial – a Assembleia-Geral de Credores –, é constituída de 4 (quatro) classes de credores, assim divididos, segundo o artigo 41 da Lei 11.101/05:

> "I – titulares de créditos derivados da legislação do trabalho ou decorrentes de acidentes de trabalho;
>
> II – titulares de créditos com garantia real;
>
> III – titulares de créditos quirografários, com privilégio especial, com privilégio geral ou subordinados;
>
> IV – titulares de créditos enquadrados como microempresa ou empresa de pequeno porte" (LC 147/2014).

Chamamos a atenção do leitor para os comentários deste artigo 41, em que, com mais detalhes, procuramos esclarecer melhor o assunto.

Cumprida pelo administrador judicial essa, a nosso ver, árdua missão, especialmente se a recuperação judicial for daquelas que contém centenas de credores distribuídos nas diversas classes, com diversas reservas e diversas impugnações, submeterá ele ao juiz presidente do feito este quadro-geral de credores para a respectiva homologação, que a realizará, obviamente se entender conforme.

Devidamente assinado pelo juiz presidente do feito e pelo administrador judicial, esse quadro-geral de credores será juntado aos respectivos autos de recuperação judicial para que seja publicado no órgão oficial, diz a Lei, no prazo de 5 (cinco) dias, contado da data da sentença que houver julgado as impugnações.

30.3 Quadro-geral juntado aos autos. E o *dies a quo*?

Fica só a observação de que se efetivamente existirem duas ou mais impugnações, cada uma receberá a seu tempo e modo o respectivo julgamento, dado, é claro, a individualidade e o conteúdo de cada. Mas, quando a Lei diz que o prazo de 5 (cinco) dias é contado da *data da sentença que houver julgado as impugnações,* doutrinadores das melhores estirpes caminham para lados opostos quando tentam estabelecer o *dies a quo*.

30.4 Divergências na doutrina

Para Paulo F. C. Salles de Toledo(2010, p. 19) em comentários (parte) sobre o artigo e parágrafo sob comento:

> "[...] A exigência dificilmente poderá ser cumprida. E isto porque será prolatada uma sentença em cada impugnação cujo processamento teve sequência, como previsto nos incisos III e IV do artigo 15 da LRE, e muito provavelmente não serão todos esses feitos sentenciados na mesma data. Além disso, em alguns casos será interposto recurso e em outros não, o que evidentemente trará reflexos quanto às datas, que serão diversas[...]".

Já para Gladston Mamede (2012, p. 114), é "delírio legislativo, apenas. Não há uma só decisão para todas as impugnações; são autos diversos, com trâmite próprio e decisões em momentos variados, conforme a necessidade de cada relação jurídica." E continua:

> "Esse prazo, creio, conta-se da decisão que determina a inclusão no quadro geral de credores das habilitações de crédito não impugnadas, no valor constante da relação dos pretensos credores (artigo 15, I). No entanto, melhor será se, então, o juiz já tenha decidido as impugnações que comportem julgamento antecipado da lide, permitindo sejam elas incluídas, ou não, no quadro geral de credores [...]."

De seu lado, Waldo Fazzio Júnior, em sua obra *Nova Lei de Falência e Recuperação de Empresas* (2005, p. 88), não quis entrar no mérito da questão aqui discutida, mas apenas repete os exatos termos do Parágrafo Único do Artigo 18, que também, absolutamente, nada esclarece quanto ao *dies a quo*, dizendo que

"[...] Será juntado aos autos (o quadro-geral de credores) e publicado no órgão oficial, no prazo de 5 (cinco) dias, contados da data da sentença que haja julgado as impugnações".

Ensina, por seu turno, o Mestre Fábio Ulhoa Coelho em sua obra *Comentários à Lei de Falências e de Recuperação de Empresa*, que:

> "[...] O quadro-geral de credores, assinado pelo juiz e pelo administrador judicial será juntado aos autos da falência (no nosso caso **da recuperação judicial**) e publicado nos 5 dias seguintes ao último trânsito em julgado de sentença proferida em". (grifos nossos).

30.5 STJ decide: independe de trânsito em julgado

De seu lado, a jurisprudência não endossa sequer um dos pensamentos acima, indicando outro caminho para a solução da questão. No Recurso Especial número 1.300.455 – SP (2011/0298811-3), do qual é Relator o eminente Ministro Paulo de Tarso Sanseverino, a 3ª Turma do Egrégio Superior Tribunal de Justiça, à unanimidade, DJe 25/10/2013, ao analisar um caso específico sobre falência, mas que tem por fundo as disposições do Parágrafo único do artigo 18, **que também é aplicado na recuperação judicial**, entendeu sobre a não necessidade do trânsito em julgado para a ocorrência da consolidação do quadro-geral de credores, bastando apenas o julgamento de todos os incidentes suscitados perante o juízo da falência.

Este julgado recebeu a seguinte ementa:

> "RECURSO ESPECIAL. DIREITO EMPRESARIAL E PROCESSUAL CIVIL. FALÊNCIA. BANCO SANTOS S/A. CONSOLIDAÇÃO DO QUADRO-GERAL DE CREDORES. PAGAMENTO AOS CREDORES CONCURSAIS NA PENDÊNCIA DE RECURSOS SEM EFEITO SUSPENSIVO. POSSIBILIDADE.
>
> 1. Insurgência contra decisão do juízo da falência que aprovou, em parte, proposta formulada pelo administrador judicial para rateio do ativo em favor dos credores.
>
> 2. A ausência de particularização do dispositivo legal tido por violado caracteriza deficiência na fundamentação, impedindo a abertura da via especial, ante a incidência da Súmula 284/STF.
>
> 3. A consolidação do quadro-geral de credores ocorre após o julgamento de todos os incidentes suscitados perante o juízo da falência, **independentemente de trânsito em julgado.**
>
> 4. A pendência de recurso sem agregação de efeito suspensivo contra decisão do juízo da falência não obsta a consolidação do quadro-geral de credores, não impedindo que se inicie o pagamento aos credores. Interpretação dos arts. 18 e 149 da Lei 11.101/05.

5. Necessidade de se garantir a efetividade do processo de falência.

6. RECURSO ESPECIAL DESPROVIDO. (grifos nossos).

Art. 19. O administrador judicial, o Comitê, qualquer credor ou o representante do Ministério Público poderá, até o encerramento da recuperação judicial ou da falência, observado, no que couber, o procedimento ordinário previsto no Código de Processo Civil, pedir a exclusão, outra classificação ou a retificação de qualquer crédito, nos casos de descoberta de falsidade, dolo, simulação, fraude, erro essencial ou, ainda, documentos ignorados na época do julgamento do crédito ou da inclusão no quadro-geral de credores.

§ 1º A ação prevista neste artigo será proposta exclusivamente perante o juízo da recuperação judicial ou da falência ou, nas hipóteses previstas no art. 6º, §§ 1º e 2º, desta Lei, perante o juízo que tenha originariamente reconhecido o crédito.

§ 2º Proposta a ação de que trata este artigo, o pagamento ao titular do crédito por ela atingido somente poderá ser realizado mediante a prestação de caução no mesmo valor do crédito questionado.

31. FALSIDADE, DOLO, SIMULAÇÃO, FRAUDE, ERRO ESSENCIAL: AÇÃO RESCISÓRIA

Ao contrário do que se pode interpretar em uma leitura rápida nas disposições do artigo 18 e seu Parágrafo único, ou seja, que após a respectiva homologação pelo juiz, assinaturas deste e do administrador judicial, bem como a consolidação e publicação do quadro-geral de credores, em que se acredita estarem todos os procedimentos em conformidade com a Lei, e que os atos procedimentais caminham para a aprovação e cumprimento do Plano de Recuperação Judicial, muitos outros percalços podem ainda ocorrer no trâmite do processo de recuperação judicial, inclusive durante o cumprimento do plano, se aprovado.

O *caput* do artigo 19 diz que "[...] até o encerramento da recuperação judicial[...]"; de sua vez, o artigo 61 da mesma Lei 11.101/05 prescreve que, "proferida a decisão prevista no art. 58 desta Lei, **o devedor permanecerá em recuperação judicial até que se cumpram todas as obrigações previstas no plano que se vencerem até 2 (dois) anos depois da concessão da recuperação judicial**". (grifos nossos). Estamos aqui ressaltando que, dependendo do que ocorrer, uma recuperação judicial, já bem próxima de seu cumprimento junto ao Poder Judiciário, isto é, quase 2 (dois) após a respectiva homologação da concessão, poderá tomar rumos que postergam o seu encerramento.

As hipóteses para que isso ocorra decorrem da **descoberta** de falsidade, dolo, simulação, fraude, erro essencial, ou ainda, documentos ignorados **na época do julgamento do crédito ou da inclusão no quadro-geral de credores** (art. 19). E , havendo a descoberta desses atos, qualquer um desses legitimados – o administrador judicial, o comitê de credores, qualquer credor ou mesmo o Ministério Público –, pode pedir exclusão, outra classificação ou a retificação de qualquer crédito. Tais atos podem ser feitos até o encerramento da recuperação judicial, por meio de procedimento ordinário (CPC).

A redação do artigo 19 (parte), acima, e negritada por nós, indica que deve-se levar em conta o momento exato da existência dos atos que levam ao pedido de exclusão, outra classificação ou a retificação de qualquer crédito, ou seja, eles devem existir na época do julgamento do crédito ou da inclusão no quadro-geral de credores, mas devem também ser completamente ignorados naquele momento. A sua **descoberta**, portanto, e necessariamente, deverá ocorrer depois.

Então, antes desses momentos – **a época do julgamento do crédito ou da sua inclusão no quadro-geral de credores** –, devem todos os legitimados envidarem todos os esforços possíveis no sentido de evitarem que qualquer dos atos ensejadores do pedido de exclusão, outra classificação ou retificação, possam existir e se vingarem mesmo ante o julgamento do crédito ou sua inclusão no quadro-geral de credores. Essa diligência, é, antes de tudo, e a nosso sentir, um ato obrigacional que deve, necessariamente, assim ser compreendido e internalizado por todos os legitimados, e aqui – na recuperação judicial –, também o devedor recuperando, porque todos são absolutamente interessados em um final feliz e rápido do processo e, por conseguinte, fiscais naturais de todo o procedimento.

Ao invés, portanto, de permanecerem, como se diz no jargão popular "cada um na sua", "deixando" que um possível *acaso* do procedimento, no futuro, traga à tona a **descoberta** de qualquer dos atos ensejadores, devem os legitimados agirem proativamente na busca e eliminação de qualquer irregularidade desde o princípio, com uma profunda análise na lista dos credores relacionados na petição inicial do impetrante, a par da documentação contábil que estará à disposição de todos, bem como dos dados e documentos que serão ofertados pelos credores em suas respectivas habilitações, ou mesmo em possíveis divergências quanto aos créditos relacionados (art. 7º e seguintes). O momento propício é este – o da verificação e habilitação dos créditos, e se bem aproveitado, com certeza, impedirá no futuro qualquer descoberta desagradável. A exemplo do Ministério Público que, além de legitimado é o fiscal natural da Lei, que sejam os demais legitimados – inclusive o impetrante –, fiscais naturais do processo de recuperação judicial.

Se assim procederem os legitimados, a recuperação judicial terá a normalidade em seus trâmites – que já não são tão rápidos –, evitando-se, por consequência que, ao final de 2 (dois) anos após a concessão da mesma e o correto cumprimento do plano de recuperação judicial até então, sofra atrasos de duração inestimável decorrentes de uma exclusão, ou outra classificação ou mesmo a retificação de qualquer crédito, ocorrendo, evidentemente, as causas ensejadoras previstas na Lei ou outras da mesma natureza.

31.1 A regra é do século passado

A existência dessa precaução legal tem seus motivos. Queremos com isso dizer que se há uma norma para coibir tais abusos, é porque, na prática, já existiram fatos que levaram o legislador a prever a sua extirpação, ou, no mínimo, em existindo, que possam ser revistos ou mesmo rescindidos. Até mesmo o revogado Decreto-Lei número 7.661/45, que regulava a Falência e a Concordata, tinha dispositivo semelhante. Em seu artigo 99 – cuidava somente da falência –, dava os mesmos poderes somente ao síndico ou a qualquer credor admitido para, mediante os mesmos ardis descobertos, pedirem a exclusão, outra classificação ou simples retificação de quaisquer créditos.

A Lei 11.101/05, mais elástica porque abrange também o instituto da recuperação judicial, incluiu também como legitimado o Ministério Público. E foi além, regulando o requisito essencial pelo qual o credor que vier a ser demandado pelos mesmos ardis perpetrados tem de cumprir para ter satisfeito o seu crédito, qual seja, a exigência legal de prestação de caução ao respectivo juízo da recuperação judicial ou àqueles das hipóteses previstas nos parágrafos 1º e 2º do artigo 6º desta Lei.

Para a ocorrência da materialização aludida no parágrafo anterior, determina a Lei que os legitimados (o administrador judicial, o comitê de credores, qualquer credor, o Ministério Público e até mesmo o próprio devedor (na recuperação judicial), em obediência ao procedimento ordinário previsto no Código de Processo Civil (art. 318 do CPC), naquilo que couber, proporá a respectiva ação exclusivamente junto ao juízo da recuperação judicial, ou, se for a hipótese: (i) junto aos juízos por onde tramitaram ações que demandaram quantias ilíquidas (parágrafo 1º do artigo 6º, v. estudos respectivos); e, (ii) ou a Justiça do Trabalho que apurou o respectivo crédito (parágrafo 2º do artigo 6º, v. estudos respectivos) nas ações de sua competência.

Essa ação, que para alguns doutrinadores constitui-se uma **revisão**, enquanto para outros é **rescisória**, tem como parte legítima passiva o titular do crédito cuja exclusão, reclassificação ou retificação é requerida, com a agravante contra o mesmo de que o crédito por ele habilitado, e se atingido pela ação, somente poderá ser realizado mediante a prestação de caução no mesmo valor de sua pretensão.

31.2 Posicionamento doutrinário

O grande doutrinador José da Silva Pacheco (2006, p. 64-65), ao tecer comentários sobre as já existentes precauções legais nesse mesmo sentido, desde um longínquo passado, sob o título "61. Da ação de revisão prevista no art. 19 da nova Lei", diz que

> "trata-se de ação análoga à do art. 99 do Dec.-Lei n. 7.661/45, e anteriormente, à do art. 88 da Lei n. 5.746/29 e à do art. 88 da Lei n. 2.024, de 1908, visando dar persistente caça à fraude, ao dolo e à ilegalidade.
>
> Desde o princípio do século passado, muito se elucubrou a respeito dessa matéria, admitindo-se a revisão a fim de: a) excluir credores, ilegítima ou individualmente incluídos; b) classificar corretamente credores que sem fundamento legal obtiveram uma classe a que seus títulos não davam direitos; c) retificar os créditos verificados. Contudo, em qualquer destas hipóteses, insta ter havido descoberta de: a) falsidade; b) dolo; c) simulação; d) fraude; e) erro essencial; f) documentos ignorados na época do julgamento do crédito ou da inclusão no quadro-geral de credores."

Para a respeitada opinião do insigne Desembargador paulista e doutrinador de nomeada, Ricardo Negrão (2012, p. 106), na mesma obra acima citada, "[...] a ação prevista no at. 19 da Lei Falimentar é verdadeira ação rescisória, em seu duplo aspecto: de sentença e de atos judiciais que não dependem de sentença judicial[...]". Nos leva ao passado o nobre doutrinador quando, segundo ele, para um completo entendimento da matéria, nos convoca a recordarmos o conceito de ação rescisória oferecido pelo saudoso Pontes de Miranda:

> "Na ação rescisória há julgamento de julgamento. É, pois, processo sobre outro processo. Nela, e por ela, não se examina o direito de alguém, mas a sentença passada em julgado, a prestação jurisdicional, não apenas apresentada (seria recurso), mas já entregue. É remédio jurídico processual autônomo. O seu objeto é a própria sentença rescindenda – porque ataca a coisa julgada formal de tal sentença – a *sententia lata et data*. Retenha-se o enunciado: ataque à coisa julgada formal."

Por fim, se o juízo competente para conhecer essa ação for um daqueles constantes dos casos previstos nos parágrafos 1º e 2º do artigo 6º da Lei 11.101/05, urge a premente necessidade de comunicação desse ato ao juízo da recuperação judicial, para que este só autorize pagamentos àquele demandado após o cumprimento da exigência legal prevista na parte final do parágrafo 2º do artigo 19 – prestação de caução no mesmo valor do crédito questionado. O advogado do autor deve tomar essas providências.

> **Art. 20.** As habilitações dos credores particulares do sócio ilimitadamente responsável processar-se-ão de acordo com as disposições desta Seção.

32. SOCIEDADES EMPRESÁRIAS DO *TIPO MENOR*

Para o Mestre Fábio Ulhoa Coelho (2011, p. 57), em sua obra já citada nestes estudos, comentando sobre este artigo 20:

> "[...] Esse dispositivo aplica-se apenas nas falências e recuperações de sociedades empresárias de tipo menor, isto é, em nome coletivo, comandita simples e comandita por ações. Nas sociedades limitadas e anônimas, não há nenhum sócio ilimitadamente responsável.
>
> Quando aplicável, o dispositivo determina que o credor do sócio ilimitadamente responsável deve habilitar seu crédito e pode tê-lo impugnado como se o credor fosse da própria sociedade."

Quando o Mestre diz **sociedades empresárias de tipo menor**, está se referindo àquelas sociedades que se existem, são muito poucas, embora a Lei admita a sua constituição e exercício da atividade, pois nestas, os bens das mesmas respondem pelas suas dívidas (as da sociedade) e os bens particulares dos sócios respondem pelas dívidas particulares dos mesmos. Entretanto, caso o produto de todos os bens da sociedade arrecadados não sejam suficientes para o pagamento de seus credores – nesse caso na falência –, aí ocorrerá a possibilidade de se arrecadar também o patrimônio particular dos sócios, vez que a responsabilidade deles é subsidiária em relação às obrigações da sociedade, de forma solidária entre eles.

Por outro lado, Fábio Ulhoa citou também os únicos tipos de sociedades empresárias nas quais a responsabilidade dos sócios é **limitada ou restrita à sua participação no capital social – quotas**, se a sociedade for Limitada (artigo 1052 e seguintes do Código Civil), e **ações**, se Sociedade Anônima (Lei 6.404/76). Estando integralizado o capital social nesses dois tipos de sociedade, não haverá nenhuma outra responsabilidade do quotista/acionista, exceto quanto à solidariedade na integralização do capital dos demais sócios.

Aspecto altamente interessante e às vezes sequer percebido, nos é alertado pelo insigne jurista, magistrado e professor paulista, Ricardo Negrão (2012, p. 105), na mesma obra já citada anteriormente. Nos alerta o mesmo sobre a necessidade de distinção dos bens sociais dos bens particulares dos sócios, acrescentando que:

> "[...] Igualmente, impõe formar massas diferentes de credores às quais esses bens servirão para saldar as obrigações assumidas. Em razão da quebra dos sócios solidários e dos efeitos da recuperação judicial é que os credores particulares de cada um destes serão chamados a Juízo para, no prazo da sentença que decreta a falência, declarar seus créditos."

E o mais interessante – a sintetização desse alerta a todos os operadores do direito – deixou o Mestre Ricardo Negrão para este momento:

> "Portanto, nas sociedades nas quais se apresentar a figura do chamado sócio solidário, isto é, aquele que responde ilimitadamente pelas obrigações sociais, de

forma subsidiária ao patrimônio da sociedade e solidariamente com outros sócios da mesma categoria, haverá, necessariamente, a multiplicação de procedimentos de verificação de créditos conforme o número de sócios que formam a sociedade. O administrador publicará tantas relações de credores e o juiz proferirá tantas decisões de homologação de quadro-geral quantas forem as massas envolvidas, publicando igual número de quadros definitivos."

Tudo o que foi dito, portanto, sobre verificação e habilitação de crédito, desde o artigo 7º até este artigo 20, prescreve este, deverão processar-se conforme os ditames dos mesmos. A única diferença existente é que, além da habilitação dos credores da sociedade, haverá também a dos credores particulares do sócio ou dos sócios ilimitadamente responsáveis, vez que a sociedade – recuperanda ou falida –, é uma daquelas que Fábio Ulhoa disse pertencer a **tipo menor.**

Seção III
Do Administrador Judicial e do Comitê de Credores

Art. 21. O administrador judicial será profissional idôneo, preferencialmente advogado, economista, administrador de empresas ou contador, ou pessoa jurídica especializada.

Parágrafo único. Se o administrador judicial nomeado for pessoa jurídica, declarar-se-á, no termo de que trata o art. 33 desta Lei, o nome de profissional responsável pela condução do processo de falência ou de recuperação judicial, que não poderá ser substituído sem autorização do juiz.

33. O ADMINISTRADOR JUDICIAL. REQUISITOS

A recuperação judicial é um processo de tamanha grandeza, e precedido e sucedido de interesses os mais diversos possíveis, que exige a prática de diversos atos para se conseguir seus fins, não somente judiciais, mas também administrativos. Daí, a necessidade de múltiplas pessoas. Como bem afirma Sergio Campinho (2010, p. 45):

> "[...] nesse contexto, pois, surgem os órgãos da administração da falência e da recuperação judicial, limitando-nos, neste trabalho, por ora, à abordagem dos seus principais atores: o juiz, o representante do Ministério Público, o administrador judicial, a assembleia-geral de credores e o comitê de credores."

O eminente doutrinador, na mesma página, cita ainda Renzo Provinciali, que em sua obra *Manuali di diritto fallimentare*, dizendo que "esta ideia de "órgãos" é feita em oposição à "parte", porquanto quer traduzir aqueles que constituem os instrumentos pelos quais o processo opera e se desenvolve". (grifos nossos). E a exemplo de Campinho, nos limitamos agora ao estudo específico deste órgão da recuperação judicial – **o administrador judicial** –, nos reservando a busca do entendimento dos demais à medida que forem surgindo, na conformidade da sequência dos artigos ora sob estudos.

Como se pode observar da redação acima, não é qualquer pessoa que poderá desempenhar as árduas funções de administrador judicial em uma recuperação ou mesmo na falência. O primeiro requisito do legislador é o profissionalismo, isto é, tem que possuir certas características, determinados conhecimentos, habilidades específicas. Isso significa que esse **profissional** tem que ser da "área", não podendo, por conseguinte, e mesmo sendo um excelente profissional em seu ramo, um médico, por exemplo, ser nomeado para tais misteres.

A par do profissionalismo exigido pelo legislador, impõe este, a nosso ver, um outro requisito extraordinariamente fundamental, qual seja, a **idoneidade**, o que, admitamos, e lamentavelmente, não é um privilégio de todos. Mas ser idôneo é absolutamente essencial nessa questão, mesmo porque os atos a serem praticados pelo administrador judicial, necessariamente, e por antecedência, obrigatoriamente merecerão o crédito e a confiança de todos os atores do processo, desde o impetrante, passando pelos credores, pelo Ministério Público, pelo próprio juiz que o nomeou, entre outros.

33.1 Preferência por advogado, economista, administrador de empresas ou contador, ou pessoa jurídica especializada

Não há, por óbvio, a necessidade expressa em Lei de que esse administrador judicial seja portador de, por exemplo, atestados de bons antecedentes, certidões negativas de cartórios distribuidores cíveis e criminais, certidões negativas de execuções ou débitos tributários junto às três esferas de governo e ao INSS, entre outros. Nem tampouco queremos afirmar que a idoneidade se prova com a posse dessas certidões negativas, e que o contrário também seja verdadeiro – mesmo possuindo todas essas certidões que o seu portador seja idôneo. Cabe ao juiz do feito a responsabilidade de nomear como administrador judicial um **profissional idôneo**.

Esse órgão (o administrador judicial) da recuperação judicial, diz ainda a Lei que será preferencialmente advogado, economista, administrador de empresas ou contador, ou pessoa jurídica especializada. Ora, ao dizer preferencialmente e em seguida declinar as profissões citadas, entendemos que a Lei fechou questão sobre tais profissionais que, a nosso sentir, são da "área" ou afins. Ademais, por menor que seja qualquer Comarca, e isso afirmamos sem medo de cometer erro, ela terá no mínimo um profissional de cada segmento dos mencionados exercendo seu ofício e, por conseguinte, a preferência do legislador terá encontrado a necessária reciprocidade. Se tem idoneidade, o juiz o saberá. Não querendo com isto dizer, absolutamente, que o juiz tem que nomear um administrador judicial com domicílio na própria Comarca.

Mas, a par das exigências legais para ser nomeado como administrador judicial, prescritas no artigo 30 e em seu parágrafo primeiro, o grande jurista José da Silva Pacheco (2006, p. 68-69), alinha uma série de predicados que o órgão (o administrador judicial) ora sob exame deve possuir. Assim ele diz:

> "A escolha compete ao juiz, mas constitui condições essenciais, em qualquer caso: a) que a pessoa física ou jurídica escolhida seja de reconhecida idoneidade, de indubitável honestidade profissional, de absoluta correção no cumprimento dos deveres, de manifesta probidade e boa-fama; b) que não tenha sido destituída ou tenha deixado de prestar contas nos prazos legais, ou tenha estas desaprovadas no exercício de idêntica função, anteriormente; c) que não seja parente até o terceiro grau do devedor ou dos administradores ou controladores da sociedade devedora; d) que não seja amigo, inimigo ou dependente do devedor."

Basta isto?

Se a nomeação do juiz presidente do feito tiver por destinatária uma pessoa jurídica especializada, significando a organização e constituição de sociedades (simples) daqueles profissionais *experts* em auditoria, contabilidade, perícia e outras atividades afins, prescreve o parágrafo único deste artigo 21 que, quando da assinatura do <u>termo de compromisso de bem e fielmente desempenhar o cargo e assumir todas as responsabilidades a ele inerentes</u> (artigo 33), tem aquela a obrigação de declarar o nome do profissional responsável pela condução do processo, alertando que, na hipótese de substituição, esta só poderá ocorrer com a autorização do juiz do feito.

> Art. 22. Ao administrador judicial compete, sob a fiscalização do juiz e do Comitê, além de outros deveres que esta Lei lhe impõe:
>
> I – na recuperação judicial e na falência:
>
> a) enviar correspondência aos credores constantes na relação de que trata o inciso III do *caput* do art. 51, o inciso III do *caput* do art. 99 ou o inciso II do *caput* do art. 105 desta Lei, comunicando a data do pedido de recuperação judicial ou da decretação da falência, a natureza, o valor e a classificação dada ao crédito;
>
> b) fornecer, com presteza, todas as informações pedidas pelos credores interessados;
>
> c) dar extratos dos livros do devedor, que merecerão fé de ofício, a fim de servirem de fundamento nas habilitações e impugnações de créditos;
>
> d) exigir dos credores, do devedor ou seus administradores quaisquer informações;
>
> e) elaborar a relação de credores de que trata o § 2º do art. 7º desta Lei;
>
> f) consolidar o quadro-geral de credores nos termos do art. 18 desta Lei;

g) requerer ao juiz convocação da assembleia-geral de credores nos casos previstos nesta Lei ou quando entender necessária sua ouvida para a tomada de decisões;

h) contratar, mediante autorização judicial, profissionais ou empresas especializadas para, quando necessário, auxiliá-lo no exercício de suas funções;

i) manifestar-se nos casos previstos nesta Lei;

II – na recuperação judicial:

a) fiscalizar as atividades do devedor e o cumprimento do plano de recuperação judicial;

b) requerer a falência no caso de descumprimento de obrigação assumida no plano de recuperação;

c) apresentar ao juiz, para juntada aos autos, relatório mensal das atividades do devedor;

d) apresentar o relatório sobre a execução do plano de recuperação, de que trata o inciso III do *caput* do art. 63 desta Lei;

III – na falência:

a) avisar, pelo órgão oficial, o lugar e hora em que, diariamente, os credores terão à sua disposição os livros e documentos do falido;

b) examinar a escrituração do devedor;

c) relacionar os processos e assumir a representação judicial da massa falida;

d) receber e abrir a correspondência dirigida ao devedor, entregando a ele o que não for assunto de interesse da massa;

e) apresentar, no prazo de 40 (quarenta) dias, contado da assinatura do termo de compromisso, prorrogável por igual período, relatório sobre as causas e circunstâncias que conduziram à situação de falência, no qual apontará a responsabilidade civil e penal dos envolvidos, observado o disposto no art. 186 desta Lei;

f) arrecadar os bens e documentos do devedor e elaborar o auto de arrecadação, nos termos dos arts. 108 e 110 desta Lei;

g) avaliar os bens arrecadados;

h) contratar avaliadores, de preferência oficiais, mediante autorização judicial, para a avaliação dos bens caso entenda não ter condições técnicas para a tarefa;

i) praticar os atos necessários à realização do ativo e ao pagamento dos credores;

j) requerer ao juiz a venda antecipada de bens perecíveis, deterioráveis ou sujeitos a considerável desvalorização ou de conservação arriscada ou dispendiosa, nos termos do art. 113 desta Lei;

l) praticar todos os atos conservatórios de direitos e ações, diligenciar a cobrança de dívidas e dar a respectiva quitação;

m) remir, em benefício da massa e mediante autorização judicial, bens apenhados, penhorados ou legalmente retidos;

n) representar a massa falida em juízo, contratando, se necessário, advogado, cujos honorários serão previamente ajustados e aprovados pelo Comitê de Credores;

o) requerer todas as medidas e diligências que forem necessárias para o cumprimento desta Lei, a proteção da massa ou a eficiência da administração;

p) apresentar ao juiz para juntada aos autos, até o 10º (décimo) dia do mês seguinte ao vencido, conta demonstrativa da administração, que especifique com clareza a receita e a despesa;

q) entregar ao seu substituto todos os bens e documentos da massa em seu poder, sob pena de responsabilidade;

r) prestar contas ao final do processo, quando for substituído, destituído ou renunciar ao cargo.

§ 1º As remunerações dos auxiliares do administrador judicial serão fixadas pelo juiz, que considerará a complexidade dos trabalhos a serem executados e os valores praticados no mercado para o desempenho de atividades semelhantes.

§ 2º Na hipótese da alínea d do inciso I do *caput* deste artigo, se houver recusa, o juiz, a requerimento do administrador judicial, intimará aquelas pessoas para que compareçam à sede do juízo, sob pena de desobediência, oportunidade em que as interrogará na presença do administrador judicial, tomando seus depoimentos por escrito.

§ 3º Na falência, o administrador judicial não poderá, sem autorização judicial, após ouvidos o Comitê e o devedor no prazo comum de 2 (dois) dias, transigir sobre obrigações e direitos da massa falida e conceder abatimento de dívidas, ainda que sejam consideradas de difícil recebimento.

§ 4º Se o relatório de que trata a alínea e do inciso III do *caput* deste artigo apontar responsabilidade penal de qualquer dos envolvidos, o Ministério Público será intimado para tomar conhecimento de seu teor.

34. ADMINISTRADOR JUDICIAL: É PRECISO SER PROFISSIONAL

Foi dito no início destes estudos sobre esse importante órgão da recuperação judicial (e também da falência), bem como sobre a sua grande importância e a sua profunda responsabilidade nos diversos atos a serem praticados desde a sua nomeação pelo juiz. Neste artigo 22 encontramos especificadas as funções do administrador, sendo elas direcionadas simultaneamente: (i) à recuperação judicial e à falência; (ii) especificamente na recuperação judicial: e, (iii) também especificamente na falência. Todas essas competências, diz a Lei, serão realizadas sob a fiscalização do Juiz e do Comitê, **além de outros deveres que esta Lei lhe impõe** (parte final do artigo 22).

Se fossem somente essas três competências –, a serem desempenhadas pelo administrador judicial, diríamos que já são muitas; é claro, se desempenhadas com o profissionalismo que se exige. Mas a Lei lhe impõe o exercício também de outras competências – e que, como veremos nestes estudos, não são poucas. Daí, para o bom cumprimento do exercício de todas as competências, a própria Lei autorizar o administrador judicial a contratar, mediante autorização do juiz, auxiliares que o ajudarão a levar a bom termo todas as responsabilidades a ele atribuídas.

Diz ainda a Lei que todo o exercício de todas essas competências pelo administrador judicial serão exercidas sob a fiscalização do juiz e do Comitê de Credores. A doutrina tem feito duras críticas ao termo **fiscalização**, porque na realidade o juiz não é um fiscal, se não apenas um supervisor. Por seu lado, o Comitê de Credores exerce as funções de fiscal sob o administrador judicial, embora a sua existência em um processo de recuperação judicial ou mesmo de falência não seja obrigatória, existindo, na prática, não muitos casos em que o mesmo foi constituído. A competência para tal é de qualquer das classes que compõem a Assembleia-Geral de Credores (artigo 41), e o estudo mais abrangente desse órgão ocorrerá quando da análise dos respectivos dispositivos legais.

34.1 Competências do administrador comuns à recuperação judicial e à falência

São as seguintes as competências do administrador judicial comuns à **recuperação judicial e à falência**, conforme o disposto no artigo 22, inciso I:

> "a) enviar correspondência aos credores constantes na relação de que trata o inciso III do *caput* do art. 51, o inciso III do *caput* do art. 99 ou o inciso II do *caput* do art. 105 desta Lei, comunicando a data do pedido de recuperação judicial ou da decretação da falência, a natureza, o valor e a classificação dada ao crédito."

Observamos que esta letra "a" cuida da competência do administrador judicial de comunicar aos interessados – os credores – sobre a relação destes apresentada pelo devedor, tanto num instituto como no outro. Quanto ao instituto da recuperação judicial, o inciso III do artigo 51, determina que o devedor/recuperando, em sua petição inicial, apresente a relação nominal completa dos credores, inclusive aqueles por obrigação de fazer ou de dar, com a indicação do endereço de cada um, a natureza, a classificação e o valor atualizado do crédito, discriminando sua origem, o regime dos respectivos vencimentos e a indicação dos registros contábeis de cada transação pendente.

Quanto à falência, a obrigação do administrador judicial de enviar as respectivas correspondências aos credores poderá ocorrer nas duas seguintes hipóteses: (i) se a falência for requerida por terceiros (artigo 94), determina a Lei que, o falido terá a obrigação de apresentar, no prazo máximo de 5 (cinco) dias, relação nominal dos credores, indicando endereço, importância, natureza e classificação dos respectivos créditos, se a falência já não se encontrar nos autos, sob pena de desobediência; e, (ii) se a falência for requerida pelo próprio devedor (artigo 105), a lei impõe a ele a obrigação de fazer constar da petição inicial a relação nominal dos credores, indicando endereço, importância, natureza e classificação dos respectivos crédito. Em ambas as situações – recuperação judicial ou falência –, o administrador judicial, conforme manda a Lei, obterá das iniciais os respectivos dados para o completo conhecimento dos maiores interessados – os credores.

> "b) fornecer, com presteza, todas as informações pedidas pelos credores interessados."

O legislador, ao impor ao administrador judicial a obrigação de fornecer todas as informações pedidas, determinou que esse ato fosse feito **com presteza**, demonstrando, assim, a obrigação/responsabilidade do órgão. Em outras palavras, é direito dos credores terem acesso a essas informações e é dever do administrador fornecê-las, não em conformidade com o seu tempo, os seus interesses, mas **com presteza**. Se assim não o fosse, ou se o administrador judicial mediante tal situação demonstrasse falta de interesse ou mesmo negligência no sagrado cumprimento dos seus deveres, ou, pior ainda, se dolosamente omitisse qualquer informação, estaria cometendo ilicitudes, o que poderia levá-lo à sua destituição, além da responsabilização civil na hipótese de causar danos aos interessados.

> "c) dar extratos dos livros do devedor, que merecerão fé de ofício, a fim de servirem de fundamento nas habilitações e impugnações de créditos."

Os fins previstos nessa alínea "c", têm, a nosso ver, os mesmos destinatários – os credores – além dos demais legitimados no artigo 8º (o Comitê de Credores, o devedor, os sócios do devedor e o Ministério Público), vez que são estes os que poderão habilitar créditos e promover impugnações, para o que, necessariamente, terão que obter os dados correspondentes junto ao administrador judicial, que também deverá fazê-lo, em nosso sentir, com a mesma presteza da alínea anterior, e por consequência, não o fazendo assim, incorrerá nas mesmas possíveis penalidades acima mencionadas.

Especificamente quanto aos **extratos** dos livros do devedor, nos socorremos, mais uma vez, dos judiciosos ensinamentos do emérito Professor Gladston Mamede (2012, p. 58), para dele abeberar os exatos significados desse termo. Nos ensina Gladson Mamede que:

> "[...] Extrato é um excerto, uma informação específica que se extrai da escrituração, sem avançar sobre outros lançamentos, preservando o sigilo da escrituração. Aliás, o ato exige atenção para o sigilo da escrituração contábil, mormente no âmbito da recuperação judicial; os extratos só podem ser concedidos na medida do interesse do requerente. A Lei 11.101/05 concedeu a tais extratos, fé de ofício, ou seja, presunção de veracidade, como os documentos públicos; trata-se, todavia, de presunção relativa (*iuris tantum*), comportando prova em contrário".
>
> "d) exigir dos credores, do devedor ou seus administradores quaisquer informações."

Não diz a Lei expressamente que o administrador judicial terá a mesma reciprocidade, ou seja, a mesma **presteza** da alínea "b" que lhe é determinada, quando exigir do devedor ou de seus administradores, quaisquer informações úteis ao desempenho do seu ofício. Pode até não ter e nem isso pode interessar ao administrador, porque aqui o jogo é mais bruto. O verbo aqui é **exigir**; não é solicitar ou pedir "por gentileza" ou "por favor". Aqui manda o administrador judicial e quem não obedecer pode pagar caro, muito caro.

A própria Lei 11.101/05, prevê no inciso V do seu artigo 64, uma dura pena para o descumprimento dessa exigência de competência do administrador judicial:

> "Art. 64. Durante o procedimento de recuperação judicial, o devedor ou seus administradores serão mantidos na condução da atividade empresarial, sob fiscalização do Comitê, se houver, e do administrador judicial, salvo se qualquer deles:
>
> I – [...]
>
> V – negar-se a prestar informações solicitadas pelo administrador judicial ou pelos demais membros do Comitê."

Por óbvio, as informações exigidas pelo administrador judicial ao recuperando, por meio dos seus sócios, terá por fim único o cumprimento de seus deveres, sendo, imagina-se, essas exigências, perfeitamente legais de acordo com os critérios estabelecidos pela Lei 11.101/05. Daí, não poder o devedor negar o seu cumprimento.

34.2 Consequências da Recusa (na Recuperação Judicial)

Mas, se houver recusa, o juiz do feito, a requerimento do administrador judicial, determinará a intimação dos responsáveis para comparecer à sede do juízo para fins de interrogatório na presença do próprio administrador judicial, sob as penas do crime de desobediência (Parágrafo 2º deste artigo 22). Se as justificativas da recusa não convencerem o juiz e não houver uma retratação do devedor recuperando por seus representantes legais, nos parece, outro caminho não restará ao magistrado a não ser a destituição dos administradores da condução da atividade empresarial, cumprindo, dessa forma, o que determina o inciso V do artigo 64 da Lei de Falências e Recuperação de Empresas. Se o devedor for empresário individual, o seu afastamento.

"e) elaborar a relação de credores de que trata o § 2º do art. 7º desta Lei."

Responsável pela Verificação de Créditos, ao administrador judicial, para o cumprimento de seus misteres, são franqueadas vistas, manuseio, etc., de todos os documentos que instruem a petição inicial, bem como nos livros contábeis e documentos comerciais e fiscais do devedor, além dos que lhe forem apresentados pelos credores, em que ele se alimenta das informações que lhe serão úteis para a elaboração da relação de credores, cujo edital será publicado no prazo de 45 (quarenta e cinco) dias, contados do fim do prazo dado aos credores para apresentação de suas habilitações ou de suas divergências quanto aos créditos relacionados. Nesse edital, é obrigação do administrador judicial fazer constar o local, o horário e o prazo comum para que todos os legitimados (qualquer credor, o devedor, sócios do devedor, o Ministério Público e o próprio devedor na RJ) tenham acesso a toda a documentação que fundamentou a confecção da citada relação de credores. Tudo junto ao próprio administrador judicial, administrativamente.

"f) consolidar o quadro-geral de credores nos termos do art. 18 desta Lei."

A relação dos credores mencionada na alínea anterior, "e", será exatamente o norte para o administrador judicial fazer a consolidação do quadro-geral de credores. Também, para essa consolidação, deverá levar em conta as decisões proferidas nas impugnações, se acaso oferecidas. Feito isto, e conforme diz a Lei, estará **consolidado** o quadro-geral de credores, o qual, assinado pelo juiz e pelo administrador judicial, mencionará a importância e a classificação de cada crédito na data do requerimento da recuperação judicial ou da decretação da falência, será juntado aos autos e publicado no órgão oficial, no prazo de 5 (cinco) dias, contado da data da sentença que houver julgado as impugnações.

"g) requerer ao juiz convocação da assembleia-geral de credores nos casos previstos nesta Lei ou quando entender necessária sua ouvida para a tomada de decisões."

Como auxiliar direto do juiz e sob a fiscalização (ou supervisão) deste, é função também do administrador judicial, requerer ao juiz a convocação da Assembleia-Geral de Credores – outro órgão da recuperação judicial que será estudado no momento oportuno – não só quando a Lei o determinar, mas também – e veja aí o tamanho da responsabilidade do administrador –, quando ele entender da existência de qualquer necessidade que deva ser tomada e que dependa da oitiva da AGC.

O juiz terá, de toda e qualquer forma, que atender ao requerimento do administrador judicial e determinar a publicação de edital convocando a Assembleia-Geral de Credores? Não vejo assim. Entendo que o juiz que preside o feito deverá analisar criteriosamente os fundamentos do requerimento do administrador judicial, para, somente após, e se entender cabível e necessária, determinar essa convocação. Pode ocorrer que o administrador tenha uma visão sobre a solução de uma pendência no processo de recuperação judicial e acredite que para tanto precisa ouvir a AGC. Daí, o pedido de convocação.

De seu lado, o juiz do feito, ao analisar o requerimento do administrador judicial, pode entender que, para a solução daquela pendência, é desnecessária a convocação da AGC, e que o próprio administrador, dentro das atribuições que a Lei lhe delega, por si só, tem competência para resolvê-la. Por consequência, e fundamentadamente, o juiz indeferirá o requerimento e o próprio administrador, agora seguro e sob o manto da Justiça, solucionará a questão de maneira isolada.

Um fator negativo e importante que precisa ser destacado nesta hipótese e evitado tanto quanto possível, é o embaraço, o atraso no desenvolvimento normal de um processo de recuperação judicial que, necessariamente será provocado quando da convocação de uma AGC, de forma extraordinária. A par desse indesejado atraso, também existirão custos com a publicação do edital, com a locação do local para a realização da AGC (se necessário), com a necessária perda de tempo e custos com deslocamentos, viagens de credores de outras localidades, estadias, etc. Que todos esses motivos sirvam tanto para o administrador quando para o juiz do feito refletirem antes do requerimento ou do deferimento de uma Assembleia-Geral de Credores, de forma extraordinária.

> "h) contratar, mediante autorização judicial, profissionais ou empresas especializadas para, quando necessário, auxiliá-lo no exercício de suas funções."

Cumpre destacar primeiramente o alto custo de uma recuperação judicial, desde a contratação de advogados, de empresa de auditoria/contabilidade para deixar a documentação conforme exigências legais, custas judiciais e taxas judiciárias que cada Estado se autolegisla a seu bel-prazer e em seus interesses – alô, Conselho Nacional de Justiça, quando, enfim, vamos uniformizar essas custas e com preços mais acessíveis aos jurisdicionados? – E o processo sequer foi distribuído.

Já no curso do processo, e desde o despacho concessivo do processamento, o juiz tem por obrigação legal nomear o administrador judicial e, no momento certo vai fixar-lhe a remuneração e a forma do pagamento em um percentual que pode chegar até 5% (cinco por cento) sobre o valor dos créditos sujeitos aos efeitos da recuperação judicial. O administrador judicial, por seu turno, e conforme as disposições desta letra "h" ora sob análise, e mediante autorização do juiz, pode contratar, quando necessário para auxiliá-lo no desempenho do seu ofício, **profissionais ou empresas especializadas**.

É bem verdade que existem certos parâmetros e limitações quanto à contratação propriamente dita, bem como sobre as remunerações dos auxiliares profissionais ou empresas especializadas (que estudaremos logo a seguir). Mas, dependendo do conteúdo do processo recuperacional quanto a valores, quanto às classes existentes e quanto ao número de credores e respectivas habilitações, divergências, impugnações, necessidade de perícias, diversas ações em curso que demandam quantias ilíquidas na Justiça Comum e Reclamatórias (Justiça do Trabalho) para se apurar o respectivo crédito, diversos pedidos de reservas decorrentes destas ações, etc., sabe-se que a mão de obra para cuidar de tudo isso não será pequena, e que necessário será contratar profissionais devidamente especializados, o que todos sabem, custa caro.

"i) manifestar-se nos casos previstos nesta Lei."

Encontramos na Lei 11.101/05 mais de duas dezenas de casos em que o administrador judicial, por determinação da própria Lei, tem que se manifestar, incluindo-se o desempenho de suas funções tanto na recuperação judicial quanto na falência. Outras tantas vezes pode ele se manifestar decorrentemente de determinação do juiz.

34.3 Administrador Judicial. Competências específicas para a Recuperação Judicial

O mestre Fábio Ulhoa Coelho, ao comentar especificamente sobre "50. Competência do administrador judicial na recuperação judicial", o faz sob as seguintes afirmações:

> "Em toda recuperação judicial, como auxiliar do juiz e sob sua direta supervisão, atua um profissional na função de administrador judicial. Ele, em geral, é pessoa da confiança do juiz, por este nomeado no despacho que manda processar o pedido de recuperação judicial. Se, porém, o nomeado pelo juiz for substituído pela Assembleia de Credores, a competência para a escolha do substituto é desse órgão colegiado." (COELHO, 2009, p. 115-116)

Parece-nos que o professor Ulhoa, estaria dizendo que a assembleia-geral de credores teria uma atribuição que, a nosso ver, não consta da Lei, qual seja, a substituição e a escolha do substituto do administrador judicial, o que invadiria a competência do juiz do feito, pois só este e conforme manda a Lei, tem o poder de nomear, destituir e substituir o administrador judicial.

Como bem disse o professor, o administrador judicial "é pessoa da confiança do juiz, por este nomeado no despacho que manda processar o pedido de recuperação judicial...". Entretanto, quanto à substituição do mesmo, diz a Lei em seu art.

23 e parágrafo único que, caso não cumpra suas obrigações, o juiz o intimará para fazê-lo no prazo de 5 (cinco) dias, sob pena de desobediência. E, não cumprida a determinação contida na intimação no prazo assinado, diz a Lei, "[...] o juiz destituirá o administrador judicial e nomeará substituto para elaborar relatórios ou organizar as contas, explicitando as responsabilidades de seu antecessor" (parte final do parágrafo único do art. 23).

Assim, nomear, destituir e substituir o administrador judicial são competências do juiz. Ademais, o legislador, ao estabelecer as atribuições da assembleia-geral de credores na recuperação judicial, o que fez no art. 35, inciso I, alíneas "a", "b", "d", "e" e "f", e, por óbvio, não invadiu a competência do juiz. E, claro, em nenhuma destas prescreveu qualquer atribuição para a AGC, como substituir o administrador judicial ou mesmo escolher o seu substituto.

Mas, seguindo o raciocínio do professor Fábio Ulhoa, entenderemos onde ele quis chegar, mas, a nosso ver, o mestre se equivocou. Ulhoa afirma que na recuperação judicial as funções do administrador judicial variam em conformidade com dois vetores, sendo um deles a existência ou não do Comitê de Credores e o outro, "caso tenha sido ou não decretado o **afastamento dos administradores da empresa** em recuperação".

> "Pelo segundo vetor", afirma o jurista, "o administrador judicial é investido no poder de administrar a empresa e representar a sociedade empresária requerente da recuperação judicial quando **o juiz determinar o afastamento dos seus diretores enquanto não for eleito o gestor judicial pela assembleia-geral**. Somente nesse particular, tem ele a prerrogativa de se imiscuir por completo na intimidade da empresa e tomar as decisões administrativas atinentes à exploração do negócio. Não tendo o juiz afastado os diretores ou administradores da sociedade empresária requerente da recuperação judicial, o administrador judicial será mero fiscal dessa, o responsável pela verificação dos créditos e o presidente da Assembleia dos Credores". (COELHO, 2009, p. 116) (grifos nossos).

O equívoco do mestre, e nos parece ser essa a raiz, conforme observaremos no curso destes estudos, levou muitos à confusão, inclusive doutrinadores, julgadores e, infelizmente, fez surgir uma forma de aplicação da Lei, a nosso ver, completamente errônea, e a cada dia vem ganhando corpo.

Primeiramente, não consta da Lei 11.101/05 **qualquer dispositivo que determine ao juiz que decrete o afastamento dos diretores ou administradores da sociedade empresária** requerente da recuperação judicial. Muito menos que **o administrador judicial será investido no poder de representar a sociedade empresária** enquanto não for eleito o gestor judicial pela assembleia-geral.

Revendo as atribuições que o legislador concedeu à assembleia-geral de credores na recuperação judicial, conforme o art. 35, inciso I e suas alíneas, constatamos na alínea "e", a de deliberar sobre "o nome do gestor judicial **quando do afastamento do devedor**". (grifos nossos).

Ao analisarmos o que disse o professor Fábio Ulhoa Coelho em seus comentários e análises sobre as atribuições da assembleia-geral de credores (art. 35), disse ele, na obra já citada, à p. 88, edição de 2005, que:

> "Já na recuperação judicial, a competência da Assembleia dos Credores compreende:
>
> a) [...];
>
> d) **eleger o gestor judicial, quando afastados os diretores da sociedade empresária requerente**". (grifos nossos).

Ora, ao dizer a Lei que uma das atribuições da assembleia-geral de credores é "**deliberar sobre o nome do gestor judicial quando do afastamento do devedor**", nos chama a atenção para o art. 65 que cuida especificamente desta situação, sendo este devedor o empresário individual, pessoa natural, o qual, nas hipóteses do art. 64, **é afastado**, oportunidade em que o juiz do feito convoca a assembleia-geral de credores para deliberar sobre o nome do gestor judicial que assumirá as atividades (para onde remetemos a atenção do prezado leitor).

O equívoco do professor Fábio Ulhoa Coelho foi dizer outra coisa, com suas palavras e não com os mandamentos legais, pois ao afirmar da forma como o fez, ou seja, "**eleger o gestor judicial, quando afastados os diretores da sociedade empresária requerente**", fez afirmações que não têm previsão legal, pois, tecnicamente, nenhum diretor ou administrador de sociedade empresária é afastado, mas sim destituído e substituído, conforme as prescrições do parágrafo único do art. 64, enquanto o devedor empresário individual, pessoa natural, este sim, é **afastado**, conforme o art. 65 (para onde, também, chamamos a atenção do amigo leitor).

Ainda, para essa hipótese – destituição (e não afastamento) de administrador societário –, tampouco a Lei prevê que o administrador judicial, enquanto não for eleito o gestor judicial pela assembleia, fica investido no poder de representar a sociedade empresária (essas disposições se aplicam exclusivamente ao devedor empresário individual). Administradores societários, quando **destituídos**, são **substituídos** conforme previsão dos atos constitutivos ou do plano de recuperação judicial, conforme as disposições do parágrafo único do art. 64. O equívoco do Professor Fábio Ulhoa tem raiz nessa sua afirmação e não prescrição da Lei, de eleição do "gestor judicial, quando afastados os diretores da sociedade empresária requerente".

Ao analisarmos os artigos 64 e 65, além dos pensamentos de grandes doutrinadores e exemplos de julgamentos, nos aprofundamos nos esclarecimentos sobre o que imaginamos serem os equívocos de Fábio Ulhoa. Também expressamos os nossos pensamentos sobre o que o legislador quis dizer nos artigos 27, II, "c"; 35, I, "e"; 64, VI, e 65 (para onde dirigimos a atenção dos leitores).

Competências do administrador judicial específicas para a Recuperação Judicial (Artigo 22, II):

> "a) fiscalizar as atividades do devedor e o cumprimento do plano de recuperação judicial."

O administrador judicial não somente age sob a fiscalização (ou supervisão) do juiz do feito, mas as mesmas funções lhe são delegadas pela Lei, só que sobre as atividades do devedor e o cumprimento do plano de recuperação. Na recuperação judicial, diz a Lei, o devedor/recuperando não perde a administração da sua atividade, sofrendo raras restrições no seu exercício. Mas ele deve ser, no curso do processo de recuperação judicial, muito mais diligente e atento à sua atividade, agindo com os mesmos cuidados quanto ao efetivo cumprimento daquilo que se pactuou no Plano de Recuperação Judicial.

O administrador judicial não tem competência e tampouco deve ter qualquer atuação na atividade do recuperando. A sua função não é essa. Nada, porém, o impede de reunir-se com o recuperando em seu estabelecimento pois como mediador que é entre os credores, o devedor e o juiz, às vezes, no sentido mesmo de velar pelo bom andamento da atividade e do efetivo cumprimento do plano, entende ele de fazer-se presente naquele local. Nada obstante, essas suas funções fiscalizatórias poderem ser obtidas por meio de relatórios que ele, mensalmente, recebe do recuperando.

> "b) requerer a falência no caso de descumprimento de obrigação assumida no plano de recuperação."

Observamos na alínea anterior que um dos deveres do administrador judicial na recuperação judicial é fiscalizar o cumprimento do plano de recuperação. Ora, caso não haja rejeição por qualquer credor e o plano apresentado for compatível com as exigências legais, o juiz o homologará e concederá a RJ; havendo rejeição, o juiz convoca a Assembleia-Geral de Credores para deliberar sobre a aprovação, rejeição ou modificação, podendo mesmo ser elaborado outro plano, ficando frente a frente devedor e credores para encontrarem uma solução, sob pena de decretação da falência. Aprovada qualquer uma das hipóteses, segue o processo os trâmites normais – juntada do plano aos autos e estes conclusos ao juiz para a homologação e concessão da recuperação judicial, se tudo estiver em conformidade com a Lei.

Nessa hipótese – plano de recuperação aprovado, homologado e recuperação judicial concedida pelo juiz – o passo seguinte é o seu efetivo cumprimento pelo devedor. Conhecedor do inteiro teor do plano devidamente homologado, até mesmo porque presidiu a Assembleia-Geral dos Credores que o aprovou, o administrador judicial vai fiscalizar, além da atividade propriamente dita do devedor/recuperando, o compromisso assumido por ele com os seus credores na aludida AGC.

Essa obrigação ou dever do administrador judicial vai durar enquanto o devedor permanecer em recuperação judicial, isto é, até que se cumpram todas as obrigações previstas no plano que se vencerem até 2 (dois) anos depois da concessão da recuperação (artigo 61 da Lei 11.101/05). E, descumprida qualquer obrigação prevista no plano no período acima, prevê a Lei a convolação da recuperação em falência (parágrafo 1º do art. 61 e inciso IV do art. 73), sendo exatamente nesse ponto o momento do administrador judicial dar cumprimento à sua obrigação prevista nesta alínea sob comento, ou seja, requerer a falência do devedor.

35. ANÁLISE DE CASO CONCRETO. JULGAMENTO DO STJ

Recentemente, o Egrégio Superior Tribunal de Justiça, no AgRg no Agravo em Recurso Especial número 61.051-RJ, DJe de 08/08/2013, cujo Relator foi o Ministro Ricardo Villas Bôas Cueva, por sua Terceira Turma, decidiu, à unanimidade, que o Administrador Judicial, nos termos desta alínea b do inciso II do artigo 22 da Lei 11.101/05, tem legitimidade para requerer a falência da sociedade em recuperação judicial, cuja Ementa e Acórdão receberam a seguinte redação:

"EMENTA

AGRAVO REGIMENTAL NO AGRAVO EM RECURSO ESPECIAL. PEDIDO DE FALÊNCIA FORMULADO PELO ADMINISTRADOR JUDICIAL. LEGITIMIDADE. ASSEMBLEIA-GERAL DE CREDORES. DELIBERAÇÃO SOBRE MATÉRIA ESTRANHA AO EDITAL. AUSÊNCIA DE PREQUESTIONAMENTO.

1. Nos termos do artigo 22, II, "b", da Lei nº 11.101/2005, o administrador judicial tem legitimidade para requerer a falência de sociedade em recuperação judicial.

2. A ausência de prequestionamento da matéria veiculada no recurso especial atrai o óbice da Súmula nº 282/STF.

3. Ainda que admitido, o prequestionamento implícito pressupõe o debate inequívoco da tese à luz da legislação tida como violada. Precedentes.

4. Agravo regimental não provido.

ACÓRDÃO

Vistos e relatados estes autos, em que são partes as acima indicadas, decide a Terceira Turma, por unanimidade, negar provimento ao agravo regimental, nos termos do voto do(a) Sr(a). Ministro(a) Relator(a). Os Srs. Ministros João Otávio de Noronha, Sidnei Beneti e Paulo de Tarso Sanseverino (Presidente) votaram com o Sr. Ministro Relator. Ausente, justificadamente, a Sra. Ministra Nancy Andrighi."

O ilustre Relator, ao analisar as razões do inconformismo nesse Recurso Especial, diz que dentre outras, está a de que o administrador judicial não teria legitimidade para requerer a falência, fazendo-o, sob esses argumentos:

> "Nas razões do regimental, os agravantes sustentam que o tema da violação do artigo 36 da Lei nº 11.101/2005 encontra-se implicitamente prequestionado no acórdão impugnado. Insistem, ademais, nas teses veiculadas no apelo extremo, de que o administrador judicial não teria legitimidade para requerer a falência e que seria indispensável a prévia autorização dos acionistas no requerimento de autofalência das sociedades empresarias.
>
> Ao final, requer a reforma da decisão para que seja analisado o apelo extremo.
>
> É o relatório."

Ao proferir o seu voto, o eminente Ministro Relator, Ricardo Villas Bôas Cueva, teve como fundamento de sua decisão as razões que o Tribunal de origem tinha adotado para rebater as teses do inconformismo, as quais, segundo ele, foram reiteradas no Recurso Especial. E transcreve, na íntegra, essas razões do Tribunal de origem, para, ao final, concluir, que as alegações do recurso não eram capazes de alterar tais razões. O que se observa é a jurisprudência consolidando os mandamentos da Lei 11.101/05, qual seja, o de que o administrador judicial tem legitimidade para requerer a falência do devedor que descumpre com as obrigações assumidas no plano de recuperação judicial.

Eis a íntegra das razões que embasaram o voto do ilustre Ministro Relator:

> "DECIDO.
>
> Ultrapassados os requisitos de admissibilidade do agravo, passa-se ao exame do recurso especial.
>
> A pretensão não tem amparo.
>
> O Tribunal de origem, soberano na análise dos fatos e provas carreadas aos autos, adotou as seguintes razões para rebater as teses ora reiteradas no recurso especial:
>
> '[...]
>
> Por tal motivo, ao Administrador é conferido o desempenho de atribuições relacionadas, exclusivamente, com a administração das Recuperandas, sendo-lhe facultada a contratação de profissionais para auxiliá-lo, mediante prévia autorização judicial (artigo 22, inciso I alínea 'h'), inclusive podendo vir a ser responsabilizado por má gestão ou por infração à lei (artigos 32, 33 e 179).
>
> [...]

Além disso, especificamente durante o processamento da Recuperação Judicial, compete ao Administrador Judicial, nos termos do artigo 22, inciso II da Lei nº 11.101/2005:

'Art. 22. Ao administrador judicial compete, sob a fiscalização do juiz e do Comitê, além de outros deveres que esta Lei lhe impõe:

II – na recuperação judicial:

a) fiscalizar as atividades do devedor e o cumprimento do plano de recuperação judicial;

b) requerer a falência no caso de descumprimento de obrigação assumida no plano de recuperação;

c) apresentar ao juiz, para juntada aos autos, relatório mensal das atividades do devedor;

d) apresentar o relatório sobre a execução do plano de recuperação, de que trata o inciso III do caput do art. 63 desta Lei;'

[...]

Destarte, restando evidenciada a inviabilidade das Sociedades Empresárias Recuperandas em atingirem as obrigações previstas no Plano de Recuperação Judicial, alternativa não assiste ao Administrador, senão informar ao Juízo a condição de insolvência e requerer a decretação da falência, nos termos dos artigos 22, inciso II alíneas 'a' e 'b' e 73, inciso IV, por descumprimento da obrigação assumida.

[...]

Por fim, às fls. 40/43 concluiu o Ilustre Administrador Judicial pela insolvência das Sociedades Empresárias em Recuperação, enumerando 26 razões a caracterizar o estado falimentar, valendo ressaltar os itens 'a', 'b' e 'c' (fl. 40), *in verbis*:

[...]

Desse modo, forçoso é concluir pela legitimidade do requerimento de falência formulado pelo I. Administrador Judicial, sem qualquer outra exigência, diante da inviabilidade econômico-financeira das Sociedades apurada, que não conseguirão manter os postos de trabalho, seu funcionamento, nem poderão cumprir sua função social e estimular a atividade econômica, preceitos basilares da Lei de Recuperação Judicial e Falência, devendo ser mantida a R. Decisão' (fls. 347-353 e-STJ).

Nesse contexto, a tese de que somente o próprio devedor pode requerer falência – decisão que em se tratando de sociedade anônima se condicionaria ainda à prévia assembleia-geral de acionistas – se apresenta manifestamente improcedente ante a previsão legal autorizativa expressa no art. 22, II, 'b', da Lei nº 11.101/05:

'Art. 22. Ao administrador judicial compete, sob a fiscalização do juiz e do Comitê, além de outros deveres que esta Lei lhe impõe:

[...]

II – na recuperação judicial:

b) requerer a falência no caso de descumprimento de obrigação assumida no plano de recuperação;'

No tocante à alegada violação do art. 36 da Lei n° 11.101/05, não assiste melhor sorte ao recurso.

É que o tema não foi discutido pelo Tribunal local no acórdão recorrido, ressentindo-se a tese do indispensável prequestionamento, o que inviabiliza o apelo em vista do óbice da Súmula n° 282/STF.

Ante o exposto, conheço do agravo para negar seguimento ao recurso especial."

Assim, não prosperam as alegações postas no recurso, incapazes de alterar os fundamentos da decisão impugnada.

Desse modo, nego provimento ao agravo regimental.

É o voto."

Quando afirmamos que o devedor permanece em recuperação judicial até que se cumpram todas as obrigações previstas no plano que se vencerem até 2 (dois) anos contados da concessão da recuperação, apenas repetimos disposições da Lei 11.101/05 – no caso, o artigo 61 (que será objeto de estudos no momento oportuno, quando chamaremos a atenção do leitor). Na verdade, esse plano de recuperação pode ter sido aprovado para ser cumprido em 3 (três), em 4 (quatro), em 5 (cinco), em 6 (seis), em 7 (sete) ou mais anos.

Ocorre que, para os fins da Lei 11.101/05, e se cumpridas corretamente todas as obrigações nos dois anos seguintes à concessão, esse processo se encerra, inclusive com sentença do juiz. Mas o devedor/recuperando continua cumprindo o pactuado junto aos seus credores, os quais passam a ter na decisão concessiva da recuperação, desde o seu proferimento, título executivo judicial, podendo os credores, em caso de descumprimento do devedor, executá-lo ou mesmo requerer a sua falência. Tudo, entretanto, será objeto de estudos no momento oportuno.

"c) apresentar ao juiz, para juntada aos autos, relatório mensal das atividades do devedor."

Em uma primeira e rápida interpretação desse dispositivo, pode-se chegar à compreensão de que o administrador judicial teria a incumbência de acompanhar 24 horas por dia todas as atividades do devedor, e, de conseguinte, relatar tudo ao juiz. Para tanto, implicaria a necessidade de o administrador ou de alguns de seus auxiliares permanecerem todo o tempo, pessoalmente, fiscalizando os atos do devedor quanto ao desempenho da sua atividade. Porém, já dissemos anteriormente que os atos de fiscalização do devedor pelo administrador judicial não são efetuados dessa maneira.

Aqui a situação é a mesma, ou seja, para a apresentação mensal do relatório das atividades do devedor, o administrador judicial terá outros meios. Por outro lado, essas **atividades do devedor** referidas nesta letra sob estudos, a nosso ver, não abraça aquela generalidade do exercício da empresa, se não aquelas específicas que efetivamente interessam de perto e que contribuem ou que fazem emperrar o correto cumprimento do plano de recuperação judicial. Isso, necessariamente, envolve da atividade, o respectivo desempenho financeiro, porque este é o termômetro básico e fundamental para a análise e diagnóstico da saúde de qualquer atividade.

Tanto é que o legislador, já desde o proferimento da decisão judicial que defere o processamento da recuperação judicial – não é ainda a concessão –, determinou ao devedor/recuperando a apresentação de contas demonstrativas mensais no período em que durar a recuperação judicial (art. 69). Isso quer dizer que, já ao fim dos primeiros 30 (trinta) dias após o deferimento do processamento da RJ, o devedor tem a obrigação de fazer juntar aos autos as suas contas devidamente demonstradas – sua evolução naquele período, e assim, sucessivamente, e, como diz a Lei "(...) **enquanto perdurar a recuperação judicial**". E se o recuperando não cumprir essa determinação legal, é ainda da Lei a previsão da duríssima pena de "(...) **destituição de seus administradores**" (art. 52, inciso IV). Essa hipótese não se aplica ao devedor individual, uma vez que ele nunca é destituído e tampouco tem administradores, sendo ele próprio o que a lei denomina de titular. Ele é afastado. (grifos nossos).

Como consequência, e com base nessas contas devidamente demonstradas que o recuperando tem a obrigação de fazer juntar todo mês aos autos da recuperação judicial, extrairá delas o administrador judicial a essência para os fins de cumprimento de sua obrigação legal, qual seja, apresentar ao juiz o relatório mensal das atividades do devedor. E aqui, por certo, e como se depreende do conjunto de obrigações e responsabilidades legais do administrador judicial, já terá o mesmo solicitado e recebido autorização do juiz do feito para a contratação de um *expert* da respectiva área, para que endosse suas conclusões sobre o que disser em seu relatório mensal das atividades do devedor.

> "d) apresentar o relatório sobre a execução do plano de recuperação, de que trata o inciso III do *caput* do art. 63 desta Lei."

Essa obrigação/dever do administrador judicial constitui-se num dos seus últimos atos a serem praticados em uma recuperação judicial que teve todos os seus trâmites normais – o exato cumprimento do plano de recuperação no período de

2 (dois) anos após a concessão. É o que a maioria dos doutrinadores denominam de "relatório final". Sendo assim, o juiz decretará por sentença o encerramento da recuperação judicial e, dentre outras medidas, determinará "a apresentação de relatório circunstanciado do administrador judicial, no prazo máximo de 15 (quinze) dias, versando sobre a execução do plano de recuperação pelo devedor." (inciso III do Artigo 63).

O digno Professor Gladston Mamede (2012, p. 63-64), nos parece que, ao tecer seus sempre valiosos comentários sobre a Lei 11.101/05, e agora especificamente sobre esta letra "d", tem entendimento que nos parece ser exatamente o contrário do que diz a Lei, quanto ao exato momento de aplicação desse dispositivo. É que, ao referir-se ao conteúdo desse relatório, finaliza o Mestre com esta assertiva:

> "[...] De posse dessas informações, se o empresário ou sociedade empresária houver cumprido com as obrigações no plano, o juiz decretará por sentença o encerramento da recuperação judicial (artigos 61, *caput,* e 63 da Lei 11.101/05)."

Com pedidos de vênia ao ilustre professor mineiro, para minha honra meu conterrâneo, ousamos dele discordar, pois a nosso sentir, o relatório do administrador judicial é um ato, junto com outros também previstos no artigo 63, sequencial à sentença que encerra o processo de recuperação judicial, sendo, portanto, consequência e dependente desta, e não esta dependente, para a sua materialização, das informações que o administrador judicial fizer constar naquele seu relatório. Para Gladston Mamede, nos parece, é o contrário, ou seja que, para a materialização da sentença de encerramento do processo de recuperação judicial, são necessárias as informações do relatório do administrador judicial, e "[...] se o empresário ou sociedade empresária houver cumprido com as obrigações do plano".

Até porque, se o empresário ou a sociedade empresária não tiver cumprido com as obrigações do plano de recuperação judicial, e isso não somente após dois anos da concessão, mas a partir dela, a consequência inevitável é a convocação da recuperação judicial em falência, a requerimento mesmo do administrador judicial, conforme determinação legal contida na letra "b" deste mesmo artigo 22, inciso II.

36. NA FALÊNCIA

O inciso seguinte do artigo 22, o III, cuida da competência do administrador judicial na **falência**. Como este Instituto não é, especificamente, objeto dos nossos estudos, vamos direto aos estudos das demais disposições deste artigo, nada obstante transcrevermos abaixo as competências do administrador judicial na falência, conforme o inciso III, do artigo 22:

III – na falência:

a) avisar, pelo órgão oficial, o lugar e hora em que, diariamente, os credores terão à sua disposição os livros e documentos do falido;

b) examinar a escrituração do devedor;

c) relacionar os processos e assumir a representação judicial da massa falida;

d) receber e abrir a correspondência dirigida ao devedor, entregando a ele o que não for assunto de interesse da massa;

e) apresentar, no prazo de 40 (quarenta) dias, contado da assinatura do termo de compromisso, prorrogável por igual período, relatório sobre as causas e circunstâncias que conduziram à situação de falência, no qual apontará a responsabilidade civil e penal dos envolvidos, observado o disposto no art. 186 desta Lei;

f) arrecadar os bens e documentos do devedor e elaborar o auto de arrecadação, nos termos dos arts. 108 e 110 desta Lei;

g) avaliar os bens arrecadados;

h) contratar avaliadores, de preferência oficiais, mediante autorização judicial, para a avaliação dos bens caso entenda não ter condições técnicas para a tarefa;

i) praticar os atos necessários à realização do ativo e ao pagamento dos credores;

j) requerer ao juiz a venda antecipada de bens perecíveis, deterioráveis ou sujeitos a considerável desvalorização ou de conservação arriscada ou dispendiosa, nos termos do art. 113 desta Lei;

l) praticar todos os atos conservatórios de direitos e ações, diligenciar a cobrança de dívidas e dar a respectiva quitação;

m) remir, em benefício da massa e mediante autorização judicial, bens apenhados, penhorados ou legalmente retidos;

n) representar a massa falida em juízo, contratando, se necessário, advogado, cujos honorários serão previamente ajustados e aprovados pelo Comitê de Credores;

o) requerer todas as medidas e diligências que forem necessárias para o cumprimento desta Lei, a proteção da massa ou a eficiência da administração;

p) apresentar ao juiz para juntada aos autos, até o 10º (décimo) dia do mês seguinte ao vencido, conta demonstrativa da administração, que especifique com clareza a receita e a despesa;

q) entregar ao seu substituto todos os bens e documentos da massa em seu poder, sob pena de responsabilidade;

r) prestar contas ao final do processo, quando for substituído, destituído ou renunciar ao cargo.

§ 1º As remunerações dos auxiliares do administrador judicial serão fixadas pelo juiz, que considerará a complexidade dos trabalhos a serem executados e os valores praticados no mercado para o desempenho de atividades semelhantes.

37. REMUNERAÇÃO DOS AUXILIARES DO ADMINISTRADOR JUDICIAL

O parágrafo primeiro deste artigo 22 cuida das remunerações dos auxiliares do administrador judicial, pois, conforme já foi objeto destes estudos, pode ele, mediante autorização do juiz, contratar profissionais ou empresas especializadas para auxiliá-lo no desempenho dos seus deveres/obrigações. Mas a Lei não quer só a autorização do juiz. Impõe a ele também, a responsabilidade, a nosso sentir, altamente complexa de fixar as remunerações dos auxiliares, determinando-lhe, ainda, para esse fim, parâmetros elásticos, completamente indefinidos, como a consideração da complexidade dos trabalhos a serem executados e os valores praticados no mercado para o desempenho de atividades semelhantes.

Sabe-se, de início, que essa complexidade dos trabalhos a serem executados pelos auxiliares (exemplificativamente, auditorias, avaliações, perícias, entre outros), é muito relativa, principalmente do ponto de vista de quem não vai executá-la, porque não é o especialista da respectiva área; somente este, o executor, pela sua especialidade, por sua experiência, é que poderá com segurança avaliar a extensão dessa complexidade. O juiz, acreditamos, só pode imaginá-la. Daí, a nosso ver, a extrema dificuldade do mesmo para a fixação dessa remuneração.

Por outro lado, **profissionais** e **empresas especializadas**, cada um de *per si*, é que, com base, (i) no tempo do exercício de suas especialidades; (ii) na idoneidade conquistada pelo desempenho de suas atividades; e (iii) pela credibilidade adquirida ao longo do tempo, dentre outros predicados, é que sabem qual a exata remuneração que pagará os serviços prestados em cada atividade desenvolvida. Significando isso que, apesar dos esforços do juiz e mesmo tendo a remuneração por ele fixada por base os valores praticados no mercado para o desempenho de atividades semelhantes, pode esta não se adequar às pretensões ou do profissional ou da empresa especializada, que, pelos critérios acima expostos, entende que a remuneração está aquém.

Nessa hipótese, ou negociam para se chegar a um termo ou o juiz parte em busca de outro que aceite a remuneração por ele fixada para o desempenho das respectivas atividades. Fator importante que jamais deve ser esquecido, e, ao contrário, sempre levado em conta por todos os atores de uma ação de recuperação judicial, é que todas essas despesas – as remunerações dos auxiliares do administrador judicial –, bem como outras já objetos de comentários anteriores, são de responsabilidade exclusiva do devedor/recuperando, que, ao impetrar o pedido, diz o artigo 47, "a recuperação judicial tem por objetivo viabilizar a superação da situação de crise econômico-financeira do devedor".

> § 2º Na hipótese da alínea *d* do inciso I do *caput* deste artigo, se houver recusa, o juiz, a requerimento do administrador judicial, intimará aquelas pessoas para que compareçam à sede do juízo, sob pena de desobediência, oportunidade em que as interrogará na presença do administrador judicial, tomando seus depoimentos por escrito.

38. RECUSA DE PRESTAR INFORMAÇÕES AO ADMINISTRADOR JUDICIAL PELO RECUPERANDO: CONSEQUÊNCIAS

Ao analisarmos com especificidade as obrigações/deveres do administrador judicial, tanto com atuações na recuperação judicial e na falência (inciso I deste artigo 22), quanto especificamente na recuperação judicial (inciso II do mesmo artigo), constatamos que ele pode "exigir dos credores, do devedor ou seus administradores quaisquer informações" (letra d do inciso I, do artigo 22). E que essa exigência, é claro, tem tudo a ver com o bom desempenho das funções do administrador, existindo a presunção de que tudo aquilo de que ele necessitar e depender do devedor/recuperando, ele exigirá. Não pedirá, não solicitará, não pedirá favores mas, simplesmente, exigirá. O devedor, de seu lado, tem a obrigação legal de prestar as respectivas informações.

Mas, pode ocorrer por parte do devedor a recusa. Como se proceder, então? A resposta está contida no parágrafo 2º deste artigo 22, que determina que o juiz do feito, a requerimento do administrador judicial, determinará a intimação dos responsáveis para comparecer à sede do juízo para fins de interrogatório na presença do próprio administrador judicial, sob as penas do crime de desobediência (parágrafo 2º deste artigo 22). Se as justificativas da recusa não convencerem o juiz e não houver uma retratação do devedor nos parece, outro caminho não restará ao magistrado a não ser a destituição dos administradores da condução da atividade empresarial ou do devedor, se empresário individual, cumprindo, dessa forma, o que determina o inciso V do artigo 64 da Lei de Falências e Recuperação de Empresas. Além, é claro, da prescrição também contida neste mesmo parágrafo sob estudos, do crime de desobediência, que é previsto no artigo 330 do Código Penal Brasileiro, cujas penas são a detenção, de 15 dias a seis meses, e multa.

Os parágrafos 3º e 4º deste artigo 22 tratam exclusivamente de questões relacionadas à falência, não sendo, portanto, objeto de nossos estudos. Entretanto, os transcrevemos abaixo:

> § 3º Na falência, o administrador judicial não poderá, sem autorização judicial, após ouvidos o Comitê e o devedor no prazo comum de 2 (dois) dias, transigir

sobre obrigações e direitos da massa falida e conceder abatimento de dívidas, ainda que sejam considerados de difícil recebimento.

§ 4º Se o relatório de que trata a alínea e do inciso III do *caput* deste artigo apontar responsabilidade penal de qualquer dos envolvidos, o Ministério Público será intimado para tomar conhecimento de seu teor.

Art. 23. O administrador judicial que não apresentar, no prazo estabelecido, suas contas ou qualquer dos relatórios previstos nesta Lei será intimado pessoalmente a fazê-lo no prazo de 5 (cinco) dias, sob pena de desobediência.

Parágrafo único. Decorrido o prazo do *caput* deste artigo, o juiz destituirá o administrador judicial e nomeará substituto para elaborar relatórios ou organizar as contas, explicitando as responsabilidades de seu antecessor.

39. ADMINISTRADOR JUDICIAL. APRESENTAÇÃO DE CONTAS SOB PENA DE DESTITUIÇÃO

Mais uma séria demonstração dos rigores da Lei de falências e recuperação de empresas, agora com penalidades a serem aplicadas sobre o administrador judicial que deixar de apresentar suas contas e qualquer dos diversos relatórios que a Lei lhe determina no prazo certo. Nas exposições anteriores, dissemos que cabe ao administrador judicial, dentre os diversos deveres, apresentar no processo de recuperação: (a) relatório mensal das atividades do devedor para ser junto aos autos; (b) a relação de credores no prazo de 45 (quarenta e cinco) dias a partir do final do prazo de 15 (quinze) dias para os credores ofertarem suas habilitações; e, (c) relatório sobre a execução do plano de recuperação judicial, no prazo de 15 (quinze) dias, a partir da sentença de encerramento da recuperação judicial.

O administrador judicial diligente procurará cumprir rigorosamente todos os prazos que a Lei lhe determina. Se o prazo dado é este, presume-se que pode ser cumprido. Todavia, fatores outros podem contribuir para que tais obrigações não sejam cumpridas como manda a Lei. Se assim o for, que o administrador judicial, ciente das consequências, faça requerimento justificando ao juiz do feito todos os motivos do atraso, não esperando a intimação pessoal do juiz para fazê-lo no prazo de 5 (cinco) dias, e, o que é pior, mas manda a Lei, sob pena de desobediência. Esse crime previsto no artigo 330 do Código Penal Brasileiro e prevê as penalidades de detenção de quinze dias a seis meses, e multa. O juiz, por certo, e entendendo plausíveis as justificativas do administrador judicial, lhe concederá um prazo adicional para a concretização dos seus trabalhos.

Não sendo assim, ou seja, se o administrador judicial não cumprir seus deveres no prazo que a Lei manda e tampouco justificar os motivos do atraso, outra alternativa não restará ao juiz condutor do feito, se não o cumprimento da Lei – a intimação pessoal do administrador para fazê-lo no prazo de

5 (cinco) dias, e claro, sob pena de desobediência. Se o administrador judicial cumprir atempadamente o despacho judicial, entendemos que a questão está encerrada e prosseguem normalmente os trâmites do processo de recuperação judicial. Caso contrário – o não cumprimento da ordem judicial pelo administrador – os rigores da Lei lhe serão aplicados: "o juiz destituirá o administrador judicial e nomeará substituto para elaborar relatórios ou organizar as contas, explicitando as responsabilidades de seu antecessor" (parágrafo único do artigo 23).

39.1 Recurso analisa pedido de destituição de administrador judicial e substituição da diretoria do devedor em recuperação judicial

Em recurso de Agravo Interno em Agravo de Instrumento, o nobre Desembargador Zacarias Neves Coelho, da 2ª Câmara Cível do Egrégio Tribunal de Justiça do Estado de Goiás, analisando pedido de reconsideração de recorrentes que pleiteavam a substituição do administrador judicial e também da diretoria do devedor em recuperação, o desproveu diante de provas que justificassem o requerido.

Ao analisar a questão, o ilustre Desembargador entendeu que o pedido para a substituição do administrador judicial havia se esvaziado, diante de seu pedido para ser substituído, o que havia sido feito, e quanto à substituição da diretoria, uma das recorrentes havia instruído mal o Agravo de Instrumento, e, por isso, não conhecido, repetindo, por consequência, no Regimental, as mesmas argumentações sem qualquer prova nova.

Diante desses fatos, o ilustre Desembargador Zacarias Neves Coelho, a par de outras argumentações, desproveu o recurso, conforme observamos na síntese a seguir:

> "AGRAVO INTERNO EM AGRAVO DE INSTRUMENTO. RECUPERAÇÃO JUDICIAL. DESTITUIÇÃO DO ADMINISTRADOR JUDICIAL. NÃO CONHECIMENTO DO REGIMENTAL INTERPOSTO POR QUEM DEIXOU DE INSTRUIR O AGRAVO DE INSTRUMENTO COM DOCUMENTO IMPRESCINDÍVEL. AFASTAMENTO DA DIRETORIA DA AGRAVADA. AUSÊNCIA DE ARGUMENTOS NOVOS. 1. A quarta recorrente não trouxe aos autos do agravo de instrumento cópia da procuração outorgada a seu procurador, motivo pelo qual o agravo não foi conhecido, sendo este o mesmo motivo que leva ao não conhecimento do regimental. 2. Não merece prosperar agravo interno em que não se impugnam os fundamentos da decisão recorrida, limitando-se as partes agravantes ao que fora narrado e requerido na petição inicial do agravo de instrumento. Ou seja, à míngua de quaisquer argumentos que infirmem as razões de decidir do julgado, deve este ser mantido por seus próprios e jurídicos fundamentos. Agravo interno desprovido.

(TJGO, AGRAVO DE INSTRUMENTO 2597-62.2013.8.09.0000, Rel. DES. ZACARIAS NEVES COELHO, 2ª CÂMARA CÍVEL, julgado em 30/04/2013, DJe 1298 de 08/05/2013).

Art. 24. O juiz fixará o valor e a forma de pagamento da remuneração do administrador judicial, observados a capacidade de pagamento do devedor, o grau de complexidade do trabalho e os valores praticados no mercado para o desempenho de atividades semelhantes.

§ 1º Em qualquer hipótese, o total pago ao administrador judicial não excederá 5% (cinco por cento) do valor devido aos credores submetidos à recuperação judicial ou do valor de venda dos bens na falência.

§ 2º Será reservado 40% (quarenta por cento) do montante devido ao administrador judicial para pagamento após atendimento do previsto nos arts. 154 e 155 desta Lei.

§ 3º O administrador judicial substituído será remunerado proporcionalmente ao trabalho realizado, salvo se renunciar sem relevante razão ou for destituído de suas funções por desídia, culpa, dolo ou descumprimento das obrigações fixadas nesta Lei, hipóteses em que não terá direito à remuneração.

§ 4º Também não terá direito a remuneração o administrador que tiver suas contas desaprovadas.

§ 5º A remuneração do administrador judicial fica reduzida ao limite de 2% (dois por cento), no caso de microempresas e empresas de pequeno porte.

40. REMUNERAÇÃO DO ADMINISTRADOR JUDICIAL

A exemplo do que se comentou sobre a remuneração dos auxiliares do administrador judicial (parágrafo primeiro do artigo 22), também a sua remuneração será fixada pelo juiz, com a diferença de que nesta o magistrado estabelecerá a respectiva forma de pagamento, com a observação da capacidade de pagamento do devedor. Os demais requisitos para a remuneração de ambos são semelhantes, como a complexidade dos trabalhos que serão executados tanto pelos auxiliares quanto pelo administrador judicial, assim como os valores praticados no mercado para o desempenho de atividades semelhantes.

No parágrafo primeiro do artigo 22, não há a exigência de se estabelecer a forma de pagamento e tampouco se fala da capacidade de pagamento do devedor. Por certo, são tarefas a serem praticadas na recuperação judicial que o legislador entendeu serem de extrema necessidade, e deixou a critério do juiz do feito que, só com base nos outros parâmetros, determinasse os valores e a forma.

Quanto ao administrador judicial, os requisitos legais a mais existentes para serem utilizados pelo juiz, acreditamos existirem por causa das peculiaridades das obrigações/deveres do órgão, além de sua duração que, na melhor das hipóteses, perdurará, no mínimo, dois anos e meio. Explicamos: no deferimento do processamento da recuperação o administrador judicial já é nomeado e, logo em seguida intimado para, em 48 (quarenta e oito) horas assinar o termo de compromisso; daí seguirão os prazos para a verificação, habilitação de créditos, divergências, impugnações, publicação da lista de credores, agravos, apresentação do plano de recuperação judicial, rejeição pelos credores, designação pelo juiz da Assembleia-Geral de Credores, publicação dos respectivos editais, realização da AGC e, na melhor das hipóteses, a aprovação do plano. Nesse ínterim, observamos o transcurso de pelo menos 6 (seis) meses. Aprovado o plano e concedida a recuperação judicial com trânsito em julgado, o devedor permanecerá nessa posição até que sejam cumpridas todas as obrigações assumidas no plano e que se vencerem nos próximos dois anos, quando haverá o encerramento da recuperação judicial.

40.1 Limitador da remuneração do administrador judicial

Há, também, por outro lado, um limitador na remuneração do administrador judicial, vez que as bases de sua fixação são os créditos sujeitos aos efeitos da recuperação judicial, e nela podem existir as quatro classes de credores com seus desdobramentos, com os mais variados e possíveis créditos. São elas: I – titulares de créditos derivados da legislação do trabalho ou decorrentes de acidentes de trabalho; II – titulares de créditos com garantia real; III – titulares de créditos quirografários, com privilégio especial, com privilégio geral ou subordinados; IV – titulares de créditos enquadrados como microempresa ou empresa de pequeno porte".

A capacidade de pagamento do devedor é outro critério que deve o juiz observar ao fixar a remuneração do administrador judicial, cujo limitador é o percentual de até 5% (cinco) por cento do valor devido aos credores que se submeterem aos efeitos da recuperação judicial – as quatro classes acima transcritas. Tem-se observado, na prática, um critério adotado pelos magistrados ao fixarem a remuneração do administrador, fazendo uma inversão nesses valores: se o valor do crédito sujeito à RJ é de pequena monta e, dependendo da capacidade de pagamento do devedor/recuperando, o percentual pode chegar ao limite de 5% (cinco por cento).

Se, porém, o valor dos créditos sujeitos à RJ for de grande valor, e aí entra também o critério de capacidade de pagamento do devedor, tem-se observado a fixação de um percentual mais modesto, até mesmo porque, quanto maior for o valor dos créditos maior será a remuneração do administrador, já que ela é fixada em percentual. E quanto maior o valor em créditos, pode significar também maior o número de credores, o que significa mais trabalho ao administrador. Mas a grande responsabilidade mesmo é do juiz do feito que, sob os parâmetros que a Lei lhe outorga, tem o dever de encontrar uma remuneração condizente e digna para o administrador – é claro, até o limitador da Lei de 5% (cinco por cento), a qual caiba na capacidade de pagamento do devedor.

40.2 Reserva de 40% do montante devido ao administrador judicial

Parte da doutrina tem divergido sobre as disposições do parágrafo 2º deste artigo 24, vez que o mesmo determina que será reservado 40% (quarenta por cento) da remuneração devida ao administrador judicial, cujo pagamento somente poderá ser efetuado após o atendimento do previsto nos artigos 154 e 155 (prestação de contas e apresentação de relatório final) da Lei 11.101/05, sendo que esses artigos têm por direcionamento exclusivamente o feito da falência.

Para o eminente doutrinador Paulo F. C. Salles de Toledo (2010, p. 65)

> "[...] a norma refere-se expressamente a dois artigos relativos ao processo de falência. Daí se pode depreender que a LRE não adotou a reserva para os casos de recuperação judicial. Talvez tenha entendido que, aí, o próprio devedor poderia defender seus interesses, sem necessidade de proteção legal diferenciada. [...] Agora, sem expressa previsão legal, ficará difícil ao devedor em recuperação judicial reservar uma parcela da remuneração do administrador judicial para pagamento após a apresentação do relatório a que se refere o artigo 22, II, d, da LRE, a não ser que obtenha, nesse sentido, ordem judicial em seu favor. Note-se que o cumprimento desse dever legal é do interesse de todos, e não somente do devedor."

O grande mestre Fábio Ulhoa também pensa da mesma forma. Coelho (2011, p. 123), ao tecer comentários sobe o parágrafo 2º do artigo 24, diz que:

> "[...] A reserva de 40% da remuneração devida ao administrador judicial para pagamento apenas após a aprovação de suas contas é aplicável unicamente na falência [...]. Na recuperação judicial, a remuneração do administrador judicial é paga à vista ou a prazo e nas datas definidas pelo juízo recuperacional. Em julgado relatado pelo Des. Lino Machado, o TJSP assentou: A aplicação do parágrafo 2º do art. 24 da NLF só faz sentido nos processos falimentares' (Agravo Instrumento 574.851-4/0-00)."

O eminente Desembargador, Professor e jurista Ricardo Negrão (2012, p. 123), ao comentar sobre a remuneração do administrador judicial, caminha, em princípio, ao lado dos dois ilustres juristas acima mencionados e citados. Ao falar especificamente sobre o **Momento de pagamento** indaga Negrão:

> "[...] Quando o administrador faz jus à verba honorária? A redação do art. 24, Parágrafo 2º, dá a entender que somente 40% do total devido pela massa falida tem vencimento certo: após a conclusão da realização do ativo e do julgamento das contas da administração (arts. 24, Par. 2º, 154 e 155)."

Continuando o seu raciocínio, Ricardo Negrão faz outra indagação: "[...] E na recuperação judicial? E, de imediato, também responde, afirmando: "[...] Não há como valer-se da linha interpretativa que trespassa mencionados dispositivos (arts. 149-151), cuja aplicação é exclusiva ao procedimento falimentar (NEGRÃO, 2012, p. 124)."

Posteriormente, o mais interessante nessa análise é, a nosso ver, o reconhecimento do mestre Ricardo Negrão que, nada obstante, no seu entendimento, a exemplo de Fábio Ulhoa e Paulo F. C. Salles Toledo, o dispositivo do parágrafo 2º do art. 24 tenha aplicação somente no caso de falência, enquanto que para a recuperação judicial não há como valer-se da mesma linha interpretativa desse dispositivo, de que:

> "[...] As necessidades do administrador, na recuperação ou na falência, são as mesmas. Assim, concluído o procedimento verificatório e publicado o quadro geral de credores, o magistrado pode fixar salários provisórios e forma de pagamento que considere o período que faltar até o cumprimento do plano autorizado pelo devedor" (NEGRÃO, 2012, p. 124).

Apesar dos valiosíssimos ensinamentos dos três mestres ainda assim nos posicionamos no sentido de que a parte inicial do disposto no parágrafo 2º do art. 24 também é extensiva ao administrador judicial no processo de recuperação judicial, aqui aplicando-se a analogia, vez que os procedimentos para encerramento tanto da falência quanto da recuperação judicial são precedidos de dispositivos próprios e individualizados, mas que têm em comum não só o fim de cada um dos processos, como também a prática de atos específicos pelo administrador judicial, que são pré-requisitos para o pagamento do saldo existente em seu favor.

Cumpre, todavia, e anteriormente, deixar claro profundas diferenças existentes entre os institutos da recuperação judicial e da falência, tratando-se especificamente quanto aos respectivos procedimentos de encerramento e o envolvimento do administrador judicial, nada obstante ambas encerrarem-se por sentenças. A nosso sentir, e ao reservar os 40% para serem pagos na falência em conformidade com o cumprimento das exigências dos artigos 154 e 155, e porque nesta o pagamento ao administrador é efetuado pela massa, entendemos que a menção que se faz aos citados artigos tem a finalidade única de dar os caminhos aos procedimentos de encerramento da falência, mostrando que a respectiva sentença vai suceder aqueles atos (arts. 154 e 155) do administrador judicial porque deles é dependente. Isto é, se o administrador não cumprir o que consta dos citados artigos, não haverá sentença de encerramento da falência.

Quanto à recuperação judicial, o inverso é observado, ou seja, os atos do administrador judicial sucedem a sentença de encerramento porque desta são dependentes. O saldo credor a ser pago ao administrador judicial pelo devedor/recuperando somente será determinado após o cumprimento de determinados deveres/obrigações, que nascem da sentença de encerramento da recuperação judicial. Sem a sentença de encerramento da recuperação judicial, não há que se falar em práticas de determinados atos específicos pelo administrador judicial e muito menos no pagamento do seu saldo credor. A par da reserva dos 40% (quarenta) por cento previstos no parágrafo 2º do artigo 24, a nosso ver também extensivos ao administrador judicial da recuperação judicial, as **disposições seguintes – que tratam exclusivamente do instituto da recuperação judicial**, nos parece, complementam o nosso raciocínio, avalizando nossas afirmações.

> "Art. 63. Cumpridas as obrigações vencidas no prazo previsto no *caput* do art. 61 desta Lei, o juiz decretará por sentença o encerramento da recuperação judicial e determinará: I – o pagamento do saldo de honorários ao administrador judicial, somente podendo efetuar a quitação dessas obrigações mediante prestação de contas, no prazo de 30 (trinta) dias, e aprovação do relatório previsto no inciso III do *caput* deste artigo; II [...]; III – a apresentação de relatório circunstanciado do administrador judicial, no prazo máximo de 15 (quinze) dias, versando sobre a execução do plano de recuperação pelo devedor."

Por outro lado, na prática, a magistratura, também a nosso ver, interpretando da mesma forma a Lei 11.101/05, especialmente a questão da reserva dos 40% (quarenta por cento) no instituto da recuperação judicial, e sopesando os parâmetros nela indicados para a nomeação e fixação do pagamento ao administrador judicial e respectiva forma, ou seja: (i) capacidade de pagamento do devedor; (ii) grau de complexidade do trabalho; e, (iii) os valores praticados no mercado para o desempenho de atividades semelhantes, tem agido, em alguns casos, da seguinte forma: conhecido o valor dos créditos sujeitos à recuperação judicial (constam da inicial do impetrante, ou logo após a verificação, pela lista dos credores), o juiz já tem a base para a aplicação do percentual (e isso não quer dizer que ele fará isso nesses momentos, mas, se o quiser, tem elementos para tal), sempre limitado a 5% (cinco por cento) do valor desses créditos sujeitos.

Fica a observação de que o artigo 24, *caput*, apenas diz que o juiz fixará o valor e a forma de pagamento da remuneração do administrador judicial, não dizendo, entretanto, **quando**. Encontrado o valor da remuneração (conforme exemplo a seguir), o juiz fixará a forma do devedor/recuperando pagar a remuneração ao administrador, o que, na prática, tem se observado que dos 100% (cem por cento) encontrados, reserva-se 40% (quarenta por cento) para os fins anteriormente mencionados, enquanto os outros 60% (sessenta por cento) serão pagos em 24 (vinte e quatro) parcelas mensais e iguais, para se coincidir ou se aproximar do cumprimento e respectivo encerramento da recuperação judicial. Podem ser mais parcelas, desde que não ultrapasse os 60%.

Este exemplo demonstra com clareza o que temos visto na prática e que, a nosso ver, é a melhor forma: em uma recuperação judicial, os créditos sujeitos a ela importam em R$50.000.000,00 (cinquenta milhões de reais). O juiz do feito, analisando o geral, inclusive os parâmetros legais, entende que, nessa hipótese, a remuneração do administrador judicial será de 2% (dois por cento), os quais, multiplicados pelo valor dos créditos, resulta em um total de R$1.000.000,00 (um milhão de reais), sendo esta a remuneração do administrador judicial; dessa importância, 40% (quarenta por cento) vão ser pagos após o procedimento previsto quando do encerramento, por sentença, da recuperação judicial (art. 63), e os outros 60% (sessenta por cento) serão divididos em 24 parcelas mensais e iguais de R$25.000,00 (vinte e cinco mil reais). Ciente dessa determinação do juiz, o devedor/recuperando passa a cumpri-la, e, por lógico, passará a fazer os devidos planejamentos para que o seu caixa tenha, daqui a mais ou menos dois anos e meio, o restante, ou seja, os R$400.000,00 (quatrocentos mil reais).

Por outro lado, e retomando às sábias palavras do mestre Ricardo Negrão (2012), de que "As necessidades do administrador, na recuperação ou na falência, são as mesmas", ou seja, a necessidade de se contratar auxiliares em suas diversas matizes e remunerá-los, tomamos a liberdade, com a vênia do ilustre jurista, de acrescentar que, além da identificação das necessidades acima citadas, também as exigências legais e os momentos para o pagamento do administrador judicial em ambos os procedimentos também são idênticos, respeitando-se, de cada um, as suas peculiaridades. Assim, o administrador judicial, tanto na falência (arts. 154 e 155), quanto na recuperação judicial (art. 63 e incisos) somente receberá o seu saldo credor se prestadas e **aprovadas** as respectivas contas. A nosso ver, e analisando os citados dispositivos, nenhuma dúvida sobra quanto ao afirmado.

Para nossa satisfação, e dentro do dinamismo que o Direito carrega em seu seio, assim como a liberdade de interpretação das normas, retomamos, também, os judiciosos ensinos do mestre Paulo F. C. Salles de Toledo (2010, p. 121), em que o grande jurista, em decorrência mesmo dos fatos acima expostos, escreve nota no pé da página, sob o número 250: "Retifica-se, neste ponto, a posição adotada nas edições anteriores destes comentários." – parte do pensamento/posição do digno doutrinador contido na obra de 2005. E continua: "[...] Talvez tivesse entendido que, aí, o próprio devedor poderia defender seus interesses, sem necessidade de proteção legal diferenciada [...]."

As palavras seguintes do ilustre jurista são extraídas da nova edição da obra de 2010, e refletem a sua retificação acima aludida. Dizem:

> "[...] não é este, no entanto, o melhor entendimento. Com efeito, do mesmo modo que, na falência, o pagamento da quantia reservada somente poderá ser promovido após aprovadas as contas do administrador e apresentado por ele o relatório

final, manda o bom senso que, na recuperação judicial, em que os mesmos atos são exigidos do administrador, só depois de praticados se torne disponível o montante reservado. *Ubi eaden ratio, ibi eaden dispositio*. Cabe ainda acrescentar que, por uma interpretação finalística do texto, a referência aos artigos 154 e 155 da LRE se faz em função da **disciplina** aí contida da prestação de contas e relatório final, a qual se aplica tanto à falência quanto à recuperação judicial." (grifos nossos).

Ao redigir o seu novo posicionamento, Paulo F. C. Salles de Toledo chama a atenção do leitor para a nota de número 251 de rodapé da página, na qual diz: "Nesse sentido decidiu o Tribunal de Justiça de São Paulo, por sua Câmara Especial de Falências e Recuperações Judiciais (AI 420.755.4/6-00, j. 25-4-2007, v.u., Rel. Des. Pereira Calças)". Fica a observação de que o pensamento do nobre e culto Desembargador Pereira Calças é exatamente o oposto do seu colega, também ilustre Desembargador Lino Machado, do mesmo Egrégio Tribunal de Justiça de São Paulo, acima citado pelo ilustre escritor Fábio Ulhoa, em reforço à sua tese de que os artigos 154 e 155 da Lei 11.101/05 só se aplicam ao instituto da falência.

40.3 Remuneração proporcional ao administrador judicial substituído

O Parágrafo 3º do artigo 24 inicia sua redação seguindo uma lógica a toda prova, dizendo que "o administrador judicial substituído será remunerado proporcionalmente ao trabalho realizado". Ora, quanta razoabilidade há nessas disposições, pois todo trabalhador, a nosso ver, tem o direito de receber por aquilo que fez. Se fez somente parte, que receba proporcionalmente a essa parte. Entretanto, na parte seguinte e complementar, a redação deste parágrafo 3º, no nosso entender e pela extensão dos motivos relacionados e justificadores **do não pagamento**, deixa claro que o administrador judicial dificilmente receberá qualquer importância, estando em risco até mesmo aquela pelo trabalho realizado proporcionalmente.

Vejamos: a sequência e parte complementar da redação do acima citado parágrafo 3º, diz: "[...]salvo se renunciar sem relevante razão ou for destituído de suas funções por desídia, culpa, dolo ou descumprimento das obrigações fixadas nesta Lei, hipóteses em que não terá direito à remuneração". Todos esses motivos justificadores do não pagamento ao administrador judicial, nos parece, abrange todas as possibilidades existentes para que ele descontinue no exercício das funções, e, pior, sem direito a remuneração.

Posição doutrinária importante é a do ilustre Professor mineiro, Gladston Mamede (2012, p. 74-75), com as quais concordamos em toda sua plenitude. Concorda o Mestre com a Lei, no que se refere à destituição do administrador judicial sem direito a qualquer remuneração, somente na hipótese de desídia, culpa, dolo ou descumprimento de obrigações fixadas em Lei, mas se a destituição ocorrer no início do processo e o administrador nada tenha feito, argumentando que "[...] quadro no qual a ausência de remuneração se justificará pela ausência de trabalho".

Entretanto, ao tratar da **renúncia sem relevante razão**, Mamede é muito firme ao dizer que:

> "[...] Ao contrário do que pretendeu o legislador, o administrador judicial tem, sim, o direito de renunciar sem revelar os motivos que o levam a tanto. Não há licença constitucional para obrigá-lo a manter-se no exercício da função. Não se trata de um múnus público. Não há base constitucional para obrigar o administrador judicial a declarar os motivos de sua renúncia à função e, muito menos, para puni-lo com a perda do direito à remuneração pelo trabalho que desempenhou, na respectiva proporção. Igualmente, a liberdade de exercício de qualquer trabalho implica o direito de não exercê-lo. Assim, creio que a previsão é inconstitucional e o administrador judicial, mesmo renunciando à função sem expressar minimamente seus motivos, tem direito à remuneração proporcional pelo trabalho que realizou [...]." (MAMEDE, 2012, p. 75).

40.4 Contas do administrador judicial não aprovadas

Imagine-se na posição de administrador judicial, cujas funções foram exercidas como manda a Lei, ou seja em uma recuperação judicial ou mesmo em uma falência, ou naquela convolada nesta, por um período de, no mínimo, 3 (três) anos, e que, ao encerramento tanto de uma como de outra, as contas não são aprovadas. Consequências: "[...] Também não terá direito a remuneração o administrador que tiver suas contas desaprovadas" (parágrafo 4º do artigo 24).

É ainda de Gladston Mamede (2012, p. 75-76) que abeberamos os ensinamentos sobre essa questão, pois entende ele que a desaprovação das contas, por si só, não é motivo para o não pagamento da remuneração devida ao administrador, nem quando do encerramento e nem quando da substituição. Para ele:

> "[...] Se as contas não são aprovadas por problemas formais que se apresentam passíveis de serem consertados pelo administrador, haverá retenção até que ele se desonere de tal obrigação. Se as contas não são aprovadas pela verificação de comportamento ilícito que determinou prejuízos para a massa, aplica-se a mesma regra de retenção há pouco abordada [...]."

Ao concluir seu pensamento, o ilustre jurista dá exemplos em números, demonstrando que, se as contas não fecham por um valor inferior à remuneração do administrador, que se faça a compensação com parte de sua remuneração; se, ao contrário, as contas não fechadas tiverem saldo negativo maior que o saldo credor do administrador, que este complemente o valor da sua remuneração para o fechamento.

É um ponto que a jurisprudência deveria se ater mais na sua análise; de igual forma, o legislador mais atento poderia trabalhar em uma possível alteração desses dispositivos que, como muito bem disse Gladston Mamede, não são precedidos dos princípios constitucionais que regem questões semelhantes, mas, ao contrário, apresentam-se inconstitucionais. A nosso sentir, e acompanhando o pensamento do professor mineiro, a não aprovação das contas por meras questões de ordem formal, ou mesmo por um desencontro pequeno nos números poder retirar do administrador judicial o seu direito de recebimento do seu saldo credor, é, também, uma injustiça das mais absurdas possíveis.

A LC 147/2014 limita a remuneração do administrador judicial em recuperações judiciais de microempresas e empresas de pequeno porte.

Segundo os princípios constitucionais insculpidos no artigo 179 da Constituição Federal, de que "A União, os Estados, o Distrito Federal e os Municípios dispensarão às microempresas e às empresas de pequeno porte, assim definidas em lei, tratamento jurídico diferenciado, visando a incentivá-las pela simplificação de suas obrigações administrativas, tributárias, previdenciárias e creditícias, ou pela eliminação ou redução destas por meio de lei", foi editada a Lei Complementar número 147, de 07 de agosto de 2014, que altera diversas Leis, com o foco mais específico sobre a LC 123/06, inclusive a 11.101/05. Fica a observação de que tais alterações entraram em vigor na data da publicação da citada Lei Complementar 147, isto é, no dia 07 de agosto de 2014.

Dentre as modificações introduzidas na LFRE, especificamente no instituto ora sob estudo – o da recuperação judicial –, foi acrescentado ao artigo 24 o parágrafo 5º, determinando que a remuneração do administrador judicial seja reduzida para 2% (dois por cento), no caso de microempresa ou empresa de pequeno porte.

Parece-nos um critério justo do legislador, pois uma microempresa ou mesmo empresa de pequeno porte, segundo são definidas respectivamente pelos incisos I e II do artigo 3o da Lei Complementar 123/06, por suas receitas brutas em cada ano-calendário (atualmente para as primeiras até o valor de R$360.000,00 e para as segundas, receita bruta superior a R$360.000,00 e igual ou inferior a R$3.600.000,00), por óbvio que as atribuições do administrador judicial serão menores do que as exercidas em uma empresa média ou mesmo grande, pois o volume de negócios daquelas, pela sua própria natureza, também será menor. Daí, o legislador entender que, com base nos princípios citados anteriormente e a par de um tempo menor a ser gasto pelo administrador judicial em seus afazeres junto às micro e pequenas empresas, limitar a 2% (dois por cento) a remuneração deste, cuja base na recuperação judicial são os créditos sujeitos à mesma, e na falência, o valor da venda dos ativos da massa.

> Art. 25. Caberá ao devedor ou à massa falida arcar com as despesas relativas à remuneração do administrador judicial e das pessoas eventualmente contratadas para auxiliá-lo.

41. REMUNERAÇÃO DO ADMINISTRADOR: MASSA FALIDA E DEVEDOR

Este dispositivo tem por finalidade única dizer quem será o responsável pelo pagamento das despesas que custearão a remuneração do administrador judicial, assim como também de terceiros por ele contratados, quando das respectivas necessidades, com base na Lei 11.101/05, que o autoriza sob a supervisão do juiz, denominados de auxiliares.

Para os operadores do direito mais familiarizados com a lide da Lei 11.101/05, a redação deste artigo 25 se apresenta muito clara e, diríamos até – nada obstante a inexistência de palavras inúteis na Lei –, desnecessária, vez que, pelos dispositivos anteriores, se permite essa conclusão, qual seja, a de que os custos da recuperação judicial serão pagas pelo recuperando e as da falência pela respectiva massa falida.

> Art. 26. O Comitê de Credores será constituído por deliberação de qualquer das classes de credores na assembleia-geral e terá a seguinte composição:
>
> I – 1 (um) representante indicado pela classe de credores trabalhistas, com 2 (dois) suplentes;
>
> II – 1 (um) representante indicado pela classe de credores com direitos reais de garantia ou privilégios especiais, com 2 (dois) suplentes;
>
> III – 1 (um) representante indicado pela classe de credores quirografários e com privilégios gerais, com 2 (dois) suplentes.
>
> IV – 1 (um) representante indicado pela classe de credores representantes de microempresas e empresas de pequeno porte, com 2 (dois) suplentes.
>
> § 1º A falta de indicação de representante por quaisquer das classes não prejudicará a constituição do Comitê, que poderá funcionar com número inferior ao previsto no *caput* deste artigo.
>
> § 2º O juiz determinará, mediante requerimento subscrito por credores que representem a maioria dos créditos de uma classe, independentemente da realização de assembleia:
>
> I – a nomeação do representante e dos suplentes da respectiva classe ainda não representada no Comitê; ou
>
> II – a substituição do representante ou dos suplentes da respectiva classe.
>
> § 3º Caberá aos próprios membros do Comitê indicar, entre eles, quem irá presidi-lo.

42. CONSTITUIÇÃO DO COMITÊ DE CREDORES

Antes de conhecermos o que efetivamente é o **Comitê de Credores**, o legislador, neste artigo 26, *caput*, nos remete a um outro órgão da recuperação judicial (e da falência) – a Assembleia-Geral de Credores –, nos adiantando como é, em parte, a sua composição. Não que ele se esqueça do órgão que ora se estuda para se buscar a compreensão de outro – vamos chegar lá na hora certa –, mas é que o Comitê de Credores tem por base de sua constituição a deliberação de quem é, por fim, não só integrante, mas parte da própria composição da Assembleia-Geral de Credores, ou seja, os próprios credores, aqui (na recuperação judicial) divididos em 4 (quatro) classes (artigo 41), em conformidade com a natureza dos créditos de que são titulares.

Ocorre que as disposições desta Lei 11.101/05 priorizou a participação dos credores tanto na recuperação judicial quanto na própria falência, criando, para tanto, os dois órgãos acima mencionados – o Comitê de Credores e a Assembleia-Geral de Credores. O professor Paulo Fernando Campos Salles de Toledo (2010, p. 123) sintetiza bem a extensão dos campos de atuação de ambos órgãos, e, para nossa melhor compreensão pedimos vênia ao mestre para transcrevermos seus ensinamentos:

> "[...] Pela própria função de um e de outro, aquela (a AGC) se reúne somente em determinadas ocasiões, e sua pauta de deliberações, embora corresponda aos grandes temas, evidentemente não inclui o cotidiano e o nível de execução. Já o comitê de credores deve acompanhar mais de perto a atividade da empresa em recuperação ou o desenvolvimento do processo de falência."

42.1 Conceito de Comitê de Credores

Pedimos vênia também ao ilustre jurista Ricardo Negrão (2012, p. 127)para, mais uma vez, utilizarmos de seus vastos conhecimentos, em que, com a maestria de sempre, nos fornece o conceito do Comitê de Credores, assim se expressando:

> "[...] O Comitê de Credores, representante das classes de titulares de créditos admitidos nos processos de falência e de recuperação judicial, é órgão colegiado eleito pela assembleia-geral de credores, com atribuições consultivas e fiscalizatórias. Sua constituição é facultativa, podendo ser instalado em sua estrutura plena, com três membros titulares e seis suplentes, ou reduzida, composta por, no mínimo, dois membros titulares. (A estrutura plena hoje, em conformidade com a LC 147/20114, é quatro membros titulares e oito suplentes, conforme art. 26)."

Observamos que a Assembleia-Geral de Credores é composta de quatro classes; entretanto, para a constituição do comitê de credores, diz a Lei, basta a deliberação de qualquer dessas quatro classes na própria AGC. Ao contrário do que alguns pensam ou são levados a pensar, principalmente diante das disposições legais que dizem bastar a deliberação de somente uma das classes para a constituição do comitê geral de credores, isso, absolutamente, não está querendo dizer e tampouco induzindo qualquer raciocínio a pensar que existe individualmente assembleias específicas e isoladas de qualquer das quatro classes. Não! A

Assembleia-Geral de Credores é uma só e a sua constituição compreende as quatro classes de credores que veremos logo a seguir (é claro, se existirem as quatro classes de credores). Ressalte-se, entretanto, que a AGC é, antes de tudo, constituída pela classe ou pelas classes de credores existentes ou na recuperação judicial ou na própria falência, não significando isso que, necessariamente, na sua constituição, devam existir as quatro classes de credores, mas pode ter uma, ou duas, ou as três ou mesmo as quatro.

É que ocorre em diversos casos concretos – em uma recuperação judicial ou em uma falência – em que existe só uma classe de credores (os quirografários, por exemplo), pois o devedor não deve para qualquer credor que tenha a natureza da classe II, garantia real, e tampouco tem qualquer débito em atraso ou corre contra ele qualquer Reclamação Trabalhista, cujos credores seriam os da classe I – titulares de créditos derivados da legislação do trabalho ou decorrentes de acidente do trabalho, ou mesmo para a classe das pequenas empresas e microempresas (Inciso VI). Ou mesmo em situação diferente, quando uma só classe – os credores com garantia real – é credora; e, pode ser esta e outra. Enfim, pode existir as quatro classes de credores em determinado processo.

Ora, se o comitê de credores será constituído por deliberação de qualquer das classes de credores, e isto assim ocorrendo, indaga-se se as demais classes têm a obrigação de se integrarem, de se aderirem à deliberação daquela, enfim, de indicarem os seus representantes para a composição do comitê? Vamos, primeiramente, entender como fica a composição deste comitê. Os quatro incisos do artigo 26 nos dão a clara resposta: I – 1 (um) representante indicado pela classe de credores trabalhistas, com 2 (dois) suplentes; II – 1 (um) representante indicado pela classe de credores com direitos reais de garantia ou privilégios especiais, com 2 (dois) suplentes; III – 1 (um) representante indicado pela classe de credores quirografários e com privilégios gerais, com 2 (dois) suplentes; e, IV – 1 (um) representante indicado pela classe de credores representantes de microempresas e empresas de pequeno porte, com 2 (dois) suplentes.

42.2 Divergências da doutrina (estudos nos parágrafos seguintes)

Uma pequena pausa neste raciocínio para dizer sobre a existência de pontos de vista ou mesmo entendimentos divergentes de grandes doutrinadores, objetos de abrangência de estudos mais aprofundados nos parágrafos seguintes, pois foi detectada, segundo o Mestre Fábio Ulhoa, uma incongruência, também vista por outros ilustres juristas, entre as redações dos artigos 41 e 26 desta Lei 11.101/05. É que, nada obstante o artigo 26 rezar que a constituição do comitê de credores é decorrente de deliberação das classes de credores que compõem a Assembleia-Geral de Credores, mas ao detalhar a sua composição nos três incisos, o faz diferentemente da composição detalhada nos três incisos do artigo 41. (Fica a observação de que estes comentários dos doutrinadores citados foram feitos quanto ainda não existia a LC 147/2014, que acrescentou um item IV - classe das pequenas empresas e microempresas, tanto na constituição da AGC quanto do Comitê de Credores).

A não indicação de representantes por quaisquer das classes não prejudica a constituição do Comitê de Credores.

Retomemos o raciocínio. O Parágrafo Primeiro deste artigo 26 nos responde quanto à obrigação das demais classes – as que não participaram da deliberação –, de aderirem, de indicarem seus integrantes para a composição do comitê geral de credores. Vejamos os dispositivos, na íntegra, deste parágrafo primeiro do artigo 26:

> "A falta de indicação de representante por quaisquer das classes não prejudicará a constituição do Comitê, que poderá funcionar com número inferior ao previsto no caput deste artigo".

Ora, quando a própria Lei faz tal afirmativa, fica clara não só a possibilidade, mas a viva realidade de que este comitê de credores poderá funcionar com qualquer outro número, mesmo tendo no caso concreto as quatro classes de credores, não sendo outros os números senão os de três, ou de duas ou mesmo de uma só classe.

42.3 Formalidades para a participação posterior das classes que não indicaram representantes

Ora, passada a oportunidade de as demais classes, em existindo, integrarem o comitê de credores quando constituído por deliberação de uma só classe – oportunidade esta exclusivamente quando da realização da Assembleia-Geral de Credores (Parágrafo 2º do art. 52, c/c/ parágrafo 2º do art. 36) –, há, pela classe que o desejar posteriormente, a necessidade de se obedecer a um rito que a Lei impõe para a respectiva nomeação de seus representante e suplentes. A determinação consta do Parágrafo Segundo deste artigo 26, prescrevendo a necessidade de um requerimento subscrito por credores que representem a maioria dos créditos daquela classe interessada, o qual será submetido ao crivo do juiz do feito. O mesmo procedimento se verifica quando da necessidade da substituição do representante ou dos suplentes da respectiva classe, sendo desnecessária, portanto, a convocação de Assembleia-Geral dos Credores para a concretização desses dois últimos interesses.

42.4 Como se indica o presidente do Comitê de Credores

A última determinação deste artigo 26 consta do seu parágrafo terceiro, afirmando que "Caberá aos próprios membros do Comitê indicar, entre eles, quem irá presidi-lo." Ao fazer tal afirmativa, a Lei fala em pluralidade. Todavia, dissemos acima que, pelas disposições do Parágrafo Primeiro deste artigo 26, nos ficava a viva realidade de que esse comitê poderia funcionar somente com uma das classes, o que significa ter um representante e dois suplentes. E se assim o for? Pode um representante de uma classe ser presidente de si mesmo? Ou a pluralidade prevista neste parágrafo terceiro, necessariamente, terá que prevalecer?

42.5 A Lei não obriga a constituição do Comitê de Credores

Por outro lado, a existência ou a constituição deste comitê geral de credores, afirma a doutrina, é facultativa, obviamente dependendo a sua constituição da complexidade de um processo de recuperação judicial ou mesmo de falência. É exatamente este o posicionamento do grande jurista e Professor Fábio Ulhoa Coelho (2011, p. 124-125), que enfatiza

> "É facultativa a instalação do Comitê. Ele não existe e não deve existir em toda e qualquer falência ou recuperação judicial. Deve, ao contrário, ser instaurado pelos credores apenas quando a complexidade e o volume da massa falida ou da empresa em crise o recomendar."

Fábio Ulhoa defende a desnecessidade de constituição do comitê de credores também quando a empresa não seja de vulto, cujos indicativos são encontrados ou na dimensão do ativo ou do próprio passivo e, por ser este órgão uma instância de consulta e não existindo qualquer especificidade justificativa da sua formação, constituirá ele – o Comitê –, "apenas burocracia e perda de tempo para o processo falimentar ou de recuperação". Ressalta ainda Fábio Ulhoa que, em nenhuma hipótese a Lei determina a instauração e funcionamento do Comitê de Credores, nem mesmo em falências ou recuperações de macro empresas, cabendo essa decisão exclusivamente aos credores que devem, anteriormente, verificar a capacidade ou da massa falida ou da recuperanda para absorver os custos que necessariamente decorrerão da própria implantação e funcionamento do órgão. Recomenda ainda Ulhoa que, se a dúvida pairar sobre os credores quanto à constituição ou não deste órgão, devem os mesmos postergá-la, pois a tramitação do respectivo processo lhes dirá futuramente sobre essa necessidade ou não.

42.6 Funcionamento do Comitê de Credores

Também, quanto ao funcionamento do comitê de credores, a doutrina tem suas divergências. Para o jurista Celso Marcelo de Oliveira, em sua obra *Comentários à Nova Lei de Falências* (2005, p. 199), ao comentar sobre a composição e funcionamento do Comitê de Credores, diz: "[...] Interpretando a norma falimentar, temos que a falta de indicação de representante por qualquer das classes não prejudicará a constituição do Comitê, **que poderá funcionar com número inferior ao previsto** [...]". (grifos nossos). No mesmo sentido, Fábio Ulhoa, (2011, p. 126), "[...] Diz a Lei que o Comitê pode funcionar mesmo que uma ou duas classes não tenham indicado seus representantes. O órgão desfalcado, esclareça-se, **exerce a mesma competência que tem quando completo** [...]" (grifos nossos).

Paulo Fernando Campos Salles de Toledo (2010, p. 125), eminente Professor da USP, nos dá uma demonstração do que efetivamente ocorre com os grandes juristas, ou seja, a mudança de posição sobre determinado assunto. É que na primeira edição dessa obra, em 2005, o eminente Professor, ao comentar sobre o funcionamento do Comitê de Credores, afirmava a impossibilidade de se fazê-lo com um membro só, porque, se assim o fosse, a representação seria de uma só classe, individualizada, mas nunca da coletividade, pois na sua visão, a representação do conjunto é que justifica a sua existência. O grande doutrinador, ao mudar o seu posicionamento o fez convictamente, citando, inclusive, um caso concreto ocorrido em uma das maiores falências no Brasil.

Com a humildade própria dos grandes, o eminente Professor e Jurista paulistano, afirma que

> "[...] Na primeira edição deste livro, assinalou-se que não poderia o Comitê funcionar com um único membro, porque nesse caso estaria representando uma só classe de credores, e não a coletividade [...]. Poderá ocorrer, no entanto, que apenas uma classe de credores participe do processo concursal (o que, certamente, não será comum, mas pode acontecer e já aconteceu, por sinal em falência de grande repercussão, a do Banco Santos S.A.). Isto, no caso da recuperação judicial das micro e pequenas empresas, irá verificar-se necessariamente, uma vez que o regime especial para ela previsto 'abrangerá exclusivamente os credores quirografários'. Mesmo assim, por expressa disposição legal, poderá ser constituído um 'comitê' de credores." (p. 125)

O advogado e jurista Julio Kahan Mandel, em sua obra *Nova Lei de Falências e Recuperação de Empresas*, se mostra surpreso e apresenta espanto, quando diz que, "[...] Interessante a posição do legislador de permitir que a constituição do comitê possa ser deliberada por qualquer classe de credores presentes à assembleia, e não por decisão conjunta ou da maioria dos membros [...]" (2005, p. 64-65). Demonstrava Mandel, à época, pois sua obra é quase simultânea à vigência da Lei 11.101/05 – 09/06/2005, certa inquietação diante da possibilidade da existência do comitê com apenas uma das classes de credores, e até expressa que no seu entendimento não seria certa a formação do comitê sem a aprovação de pelo menos duas das classes, mas, ao final, opina que:

> "[...] A permissão para constituir um comitê de credores formado por credores de uma única classe provavelmente foi criada para atender os sindicatos, que em grandes processos de concordata ou falência sempre buscam participar mais ativamente dos processos, e tem estrutura jurídica para comportar os custos."

Entretanto, para o jurista e Professor Ricardo Negrão (2012, p. 131-132), após comentar sobre e transcrever o parágrafo primeiro deste artigo 26, entende da conveniência de se aprofundar um pouco mais para se buscar na pretensão do legislador, como se sustenta a funcionalidade do Comitê, mesmo quando ausentes dois de seus membros. E discorre o mestre:

> "[...] Há de se ponderar que se a deliberação decorrer de uma única classe o funcionamento regular do Comitê estará comprometido. Não há Comitê de um só – o *nomen juris* revela a pluralidade – nem seria adequado outorgar o direito a uma única classe, em oposição às outras que optaram pela não constituição, de zelar pelo bom andamento do processo e de praticar todas as atribuições confiadas a este órgão essencialmente coletivo. Parece-nos claro que a expressão legal 'a falta de indicação de representante por qualquer das classes' refere-se a 'uma de quaisquer classes previstas no art. 26', concluindo-se que o Comitê se dará por constituído se pelo menos duas classes – a I e a II; a I e a III; a II e a III – assim deliberarem e indicarem seus representantes, sob pena de não terem sentido os preceitos seguintes, que determinam a escolha da presidência (art. 26, parágrafo 3º) e o regime de aprovação de suas decisões (art. 27, parágrafo 1º)."

Insiste em sua tese o eminente jurista Ricardo Negrão, alegando que, se a maioria – duas das três classes – decidiram, ao não indicarem seus representantes e suplentes, pela não participação e, por consequência, pela não constituição do Comitê, há que ser respeitada essa decisão, não importando se ela foi manifestada omissiva ou ativamente. O importante para ele é que houve a deliberação pelo **não funcionamento** do Comitê, e que essa deliberação deve ser respeitada. Critica ainda o ilustre Desembargador paulista o que ele denominou de **descuido** do legislador ao prever a existência de Comitê de Credores em processos de recuperação judicial ou de falência, quando todos os credores concursais pertencerem a uma mesma classe, o que, necessariamente ocorre quando da utilização do plano especial de recuperação judicial para Microempresas e Empresas de Pequeno Porte, previsto no artigo 71 (abrange exclusivamente os credores quirografários), mas que, mesmo assim (e aí o **descuido** do legislador) estabelece, em seu inciso IV, "a necessidade de autorização do juiz, após ouvido o administrador judicial e o **Comitê de Credores**, para o devedor aumentar despesas ou contratar empregados". (grifos nossos).

Por mais profundos e esclarecedores que sejam os magníficos argumentos do jurista Ricardo Negrão, nos parece, nesta empreitada, caminha quase sozinho. No AI n. 504.359-4/7-00, TJSP, j. 30.1.2008, o seu colega de Tribunal, eminente Desembargador Lino Machado, que relatou o AI acima referenciado, faz uma interessante exposição na defesa da constituição do Comitê de Credores por apenas uma pessoa eleita em Assembleia-Geral de Credores, dizendo que isso não torna irregular o seu funcionamento, até mesmo porque, segundo seu entendimento, essa situação está prevista no art. 26, parágrafo 1º, da NLF, que o Comitê "poderá funcionar com número inferior ao previsto no *caput*". Na construção de seu pensamento, o Desembargador Lino Machado cita diversos doutrinadores em apoio ao que diz, e que, também:

> "[...] A Lei não fala que o Comitê tenha um número mínimo de integrantes. Embora a palavra comitê, na linguagem vulgar provoque a idéia de reunião de duas ou mais pessoas para um determinado propósito dentro de um conjunto maior de pessoas, o conceito jurídico não necessariamente há de ter a mesma significação, embora dela guarde algum resquício. Tal expediente técnico é conhecido no Direito, como acontece com a denominação, em seus próprios termos contraditória, da **sociedade unipessoal**." (os grifos são do original).

Lino Machado continua a dissertar e, ao socorrer-se da doutrina, afirma que, de fato, essa é a opinião dela, e cita primeiramente Haroldo Malheiros Duclerc Verçosa, que diz que:

> "[...] a inexistência de um ou de dois representantes não prejudicará o funcionamento do órgão. Em uma situação limite, ele poderá ser constituído tão somente pelo representante de uma das classes, perdendo, portanto, a sua característica de comitê."

Seguindo na defesa de sua tese, diz o ilustre Desembargador Lino Machado que a lição de Haroldo Malheiros não difere da lição de Sérgio Campinho, para quem: "[...] não prejudica a constituição do comitê a falta de indicação de representante por quaisquer das classes que o compõem. Poderá, assim, funcionar com número inferior ao previsto, inclusive com um só membro" Cita e transcreve também parte do pensamento no mesmo sentido do grande jurista Manoel Justino Bezerra Filho, referindo-se à 4ª edição da sua *Lei de Recuperação de Empresas e Falências*.

Quando afirmamos que o mestre Ricardo Negrão, nessa empreitada, caminha quase sozinho, deixamos para finalizar este tópico com o entendimento de um grande jurista sobre a forma de tomada de decisões do comitê de credores, que é a mesma do Desembargador paulista. A opinião é do não menos expoente doutrinador (PACHECO, 2006, p. 81), ao comentar sobre as decisões deste órgão, assim o faz: "[...] **As decisões do comitê serão tomadas por maioria** e devem ser registradas em livro de atas, rubricado pelo juiz que fica à disposição do administrador judicial, dos credores e devedores". (grifos nossos). Ora, a *contrario sensu*, se a decisão for tomada por uma única classe não teremos a maioria num órgão constituído de três classes; esta maioria seria composta, por óbvio, de duas das classes.

42.7 Composição do Comitê de Credores

Alguns parágrafos acima chamamos a atenção para um ponto divergente entre os doutrinadores, afirmando que o Mestre Fábio Ulhoa havia detectado uma incongruência entre as disposições dos artigos 26 e 41 desta Lei 11.101/05, nunca nos esquecendo de que os citados comentários são anteriores à vigência da LC 147/2014, que modificou a LFRE.

A par do eminente escritor e Professor Fábio Ulhoa Coelho, citamos também outros dois grandes juristas e doutrinadores – e podem existir outros –, que também perceberam a mesma incongruência notada pelo primeiro, mas que cada um aponta uma solução. Esses eminentes juristas são os Professores Paulo Fernando Campos Salles de Toledo e Ricardo Negrão, ambos já vastamente citados por nós, de quem abeberamos na fonte os seus vastos conhecimentos e lições. O mais interessante é que o segundo cita o primeiro e a solução por este apontada, mas, ao final, expõe o seu entendimento, que não é o mesmo daquele.

Toda a questão se desenvolve diante das posições ocupadas pelos respectivos integrantes das então três classes de credores (hoje, pela LC 147/2014, são quatro), distribuídas nos três incisos do artigo 41 da Lei 11.101/05, o que deveria também ser observado pelos três incisos do artigo 26. Este, entretanto, deveria, mas não obedece a mesma ordem e sequência da disposição dos seus integrantes (o Comitê de Credores) como é naquela (a Assembleia-Geral de Credores). Vamos transcrevê-los abaixo para os efeitos comparativos, (para efeitos únicos de entendimento dos debates dos doutrinadores, pois com a vigência da LC 147/2014, tanto na AGC quanto no Comitê de Credores, há mais uma classe de credores – a das microempresas e empresas de pequeno porte). Primeiramente, os três incisos do artigo 41 (composição da Assembleia-Geral de Credores):

> I – titulares de créditos derivados da legislação do trabalho ou decorrentes de acidentes de trabalho;
>
> II – titulares de créditos com garantia real;
>
> III – titulares de créditos quirografários, com privilégio especial, com privilégio geral ou subordinados.

Os três incisos do Artigo 26 (composição do Comitê de Credores):

> I – 1 (um) representante indicado pela classe de credores trabalhistas, com 2 (dois) suplentes;
>
> II – 1 (um) representante indicado pela classe de credores com direitos reais de garantia ou privilégios especiais, com 2 (dois) suplentes;
>
> III – 1 (um) representante indicado pela classe de credores quirografários e com privilégios gerais, com 2 (dois) suplentes.

A incongruência apontada é a seguinte: no inciso I do art. 26 omitiu-se a presença de credores decorrentes de acidente do trabalho contida no inciso I do art. 41; no inciso II do art. 26, além dos credores com garantia real – que figura sozinho no item II do art. 41 –, acrescentou-se a categoria dos credores com privilégios especiais – que integra o inciso III do art. 41; e, finalmente, o inciso III do art. 26 omitiu os credores subordinados que constam do inciso III do artigo 41.

Ricardo Negrão cita e transcreve parte da opinião de Paulo Fernando Campos Salles de Toledo, especialmente a solução por este apontada para a aludida incongruência, sendo:

> "[...] certamente por um lapso na tramitação do processo legislativo, foi alterada a regra referente à composição da classe de credores na assembleia-geral, sem a concomitante modificação do texto relativo ao comitê. [...] A solução talvez esteja em, desconsiderando os incisos I a III do art. 26 – e com isso, superando as incongruências acima apontadas –, entender que o comitê será formado por um representante e dois suplentes de cada classe, como estas se encontram definidas no dispositivo específico da matéria (art. 41 da LRE). É claro que o aplicador da Lei, ao assim agir, estará pondo de lado o princípio segundo o qual a norma jurídica não tem palavras inúteis. Ele estará, no entanto, desse modo, levando em conta a finalidade do dispositivo e dando-lhe interpretação sistemática e, com isso, acima de tudo, tornando-o aplicável. Lembre-se, a respeito, que o juiz não pode eximir-se de 'sentenciar ou despachar alegando lacuna ou obscuridade da Lei'." (NEGRÃO, 2012, p. 132-133)

Em nota no pé da página, Ricardo Negrão dá a origem da citação, sendo: "TOLEDO, Paulo Fernando Campos de, Comentários aos artigos 1-34, In: TOLEDO, Paulo F. C. Salles de e ABRÃO, Carlos Henrique. *Comentários à Lei de Recuperação e Falência*, São Paulo: Saraiva, 2005, p. 68-69".

O mestre Ricardo Negrão, ao dar a sua opinião sobre esta incongruência entre as redações dos artigos 26 e 41, chama a atenção:

> "[...] para as conclusões que se extraem do confronto de ambos os dispositivos: (1) os credores acidentários e os subordinados, nos processos de recuperação e falências, terão voz e voto nas deliberações da assembleia-geral, mas não poderão integrar o Comitê de Credores; (2) nas decisões da assembleia-geral, os credores com privilégio especial votam com os credores com privilégio geral, quirografários e subordinados, podendo, ainda, integrar o Comitê de Credores representando seus iguais e os credores com direito real." (p. 134)

Ainda em seu pensamento, Ricardo Negrão diz que essas duas considerações (acima expostas):

> "[...] permitem-nos afastar da solução preconizada por Paulo Fernando Campos Salles de Toledo e entender que a redação dos incisos do art. 26 pode ser mantida, mas deve, necessariamente, ser complementada, nas omissões, no que couber, com a redação do art. 41, isto é, os credores acidentários integrarão a primeira classe e os credores subordinados, a última. No mais, a opção do legislador, em deslocar os credores com privilégio especial, pode ser benéfica, na medida em que compondo turmas de distintos interesses – votando como representante dos credores com direito real, no Comitê de Credores e como integrante da última classe, com os subordinados, quirografários e com privilégio geral – poderá

transformar-se no ponto de equilíbrio no equacionamento de questões que poderia dividir as opiniões das classes II e III."

Todavia, para o outro mestre, Fábio Ulhoa Coelho:

> "[...]Aprovada a constituição do Comitê, caberá também à Assembleia-Geral dos Credores eleger os seus membros. Nela, reúnem-se as classes de credores (não pelo critério de distribuição do art. 41, mas pelo do art. 26) para cada um eleger um membro titular e dois suplentes que a represente no Comitê." (COELHO, 2011, p. 125).

Foi essa a única observação feita pelo eminente jurista quanto à instalação do Comitê de Credores, ou seja, a de que na Assembleia-Geral dos Credores reunida para os fins de eleição dos membros integrantes do Comitê, será observado o critério de distribuição previsto no artigo 26.

Após comentar sobre a necessidade de hierarquização dos eleitos, de alertar que na eleição dos membros do Comitê de Credores observam-se os mesmos impedimentos para o exercício do cargo de administrador judicial, e ressaltar a desnecessidade de convocação e realização de Assembleia-Geral de Credores para a substituição de membro eleito, o Professor adentra o assunto em tela, dizendo

> "[...] Na distribuição dos credores em classes a Lei contém uma incongruência. Na constituição da instância classista em assembleia (para fins de votar o plano de recuperação judicial, por exemplo), os credores com privilégio especial integram a mesma dos quirografários e subordinados (LF, art. 41). Já na eleição dos membros do Comitê, esses credores se unem aos titulares de garantia real. Essa incongruência deveu-se à imprecisão da Emenda n. 57, apresentada em Plenário pela Senadora Ideli Salvatti, quando da votação do projeto pelo Senado, em julho de 2004. A emenda alterou a redação do artigo 41, para isolar numa única classe os credores com garantia real, mas se esqueceu de fazer igual mudança no art. 26." (p. 126)

Nada obstante a observação do ilustre Mestre quanto à incongruência verificada, explicitando, inclusive, a sua origem, o mesmo, ao contrário dos outros eminentes juristas acima citados, não adentrou no mérito da questão, não opinando, por consequência, como ficaria ou deveria ficar, na prática, a aplicação dos dispositivos. Se se permite uma ilação, ousamos dizer que Fábio Ulhoa entende que a redação que deveria prevalecer é a do artigo 41, isto é, as mesmas classes de credores que integram a Assembleia-Geral, deveriam, na mesma ordem, também ser as mesmas integrantes do Comitê de Credor.

Assim, se correto o nosso raciocínio, para o primeiro ilustre jurista citado, Paulo Fernando Campos Salles de Toledo, a solução para a questionada incongruência seria, talvez, desconsiderar a aplicação dos três incisos do artigo 26, e considerar a formação do Comitê por um representante e dois suplentes de cada classe, em conformidade com as disposições do artigo 41, sendo que o aplicador da Lei estaria, no caso, levando em conta a finalidade do dispositivo e dando-lhe interpretação sistemática; já para o segundo ilustre doutrinador, Ricardo Negrão, contrariando o primeiro, diz que a redação do artigo 26 pode ser mantida, mas, nas omissões, e naquilo que couber, deve, necessariamente, ser complementada com a redação do artigo 41, "isto é, os credores acidentários integrarão a primeira classe e os credores subordinados, a última"; e, para o emérito Professor Fábio Ulhoa Coelho, – por ousada inferência de nossa parte a estas suas palavras, entre outras: "A emenda alterou a redação do artigo 41, para isolar numa única classe os credores com garantia real, mas se esqueceu de fazer igual mudança no art. 26" –, a solução, nos parece, seria a aplicação da redação do artigo 41.

Após abeberarmos fartamente nessas fontes inesgotáveis de saber jurídico, ficou-nos, especificamente sobre a distribuição dos credores em classes (se em conformidade com o artigo 26 ou com o artigo 41), bem como o funcionamento do órgão (se com uma, duas ou três classes de credores), a compreensão de que, em absoluto, não existirá, potencialmente, qualquer prejuízo, seja na falência ou na recuperação judicial. Mas, mesmo antes desses detalhes, e pelas mesmas fontes também nos chegou o entendimento de algo mais abrangente, como a não obrigatoriedade legal de criação/instalação do comitê de credores, mesmo, conforme Fábio Ulhoa Coelho, nas grandes corporações, nas macroempresas, o que nos suscita a incontida indagação do porquê da previsão deste órgão na Lei 11.101/05? Ao analisar os artigos seguintes procuraremos, sempre com a ajuda desses gigantes juristas já citados e de outros, encontrar a resposta, tendo sempre em mente o jargão jurídico de que na Lei não existem palavras inúteis. Será?

O que disse o legislador:

Nada obstante o brilhantismo de todas as opiniões citadas e transcritas dos ilustres autores e a afirmação do professor Fábio Ulhoa quanto da incongruência encontrada, no

> **Relatório – Parecer 2004 – Plenário,** Em substituição à Comissão de Assuntos Econômicos e à Comissão de Constituição, Justiça e Cidadania, sobre as emendas de plenário apresentadas em turno suplementar ao Substitutivo PLC n. 71, de 2003, "foi aprovada no Plenário deste Senado Federal, no dia 17 de junho de 2004, a emenda n. 2-CCJ (Substitutivo) ao PLC n. 71, de 2003, que trata da nova lei de falências, restando, para a votação da matéria em turno suplementar, a discussão das Emendas de Plenário apresentadas ao Substitutivo aprovado. Passamos à análise das seguintes Emendas [...]."

EMENDA N. 57 – PLEN

A Emenda n. 57, da Senadora IDELI SALVATTI, modifica a redação dos incisos II e III do art. 41 do Substitutivo, para retirar os credores com privilégio especial da classe dos credores garantidos e colocá-los na classe dos credores quirografários e com privilégio geral.

Vejam a decisão do Plenário:

> "A Emenda deve ser acolhida, já que, após a modificação da ordem de prioridade na falência, com os credores garantidos passando à frente dos tributários, não há mais convergência de interesses que justifique a votação dos garantidos e dos credores com privilégio geral na mesma classe. Além disso, tem razão a Senadora quando afirma que o voto isolado dos credores garantidos fortalece o sistema de garantias reais no Brasil, traço que marca vários trechos do Substitutivo aprovado." (grifos nossos).

Fica aqui a certeza de que o legislador tinha o propósito de, deliberadamente, modificar a ordem dos integrantes das classes, pois, para ele, e após suas justificativas, os interesses já não eram os mesmos que antes. Tendo sempre em mente que a situação aqui analisada trata-se do Comitê de Credores, enquanto que a referida no art. 41 cuida da Assembleia-geral de Credores. Assim, não nos parece existir a citada incongruência detectada por Fábio Ulhoa.

42.8 Microempresas e empresas de pequeno porte tem participação no Comitê de Credores

A Lei Complementar número 147, de 07 de agosto de 2014, garantiu aos micro e aos pequenos empresários um grande privilégio, qual seja, o de ter um representante junto ao Comitê de Credores, a exemplo das outras três classes de credores já existentes. A citada Lei acrescentou ao artigo 26 o inciso "IV – 1 (um) representante indicado pela classe de credores representantes de microempresas e empresas de pequeno porte, com 2 (dois) suplentes".

Com isso, esse segmento ganha um privilégio da recuperação judicial, vez que, existindo o Comitê de Credores, por certo teremos presente um representante com seus dois suplentes dos empresários considerados micros e pequenos, o que pode significar para eles um ganho muito grande, pois agora terão representatividade específica, com os mesmos deveres e responsabilidade dos demais integrantes das outras classes de credores.

> Art. 27. O Comitê de Credores terá as seguintes atribuições, além de outras previstas nesta Lei:
>
> I – na recuperação judicial e na falência:
>
> a) fiscalizar as atividades e examinar as contas do administrador judicial;
>
> b) zelar pelo bom andamento do processo e pelo cumprimento da lei;
>
> c) comunicar ao juiz, caso detecte violação dos direitos ou prejuízo aos interesses dos credores;
>
> d) apurar e emitir parecer sobre quaisquer reclamações dos interessados;
>
> e) requerer ao juiz a convocação da assembleia-geral de credores;

f) manifestar-se nas hipóteses previstas nesta Lei;

II – na recuperação judicial:

a) fiscalizar a administração das atividades do devedor, apresentando, a cada 30 (trinta) dias, relatório de sua situação;

b) fiscalizar a execução do plano de recuperação judicial;

c) submeter à autorização do juiz, quando ocorrer o afastamento do devedor nas hipóteses previstas nesta Lei, a alienação de bens do ativo permanente, a constituição de ônus reais e outras garantias, bem como atos de endividamento necessários à continuação da atividade empresarial durante o período que antecede a aprovação do plano de recuperação judicial.

§ 1º As decisões do Comitê, tomadas por maioria, serão consignadas em livro de atas, rubricado pelo juízo, que ficará à disposição do administrador judicial, dos credores e do devedor.

§ 2º Caso não seja possível a obtenção de maioria em deliberação do Comitê, o impasse será resolvido pelo administrador judicial ou, na incompatibilidade deste, pelo juiz.

43. ATRIBUIÇÕES DO COMITÊ DE CREDORES

Numa primeira, simples e rápida visão da extensão, da profundidade e da responsabilidade das atribuições específicas cometidas a esse órgão, tanto as simultâneas na recuperação judicial e na falência, como as que devem ser exercidas exclusivamente na recuperação judicial, "[...] além de outras previstas nesta Lei" (parte final do art. 27) – e que não são poucas –, nos deixam, em princípio, perplexos frente à faculdade que a Lei concede aos credores quanto à constituição ou não do Comitê de Credores. E isto somente nos fica claro no artigo seguinte, o 28, quando diz, em sua primeira parte que, "Não havendo Comitê de Credores [...]" – a ser estudado no momento oportuno.

Pois, ao analisarmos todas as disposições que a Lei 11.101/05 dispensa a este órgão, inclusive e desde a sua constituição – o art. 26, em sua parte inicial, dispõe que "O Comitê de Credores **será constituído** [...]", até então, sequer qualquer outra prescrição nos leva a entender outra coisa se não a da obrigatoriedade da constituição desse órgão, pois os termos **será constituído**, a nosso ver, implicam necessariamente em uma determinação de fazer, em uma obrigação de constituir, numa ordem em que se espera o seu exato cumprimento, até mesmo porque determina como **será** feito ("por deliberação de qualquer das classes de credores na assembleia-geral") e como **será** a sua composição ("[...] e **terá** a seguinte composição") (partes do art. 26, com grifos nossos).

O professor Écio Perin Júnior (2006, p. 230), em sua obra *Curso de Direito Falimentar e Recuperação de Empresas*, afirma que tanto o Comitê de Credores como a Assembleia-Geral de Credores na Lei 11.101/05, tem como embrião o revogado Decreto-Lei n. 7.661/45 – em seus artigos 122 e 123 –, os quais, assinala, foram pouco utilizados, creditando isso ao pouco interesse dos credores, frente a um dispendioso esforço econômico que teriam que desenvolver para a possibilidade de recuperação do seu crédito, ao lado do interesse dos demais atores envolvidos de qualquer forma no processo, já que a preservação da empresa tem uma abrangência geral, atingindo, dessa maneira, não somente aqueles que contribuíram para a circulação ou produção dos bens ou serviços, mas também a outros que, por via reflexa, poderiam sofrer um abalo na sua estrutura econômica e social.

Conclui seu pensamento o emérito professor Écio Perin, especificamente sobre a criação do Comitê de Credores no citado Decreto-Lei de 1945, afirmando exatamente que a falta de interesse no processo pela grande maioria dos credores – e naquele modelo só participavam os quirografários –, era, sem dúvida, a grande causa que provocava o desestímulo para a criação do órgão, já que nenhum empresário, se soubesse que sua atitude não lhe traria nenhum benefício, jamais investiria dinheiro com essa finalidade. Ao longo do tempo – essa afirmação é nossa –, o que se viu foi não só a completa desatualização do Decreto-Lei 7.661/45 diante da moderna economia e da globalização, mas também o desvirtuamento dos seus fins, que, ao final, salvava-se o empresário em detrimento da atividade e dos credores. Écio Perin, por seu lado, finaliza enfatizando, ainda, que "[...] **isto acontecia porque os credores sabiam que, após o pagamento do passivo trabalhista, comumente o que sobrava de dinheiro servia para o pagamento do passivo tributário.**" (grifos nossos).

Quanto à Lei 11.101/05, o professor Écio Perin vê na mesma grandes inovações, o que demonstra o seu maior grau de complexidade, vez que o rol dedicado ao tema extrapola as previsões da velha Lei, e que o Comitê de Credores, neste novo modelo, além de ter a natureza fiscalizatória, tem também o condão de acompanhar a operacionalização dos processos decisórios da empresa em crise. Vejamos: "[...] Há na novel legislação detalhadas atribuições sobre o modo de convocação, quem preside, como se instala a representação, o voto, os mecanismos de deliberação, a composição e a aprovação das propostas, no que tange tanto à Assembleia quanto ao Comitê", ressalta o Mestre. Para ele, isto tudo pode representar "[...]um alento de esperança de que é possível, sim, a maior participação dos credores, verdadeiros interessados na solução dos problemas da empresa em crise".

Após tecer longos e judiciosos comentários no tópico "Origem do Comitê de Credores", afirmando ser ele, há muito, conhecido no direito brasileiro, mas sob outras denominações, o eminente Professor e Desembargador do TJSP, Ricardo Negrão (2010, p. 130) vê:

> "[...] As mudanças nas características quanto à obrigatoriedade de constituição, remuneração e origem de seus membros, atribuições e forma de nomeação refletem as tentativas de o legislador buscar maior participação dos credores nos destinos das empresas em crise falencial. Resta saber se o modelo adotado pelo legislador de 2005 – facultatividade de constituição, nomeação pela assembleia-geral, exercício não remunerado e atribuições consultivas e fiscalizatórias – atrairão o credor, em geral extremamente apático [...]."

Ricardo Negrão também enfatiza a mesma preocupação de outros juristas que, como ele, entendem que a Lei 11.101//05 (LFRE), está pretendendo que haja uma mudança na cultura dos credores e que, citando e transcrevendo o pensamento do eminente doutrinador Renato Mange:

> "[...] passem de uma atitude passiva e distante dos problemas da empresa em recuperação e falida, para uma efetiva participação e acompanhamento do processo. Imaginou o legislador que, por haver maiores possibilidades de recebimento na falência e, também efetiva participação e fiscalização durante a recuperação da empresa, os credores terão renovado seu interesse em participar [...]."

Outro eminente jurista e professor também citado e transcrito pelo mestre Ricardo Negrão é o professor Écio Perin Júnior, cujas mesmas preocupações com o novo modelo foram por nós acima referidas.

As funções que o Comitê de Credores desempenhará, na visão de Sérgio Campinho (2010, p. 95) em sua obra *Falência e Recuperação de Empresa – o novo regime da insolvência empresarial* ao comentar sobre o tópico:

> "54 – ATRIBUIÇÕES E COMPETÊNCIAS", demonstram que "[...] segundo atribuições legalmente estabelecidas, as quais não se realizam, como à primeira vista possa parecer, no interesse exclusivo da massa de credores. Sua atuação, em diversas vezes, beneficia o próprio devedor, e, em última análise, funcionará como um agente auxiliar do juiz, velando pela consecução dos fins dos processos de falência e de recuperação judicial."

Já o professor e emérito advogado Waldo Fazzio Júnior (2005, p. 337), em sua obra *Nova Lei de Falências e Recuperação de Empresas*, é mais incisivo em seu pensamento, valendo aqui a sua lembrança de que quando o projeto da Lei 11.101/05 foi aprovado na Câmara dos Deputados, o Comitê de Credores tinha por base de sua constituição o grau de complexidade da falência ou porte econômico-financeiro da empresa falida e segundo determinação judicial. Nada obstante o ilustre professor omitir o mesmo procedimento para os processos de recuperação judicial, sabe-se que o comitê de credores foi previsto em Lei para funcionar tanto em um como em outro procedimento.

Tanto assim o é que, ao opinar sobre a existência do comitê de credores (e pelas disposições por ele citadas e transcritas referem-se tanto ao instituto da falência como ao da recuperação judicial), é categórico, ao dizer que:

> "[...] O exame mais atento e contextual da LRE leva a concluir que o Comitê de Credores é, praticamente, compulsório. Os exemplos de dispositivos que induzem a essa compreensão são inúmeros, bastando a menção de alguns:
>
> - no art. 66 (refere-se à recuperação judicial), o devedor não poderá onerar ou alienar bens e direitos de seu ativo permanente, salvo evidente utilidade reconhecida pelo juiz, depois de ouvido o Comitê;
>
> - no art. 113 (falência), a venda antecipada de bens perecíveis arrecadados pelo administrador judicial deve ser antecedida da oitiva do Comitê;
>
> - no art. 114 (falência), o administrador judicial poderá contratar referente a bens da massa falida, mediante a autorização do Comitê;
>
> - no art. 118 (falência), é necessária a autorização do Comitê para que o administrador judicial dê cumprimento a contrato unilateral, em benefício da massa."

Na prática, e após 9 (nove) anos de vigência da Lei 11.101/05, podemos afirmar que as preocupações expostas anteriormente por todos os eminentes juristas citados e transcritos – especialmente quanto à apatia dos credores –, que o filme é o mesmo do século XIX, pois desde então, segundo as sábias palavras de Ricardo Negrão:

> "[...] Na redação original do Código Comercial (Lei 556, de 25-6-1850), o artigo 845 previa a possibilidade de nomeação de uma Comissão, composta de três credores para o fim exclusivo de oferecer parecer sobre os créditos inscritos na falência, na hipótese de, em reunião convocada para a verificação, não haver consenso a respeito da admissão de (alguns ou todos) créditos [...]." (NEGRÃO, 2010, p. 128).

No modelo atual, o legislador inovou – disseram e demonstraram bem os doutrinadores anteriormente mencionados. Quem não o fez, entretanto, em suas atitudes, foi um dos destinatários das normas inovadas da Lei 11.101/05 – o credor, mais especialmente o quirografário –, não porque lhe faltou sensibilidade no entendimento dos anseios do legislador para lhe ser recíproco; tampouco não mudou de atitude por causa da divergência quanto à ordem das classes na constituição do comitê – se com base no art. 26 ou no art. 41; nem porque a remuneração para o desempenho das funções do órgão é, em princípio, inexistente. Da mesma forma, não lhe causou qualquer empolgação se a constituição desse comitê se verifica por deliberação de quem quer que seja, em assembleia ou extra-assembleia, e nem lhe despertou qualquer interesse se ele, por pertencer a esta ou àquela classe de credores, integrará o órgão juntamente com quem ou mesmo só.

A apatia desse credor é a mesma desde os primórdios. E sua raiz está fincada na sua firme e inabalável convicção, agora no novo modelo, a nosso ver, incorreta, de que nada recuperará, seja na falência ou na recuperação, pois sabe e pensa que, até chegar a sua vez de receber o seu crédito, muitas satisfações de ordem legal terão que ser realizadas dentro do respectivo processo, como o pagamento dos extra concursais que não são poucos, dos trabalhistas, dos decorrentes de acidentes do trabalho, etc. Acredita o credor – e isso é fruto dos modelos antigos – que nada recuperará e que, ser for para trabalhar nesse sentido, significando "gastar dinheiro bom na tentativa de recuperar o perdido" (contratação de advogado, custas processuais e outras), é melhor manter-se na expectativa com a mera habilitação do seu crédito junto ao próprio administrador (não tem nenhum custo e não necessita de contratação de advogado), aguardando para ver o que acontece. Se nada acontecer – em seu pensamento –, deu a lógica; se receber algo, foi um "milagre".

Não bastasse só isso, a apatia do credor tem também outras razões, mais fortes, inclusive, que as acima apresentadas. É que ele tem que pensar no futuro, porque nesse passado específico não mais acredita; ele tem que dedicar-se a administrar sua atividade, tirando desta perda a lição para que amanhã não esteja na posição do que hoje lhe causa prejuízos, pois sabe que se fraquejar na dianteira dos seus negócios poderá ter acumulado contra si (seja empresário ou sociedade empresária) um passivo tributário-fiscal-previdenciário, um passivo trabalhista, e que estes, mesmo sendo ele devedor na condição de sociedade empresária, potencialmente, podem alcançar o seu patrimônio particular – que além de sócio majoritário, em uma limitada, por exemplo, é também o seu administrador. Ele sabe que no Brasil, para ser um empreendedor, tem que "matar um leão por dia", senão, o leão o devora.

Porém, enquanto esse aculturamento do credor brasileiro é ainda utopia, ou, na melhor das hipóteses, uma semente lançada em solo petrificado ou mesmo ao vento pelo legislador da Lei 11.101/05, vamos acreditar e trabalhar para a sua mudança de pensamento, para que, e conforme ficou muito claro na opinião dos ilustres doutrinadores aqui citados, exclusivamente nos grandes processos de recuperação judicial e nos de falência, em que o exercício das funções desse órgão é de fundamental importância, que haja, por parte dos credores, a iniciativa da sua constituição e respectivo funcionamento. Ou, melhor ainda, que o próprio legislador tome a iniciativa e encontre a forma correta para a obrigatoriedade de constituição e funcionamento de Comitês de Credores em falências ou recuperações judiciais de macroempresas, tendo como parâmetros os valores envolvidos, de um lado os respectivos ativos e de outro, os valores sujeitos ao instituto; mas que haja também para os integrantes do Comitê uma remuneração digna, pois o tempo a ser despendido em prol das atividades do órgão não será pouco, importando, necessariamente, no afastamento, mesmo que temporário, das suas atividades.

Por certo, alguns doutrinadores se levantarão contra esse propósito, pois tem o entendimento de que as funções do comitê se confundem com as do administrador judicial, e daí, a desnecessidade da existência e funcionamento dele. Não vemos assim na recuperação judicial ou na falência das macroempresas, especificamente. E essa nossa visão se apoia no ombro de gigantes juristas que enxergam pelo mesmo ângulo, muitos deles citados e transcritos em linhas volvidas. Nessa hipótese – ou falência ou recuperação judicial de macroempresas –, a existência e o correto funcionamento desse órgão podem ser determinantes para um desfecho mais favorável a todos os atores dos respectivos processos, inclusive e especialmente os credores, e isso veremos a seguir, ao analisar as respectivas atribuições do Comitê de Credores.

43.1 Inciso I – na recuperação judicial e na falência

"a) fiscalizar as atividades e examinar as contas do administrador judicial."

Observamos, desde o princípio das disposições sobre as atividades/responsabilidades acometidas ao Comitê de Credores, o quão importante é a sua existência e o seu correto funcionamento. Ora, deter poderes legais para *fiscalizar as atividades e examinar as contas do administrador judicial*, é, ao mesmo tempo, um privilégio e uma responsabilidade sem fins. Privilégio, porque as funções previstas nessa alínea só podem ser exercidas por ele – Comitê – e pelo juiz do feito, pois "ao administrador judicial compete, sob a fiscalização do juiz e do comitê [...]" (art. 22); e, responsabilidade, por ter a competência/incumbência de examinar uma das maiores responsabilidades do administrador judicial, qual seja, as suas contas.

Sendo esta – **fiscalizar** – a principal competência do Comitê, vez que o termo **examinar** também significa fiscalizar, tem ele, por consequência, uma abertura e acesso geral e completo não somente sobre as contas do administrador judicial, mas, por decorrência natural, à própria sociedade empresária em recuperação judicial ou em falência, tanto em seu estabelecimento como em toda sua documentação, departamentos, etc.

Endossando o que dissemos a respeito da importância da existência e funcionamento do Comitê de Credores quando em processo de falência ou de recuperação judicial das macroempresas, transcrevemos parte do pensamento do eminente jurista e professor Paulo Fernando Campos Salles de Toledo (2010, p. 128), quando, ao comentar especificamente sobre esta alínea "a", destaca a relevância do órgão. Assim leciona o mestre:

> "[...] o dispositivo é mais uma prova da relevância dada pelo microssistema concursal ao papel dos credores. Assim, deixa claro que o administrador será fiscalizado pelo comitê e, ao elencar as atribuições deste, começa por dizer da fiscalização das atividades do administrador judicial. **Se estabelecermos uma graduação**

das atividades do administrador e do comitê em relação os fatos, na falência e na recuperação judicial, notaremos que aquele está, sem dúvida, mais próximo das ocorrências. Evidente, pois, o interesse dos credores em fiscalizar essa atuação, sendo o comitê o órgão incumbido da função." (grifos nossos).

"b) zelar pelo bom andamento do processo e pelo cumprimento da lei."

Essa atribuição, a nosso ver, existe implicitamente não só na Lei 11.101/05, como em todas as demais, e tem como destinatários todos os atores dos respectivos processos, pois *zelar pelo bom andamento do processo e cumprimento da Lei*, é, em princípio, uma atribuição/responsabilidade imposta a todos, especialmente aos participantes diretos.

Se se constitui em uma redundância, entendeu o legislador de fazê-lo – na Lei não existem palavras inúteis –, por certo, no sentido de deixar em alerta os integrantes do comitê, já que este tem como principal atribuição a de fiscalizar, e, a nosso ver, **zelar** é também **fiscalizar**, pois qualquer anormalidade detectada pelos integrantes do órgão quanto aos atos do processo, seja por quem for, assim como pelo exercício incorreto ou ilegal da própria Lei, há, expressamente, a determinação legal da sua responsabilidade de denunciar a quem de direito, ou mesmo, se lhe competir, corrigir o erro.

"c) comunicar ao juiz, caso detecte violação dos direitos ou prejuízo aos interesses dos credores."

As disposições da alínea "b" estão, a nosso sentir, e com sentido mais abrangente, englobando as da alínea "c". Entretanto, entendeu o legislador, para estas finalidades, ser específico, pois aqui não basta o simples zelo pelo bom andamento do processo e cumprimento da Lei; aqui, nada obstante a especificidade, vai além, muito mais além, porque o legislador, em aval das sábias afirmações do professor Paulo Fernando Campos Salles de Toledo, de que o dispositivo "é mais uma prova da relevância dada pelo microssistema conc*ursal* ao papel dos credores[...]" constitui o comitê e seus membros não só como fiscais do juiz e do processo, mas, acima de tudo, como seus autoprocuradores e procuradores de todos os demais credores.

Para tanto, lhes são outorgados os poderes de, embora não possuírem o *jus postulandi*, se dirigirem (comunicarem) diretamente ao juiz do feito, inteirando--o, para que as respectivas providências – e aí as sabe o juiz – sejam tomadas, na hipótese do comitê ou seus integrantes detectarem qualquer violação dos direitos ou mesmo, concretamente, prejuízo aos interesses dos seus pares – os credores. Essa última afirmação do texto legal – *interesses dos credores* –, nos remetem para as disposições do artigo 47 desta Lei 11.101/05, que cuida da recuperação judicial, e que dentre os seus diversos objetivos está incluso o interesse dos credores (a ser estudado no momento oportuno).

"d) apurar e emitir parecer sobre quaisquer reclamações dos interessados."

Um processo de falência ou mesmo de recuperação judicial de uma macro-empresa, tem, por certo, muitos interessados. Interessante é que a Lei não diz só credores, mas generaliza. Nos parece, a exemplo do exercício das habilitações poderem ser efetuados diretamente pelos credores e junto ao próprio administrador judicial, e até mesmo no sentido de se resguardar a atividade jurisdicional para questões de maior peso, atribuiu o legislador ao comitê de credores estas funções, não de somenos importância, mas que, ao chegarem ao conhecimento do magistrado, já tenham passado por uma depuração e filtro, e, também, precedidas de um parecer pelo órgão.

A nosso ver, as disposições desta letra "d", abraça as duas anteriores e, às vezes, até se confundem em seus âmagos, pois vemos em todas o zelo pelo bom andamento do processo e pelo cumprimento da Lei, assim como a vigilância do comitê e de seus integrantes pela violação dos interesses, não só dos credores, mas também de todos os interessados. Há outros interessados a não ser os credores, podem indagar? Há sim, e quem nos responde é o ilustre professor mineiro Gladston Mamede (2012, p. 91), quando nos afirma que

> "[...] Mais do que isto, a Lei fala em reclamações dos interessados e não dos credores; interessados, tem alcance muito mais amplo, deixando claro, creio, que o comitê está obrigado a acatar reclamações de todos aqueles que tenham interesse jurídico no juízo universal, mesmo que não sejam credores habilitados no juízo, a exemplo da Fazenda Pública (que não está sujeita ao concurso de credores, segundo o artigo 187 do Código Tributário Nacional), ou, na recuperação judicial, credores por obrigações posteriores à concessão do benefício, entre outros."

"e) requerer ao juiz a convocação da assembleia-geral de credores."

As necessárias indagações: não é por deliberação de qualquer das classes de credores na assembleia-geral que será constituído o Comitê de Credores (art. 26)? Se assim o é, como pode então, o Comitê de Credores, requerer ao juiz a convocação daquela, se ela ainda não existiu para constituir aquele? Ora, se o Comitê nasce na AGC, esta, necessariamente, terá que ter existido antes daquele. Como se explica? É bem verdade que as indagações tem seus motivos, mas tudo será devidamente explicado, como sempre digo, no momento oportuno, ou seja, quando dos respectivos estudos que tratam especificamente das questões na ordem por nós escolhida – a sequência da ordem dos artigos dentro da Lei 11.101/05.

Como redigidas as disposições da alínea sob estudos, e se analisadas isoladamente, nos parece, em princípio, que o comitê de credores é soberano para requerer quando lhe aprouver a assembleia-geral de credores, assim como o juiz do feito, ao contrário, se apresenta submisso para acatar e deferir tal requerimento. Ledo engano! Que o comitê de credores tem competência e poder para requerer a assembleia-geral de credores, isto é fato, só que, nas hipóteses legais, ou, extraordinariamente, quando existir algum fundamento que ele próprio considere relevante, o qual, submetido ao juiz – e este assim também o entender –, para o respectivo deferimento.

É que a ordem do procedimento é única, sendo o seu presidente o juiz condutor do feito, o qual, em última análise, é quem tem o poder de atender ou não o requerimento do comitê. Sempre se deve levar em conta que um dos princípios que nortearam, dentre os doze, a presente Lei 11.101/05, tem implicação direta em todos os atos processuais; daí, a grande responsabilidade que tem o comitê de credores em requerer qualquer medida de cunho extraordinário, como uma assembleia-geral de credores que fuja das hipóteses previstas na Lei, bem como o juiz do feito, da mesma forma, haverá de ter o necessário critério para perceber e entender da real necessidade do requerimento, para deferi-lo ou não. Estamos falando do Princípio da Celeridade e eficiência dos processos judiciais, pois a convocação e a realização de uma assembleia-geral de credores extraordinária é um procedimento, que além de caro, é também moroso, o que significa bater de frente com o princípio ora citado.

"f) manifestar-se nas hipóteses previstas nesta Lei."

São diversas a hipóteses previstas na Lei 11.101/05 que o Comitê de Credores tem a atribuição de se manifestar. Isto constituirá atrasos procedimentais? Não estará ferindo de morte o princípio acima citado, da celeridade e eficiência dos processo judiciais? A primeira resposta não pode ser outra a não ser a causa efetiva de atrasos nos procedimentos; já a segunda nos esclarece os possíveis atrasos, nos justificam os seus por quês, nos convencem das suas necessidades. É que a intervenção do comitê de credores para manifestar-se nas hipótese previstas nesta Lei é fundamentalmente necessária – não existem palavras inúteis na Lei – e daí, qualquer potencial atraso decorrente da presença do comitê, tem por justificativa a necessária busca da efetividade processual, cuja resposta encontra-se na segunda parte do princípio acima transcrito, ou seja, na eficiência dos processos judiciais.

43.2 Inciso II – na recuperação judicial

"a) fiscalizar a administração das atividades do devedor, apresentando, a cada 30 (trinta) dias, relatório de sua situação."

Alguns doutrinadores, nos parece, entendem que as disposições acima – específicas para o comitê de credores na recuperação judicial – têm também a mesma abrangência e aplicação para os mesmos destinatários que as prescritas no artigo 22, inciso II, letra **a**, que cuidam da competência do administrador judicial, também na recuperação judicial, ou seja, "fiscalizar as atividades do devedor e o cumprimento do plano de recuperação judicial" acreditando que ambas tem a mesma aplicação para ambos os órgãos. Em princípio, as redações em suas partes iniciais são muito semelhantes, pois uma diz "fiscalizar as atividades do devedor", enquanto a outra prescreve fiscalizar a **administração das** atividades do devedor, respectivamente, para o administrador judicial e para o comitê de credores.

"[...] **A fiscalização da empresa em recuperação judicial é a mais importante atribuição do Comitê** e, por isso, dela devem ser prestadas contas mensais – a lei fala imprecisamente 'a cada 30 dias' – ao juiz. Nesse relatório mensal, convém que o Comitê dê grande destaque às eventuais irregularidades constatadas, para que não se perca a notícia no bojo dos autos[...]". (COELHO, 2011, p. 129) (grifos nossos). Os comentários acima transcritos são do emérito Professor, jurista e grande doutrinador Fábio Ulhoa Coelho. Para o grande mestre, nos parece, não resta a mínima dúvida, a maior atribuição do Comitê de Credores, em um processo de recuperação judicial, é a **fiscalização da empresa**, por óbvio, referindo-se às disposições contidas na letra "a" do inciso II, do artigo 27 da Lei de Falências e Recuperação de Empresas, 11.101/05.

Ao enfatizar que a **fiscalização da empresa** é a mais importante atribuição do Comitê de Credores em um processo de recuperação judicial, nos faz caminhar esse gigante do mundo jurídico para as disposições do artigo 22, inciso II, letra "a", porque esta atribuição/competência, diz a Lei, é do administrador judicial, isto é, "[...] fiscalizar **as atividades** do devedor [...]", significando o termo **atividade** a própria **empresa**. Por conseguinte, a **fiscalização da empresa**, como manda a letra "a" do inciso II, do art. 22 da Lei 11.101/05, é atribuição/competência do administrador judicial, enquanto que, nos parece e a outros que citaremos e transcreveremos, a atribuição do Comitê de Credores é "fiscalizar a **administração** das atividades do devedor [...]" – art. 27, inciso II, letra "a" da Lei 11.101/05. (grifos nossos).

O eminente Professor e advogado Gladston Mamede (2012, p. 93), ao comentar no item "4.2 Atribuições específicas à recuperação judicial", sobre ambos os dispositivos acima citados, esclarece que

> "[...] Mas os dispositivos deixam claro tratar-se de competência distinta daquela do administrador, que tem competência e poder fiscalizar as atividades do devedor. O comitê de credores tem competência e poder apenas fiscalizar a administração das atividades do devedor. Assim (1ª) o administrador judicial tem atribuição de atuar mais próximo do empresário ou administrador da sociedade empresária em recuperação judicial, fiscalizando-lhes as atividades, mesmo os atos cotidianos; é cargo de confiança do juiz, pressupondo-se, assim, que o seu acesso aos livros contábeis não ferirá o princípio do sigilo; ademais, é cargo técnico, não sendo ele um credor com interesse nos segredos da administração empresarial, ao contrário do que poderá se passar com os membros do comitê. Já o comitê fiscalizará a administração das atividades, ou seja, fará uma fiscalização do conjunto, sem acompanhamento próximo, direto[...]." (2ª) o administrador fiscaliza diretamente a atuação do devedor, ou seja, do empresário ou sociedade empresária em recuperação judicial, ao passo que o comitê

de credores fiscaliza o geral da administração, incluindo a atuação do próprio administrador judicial: o acompanhamento que ele efetivamente faz, ou não, do cotidiano da empresa."

De seu lado, o também eminente e culto professor e jurista Paulo Fernando Campo Salles de Toledo (2010, p. 129), ao comentar sobre as atribuições do comitê de credores, mais especificamente no item "86.1. Fiscalização das atividades do devedor e relatório mensal", assevera com muita clareza que:

> "Prevê-se, para o comitê de credores, no acompanhamento que deve fazer das atividades do devedor em recuperação judicial, uma atuação fiscalizadora. 'Fiscalizar a administração das atividades', diz a Lei. Deve-se entender que sua atenção deve centrar-se na atuação dos administradores da empresa devedora, uma vez que deles depende a atividade por ela desenvolvida. Daí se pode depreender, também, que, se o devedor ou seus administradores incidirem numa das condutas enumeradas nos diversos incisos do art. 64 da LRE, poderá o comitê, ciente do problema na medida em que fiscalizava a atuação desses dirigentes, requerer ao juiz que sejam destituídos, como dispõe o parágrafo único do citado art. 64."

A parte final desta letra "a" sob estudos, determina que, dessa fiscalização sobre a administração das atividades do devedor, o Comitê de Credores, a cada 30 (trinta) dias, apresente relatório de sua situação, obviamente ao juiz do feito. Como se pode observar, essa atribuição do Comitê de Credores, é completamente diferente da competência/atribuição do administrador judicial, prevista na alínea "c" do inciso II, do Artigo 22 da Lei 11.101/05 – "apresentar ao juiz, para juntada aos autos, relatório mensal **das atividades do devedor**".

"b) fiscalizar a execução do plano de recuperação judicial."

Esta atribuição do Comitê de Credores – fiscalizar a execução do plano de recuperação judicial – se apresenta como uma das mais importantes, a nosso ver, dentre todas as demais. É que um plano de recuperação bem executado significa o sucesso de todos. Entretanto, em uma recuperação judicial de uma macroempresa, este plano pode prever os mais diversos meios de recuperação, não só os previstos no artigo 50 dessa Lei, mas também outros admitidos, significando que a sua execução pode ser uma tarefa bastante difícil. É exatamente quanto o comitê de credores é chamado à responsabilidade no sentido de fiscalizar a respectiva execução, como os pagamentos aos credores nas datas aprovadas, o cumprimento exato de cada fase.

> "c) submeter à autorização do juiz, quando ocorrer o afastamento do devedor nas hipóteses previstas nesta Lei, a alienação de bens do ativo permanente, a constituição de ônus reais e outras garantias, bem como atos de endividamento necessários à continuação da atividade empresarial durante o período que antecede a aprovação do plano de recuperação judicial."

43.3 O "afastamento" é do devedor (empresário individual, pessoa natural) e não do administrador (sociedade empresária, pessoa jurídica)

O devedor empresário individual, pessoa física, e o devedor sociedade empresária, pessoa jurídica, esta por seus administradores, durante o procedimento de recuperação judicial (artigos 55/69) serão mantidos na condução da respectiva atividade empresarial, sob a fiscalização do Comitê de credores, se existir, e do administrador judicial, conforme dispõe o art. 64, *caput*. Somente ocorrendo a infringência de uma ou mais das hipóteses previstas nos 6 (seis) incisos do artigo 64, se pela sociedade empresária **o juiz destituirá o administrador societário que será substituído na forma prevista nos atos constitutivos ou do plano de recuperação judicial** (parágrafo único o art. 64); se pelo devedor empresário individual, pessoa natural, ele será **afastado e o juiz convocará assembleia-geral de credores para a escolha do gestor judicial que assumirá as suas atividades econômicas**, conforme as disposições do art. 65.

Consequentemente, a letra "c", do inciso II do art. 27 da Lei 11.101/05, ora sob análise, tem como único destinatário o **devedor empresário individual (pessoa física)**, pois atribui ao Comitê de Credores, dentre outras atribuições, a de "**quando ocorrer o afastamento do devedor nas hipóteses previstas nesta Lei**" (art. 65), submeter à autorização do juiz, se necessário for para a continuidade da atividade empresarial e somente durante o período que antecede a aprovação do plano de recuperação judicial, a alienação de bens do ativo permanente, a constituição de ônus reais e outras garantias, bem como atos de endividamento.

Insistimos em ser repetitivos, uma vez que, enquanto a devedora Sociedade Empresária tem seu administrador **destituído** e **substituído** conforme previsto nos atos constitutivos ou no plano de recuperação judicial – parágrafo único do art. 64 –, o devedor Empresário Individual, pessoa física, é **afastado** das mesmas atividades empresariais, o que significa **temporariedade**, pois é individual, único proprietário da sua atividade, não tem substituto e não pode ser destituído, e conforme as previsões do *caput* do art. 65, o gestor judicial escolhido pela assembleia-geral de credores assumirá (não o substituirá) as suas atividades.

43.4 Devedor empresário individual, pessoa natural, é "afastado" (art. 65). Devedor administrador de sociedade empresária é "destituído" e substituído (parágrafo único do art. 64)

Esse dispositivo (art. 65) não tem a mínima aplicabilidade sobre a Sociedade Empresária, por seu administrador, porque este não é **afastado**. Ele é **destituído/demitido** e substituído conforme a previsão dos atos constitutivos (contrato social ou estatuto) ou conforme previsto no plano de recuperação judicial. Daí, sequer ter o legislador previsto para o Comitê de Credores qualquer atribuição quando da **destituição** do devedor Sociedade Empresária, pessoa jurídica, por seu administrador, porque o seu substituto é investido nos poderes da administração, nas funções do administrador conforme manda a lei, fazendo com que a mesma não sofra solução de continuidade. Ora, se a sociedade empresária tem substituídos os seus destituídos, àqueles são a quem caberão de pronto a administração e todos os atos respectivos, até mesmo o de submeter ao juiz do feito a necessidade, se for o caso, "não só durante o período que antecede a aprovação do plano de recuperação judicial", mas também no curso desta, de vender bens do ativo permanente, constituição de dívidas, ônus, etc.

Fica por demais claro que a Sociedade Empresária, em qualquer das hipóteses de **destituição** com a consequente **substituição** (as hipóteses previstas na Lei – todos os seis inciso do art. 64), jamais ficará acéfala, daí não necessitando de qualquer ato atribuído ao Comitê de Credores, especialmente os previstos na letra "c" do inciso II do art. 27, ora sob estudo, conforme entendimento de alguns doutrinadores (descritos e transcritos a seguir), já que ela terá na pessoa do respectivo administrador o órgão competente para gerir seus negócios (a ingerência do Comitê de Credores seria invasão de competência/atribuições às funções dos diretores societários, com o que não compactuou o legislador). Obviamente, com as limitações que a Lei impõe, e, quando for a hipótese legal, como no art. 66, com a oitiva do Comitê de Credores, apenas. Mas os seus administradores continuam no comando das atividades, mesmo os substitutos com os mesmos poderes dos destituídos/demitidos.

Ao contrário, "**quando do afastamento do devedor**" (art. 65, empresário individual, pessoa física), que não é **destituído** e nem **substituído**, a administração da sua atividade empresarial será assumida pelo **gestor judicial**, que passará por um longo processo desde a convocação pelo juiz para a deliberação de seu nome na assembleia-geral de credores, cujas atribuições, dentre outras, na recuperação judicial, é **deliberar sobre o nome do gestor judicial quando do afastamento do devedor**, conforme dispõe o art 35, inciso I, "e" (para onde dirigimos também a atenção do prezado leitor).

Aqui, sim, há a necessidade imediata da escolha do gestor judicial para que a atividade do empresário individual não fique acéfala, pois ele é só, não tem quem o substitua. Tem apenas o Registro de Empresário Individual junto ao Registro do Comércio. Nesse documento, a exigência prevista no Art. 968 do Código Civil é que deve conter: I – o seu nome, nacionalidade, domicílio, estado civil e, se casado, o regime de bens; II – a firma, com a respectiva assinatura autógrafa; III – o capital; e IV – o objeto e a sede da empresa.

Esse Requerimento, por conseguinte, não prevê qualquer forma de substituição do devedor empresário, até mesmo porque ele não o tem e o nome já diz individual; tampouco, o Código Civil, em todos os dispositivos que tratam do empresário individual, pessoa física (artigos 966 a 980), também não tem qualquer previsão de sua substituição. Daí, na norma específica sobre o instituto da recuperação judicial, para as hipóteses legais (os seis Incisos do art. 64) de **afastamento do devedor empresário individual, pessoa física**, ter o legislador instituído a figura do gestor judicial para assumir as suas atividades, até um determinado momento, vez que o princípio da temporariedade encontra-se presente, por ser ele o único dono daquela atividade.

Dessa forma, e conforme diz o final do dispositivo ora analisado, **enquanto o plano de recuperação judicial não for aprovado** (letra "c" do inciso II, do art. 27), e se houver a necessidade para a continuidade da atividade empresarial, de alienação de bens do ativo permanente, da constituição de ônus reais e outras garantias, bem como atos de endividamento necessários, a responsabilidade ou atribuição para submeter ao juiz do feito a real situação e as necessidades do **devedor empresário individual, pessoa física**, aí sim, é do Comitê de Credores, se existir, cabendo ao juiz a análise e decisão sobre a exposição dos fatos que lhe forem submetidos por aquele. Observem que a Lei diz "submeter à autorização do juiz, quando ocorrer o afastamento do devedor...". Observem que a Lei **NÃO DIZ**: "submeter à autorização do juiz, **quando ocorrer o afastamento dos seus administradores, ou a destituição do administrador societário, ou a destituição dos seus administradores, ou a destituição da sociedade empresária por seus administradores, e nem ainda, a destituição do devedor ou a substituição do devedor**". Ora, a Lei é coerente e para isso, se utiliza o legislador de ordem lógica.

43.5 Doutrinadores se equivocam na interpretação e aplicação das disposições da letra "c" do Inciso II do Art. 27, mas fazem escola

a) Para Fábio Ulhoa Coelho:

> "quando o juiz determina **o afastamento da administração da sociedade em recuperação judicial**, cabe ao Comitê cuidar das alienações de bens do ativo permanente e dos endividamentos necessários à continuação da atividade empresarial, submetendo à autorização do juiz as medidas administrativas a ele relacionadas [...]" (COELHO, 2011, p. 130) (grifos nossos).

Essas palavras **"quando o juiz determina o afastamento da administração da sociedade em recuperação judicial"** são retiradas exclusivamente do dicionário do Professor Fábio Ulhoa, pois, literalmente, na Lei 11.101/05, em toda a sua extensão, não se encontra qualquer dispositivo com esses dizeres. Mesmo porque, vejam a falta de lógica no raciocínio do digno Professor, se são afastados (tecnicamente, a nomenclatura correta é destituição) os administradores societários, a sequência é a sua substituição por uma das formas previstas no parágrafo único do art. 64, qual seja, conforme previsão dos atos constitutivos ou do plano de recuperação judicial. Destituídos/demitidos os administradores, os respectivos substitutos são investidos nas mesmas funções, por óbvio, com as mesmas atribuições. Ou estes, por serem substitutos sofreriam algum caput diminuto, havendo a necessidade de compartilhar com o comitê de credores algumas responsabilidades da administração da sociedade empresária? Não é isso, e nem disse isso o legislador.

Ora, o juiz só determina o **afastamento**, em conformidade com as disposições do art. 65, unicamente do **devedor empresário individual, pessoa natural**. Sobre a **administração da sociedade empresária**, o juiz, pela imperatividade da lei, ao verificar qualquer das hipóteses ocorridas no *caput* do art. 64, prescreve o parágrafo único do mesmo art. 64 "[...] **destituirá o administrador (sociedade empresária) que será substituído na forma prevista nos atos constitutivos do devedor ou do plano de recuperação judicial**".

É, nos parece, um equívoco do grande mestre, pois a sociedade empresária não fica acéfala em sua direção, pois os substitutos, conforme previsão nos atos constitutivos ou do plano de recuperação judicial assumem toda a condução da atividade e, por consequência, é sua atribuição submeter ao juiz as necessidades, se for o caso, conforme dispõe a letra "c" do inciso II, do art. 27. Seria, conforme pensa o digno Professor, uma ingerência do Comitê de Credores imiscuir-se no comando da sociedade empresária para fazer o que compete aos seus administradores que estão em pleno exercício de suas funções. Aliás, como não poderia mesmo, o legislador nada instituiu a este respeito, conforme explicitamos anteriormente.

b) Para Manoel Justino Bezerra Filho:

> "Em princípio, os administradores da empresa em recuperação são mantidos na administração, havendo porém casos nos quais serão afastados (art. 64), sendo nomeado gestor para a administração (art. 65)...". Nesse ínterim, enquanto não nomeado o gestor, o Comitê de Credores assume especificamente as atribuições previstas na alinea *c* acima (referindo-se à letra "c" do inciso II, do art. 27) (BEZERRA FILHO, 2011, p. 110)

Já dissemos, conforme comentários em linhas passadas e estudos sobre os artigos 64 e 65, que, quando dos comentários do pensamento do Mestre Fábio Ulhoa, **os administradores da empresa não são afastados**, mas conforme as prescrições do parágrafo único do art. 64, são destituídos e substituídos conforme previsão dos atos constitutivos ou do plano de recuperação judicial.

Ao mencionar a nomeação de gestor judicial e indicar o art. 65, a nosso ver, o mestre Manoel Justino Bezerra Filho se confunde, como confundiu Fábio Ulhoa, pois essa hipótese só tem aplicabilidade, única e exclusiva sobre o **devedor individual, pessoa natural**, quando o mesmo, por cometer ou praticar as hipóteses previstas no art. 64 da Lei 11.101/05, for **afastado** da condução da atividades empresariais, oportunidade em que o juiz do feito convocará a assembleia-geral de credores para deliberar sobre o nome do gestor judicial que assumirá (não o substituirá) a administração das suas atividades. Enquanto isso não acontece, o administrador judicial exercerá as funções de gestor.

Quanto à parte final da análise do Mestre Manoel Justino, insistimos que a confusão persiste, pois para ele as atribuições do Comitê de Credores previstas na letra "c" do inciso II, do art. 27, têm como alvo a sociedade empresária. Em linhas passadas já demonstramos que o alvo é o **devedor empresário individual, pessoa natural**, quando do seu afastamento – pois só ele é afastado, enquanto os outros (administradores societários) são **destituídos e substituídos**. E ainda, que os destituídos são substituídos e os substitutos assumem a administração societária com os mesmos poderes dos **destituídos/demitidos**. Não há, portanto, como não deveria haver qualquer intromissão do Comitê de Credores sobre a administração da sociedade empresária que caminha com suas próprias pernas. O legislador previu, sim, essa atribuição mencionada pelo Professor, mas para o devedor empresário individual, pois o princípio do art. 65 é o afastamento deste com a forma de assunção das suas atividades pelo gestor judicial, cujo nome é deliberado por assembleia-geral de credores, convocada pelo juiz.

c) **Para Gladston Mamede:**

> "[...] normalmente, o empresário ou administrador societário é mantido à frente da empresa durante a sua recuperação judicial, diz o Art. 64 da Lei 11.101/05. **Seus incisos listam situações que, se verificadas, determinarão o seu afastamento, sendo nomeado um gestor judicial,** conforme deliberação da assembleia-geral de credores...". (MAMEDE, 2012, p. 94) (grifos nossos).

Para o Professor Gladson Mamede, os incisos do art. 64 (são seis) listam situações que, se verificadas, determinarão o **afastamento do empresário ou administrador societário**, com a nomeação de um gestor judicial após convocação da assembleia-geral de credores. Também se equivocou o ilustre Professor.

Somente o inciso VI do art. 64 é que tem grafada a palavra **afastamento**. Entretanto, conforme comentamos em linhas passadas e o faremos quando das análises específicas dos artigos 64 e 65, para onde remetemos a atenção do amigo leitor, o administrador societário, literalmente, não é **afastado, mas, tecnicamente, é demitido**. Tanto a prática pelo administrador societário da previsão do inciso VI, quanto dos demais (incisos I ao V), e conforme o disposto no parágrafo único do art. 64, a Lei, imperativamente, determinou a sua **destituição seguida pela substituição conforme previsão nos atos constitutivos ou do plano de recuperação judicial**. Não havendo **afastamento de administrador societário**, não haverá, por consequência, a convocação de assembleia-geral de credores para a deliberação sobre o nome do gestor judicial para ser, segundo o que pensa o Professor

Mamede, nomeado. Conforme dito anteriormente, os substitutos dos demitidos/destituídos assumem com as mesmas funções.

> § 1º As decisões do Comitê, tomadas por maioria, serão consignadas em livro de atas, rubricado pelo juízo, que ficará à disposição do administrador judicial, dos credores e do devedor.

43.6 Decisões do Comitê e livro de atas

Na análise do Comitê de Credores, desde sua constituição, passando por sua instalação, seu funcionamento e por fim, suas atribuições, nos ficou muito clara a sua importância, como órgão fiscalizador, para o sucesso de uma recuperação judicial. Diante da indiscutível importância desse órgão, antes vista e adotada pelo legislador, também entendeu este, segundo os mesmos princípios e finalidades, que todos os atos, decisões do Comitê de Credores, deveriam ficar registrados. De consequência, veio a norma legal regulando tal situação, prevista neste parágrafo primeiro ora sob estudos, que repete que as decisões do órgão serão tomadas por maioria. Tais decisões serão consignadas em livro próprio de atas, o qual deverá conter a rubrica do juiz do feito. É um registro que servirá e estará à disposição do administrador judicial, dos credores e do devedor.

Vale ainda a transcrição das sempre valiosas observações do mestre Fábio Ulhoa, dizendo agora que

> "[...] O livro de registro de atas das reuniões do Comitê é livro obrigatório das recuperações judicias e falências em que esse órgão tiver sido instaurado. Como livro mercantil, deve respeitar as normas aplicáveis ao instituto, inclusive no que diz respeito à forma de escrituração e arquivamento na Junta Comercial. Por outro lado, seu conteúdo tem a eficácia probatória prevista no Código Civil (art. 226) e legislação processual (CPC, arts. 378 e 379). Nos processos de recuperação judicial, como o livro pertence ao devedor ou sociedade devedora, uma vez cumprido o plano e desconstituído o órgão, o livro encerrado deve ser-lhe entregue. Sua conservação segue as mesmas regras dos demais livros mercantis". (COELHO, 2011, p. 130-1).

> **§ 2º Caso não seja possível a obtenção de maioria em deliberação do Comitê, o impasse será resolvido pelo administrador judicial ou, na incompatibilidade deste, pelo juiz.**

43.7 Maioria necessária

Este parágrafo segundo nos traz mais uma vez a mostra da grande responsabilidade que o legislador deu ao comitê de credores e às suas atribuições, vez que, na hipótese de não se alcançar em qualquer deliberação a maioria dos votos dos respectivos integrantes, a responsabilidade é passada para o administrador judicial; e se este não puder dar a solução que o caso requer por qualquer incompatibilidade, o impasse será resolvido pelo juiz. Observamos, portanto, que a atribuição, necessariamente, terá que ser desenvolvida, realizada, sendo ela em princípio do comitê. E que se este não a realizar, alguém o fará, ou o administrador judicial ou mesmo o juiz condutor do feito. Assim quis o legislador, porque assim é o melhor.

> Art. 28. Não havendo Comitê de Credores, caberá ao administrador judicial ou, na incompatibilidade deste, ao juiz exercer suas atribuições.

43.8 Mesmo inexistindo o Comitê, suas atribuições serão exercidas

Complementando nosso raciocínio acima – da grande importância que o legislador deu ao comitê de credores –, este artigo 28 não deixa pairar quaisquer dúvidas quanto a tal. No parágrafo anterior, de redação bastante semelhante, as atribuições do comitê de credores seria resolvida ou pelo administrador ou mesmo pelo juiz, somente na hipótese de não se alcançar, em deliberação do órgão, a maioria. Aqui, a situação de desenvolver-se as atribuições do comitê mostra-se sob uma indiscutível imperatividade. Uma vez não ser obrigatória a constituição do comitê de credores – e isso ficou claro pelo pensamento exposto de diversos doutrinadores mas, no que tange a atividades menores –, mesmo assim as suas atribuições terão que ser feitas. O presente artigo já trata diretamente da não existência do órgão, e mesmo assim determina que as suas respectivas atribuições deverão ser exercidas, primeiramente pelo administrador judicial e, se este tiver qualquer incompatibilidade, pelo próprio juiz presidente do feito.

> Art. 29. Os membros do Comitê não terão sua remuneração custeada pelo devedor ou pela massa falida, mas as despesas realizadas para a realização de ato previsto nesta Lei, se devidamente comprovadas e com a autorização do juiz, serão ressarcidas atendendo às disponibilidades de caixa.

43.9 Membros do Comitê não são remunerados

Um dos motivos que desestimula a constituição e o funcionamento do comitê de credores, conforme comentários em linhas volvidas, é a ausência de remuneração. Pelo menos, diz a Lei, nem o devedor em recuperação judicial e nem a massa falida arcarão com tais possíveis custos. Não tiramos a razão de quem se recusa a participar de um comitê por falta de remuneração, até mesmo porque os trabalhos são intensos e as responsabilidades maiores ainda. Entretanto, o credor que se habilitar a tal, deverá ir consciente da profundeza e da largura das responsabilidades, e isso ele só o fará após uma fria análise da necessidade de sua presença, querendo com isso dizer da extrema necessidade do órgão naquele processo.

Por outro lado, quem fizer parte do comitê, que é eleito pela Assembleia-Geral de Credores, pode se ver na contingência de ter que desembolsar quantias de seu próprio bolso para a realização de atos previstos na Lei. Antes, entretanto, deverá fazer as devidas provas das necessidades junto ao juiz do feito e receber deste a autorização. Tais despesas serão ressarcidas ao membro do comitê que as desembolsou, mas, em atendimento às disponibilidades de caixa. Nos parece, em princípio, algo injusto, tanto a falta de remuneração aos membros do comitê e, principalmente os possíveis gastos que por vezes, necessariamente, terão que fazer, após o cumprimento da extensa burocracia legal, para somente serem ressarcidos em **atenção às disponibilidades de caixa**.

> Art. 30. Não poderá integrar o Comitê ou exercer as funções de administrador judicial quem, nos últimos 5 (cinco) anos, no exercício do cargo de administrador judicial ou de membro do Comitê em falência ou recuperação judicial anterior, foi destituído, deixou de prestar contas dentro dos prazos legais ou teve a prestação de contas desaprovada.
>
> § 1º Ficará também impedido de integrar o Comitê ou exercer a função de administrador judicial quem tiver relação de parentesco ou afinidade até o 3º (terceiro) grau com o devedor, seus administradores, controladores ou representantes legais ou deles for amigo, inimigo ou dependente.
>
> § 2º O devedor, qualquer credor ou o Ministério Público poderá requerer ao juiz a substituição do administrador judicial ou dos membros do Comitê nomeados em desobediência aos preceitos desta Lei.
>
> § 3º O juiz decidirá, no prazo de 24 (vinte e quatro) horas, sobre o requerimento do § 2º deste artigo.

43.10 Condições para integrar o Comitê e ser Administrador Judicial

A Lei dedicou este artigo e seus parágrafos para, diante das grandes e inquestionáveis responsabilidades que têm, tanto os integrantes do comitê de credor, quanto o próprio administrador judicial, determinar regras para exercício de tais funções. Ter sido destituído, não ter prestado contas dentro do prazo legal ou se as teve desaprovadas nos últimos 5 (cinco) anos no exercício de funções acometidas a membros do Comitê de Credores ou a administrador judicial, tanto em recuperação judicial como na falência, são condições impeditivas para se integrar novo órgão.

Decorrentemente das regras, existem as sanções que o legislador impôs àqueles que as descumprirem. Dessa forma, observamos nas disposições deste artigo que o exercício das funções desses órgãos teve, no passado, pelo menos um início e que, somente não foi levada a termo exatamente pela desobediência às regras do respectivo integrante ou do comitê de credores ou o próprio administrador. E, ao sofrer as consequentes penalidades por quaisquer dessas práticas, devemos ter sempre em conta de que qualquer delas, necessariamente, terá, como ato final, o despacho do juiz do feito declarando-a, com a devida fundamentação, pois só assim é que se poderá ter implementadas as condições impeditivas que a Lei determina para o futuro exercício das citadas funções.

Destacamos essa questão frente a outras semelhantes, mas sem cunho punitivo, como, por exemplo, quando existe a **substituição** de qualquer dos integrantes do comitê ou mesmo do administrador judicial, por decorrência, exemplificativamente, de um acidente automobilístico, ficando a vítima impossibilitada, inclusive, de locomover-se. Ou, por vontade própria do membro, este peça sua substituição, pois vendeu sua atividade, por exemplo, perdendo sua condição de integrante do comitê de credores; ou ainda, porque simplesmente não quer mais fazer parte daquele órgão. Observem que, nesses exemplos, o ato caracterizador da substituição terá que vir, também, do juiz – o despacho que legitima tanto a saída de um como a sua substituição (pode ser também mais que um despacho) –, mas que, nessas hipóteses, não serão, absolutamente, pressupostos impeditivos para o não exercício das mesmas atividades em processos futuros.

O termo **substituição**, para os efeitos ora estudados na Lei 11.101/05, não pode de forma alguma ser confundido com o termo **destituição**. Essa nossa preocupação é porque, quando ocorre **substituição**, o juiz nomeia um **substituto**; e, também, quando ocorre **destituição**, o juiz também nomeia um **substituto**, seja ele integrante do comitê ou mesmo o administrador judicial. Daí, a atenção que se deve ter, eis que, não é porque foi nomeado **substituto** que, necessariamente tenha havido **substituição**. Para os efeitos da Lei, ocorrerá a **substituição** do **destituído**. É que esse último termo – **destituição** – tem, segundo o teor do artigo ora estudado, o sentido de sanção, porque quem é **destituído**, veremos, o foi por decorrência da prática de irregularidade ou ilegalidade, o que, inclusive, merecerá do juiz a respectiva e devida fundamentação quando do ato.

§ 1º Ficará também impedido de integrar o Comitê ou exercer a função de administrador judicial quem tiver relação de parentesco ou afinidade até o 3º (terceiro) grau com o devedor, seus administradores, controladores ou representantes legais ou deles for amigo, inimigo ou dependente.

43.11 Parentesco até 3º grau. Impedimento

Mas as condições impeditivas para se integrar o comitê ou exercer a função de administrador não param por aí. A questão agora não trata da prática de atos irregulares ou ilegais no exercício das mesmas funções no passado, em outros processos ou de recuperação judicial ou de falência, nem tampouco da vontade própria do pretenso integrante ou para ser nomeado, e se o foi, para ser substituído. Os motivos sobre os quais tratamos agora – os do parágrafo primeiro acima – são de outra ordem e precedem o próprio ato de nomeação do juiz, ao contrário das previsões do artigo 30, que sucedem as respectivas nomeações.

Na isenção que o legislador previu para o mais correto e perfeito desenrolar do procedimento, seja em recuperação judicial ou falência, quer ele a máxima e total desvinculação de possíveis integrantes de ambos os órgãos – comitê de credores e administrador judicial –, com o devedor, seus administradores, controladores ou representantes legais. Assim, são impedidos de integrarem qualquer dos órgãos, quem tiver relação de parentesco ou afinidade até o terceiro grau com as pessoas acima mencionadas, ou ainda, se delas for amigo, inimigo ou dependente. Interessante a observação do mestre Manoel Justino Bezerra Filho (2011, p. 112), quando cita o eminente magistrado paulista Alexandre Alves Lazzarini que, em sua perfeita e concisa observação, faz o alerta de que "[...]o lapso de texto que fala em afinidade até o 3º grau, na forma do art. 1.595 do Código Civil, o vínculo de afinidade limita-se ao 2º grau".

> § 2º O devedor, qualquer credor ou o Ministério Público poderá requerer ao juiz a substituição do administrador judicial ou dos membros do Comitê nomeados em desobediência aos preceitos desta Lei.

43.12 Legitimados. Substituição dos integrantes dos órgãos

Ora, mas o juiz que vai presidir um feito com base na Lei de Falências e Recuperação de Empresas, tem, desde o início, a obrigação legal de nomear o administrador judicial (art. 52, inciso I, na recuperação judicial quando do deferimento do processamento, e artigo 99, inciso IX, na falência, quando da decretação desta). E mais: que, deferido o processamento da recuperação judicial, os credores poderão, a qualquer tempo, requerer a convocação da assembleia-geral para a constituição do Comitê de Credores (parágrafo 2º do artigo 52), e, o juiz determinará, quando entender conveniente, a convocação da assembleia-geral de credores para a constituição do Comitê de Credores, ou, havendo convolação da recuperação judicial em falência, poderá autorizar a manutenção daquele, se existir na recuperação (art. 99, inciso XII).

São atos que, como vimos, dependem necessariamente do juiz presidente, ou seja: em um primeiro momento, o despacho do deferimento do processamento da recuperação judicial e o decreto da falência, sendo que os atos subsequentes, se dele não necessitam diretamente, são decorrentes daqueles em que ele os praticou pessoalmente. Mas, ao fazê-los, especialmente no ato de nomeação do administrador judicial que é parte integrante tanto de um (despacho na RJ) como de outro (decreto da falência), o juiz não tinha o conhecimento e tampouco obrigação legal de saber se o administrador judicial tinha praticado qualquer um ou mais dos três atos impeditivos para sua nomeação previstos no artigo 30 nem mesmo se o nomeado trazia consigo os impedimentos do parágrafo 1º deste mesmo artigo 30.

Já em um segundo momento, quando da nomeação dos integrantes do Comitê de Credores – que é ato posterior ao despacho do deferimento do processamento na RJ e o decreto na falência,– exceto se a recuperação judicial foi convolada nesta e o juiz autorizar a manutenção do órgão que funcionava naquela –, todas as disposições ora sob análise têm a mesma aplicação sobre o Comitê de Credores. Mas, da mesma forma, ao nomear os integrantes do comitê de credores que é constituído por deliberação da assembleia-geral de credores, não sabe o juiz da existência de qualquer impedimento, sejam os do artigo 30, *caput*, sejam os do seu parágrafo primeiro. Por ser sua obrigação legal, simplesmente nomeia os eleitos.

Ora, por desconhecer esses fatos, pode o juiz nomear tanto o administrador judicial como um dos ou todos os integrantes do comitê de credores para o respectivo exercício das funções, que possuam os citados impedimentos legais. Daí, a exata aplicação do ora estudado parágrafo 2º do art. 30, que prevê a intervenção tanto do devedor, como de qualquer credor ou mesmo do próprio Ministério Público, por meio de requerimento ao juiz do feito, primeiramente, por óbvio, demonstrando os impedimentos previstos na Lei, segundo os quais não se poderia ter nomeado qualquer ou quaisquer dos membros do comitê de credores ou o administrador judicial e, posteriormente, solicitando a substituição daquele em descompasso com os mais altos mandamentos legais previstos para a presente questão.

> § 3º O juiz decidirá, no prazo de 24 (vinte e quatro) horas, sobre o requerimento do § 2º deste artigo.

43.13 Juiz decide em 24 (vinte e quatro) horas

Determina a Lei um curtíssimo prazo para o juiz decidir. Vinte e quatro horas é muito pouco tempo. Acreditamos ter o legislador aqui nessas disposições se lembrado apenas do princípio já por nós acima citado – um dos doze que nortearam a presente Lei – o da celeridade e eficiência dos processos judiciais, e se esquecido do indeclinável princípio constitucional de que "aos litigantes, em processo judicial ou administrativo, e aos acusados em geral são assegurados o contraditório e ampla defesa, com os meios e recursos a ela inerentes". (artigo 5º, LV, da Constituição da República Federativa do Brasil). Ou será que esse prazo de 24 (vinte e quatro) horas que o juiz tem para decidir será contado após o exercício pelo pretenso substituído do contraditório e a ampla defesa?

Ressalte-se que, em princípio, não há litígio para os efeitos da Lei; tampouco, na questão, ainda em princípio, não há resistência em face da pretensão de alguém; e ainda, também em princípio, não existem acusados. Por que, então, invocar-se o princípio do contraditório e ampla defesa, com os meios e recursos a ela inerentes? O legislador está certo, poderão alguns assim entender e afirmar. Todavia, pode ocorrer nessa hipótese, e por questões que a minha mente é incapaz de imaginar, tantos interesses envolvidos nesse processo específico – ou recuperação judicial ou falência –, que podem levar um, uns, ou mesmo um grupo de credores, a se articularem, por exemplo, para a queda do administrador judicial, que não lhes é simpático, não se sabe o porquê. Pior, é que ele é da confiança do juiz e por este é também nomeado.

E não fosse tudo isso, poderia ocorrer que o requerimento pedindo a sua substituição – pelo devedor, qualquer credor ou o Ministério Público –, fosse embasado em falsas alegações, falsas provas ou mesmo desprovido destas; e, ainda assim, sequer se daria ao administrador pelo menos o direito de ser ouvido? É claro que o juiz deve ter todas as cautelas antes de ir deferindo qualquer requerimento por qualquer das partes acima legitimadas. Mas antes, nos parece, e nessa situação a figura do administrador judicial é a de acusado, o juiz tem que estabelecer o contraditório e proporcionar ao mesmo a ampla defesa. Pode ocorrer de o administrador judicial não ser advogado e precisar dos serviços de um profissional para defendê-lo, pois podem lhe imputar como motivo da substituição fatos inexistentes, até mesmo caluniosos ou difamantes. E mesmo que seja advogado não queira advogar em causa própria – o que sempre é recomendável.

E como ficaria a situação, se algo assim acontecesse? Refiro-me ao processo propriamente dito, ou de falência ou de recuperação judicial. Ele tem por princípio a celeridade, já falamos. Mas se a acusação ao administrador judicial é grave – e pode ser falsa –, há que se ter o contraditório. Desmembra-se a peça (o pedido de substituição) com as respectivas provas que o instruem e instaura-se um processo criminal com os direitos de acusado assegurados ao administrador judicial? E a competência, é de qual juízo? Ou este contraditório desenvolve-se dentro dos autos onde se pede a substituição do administrador? Ou, suspende-se o andamento dos autos de falência ou recuperação judicial, porque nessas alturas, por certo, o administrador judicial já estará suspenso de suas funções?! Pode o juiz nomear outro administrador se o acusado ainda sequer foi destituído ou substituído, detendo ainda, por consequência, todas as prerrogativas decorrentes do cargo, embora não as exerça?

Nos parece que, felizmente, nada de semelhante tenha ainda acontecido concretamente. Pelo menos, não do nosso conhecimento. Mas pode acontecer. Está no campo das possibilidades. Aí, os nobres magistrados – a partir da segunda instância, haverão de encontrar uma solução, a qual, entretanto, não poderá se verificar sem a presença do contraditório e a ampla defesa, com os meios e recursos a ela inerentes. Ressalte-se que outras soluções extraordinárias já foram encontradas, a exemplo da suspensão das ações e execuções por mais de 180 (cento e oitenta) dias na RJ (parágrafo 4º do art. 6º); igualmente, a não conclusão das execuções trabalhistas pela própria especializada após o decurso do mesmo prazo de 180 (cento e oitenta) dias (parágrafo 5º do mesmo art. 6º); e, também, mesmo passados os 180 (cento e oitenta dias), a proibição da venda e a prorrogação da permanência no estabelecimento do devedor dos bens de capital essenciais à sua atividade, não concorrendo este com culpa pela não aprovação do plano de recuperação judicial (parágrafo 3º do art. 49, c/c/ parágrafo 4º do art. 6º), por exemplo.

O mestre e jurisconsulto Paulo Fernando Campos Salles de Toledo (2010, p. 137), em nota no pé da página, cita jurisprudência do Egrégio Tribunal de Justiça do Rio Grande do Sul, em um caso que traz alguma semelhança com estes estudos, e que fazem jus aos nossos alertas, que tomamos a liberdade de, com a vênia do mestre, transcrever o que ele disse à nota de número 298:

> "O Tribunal de Justiça do Rio Grande do Sul, apreciando hipótese em que se pleiteava a destituição do administrador judicial, entre outros motivos por falta de apresentação regular dos relatórios mensais, considerou não ter havido descumprimento desse dever legal, uma vez que o comitê de credores acompanhou 'mês a mês os atos de gestão', de modo que não houve qualquer prejuízo (AI 70019267277, 6ª Câmara Cível j. 26-7-2007, v.u., Rel. Des. Ubirajara Mach de Oliveira, com adoção integral do parecer da Procuradora de Justiça Sara Duarte Schutz)."

Art. 31. O juiz, de ofício ou a requerimento fundamentado de qualquer interessado, poderá determinar a destituição do administrador judicial ou de quaisquer dos membros do Comitê de Credores quando verificar desobediência aos preceitos desta Lei, descumprimento de deveres, omissão, negligência ou prática de ato lesivo às atividades do devedor ou a terceiros.

§ 1º No ato de destituição, o juiz nomeará novo administrador judicial ou convocará os suplentes para recompor o Comitê.

§ 2º Na falência, o administrador judicial substituído prestará contas no prazo de 10 (dez) dias, nos termos dos §§ 1º a 6º do art. 154 desta Lei.

43.14 Motivos para destituição do Administrador e membros do Comitê

Este artigo 31 cuida da **destituição** do administrador judicial ou de qualquer dos membros do comitê de credores, por óbvio, no exercício de qualquer das funções. Aqui a situação é mais grave, muitíssimo mais grave. Não é mera substituição, mas é **destituição**, significando esse termo **sanção**. É o que tratamos no artigo anterior, quando ressaltamos que o ato do juiz deve ser precedido da devida fundamentação, pois isso é o que legitimará os impedimentos ali previstos. Aqui, o juiz não fica inerte, aguardando a manifestação de qualquer legitimado; ele não só **pode**, mas, a nosso sentir, **deve** agir de ofício no sentido de se promover a destituição do administrador ou quaisquer dos membros integrantes do comitê de credores, se verificar a ocorrência de infringência de quaisquer dos deveres legais por qualquer deles.

Aqui, o legislador diz que, além do juiz do feito, **qualquer interessado** – não somente o devedor, qualquer credor ou o Ministério Público –, mediante **requerimento fundamentado**, poderá requerer a destituição do administrador judicial ou de quaisquer dos membros do Comitê de Credores quando verificar ou vier ao seu conhecimento, a existência de desobediência aos preceitos da Lei 11.101/05, ou mesmo o descumprimento dos deveres, qualquer omissão, negligência ou prática de atos lesivos às atividades do devedor ou a terceiros.

A extensão das prescrições deste artigo 31 é muito grande e menores também não são as consequências previstas aos seus infratores. E, nada obstante os rigores previstos neste artigo serem de cunho mais grave, isso porque as infrações potencialmente a serem cometidas pelos destinatários da norma são também de natureza mais grave, a nosso ver, também não autorizam, absolutamente, a não aplicação do contraditório e ampla defesa, com os meios e recursos a ele inerentes. Tudo o que dissemos antriormente com relação a este princípio tem aqui, para nós, a mesma e ampla aplicabilidade, até mesmo porque o exemplo lá citado pode também ocorrer nessa hipótese.

Ao analisar sobre a destituição do administrador judicial, o Doutor Fábio Ulhoa Coelho emite este pensamento:

> "[...] Compete ao juiz da falência, agindo de ofício ou a pedido de qualquer interessado (inclusive o Ministério Público, tendo em vista sua função de fiscal da Lei) – decretá-la. Observe-se que, por se tratar a destituição de uma penalidade, tem o administrador judicial direito constitucional à ampla defesa, que deve ser assegurado pelo juiz antes da decisão". (COELHO, 2011, p. 134)

Outro grande doutrinador, o eminente Professor e jurista Paulo Fernando Campos Salles de Toledo (2010, p. 136), também defende o direito do administrador judicial destituído de defender-se. Ao analisar as prescrições dispostas no *caput* deste artigo 31, diz o jurista que tanto em uma hipótese – a de o juiz agir de ofício –, como na outra – ou a requerimento fundamentado de qualquer interessado:

> "[...]o juiz, em ambos os casos, deverá ouvir o administrador ou membro do comitê ao qual se imputa a falta, não se lhe podendo recusar o direito de defesa. Poderá ele, em seu prol, esclarecer circunstâncias e afastar as imputações [...]."

E no exemplo semelhante acima transcrito, extraímos desse mestre um exemplo semelhante, originário de jurisprudência do Tribunal de Justiça do Rio Grande do Sul.

> § 1º No ato de destituição, o juiz nomeará novo administrador judicial ou convocará os suplentes para recompor o Comitê.

43.15 Destituição. Novo Administrador e suplentes do Comitê

Neste dispositivo, a nosso ver, o legislador retomou o caminho correto, ou seja, previu que o juiz do feito, no ato da destituição, tem a obrigação/dever de nomear o respectivo substituto, para a hipótese de destituição do administrador judicial e, se esta for de qualquer ou de todos os membros do Comitê de Credores, determinará a convocação dos suplentes. É que queremos entender, conforme exposto acima, que esse ato de destituição do juiz somente será efetuado após o exercício do contraditório e a ampla defesa de quem foi destituído, porque quem o foi, será, para todos os efeitos legais, um acusado. E todo acusado sem o sagrado direito de defesa e do contraditório. Assim pensam os grandes doutrinadores brasileiros, dois deles acima citados com transcrições de partes de seus respeitáveis pensamentos.

§ 2º **Na falência, o administrador judicial substituído prestará contas no prazo de 10 (dez) dias, nos termos dos §§ 1º a 6º do art. 154 desta Lei.**

43.16 Administrador substituído na falência. Prestação de contas em 10 (dez) dias

Destituído, por óbvio, não fica o administrador judicial só com esta pecha, que representará para o seu futuro o fechamento dos caminhos profissionais pelo menos nos próximos 5 (cinco) anos, conforme as disposições do artigo 30, *caput*. No processo de falência, além de receber o decreto de substituição com as devidas fundamentações – porque só o será se fundamentado for o respectivo requerimento para tal ou mesmo o ato de ofício do juiz –, tem o administrador o curto prazo de 10 (dez) dias para a apresentação de suas contas.

Ao fazê-lo, deverá juntar todos os documentos que comprovem os seus atos na falência, como recebimentos, pagamentos, contratações, etc. Suas contas serão prestadas em autos apartados que, ao final, serão apensados aos autos da falência. O juiz ordenará a publicação de aviso de que as contas foram entregues e se encontram à disposição dos interessados, que poderão impugná-las no prazo de 10 (dez) dias, passados os quais e, se necessárias, realizadas as diligências específicas para fins de apuração dos fatos alegados, o juiz intimará o Ministério Público para manifestar-se no prazo de 5 (cinco) dias, findo o qual o administrador judicial será ouvido se houver impugnação ou parecer contrário do Ministério Público.

Após o cumprimento de todas essas providências, é claro, se necessárias forem, o juiz julgará as contas por sentença. Se a sentença for no sentido de rejeitar as contas do administrador, o juiz fixará suas responsabilidades, e, se for o seu entendimento poderá determinar a indisponibilidade ou o sequestro de bens e servirá como título executivo para indenização da massa. Não é, felizmente, para o administrador judicial, o fim da trilha, pois da sentença cabe apelação.

Nos chama a atenção neste parágrafo 2º do art. 31, a palavra **substituído**. Por que não a palavra **destituído**, vez ser de destituição que se tratam essas disposições, inclusive as do *caput* deste artigo e seu parágrafo primeiro? Nos remete o legislador para os parágrafos 1º a 6º do art. 154 desta Lei 11.101/05 – do encerramento da falência e da extinção das obrigações –, sendo que essa prestação de contas se fará como manda os citados parágrafos. Essa regra é geral para toda prestação de contas na falência, seja o administrador judicial **destituído, substituído** ou mesmo quando do encerramento da falência. A única diferença que existe, é que o administrador judicial **substituído** (que, na verdade é **destituído**), tem diminuído o seu prazo para prestar as contas para 10 (dez) dias, enquanto que o administrador judicial, que é mantido nas funções até o efetivo encerramento da falência tem 30 (trinta) dias para esta prestação, exatamente na mesma modalidade do **destituído**.

Quanto à remuneração do administrador judicial nos processos de recuperação judicial, forma de pagamento, substituição, chamamos a atenção do prezado leitor para os nossos estudos sobre o artigo 24 e seus parágrafos.

> Art. 32. O administrador judicial e os membros do Comitê responderão pelos prejuízos causados à massa falida, ao devedor ou aos credores por dolo ou culpa, devendo o dissidente em deliberação do Comitê consignar sua discordância em ata para eximir-se da responsabilidade.

43.17 Responsabilidade dos membros do Comitê e do Administrador Judicial. Dolo ou culpa

Seguindo a mesma linha da grande responsabilidade que a Lei 11.101/05 dispensa aos seus atores, este artigo 32 previu que o administrador judicial e os membros integrantes do comitê de credor, na hipótese de causarem prejuízos tanto à massa falida (processo de falência), quanto ao devedor (processo de recuperação judicial), e mesmo a qualquer credor, seja por dolo ou culpa, responderão por eles. Já estudamos como se nomeia um administrador judicial, suas atribuições, seu funcionamento, o mesmo quanto aos membros do comitê de credores, e agora, estudamos a sua responsabilização civil.

A parte final das disposições deste artigo 32, dá a forma de como deve agir um membro integrante do comitê de credores que, em uma reunião desse órgão, vote diferentemente da maioria, na previsão de que essa decisão, da qual foi voto vencido (lembrando que a composição originária do órgão é de quatro integrantes titulares e as decisões tomadas por maioria – parágrafo 1º do art. 27) é claro, se tiver 3 (três) classes de credores ou mesmo as 4 (quatro) (LC 147/2014), possa no futuro causar prejuízos a qualquer dos interessados. Para evitar qualquer contratempo, esse integrante do comitê de credores que foi dissidente, deve ter o cuidado de fazer consignar na respectiva ata o inteiro teor da sua discordância, pois só assim, como manda a Lei, é que poderá eximir-se da responsabilidade, seja ela por dolo ou mesmo culpa.

Diversos atos praticados tanto pelo administrador judicial quando pelos integrantes do comitê de credores, poderão, literalmente, causar prejuízos aos credores, ao devedor ou à própria massa falida. Julio Kahan Mandel (2005, p. 71), cita dois exemplos muito comuns de ocorrerem, de responsabilidade do administrador judicial, como a não venda em momento oportuno de material perecível, por incompetência, ou a venda de bens da massa por preços muito abaixo do valor de mercado e sem consulta às partes. Ainda, um terceiro exemplo citado pelo eminente escritor e advogado, é o acordo com devedores da massa que resultaram evidente prejuízo, e sequer teve a autorização judicial. É um absurdo, mas pode acontecer, mesmo sem estar presente o elemento dolo.

Quanto aos membros do comitê de credores, por exemplo – e se existirem as 4 (quatro) classes de credores –, pode ocorrer que dois ou mais de seus integrantes estejam em conluio com o administrador judicial, no sentido de se favorecerem com o produto da massa. Ora, é atribuição do comitê de credores tanto na recuperação judicial quanto na falência (inciso I, art. 27): "a) fiscalizar as atividades e examinar as contas do administrador judicial". Mas a maioria – os outros dois integrantes do comitê –, não fiscalizam as atividades e tampouco examinam as contas do administrador judicial. E ainda, se recusam a reunir-se com o terceiro para cumprirem com essas suas atribuições.

Como manda a parte final das disposições deste artigo 32, o terceiro membro do comitê de credores, para se documentar, deve convocar uma reunião do comitê com dia, horário e pauta (o cumprimento das atribuições da letra "a" do inciso I, do art. 27), fazendo-o por meio de serviços cartoriais, cujos servidores ternham fé pública. Comparecendo os demais membros e tomando a decisão por maioria, ou mesmo não comparecendo, esse integrante isolado do comitê deve fazer consignar em ata o inteiro teor de seu voto que, claro, é no sentido de dar cumprimento às respectivas atribuições, e, de imediato, fazer chegar ao conhecimento do juiz, para que ele tome as providências que o caso requer.

Sempre válidas as precisas e sábias observações do Mestre Fábio Ulhoa Coelho, alertando que quando se trata de órgãos da falência – o administrador judicial ou o comitê de credores –, a legitimação ativa para a responsabilização destes, é somente da massa. E,

> "[...] Como o dano derivado da má administração, nesse caso, é infligido à comunhão de credores, nenhum deles isoladamente ou mesmo o devedor falido estão legitimados a promover a responsabilização. Aliás, quando o demandado é o administrador judicial será pressuposto da responsabilização a sua substituição ou destituição, já que ele é representante legal da comunhão de interesses dos credores[...]". (COELHO, 2011, p. 135-6)

Por outro lado, o mestre dá também os caminhos de como se proceder quando os citados órgãos – administrador judicial e comitê de credores –, funcionam no processo de recuperação judicial, os possíveis prejuízos, pela má administração, poderão ser gerados contra o próprio devedor ou mesmo contra um ou mais credores. Neste processo, leciona o mestre que, "[...]Não existe uma comunhão de credores institucionalizada como uma massa subjetiva, por isso, cada sujeito (ou alguns, se comum o dano) deve perseguir a satisfação de seus direitos lesados pelo administrador judicial ou membro do comitê de credores" (COELHO, 2011, p. 136). E arremata Fábio Ulhoa, com esta precisa lição: "Não há, na recuperação judicial, nenhum pressuposto específico para a ação de indenização contra o administrador judicial ou membro do Comitê, como existe na hipótese de estarem respondendo enquanto órgãos da falência" (COELHO, 2011, p. 136).

> Art. 33. O administrador judicial e os membros do Comitê de Credores, logo que nomeados, serão intimados pessoalmente para, em 48 (quarenta e oito) horas, assinar, na sede do juízo, o termo de compromisso de bem e fielmente desempenhar o cargo e assumir todas as responsabilidades a ele inerentes.

43.18 Quarenta e oito horas para assinatura do Termo de Compromisso

Nos artigos passados estudamos os requisitos pelos quais o administrador judicial e os membros do Comitê de Credores são submetidos para chegarem à nomeação para o exercício das respectivas funções. Sinteticamente, o administrador judicial é da confiança do juiz e, preenchidas as condições que a Lei dele exige, o juiz o nomeia. Já os membros do Comitê de Credores – quatro titulares representando as classes de credores e oito suplentes (se presentes a 4 (quatro) classes de credores) –, são eleitos por deliberação da assembleia-geral dos credores, para futura nomeação.

Esaas nomeações, conforme as disposições da Lei 11.101/05, necessariamente são efetuadas em momentos distintos e uma nada tem a ver com a outra, podendo, inclusive, não existir o ato para os integrantes do último órgão, pois o Comitê de Credores, por não ter a sua constituição obrigatória, e, principalmente nos feitos de falência ou de recuperação judicial de menor porte, pode até mesmo inexistir. Para o administrador judicial, entretanto, a sua existência em qualquer dos feitos é obrigatória, e sua nomeação, também necessariamente, ocorre quando do deferimento do processamento da recuperação Judicial (inciso I do art. 52) e da decretação da falência (art. 99, inciso IX).

Nomeados por ato do juiz do feito, é também determinada por este a intimação pessoal de cada um para que, no prazo de 48 (quarenta e oito) horas, compareçam, como diz a Lei, na sede do juízo, não significando isso que tenha que ser na presença do juiz, mas, como sempre ocorre, na presença do respectivo escrivão, na sede da escrivania, para assinar o termo de compromisso de bem e fielmente desempenhar o cargo e assumir todas as responsabilidades a ele inerentes. Ao comparecer ao local indicado para o ato da assinatura, e antes mesmo de firmá-la, não só por estar escrito nesse termo de compromisso a assunção de tamanhas responsabilidades, deve o nomeado, se não as conhece na sua inteireza, fazê-lo, pois a partir de tal ato, passa ele a ser não somente detentor de todos os potenciais poderes e atribuições inerentes ao cargo, mas também, a assumir as também não menores responsabilidades frente ao falido, ao devedor ou qualquer credor, no sentido de responsabilização civil decorrente de qualquer prejuízo que lhes causar, seja por culpa ou dolo.

> Art. 34. Não assinado o termo de compromisso no prazo previsto no art. 33 desta Lei, o juiz nomeará outro administrador judicial.

43.19 Termo de compromisso não assinado no prazo legal. Outro administrador

Observamos que a parte inicial das prescrições desse artigo 34 é genérica, não buscando o motivos do porquê da não assinatura do termo no prazo legal, que pode ser por um impedimento originário de doença, de viagem, de falta de interesse pessoal do nomeado, ou mesmo na hipótese prevista no final da redação do último parágrafo dos comentários do artigo anterior – o de número 33.

Quanto ao administrador judicial, nada obstante serem as responsabilidades enormes, como enormes são também os respectivos afazeres, tem ele, desde o princípio, a certeza de uma remuneração condizente com o desempeno das funções (de até 5% do valor devido aos credores submetidos à recuperação judicial ou do valor de venda dos bens da falência – parágrafo único do artigo 24). Quanto aos membros integrantes do comitê de credores, não há, em princípio, qualquer remuneração pelo desempenho das respectivas funções, e isso, pode ser um dos fatores desestimuladores para a assunção dessas responsabilidades, as quais, mesmo inexistindo qualquer remuneração, é claro, persistem.

43.20 E a não assinatura do termo no prazo pelos membros do Comitê?

Assim, não assinado o termo no prazo legal, este artigo 33 diz que o juiz nomeará **outro administrador judicial**, não fazendo qualquer menção aos membros do comitê de credor que, por acaso, não tenham assinado o seu compromisso. Essa omissão do legislador, acreditamos, decorre de um ato precedente e que não dependeu do juiz, qual seja, o de que a eleição dos membros do comitê de credores se deu, conforme manda a Lei, por deliberação da respectiva assembleia-geral. Assim, se a AGC que elegeu um ou mais dos integrantes de todas as classes de credores que participam de uma recuperação judicial ou falência, e um desses eleitos, ao chegar no momento de assinar o termo de compromisso, por qualquer motivo entender de não assumir o encargo, nos parece, não pode o juiz, em ato próprio, nomear qualquer um dos suplentes para assumir a função. Essa prerrogativa ou atribuição é, a nosso sentir, exclusiva da assembleia-geral de credores.

O ilustre professor e jurista Paulo Fernando Campos Salles de Toledo tem pensamento diferente do nosso e sobre a questão, assim se expressa:

> "[...] a norma não estabelece a consequência para a hipótese de não ter prestado compromisso algum membro do comitê de credores. Isto ocorrendo, pode-se valer o juiz, por analogia, da regra do art. 31, Parágrafo 1º da LRE, a qual dispõe que, sendo destituído um membro do comitê, será convocado o suplente para recompor o cargo." (TOLEDO, 2010, p. 140).

Com a máxima vênia, o nosso ponto de vista não caminha no mesmo sentido do mestre acima citado, isto porque, nas disposições por ele citadas e que "pode o juiz delas valer-se por analogia", são "[...]o juiz, de ofício ou a requerimento fundamentado de qualquer interessado, poderá determinar a **destituição** do administrador judicial ou de quaisquer dos membros do comitê de credores **quando verificar desobediência aos preceitos desta Lei, descumprimento de deveres, omissão, negligência ou prática de ato lesivo às atividades do devedor ou a terceiro**" (*caput* do art. 31). (grifos nossos). Ocorrendo as hipóteses acima previstas, diz a Lei no parágrafo primeiro deste artigo que, "[...] No ato de **destituição**, o juiz nomeará novo administrador judicial ou convocará os suplentes para recompor o comitê". (grifos nossos).

É que a questão aqui tratada é de **destituição**, o que implica sanção, pois decorreu da prática de um ato previsto na Lei que o seu infrator o cometeu no efetivo exercício da função. E nesta hipótese, previu a Lei que o juiz nomeará, no caso de destituição de membros titulares do comitê de credores, os suplentes para a devida recomposição. A nosso ver, no artigo sob estudos, o 34, sequer houve a assunção das obrigações de membro integrante do comitê, até mesmo porque isso, por força da parte final das disposições do art. 33, *caput*, somente ocorrerá quando for assinado "[...] o termo de compromisso de bem e fielmente desempenhar o cargo e **assumir todas as responsabilidades a ele inerentes**". (grifos nossos).

A nosso ver, nada obstante tenha o emérito professor e ilustre jurista Paulo Fernando Campos Salles de Toledo afirmado que a norma não estabelece consequência para tal hipótese, a nós nos parece o contrário, isto é, na verdade, não há norma específica sobre como proceder diante da não assinatura atempada do termo de compromisso por qualquer integrante do comitê de credores.

Entretanto, vemos no § 2º e seus 2 (dois) incisos do artigo 26 desta Lei 11.101/05, o procedimento não só para esta hipótese sob estudos, mas também para a nomeação do representante e dos suplentes da respectiva classe ainda não representada no Comitê. Ora, insistimos que a constituição do Comitê de Credores, a escolha de seus membros e **sua substituição**, tanto na recuperação judicial quanto na falência, decorre de deliberação da Assembleia-Geral de Credores, pois é esta uma de suas atribuições (artigo 35, I, "b", e II, "b"). Se a Lei prevê que é atribuição da AGC a **substituição** dos membros integrantes do Comitê de Credores, não pode o juiz, a nosso sentido, fazê-lo, mesmo usando de analogia, conforme a respeitadíssima opinião do ilustre professor acima mencionado.

Tampouco haverá a necessidade de convocação de outra assembleia-geral de credores exclusivamente para essa finalidade, o que contrariaria o princípio da celeridade que precedeu e permeia esta Lei, além dos custos altíssimos que implica a realização desse ato.

O citado § 2º do artigo 26 desta Lei, dispõe que,

> "o juiz determinará, mediante requerimento subscrito por credores que representem a maioria dos créditos de uma classe, independentemente da realização de assembleia:
>
> I – a nomeação do representante e dos suplentes da respectiva classe ainda não representada no Comitê; ou
>
> II – a substituição do representante ou dos suplentes da respectiva classe." (grifos nossos)."

Quando o citado § 2º acima transcrito diz independentemente da realização de assembleia, nos parece, reforça o legislador a atribuição desta para os atos mencionados nos 2 (dois) incisos, uma vez que ela já foi realizada para o fim específico de constituir o comitê de credores, o qual, já no exercício de suas atribuições, e se requerer ao juiz por credores que representem a maioria dos créditos de uma classe, este, em atendimento ao pedido, determinará a substituição do representante ou dos suplentes da respectiva classe. Mas a indicação do substituto é do comitê de credores que foi constituído pela AGC.

O próprio professor Paulo Fernando Campos Salles de Toledo, ao tecer seus valiosíssimos comentários sobre o artigo 26 da Lei 11.101/05, sob o título "82. Substituição ou inclusão de membros do comitê", em sua monumental obra, assim se manifesta:

> "Uma vez constituído o comitê, a inclusão de representantes e seus suplentes, de classe que não componha ainda o órgão, se fará por meio de requerimento endereçado ao juiz, não sendo necessária, para isso, a realização de assembleia-geral. O requerimento deverá ser 'subscrito por credores que representem a maioria dos créditos' da respectiva classe. O procedimento é o mesmo para a substituição de membro ou suplente do comitê." (TOLEDO, 2010, p. 125-126)

Concordamos com os comentários do mestre de que "a norma não estabelece consequências para a hipótese de não ter prestado compromisso algum membro do comitê de credores", referindo-se às disposições do ora comentado artigo 34 da Lei 11.101/05. Por outro lado, ocorrendo essa hipótese, teremos aí necessariamente a **substituição**, que a nosso ver, previu-a o legislador genericamente no § 2º do artigo 26, ao invés de especificar caso a caso em que ela ocorreria.

Portanto, se essa substituição se verificar, seja por falta de assinatura do membro do comitê de credores do termo de compromisso no prazo de 48 (quarenta e oito) horas, seja porque o membro renunciou, abandonou os encargos, seja porque ele faleceu, porque se acidentou e está impossibilitado de locomover-se, seja porque vendeu sua atividade e perdeu a condição de credor (e, por consequência, a de fazer parte de qualquer classe de credores), porque desapareceu e dele não se tem notícias, seja por qual motivo for esta substituição, entendemos que o seu procedimento é o previsto no § 2º do artigo 26, inciso II.

Seção IV
Da Assembleia-Geral de Credores

Art. 35. A assembleia-geral de credores terá por atribuições deliberar sobre:

I – na recuperação judicial:

a) aprovação, rejeição ou modificação do plano de recuperação judicial apresentado pelo devedor;

b) a constituição do Comitê de Credores, a escolha de seus membros e sua substituição;

c) (VETADO)

d) o pedido de desistência do devedor, nos termos do § 4º do art. 52 desta Lei;

e) o nome do gestor judicial, quando do afastamento do devedor;

f) qualquer outra matéria que possa afetar os interesses dos credores;

II – na falência:

a) (VETADO)

b) a constituição do Comitê de Credores, a escolha de seus membros e sua substituição;

c) a adoção de outras modalidades de realização do ativo, na forma do art. 145 desta Lei;

d) qualquer outra matéria que possa afetar os interesses dos credores.

44. É OBRIGATÓRIA A EXISTÊNCIA DA ASSEMBLEIA-GERAL DE CREDORES?

Essa indagação é muito pertinente, porque outro órgão ou da falência ou da recuperação judicial – o Comitê de Credores –, conforme estudado em artigos antecedentes, não tem a sua constituição obrigatória, podendo ocorrer que em determinados processos, especialmente os de menor porte quanto a valores, credores, etc., o mesmo não seja constituído.

Quanto ao órgão assembleia-geral de credores, o mesmo pode ocorrer, mas em uma única circunstância, que será objeto de estudos futuros, especialmente a partir do art. 52, para o qual remetemos o prezado leitor. Entretanto, podemos adiantar que, quando do deferimento do processamento da recuperação judicial, dentre outras e diversas providências, o juiz ordenará a publicação de edital com a advertência para que os credores – se assim entenderem –, apresentem objeção ao plano de recuperação judicial apresentado pelo devedor no prazo que a Lei determinar.

Ora, embora na literatura jurídica não tenhamos conhecimento de que qualquer plano de recuperação apresentado por qualquer devedor jamais sofreu qualquer rejeição de qualquer credor, pois, se assim ocorresse, seria essa a única possibilidade de uma recuperação judicial funcionar sem a existência do órgão assembleia-geral de credores. Entretanto, se houver que seja apenas a rejeição de um único credor, ou seja, se o plano apresentado não lhe convier em qualquer de suas partes, determina a Lei que o juiz, nessa hipótese, convocará a assembleia-geral de credores para deliberar sobre o plano.

44.1 Conceitos de Assembleia-Geral de Credores

De início, vamos estabelecer o conceito deste órgão – a Assembleia-Geral de Credores –, segundo o entendimento do mestre Ricardo Negrão:

> "A assembleia-geral é o órgão deliberativo constituído por todos credores concursais admitidos provisória ou definitivamente no quadro geral de credores, reunidos mediante provocação apresentada pelo administrador judicial, pelo Comitê de Credores ou por credores que representem pelo menos 25% do valor total de créditos de uma determinada classe, ou, ainda, por ato de ofício, pelo juiz condutor do processo de falência ou de recuperação judicial." (NEGRÃO, 2012, p. 127)

Outro mestre das ciências jurídicas a nos conceituar o órgão Assembleia-Geral de Credores, mas que ele, modestamente denomina de **noção**, é Sérgio Campinho que, ao lecionar sobre o tema, diz que

> "A assembleia-geral de credores consiste na reunião dos credores sujeitos aos efeitos da falência ou da recuperação judicial, ordenados em categoria derivadas da natureza de seus respectivos créditos, com o fim de deliberar sobre as matérias que a Lei venha exigir sua manifestação, ou aquelas que possam lhes interessar. Revela um foro facultativo e não permanente de decisões dos credores, instalado e operado em estrita obediência das prescrições legais, para decidir situação específica eventualmente surgida no curso do processo." (CAMPINHO, 2010, p. 75)

Gladston Mamede, o ilustre professor e advogado mineiro, diz que

> "A assembleia-geral de credores, como seu próprio rótulo diz, é órgão que congrega todos aqueles que tem créditos contra o empresário ou sociedade empresária, constituindo-se como instância auxiliar do juízo universal. Sua competência varia

conforme a natureza do procedimento, de acordo com o artigo da Lei 11.101/05 [...]." (MAMEDE, 2012, p. 78)

O eminente professor e advogado Jorge Lobo, na obra *Comentários à Lei de Recuperação de Empresas e Falência*, coordenada por Paulo F. C. Salles de Toledo e Carlos Henrique Abrão também emite seu conceito, afirmando que

"A assembleia-geral de credores é um órgão colegiado deliberativo, convocado e instalado na forma da Lei, que tem a função de examinar, debater e decidir as matérias de sua atribuição exclusiva, discriminadas no art. 35, I e II, da LRE." (TOLEDO, 2010, p. 144)

Art. 35. A assembleia-geral de credores terá por atribuições deliberar sobre:

I – na recuperação judicial.

44.2 A soberania da Assembleia-Geral de Credores

Muito se disse sobre a total e completa soberania da assembleia-geral de credores, uns, até mesmo defendendo que as suas decisões não se submetem ao crivo da jurisdição. Se isso foi um pensamento que criou ramificações quando da confecção ou mesmo da vigência da Lei 11.101/05, em seu início, hoje, diante das opiniões firmadas do grandes doutrinadores, e mesmo dos nossos Tribunais, inclusive o Superior Tribunal de Justiça, não tem mais lugar. É soberana, sim, a decisão da assembleia-geral de credores, desde que realizada em conformidade com os ditames legais específicos, mas, por outro lado, se submete, sim, à jurisdição.

Uma observação nesse sentido nos é feita pelo grande jurista e escritor Manoel Justino Bezerra Filho, quando nos adverte das limitações dos poderes da assembleia-geral de credores, nesta hipótese especificamente sobre a recuperação judicial, afirmando:

"1. Observe-se desde logo que o poder da assembleia-geral não é decisório, não se substituindo ao poder jurisdicional. Evidentemente a assembleia, constituída por credores diretamente interessados no bom andamento da recuperação, deverá levar sempre ao juiz as melhores deliberações, que atendam de forma mais eficiente ao interesse das partes envolvidas na recuperação, tanto devedor quanto credores[...] (BEZERRA FILHO, 2011, p. 115-116).

Ao finalizar seu pensamento, Manoel Justino enfatiza que a presença dos interesses conflitantes no feito, isto é, por si só, já é motivo bastante para que o poder decisório pertença à jurisdição.

O Egrégio Superior Tribunal de Justiça, no REsp 1314209/SP, DJe de 01/06/2012, 3ª Turma, em que foi Relatora a nobre Ministra Nancy Andrighi, deixou patente que, quando da realização da assembleia-geral para a aprovação do plano de recuperação judicial, a sua soberania não sofre a ingerência da jurisdição; porém, as respectivas deliberações estão sujeitas aos requisitos de validade de todo e qualquer ato jurídico, os quais estão sujeitos ao controle judicial. Ficou assim redigida a ementa:

> "RECURSO ESPECIAL. RECUPERAÇÃO JUDICIAL. APROVAÇÃO DE PLANO PELA ASSEMBLEIA DE CREDORES. INGERÊNCIA JUDICIAL. IMPOSSIBILIDADE. CONTROLE DE LEGALIDADE DAS DISPOSIÇÕES DO PLANO. POSSIBILIDADE. RECURSO IMPROVIDO. 1. A assembleia de credores é soberana em suas decisões quanto aos planos de recuperação judicial. Contudo, as deliberações desse plano estão sujeitas aos requisitos de validade dos atos jurídicos em geral, requisitos esses que estão sujeitos a controle judicial. 2. Recurso especial conhecido e não provido."

Eis como ficou, em síntese, o voto da eminente Relatora, decidido à unanimidade:

> "É possível ao Poder Judiciário reconhecer a nulidade de uma das cláusulas incluídas em plano de recuperação judicial aprovado em Assembleia-Geral de Credores, sob o fundamento de que seria condição puramente potestativa, vedada pelo artigo 122 do CC de 2002, pois, apesar de não competir ao juízo interferir na vontade soberana dos credores, alterando o conteúdo do plano de recuperação judicial, tal obrigação de respeitar a vontade dos credores não implica impossibilitar o controle judicial quanto à licitude das providências decididas em assembleia, sendo que a soberania desta não pode sobrepujar os requisitos legais da manifestação de vontade representada pelo plano de recuperação."

O Egrégio Tribunal de Justiça do Estado de Goiás, quanto à aprovação do plano de recuperação judicial, desde que nada de novo no recurso justifique a modificação da decisão da assembleia-geral de credores, ressalta sua soberania, conforme entendimento da digna Relatora Desembargadora Sandra Regina Teodoro Reis, em decisão monocrática junto à 6ª Câmara Civil, conforme ementa:

> AGRAVO REGIMENTAL NO AGRAVO DE INSTRUMENTO. ALTERAÇÃO DO PLANO DE RECUPERAÇÃO JUDICIAL. PRAZO DE CARÊNCIA E PERCENTUAL DO DESÁGIO. SOBERANIA DA ASSEMBLEIA-GERAL DOS CREDORES. AUSÊNCIA DE FATO NOVO. 1- No que concerne ao plano de recuperação judicial apresentado pelo devedor, a assembleia-geral de credores é soberana em suas deliberações. 2- Constitui medida imperativa o desprovimento do Agravo Regimental quando este não evidencia em suas razões nenhum novo argumento que justifique a modificação da decisão combatida. AGRAVO REGIMENTAL CONHECIDO E DESPROVIDO. DECISÃO MONOCRÁTICA MANTIDA.
>
> (TJGO, AGRAVO DE INSTRUMENTO 421659-23.2013.8.09.0000, Rel. DES. SANDRA REGINA TEODORO REIS, 6ª CÂMARA CÍVEL, julgado em 14/01/2014, DJe 1469 de 22/01/2014)

44.3 Atribuições da Assembleia-Geral de Credores

Se se pode resumir em uma só palavra todas as atribuições desse órgão, diríamos que essa palavra é **deliberação**. Observaremos que tanto na recuperação judicial quanto na falência, nenhuma outra atribuição e exigida da assembleia-geral de credores, se não **deliberar**. O que, entretanto, vai variar, é o objeto, o assunto, a competência para deliberar sobre o quê, objeto agora dos nossos estudos.

> "a) aprovação, rejeição ou modificação do plano de recuperação judicial apresentado pelo devedor."

44.4 Deliberação sobre o plano de recuperação judicial

Todas as deliberações da assembleia-geral de credores são importantes. Essa, a nosso ver, nos parece ser a mais ou uma das mais, exatamente porque é a partir do que nela se delibera que se pode ter a certeza concreta e absoluta do futuro do recuperando. Ora, de antemão e até o momento das deliberações nessa assembleia, já se sabe que ele – o recuperando –, só terá um caminho a seguir dentre os dois que se lhe apresentam: (i) a aprovação da recuperação judicial – aqui incluindo-se qualquer modificação no plano original; e, (ii) a rejeição, o que, literalmente, significa **falência**.

Na primeira hipótese, em princípio, a atividade continua sob o comando do atual devedor ou atuais administradores, com pouquíssimas restrições, enquanto que na segunda – a falência –, é, também em princípio, uma incógnita quanto à continuidade, mas uma certeza quanto à efetiva perda do comando pelo devedor e pelos atuais administradores. Quão sérias, profundas e de alta responsabilidade as 2 (duas) decisões acima expostas, cuja deliberação é de única e exclusiva responsabilidade do órgão Assembleia-Geral de Credores.

Entretanto, para que a Assembleia-Geral de Credores se reúna para deliberar sobre a altíssima responsabilidade que lhe é atribuída e prevista nesta letra "a" sob estudos, um, alguns ou todos os credores do devedor devem apresentar objeção ao plano de recuperação apresentado por ele, significando isso o seu não conformismo com a totalidade ou mesmo só em parte daquele plano de recuperação judicial – termo técnico usado pelo legislador –, mas que é também um **projeto de reerguimento da atividade**; ou ainda, **um plano para a salvação da empresa**; ou, ainda, **uma tentativa de continuidade da atividade** sob o comando da vigente administração, ou, por fim, qualquer outra denominação que vise os mesmos fins.

Esse inconformismo do credor ou dos credores não é uma mera decorrência de possíveis insatisfações de natureza pessoal contra o impetrante da recuperação judicial que ora apresenta o plano de recuperação judicial; também, essa objeção de que fala a Lei, não se refere a uma liberdade que é concedida aos credores para que eles apontem em sua petição, que o devedor, por questões sejam quais forem, não merece a concessão do pedido, e tampouco, que o devedor, por não ser detentor deste ou daquele requisito que se imagina ser necessário estar presente num empreendedor, por isso só, da mesma forma, deve ter indeferida a sua pretensão.

Apresentar objeção ao plano de recuperação judicial apresentado pelo devedor, absolutamente, não é isto! Até mesmo porque ter ou não ter deferido o processamento da recuperação judicial independe da vontade de qualquer credor, pois é da própria Lei 11.101/05 a faculdade dessa impetração, bastando para tal, que o devedor, no momento do pedido, exerça a sua atividade regularmente por um período mínimo e que atenda ao mesmo tempo os requisitos legais previstos (art. 48). A par dessas exigências, há ainda a necessidade prevista na Lei de que o pedido de recuperação judicial seja instruído com diversos documentos (art. 51), além da exposição das causas concretas da situação patrimonial do devedor e das razões da crise econômico-financeira, vez que a recuperação judicial tem por objetivo viabilizar a superação da situação dessa crise econômico-financeira (art. 47). Todas essas questões, no momento oportuno, serão objetos de nossos estudos.

Apresentar o credor objeção ao plano de recuperação apresentado pelo devedor, é, sinteticamente, o seguinte, por exemplo: o devedor tem um passivo de R$50.000.000,00 (cinquenta milhões de reais), distribuído entre os credores titulares de créditos derivados da legislação do trabalho e decorrentes de acidente do trabalho, titulares de créditos com garantia real, titulares de créditos quirografários e titulares enquadrados como microempresas e empresas de pequeno porte – esta acrescida pela LC 147/2014 –, (sendo estas as 4 (quatro) classes de credores que compõem a AGC – art. 41).

Na confecção e posterior apresentação de seu plano de recuperação judicial, o devedor, quanto aos credores titulares de créditos com garantia real e aos quirografários, apresentou uma planilha de pagamentos para ser efetivada durante 6 (seis) anos – pode ser mais ou menos –, com um deságio sobre os valores atualizados (apresentados na impetração) de 50% (cinquenta por cento) – pode ser mais ou menos –, e com uma carência de 12 (doze) meses – pode ser mais ou menos –, a contar do trânsito em julgado da homologação do plano de recuperação e da sentença concessiva da recuperação judicial.

Em síntese, está aí a estrutura do plano apresentado pelo devedor. O credor, de seu lado, reconhecendo que o plano está tecnicamente bem elaborado e é viável o seu cumprimento – ele terá dados técnicos para isto –, compreende que tem que dar a sua parcela de contribuição, e, tacitamente, concorda com o mesmo. Basta permanecer sem se manifestar dentro do prazo legal, que é de 30 (trinta dias), a contar da data da publicação da relação de credores prevista no parágrafo 2º do artigo 7º desta Lei (art. 55).

Contudo, dentre todos os credores, apenas um – mas podem ser dois, mais de dois ou mesmo todos, dentro do prazo legal, peticionou, dizendo objetar-se somente quanto a um item, por exemplo, o prazo de 6 (seis) anos é muito longo; mas pode também objetar quanto a dois, quanto a três ou quanto a todo o plano apresentado, demonstrando em sua petição as razões, mesmo que sintéticas, do seu inconformismo.

Nessa hipótese – "havendo objeção de qualquer credor ao plano de recuperação judicial, o juiz convocará a assembleia-geral de credores para deliberar sobre o plano de recuperação" (art. 56 da Lei 11.101/05). Diz o bom senso, todavia, que essa objeção ou estas objeções, devem, antes de o juiz determinar a convocação da assembleia-geral de credores, serem por ele devida e profundamente examinadas. A objeção apresentada, só por essa condição, não deve ser como alguns entendem, isso é, que seja o pressuposto básico e legal para o juiz determinar a convocação.

Superadas quaisquer questões que poderiam ser impeditivas da procedência da objeção apresentada pelo credor contra o plano de recuperação judicial apresentado pelo devedor, o juiz, como manda a Lei, determina a convocação da assembleia-geral de credores, para a finalidade única de deliberar sobre estes três assuntos que serão a pauta respectiva: (i) aprovação; (ii) rejeição; e, (iii) ou modificação do plano de recuperação judicial apresentado pelo devedor. Nada obstante os três itens da Lei, e como já dissemos acima, juntamos no item **aprovação**, o contido no item (iii) – **modificação do plano de recuperação judicial** – porque, ao final, só pode ocorrer ou a **aprovação** ou a **rejeição**.

44.5 Plano de recuperação aprovado pela assembleia-geral de credores com vícios. Cassada, de ofício, decisão homologatória

Na hipótese acima, admitimos que o plano de recuperação judicial foi aprovado pela assembleia-geral de credores, nada obstante com vícios. Em um caso concreto e semelhante a este, a nobre Desembargadora Beatriz Figueiredo Franco, 3ª Câmara Cível do Egrégio Tribunal de Justiça de Goiás, enfrentou a questão que, muito embora o plano aprovado o foi com vícios, recebeu do juiz singelo a respectiva homologação e a concessão da recuperação judicial.

Provocada, entendeu a Desembargadora que, a decisão da assembleia-geral de credores é soberana, desde que obedeça a todos os princípios legais; entretanto, como ocorreu no caso concreto, em que ela detectou vícios, como a não observância à Constituição Federal, às Leis, aos princípios gerais de direito, como a falta de fundamentação na respectiva sentença homologatória, entendeu, de ofício, cassar a decisão, como vemos abaixo, no inteiro teor da respectiva Ementa:

> AGRAVO DE INTRUMENTO. PLANO DE RECUPERAÇÃO JUDICIAL (LEI Nº 11.105/05). ASSEMBLEIA-GERAL DE CREDORES: SOBERANIA LIMITADA. INTERVENÇÃO DO PODER JUDICIÁRIO: OBSERVÂNCIA À CONSTITUIÇÃO, LEIS E PRINCÍPIOS. DECISÃO DESFUNDAMENTDA CASSADA DE OFÍCIO. 1 – A Assembleia-Geral de Credores é soberana no

exame da viabilidade econômico-financeira do Plano de Recuperação apresentado. Todavia, o reconhecimento de tal atributo está condicionado à inexistência, no plano, de qualquer espécie de vulneração à Constituição Federal, aos princípios gerais de direito e às exigências de ordem pública, sob pena de ilegalidade, circunstâncias justificadoras da intervenção do Poder Judiciário. 2. A exigência de fundamentação dos atos judiciais, determinação alinhada na própria Constituição Federal (art. 93, inc. IX) , é expressão do princípio do devido processo legal, a cominar pena de nulidade às decisões proferidas sem as razões do convencimento do julgador. 3. Agravo prejudicado. Decisão cassada de ofício.

(TJGO, AGRAVO DE INSTRUMENTO 138699-91.2013.8.09.0000, Rel. DES. BEATRIZ FIGUEIREDO FRANCO, 3ª CÂMARA CÍVEL, julgado em 24/09/2013, DJe 1408 de 15/10/2013).

44.6 O Poder Judiciário só interfere em decisões assembleares de aprovação do plano de recuperação judicial se houver vícios

Em um outro exemplo de cassação de decisão de ofício, o ilustre Juiz de Direito em substituição na 3ª Câmara Cível do Egrégio Tribunal de Justiça do Estado de Goiás, Dr. Fernando de Castro Mesquita, em que, em Embargos de Declaração no Agravo da decisão monocrática, firmou entendimento de que o tipo de recurso adotado não era o conveniente para a questão, e que a decisão cassada propiciaria ao juízo singelo o proferimento de outra, em quepoderia abranger os acontecimentos prévios à realização da assembleia-geral de credores, conforme observamos a seguir:

> EMBARGOS DE DECLARAÇÃO NO AGRAVO NA DECISÃO MONOCRÁTICA. DECISÃO AGRAVADA CASSADA DE OFÍCIO. MATÉRIAS A SEREM ANALISADAS NO NOVO PRONUNCIAMENTO JUDICIAL. I – Os embargos de declaração não constituem meio idôneo à modificação do julgado, mormente quando neste não há omissão, contradição ou obscuridade. II – A decisão tema do agravo de instrumento foi cassada de ofício por este Tribunal para que o julgador de origem, caso assim entenda, profira outra em seu lugar, agregando ao novo pronunciamento os acontecimentos prévios à realização da assembleia-geral de credores e os termos do próprio plano de recuperação, abarcando, por conseguinte, as insurgências do banco embargante. III – Embargos de declaração conhecidos e improvidos.

(TJGO, AGRAVO DE INSTRUMENTO 139789-37.2013.8.09.0000, Rel. DR(A). FERNANDO DE CASTRO MESQUITA, 3ª CÂMARA CÍVEL, julgado em 10/12/2013, DJe 1473 de 28/01/2014).

"b) a constituição do Comitê de Credores, a escolha de seus membros e sua substituição."

44.7 Constituição do Comitê de Credores: atribuição da Assembleia-Geral de Credores

Conforme já foi objeto de nossos estudos no artigo 26, observamos que a constituição do comitê de credores se faria por deliberação de qualquer das classes de credores integrantes da assembleia-geral de credores, assim como as disposições da letra "b" acima, a respectiva escolha dos seus membros e substituições por acaso necessárias. Vale aqui repetir a observação já feita anteriormente, de que este comitê de credores sequer pode existir, vez que sua constituição não é uma determinação da Lei, mas sim uma faculdade. Todavia, ficou também bastante claro que a doutrina, em sua grande maioria, entende que a constituição e o funcionamento do comitê, nas falências ou recuperações judiciais das macroempresas, é de grande necessidade.

"c) VETADO."

44.8 As razões do veto

Por entendermos que os motivos dos vetos à alínea "c" do inciso I – referente à recuperação judicial – , e à alínea "a" do inciso II – referente à falência –, são fundamentais, até mesmo para o entendimento do prezado leitor quanto a questões periféricas, tomamos a liberdade de transcrevê-los, como seguem, na íntegra:

> "O Ministério da Justiça indicou aposição de veto ao dispositivo a seguir transcrito:
>
> Alínea "c" do inciso I e alínea "a" do inciso II do art. 35
>
> "Art. 35 [...]
>
> I – [...]
>
> c) a substituição do administrador judicial e a indicação do substituto;
>
> II – [...]
>
> a) a substituição do administrador judicial e a indicação do substituto;"
>
> Razões do veto
>
> "As alíneas a e c atribuem à assembleia-geral de credores, dentre outras competências, a de deliberar sobre a substituição do administrador judicial e a indicação do seu substituto. Todavia tais disposições conflitam com o art. 52, que estabelece:
>
> 'Art. 52. Estando em termos a documentação exigida no art. 51 desta Lei, o juiz deferirá o processamento da recuperação judicial e, no mesmo ato:
>
> I – nomeará o administrador judicial, observado o disposto no art. 21 desta Lei;
>
> [...]'

Verifica-se o conflito, também, no confronto entre esses dispositivos e o parágrafo único do art. 23, que dispõe:

'Parágrafo único. Decorrido o prazo do *caput* deste artigo, o juiz destituirá o administrador judicial e nomeará substituto para elaborar relatórios ou organizar as contas, explicitando as responsabilidades de seu antecessor.'

Ao que parece, houve um equívoco do legislador ao mencionar o 'administrador judicial', parecendo que pretendeu se referir ao 'gestor judicial', uma vez que, ao prever a convocação da assembleia-geral de credores para deliberar sobre nomes, o projeto refere-se a este último, como se atesta da leitura do art. 65, *verbis*:

'Art. 65. Quando do afastamento do devedor, nas hipóteses previstas no art. 64 desta Lei, o juiz convocará a assembleia-geral de credores para deliberar sobre o nome do gestor judicial que assumirá a administração das atividades do devedor, aplicando-se-lhe, no que couber, todas as normas sobre deveres, impedimentos e remuneração do administrador judicial.'

Há, portanto, no texto legal, um equívoco que merece ser sanado, elidindo-se a possibilidade de a lei vir a atribuir competências idênticas à assembleia-geral de credores e ao juiz da recuperação judicial ou da falência, o que ensejaria a inaplicabilidade do dispositivo, com inequívocos prejuízos para a sociedade, que almeja a celeridade do processo, e para o próprio Governo Federal, que tem adotado ações que possibilitem alcançar esse desiderato.

Finalmente, impõe-se registrar que o veto afastará, de plano, a possibilidade de que seja nomeada para o encargo pessoa que não seja da confiança do juízo."

"d) o pedido de desistência do devedor, nos termos do § 4º do art. 52 desta Lei."

44.9 Pode o devedor requerer a desistência da recuperação judicial?

O dispositivo acima nos remete para o Parágrafo 4º do art. 52, que prescreve que o devedor não poderá desistir do pedido de recuperação judicial após o deferimento de seu processamento, salvo se obtiver aprovação da desistência na assembleia-geral de credores.

Desistir do pedido de recuperação judicial após o deferimento do seu processamento, significa requerimento dirigido ao juiz presidente do feito, implicando aqui, a presença da jurisdição que é que, ao final, decide. Mas o legislador, para que o juiz assim decidisse, nessa hipótese, submete o pedido à assembleia-geral de credores, que simplesmente delibera sobre a sua aprovação ou não. Se aprovado o pedido de desistência, aí a jurisdição homologa.

Manoel Justino Bezerra Filho nos ensina que

"[...]Nesta letra d, fica bem clara a diferença entre o caráter deliberativo da assembleia-geral e o caráter decisório da jurisdição. A desistência do pedido de recuperação judicial, para surtir todos os efeitos de direito, depende de sentença homologatória, com trânsito em julgado[...]" (BEZERRA FILHO, 2011, p. 117)

Conclui o Mestre afirmando que, se não houver aprovação da assembleia-geral de credores, não poderá o juiz homologar o pedido de desistência do devedor; e ainda, mesmo que houver aprovação, "[...] compete ao juiz verificar se o pedido preenche as demais condições exigidas por Lei, e só após tal verificação é que homologará a desistência". É a questão da não ingerência da jurisdição nos atos decorrentes da deliberação da assembleia-geral de credores, desde que, como asseverou Manoel Justino, se o pedido preenche as demais condições exigidas na Lei.

"e) o nome do gestor judicial, quando do afastamento do devedor."

44.10 A figura do gestor judicial e o "afastamento" do devedor empresário individual, pessoa física, das suas atividades empresariais

Grande parte da doutrina brasileira, bem como parte da jurisprudência, dão a este dispositivo sob estudo, **a letra "e" do inciso I do art. 35**, interpretações e aplicações que, a nosso ver, não correspondem com o que quis dizer o legislador. É que a palavra afastamento, grafada na Lei 11.101/05, mas no que interessa quanto ao devedor (empresário individual ou sociedade empresária) no instituto ora sob análise – a recuperação judicial –, consta nos seguintes dispositivos: **art. 27, II, "c"; neste sob estudos, o art. 35, I, "e"; inciso VI do art. 64; e, art. 65** *caput*.

A nosso sentir, e como procuraremos demonstrar, inclusive com o auxílio da Lei Complementar 95/1998, a palavra **afastamento** contida nos dispositivos acima destacados, só tem aplicação sobre o **devedor empresário individual, pessoa física**. Não é assim, entretanto, o pensamento e a aplicação do termo por parte da doutrina e da jurisprudência, que também o aplicam sobre a sociedade empresária, pessoa jurídica, por seu administrador. Tal fato, segundo a nossa observação, não condiz com os fins da lei, cujos estudos têm mais abrangência quando da análise dos artigos 64 e 65, para onde dirigimos a atenção do amigo leitor.

O devedor **empresário individual, pessoa física** ou o devedor **sociedade empresária, pessoa jurídica**, conforme já dito anteriormente (**art. 27, II, c**), durante o processo de recuperação judicial, são mantidos no comando de todos os seus negócios (art. 64), sob fiscalização do Comitê de Credores, se houver, e do administrador judicial, sendo-lhes impostas determinadas restrições, como não vender o estabelecimento sem autorização judicial, entre outras (v. art. 66).

Entretanto, o art. 64 prevê uma série de atos, que, se praticados, tanto pelo devedor (**empresário individual, pessoa física**) **quanto pelos administradores (sociedade empresária, pessoa jurídica)**, levam-nos à descontinuidade no comando da atividade empresarial (a serem estudados no momento oportuno, ou seja, quando da análise dos artigos 64 e 65, para onde dirigimos a atenção do nobre leitor). O parágrafo único do art. 64, prevê que, na ocorrência de qualquer das hipóteses – os seus 6 (seis) incisos –, que o juiz **destituirá o administrador** (e não o **afastará**), o qual será substituído na forma prevista **nos atos constitutivos do devedor ou do plano de recuperação judicial**. A prática dos mesmos atos pelo devedor empresário individual, pessoa natural, tem como consequência o seu afastamento, com a convocação de assembleia-geral de credores pelo juiz para deliberar sobre o nome do gestor judicial que assumirá as atividades do devedor (art. 65). (dirigimos o amigo leitor para os comentários e análises dos artigos 64 e 65).

Esta alínea "e" tem por objetivo exclusivo, a nosso ver, e conforme dizem as respectivas disposições, estabelecer que a assembleia-geral de credores tem, dentre outras atribuições na recuperação judicial, a de **deliberar sobre o nome do gestor judicial quando do afastamento do devedor** (art. 65). Entendemos que este dispositivo sob estudo – a alínea "e" –, é específico e trata exclusivamente do **afastamento do devedor (empresário individual, pessoa física – este não é destituído e nem substituído)**, como também é específico e trata somente do afastamento do empresário individual, pessoa física, o art. 27, inciso II, letra "c", destacando-se que só nessas hipóteses é que essa figura do **gestor judicial** aparece na Lei, que dela trata, também especificamente, o artigo 65, para onde, igualmente, dirigimos o prezado leitor, pois ali, a nosso ver, procuraremos demonstrar, inclusive, tecnicamente, o acerto desse nosso pensamento.

44.11 Doutrinadores se equivocam na interpretação e aplicação do dispositivo sob estudo – a letra "e" do Inciso I do art. 35

a) Fábio Ulhoa, ao referir-se ao dispositivo sob análise, diz que na recuperação judicial, a competência da assembleia-geral dos credores compreende: "[...] d) **eleger o gestor judicial, quando afastados os diretores da sociedade empresária requerente:** [...]". (COELHO, 2011, p. 141) (grifos nossos).

Essas palavras e essa forma de ver o dispositivo acima transcrito são de autoria e originárias do Professor Fábio Ulhoa, e não da Lei 11.101/05, pois esta, literalmente, diz que uma das atribuições da assembleia-geral de credores, na recuperação judicial, é deliberar sobre "e) **o nome do gestor judicial, quando do afastamento do devedor**". (grifos nossos).

A nosso ver, o grande jurista Fábio Ulhoa é aqui traído em sua interpretação pelos termos técnicos que o legislador utilizou nos artigos 64 e 65, levando-o a confundir a correta aplicação e o seu respectivo momento, quando se tem pela frente o devedor empresário individual, pessoa natural, ou o devedor sociedade empresária, pessoa jurídica, por seus administradores, pois, no primeiro caso, aplica-se o art. 65 ("quando do **afastamento** do devedor..."); enquanto sobre as sociedades empresárias, por seu administradores, aplica-se o parágrafo único do art. 64, quando, "verificada qualquer [...] o juiz **destituirá o administrador**". Este, manda a Lei, é substituído conforme previsão nos atos constitutivos ou no plano de recuperação judicial; aquele tem suas atividades assumidas pelo gestor judicial, cujo nome é deliberado pela assembleia-geral de credores, convocada pelo juiz, imediatamente pós o **afastamento**.

O Professor Fábio Ulhoa, na sua interpretação, nos parece, tomou as disposições do art. 65 (que cuida exclusivamente do empresário individual, pessoa natural) para aplicá-las sobre os destinatários do art. 64 e seu parágrafo único (as sociedades empresárias por seus administradores societários), não considerando que ambas as matérias são suficientemente distintas, ou seja: (i) o afastamento do empresário individual; e, (ii) a destituição dos administradores societários, razão pela qual cada uma tem que ser restrita a um artigo de lei, conforme determinações da LC 95/1998, o que esta denomina de **assunto** ou **princípio**. Tecnicamente, nenhum **administrador societário** é **afastado**. Ele é destituído e substituído (art. 64). **Afastado** de suas atividades empresariais é somente o **devedor empresário individual, pessoa natural**.

b) Manoel Justino Bezerra Filho diz sobre o dispositivo ora estudado, que "**O Art. 65 estabelece que o juiz poderá tirar a administração da empresa em recuperação das mãos do devedor, entregando-a a um gestor judicial...**" (BEZERRA FILHO, 2011, p. 117). (grifos nossos).

Com todo o respeito que nos merece o renomado jurista, contrariamos o que disse, pois a lei, nem literalmente e nem por qualquer forma interpretativa, disse o que o Mestre escreveu acima. A faculdade que a Lei confere ao juiz, segundo o jurista – **poderá** –, não existe. Também não existe na Lei o "tirar a **administração da empresa em recuperação das mãos do devedor**, entregando-a a um gestor judicial...". (grifos nossos).

Disse o Mestre que tais disposições constam do art 65, o qual, para nos certificarmos da não existência das afirmações do Professor, transcrevemos abaixo:

> "Quando do afastamento do devedor, nas hipóteses previstas no art. 64 desta Lei, **o juiz convocará** a assembleia-geral de credores para deliberar sobre o nome do gestor judicial que assumirá a administração das atividades do devedor, aplicando-se-lhe, no que couber, todas as normas sobre deveres, impedimentos e remuneração do administrador judicial". (grifos nossos).

A faculdade ao juiz, conforme nos certificamos acima, inexiste, pois a lei diz que "quando do **afastamento... o juiz convocará e não poderá convocar**. Como o Professor Fábio Ulhoa, a nosso ver, o Mestre Manoel Justino também se equivocou quanto aos termos utilizados pelo legislador, pois este, quando se refere à administração, está cuidando especificamente de sociedades empresárias, cujos administradores são **destituídos e substituídos** (parágrafo único do art 64) e não **afastados**. Quanto ao **devedor** referido no art. 65, trata-se do empresário individual, pessoa natural, que, nas hipóteses do art. 64, *caput*, será **afastado**, com a convocação pelo juiz da assembleia-geral de credores para deliberar sobre o nome do gestor judicial que assumirá as suas atividades. (V. nossos comentários sobre os artigos 64 e 65).

"f) qualquer outra matéria que possa afetar os interesses dos credores."

44.12 Norma elástica

Observamos que a elasticidade que o legislador deu a esse dispositivo, nos parece, em princípio, e se permitem o termo, exagerada. Ora, qual matéria no curso de uma recuperação judicial que não afeta os interesses dos credores? Talvez encontrem e apontem uma ou duas, mas mesmo assim continuo afirmando que, seja lá o que for, terá reflexo de alguma forma, direta ou indireta, nos interesses dos credores. Mas isso não assusta porque sequer de longe pressupõe qualquer poder adicional para que a assembleia possa, como se diz, sair por aí deliberando ao se bel prazer. Até mesmo porque ela somente será convocada pelo juiz por meio de edital, mesmo na hipótese de provocação por requerimento de credores.

Outro aspecto positivo é que o seu presidente é o administrador judicial, pessoa da confiança e indicado pelo juiz. Pode ocorrer que o alvo das deliberações seja o afastamento do próprio administrador judicial, cuja solução estudaremos mais à frente. Melhor ainda, é que a assembleia tem poder apenas de caráter deliberatório, enquanto que o de decisão pertence ao juiz, sendo que todas as deliberações daquela, se em desconformidade com os preceitos legais, são submetidos ao crivo da jurisdição que as torna sem efeito.

II – na falência:

44.13 A soberania da Assembleia-Geral

Depois da análise das deliberações acometidas à assembleia-geral de credores na recuperação judicial, vamos observar o que de diferente existe para as deliberações do órgão no processo de falência. Remetemos o prezado leitor aos nossos comentários sobre o que escrevemos sob o título "A Soberania da Assembleia-Geral de Credores", vez que quando tratamos sobre a questão procuramos deixar claro, inclusive com a ajuda do Mestre Manoel Justino Bezerra Filho, demonstrando que a assembleia-geral de credores tem o poder deliberativo, enquanto a jurisdição tem o poder decisório, aplicando-se, por consequência, os mesmos comentários também aqui quando o assunto é a falência.

"a) (VETADO)."

44.14 Razões do veto

Pela mesma importância por nós demonstrada quando tratamos do veto da letra "c" do inciso I deste artigo, remetemos o amigo leitor para a integral transcrição daquele veto, eis que o presente, por ter a mesma redação daquele, tem as mesmas razões do veto.

> "b) a constituição do Comitê de Credores, a escolha de seus membros e sua substituição."

44.15 Procedimento para escolha e substituição dos membros do Comitê de Credores

Igualmente, remetemos o prezado leitor para os comentários da letra b do inciso I desse artigo, vez que a redação tanto para a recuperação judicial quanto para os presentes estudos – de falência –, é exatamente a mesma.

> "c) a adoção de outras modalidades de realização do ativo, na forma do art. 145 desta Lei."

44.16 Modalidades de realização do ativo

As modalidades previstas na Lei (art. 142) para a realização do ativo são estas: I – leilão, por lances orais: II – propostas fechadas; e, III – pregão. Quando chegar o momento, em um processo de falência, e se verificar que nenhuma das modalidades acima previstas seja o ideal para aquela situação, o juiz homologará qualquer outra modalidade de realização do ativo, desde que aprovada pela assembleia-geral de credores, inclusive com a constituição de sociedade de credores ou dos empregados do próprio devedor, com a participação, se necessária, dos atuais sócios ou de terceiros. Por óbvio, o juiz deverá ser provocado por requerimento de interessados, demonstrando, primeiramente, que os meios que a lei prevê não são os melhores para o caso, além de mostrar uma outra modalidade mais adequada. A nosso ver, se o juiz entender que o modelo apresentado foge aos parâmetros legais, pode indeferir o pedido sem mesmo submetê-lo à apreciação da assembleia-geral de credores.

> "d) qualquer outra matéria que possa afetar os interesses dos credores."

44.17 Norma elástica

A letra "f" do inciso I deste artigo tem a mesma redação desta letra "d" do inciso II deste artigo 35. Conseguintemente, remetemos o amigo leitor aos nossos comentários lá efetuados, os quais, da mesma forma que aplicados no processo de recuperação judicial, o são também aqui, nos estudos do processo de falência.

Art. 36. A assembleia-geral de credores será convocada pelo juiz por edital publicado no órgão oficial e em jornais de grande circulação nas localidades da sede e filiais, com antecedência mínima de 15 (quinze) dias, o qual conterá:

I – local, data e hora da assembleia em 1ª (primeira) e em 2ª (segunda) convocação, não podendo esta ser realizada menos de 5 (cinco) dias depois da 1ª (primeira);

II – a ordem do dia;

III – local onde os credores poderão, se for o caso, obter cópia do plano de recuperação judicial a ser submetido à deliberação da assembleia.

§ 1º Cópia do aviso de convocação da assembleia deverá ser afixada de forma ostensiva na sede e filiais do devedor.

§ 2º Além dos casos expressamente previstos nesta Lei, credores que representem no mínimo 25% (vinte e cinco por cento) do valor total dos créditos de uma determinada classe poderão requerer ao juiz a convocação de assembleia-geral.

§ 3º As despesas com a convocação e a realização da assembleia-geral correm por conta do devedor ou da massa falida, salvo se convocada em virtude de requerimento do Comitê de Credores ou na hipótese do § 2º deste artigo.

45. CONVOCAÇÃO. COMPETÊNCIA

Ao analisarmos as constituições, os funcionamentos e as atribuições dos últimos 3 (três) órgãos na recuperação judicial e na falência – o administrador judicial, o comitê de credores e a assembleia-geral de credores –, observamos que a nenhum dos dois primeiros o legislador atribuiu competência para a convocação da AGC, e tampouco para essa última a atribuição para autoconvocar-se, nada obstante a previsão legal para os dois órgãos primeiros citados para requererem a convocação da AGC, o que será feito por requerimento ao juiz do feito, que é o único competente para a convocação propriamente dita.

45.1 Formalidades da convocação. O conteúdo do Edital

A Lei 11.101/05, como não poderia ser diferente em uma hipótese como essa – a convocação da AGC –, é formal, e determina que esse ato será praticado pelo juiz por meio de outro instrumento absolutamente formal – o edital –, com publicação no órgão oficial e em jornais de grande circulação nas localidades da sede e filiais, observando-se um prazo mínimo de 15 dias – entre a publicação e a efetiva realização da AGC.

Esse edital, determina a Lei, que além das formalidades acima já declinadas, deverá também conter o local, ou seja, o endereço correto onde se realizará a AGC, a respectiva hora de realização em 1ª (primeira) e 2ª (segunda) convocação. É exigência legal, e veremos isto logo adiante (no art. 37), que o *quórum* para a instalação da AGC em 1ª (primeira) convocação será com a presença de credores titulares de mais da metade dos créditos de cada classe, computados pelo valor. Caso não se façam presentes nessa convocação os credores que representem os valores exigidos por cada classes, ou se, por qualquer outro motivo não seja realizada esta AGC, há que observar-se um prazo mínimo de 5 (cinco) dias para a realização em 2ª (segunda) convocação, cujos trabalhos se instalam validamente com qualquer número de credores, devendo também, essa observação, fazer parte do inteiro teor do edital.

Outros itens indispensáveis a serem constados do edital são (i) a ordem do dia, ou seja, todos os assuntos específicos que constituirão a pauta daquela reunião da AGC, como, por exemplo, a aprovação, rejeição ou modificação do plano de recuperação judicial apresentado pelo devedor; e, (ii) a indicação correta, ou seja, a publicação do endereço certo, se tiver esta necessidade, do local onde os credores poderão ter acesso a cópia do plano de recuperação judicial a ser submetido à deliberação da assembleia-geral de credores.

45.2 Cópia do Edital afixada na sede e filiais do devedor

Tão sérias são as previsões legais, que há também a determinação de que a cópia do respectivo edital – ou aviso de convocação da assembleia –, contendo todas as exigências acima mencionadas, deverá ser afixada, diz a lei – **de forma ostensiva** na sede e filiais do devedor (par. 1º do art. 36).

46. CONVOCAÇÃO EXTRAORDINÁRIA DA AGC

Como a divergência de interesses entre os diversos credores, tanto na falência quanto na recuperação judicial é muito comum, o legislador, antevendo essas realidades, até mesmo a falta de unanimidade sobre determinadas questões ou mesmo o interesse de um grupo menor sobre os interesses específicos que lhe são afins, facultou uma outra possibilidade de convocação da assembleia-geral de credores. Ela ocorrerá quando credores que representem no mínimo 25% (vinte e cinco por cento) do valor total dos créditos de uma determinada classe requeiram ao juiz a sua convocação. Por óbvio, o seu deferimento será precedido das necessárias análises pelo juiz que, a nosso ver, e fundamentadamente poderá indeferi-la, se em desconformidade com os preceitos legais, ou também solicitar a oitiva do Ministério Público, do Comitê de Credores, se existir, e até mesmo o administrador judicial. Ou, convencido o juiz de que o pleito está em conformidade com a Lei, o defere (parágrafo 2º do art. 36).

46.1 A quem competem as despesas de convocação e realização da AGC

A última previsão deste artigo 36 prevista em seu parágrafo 3º, cuida das respectivas despesas que fatalmente existirão com a convocação da assembleia-geral de credores, especialmente quanto à divulgação do edital ou aviso de convocação no órgão oficial e nos jornais de grande circulação, tanto na sede como na filial do falido ou do recuperando, além dos custos com aluguel de instalações, locação de aparelhos eletrônicos (microfones, caixas de sons, *datahows*, etc.). Diríamos aqui que as despesas ordinárias – as decorrentes das publicações de convocações previstas na Lei –, prescreve esta, correrão à conta ou da massa ou do recuperando, enquanto as demais, que denominaremos de extraordinárias, a exemplo da prevista e comentada no parágrafo anterior, correrão por conta do respectivo requerente.

Art. 37. A assembleia será presidida pelo administrador judicial, que designará 1 (um) secretário dentre os credores presentes.

§ 1º Nas deliberações sobre o afastamento do administrador judicial ou em outras em que haja incompatibilidade deste, a assembleia será presidida pelo credor presente que seja titular do maior crédito.

§ 2º A assembleia instalar-se-á, em 1ª (primeira) convocação, com a presença de credores titulares de mais da metade dos créditos de cada classe, computados pelo valor, e, em 2ª (segunda) convocação, com qualquer número.

§ 3º Para participar da assembleia, cada credor deverá assinar a lista de presença, que será encerrada no momento da instalação.

§ 4º O credor poderá ser representado na assembleia-geral por mandatário ou representante legal, desde que entregue ao administrador judicial, até 24 (vinte e quatro) horas antes da data prevista no aviso de convocação, documento hábil que comprove seus poderes ou a indicação das folhas dos autos do processo em que se encontre o documento.

§ 5º Os sindicatos de trabalhadores poderão representar seus associados titulares de créditos derivados da legislação do trabalho ou decorrentes de acidente de trabalho que não comparecerem, pessoalmente ou por procurador, à assembleia.

§ 6º Para exercer a prerrogativa prevista no § 5º deste artigo, o sindicato deverá:

I – apresentar ao administrador judicial, até 10 (dez) dias antes da assembleia, a relação dos associados que pretende representar, e o trabalhador que conste da relação de mais de um sindicato deverá esclarecer, até 24 (vinte e quatro) horas antes da assembleia, qual sindicato o representa, sob pena de não ser representado em assembleia por nenhum deles; e

II – (VETADO)

§ 7º Do ocorrido na assembleia, lavrar-se-á ata que conterá o nome dos presentes e as assinaturas do presidente, do devedor e de 2 (dois) membros de cada uma das classes votantes, e que será entregue ao juiz, juntamente com a lista de presença, no prazo de 48 (quarenta e oito) horas.

47. PRESIDÊNCIA DA AGC

Ninguém melhor, assim previu o legislador, que o administrador judicial para presidir a AGC. Isso porque, a nosso ver, embora a jurisdição não se faça presente na realização de qualquer ACG, nela não tendo qualquer ingerência, mas lá estará a pessoa que é da confiança do juiz e que foi por ele nomeada para exercer as funções de administrador judicial, inclusive, conforme diz a Lei no art. 22, "[...]sob a fiscalização do juiz[...]", sendo-lhe atribuídas as competências na recuperação judicial, dentre outras, a de *fiscalizar as atividades do devedor e o cumprimento do plano de recuperação judicial*, bem como *apresentar ao juiz, para juntada aos autos, relatório mensal das atividades do devedor* (letras "a" e "c" do inciso II, do art. 22). Não há, absolutamente, e em princípio, a ingerência da jurisdição sobre as deliberações da AGC. Isso, entretanto, não quer dizer que ela não tomará conhecimento do teor das deliberações e que se calará diante de possíveis arbítrios e desvios. É ainda da responsabilidade do administrador judicial a designação de 1 (um) secretário dentre os credores presentes (art. 37, *caput*).

47.1 AGC para deliberar sobre o afastamento do administrador judicial

Nada obstante ser o administrador judicial o homem forte do juiz (de sua confiança e por ele nomeado), isto, por si só, não o exime do cumprimento de todas as suas competências e atribuições conforme manda a Lei e, como já estudamos, ele pode ser ou substituído ou mesmo **destituído** – esse termo significando sanção –, e ter a obrigação de responsabilização civil junto a quem causar qualquer prejuízo, seja por culpa ou dolo. É exatamente a previsão legal contida no parágrafo 1º deste artigo 37, que determina que a presidência da AGC, nessa hipótese e em outras em que haja incompatibilidade do administrador judicial, será presidida pelo credor presente que seja titular do maior crédito.

Diferentemente do que ocorre com a forma de se votar em qualquer AGC, o que analisaremos um pouco mais adiante quando dos estudos dos artigos 41 e seguintes, sempre privilegiando a maioria, o legislador quis, nos parece, homenagear aquele credor presente (ou pessoalmente, ou por mandatário ou por representante legal) titular do maior crédito, determinando, que nas hipóteses acima aludidas, ele será o presidente daquela AGC. Não resta dúvida de que o ato a ser desempenhado por esse credor detentor do maior crédito será um *munus* publico, o que também não foge do conceito de homenagem.

Mas ele pode recusar a ser o presidente daquela AGC e a Lei não previu essa hipótese. Como fica, então, diante da recusa do maior credor presente? O encargo passa para o segundo credor presente detentor de maior crédito? Se ele também recusar passa-se para o terceiro? E assim, sucessivamente? Tais situações podem ocorrer diante do conhecimento, da afinidade, por exemplo, que esses credores podem ter com o administrador judicial, e daí, especificamente na hipótese de se deliberar sobre o seu afastamento, a presença de naturais constrangimentos ou mesmo outras questões de foro íntimo que justificam a recusa. É mais uma missão para os nobres Desembargadores e Ministros.

47.2 Instalação da assembleia-geral de credores

As formalidades, que não podem e nem devem ser evitadas, especialmente quando a Lei as prevê expressamente, ditam um ritual para a instalação da assembleia-geral de credores. Não basta, por exemplo, que o Sr. Beltrano seja credor de qualquer importância em qualquer das classes de credores para ter assegurada sua participação na AGC; também que, pela só condição de credor, e por já ter o seu crédito anteriormente sido declarado corretamente, além da sua habilitação, e ter constado o seu nome e o respectivo crédito de forma regular no quadro geral de credores, deixar que as coisas corram frouxamente e ficar só na expectativa.

Não! O momento é de atitude, de tomada de posição; o momento é de defesa do seu crédito. Assim, deve o credor se preparar para a realização da AGC, pois, precedentemente ele terá todas as condições de conhecer a **ordem do dia** – sobre o que exatamente se vai deliberar naquele encontro, assim como o local (endereço) correto e o horário do evento. E, se vai deliberar sobre a aprovação, rejeição ou modificação do plano de recuperação judicial apresentado pelo devedor, deve o credor conhecê-lo em profundidade e estar apto para, quando for o momento próprio de sua intervenção, fazê-lo com firmeza, expondo convictamente e sem embaraços os seus pontos de vista que o levam a votar naquele sentido defendido. Uma defesa de direcionamento bem feita pode, inclusive, ganhar adeptos e mudar o voto de muitos credores presentes, não só da própria classe, mas também das demais, significando, quem sabe, uma deliberação da AGC exatamente em conformidade com a defesa ali apresentada.

Feito o necessário preparo, chegue 30 (trinta) minutos antes no local designado para a realização da assembleia-geral de credores, e observe tudo com muita nitidez, pois quando a assembleia começar, esse credor terá a real certeza de aquele lugar lhe é familiar, e nada, por conseguinte, lhe parecerá estranho; ele agirá com a tranquilidade como se veterano fosse em participar de AGC. E, como mencionado acima, cumpra-se as formalidades legais, sendo a primeira a prevista no parágrafo 3º deste art. 37, qual seja, a assinatura da lista de presença dos credores que, necessária e obrigatoriamente, estará à disposição de todos, normalmente à entrada para o respectivo lugar de realização do evento.

Caso o nome do credor não conste da lista, no momento oportuno dirija-se ao administrador judicial e peça para que ele, via secretário, faça constar em ata o ocorrido, se ele não puder ser resolvido naquele instante (ver a relação nominal completa dos credores – art. 51, III, ou o quadro geral de credores, ou ainda, na falta desta, a relação de credores apresentada pelo administrador judicial na forma do art. 7º, parágrafo 2º da Lei 11.101/05), de formas a assegurar a sua plena participação em todas as deliberações da AGC.

Colhidas as assinaturas dos credores presentes e verificada a hora exata prevista no aviso de convocação para início da AGC, o seu presidente – o administrador judicial –, confere se o *quórum* obedece a exigência legal para a instalação da AGC em 1ª (primeira) convocação – presença de credores titulares de mais da metade dos créditos de cada classe, computados pelo valor (parágrafo 2º do art. 37). Se isto ocorrer, ou seja, se o *quórum* obedece ao que manda a Lei, o administrador judicial instala a AGC, encerrando simultaneamente a lista de presença, com a observação de que somente os credores que compareceram e assinaram a respectiva lista é que poderão deliberar.

Exemplificando, com base no quórum exigido para a instalação da AGC na 1a (primeira) convocação, vamos continuar utilizando aquele devedor que tinha um passivo sujeito aos efeitos da recuperação judicial no valor de R$50.000.000,00 (cinquenta milhões de reais), distribuídos nas quatro classes de credores, da seguinte forma: (i) credores titulares de créditos derivados da legislação do trabalho ou decorrentes de acidente do trabalho: R$5.000.000,00 (cinco milhões de reais); (ii) credores titulares de créditos com garantia real: R$20.000.000,00 (vinte milhões de reais); (iii) credores titulares de créditos quirografários, com privilégio especial, com privilégio geral e subordinados: R$12.500.000,00 (doze milhões e quinhentos mil reais), e, (iv) credores titulares de microempresas e empresas de pequeno porte: R$12.500.000,00.

Determina a Lei – parágrafo 2º do art. 37 –, que a assembleia instalar-se-á, em 1ª (primeira) convocação, com a presença de credores titulares de mais da metade dos créditos de cada classe, computados pelo valor. Observamos aqui nessa hipótese que o número de credores presentes somente contribuirá para a instalação da AGC, se eles forem titulares de mais da metade dos créditos de cada classe, não importando se um, dois ou mais, ou mesmo todos os credores. Aqui valerá mesmo os créditos de cada classe e só se cada uma delas detiver mais da metade do valor total dos seus créditos.

Em nosso exemplo, utilizamos as quatro classes de credores que compõem a assembleia-geral, embora isto não seja regra, pois a prática nos mostra recuperações judicias nas quais tinham apenas duas ou mesmo só uma classe de credores. Portanto, para que a AGC seja instalada em 1a (primeira) convocação, no nosso exemplo teremos que ter a presença de credores que detenham mais da metade dos créditos em cada uma das classes de credores. Assim: na primeira classe acima mencionada, mais da metade dos seus créditos implica em R$2.500.000,01 (dois milhões, quinhentos mil reais e um centavo); na segunda classe, mais da metade dos seus créditos significa R$10.000.000,01 (dez milhões de reais e um centavo); na terceira classe, mais da metade dos seus créditos implica em R$6.250.000,01 (seis milhões duzentos e cinquenta mil reais e um centavo); e, finalmente, na quarta classe, mais da metade dos seus créditos que implica em R$6.250.000,01 (seis milhões duzentos e cinquenta mil reais e um centavo).

Se qualquer uma dessas quatro classes, embora comparecendo, não contar com integrantes que detenham, no mínimo, qualquer dos valores expressos no exemplo acima, o administrador judicial simplesmente vai encerrar a lista de presença e comunicar que o *quórum* não foi suficiente, lavrando tudo em ata, ficando todos cientes de que, na data designada no edital – no mínimo 5 (cinco) dias após –, diz a Lei *com qualquer número*, pois agora já não interessam valores, será realizada a assembleia-geral de credores em segunda convocação. Nesse dia, no máximo podem comparecer para deliberar e votar aqueles credores presentes na 1ª (primeira) convocação. Outros credores – ausentes da primeira – podem comparecer, mas não terão direito a voz e voto. E nem todos os que compareceram na primeira poderão estar na segunda, mas que a AGC será realizada, se for só por isto, o será.

47.3 Credor pode ser representado em assembleia-geral de credores

Prevendo que o credor não poderá se fazer presente pessoalmente, pois, geralmente, pessoas de muitos negócios, outras atividades, e mesmo porque a finalidade do mandato é essa, quis deixar expresso o legislador que, o credor poderá ser representado na assembleia-geral por mandatário ou representante legal, desde que entregue ao administrador judicial, até 24 (vinte e quatro) horas antes da data prevista no aviso de convocação, documento hábil que comprove seus poderes ou a indicação das folhas dos autos do processo em que se encontre o documento (parágrafo 4º do art. 37).

A observação feita sobre parte deste parágrafo 4º pelo mestre Fábio Ulhoa Coelho é de suma importância, pois ao comentar sobre o **voto do credor pessoa jurídica**, ele enfatiza que

> "A Lei fala, no parágrafo 4º, que a formalidade e antecedência nele indicados para o procurador também se exigem do 'representante legal'. Deve-se entender essa expressão no seu sentido técnico específico, delineado no Código Civil (arts. 115 a 120). Quero dizer, o preceito não é aplicável aos representantes das pessoas jurídicas, isto é, seus diretores e administradores[...] (COELHO, 2011, p. 148-9)."

Finaliza Fábio Ulhoa a sua lição, dizendo da desnecessidade da apresentação a qualquer tempo ao administrador judicial de qualquer documento ou comunicação, pois o credor pessoa jurídica, simplesmente por essa condição de ser ele o **representante** – o próprio diretor ou administrador –, tem livre acesso ao recinto da assembleia-geral de credores, do qual poderá exercitar o seu direito de voz e voto, bastando para tanto que apresente, ao assinar a lista de credores, os respectivos documentos que o identifiquem como tal, como contrato social, se a sociedade for contratual, ou ata de eleição, se for uma companhia, além, é claro, dos documentos de identificação pessoal.

Esclarece o mestre, por fim que "A formalidade e antecedência referidas no parágrafo 4º dizem respeito aos mandatários (cuja representação tem origem contratual e não legal) e aos representantes legais, estes últimos exemplificados pelos pais ou tutores (representam os credores menores) ou curadores (representam os interditos ou ausentes)".

Por outro lado, este prazo de 24 (vinte e quatro) horas que a Lei determina que deva anteceder o início ou a instalação da AGC, para que junto ao administrador judicial se comprove os poderes que habilitam a representação – e aqui estamos tratando dos mandatários –, pode ser um espinho no caminho de muitos credores. Se eles estiverem bem assistidos por excelentes profissionais da advocacia, certamente a diligência destes dará àqueles a tranquilidade necessária.

Todavia, e até mesmo por esse procedimento ser um primeiro na vida de um empreendedor, pode ele não lidar com a questão dispensando os devidos cuidados, como, por exemplo, outorgando poderes a alguém que não seja da área, até mesmo porque o mandatário necessariamente não precisa ser advogado. E nesse ínterim, alguém pode esquecer dessa exigência das 24 (vinte e quatro) horas, e, por consequência, não participar das deliberações e muito menos votar. Pode ocorrer de o empreendedor estar em viagem, deixando um procurador com poderes para tais fins, mas que ele somente apresentará a outorga no momento de instalação da AGC. Tarde demais. Os prejuízos existem potencialmente.

47.4 Sindicatos podem representar trabalhadores em assembleia

Trabalhadores também poderão ser credores do devedor e estão, ao lado dos credores titulares de créditos decorrentes de acidentes do trabalho, na primeira classe prevista na assembleia-geral de credores (art. 41, inciso I). A eles também foi deferido o privilégio de se fazerem representar em AGC pelos respectivos sindicatos, até mesmo porque quando da realização daquela, normalmente eles estão em horário de trabalho. Com algumas diferenças das prerrogativas concedidas ao credor de outra natureza, os trabalhadores serão representados pelos sindicatos da seguinte forma:

Os sindicatos de trabalhadores poderão representar seus associados titulares de créditos derivados da legislação do trabalho ou decorrentes de acidente de trabalho que não comparecerem, pessoalmente ou por procurador, à assembleia. Entretanto, para o exercício dessa prerrogativa, o sindicato deverá apresentar ao administrador judicial, até 10 (dez) dias antes da assembleia, a relação dos associados que pretende representar, e o trabalhador que conste da relação de mais de um sindicato deverá esclarecer, até 24 (vinte e quatro) horas antes da assembleia, qual sindicato o representa, sob pena de não ser representado em assembleia por nenhum deles.

O ilustre advogado e Professor Jorge Lobo, obra já citada, p. 152, defende a legitimidade dos sindicatos para representarem não somente o associado, conforme parágrafo 5º do art. 37. Cita o eminente causídico e transcreve parte de uma Decisão da 4ª Câmara Cível do Tribunal de Justiça do Rio de Janeiro – AI 2005.002.22516, cuja ementa, também transcrevemos:

> "1. O art. 37, Parágrafo 5º, da Lei de Recuperação de Empresas e Falências (Lei 11.101/2005), que reza poder o sindicato representar apenas seus associados, deve ser interpretado em harmonia com art. 8º, III, da Constituição Federal. 2. Prevalência da norma constitucional. 3. Assembleia de credores. Defesa de direitos coletivos ou individuais. O sindicato representa toda a categoria e não apenas os trabalhadores associados. Jurisprudência consolidada. 4. A norma constitucional só pode ter sua eficácia ou efeitos restringidos quando a própria Constituição assim o prevê. 5. Não se há de falar em liberdade de associação, visto que não se está obrigando alguém a se associar ou permanecer associado deste ou daquele sindicato. 6. Confirmação do efeito suspensivo ativo. Provimento do agravo."

Vetado o inciso II do Parágrafo 6º do art. 37. Transcrições do inteiro teor das razões do veto.

II – VETADO

O inciso II do parágrafo 6º do art. 37 foi totalmente vetado. A exemplo da transcrição integral das razões dos vetos que temos feito em outros artigos, aqui também o faremos, pois, repetimos, entendemos que o amigo leitor será melhor informado se conhecer o porquê do veto e quem o provocou. Como abaixo:

> "Já o Ministério do Trabalho e Emprego, manifestou-se pelo veto ao seguinte dispositivo:
>
> inciso II do § 6º do art. 37
>
> "Art. 37 [...]
>
> § 6º [...]
>
> II – comunicar aos associados por carta que pretende exercer a prerrogativa do § 5º deste artigo.
>
> [...]
>
> Razões do veto
>
> "Merece atenção o disposto no art. 37, §§ 5º e 6º, que confere aos sindicatos a legitimidade para representar seus associados titulares de crédito trabalhista na assembleia-geral de credores, desde que apresentem ao administrador judicial a relação dos trabalhadores e comuniquem aos associados por carta que pretendem representá-los. Considerando-se que tal assembleia tem atribuições fundamentais, tais

como a deliberação a respeito do plano de recuperação judicial, a constituição do Comitê de Credores, a eventual substituição do administrador judicial, em caso de falência, os dispositivos citados apresentam problemas.

Com efeito, a disposição contida no art. 37, § 6º, inciso II, que condiciona a representação sindical à prévia comunicação a seus associados, por carta, da intenção de representá-los é burocrática e desnecessária, servindo apenas para restringir ainda mais a atuação sindical, uma vez que o § 5º do mesmo artigo determina que o sindicato representará somente os trabalhadores que não comparecerem à assembleia, garantindo, pois, a participação direta daqueles que não desejarem ser representados por sua entidade sindical.

Ademais, o dispositivo abre perigosa possibilidade de impugnação da legitimidade da representação dos sindicatos e, por conseqüência, da própria Assembléia-Geral, pois será difícil ter em mão milhares de comprovantes de recebimento ou de postagem para provar que todos os milhares de trabalhadores foram devidamente comunicados por carta de que o sindicato pretende cumprir seu dever de defender os interesses da categoria."

Essas, Senhor Presidente, as razões que me levaram a vetar os dispositivos acima mencionados do projeto em causa, as quais ora submeto à elevada apreciação dos Senhores Membros do Congresso Nacional."

47.5 Registro em ata do ocorrido na assembleia

Ao final de cada trabalho, ou seja, da realização da assembleia-geral de credores, seja na 1ª (primeira) ou na 2ª (segunda) convocação, determina a Lei que o administrador judicial, pelo secretário ali designado, e do ocorrido na assembleia, faça lavrar-se ata que conterá o nome dos presentes e as assinaturas do presidente, do devedor e de 2 (dois) membros de cada uma das classes votantes, e que será entregue ao juiz, juntamente com a lista de presença, no prazo de 48 (quarenta e oito) horas. O juiz, por seu turno, e em conformidade com o que ficou deliberado pela AGC, tomará as respectivas providências.

> Art. 38. O voto do credor será proporcional ao valor de seu crédito, ressalvado, nas deliberações sobre o plano de recuperação judicial, o disposto no § 2º do art. 45 desta Lei.
>
> Parágrafo único. Na recuperação judicial, para fins exclusivos de votação em assembleia-geral, o crédito em moeda estrangeira será convertido para moeda nacional pelo câmbio da véspera da data de realização da assembleia.

48. VOTO DO CREDOR É PROPORCIONAL AO SEU CRÉDITO

O legislador instituiu na Lei 11.101/05, neste artigo 38, quanto à votação pelos credores, o critério da proporcionalidade, o que nos parece, é a justiça que se faz indistintamente a todos os credores, porque todos eles, com uma exceção que logo trataremos dela, votam proporcionalmente ao seu crédito. Assim, se determinado credor ou mesmo um grupo depositou confiança na recuperanda, e lhe emprestou importâncias consideráveis, bastante superiores a outros credores, nada mais lógico de que o voto de quem mais acreditou, e, por consequência, emprestou, tenha mais peso do que aquele outro de menor valor, embora também tenha dispensado ao devedor em recuperação a mesma confiança do grande.

48.1 Exceções para votação nas deliberações sobre o plano de recuperação judicial: Trabalhadores e Micro e Pequenas Empresas

As exceções que nos referimos acima concernem à classe dos titulares de créditos derivados da legislação do trabalho e decorrentes de acidentes do trabalho, bem como créditos originários de micro e pequenas empresas (art. 41, incisos I e IV), que especificamente na AGC com a finalidade de se deliberar sobre a aprovação do plano de recuperação judicial, prevê o parágrafo 2º do art. 45 – com modificação introduzida pela LC 147/2014 –, que a proposta deverá ser aprovada por essas classes pela maioria simples dos credores presentes, independentemente do seu valor de crédito. Se assim não votar, não aprova o plano. Ao contrário, as duas outras classes de credores, que terão que votar para a aprovação do plano, cumulativamente, com mais da metade dos seus créditos presentes à AGC e votos que representem a maioria simples dos credores presentes. Da mesma forma, se assim não for a votação, também não se aprova o plano. É que ambas as classes votam, nessa hipótese, por cabeça e não pelo valor dos respectivos créditos, sendo essa a diferença.

48.2 Conversão da moeda estrangeira para moeda brasileira na recuperação judicial

O parágrafo único deste artigo 38, diante das previsões legais de contratos efetuados tendo como indexador a moeda estrangeira, e sua inevitável ocorrência em processos de recuperação judicial, previu que, na hipótese dessa ocorrência em processos tais, para fins exclusivos de votação em assembleia-geral, o crédito em moeda estrangeira será convertido para moeda nacional pelo câmbio da véspera da data de realização da assembleia.

O eminente jurista e professor Manoel Justino Bezerra Filho ao comentar sobre a questão, observa que todos os credores preocupam-se com a fixação do 'valor do seu crédito', alertando que tal valor será o parâmetro para a fixação do poder de deliberação do voto. E que, "Tendo em vista a existência de diversas taxas da moeda no nosso regime de câmbio, deve-se tomar a taxa média fixada para a compra e venda no mercado oficial, valores que são diariamente publicados pela grande imprensa[...]" (BEZERRA FILHO, 2011, p. 103). Do mais alto grau da sua inquestionável experiência como magistrado, sugere o mestre que "Deverá o juiz ter o cuidado de fixar, por decisão nos autos, a forma de conversão, para propiciar maior segurança às partes." (BEZERRA FILHO, 2011, p. 103).

48.3 Conversão da moeda estrangeira para moeda brasileira na falência

No processo de falência a conversão da moeda estrangeira obedece um ritual diferente, vez que ela ocorre na data da decisão que decreta a falência, cujo decreto, entre outras providências, determina que se converta todos os créditos em moeda estrangeira para a moeda do País, pelo câmbio do dia da decisão judicial, para todos os efeitos desta Lei (parte final art. 77). Por consequência, inexistirá a preocupação acima exposta, referentemente aos credores quanto à fixação do "valor do seu crédito", até mesmo porque o decreto de falência pode ser para todos uma surpresa, e que quando da realização de qualquer AGC a conversão, há muito tempo, já terá sido feita.

> Art. 39. Terão direito a voto na assembleia-geral as pessoas arroladas no quadro-geral de credores ou, na sua falta, na relação de credores apresentada pelo administrador judicial na forma do art. 7°, § 2°, desta Lei, ou, ainda, na falta desta, na relação apresentada pelo próprio devedor nos termos dos arts. 51, incisos III e IV do caput, 99, inciso III do caput, ou 105, inciso II do caput, desta Lei, acrescidas, em qualquer caso, das que estejam habilitadas na data da realização da assembleia ou que tenham créditos admitidos ou alterados por decisão judicial, inclusive as que tenham obtido reserva de importâncias, observado o disposto nos §§ 1° e 2° do art. 10 desta Lei.
>
> § 1° Não terão direito a voto e não serão considerados para fins de verificação do quórum de instalação e de deliberação os titulares de créditos excetuados na forma dos §§ 3° e 4° do art. 49 desta Lei.
>
> § 2° As deliberações da assembleia-geral não serão invalidadas em razão de posterior decisão judicial acerca da existência, quantificação ou classificação de créditos.
>
> § 3° No caso de posterior invalidação de deliberação da assembleia, ficam resguardados os direitos de terceiros de boa-fé, respondendo os credores que aprovarem a deliberação pelos prejuízos comprovados causados por dolo ou culpa.

49. DIREITO A VOTO NA ASSEMBLEIA-GERAL DE CREDORES

Observamos que a redação do artigo 39 é muito abrangente no sentido de se privilegiar o credor que deu os seus passos de maneira a fazer constar o seu nome no local que o habilita para, quando no momento, exercitar o seu direito de voto. Primeiramente, a Lei assegura o exercício desse direito àqueles credores arrolados no quadro geral de credores, cuja consolidação é da responsabilidade do administrador judicial (art. 18); caso ainda não tenha ocorrido essa consolidação, diz a Lei que os credores que fizerem parte da lista apresentada pelo próprio administrador judicial e confeccionada com base nos livros contábeis e documentos comerciais e fiscais do devedor e nos documentos que lhe forem apresentados pelos credores, quando da verificação dos créditos, poderão exercitar o mesmo direito. (art. 7º, parágrafo 2º).

Ainda, se essa relação, até o momento do exercício do direito do voto não estiver pronta, a Lei determina que os credores constantes da petição inicial – nesse caso específico para a recuperação judicial –, art. 51, inciso III e IV do *caput*, respectivamente, relação nominal completa dos credores e relação integral dos empregados; e, para o requerimento de falência, na mesma hipótese, determina a Lei que poderão exercer os direitos de votos os credores constantes do art. 99, inciso III (relação nominal dos credores a ser apresentada pelo requerente) do *caput*, assim como para os credores em requerimentos de autofalência, conforme art. 105, inciso II (relação nominal dos credores), do *caput*.

Mas, não param por aí as possibilidades que a Lei procura abrir aos credores para que possam exercer o seu direito de voto quando da realização da assembleia-geral de credores. Além das hipóteses acima, prevê também que serão acrescidos os credores que estejam habilitados na data da realização da AGC ou que tenham créditos admitidos ou alterados por decisão judicial, inclusive os credores que tenham obtido reservas de importâncias, observado o disposto nos parágrafos 1º (na recuperação judicial, exceto os titulares de créditos trabalhistas, nenhum outro credor retardatário terá direito a voto), e, 2º (a aplicação ao processo de falência das mesmas disposições do parágrafo 1º, salvo se, na data da realização da AGC, já houver sido homologado o quadro geral de credores contendo o crédito retardatário), ambos do artigo 10.

Queremos ressaltar a importância da habilitação dos respectivos créditos, que é feita pelo próprio credor sem necessidade de terceiros, diretamente ao administrador judicial, conforme as determinações do parágrafo 1º do art. 7º. Mesmo que esse crédito esteja impugnado e que ainda não tenha sido decidido pelo juiz do feito, ainda assim, o seu detentor terá, na assembleia-geral de credores, o direito de deliberar e votar.

49.1 Credores que não terão direito a voto na assembleia-geral de credores

Por outro lado, não terão direito a voto e não serão considerados para fins de verificação do quórum de instalação e de deliberação os titulares de créditos excetuados na forma dos §§ 3º e 4º do art. 49 desta Lei, por determinação do parágrafo 1º deste artigo 39, ou seja, o credor titular da posição de proprietário fiduciário de bens móveis ou imóveis, de arrendador mercantil, de proprietário ou promitente vendedor de imóvel cujos respectivos contratos contenham cláusula de irrevogabilidade ou irretratabilidade, inclusive em incorporações imobiliárias, ou de proprietário em contrato de venda com reserva de domínio, assim como o credor de adiantamento de contrato de câmbio para exportação. É que os credores acima não tem os seus créditos submetidos aos efeitos da recuperação judicial. Consequentemente, não terão direito a voto nas respectivas AGC e tampouco serão considerados, mesmo que presentes, para fins de verificação do *quórum* de instalação, assim como também não terão o direito de deliberar.

49.2 Válidas as deliberações da AGC

O parágrafo 2º deste artigo 39 traz uma redação contundente a respeito da confirmação das deliberações da assembleia-geral de credores, em razão mesmo de posterior decisão judicial acerca da existência, quantificação ou classificação de créditos. Daí, a grande importância desse dispositivo, que nos leva à inafastável realidade de que o que efetivamente terá validade é o que será deliberado e decidido na AGC, no que tange a existência, quantificação e classificação dos créditos. Assim, a Lei não deixa a menor dúvida de que a participação de credores e seu peso na votação será determinada ali naquele momento de realização da AGC em conformidade com a relação ou quadro-geral de credores, até mesmo os créditos que ainda não foram objetos de julgamento decorrente de impugnação, mas que estejam devidamente habilitados.

Se essa habilitação foi, por exemplo, no valor de R$1.000,00 (um mil reais) para um credor da classe dos quirografários, e assim ele exercitar o seu direito de voto, assim prevalecerá, mesmo que posteriormente o seu crédito real seja de R$100,00 (cem reais) ou mesmo de R$10.000,00 (dez mil reais). O peso do seu voto foi de R$1.000,00 (um mil reais), e mesmo na hipótese do voto com esse peso ter sido decisivo para uma aprovação ou rejeição de qualquer proposta no âmbito das deliberações, ele prevalecerá. Pode até ocorrer nulidade ou anulabilidade da respectiva AGC por qualquer outro motivo, exceto pelos três encimados, quais sejam: (i) existência; (ii) quantificação; e, (iii) classificação dos créditos.

49.3 Resguardados direitos de terceiros de boa-fé

Conforme comentado acima, as deliberações da AGC poderão padecer de nulidade ou anulabilidade. Mas a Lei, nessa hipótese, no parágrafo 3º deste artigo 39, diz que ficam resguardados os direitos de terceiros de boa-fé, respondendo os credores que aprovarem a deliberação pelos prejuízos comprovados causados por dolo ou culpa. Decorrentemente, e sendo dos credores a responsabilidade, os cuidados extremos que devem ter quando da aprovação de qualquer proposta quando das deliberações, vez que, os terceiros que por acaso sejam atingidos quanto a prejuízos, efetivamente não os sofrerão, já que aqueles credores que, de forma inadvertida aprovaram qualquer proposição, que futuramente for invalidada, é que arcarão com os danos decorrentes, seja por dolo ou mesmo por culpa.

> Art. 40. Não será deferido provimento liminar, de caráter cautelar ou antecipatório dos efeitos da tutela, para a suspensão ou adiamento da assembleia-geral de credores em razão de pendência de discussão acerca da existência, da quantificação ou da classificação de créditos.

50. PROIBIDA SUSPENSÃO OU ADIAMENTO DA AGC

Este artigo tem como objetos as mesmas três hipóteses previstas no parágrafo 2º acima comentado do artigo 39; só que aqui se proíbe o deferimento de provimento liminar, de caráter cautelar ou antecipatório dos efeitos da tutela, para a suspensão ou adiamento da assembleia-geral de credores em razão de pendência de discussão acerca da *e*xistência, da quantificação ou da classificação de créditos. Naquele, estas três hipóteses prevalecem, mesmo havendo invalidação da AGC.

Fábio Ulhoa diz que "é juridicamente impossível o pedido de suspensão ou adiamento de Assembleia dos Credores, na falência ou recuperação judicial, em vista de conflitos de interesses relativos à **existência, quantificação ou classificação de crédito**" (COELHO, 2011, p. 119). (grifos nossos). Acentua ainda o mestre que tais conflitos "só podem ser objetos de provimento liminar que determine cômputo de votos em separado, para preservação dos direitos". Segundo Ulhoa, a Lei, ao proibir a suspensão ou o adiamento da AGC, considera medidas incompatíveis, "de um lado, com os breves prazos estabelecidos para a recuperação judicial e, de outro, com o princípio da celeridade processual no processo de falência".

De seu lado, o mestre Manoel Justino Bezerra Filho (2011, p. 126), é categórico, ao afirmar que:

"o inciso XXXV do art. 5º da Constituição Federal, consagrando o princípio da indeclinabilidade da jurisdição, estabelece que 'a lei não excluirá da apreciação do Poder Judiciário lesão ou ameaça a direito', de tal forma que este artigo 4º padece de inconstitucionalidade, devendo ser objeto do devido trato jurisprudencial [...]."

Finaliza o Mestre afirmando que "aliás, a insustentabilidade deste artigo guarda relação com os claros vícios do parágrafo 2º do art. 39, acima examinado".

> Art. 41. A assembleia-geral será composta pelas seguintes classes de credores:
>
> I – titulares de créditos derivados da legislação do trabalho ou decorrentes de acidentes de trabalho;
>
> II – titulares de créditos com garantia real;
>
> III – titulares de créditos quirografários, com privilégio especial, com privilégio geral ou subordinados.

IV – titulares de créditos enquadrados como microempresa ou empresa de pequeno porte.

§ 1º Os titulares de créditos derivados da legislação do trabalho votam com a classe prevista no inciso I do caput deste artigo com o total de seu crédito, independentemente do valor.

§ 2º Os titulares de créditos com garantia real votam com a classe prevista no inciso II do caput deste artigo até o limite do valor do bem gravado e com a classe prevista no inciso III do caput deste artigo pelo restante do valor de seu crédito.

51. COMPOSIÇÃO DA ASSEMBLEIA-GERAL DE CREDORES

51.1. Micro e pequenas empresas passam a compor a assembleia-geral de credores

Determina a Lei 11.101/05 que todos os possíveis credores existentes em uma falência ou recuperação judicial, sejam distribuídos em classes, no pressuposto de que aqueles que têm interesses convergentes sejam integrantes de uma mesma. Para a Lei 11.101/05, e antes da edição e vigência da Lei Complementar número 147, de 07 de agosto de 2014, 3 (três) classes de credores eram suficientes, nelas compreendendo todos os credores. Entretanto, a LC 147/2014, instituiu mais uma classe de credores – a dos titulares de créditos enquadrados como microempresa ou empresa de pequeno porte. Quis o legislador, a nosso ver, privilegiar esse segmento, conferindo-lhe que participasse da composição da assembleia-geral de credores e numa condição altamente benéfica ao segmento, pois, conforme veremos à frente, os micro e pequenos empresários terão as mesmas regalias dos credores trabalhadores e decorrentes de acidentes de trabalho quanto à votação na aprovação ou não do plano de recuperação judicial.

Esta instância que Fábio Ulhoa denomina a de maior abrangência é o plenário da Assembleia de Credores, porque sempre que toda a matéria a ser deliberada não se tratar da constituição do Comitê de Credores ou, da mesma forma, não tiver o fim de cuidar do plano de reorganização, a competência para as deliberações é do plenário da AGC:

> "Tem esta instância, portanto, competência residual. Se não houver na lei nenhuma previsão específica reservando a apreciação da matéria a outra ou outras instâncias, o plenário deliberará pela maioria de seus membros, computados os votos proporcionalmente aos seus valores, independentemente da natureza do crédito titularizado, Ao manifestar-se, por exemplo, acerca do pedido de desistência da recuperação judicial formulado pelo devedor, a Assembleia-Geral delibera pelo seu plenário" (COELHO, 2011, p. 161).

Após a vigência da LC 147/2014, as 4 (quatro) instâncias deliberativas da assembleia-geral de credores têm como correspondentes as respectivas classes de credores, quais sejam: I – titulares de créditos derivados da legislação do trabalho ou decorrentes de acidentes do trabalho; II – titulares de créditos com garantia real; III – titulares de créditos quirografários, com privilégio especial, com privilégio geral e subordinados; e, IV – titulares de créditos enquadrados como microempresa e empresa de pequeno porte.

Ressaltamos duas situações muito interessantes e que devem ter o cuidado de todos os participantes: (i) que são atribuições específicas de cada uma destas classes, votando, portanto, somente os credores que as integram, quando se tratar de deliberações sobre matérias que tenham por fim a constituição e composição do Comitê de Credores e plano de reorganização; e, (ii) conforme alerta do Professor e jurista Fabio Ulhoa Coelho, "a divisão da Assembleia dos Credores em classes tem lugar unicamente na colheita de votos. Durante a fase de discussão, o credor presente tem sempre direito a voz, ainda que a matéria deva ser votada numa instância classista a que não pertence". Portanto, só direito a voz e não a voto.

51.2 Como votam os titulares dos respectivos créditos

Nos parágrafos 1º e 2º deste artigo 41, o legislador especificou como é que cada titular de crédito da respectiva classe, vota. Determinou, pois, que os titulares de créditos derivados da legislação do trabalho votam com a classe prevista no inciso I do *caput* deste artigo com o total de seu crédito, independentemente do valor. Conforme comentários alhures, os credores que integram essa classe da assembleia-geral de credores – a primeira – terão seus votos computados por cabeça, ou seja, cada um credor tem direito a um voto, não se levando em conta, absolutamente, qualquer que seja o valor pelo qual esteja ele habilitado. Quis a Lei, dessa forma, igualar os credores titulares de créditos originários da legislação do trabalho e os decorrentes de acidentes de trabalho, ao contrário dos demais credores das outras categorias que votam pelo valor do seu crédito.

De seu lado, os titulares de créditos com garantia real (que é o contrato que vincula diretamente ao poder do credor, determinado bem do devedor, assegurando a satisfação de seu crédito em caso de inadimplemento deste. Nessa hipótese, os bens indicados dados em garantia real ficam indisponíveis para negociação, o que significa que enquanto não se quitar o débito, aquele bem está indisponível) votam com a classe prevista no inciso II do *caput* deste artigo até o limite do valor do bem gravado e com a classe prevista no inciso III do *caput* deste artigo pelo restante do valor de seu crédito.

Este parágrafo 2º do artigo 41 abre a possibilidade dos credores titulares de créditos com garantia real votarem em duas classes de credores, sendo a primeira aquela em que eles necessariamente terão de votar, pois a ela pertencem – a do inciso II, titulares de créditos com garantia real. Citamos o seguinte exemplo: um credor dessa classe detém um crédito do devedor na importância de R$5.000.000,00 (cinco milhões de reais). Entretanto, tem como garantia para essa dívida, garantia real (hipoteca, penhor, anticrese e alienação fiduciária sobre coisa própria) avaliada em somente R$4.000.000,00 (quatro milhões de reais). Nessa hipótese, manda a Lei que que ele vote na sua classe – a de titulares de créditos com garantia real –, até o limite do valor do bem gravado, que é de R$4.000.000,00 (quatro milhões).

Observem que essa citação é meramente um exemplo para se entender melhor o dispositivo legal, pois na prática, se um crédito é concedido no valor de 5 milhões de reais, a respectiva garantia hipotecária será, de no mínimo, 7 ou 8 milhões de reais. Bem, tendo esse credor dos 5 milhões de reais votado na sua classe só até o valor da avaliação do bem gravado – 4 milhões de reais, a Lei não descarta os outros um milhão de reais; ao contrário, prevê que este credor os aproveita em votação com o mesmo peso, só que em outra classe, a do inciso III – "titulares de créditos quirografários, com privilégio especial, com privilégio geral ou subordinados" do art. 41, em que todos os créditos existentes são desprovidos de garantias reais. Isso significa uma hierarquização para baixo quanto ao voto propriamente dito, pois nessa categoria de credores ele se iguala aos demais, como dizem, os últimos da fila.

51.3 Integrantes da classe do inciso III do artigo 41

Nada obstante a Lei dizer com todas as letras os credores que fazem parte da classe prevista no artigo 41, em seu inciso III, ou seja, "*os titulares de créditos quirografários, com privilégio especial, com privilégio geral ou subordinados*", pairam, ainda, muitas dúvidas sobre exatamente quem é classificado como **quirografário** e o que quer dizer esta palavra; bem como quais são os credores que detêm os **privilégios especial e geral** e como eles se manifestam, além do que é credor subordinado e qual a extensão do significado dessa palavra, tudo, óbvio, dentro do conceito que ora se estuda da Lei 11.101/05. Sinteticamente, tentaremos sanar as dúvidas.

51.4 Credores titulares de créditos quirografários, com privilégio especial, com privilégio geral e subordinados

O termo quirografário, segundo o Dicionário *online* de Português, é destinado àquele credor que não usufrui de regalias ou prioridades em relação aos outros; aquele que não desfruta de nenhuma preferência ou possui garantias de pagamento, aquele que não tem prioridades e só receberá o que lhe é devido após os demais credores.

Quanto aos demais créditos: os com privilégio especial e os com privilégio geral, exatamente para facilitar o entendimento, transcrevemos o inteiro teor do artigo 961 do Código Civil, que nos oferece uma escala de preferências, para nos situarmos nos demais créditos que estamos estudando.

Diz o citado artigo que "o crédito real prefere ao pessoal de qualquer espécie; o crédito pessoal privilegiado, ao simples; e o privilégio especial, ao geral." Entretanto, a citação e transcrição do artigo 963 do Código Civil, também se faz necessária para os fins, pois ele nos responde, em sua primeira parte, o que são os créditos privilegiados, e na segunda, o que são os créditos que gozam do privilégio especial. Assim,

> "Art. 963: O privilégio especial só compreende os bens sujeitos, por expressa disposição de lei, ao pagamento do crédito que ele favorece; [...]" (primeira parte).

Desta forma, o Art. 964 do mesmo Código Civil, nos diz que

> "têm privilégio especial: I – sobre a coisa arrecadada e liquidada, o credor de custas e despesas feitas com a arrecadação e liquidação; II – sobre a coisa salvada, o credor por despesas de salvamento; III – sobre a coisa beneficiada, o credor por benfeitorias necessárias ou úteis; IV – sobre os prédios rústicos ou urbanos, fábricas, oficinas, ou quaisquer outras construções, o credor de materiais, dinheiro, ou serviços para a sua edificação, reconstrução, ou melhoramento; V – sobre os frutos agrícolas, o credor por sementes, instrumentos e serviços à cultura, ou à colheita; VI – sobre as alfaias e utensílios de uso doméstico, nos prédios rústicos ou urbanos, o credor de aluguéis, quanto às prestações do ano corrente e do anterior; VII – sobre os exemplares da obra existente na massa do editor, o autor dela, ou seus legítimos representantes, pelo crédito fundado contra aquele no contrato da edição; VIII – sobre o produto da colheita, para a qual houver concorrido com o seu trabalho, e precipuamente a quaisquer outros créditos, ainda que reais, o trabalhador agrícola, quanto à dívida dos seus salários."

Já a parte final do artigo 963 nos remete para o crédito com privilégio geral, "[...] e o geral, todos os bens não sujeitos a crédito real nem a privilégio especial." Dispõe, por conseguinte, o art. 965 do Código Civil que,

> "goza de privilégio geral, na ordem seguinte, sobre os bens do devedor: I – o crédito por despesa de seu funeral, feito segundo a condição do morto e o costume do lugar; II – o crédito por custas judiciais, ou por despesas com a arrecadação e liquidação da massa; III – o crédito por despesas com o luto do cônjuge sobrevivo e dos filhos do devedor falecido, se foram moderadas; IV – o crédito por despesas com a doença de que faleceu o devedor, no semestre anterior à sua morte; V – o crédito pelos gastos necessários à mantença do devedor falecido e sua família, no trimestre anterior ao falecimento; VI – o crédito pelos impostos devidos à Fazenda Pública, no ano corrente e no anterior; VII – o crédito pelos salários dos empregados do serviço doméstico do devedor, nos seus derradeiros seis meses de vida; VIII – os demais créditos de privilégio geral."

Por fim, os créditos denominados de **subordinados**, são aqueles com a menor prioridade de recebimento em relação aos outros créditos; o crédito subordinado recebe também no meio jurídico a denominação de "subquirografário" entendendo-se, por isso, aquele que é pago somente após a satisfação dos credores sem qualquer garantia, existindo somente nesses dois casos que a Lei prevê: (i) os créditos dos sócios ou administradores sem vínculo empregatício, conforme a própria Lei 11.101/05, em seu artigo 83, inciso VIII, letra "b"; e, (ii) crédito por debêntures subordinadas emitidas pela sociedade anônima falida, conforme a Lei específica – 6.404/76, em seu artigo 58, parágrafo 4º.

> Art. 42. Considerar-se-á aprovada a proposta que obtiver votos favoráveis de credores que representem mais da metade do valor total dos créditos presentes à assembleia-geral, exceto nas deliberações sobre o plano de recuperação judicial nos termos da alínea a do inciso I do caput do art. 35 desta Lei, a composição do Comitê de Credores ou forma alternativa de realização do ativo nos termos do art. 145 desta Lei.

52. CONDIÇÕES PARA APROVAÇÃO DE PROPOSTA EM ASSEMBLEIA-GERAL DE CREDORES

Na realização de uma assembleia-geral de credores, a ordem do dia pode ser vasta, contendo diversas propostas para serem objetos de deliberação. Como regra geral, será aprovada a proposta que obtiver votos favoráveis de credores que representem mais da metade do valor total dos créditos presentes à AGC. Voltemos ao exemplo já utilizando, em que o devedor tem um débito de 50 milhões de reais, distribuídos nas 4 (quatro classes de credores). Aqui o que prevalecerá para aprovação da proposta sob deliberação será a metade mais qualquer centavo dos créditos existentes ali, naquele momento, pelos respectivos credores, significando que, se presentes todos os credores dos 50 milhões de reais, a proposta somente será aprovado se houver votos favoráveis de detentores de 25 milhões de reais e um centavo. Admitamos a hipótese de comparecimento a esta AGC de detentores de apenas 20 milhões de reais. Os votos favoráveis para a aprovação da proposta terão de ser, no mínimo, de credores que detenham créditos no valor de 10 milhões de reais e um centavo.

52.1 *Quorum* diferenciado. Exceções previstas na Lei 11.101/05

São três as exceções previstas no próprio artigo 42, em que não se aplicará o princípio majoritário: (i) nas deliberações sobre o plano de recuperação judicial nos termos da alínea "a" do inciso I do *caput* do art. 35 desta Lei, significando aprovação, rejeição ou mesmo modificação do plano de recuperação judicial apresentado pelo devedor, no qual todas as classes de credores existentes deverão aprovar a proposta (art. 45), com a observação de que nas classes de credores quirografários e de credores com garantia real – em cada – a proposta deverá ser aprovada por credores que representem mais da metade do valor total dos créditos presentes à assembleia e, ao mesmo tempo – como diz a lei, cumulativamente – pela maioria simples dos credores presentes; (ii) composição do Comitê de Credores – na escolha dos representantes de cada classe, somente os respectivos membros poderão votar; e, (iii) forma alternativa de realização do ativo nos termos do art. 145 desta Lei, sendo que a exigência para a aprovação dessa forma alternativa implica no voto favorável de credores que representem 2/3 (dois terços) dos créditos presentes à assembleia-geral de credores.

52.2 Ocorrendo empate na AGC, como se procede?

A Lei 11.101/05, nada obstante ser um instituto legal muito abrangente, não previu essa possibilidade, ou seja, o legislador não imaginou que em uma deliberação de qualquer AGC pudesse acontecer um empate. Entretanto, está dentro dos campos da possibilidade. O ilustre advogado e professor Jorge Lobo (2010, p. 165), aponta a solução, dizendo que, "ocorrendo empate, deve prevalecer a decisão tomada pelo maior número de credores, tal qual assentava o art. 122, parágrafo 3º, da revogada Lei de Falências, só se recorrendo ao Poder Judiciário no caso de persistir o empate."

52.3 Julgamento de um caso concreto.
Como se posicionou o julgador

Interessantíssima a decisão do nobre Desembargador Orlof Neves Rocha, da 1ª Câmara Cível do Egrégio Tribunal de Justiça de Goiás, ao deparar-se com uma questão não prevista em Lei, conforme comentários acima, ou seja, a ocorrência de empate na votação de uma mesma classe de credores quando da realização de uma assembleia-geral para aprovação do plano de recuperação judicial.

Mostrando sua alta sensibilidade de julgador experimentado, e, acima de tudo, imbuído pelo espírito que emana da Lei – da preservação da atividade –, o nobre Desembargador goiano enfrentou essa questão, e deu uma extraordinária lição com a construção do seu pensamento, especialmente quando se posicionou no sentido de dizer que em um processo de recuperação judicial, "deve prevalecer o princípio da relevância do interesse dos credores, ou seja, a vontade majoritária destes no sentido de que o custo individual a ser suportado pelos mesmos é menor do que o benefício social que advirá à coletividade com a aprovação do plano de recuperação...". Vejamos, a seguir, a íntegra dessa Ementa, que é exemplo de julgamento com sensibilidade:

> AGRAVO DE INSTRUMENTO – AÇÃO DE RECUPERAÇÃO JUDICIAL – ASSEMBLEIA-GERAL DE CREDORES – EMPATE CREDORES MESMA CLASSE – TRATAMENTO DIFERENCIADO NÃO CONFIGURADO. I- A

recuperação judicial se trata de um favor creditício, de sorte que deve prevalecer o princípio da relevância do interesse dos credores, ou seja, a vontade majoritária destes no sentido de que o custo individual a ser suportado pelos mesmos é menor do que o benefício social que advirá à coletividade com a aprovação do plano de recuperação, preservando com isso a atividade empresarial, em última análise, o parque industrial ou mercantil de determinada empresa, bem como os empregos que esta mantém para geração da riqueza de um país. II- Em caso de empate de credores da mesma classe, o julgador deve-se guiar pelo princípio da preservação da empresa, permitindo a manutenção da fonte produtora, do emprego dos trabalhadores, consoante prevê o art. 47 da LRF. III- Não configurado o tratamento diferenciado entre credores da mesma classe, não há que se falar em nulidade do plano de recuperação judicial aprovado em assembleia. RECURSO CONHECIDO E DESPROVIDO.

(TJGO, AGRAVO DE INSTRUMENTO 208843-90.2013.8.09.0000, Rel. DES. ORLOFF NEVES ROCHA, 1ª CÂMARA CÍVEL, julgado em 12/11/2013, DJe 1432 de 22/11/2013).

Art. 43. Os sócios do devedor, bem como as sociedades coligadas, controladoras, controladas ou as que tenham sócio ou acionista com participação superior a 10% (dez por cento) do capital social do devedor ou em que o devedor ou algum de seus sócios detenham participação superior a 10% (dez por cento) do capital social, poderão participar da assembleia-geral de credores, sem ter direito a voto e não serão considerados para fins de verificação do quórum de instalação e de deliberação.

Parágrafo único. O disposto neste artigo também se aplica ao cônjuge ou parente, consanguíneo ou afim, colateral até o 2º (segundo) grau, ascendente ou descendente do devedor, de administrador, do sócio controlador, de membro dos conselhos consultivo, fiscal ou semelhantes da sociedade devedora e à sociedade em que quaisquer dessas pessoas exerçam essas funções.

52.4 Sem direito a voto na AGC

Pelas disposições deste artigo 43 e seu parágrafo único, vedou o legislador o direito de voto e a não consideração da presença de sócios ou acionistas da sociedade falida ou em recuperação judicial na assembleia-geral de credores para fins de verificação do *quorum* de instalação e deliberação. Aqui o legislador visou a não participação de credores com conflito de interesses; da mesma forma, proibiu que pessoas jurídicas do mesmo grupo econômico, ou cujos administradores possuem relação de parentesco com o devedor, se utilizem do mesmo expediente.

Comentando sobre **participações extraordinárias**, o grande doutrinador Sérgio Campinho (2010, p. 89-90), diz que

> "faculta a Lei, de forma expressa, a participação na assembleia-geral de credores de pessoas estranhas à massa de credores. [...] Terão elas, entretanto, direito a voz, podendo prestar esclarecimentos ou formular sugestões e, assim, influir no curso das votações".

"Sem embargo da proibição de voto", sentencia o mestre Manoel Justino Bezerra Filho (2011, p. 129):

> "poderá o credor ou sócio enquadrado em tais situações participar da assembleia-geral como ouvinte, fiscalizando eventuais irregularidades que poderão ser levadas ao juiz. A Lei não dá o direito de voto e nada fala sobre o direito de voz; no entanto, como o artigo garante não simplesmente a 'presença', e sim a 'participação', terão tais pessoas o direito de manifestação, evidentemente submetida às regras da assembleia, e seus créditos não serão considerados para formação do *quorum*".

É uma lista imensa a dos proibidos de votar e de serem considerados para fins de verificação do *quorum* de instalação e de deliberação da assembleia-geral de credores, sendo os seguintes: os sócios do devedor, bem como as sociedades coligadas, controladoras, controladas ou as que tenham sócio ou acionista com participação superior a 10% (dez por cento) do capital social do devedor ou em que o devedor ou algum de seus sócios detenham participação superior a 10% (dez por cento) do capital social, poderão participar da assembleia-geral de credores, sem ter direito a voto e não serão considerados para fins de verificação do *quorum* de instalação e de deliberação. O disposto nesse artigo 43 também se aplica às pessoas a seguir relacionadas, conforme seu parágrafo único: ao cônjuge ou parente, consanguíneo ou afim, colateral até o 2º (segundo) grau, ascendente ou descendente do devedor, de administrador, do sócio controlador, de membro dos conselhos consultivo, fiscal ou semelhantes da sociedade devedora e à sociedade em que quaisquer dessas pessoas exerçam essas funções.

> Art. 44. Na escolha dos representantes de cada classe no Comitê de Credores, somente os respectivos membros poderão votar.

53. ELEIÇÃO DOS MEMBROS DO COMITÊ DE CREDORES: PROCEDIMENTO

Ao estudarmos a constituição, instalação e funcionamento do Comitê de credores, em linhas volvidas, constatado ficou que a sua composição seria por representantes das 4 (quatro) classes de credores (art. 26). E também que, necessariamente, podem não existir todas as classes de credores, podendo ter duas ou até mesmo uma, mas que isto, em absoluto, e quando da existência do Comitê – que não é obrigatória –, em nada atrapalha o seu funcionamento. O que esse artigo nos chama a atenção, é que, para a hipótese de escolha – ou eleição – dos que irão representar cada classe no Comitê, somente terão direito a voto os membros que integrarem essa classe. Ou seja, cada classe vota exclusivamente nos seus representantes. Se o credor Ciclano pertence à classe dos credores titulares de crédito com garantia real ele somente poderá votar nessa classe (de credores titulares de créditos com garantia real), sendo essa regra válida para as demais e também para as hipóteses de substituição do membro do Comitê de Credores.

> Art. 45. Nas deliberações sobre o plano de recuperação judicial, todas as classes de credores referidas no art. 41 desta Lei deverão aprovar a proposta.
>
> § 1º Em cada uma das classes referidas nos incisos II e III do art. 41 desta Lei, a proposta deverá ser aprovada por credores que representem mais da metade do valor total dos créditos presentes à assembleia e, cumulativamente, pela maioria simples dos credores presentes.
>
> § 2º Nas classes previstas nos incisos I e IV do art. 41 desta Lei, a proposta deverá ser aprovada pela maioria simples dos credores presentes, independentemente do valor de seu crédito.
>
> § 3º O credor não terá direito a voto e não será considerado para fins de verificação de quórum de deliberação se o plano de recuperação judicial não alterar o valor ou as condições originais de pagamento de seu crédito.

54. DELIBERAÇÕES SOBRE O PLANO DE RECUPERAÇÃO JUDICIAL

Como já analisado acima, quando dos comentários sobre o artigo 42, mais especificamente sobre o tópico "Exceções previstas na Lei 11.101/05", para o qual remetemos o amigo leitor, uma das exceções ao esquema majoritário de voto, ali estudada, era exatamente a que trata o *caput* deste artigo 45, ou seja, as deliberações sobre o plano de recuperação judicial, segundo as quais todas as classes de credores (as quatro previstas no art. 41) – se existirem –, deverão aprovar a proposta.

Mas isto não é tudo, vez que o parágrafo 1º faz a observação de que nas classes de credores quirografários e de credores com garantia real – em cada uma delas –, a proposta deverá ser aprovada por credores que representem mais da metade do valor total dos créditos presentes à assembleia-geral de credores e, cumulativamente, conforme os precisos termos da Lei, ou seja, simultaneamente, pela maioria simples dos credores presentes.

O privilégio aos credores titulares de créditos originários da relação de trabalho e decorrentes de acidentes de trabalho (a classe prevista no inciso I do art. 41), é também aqui observável, vez que a proposta deverá ser aprovada pela maioria simples (o primeiro número inteiro após a metade) dos credores presentes, independentemente do valor de seu crédito (parágrafo 2º). Ou seja, nessa classe de credores, o voto é por cabeça, isso é, cada credor, independentemente do valor do seu crédito habilitado, só valerá um voto. Assim, se em uma assembleia-geral de credores, cujo devedor tenha 300 empregados credores, mas presentes somente 100, basta, para a aprovação do plano de recuperação judicial por essa classe, 51 (cinquenta e um) votos dos 100 presentes.

54.1 Para os credores micro e pequenos empresários, os mesmos privilégios dos credores trabalhadores e decorrentes de acidentes do trabalho (§ 2º do art. 45)

Mais uma inovação trazida pela LC 147/2014 e benéfica aos micro e pequenos empresários, é a de que, nas deliberações do plano de recuperação judicial, a proposta deverá ser aprovada por esse segmento pela maioria simples dos credores presentes, independentemente do valor de seu crédito, exatamente como votam os credores trabalhadores e decorrentes de acidentes do trabalho, pois o parágrafo 2º do artigo 45 sofreu em sua redação pequena alteração, acrescentando-se somente a classe IV, ficando assim: "Nas classes previstas nos incisos I e IV do art. 41 desta Lei, a proposta deverá ser aprovada pela maioria simples dos credores presentes, independentemente do valor de seu crédito".

Valem aqui as mesmas observações feitas anteriormente sobre a classe I de credores – dos trabalhadores e decorrentes de acidentes do trabalho –, que, independentemente do valor dos seus créditos, cada credor valerá apenas um voto. É o chamado voto por cabeça, constituindo-se tal dispositivo, a nosso ver, um grande privilégio para os micro e pequenos empresários.

Por último, as disposições do parágrafo 3º deste artigo 45, determinam que o credor não terá direito a voto e não será considerado para fins de verificação de *quorum* de deliberação se o plano de recuperação judicial não alterar o valor ou as condições originais de pagamento de seu crédito. Para o eminente jurista Manoel Justino Bezerra Filho,

> "no entanto, a este credor é garantido o direito de objeção em pedido de recuperação judicial, na forma que estabelece o artigo 55. Esta garantia ao direito de objeção é plenamente justificável, tendo em vista que mesmo que seu crédito não sofra qualquer alteração, ainda assim como credor, mantém interesse na saúde financeira do recuperando, do que advém seu interesse jurídico e econômico para a objeção." (BEZERRA FILHO, 2011, p. 130).

> Art. 46. A aprovação de forma alternativa de realização do ativo na falência, prevista no art. 145 desta Lei, dependerá do voto favorável de credores que representem 2/3 (dois terços) dos créditos presentes à assembleia.

55. ATIVO DA FALÊNCIA. SUA APROVAÇÃO DE FORMA ALTERNATIVA

Determina a Lei 11.105/05, que, logo após a arrecadação dos bens, com a juntada do respectivo auto ao processo de falência, será iniciada a realização do ativo (é a forma comum), por uma das seguintes formas, observada a seguinte ordem de preferência: I – alienação da empresa, com a venda de seus estabelecimentos em bloco; II – alienação da empresa, com a venda de suas filiais ou unidades produtivas isoladamente; III – alienação em bloco dos bens que integram cada um dos estabelecimentos do devedor; IV – alienação dos bens individualmente considerados, determinando, ainda, a Lei, a faculdade dessa realização dar-se por mais de uma das formas acima aludidas, caso seja conveniente em decorrência de oportunidade (arts. 139 e 140 e parágrafo 1º).

Entretanto, e conforme autorização expressa deste artigo 46, outra forma de realização do ativo na falência poderá ser aprovada. Para essa hipótese, exige a Lei *quorum* qualificado, qual seja, o voto favorável de credores que representem 2/3 (dois terços) dos créditos presentes à assembleia-geral de credores. Dessa forma, ou o devedor, ou administrador judicial, ou comitê de credores, existindo este, ou mesmo qualquer credor, pode pleitear ao juiz presidente do feito, que a realização do ativo nessa falência se faça por outra modalidade, não enumerando a Lei qual ou quais possam ser. O que ela exige é que, seja qual for, passe sob o crivo da AGC, obtendo dela, no mínimo, a aprovação de credores que representem 2/3 dos créditos ali presentes. Aqui não se fala em classe ou classes de credores. Aqui é a AGC que é um todo.

Capítulo 3

DA RECUPERAÇÃO JUDICIAL

> Seção I
> Disposições Gerais
> Art. 47. A recuperação judicial tem por objetivo viabilizar a superação da situação de crise econômico-financeira do devedor, a fim de permitir a manutenção da fonte produtora, do emprego dos trabalhadores e dos interesses dos credores, promovendo, assim, a preservação da empresa, sua função social e o estímulo à atividade econômica.

56. CONCEITOS DE RECUPERAÇÃO JUDICIAL

Segundo o eminente advogado e professor Sérgio Campinho,

> "a recuperação judicial, segundo perfil que lhe reservou o ordenamento, apresenta-se como um somatório de providências de ordem econômico-financeiras, econômico-produtivas, organizacionais e jurídicas, por meio das quais a capacidade produtiva de uma empresa possa, da melhor forma, ser reestruturada e aproveitada, alcançando uma rentabilidade autossustentável, superando, com isso, a situação de crise econômico-financeira em que se encontra seu titular – o empresário –, permitindo a manutenção da fonte produtora, do emprego e a composição dos interesses dos credores (cf. artigo 47). Nesta perspectiva, é um instituto de Direito Econômico. Sob a ótica processual, a medida se implementa por meio de uma ação judicial, de iniciativa do devedor, com o escopo de viabilizar a superação de sua situação de crise. Mas dita pretensão somente pode ser exercida até a declaração de sua falência (artigo 48, I)." (CAMPINHO, 2010, p. 10)

Para outro também eminente jurisconsulto e professor, Jorge Lobo,

> "recuperação judicial é o instituto jurídico, fundado na ética da solidariedade, que visa sanear o estado de crise econômico-financeira do empresário e da sociedade empresária com a finalidade de preservar os negócios sociais e estimular a atividade empresarial, garantir a continuidade do emprego e fomentar o trabalho humano, assegurar a satisfação, ainda que parcial e em diferentes condições, dos direitos e interesses dos credores e impulsionar a economia creditícia, mediante a apresentação, nos autos da ação de recuperação judicial, de um plano de reestruturação e reerguimento, o qual, aprovado pelos credores, expressa ou tacitamente, e homologado pelo juízo, implica novação dos créditos anteriores ao

ajuizamento da demanda e obriga a todos os credores a ela sujeitos, inclusive os ausentes, os dissidentes e os que se abstiveram de participar das deliberações da assembleia-geral." (LOBO, 2010, p. 171-172)

Não é um conceito, mas uma profunda e abalizada opinião sobre os fins deste instituto da recuperação judicial, segundo o mestre Manoel Justino Bezerra Filho, ao afirmar que

> "a recuperação judicial destina-se às empresas que estejam em situação de crise econômico-financeira, com possibilidade, porém, de superação; pois aquelas em tal estado, mas em crise de natureza insuperável, devem ter sua falência decretada, até para que não se tornem elemento de perturbação do bom andamento das relações econômicas do mercado. Tal tentativa de recuperação prende-se, como já lembrado acima, ao valor social da empresa em funcionamento, que deve ser preservado não só pelo incremento da produção, como, principalmente, pela manutenção do emprego, elemento de paz social." (BEZERRA FILHO, 2011, p. 133-134).

Ao comentar o item "121. A recuperação judicial", em sua obra já citada, o grande doutrinador José da Silva Pacheco, a nosso ver, conceitua o instituto, ao dizer que a:

> "Recuperação (do latim *recuperatio*) é o ato ou efeito de recuperar, reconquistar, restaurar, renovar, revigorar, restabelecer o estado anterior, voltar ao estado normal. Quando o devedor, que atende aos requisitos do artigo 48, requer ao juiz do local do seu principal estabelecimento o deferimento do processamento de sua recuperação judicial por um dos meios apontados no artigo 50, deve demonstrar as causas de sua situação patrimonial as razões da crise econômico-financeira que o envolve, a sua viabilidade econômica, e apresentar plano para restabelecer a normalidade de sua empresa. Tem-se, aí, a recuperação judicial, como processo perante o juiz competente, do local do principal estabelecimento do devedor." (PACHECO, 2006, p. 111)

Extraordinários os conceitos e pontos de vista emitidos pelos ilustres juristas acima citados, grandes doutores deste e de outros temas, pois em poucas palavras nos trazem com profundidade para a nossa compreensão as suas percepções técnicas sobre esse instituto da recuperação judicial. Mas, fugindo um pouco do tecnicismo e partindo para a prática, nos sensibilizou profundamente um fundamento do instituto da recuperação que, muito mais do que técnico, é humano; muito mais do que privado, é público e social; que, ao invés de ser considerado só localmente, deve ser universal.

Jorge Lobo o mencionou no seu conceito acima transcrito – "a ética da solidariedade". Mas foi além, ao afirmar que não só a recuperação judicial, mas toda a Lei 11.101/05

> "ao fundar-se na ética da solidariedade, engajou-se no movimento universal, segundo o qual, nos nossos dias, no país e no resto do mundo, os conflitos privados, de cunho exclusivamente patrimonial, entre devedores e credores, no âmbito do Direito Concursal, se estendem e abarcam interesses gerais e coletivos, interesses públicos e sociais, que devem ser considerados, pelo devedor, quando ajuíza a ação de recuperação judicial e elabora o plano de reerguimento, e, pelos credores, quando votam na assembleia-geral." (LOBO, 2010, p. 179-180)

Esse fundamento dito por Jorge Lobo – **a ética da solidariedade** –, que tomamos a liberdade de dizer que, antes mesmo de ser uma base de cunho teórico para sustentar os fins perseguidos pelo instituto da recuperação judicial, é humano, porque se assim não o for – e isso ser tem que ser parte inseparável de cada credor e cada devedor participantes no processo –, não teremos as considerações no efeito pretendido e aduzido pelo mestre Jorge Lobo em suas palavras finais acima transcritas, **"que devem ser considerados, pelo devedor, quando ajuíza a ação de recuperação judicial e elabora o plano de reerguimento, e, pelos credores, quando votam na assembleia-geral"**. (grifos nossos).

Esse humanismo, diríamos, pela abrangência explicitada por Jorge Lobo, é universal, e isto fica muito patente na sua abordagem quando comenta no item "7. Fundamento: a ética da solidariedade"

> "Nos 'procedimentos de sacrifício', a lógica de mercado, apanágio do sistema capitalista e da teoria da maximização dos lucros, deve ceder diante da ética da solidariedade, sobretudo quando se trata de uma lei de ordem pública, como sói ser a que disciplina a ação de recuperação judicial, que objetiva preservar a empresa, pois ela tem uma função social a cumprir, manter os postos de trabalho, porquanto o desemprego atenta contra a dignidade, e garantir o recebimento dos créditos, visto que o crédito é o combustível da atividade econômica e do progresso social. (LOBO, 2010, p. 179)

Na sua linha de raciocínio, Jorge Lobo atenta que, para se alcançar o múltiplo escopo acima

> "e para atender aos interesses das partes envolvidas e harmonizar os direitos de cada um equanimemente, ao invés de confronto entre o devedor e seus credores, impõe-se a cooperação; ao invés do litígio, a conciliação; ao invés da apologia dos direitos pessoais, a luta para a realização dos fins comuns; ao invés da defesa egoísta e intransigente dos interesses individuais, a busca de soluções solidárias e equitativas, que causem menor sacrifício a todos, dentro da perspectiva de que se deve priorizar a composição dos interesses conflitantes, raramente convergentes se não houver, de parte a parte, a compreensão e a sensibilidade do que é absolutamente indispensável: salvar a empresa em crise, que demonstre ser econômica e financeiramente viável, com a finalidade precípua de mantê-la empregadora de mão-de-obra, produtora e distribuidora de bens e serviços, criadora de riquezas e prosperidade, geradora de impostos e, por igual, ao mesmo tempo, respeitar os direitos e interesses dos credores." (LOBO, 2010, p. 179)

56.1 Concedidos benefícios da assistência judiciária a devedor em recuperação judicial

Imbuído do espírito norteador da continuação da atividade no processo de recuperação judicial, pois essa situação por si só já é, a nosso ver, justificável para a concessão dos benefícios da assistência judiciária, por certo assim também pensou e entendeu o ilustre juiz em substituição na 6ª Câmara Cível do Egrégio Tribunal de Justiça do Estado de Goiás, Dr. Wilson Safatle Faiad, quando, Relator em Agravo de Instrumento, deferiu o citado benefício.

Com fundamento de que a prova para o merecimento da concessão do benefício tinha sido apresentada, e que pessoa jurídica também, nestas condições, sujeita-se ao benefício, Wilson Safatle Faiad não teve a mínima dúvida ao conceder que um devedor em recuperação judicial fosse poupado do pagamento das custas judiciais, taxas judiciárias e outros benefícios legais contidos no que se denomina de **assistência judiciária**. Assim ementou seu raciocínio o nobre juiz em substituição:

> AGRAVO DE INSTRUMENTO. PEDIDO DE ASSISTÊNCIA JUDICIÁRIA. PESSOA JURÍDICA. POSSIBILIDADE. COMPROVAÇÃO DA INCAPACIDADE FINANCEIRA. Os benefícios da assistência judiciária podem ser concedidos para a pessoa jurídica, desde que comprove, por meio de documentos ou indícios suficientes, a alegada situação de necessidade. Demonstrado nos autos que a agravante vem passando por dificuldades financeiras, através de balancetes contábeis, inclusive, em recuperação judicial, o deferimento da gratuidade da justiça constitui medida que se impõe. AGRAVO CONHECIDO E PROVIDO. DECISÃO REFORMADA.
>
> (TJGO, AGRAVO DE INSTRUMENTO 475994-60.2011.8.09.0000, Rel. DR(A). WILSON SAFATLE FAIAD, 6ª CÂMARA CÍVEL, julgado em 13/03/2012, DJe 1034 de 29/03/2012).

56.2 Princípios norteadores da recuperação judicial

A par dos ensinamentos dos ilustres doutores acima citados e transcritos, o objetivo da recuperação judicial, como delineado no artigo 47, engloba praticamente todos os princípios norteadores da Lei 11.101/05. Ao dizer que a recuperação judicial tem por objetivo viabilizar a superação da situação de crise econômico-financeira do devedor, a fim de permitir a manutenção da fonte produtora, do emprego dos trabalhadores e dos interesses dos credores, promovendo, assim, a preservação da empresa, sua função social e o estímulo à atividade econômica, enxergamos aí a existência de praticamente todos os princípios que nortearam a confecção da mesma, no que tange ao instituto da recuperação judicial, princípios estes relatados pela Comissão de Assuntos Econômicos do Senado Federal, que teve como Relator o saudoso senador Ramez Tebet.

Importante ressaltá-los e, ao mesmo tempo, não só relembrá-los, mas tê-los tanto quanto possível impregnados em nosso âmago – nós, os operadores do direito –, para buscar, quando da aplicação da Lei 11.101/05, a maior proximidade possível daquela realidade antevista, pregada e arduamente defendida com muita galhardia pelo incansável e saudoso Senador Ramez Tebet que, infelizmente, não teve o privilégio de conviver e ver sua criação crescer e desenvolver-se. Nada obstante serem **doze** os princípios que precederam a Lei 11.101/05, a nosso ver, para o instituto da recuperação judicial, os seguintes são mais específicos.

56.3 Princípio da preservação da empresa

Em razão de sua função social, a empresa deve ser preservada sempre que possível, pois gera riqueza econômica e cria emprego e renda, contribuindo para o crescimento e desenvolvimento social do país. Além disso, a extinção da empresa provoca a perca do agregado econômico representado pelos chamados intangíveis como nome, ponto comercial, reputação, marcas, clientela, rede de fornecedores, *know-how*, treinamento, perspectiva de lucro futuro, entre outros.

56.4 Princípio da separação dos conceitos de empresa e empresário

A empresa é o conjunto organizado de capital e trabalho para a produção ou circulação de bens ou serviços. Não se deve confundir a empresa com a pessoa natural ou jurídica que a controla. Assim, é possível preservar uma empresa, ainda que haja a falência, desde que se logre aliená-la a outro empresário ou sociedade que continue suas atividades em bases suficientes.

56.5 Princípio da recuperação das sociedades empresárias recuperáveis

Sempre que for possível a manutenção da estrutura organizacional ou societária, ainda que com modificações, o Estado deve dar instrumento e condições para que a empresa se recupere, estimulando, assim, a atividade empresarial.

56.6 Princípio da proteção aos trabalhadores

Os trabalhadores, por terem como único ou principal bem a sua força de trabalho, devem ser protegidos, não só com precedência no recebimento de seus créditos na falência e na recuperação judicial, mas com instrumentos que, por preservarem a empresa, preservem também seus empregos e criem novas oportunidades para a grande massa de desempregados.

56.7 Princípio da participação ativa dos credores

É desejável que os credores participem ativamente dos processos de falência e de recuperação, a fim de que, diligenciando para a defesa de seu interesses, em especial o recebimento de seu crédito, otimizem os resultados obtidos com o processo, com redução da possibilidade de fraude ou malversação dos recursos da empresa ou da massa falida.

56.8 Princípio do rigor na punição de crimes relacionados à falência e à recuperação judicial

É preciso punir com severidade os crimes falimentares, com o objetivo de coibir as falências fraudulentas, em função do prejuízo social e econômico que causam. No que tange à recuperação judicial, a maior liberdade conferida ao devedor para apresentar proposta a seus credores precisa necessariamente ser contrabalançada com punição rigorosa aos atos fraudulentos praticados para induzir os credores ou o juízo a erro.

56.9 Aplicação dos princípios da Lei 11.101/05 em casos concretos

De forma brilhante e inteligente, o emérito Desembargador Kisleu Dias Maciel Filho, 4ª Câmara Cível do Egrégio Tribunal de Justiça do Estado de Goiás, aplicou em recente julgamento os princípios insculpidos na Lei de recuperação de empresas e falências, especialmente o da preservação da empresa, quando, em recurso de Agravo de Instrumento, o Agravante pleiteava a exclusão de determinados ainda pendentes de homologação, nada obstante já aprovado pela assembleia-geral de credores o respectivo plano de recuperação.

Mostrando sua sensibilidade de julgador experimentado, diante de um empate ocorrido na votação de uma das classes de credores componentes da assembleia-geral, o digno Desembargador não titubeou, refutando a argumentação de teria havido tratamento diferenciado entre credores e, ressaltando, nesse aspecto, a soberania da AGC, com base no princípio acima mencionado, desproveu o recurso, conforme podemos observar na muito bem elaborada síntese ementada a seguir:

> AGRAVO DE INSTRUMENTO. RECUPERAÇÃO JUDICIAL. PRETENDIDA EXCLUSÃO DE DETERMINADOS CRÉDITOS. ANÁLISE. MOMENTO PROCESSUAL INAPROPRIADO. RECURSO *SEGUNDUM EVENTUS LITIS*. IMPUGNAÇÃO A CRÉDITOS PENDENTE DE JULGAMENTO. HOMOLOGAÇÃO DO PLANO DE RECUPERAÇÃO. POSSIBILIDADE. DELIBERAÇÃO. RESULTADO. EMPATE. PRINCÍPIO DA PRESERVAÇÃO DA EMPRESA. DIFERENCIAÇÃO DE TRATAMENTO ENTRE CREDORES. INOCORRÊNCIA. SOBERANIA DA ASSEMBLEIA-GERAL DE CREDORES. PARECER DA PROCURADORIA DE JUSTIÇA ACOLHIDO. RECURSO IMPROVIDO. 1) – Tendo em vista a natureza recursal do agravo de instrumento (*secundum eventus litis*), fica obstada esta Corte de analisar a matéria atinente à exclusão ou não de determinados créditos da recuperação judicial, sobretudo porque tal tema aguarda julgamento perante a instância de origem. 2) – Na linha

da jurisprudência do STJ, "A homologação ao plano de recuperação judicial da empresa não está vinculada à prévia decisão de 1º grau sobre as impugnações a créditos porventura existentes." 3) – Mesmo resultando em empate a deliberação sobre o plano de recuperação judicial, por uma das classes credoras, é de se considerá-lo aprovado, ante o princípio da preservação da empresa, permitindo a manutenção da fonte produtora e do emprego dos trabalhadores, consoante prevê o art. 47 da LRF. Ademais, ainda que não obtida pelo plano a aprovação com o quórum estipulado no art. 45, é cabível a concessão da recuperação judicial, caso cumpridos os requisitos previstos no § 1º do art. 58 da LRF, conforme sucede na espécie. 4) – Segundo já decidiu este Tribunal, "Não se verifica o tratamento diferenciado entre credores, quando, pertencentes à mesma classe, são submetidos às mesmas condições". § 2º do art. 58 da LRF afastado. 5) – O princípio da soberania da Assembleia-Geral de Credores somente pode ser relativizado quando demonstrada a afronta à Constituição ou à lei correspondente. 6) – AGRAVO DE INSTRUMENTO CONHECIDO E DESPROVIDO. DECISÃO MANTIDA.

(TJGO, AGRAVO DE INSTRUMENTO 22185-55.2013.8.09.0000, Rel. DES. KISLEU DIAS MACIEL FILHO, 4ª CÂMARA CÍVEL, julgado em 04/07/2013, DJe 1364 de 14/08/2013).

Art. 48. Poderá requerer recuperação judicial o devedor que, no momento do pedido, exerça regularmente suas atividades há mais de 2 (dois) anos e que atenda aos seguintes requisitos, cumulativamente:

I – não ser falido e, se o foi, estejam declaradas extintas, por sentença transitada em julgado, as responsabilidades daí decorrentes;

II – não ter, há menos de 5 (cinco) anos, obtido concessão de recuperação judicial;

III – não ter, há menos de 5 (cinco) anos, obtido concessão de recuperação judicial com base no plano especial de que trata a Seção V deste Capítulo;

IV – não ter sido condenado ou não ter, como administrador ou sócio controlador, pessoa condenada por qualquer dos crimes previstos nesta Lei.

§ 1º A recuperação judicial também poderá ser requerida pelo cônjuge sobrevivente, herdeiros do devedor, inventariante ou sócio remanescente. (Renumerado pela Lei nº 12.873, de 2013)

§ 2º Tratando-se de exercício de atividade rural por pessoa jurídica, admite-se a comprovação do prazo estabelecido no caput deste artigo por meio da Declaração de Informações Econômico-fiscais da Pessoa Jurídica – DIPJ que tenha sido entregue tempestivamente. (Incluído pela Lei nº 12.873, de 2013)

57. REQUISITOS PARA REQUERER A RECUPERAÇÃO JUDICIAL

Não é qualquer pessoa, física ou jurídica, que tem o privilégio de poder requerer e, por consequência, ter deferido o processamento de uma recuperação judicial e posteriormente a sua concessão. Recordamos aqui e remetemos o prezado leitor aos comentários sobre os dois primeiros artigos desta Lei 11.101/05, e notaremos, como diz este artigo 48, *caput*, que o legitimado para requerer esse benefício legal é o **devedor**. E que, para os efeitos dessa Lei, segundo os termos do artigo 1º, **devedor** é o empresário ou a sociedade empresária que se encontrem em um determinado momento sujeito ou sujeitos aos efeitos dessa Lei, seja em um processo de falência, de recuperação judicial ou mesmo de recuperação extrajudicial.

Tampouco não basta de um instante para outro, ou seja, num momento primeiro se adquire o *status* de empresário ou de sociedade empresária e logo a seguir, só por essa condição, se pode requerer ou pleitear um dos benefícios previstos no artigo 1º dessa Lei. Seria esse empresário ou essa sociedade empresária que assim procedesse, na presunção da Lei, o mais incompetente administrador de qualquer atividade, vez que mal entrara no negócio e já estaria necessitando dos benefícios legais e, por isto mesmo, não mereceria a contemplação da Lei.

Por isso, e até mesmo para não se incrementar uma industrialização do instituto da recuperação judicial, prevê a Lei 11.101/05 que, além do pretendente ao benefício ser, para os efeitos do seu artigo 1º, **devedor** (empresário ou sociedade empresária), deve ele, além dos requisitos que analisaremos logo a seguir, ter cumprido o do exercício regular de pelo menos 2 (dois) anos da atividade no exato momento em que ele utilizar-se do Poder Judiciário, quando do peticionamento da impetração do benefício legal da recuperação judicial. Entretanto, essa prova – exercício regular da atividade durante pelo menos 2 (dois) anos, é de capital importância para a admissibilidade e consequente deferimento do processamento. Como o devedor fará essa prova?

Como essa questão já foi enfrentada pelo nosso Egrégio Superior Tribunal de Justiça, vamos encontrar a resposta no REsp n. 1.193.115 – MT (2010/0083724/4), tendo como Relatora a eminente Ministra Nancy Andrighi e Relator para o Acórdão o também eminente Ministro Sidnei Beneti, cuja ementa foi assim lavrada:

> "RECUPERAÇÃO JUDICIAL. COMPROVAÇÃO DA CONDIÇÃO DE EMPRESÁRIO POR MAIS DE 2 ANOS. NECESSIDADE DE JUNTADA DE DOCUMENTO COMPROBATÓRIO DE REGISTRO COMERCIAL. DOCUMENTO SUBSTANCIAL. INSUFICIÊNCIA DA INVOCAÇÃO DE EXERCÍCIO PROFISSIONAL. INSUFICIÊNCIA DE REGISTRO REALIZADO 55 DIAS APÓS O AJUIZAMENTO. POSSIBILIDADE OU NÃO DE RECUPERAÇÃO DE EMPRESÁRIO RURAL NÃO ENFRENTADA NO JULGAMENTO.

1. O deferimento da recuperação judicial pressupõe a comprovação documental da qualidade de empresário, mediante a juntada com a petição inicial, ou em prazo concedido nos termos do CPC 284, de certidão de inscrição na Junta Comercial, realizada antes do ingresso do pedido em Juízo, comprovando o exercício das atividades por mais de dois anos, inadmissível a inscrição posterior ao ajuizamento. Não enfrentada, no julgamento, questão relativa às condições de admissibilidade ou não de pedido de recuperação judicial rural.

2. Recurso Especial improvido quanto ao pleito de recuperação."

Passada essa fase pelo pretendente a adquirir o benefício legal da recuperação judicial, ou seja, a efetiva comprovação do exercício da atividade por no mínimo 2 (dois) anos, por meio de certidão de inscrição na Junta Comercial do respectivo Estado, o artigo 48, sob estudos, prevê ainda a exigência do cumprimento de mais 4 (quatro) requisitos que deverão ser preenchidos cumulativamente, isto é, todos deverão estar devidamente comprovados no mesmo momento do pedido, não significando isto, ainda, que o pedido estará apto a receber o deferimento. Como diz a Lei, "poderá requerer a recuperação judicial o devedor que(...)". São estes, portanto, os demais requisitos que o art. 48 prevê:

"I – não ser falido e, se o foi, estejam declaradas extintas, por sentença transitada em julgado, as responsabilidades daí decorrentes;"

Vale aqui a advertência do mestre Manoel Justino Bezerra Filho, pois, quando tece comentários sobre este inciso I deste artigo 48, observa inicialmente que

"quando a Lei diz não ser 'falido', na realidade está se referindo aos sócios de responsabilidade **ilimitada** que tiveram a falência de sua empresa anterior decretada: pelos arts 81 e 190, esses sócios são considerados também falidos. Aplica-se também esta restrição àquele que, como empresário individual, teve sua falência decretada" (BEZERRA FILHO, 2011, p. 135)

Para não pairar dúvidas, transcrevemos abaixo o inteiro teor dos arts. 81 e 190.

"Art. 81. A decisão que decreta a falência da sociedade com sócios ilimitadamente responsáveis também acarreta a falência destes, que ficam sujeitos aos mesmos efeitos jurídicos produzidos em relação à sociedade falida e, por isso, deverão ser citados para apresentar contestação, se assim o desejarem.

Art. 190. Todas as vezes que esta Lei se referir a devedor ou falido, compreender-se-á que a disposição também se aplica aos sócios ilimitadamente responsáveis."

Ainda segundo o entendimento do Mestre Manoel Justino Bezerra Filho, na mesma página,

"o óbice não existirá se, apesar de falido, as obrigações foram declaradas extintas por sentença transitada em julgado (art. 160).

No entanto, a possibilidade de serem declaradas extintas as obrigações é extremamente problemática (ou impossível), tendo em vista que o artigo 191 do Código Tributário Nacional, com a redação dada pela Lei Complementar 118, que foi promulgada em 09.02.2005, no mesmo dia desta Lei de Recuperação e Falência, estabelece que 'a extinção das obrigações do falido requer prova de quitação de todos os tributos'" (BEZERRA FILHO, 2011, p. 135). (grifos nossos).

> "II – não ter, há menos de 5 (cinco) anos, obtido concessão de recuperação judicial;»

O mesmo princípio aplicado no *caput* do artigo 48 – inabilidade, incompetência ou má gestão do empresário ou sociedade empresária que requeira recuperação judicial antes de dois anos de efetivo exercício da atividade –, também se aplica aqui, pois aquele devedor, que há menos de 5 (cinco) anos, obteve a concessão dos benefícios da Lei e dele esteja necessitando novamente, presume-se a mesma falta de habilidade, a mesma falta de competência no comando da atividade, e daí, a Lei proibir nesse período – 5 anos – a concessão de uma segunda recuperação judicial.

57.1 Lei Complementar número 147/2014 reduz de 8 (oito) para 5 (cinco) anos o prazo para micro e pequenos empresários pleitearem uma segunda recuperação judicial

> III – não ter, há menos de 5 (cinco) anos, obtido concessão de recuperação judicial com base no plano especial de que trata a Seção V deste Capítulo.

Também a Lei Complementar nº 147, de 07 de agosto de 2014, ao dar nova redação ao inciso III do artigo 48, beneficiou o segmento das microempresas e empresas de pequeno porte, vez que diminuiu o prazo de 8 (oito) anos para 5 (cinco) anos o prazo para que o segmento possa pedir uma segunda recuperação judicial com base no plano especial previsto nos artigos 70/72 da Lei 11.101/05, igualando-o às demais atividades empresárias (médias e grandes). Estas não podem fazer uso do chamado *Plano Especial*.

> "IV – não ter sido condenado ou não ter, como administrador ou sócio controlador, pessoa condenada por qualquer dos crimes previstos nesta Lei."

A Lei, dentro do seus rigores, proíbe que qualquer empresário ou sociedade empresária pleiteie e tenha deferido o benefício da recuperação judicial, se qualquer dos seus administradores ou mesmo o sócio controlador, tenha sido condenado por qualquer dos crimes que prevê a Lei 11.101/05 – os denominados crimes falimentares. Ora, o controle ou a administração do devedor em situação de crise econômico-financeira por quem responde por crimes falimentares é, para a Lei, a possibilidade de que o impetrante poderá se valer da recuperação judicial para fins diversos. Havendo a reabilitação penal do condenado, este motivo impeditivo, por lógico, desaparecerá.

§ 1º A recuperação judicial também poderá ser requerida pelo cônjuge sobrevivente, herdeiros do devedor, inventariante ou sócio remanescente (Renumerado pela Lei nº 12.873, de 2013).

Este parágrafo 1º era parágrafo único, até a vigência da Lei 12.873, de 24 de outubro de 2013, que o renumerou diante da criação do parágrafo 2º, objeto, a seguir, dos nossos estudos. Esse privilégio é outorgado também na falência ao cônjuge sobrevivente, qualquer herdeiro do devedor ou o inventariante, conforme artigo 97, inciso II.

§ 2º Tratando-se de exercício de atividade rural por pessoa jurídica, admite-se a comprovação do prazo estabelecido no caput deste artigo por meio da Declaração de Informações Econômico-fiscais da Pessoa Jurídica – DIPJ que tenha sido entregue tempestivamente.

Este parágrafo 2º foi acrescentado pela Lei número 12.873, de 24 de outubro de 2013. É que o mesmo prazo de 2 (dois) anos de efetivo exercício da atividade, conforme se exigiu no *caput* deste artigo 48 para o **devedor** (empresário ou sociedade empresária) para impetrarem e receberem o deferimento do processamento da recuperação judicial, também é exigido da pessoa jurídica que exerce atividade rural. Para se comprovar o tempo de exercício dessas atividades, inclusive a rural ora sob estudos, é por meio de uma certidão expedida pela respectiva junta comercial do Estado em que se encontra o respectivo estabelecimento. Aliás, isto fica muito claro pelas disposições seguintes do art. 984 do Código Civil, que trata da atividade rural:

> "A sociedade que tenha por objeto o exercício de atividade própria de empresário rural e seja constituída, ou transformada, de acordo com um dos tipos de sociedade empresária, pode, com as formalidades do art. 968, requerer inscrição no Registro Público de Empresas Mercantis da sua sede, caso em que, depois de inscrita, ficará equiparada, para todos os efeitos, à sociedade empresária".

A nós nos parece que, somente para os efeitos da Lei 11.101/05, neste parágrafo 2º, criado recentemente, nada obstante a indispensabilidade do registro das atividades da pessoa jurídica que exerce atividade rural na respectiva junta comercial do seu Estado com fins de se equiparar, para todos os efeitos, à sociedade empresária (exigência do art. 984 do CC), a esta foi dada a faculdade de comprovar o exercício do tempo mínimo de atividade para se pleitear e ter deferida a recuperação judicial, por meio da Declaração de Informações Econômico-fiscais da Pessoa Jurídica – DIPJ – que tenha sido entregue tempestivamente. Essa DIPJ foi instituída pela Instrução Normativa da Secretaria da Receita Federal, número 127/1998, conforme o sítio da SRF <http://www.receita.fazenda.gov.br/Legislacao/ins/Ant2001/1998/in12798.htm>. Acesso em: 04 jan. 2014.

Art. 49. Estão sujeitos à recuperação judicial todos os créditos existentes na data do pedido, ainda que não vencidos.

§ 1º Os credores do devedor em recuperação judicial conservam seus direitos e privilégios contra os coobrigados, fiadores e obrigados de regresso.

§ 2º As obrigações anteriores à recuperação judicial observarão as condições originalmente contratadas ou definidas em lei, inclusive no que diz respeito aos encargos, salvo se de modo diverso ficar estabelecido no plano de recuperação judicial.

§ 3º Tratando-se de credor titular da posição de proprietário fiduciário de bens móveis ou imóveis, de arrendador mercantil, de proprietário ou promitente vendedor de imóvel cujos respectivos contratos contenham cláusula de irrevogabilidade ou irretratabilidade, inclusive em incorporações imobiliárias, ou de proprietário em contrato de venda com reserva de domínio, seu crédito não se submeterá aos efeitos da recuperação judicial e prevalecerão os direitos de propriedade sobre a coisa e as condições contratuais, observada a legislação respectiva, não se permitindo, contudo, durante o prazo de suspensão a que se refere o § 4º do art. 6º desta Lei, a venda ou a retirada do estabelecimento do devedor dos bens de capital essenciais a sua atividade empresarial.

§ 4º Não se sujeitará aos efeitos da recuperação judicial a importância a que se refere o inciso II do art. 86 desta Lei.

§ 5º Tratando-se de crédito garantido por penhor sobre títulos de crédito, direitos creditórios, aplicações financeiras ou valores mobiliários, poderão ser substituídas ou renovadas as garantias liquidadas ou vencidas durante a recuperação judicial e, enquanto não renovadas ou substituídas, o valor eventualmente recebido em pagamento das garantias permanecerá em conta vinculada durante o período de suspensão de que trata o § 4º do art. 6º desta Lei.

58. CRÉDITOS SUJEITOS À RECUPERAÇÃO JUDICIAL

Diz a Lei, que todos os créditos na data do pedido, mesmo que ainda não vencidos, sujeitam-se ao processo de recuperação judicial. Após, vêm as exceções. Dentro dessas, conforme estudaremos a seguir, existem diversas e todas favorecem as instituições financeiras.

Nada obstante tantos favores legais, em determinadas situações, mesmo não cumprindo as exigências legais, às vezes encontramos credores pleiteando os benefícios, mesmo que indevidamente. É o que ocorre na presente questão, enfrentada pelo ilustre Desembargador Amaral Wilson de Oliveira, da 2ª Câmara Cível do Egrégio Tribunal de Justiça do Estado de Goiás, em que uma instituição financeira – abusada – retinha saldos da conta corrente do devedor em recuperação judicial, autopagando-se (um absurdo), na vã crença de que o seu crédito não estava sujeito aos efeitos da recuperação judicial.

E como ficou demonstrado que o crédito dessa instituição financeira se submetia a todos os efeitos da recuperação judicial, o ilustre Desembargador Amaral Wilson de

Oliveira, em brilhante julgamento, determinou que as importâncias retidas indevidamente do devedor lhe fossem devolvidas, em despacho liminar, conforme observamos da Ementa abaixo transcrita em seu inteiro teor.

> AGRAVO DE INSTRUMENTO. MEDIDA CAUTELAR INOMINADA. LIMINAR DEFERIDA. REQUISITOS DEMONSTRADOS. CRÉDITO ORIGINÁRIO DE CONTRATO BANCÁRIO SUJEITO À RECUPERAÇÃO JUDICIAL. RETENÇÃO DE SALDO. ILEGALIDADE. CONFIRMAÇÃO DA DECISÃO AGRAVADA. A concessão de medida liminar está adstrita ao prudente arbítrio e livre convencimento do julgador, de modo que, uma vez demonstrados os requisitos autorizadores da medida liminar deferida, notadamente porque o contrato bancário em questão não se enquadra nas disposições do art. 49, § 3º, da Lei de Recuperação Judicial, impõe-se a confirmação da decisão objurgada, em que determinada a restituição de saldo de contas da devedora indevidamente retidos pela instituição financeira. AGRAVO DE INSTRUMENTO CONHECIDO E DESPROVIDO.
>
> (TJGO, AGRAVO DE INSTRUMENTO 296057-90.2011.8.09.0000, Rel. DES. AMARAL WILSON DE OLIVEIRA, 2ª CÂMARA CÍVEL, julgado em 13/12/2011, DJe 987 de 20/01/2012).

58.1 Somente créditos existentes e declarados na data do pedido de recuperação é que a ela se submeterão

Ao ler o inteiro teor do *caput* deste artigo 49, mesmo sabendo das excessões contidas nos seus parágrafos, ainda assim, uma satisfação, mesmo que meteórica, invade nosso espírito: é o desejo que não é só nosso de que reais e verdadeiras, sem se buscar ou aplicar qualquer tipo de interpretação ou aplicação de técnica legislativa, fossem essas palavras, as de que "estão sujeitos à recuperação judicial todos os créditos existentes na data do pedido, ainda que não vencidos." Essa sujeição dos créditos à recuperação judicial, a nós operadores do direito, frente às nossas lides cotidianas, nos parece que, dependendo do caso concreto, e de tão significativo o benefício legal, talvez bastassem só aqueles vencidos na data do pedido para que o impetrante pudesse se reerguer.

Talvez os demais créditos, **ainda que não vencidos**, apenas se submetessem à suspensão de sua cobrança pelo prazo previsto no parágrafo 4º do artigo 6º – 180 dias –, ou até, conforme o entendimento já uniformizado pela moderna jurisprudência, inclusive a do Superior Tribunal de Justiça, a homologação do plano de recuperação judicial, desde que o devedor não contribua com atos que retardem a presença da jurisdição. Ocorre que, praticamente em todos os casos em que o devedor se encontre em situação de crise econômico-financeira, o motivo principal é o vencimento da grande maioria de todos os seus débitos.

Não estamos aqui, absolutamente, desprezando essa possível parte do benefício legal de inclusão dos créditos **ainda que não vencidos**, e tampouco propondo novos modelos ou mesmo, sequer sugerindo modificações ao modelo vigente. É apenas um desabafo à forma pela qual foi construída em seu inteiro teor a redação do *caput* do artigo sob estudos, o 49, em cuja semântica, a nosso sentir, o legislador teve a infelicidade de usar exclusivamente de antonímia; ainda, conforme veremos nos comentários desse artigo, e em determinados casos, poderemos, com profundas lamentações, nos defrontar com realidades, cuja frase seguinte – por nós criada –, representa esta verdade: não está sujeito à recuperação judicial nenhum dos débitos existentes na data do pedido, deste devedor, nem vencidos nem vincendos.

Por outro lado, também não estamos aqui para discutir técnicas de elaboração da Lei 11.101/05, muito bem expressas na Lei Complementar 95/1998 com as alterações da Lei Complementar 107/2001, nada obstante, o artigo 11 desta determine que:

> "as disposições normativas serão redigidas com clareza, **precisão** e ordem lógica, observadas, para esse propósito, as seguintes normas: I – (...) II – para a obtenção de precisão: a) **articular a linguagem, técnica ou comum, de modo a ensejar perfeita compreensão do objetivo da lei e a permitir que seu texto evidencie com clareza o conteúdo e o alcance que o legislador pretende dar à norma**; b) (...); c) **evitar o emprego de expressão ou palavra que confira duplo sentido ao texto**; (...)". (grifos nossos).

Também, não entrando no mérito da discussão do tecnicismo e da correta ou não elaboração dessa norma – o artigo 49 –, dentre diversos doutrinadores de renomada, só encontrei no mestre Manoel Justino Bezerra Filho, um crítico às disposições deste artigo e seus parágrafos. Na obra o Professor é duro, mas a nosso ver, sincero e verdadeiro, nas suas afirmações, quando, destemidamente, afirma:

> "1. Este artigo, se efetivamente encontrasse correspondência na Lei, talvez trouxesse possibilidade, de permitir a recuperação judicial. No entanto, à semelhança do artigo 47, acima – que permaneceu no texto como declaração de princípios, sem respaldo no conjunto da Lei –, o art. 49 é contraditado por inúmeros outros artigos, de tal forma que deixa de ficar sujeita à recuperação uma série de créditos, aliás, os mais importantes e determinantes em qualquer tentativa de recuperação." (BEZERRA FILHO, 2011, p. 136-137)

Todavia, Manoel Justino deixou as críticas mais contundentes para os números seguintes dos seus comentários, o 2 e o 3.

> "2. Os créditos que foram mais diretamente ressalvados são os de origem financeira, de tal forma que, quando da elaboração final da Lei, dizia-se que esta não seria a Lei de 'recuperação das empresas', e sim a lei de 'recuperação do crédito bancário'. E, efetivamente, a Lei não propicia grande possibilidade de recuperação,

principalmente por não corresponder à realidade o que vem estabelecido no art. 49". (grifos nossos). (BEZERRA FILHO, 2011, p. 136-137)

A exemplo do que afirmamos acima sobre as exceções constantes das disposições deste artigo 49 da Lei 11.101/05, o professor Manoel Justino Bezerra Filho, continua, com suas ácidas e verdadeiras críticas ao dispositivo, demonstrando que:

> "(...) ao contrário do que estabelece este artigo, estão fora da recuperação judicial os bens dados em garantia real (parágrafo 1º do art. 50); ações que demandam quantia ilíquida, ações trabalhistas e execuções fiscais (inciso III do art. 52, c/c art. 6º); créditos com garantia fiduciária de móveis ou imóveis, arrendamento mercantil, imóvel compromissado à venda em incorporações imobiliárias, com reserva de domínio (art. 52, III, c/c/ art. 49), com a dilação de modestos 180 (cento e oitenta) dias, previstos no Parágrafo 4º do art. 6º; o adiantamento a contrato de câmbio para exportação (parágrafo 4º do art. 49). Por outro lado, as obrigações assumidas não sofrem qualquer alteração (parágrafo 2º do art. 49); os débitos tributários igualmente estão excluídos (art. 57), bem como as obrigações assumidas no âmbito das câmaras de compensação e liquidação financeira (art. 193)". (BEZERRA FILHO, 2011, p. 137)

No item seguinte aos comentários do mestre, o de número 4 (quatro), a sequência das críticas é no mesmo tom, pois diz que o artigo 49, ao determinar que estão sujeitos à recuperação judicial os créditos "existentes" na data do pedido, torna, de certa forma, inaplicável o parágrafo 3º do art. 6º; os aluguéis, as contas do consumo de energia, água, telefone e semelhantes, para o mestre, só se sujeitam aos efeitos da recuperação se 'existentes' no momento do pedido, enquanto as vincendas, entende ele, se submeterão à recuperação judicial, e serão cobradas normalmente, podendo sofrer, inclusive, corte no fornecimento, se for a hipótese.

O emérito professor e doutrinador Fábio Ulhoa Coelho, ao comentar sobre os credores sujeitos à recuperação judicial", o faz, sinteticamente, nesses termos: "A recuperação atinge, como regra, todos os credores existentes ao tempo da impetração dos benefícios." (grifos nossos). (COELHO, 2011, p. 191)

Demonstrando a correta aplicabilidade da legislação, o Egrégio Tribunal de Justiça de Goiás, por seu digno Relator Desembargador Gerson Santana Cintra, da 3ª Câmara Cível, determinou que empresa fornecedora de energia elétrica não poderia cortar o fornecimento de energia a empresa em recuperação judicial por débitos anteriores ao pedido, ou seja, que todos os débitos existentes até a data do pedido estão sujeitos aos efeitos da recuperação judicial, conforme ementa abaixo:

> EMBARGOS DE DECLARAÇÃO NO AGRAVO REGIMENTAL NA APELAÇÃO CÍVEL. CAUTELAR INOMINADA. SUSPENSÃO DO FORNECIMENTO DE ENERGIA ELÉTRICA. EMPRESA EM RECUPERAÇÃO JUDICIAL. INADMISSIBILIDADE DO CORTE EM RELAÇÃO AOS DÉBITOS

ANTERIORES AO PEDIDO DE RECUPERAÇÃO JUDICIAL. AUSÊNCIA DE VÍCIOS ELENCADOS NO ARTIGO 535 DO CÓDIGO DE PROCESSO CIVIL. MULTA PROTELATÓRIA. APLICAÇÃO. I – Inexistindo quaisquer das hipóteses previstas no artigo 535 do Código de Processo Civil, mister desprover os Embargos de Declaração que tem por escopo rediscutir matéria. II – Tratando-se de recurso manifestamente infundado, impõe-se a aplicação da multa protelatória prevista no artigo 538, parágrafo único, do Código de Processo Civil. Embargos de Declaração conhecidos e desprovidos.

(TJGO, APELAÇÃO CÍVEL 60411-82.2011.8.09.0006, Rel. DES. GERSON SANTANA CINTRA, 3ª CÂMARA CÍVEL, julgado em 17/12/2013, DJe 1466 de 17/01/2014)

§ 1º Os credores do devedor em recuperação judicial conservam seus direitos e privilégios contra os coobrigados, fiadores e obrigados de regresso.

58.2 Conservados os direitos dos credores na recuperação judicial

Um ponto altamente negativo para o sucesso de um processo de recuperação judicial é esse contido no parágrafo primeiro do artigo 49, ou seja, da inalterabilidade dos direitos e privilégios que os credores do devedor conservam contra os coobrigados, fiadores e obrigados de regresso. Ocorre que os credores que se submetem aos efeitos do benefício legal, além de terem os seus créditos declarados e até mesmo habilitados, podem, simultaneamente, perseguir a busca de seu crédito dos possíveis e existentes coobrigados ou codevedores solidários (avalistas e endossantes de títulos de crédito emitidos pelo devedor), além dos fiadores e os obrigados de regresso.

Ressaltamos esse ponto, vez que, na lide cotidiana, sempre nos deparamos, especialmente se os credores forem bancos, a existência da corresponsabilidade dos sócios do devedor em uma das condições acima, e a inevitável execução destes, simultânea à habilitação no processo de recuperação judicial. Os prejuízos são nefastos, vez que uma das consequências da distribuição desses pedidos de execução é a divulgação do nome dos sócios codevedores ao Serasa e aos Serviços de Proteção ao Crédito, o que, por si só, é mais uma trava ou emperramento no bom andamento dos negócios do devedor, nada obstante a recuperação judicial, também por si só, causa os mesmos desconfortos.

É, também, de nosso lado, mais um desabafo em favor de melhores condições em prol do empreendedorismo brasileiro que, lieralmente, é composto de heróis. Por outro lado, e pela natureza das obrigações assumidas pelos coobrigados, a sua regulação, até mesmo precedente em remotos anos antes da Lei 11.101/05, já tinha esse direcionamento, lamentavelmente para essaes fins aqui discutidos. Até mesmo alguns doutrinadores defendem que a suspensão prevista no artigo 6º desta Lei das execuções e ações contra o devedor deveriam se estender, da mesma forma, aos coobrigados.

Por óbvio, se o credor trabalha em duas frentes simultaneamente, ou seja: (i) habilitação na recuperação judicial; e, (ii) execução contra os coobrigados, tem ele a obrigação de comunicar ao outro juízo – vez que cada processo (a recuperação e a execução) correm em juízos diferentes, que neste ou naquele já houve a respectiva satisfação de parte ou do total do seu crédito e, por consequência, que se abata a parte recebida e, se for o total, a necessária desistência ou da ação ou da habilitação, com a devida extinção e arquivamento dos autos.

Houve, por algum tempo, a confusão reinante entre alguns requerentes do benefício ou mesmo coobrigados, quanto ao exato significado da parte final do artigo 6º, que ao tratar da suspensão do curso de ações e execuções contra o devedor, diz, **inclusive aquelas dos credores particulares do sócio solidário**. A confusão reside entre os termos **devedores solidários** e **sócio solidário**, pois aqueles se viam na posição destes, e daí, o pleito de extensão da aludida suspensão. Entretanto, são institutos completamente distintos, e hoje, razão nenhuma mais existe para a persistência dessa dúvida, pois tanto a doutrina como a jurisprudência, inclusive a do Superior Tribunal de Justiça, já assentada, em diversos julgamentos dá o correto entendimento e o caminho a ser seguido, conforme podemos constatar, exemplificativamente, no julgamento da 3ª Turma, no Resp número 1.280.036 – SP (2011/0177296-5), julgado em 20/08/2013, Dje 05/09/2013, Relator Ministro Sidnei Beneti, cuja ementa é acórdão foram assim lavrados:

> "EMENTA
>
> AGRAVO REGIMENTAL EM RECURSO ESPECIAL. DEFERIMENTO DE RECUPERAÇÃO JUDICIAL À EMPRESA COEXECUTADA. EXECUÇÃO INDIVIDUAL DO AVALISTA. SUSPENSÃO. NÃO CABIMENTO. AUTONOMIA DAS OBRIGAÇÕES ASSUMIDAS NO TÍTULO DE CRÉDITO EXEQUENDO.
>
> 1. Conforme o disposto art. 6º da Lei n. 11.101/05, o deferimento de recuperação judicial à empresa co-executada não tem o condão de suspender a execução em relação a seus avalistas, a exceção do sócio com responsabilidade ilimitada e solidária.
>
> 2. O Aval é ato dotado de autonomia substancial em que se garante o pagamento do título de crédito em favor do devedor principal ou de um co-obrigado, isto é, é uma garantia autônoma e solidária. Assim, não sendo possível o credor exercer seu direito contra o avalizado, no caso a empresa em recuperação judicial, tal fato não compromete a obrigação do avalista, que subsiste integralmente.
>
> 3. As deliberações constantes do plano de recuperação judicial, ainda que aprovados por sentença transitada em julgado, não podem afastar as consequências decorrentes das disposições legais, no caso, o art. 49, § 1º, da Lei n. 11.101/05, o qual prevê que *"os credores do devedor em recuperação judicial conservam seus direitos e privilégios contra os coobrigados, fiadores e obrigados de regresso"*.
>
> 4. Agravo Regimental improvido.

ACÓRDÃO

Vistos, relatados e discutidos os autos em que são partes as acima indicadas, acordam os Ministros da Terceira Turma do Superior Tribunal de Justiça, por unanimidade, negar provimento ao agravo regimental, nos termos do voto do Sr. Ministro Relator. Os Srs. Ministros Paulo de Tarso Sanseverino (Presidente), Ricardo Villas Bôas Cueva, Nancy Andrighi e João Otávio de Noronha votaram com o Sr. Ministro Relator". (grifos do original)

Em seu brilhante voto, como é do seu feitio, o ilustre Ministro Relator Sidnei Beneti, para a prova de suas argumentações de que o inconformismo não merecia prosperar, ressaltou que também dever-se-ia levar em conta a autonomia das obrigações assumidas no título de crédito exequendo, e quanto a esse particular, disse, "mister transcrever trecho do elucidativo voto da Ministra Nancy Andrighi quando do julgamento do REsp 883.859/SC", que nós, por oportuno e pelo alto valor elucidativo, também tomamos a liberdade de transcrevê-lo, na íntegra:

"O aval representa garantia prestada em favor de devedor de título de crédito. Como instituto típico do direito cambiário, o aval é dotado de autonomia substancial, isto é, a sua existência, validade e eficácia não estão jungidas à da obrigação avalizada. Diante disso, seja qual for o motivo que impeça o credor de exercer seu direito contra o avalizado, isto não compromete nem afeta a obrigação do avalista, que subsiste integralmente.

Da autonomia do aval também decorre que eventuais direitos que beneficiem o avalizado não se estendem ao avalista. Como bem observa Fábio Ulhoa Coelho, "não pode o avalista, quando executado em virtude do título de crédito, valer-se das exceções pessoais do avalizado, mas apenas das suas próprias exceções" (*Curso de direito comercial*, vol. 1. São Paulo: Saraiva, 2007, 11ª ed., p. 413).

Sendo assim, o fato do sacador de nota promissória vir a ter sua falência decretada, em nada afeta a obrigação do avalista do título, que, inclusive, não pode opor em seu favor qualquer dos efeitos decorrentes da quebra do avalizado.

Conforme anota José da Silva Pacheco, "a execução contra o avalista de nota promissória não é suspensa por motivo de ter (...) sido decretada a falência do emitente", (PACHECO, 2001, p. 275).

Apesar de antigos, há precedentes da 3ª Turma do STJ corroborando este entendimento e assentando que, "em face da garantia do aval, não cabe ao avalista invocar defesa própria do avalizado, como a falência ou concordata" (REsp 193/PR, Rel. Min. Nilson Naves, DJ de 25.09.1989; e REsp 1.747/PR, Rel. Min. Gueiros Leite, Rel. p/ acórdão Min. Nilson Naves, DJ de 11.06.1990)."

E, comprovando as nossas alegações, de que esta Corte já havia consolidado o seu entendimento nesse sentido, Sidnei Beneti ressalta esse ponto ocorrido na Segunda Seção e transcreve o teor da respectiva decisão na oportunidade em que ocorreu este evento:

"8.- Aliás, a Segunda Seção consolidou tal entendimento no julgamento do EAg 1.179.654/SP, em 28.3.2012, desta Relatoria. Confira-se sua ementa:

EMBARGOS DE DIVERGÊNCIA EM AGRAVO DE INSTRUMENTO. DEFERIMENTO DE RECUPERAÇÃO JUDICIAL À EMPRESA COEXECUTADA. EXECUÇÃO INDIVIDUAL. SUSPENSÃO. NÃO CABIMENTO. AUTONOMIA DAS OBRIGAÇÕES ASSUMIDAS NO TÍTULO DE CRÉDITO EXEQUENDO. ACOLHIMENTO.

1.- Conforme o disposto art. 6º da Lei n. 11.101/05, o deferimento de recuperação judicial à empresa coexecutada não tem o condão de suspender a execução em relação a seus avalistas, a exceção do sócio com responsabilidade ilimitada e solidária.

2. "Os credores sujeitos aos efeitos da recuperação judicial conservam intactos seus direitos e, por lógica, podem executar o avalista desse título de crédito" (REsp 1.095.352/SP, Rel. Min. MASSAMI UYEDA, DJe 3.2.11).

3. O Aval é ato dotado de autonomia substancial em que se garante o pagamento do título de crédito em favor do devedor principal ou de um co-obrigado, isto é, é uma garantia autônoma e solidária. Assim, não sendo possível o credor exercer seu direito contra o avalizado, no caso a empresa em recuperação judicial, tal fato não compromete a obrigação do avalista, que subsiste integralmente.

4. Embargos de Divergência acolhidos.

E, ainda: AgRg no REsp 1.191.297/RJ, Rel. Min. JOÃO OTÁVIO DE NORONHA, TERCEIRA TURMA, DJe 1.7.13; AgRg nos EREsp 1.095.532/SP, Rel. Min. LUIS FELIPE SALOMÃO, SEGUNDA SEÇÃO, DJe 24.5.13; AgRg no CC 116.173/AL, Rel. Min. PAULO DE TARSO SANSEVERINO, SEGUNDA SEÇÃO, DJe 15.4.13; AgRg no AREsp 133.109/SP, Rel. Min. ANTONIO CARLOS FERREIRA, QUARTA TURMA, DJe 18.2.13; AgRg no REsp 1.268.682/RS, Rel. Min. MASSAMI UYEDA, TERCEIRA TURMA, DJe 4.12.12.

9.- Assim, as deliberações constantes do plano de recuperação judicial, ainda que aprovados por sentença transitada em julgado, não podem afastar as consequências decorrentes das disposições legais, no caso, o art. 49, § 1º, da Lei n. 11.101/05, o qual prevê que *"os credores do devedor em recuperação judicial conservam seus direitos e privilégios contra os coobrigados, fiadores e obrigados de regresso.*

10.- Ante o exposto, nega-se provimento ao Agravo Regimental.

Ministro SIDNEI BENETI – Relator". (grifos do original)

§ 2º As obrigações anteriores à recuperação judicial observarão as condições originalmente contratadas ou definidas em lei, inclusive no que diz respeito aos encargos, salvo se de modo diverso ficar estabelecido no plano de recuperação judicial.

58.3 Obrigações anteriores à recuperação judicial

Esse parágrafo ressalta o princípio da obrigatoriedade do que anteriormente se contratou, em conformidade com a livre iniciativa das partes. É esse o princípio que se deve observar nas obrigações contraídas anteriormente (antes da recuperação judicial) pelo devedor, respeitando-se a integralidade da convenção efetuada.

O final do parágrafo 2º, entretanto, faz a ressalva de que, se as partes convencionarem diferentemente no plano de recuperação judicial, tudo ocorrerá conforme o novo pacto, ou seja, se uma dívida contraída pelo devedor antes do benefício legal importava em R$1.000.000,00 (um milhão de reais), a ser paga de uma só vez dentro de um ano, constando, além de correção monetária, mais juros de 2% (dois por cento) ao mês, além de multa de 10% (dez por cento) pelo inadimplemento, etc., mas, se no plano de recuperação constar que essa dívida será paga sem qualquer encargo, com um deságio de 50% (cinquenta por cento), num prazo de 5 (cinco) anos e com carência de 12 (doze) meses após a homologação do plano, e havendo a concordância da assembleia-geral de credores, ou mesmo não havendo qualquer rejeição de qualquer credor, assim o será. Ou seja, o plano de recuperação judicial fixou de modo diverso do originalmente contratado

> § 3º Tratando-se de credor titular da posição de proprietário fiduciário de bens móveis ou imóveis, de arrendador mercantil, de proprietário ou promitente vendedor de imóvel cujos respectivos contratos contenham cláusula de irrevogabilidade ou irretratabilidade, inclusive em incorporações imobiliárias, ou de proprietário em contrato de venda com reserva de domínio, seu crédito não se submeterá aos efeitos da recuperação judicial e prevalecerão os direitos de propriedade sobre a coisa e as condições contratuais, observada a legislação respectiva, não se permitindo, contudo, durante o prazo de suspensão a que se refere o § 4º do art. 6º desta Lei, a venda ou a retirada do estabelecimento do devedor dos bens de capital essenciais a sua atividade empresarial.

59. A TRAVA BANCÁRIA

No parágrafo anterior, em princípio, todas as obrigações contratadas antes da recuperação judicial, se não modificadas pelo plano de recuperação judicial apresentado pelo devedor, é claro, com a aquiescência da assembleia-geral de credores, ou, com a inexistência desta se não houve objeção de qualquer credor, teriam que obedecer a forma original do pactuado ou obedecer a forma da Lei. Neste parágrafo 3º a coisa é mais séria. Aqui, o jogo é mais duro para o devedor; aqui não há, sequer, a possibilidade de o recuperando incluir no plano de recuperação judicial qualquer das obrigações pactuadas e descritas acima; aqui, o devedor não contará com os benefícios da Lei, pois esta lhe retira o privilégio de poder negociar com as partes credoras qualquer coisa semelhante aos meios de recuperação previstos no art. 50, dentre outros. Aliás, a Lei não retira do credor. Pior, ela o proíbe. É aqui que está a famosa **trava bancária**.

59.1 Desnecessidade do registro do contrato.

Doutrinadores e julgadores, durante um lapso de tempo bastante longo, se digladiaram, uns, de um lado, advogando a necessidade do registro em Cartório, e outros, de outro lado, a sua desnecessidade. Chegada a questão ao conhecimento do STJ, este decidiu pela última, sintetizando da seguinte forma o seu entendimento, tendo como Relatora a Ilustre Miistre Nancy Andrighi, da 3a Turma:

> "DIREITO FALIMENTAR. RECURSO ESPECIAL. RECUPERAÇÃO JUDICIAL. CESSÃO FIDUCIÁRIA DE CRÉDITOS. NÃO SUJEIÇÃO AOS EFEITOS DA RECUPERAÇÃO JUDICIAL DO DEVEDOR-CEDENTE. REGISTRO NO CARTÓRIO DE TÍTULOS E DOCUMENTOS. DESNECESSIDADE. 1 - Impugnação de crédito apresentada em 20/8/2013. Recurso especial interposto em 2/2/2015 e atribuído à Relatora em 25/8/2016.
>
> 2 - O propósito recursal é definir se os créditos cedidos fiduciariamente ao recorrente necessitam de prévio registro no Cartório de Títulos e Documentos competente para serem excluídos dos efeitos da recuperação judicial da devedora-cedente.
>
> 3 - A alienação fiduciária de coisa fungível e a cessão fiduciária de direitos sobre coisas móveis ou títulos de créditos não estão submetidas aos efeitos da recuperação judicial (inteligência do art.
>
> 49, § 3º, da Lei 11.101/05). Precedentes.
>
> 4 - Ao sistema especial que engloba o instituto da alienação fiduciária de coisa fungível e a cessão fiduciária de direitos sobre coisas móveis ou títulos de créditos - hipótese dos autos - não se aplica a norma do art. 1.361, § 1º, do CC, pois esta incide somente sobre propriedade fiduciária de coisa móvel infungível. 5 - A sujeição da propriedade fiduciária, conforme sua natureza, à respectiva disciplina legal é determinação expressa do próprio Código Civil, segundo o qual "as demais espécies de propriedade fiduciária ou de titularidade fiduciária" (vale dizer, quando não se tratar de negócio fiduciário envolvendo bem móvel infungível) "submetem-se à disciplina específica das respectivas leis especiais, somente se aplicando as disposições deste Código naquilo que não for incompatível com a legislação especial" (art. 1.368-A).
>
> 6 - À espécie, portanto, incide a disciplina normativa especial da Lei 4.728/65, que não exige o registro em cartório como elemento constitutivo da propriedade ou titularidade fiduciária.
>
> 7 - De fato, tratando-se de titularidade derivada de cessão fiduciária, a condição de proprietário é alcançada desde a contratação da garantia. Nessas hipóteses, uma vez preenchidos os requisitos exigidos pelo arts. 66-B da Lei do Mercado de Capitais e 18 da Lei 9.514/97, opera-se a transferência plena da titularidade dos

créditos para o cessionário, haja vista a própria natureza do objeto da garantia, fato que o torna o verdadeiro proprietário dos bens, em substituição ao credor da relação jurídica originária.

8 - Essas circunstâncias são suficientes para exclusão dos créditos em questão dos efeitos da recuperação judicial do devedor-cedente, pois o art. 49, § 3º, da LFRE exige, apenas e tão somente, que o respectivo credor figure como titular da posição de proprietário fiduciário, condição que, como visto, independe do registro do contrato no Cartório de Títulos e Documentos.

9 - Os créditos cedidos em garantia, na medida em que deixam de integrar o patrimônio do cedente, não podem ser alcançados por eventuais pretensões de outros de seus credores, sujeitos cujas esferas jurídicas não sofrerão, como corolário - em razão da ausência de justa expectativa sobre aqueles créditos -, repercussão negativa decorrente de sua exclusão dos efeitos da recuperação judicial do devedor.

10 - Não havendo quebra de confiança ou frustração de legítima expectativa dos demais credores da recuperanda, não há que se cogitar de violação ao princípio da boa-fé.

11 - Recurso especial provido.

(REsp 1592647/SP, Rel. Ministra NANCY ANDRIGHI, TERCEIRA TURMA, julgado em 24/10/2017, DJe 28/11/2017)".

59.2 A doutrina lista os créditos que não se submetem à recuperação judicial

Em conformidade com ensinamentos do Mestre Ricardo Negrão, ao tratar da recuperação judicial, especificamente sobre "Distinção quanto ao universo de credores" no item "a) Maior abrangência", por exclusão, ele enumera as 6 (seis) categorias que não participarão no benefício legal, porque a Lei as exclui, ao expor que:

> "se dificuldades da empresa abrangem um grande número de credores de distintas categorias – trabalhistas, fornecedores, credores com garantia real, etc. –, adequada é a modalidade de recuperação judicial ordinária, por ser a mais abrangente e compreender todos os credores existentes, ainda que titulares de créditos não vencidos (art. 49), à exceção de seis categorias: 1) os credores fiscais; 2) o proprietário fiduciário de bens móveis e imóveis (art. 49, parágrafo 3º); 3) o arrendador mercantil (art. 49, parágrafo 3º); 4) o proprietário ou promitente vendedor de imóvel cujos respectivos contratos contenham cláusula de irrevogabiidade ou irretratabilidade, inclusive em incoporações imobiliárias (art. 49, parágrafo 3º); 5) o proprietário em contrato de venda com reserva de domínio (art. 49, parágrafo 3º); 6) Os titulares de importância entregue ao devedor, em moeda corrente nacional, decorrente de adiantamento a contrato de câmbio para exportação (arts. 86, II, e 49, parágrafo 4º)." (NEGRÃO, 2012, p. 171)

Nessa hipótese deste parágrafo 3º sob estudos, o privilégio que a Lei concede ao devedor em recuperação judicial é a sua continuidade na posse sobre os bens de capital essenciais à sua atividade pelo prazo de 180 (cento e oitenta) dias, período que a Lei proíbe a venda ou a retirada desses bens do estabelecimento do recuperando.

A jurisprudência dos nossos Tribunais, inclusive a do Superior Tribunal de Justiça, felizmente, e diante da análise dos casos concretos de requerimentos dos credores para cumprimento das obrigações, cujos 180 (cento e oitenta) dias já haviam se escoado sem, às vezes mesmo a realização da assembleia-geral de credores para aprovar, rejeitar ou modificar o plano de recuperação judicial, entendeu que, em não existindo, por parte do devedor, qualquer empecilho que contribua para essa retardamento – da aprovação do plano –, não é conveniente a realização de qualquer execução ou ato semelhante por parte do credor, da qual possa resultar instabilidade à atividade, comprometendo, assim, a viabilização da recuperação judicial.

59.3 Conceito de bens de capital

"Os *bens de capital* sobre os quais recai a garantia da alienação fiduciária não podem ser retirados da posse da sociedade em recuperação judicial enquanto não transcorrido o prazo de suspensão das execuções". Assim inicia o mestre Fábio Ulhoa Coelho o seu "Conceito de bem de capital". Referindo-se a esta expressão, diz o mestre que ela tem sido entendida, no Poder Judiciário, de modo restrito,

> "como referida apenas ao insumos que não se transferem, na circulação de mercadoria, aos adquirentes ou consumidores dos produtos fornecidos ao mercado pela sociedade empresária.
>
> A matéria-prima, assim, embora seja insumo, não tem sido considerada bem de capital (...)" (COELHO, 2011, p. 192).

E conclui:

> "Afinal, se se trata de proteger a *posse* da sociedade empresária em recuperação sobre bens essenciais ao exercício de sua atividade excluem-se desse universo os insumos incorporados aos produtos fabricados ou comercializados, que a mesma sociedade recoloca na cadeia de circulação de mercadorias" (COELHO, 2011, p. 192).

Como base de seu raciocínio, cita o entendimento do TJSP, no Agravo de Instrumento 1227167-0/3, relatado pelo Des. Gomes Varjão.

De seu lado, o eminente professor e jurisconsulto Manoel Justino Bezerra Filho, diz que,

> "qualquer bem objeto de alienação fiduciária, arrendamento mercantil ou reserva de domínio deve ser entendido como essencial à atividade empresarial, até

porque adquirido pela sociedade empresária somente pode ser destinado à atividade exercida pela empresa. Este caráter de essencialidade, em caso de empresa em recuperação, deve permitir um entendimento mais abrangente do que aquele normalmente aplicado" (BEZERRA FILHO, 2012, p. 139).

59.4 Como se aplica o princípio em um caso concreto

A ilustre Desembargadora Maria das Graças Carneiro Requi, da 1ª Câmara Cível do Egrégio Tribunal de Justiça de Goiás, ao enfrentar a presente questão em Agravo Regimental contra decisão monocrática proferida em recurso de Agravo de Instrumento sobre a pretensão do proprietário fiduciário, durante o período de suspensão de 180 (cento e oitenta) dias, de retirar da posse da empresa em recuperação judicial bem de capital necessário à sua atividade, com base no § 3º do artigo 49 da Lei 11.101/05 – bem não sujeito aos efeitos da recuperação judicial. Eis, abaixo, a íntegra da Ementa muito bem sintetizada pela ínclita Desembargadora:

> AGRAVO REGIMENTAL CONTRA DECISÃO MONOCRÁTICA PROFERIDA EM RECURSO DE AGRAVO DE INSTRUMENTO. AÇÃO DE BUSCA E APREENSÃO. INDEFERIMENTO DE LIMINAR. EMPRESA EM PROCESSO DE RECUPERAÇÃO JUDICIAL. APLICAÇÃO DO § 3º DO ART. 49 DA LEI 11.101/05. AUSÊNCIA DE FATOS NOVOS. I- Merece ser indeferida a liminar de busca e apreensão, quando a empresa agravada encontra-se em processo de recuperação judicial, sendo que durante o prazo de suspensão, previsto pelo § 4º, do art. 6º, da referida lei não será permitida a venda ou a retirada do estabelecimento do devedor dos bens de capital essenciais a sua atividade empresarial. Inteligência do § 3º, do art. 49, da Lei 11.101/05 e § 4º, do art. 6º, da mesma Lei. II- Ausentes fatos novos que possibilitem a modificação do entendimento anteriormente firmado, o improvimento do agravo regimental é medida que se impõe. AGRAVO REGIMENTAL CONHECIDO, MAS IMPROVIDO.
>
> (TJGO, AGRAVO DE INSTRUMENTO 328131-32.2013.8.09.0000, Rel. DES. MARIA DAS GRAÇAS CARNEIRO REQUI, 1ª CÂMARA CÍVEL, julgado em 12/11/2013, DJe 1432 de 22/11/2013).

60. A "TRAVA BANCÁRIA" E O SUPERIOR TRIBUNAL DE JUSTIÇA

O nosso Tribunal da Cidadania, por seus dignos integrantes das 3ª e 4ª Turmas, que formam a 2ª Seção, à unanimidade, pacificaram o entendimento de que a denominada **"trava bancária"** – os empréstimos cedidos pelos bancos sob o título de **cessão fiduciária de direitos de créditos**, não se submetem aos efeitos da recuperação judicial. Já era tempo, pois, nos diversos Tribunais desse país as interpretações das disposições deste parágrafo 3º do artigo 49, principalmente no trecho que diz "tratando-se de credor titular da posição de proprietário fiduciário de bens móveis ou imóveis(...)", eram as mais diversas possíveis.

Diz o artigo 9º do Regimento Interno do Superior Tribunal de Justiça que a competência das Seções e das respectivas Turmas é fixada em função da natureza da relação jurídica litigiosa, e que à Segunda Seção cabe processar e julgar, entre outros, os feitos relativos a falências e concordatas (parágrafo 2º, inciso IX), compreendendo-se aí, naturalmente, o instituto da Recuperação Judicial – Lei 11.101/05 –, que com muitas vantagens supera a concordada prevista no revogado Decreto-Lei 7.661/45.

60.1 Indagação do eminente Ministro Luis Felipe Salomão

O eminente Ministro do STJ, Luis Felipe Salomão (integrante da 4ª Turma e, por consequência, da Segunda Seção do STJ, até esta data 30/01/2014), em sua magistral obra com o professor e ilustre advogado Paulo Penalva Santos, *Recuperação Judicial, Extrajudicial e Falência*, tecendo comentários sobre possíveis diferenças entre os institutos do **penhor de direitos e títulos de crédito** e a **cessão fiduciária**, indaga:

> "Não havendo diferença substancial (se é que existe alguma) **entre os meios para recuperação de créditos objeto de penhor ou de cessão fiduciária, como antes demonstrado, o que justificaria o crescente aumento do volume de créditos concedidos sob a segunda modalidade e a proporcional redução de utilização da primeira?**" (SALOMÃO; SANTOS, 2012, p. 211). (grifos nossos).

Quem responde, com grande conhecimento de causa e com toda a autoridade que tem, é o próprio Ministro Luis Felipe Salomão que, na sequência, diz:

> "de fato, é notável o aumento da frequência com que é utilizada a cessão fiduciária de direitos de crédito como garantia nos financiamentos, inclusive, nas operações de capital de giro, e a utilização cada vez mais rara do penhor de direitos de crédito, modalidade anteriormente dominante nessa forma de financiamento (Cf OZAWA, 2009).
>
> **A preferência pela cessão fiduciária de créditos em detrimento do penhor, ao que tudo indica, decorre exclusivamente da suposta diferença de tratamento de ambas as figuras na recuperação judicial e na falência (grifei)".** (como no original).

E prossegue, com sua maestria, o Ministro Luis Felipe Salomão:

> "A jurisprudência vem tratando do tema.
>
> O texto acima transcrito menciona acórdãos oriundos do Rio de Janeiro e São Paulo, dentre os quais alguns recursos subiram ao Superior Tribunal de Justiça.
>
> No AG 1.250.556/RJ, houve a aplicação das Súmulas 5 e 7 do STJ, ainda pendente de apreciação de agravo regimental. O AG 1.193.357/SP não chegou a ser

analisado por falta de peça. Por sua vez, o AG 1.237.549/SP foi improvido por incidência da Súmula 283/STJ.

Nenhum julgado ainda, no âmbito do Superior Tribunal de Justiça, destarte, analisou o mérito da questão em exame" (SALOMÃO; SANTOS, 2012, p. 211). (grifos nossos)

60.2 Cronologia da consolidação da "trava bancária" no STJ

Por certo, cumpriu-se, por fim, depois de 9 (nove) anos de vigência da Lei 11.101/05, a grande profecia do eminente professor e doutrinador Manoel Justino Bezerra Filho, quando, no alvorecer deste instituto, ao comentar as disposições do parágrafo 3º do artigo 49, com grande sabedoria, afirmou:

> "Esta disposição foi o ponto que mais diretamente contribuiu para que a Lei deixasse de ser conhecida como 'lei de recuperação de empresas' e passasse a ser conhecida como 'lei de recuperação de crédito bancário', ou 'crédito financeiro', ao estabelecer que tais bens não são atingidos pelos efeitos da recuperação judicial". (BEZERRA FILHO, 2011, p. 211) (grifos nossos).

Ao fazermos referências do cumprimento agora das palavras profética do mestre, é porque a matéria, finalmente, chegou à mais alta Corte do país – o Superior Tribunal de Justiça –, que tem competência para o conhecimento e o julgamento das questões infraconstitucionais, como a Lei 11.101/05 – a Lei que disciplina a recuperação judicial, a recuperação extrajudicial e a falência do empresário e da sociedade empresária.

Ressaltamos que diversos acórdãos do STJ, anteriores, e tratando dos temas falência e recuperação judicial, abordaram questões específicas sobre alienação fiduciária, onde os dignos integrantes das 3ª e 4ª Turmas, ao analisarem com proficiência cada questão, decidiram que, por exemplo, em ação de busca e apreensão, mas por serem os bens do devedor imprescindíveis à continuidade da atividade, e mesmo tendo passados os 180 (cento e oitenta) dias de suspensão permitida (parágrafo 4º do artigo 6º) e que o bem não se sujeitava aos efeitos do processo, que permanecesse na posse do devedor em benefício do mandamento e princípio maior – o da manutenção da atividade –, se ela é, como era, viável.

A edição da obra citada do Ministro Luis Felipe Salomão é de 2012, tendo ele e o outro ilustre autor, professor e advogado Paulo Panalva Santos, por certo, terminado a sua escrita nesse mesmo ano. Como disse o Ministro, até aquele momento, no âmbito do STJ, nenhum julgado, ainda, tinha analisado o mérito daquela questão que, a nosso ver, lhe parecia desde então intrigante – inferências nossas frente à sua conclusão acima por ele próprio grifada, sobre a preferência pelas instituições de créditos na concessão de empréstimos garantidos **por cessão fiduciária de direitos de crédito** diante da utilização **cada vez mais rara do instituto do penhor de direitos de crédito**.

60.3 Cinco julgamentos do STJ consolidam a "trava bancária"

Cinco acórdãos do STJ resumem a evolução do tema **trava bancária** naquela Corte, até se chegar à sua consolidação, conforme veremos mais adiante, nas palavras do eminente Ministro Sidnei Beneti. Coincidentemente, o primeiro em que se tratou do tema foi na Egrégia 4ª Turma, integrada pelo eminente Ministro Luis Felipe Salomão que, inclusive, no Resp número 1.263.500 – ES, julgado no ano seguinte à publicação de sua obra acima citada, exatamente no dia 05/02/2013 e publicado no Dje de 12/04/2013, foi o próprio que levantou a questão da **trava bancária**.

60.4 Resp número 1.263.500 – ES: o primeiro

No Resp acima citado, onde foi Relatora a eminente Ministra Maria Isabel Gallotti, a ementa e o acórdão tiveram a seguinte redação:

"EMENTA

RECURSO ESPECIAL. RECUPERAÇÃO JUDICIAL. CONTRATO DE CESSÃO FIDUCIÁRIA DE DUPLICATAS. INCIDÊNCIA DA EXCEÇÃO DO ART. 49, § 3º DA LEI 11.101/2005. ART. 66-B, § 3º DA LEI 4.728/1965.

1. Em face da regra do art. 49, § 3º da Lei nº 11.101/2005, não se submetem aos efeitos da recuperação judicial os créditos garantidos por cessão fiduciária.

2. Recurso especial provido.

ACÓRDÃO

Prosseguindo no julgamento, após o voto-vista do Ministro Luis Felipe Salomão, dando parcial provimento ao recurso especial, divergindo parcialmente da Relatora, e os votos dos Ministros Antonio Carlos Ferreira, Marco Buzzi e Raul Araújo acompanhando o voto da Ministra Relatora, a Quarta Quarta Turma, por unanimidade, deu provimento ao recurso especial, com ressalvas do Ministro Luis Felipe Salomão. Os Srs. Ministros Antonio Carlos Ferreira, Marco Buzzi e Raul Araújo Filho votaram com a Sra. Ministra Relatora."

Pela alta relevância das consideracões que embasaram o voto da eminente Ministra Relatora, Maria Isabel Gallotti, pois é, a partir daí, segundo entendemos, que a questão da **trava bancária** ganhou corpo naquela Casa, inclusive com o voto-vista do Ministro Luis Felipe Salomão, pedimos vênia para transcrever, na íntegra, o seu voto, conforme abaixo:

"RECURSO ESPECIAL Nº 1.263.500 – ES (2011/0151185-8)

VOTO

MINISTRA MARIA ISABEL GALLOTTI (Relatora): A Lei nº 11.101/2005 (LFR) estabelece que estão sujeitos à recuperação judicial todos os créditos existentes na data do pedido, ainda que não vencidos (art. 49, *caput*).

Da regra geral excepciona a lei certos créditos, os quais, embora anteriores ao pedido de recuperação judicial, não se sujeitam aos seus efeitos.

Eis os dispositivos da Lei nº 11.101/2005 relevantes para a solução da controvérsia:

> "Art. 49. Estão sujeitos à recuperação judicial todos os créditos existentes na data do pedido, ainda que não vencidos.
>
> (...)
>
> § 3º Tratando-se de credor titular da posição de proprietário fiduciário de bens móveis ou imóveis, de arrendador mercantil, de proprietário ou promitente vendedor de imóvel cujos respectivos contratos contenham cláusulas de irrevogabilidade ou irretratabilidade, inclusive em incorporações imobiliárias, ou de proprietário em contrato de venda com reserva de domínio, seu crédito não se submeterá aos efeitos da recuperação judicial e prevalecerão os direitos de propriedade sobre a coisa e as condições contratuais, observada a legislação respectiva, não se permitindo, contudo, durante o prazo de suspensão a que se refere o § 4º do art. 6º desta Lei, a venda ou a retirada do estabelecimento do devedor dos bens de capital essenciais a sua atividade empresarial.
>
> (...)
>
> § 5º Tratando-se de crédito garantido por penhor sobre título de crédito, direitos creditórios, aplicações financeira ou valores mobiliários, poderão ser substituídas ou renovadas as garantias liquidadas ou vencidas durante a recuperação judicial e, enquanto não renovadas ou substituídas, o valor eventualmente recebido em pagamento das garantias permanecerá em conta vinculada durante o período de suspensão de que trata o § 4º do art. 6º desta Lei."

Interessante a abordagem que a Ministra Relatora faz, pois, coincidência ou não, são os parágrafos que tratam dos institutos objetos da indagação acima do Ministro Luis Felipe Salomão, quais sejam, por que a preferência das instituições financeiras em conceder empréstimos na modalidade de **cessão fiduciária de direitos de crédito** (§ 3º do art. 49), diante da utilização **cada vez mais rara do instituto do penhor de direitos de crédito** (§ 5º do art. 49). Era o cerne da questão há algum tempo levantada pelo Ministro Luis Felipe Salomão – e que ainda não havia, no âmbito do STJ –, recebido nenhum julgamento do mérito. Começava, entretanto.

Prossegue a eminente Relatora em seu voto:

> "A hipótese ora questionada diz respeito à cessão fiduciária de título de crédito, em garantia de contrato de abertura de crédito, realizada com base no art. 66-B, § 3o, da Lei 4.728/65, com a redação dada pela Lei 10.931/2004, assim redigido:
>
> § 3º É admitida a alienação fiduciária de coisa fungível e a cessão fiduciária de direitos sobre coisa móveis, bem como de títulos de crédito, hipóteses em que, salvo disposição em contrário, a posse direta e indireta do bem objeto da propriedade fiduciária

ou do título representativo do direito ou do crédito é atribuída ao credor, que, em caso de inadimplemento ou mora da obrigação garantida, poderá vender a terceiros o bem objeto da propriedade fiduciária independente de leilão, hasta pública ou qualquer outra medida judicial ou extrajudicial, devendo aplicar o preço da venda no pagamento do seu crédito e das despesas decorrentes da realização da garantia, entregando ao devedor o saldo, se houver, acompanhado do demonstrativo da operação realizada. (Incluído pela Lei 10.931, de 2004).

§ 4º No tocante à cessão fiduciária de direitos sobre coisas móveis ou sobre títulos de crédito aplica-se, também, o disposto nos arts. 18 a 20 da Lei nº 9.514, de 20 de novembro de 1997. (Incluído pela Li 10.931, de 2004).

O "credor titular da posição de proprietário fiduciário de bens móveis" não se submete, pois, aos efeitos da recuperação judicial. Trata-se de expressa disposição legal.

Segundo o art. 83 do Código Civil de 2002, consideram-se móveis para os efeitos legais "os direitos pessoais de caráter patrimonial e respectivas ações".

Não se pretende e nem seria razoável sustentar que títulos de crédito não configurem "direitos pessoais de caráter patrimonial", bens móveis, portanto.

Mencionando o § 3º do art. 49 da LFR o gênero – bens móveis – não haveria, data venia, porque especificar suas categorias arroladas nos arts. 82 e 83 do Código Civil, assim como não se fez necessário discriminar o sentido legal de "bens imóveis" CC, art.s 79 a 81)."

A questão, enfatizou bem a Ministra Relatora, tratava-se de cessão fiduciária de titulo de crédito, em garantia de contrato de abertura de crédito, cuja base eram as novas disposições trazidas pela Lei número 10.931/2004 (artigo 66-B, § 3º da Lei 4.728/65). Na construção do seu pensamento, a Ministra Maria Isabel Gallotti diz que o § 3º do artigo 49 da Lei 11.101/05 trata do gênero **bens móveis**, e que, por consequência, para esse entendimento, é desnecessária a especificação das categorias previstas nos artigos 82 e 83 do Código Civil. E mais:

"A circunstância de o § 3º do art. 49 da LFR, em seguida à regra de que o credor titular da posição de proprietário fiduciário de bens móveis ou imóveis "não se submeterá aos efeitos da recuperação judicial", estabelecer que "prevalecerão os direitos de propriedade sobre a coisa e as condições contratuais, observada a legislação respectiva, não se permitindo, contudo, durante o prazo de suspensão a que se refere o § 4º do art. 6º desta Lei, a venda ou a retirada do estabelecimento do devedor dos bens de capital essenciais a sua atividade empresarial", não permite inferir que, não sendo o título de credito "coisa corpórea", à respectiva cessão fiduciária não se aplicaria a regra da exclusão do titular de direito fiduciário do regime de recuperação.

Com efeito, a explicitação contida na oração "prevalecerão os direitos de propriedade sobre a coisa" tem como escopo deixar claro que, no caso de bens corpóreos,

> estes poderão ser retomados pelo credor para a execução da garantia, salvo em se tratando de bens de capital essenciais à atividade empresarial, hipótese em que a lei concede o prazo de cento e oitenta dias durante o qual é vedada a sua retirada do estabelecimento do devedor.
>
> Em se tratando de cessão fiduciária de crédito, bem móvel incorpóreo, não seria necessária a explicitação e nem a consequente ressalva, pois o art. 18 da Lei 9.514/97, aplicável à cessão fiduciária de títulos de crédito (66-B, § 4º, da Lei 4.728/65, com a redação dada pela Lei 10.931/2004, acima transcrito), dispõe que "o contrato de cessão fiduciária em garantia opera a transferência ao credor da titularidade dos créditos cedidos, até a liquidação da dívida garantida (...)", seguindo-se o art. 19, o qual defere ao credor o direito de posse do título, a qual pode ser conservada e recuperada "inclusive contra o próprio cedente" (inciso I), bem como o direito de "receber diretamente dos devedores os créditos cedidos fiduciariamente" (inciso IV), outorgando-lhe ainda o uso de todas as ações e instrumentos, judiciais e extrajudiciais, para receber os créditos cedidos (inciso III).
>
> Conclui-se, portanto, que a explicitação legal das garantias dos titulares de propriedade fiduciária de bens corpóreos (coisas) em nada diminui a garantia outorgada por lei aos titulares de cessão fiduciária de bens incorpóreos."

Descendo a detalhes específicos sobre os institutos que regulam a cessão fiduciária, em sua generalidade, a Ministra Relatora não poupou adjetivos no sentido de sua defesa e tampouco foi sucinta em suas explicitações, não deixando a mínima sombra de dúvida sobre o seu posicionamento sobre a questão. Ao ensejo, e diante do que, segundo entendia, a doutrina especializada e alguns acórdãos dos Tribunais de Justiça do Rio de Janeiro e do Paraná, consideravam que ao instituto da Cessão Fiduciária de crédito se aplicava a mesma disciplina que regula o penhor sobre títulos de crédito (§ 5º do artigo 49), o que, a seu ver, é incompatível com o texto legal.

> "Anoto, ainda, que parte expressiva da doutrina especializada e acórdãos de alguns Tribunais de Justiça (Rio de Janeiro e Paraná) têm considerado aplicável à cessão fiduciária de crédito a disciplina do § 5º do art. 49 da LFR, relativa ao penhor sobre títulos de crédito.
>
> Além de não se afeiçoar a cessão fiduciária à disciplina legal da garantia pignoratícia, em cujo conceito não se compreende a transferência da titularidade do bem (critério legal definidor da generalidade dos tipos de garantia fiduciária), penso que tal solução, incompatível, data maxima vênia, com o texto legal, não seria proveitosa à empresa recuperanda (a qual continuaria privada do uso dos recursos, mantidos em conta vinculada) e nem ao credor, destituído do recebimento imediato dos valores nos termos da garantia contratada."

Em socorro ao seu entendimento, a Relatora Isabel Gallotti cita o parecer do Sub-Procurador-Geral da República Washington Bolivar Júnior, que, de certa forma, avalisa o que pensa e que foi dito em linhas alhures.

> "Nessa linha de entendimento, ressalta com precisão o parecer do Subprocurador-Geral da República Washington Bolívar Júnior que "mediante a cessão fiduciária de direitos creditórios, juntamente com a transferência da propriedade resolúvel de coisa móvel fungível (cédula de crédito bancário), o devedor, que na espécie é a empresa recuperanda, cede seus recebíveis a uma instituição financeira a qual recebe o pagamento diretamente do terceiro-devedor. Em suma, é uma forma de financiamento com plena garantia em que a propriedade é transferida para a órbita do domínio do credor para cumprimento da obrigação contraída." (e-STJ fl. 534).
>
> Ressalto, por fim, que, certamente, a disciplina legal do instituto da alienação fiduciária em garantia foi considerada pelo credor quando da contratação do financiamento. As bases econômicas do negócio jurídico teriam sido outras se diversa fosse a garantia, o que não pode ser desconsiderado sob pena de ofensa ao princípio da boa-fé objetiva, basilar do Código Civil."

Ao final, a Ministra Relatora reconhece que os empréstimos das instituições financeiras na modalidade de cessão fiduciária de títulos de crédito colocam-nas em "situação extremamente privilegiada em relação aos demais credores e, por outro lado, "dificulta a recuperação da empresa", argumentos estes para justificar o seu ponto de vista de que, em sendo assim, a expectativa do retorno do capital decorrente dessa espécie de garantia, permite aos bancos a concessão de financiamentos em que o risco é menor, induzindo, consequentemente, "a diminuição do spread bancário", originando daí, benefícios tanto aos empresários quanto aos próprios bancos.

Não é esse, entretanto, o também respeitável pensamento da ilustre Ministra do Superior Tribunal de Justiça, Nancy Andrighi, que pertence à outra Turma – a Terceira –, que também tem competência para julgar processos de recuperação judicial e falências, quanto à justificativa dos privilégios das instituições financeiras de não se sujeitarem à recuperação judicial os créditos ora sob estudos, especialmente na questão da diminuição do *spread bancário,* objeto de nossos estudos e comentários do segundo Resp, logo a seguir, o de número 1.202.918 – SP, da Terceira Turma do STJ.

Segue a ilustre Ministra Relatora Isabel Gallotti em seu voto:

> "Se, por um lado, a disciplina legal da cessão fiduciária de título de crédito coloca os bancos em situação extremamente privilegiada em relação aos demais credores, até mesmo aos titulares de garantia real (cujo bem pode ser considerado indispensável à atividade empresarial), e dificulta a recuperação da empresa, por outro, não se pode desconsiderar que a forte expectativa de retorno do capital decorrente deste tipo de garantia permite a concessão de financiamentos com menor taxa de risco e, portanto, induz à diminuição do *spread* bancário, o que beneficia a atividade empresarial e o sistema financeiro nacional como um todo.

Em face da regra do art. 49, § 3º, da Lei nº 11.101/2005, devem, pois, ser excluídos dos efeitos da recuperação judicial os créditos de titularidade do recorrente que possuem garantia de cessão fiduciária.

Em face do exposto, conheço e dou provimento ao recurso especial.

É como voto."

Mas, na nossa visão, e mesmo sem o dizer expressamente, parece, nos fica a certeza de que concorda a eminente Relatora Ministra Isabel Gallotti com o Ministro Luis Felipe Salomão quanto à preferência pelas instituições financeiras pela concessão de empréstimos através da modalidade **cessão fiduciária de créditos em detrimento do penhor**, quando afirma que:

> "se, por um lado, a disciplina legal da cessão fiduciária de título de crédito coloca os bancos em situação extremamente privilegiada em relação aos demais credores, até mesmo aos titulares de garantia real (cujo bem pode ser considerado indispensável à atividade empresarial), e dificulta a recuperação da empresa (...)." (grifos nossos).

Quanto ao voto-vista do Ministro Luis Felipe Salomão, também pela alta relevância de suas colocações, as quais em parte divergiu da Relatora, também pedimos vênia para transcrevê-las em parte, até mesmo porque, repetindo, foi o próprio Ministro que primeiramente trouxe o tema **trava bancária**, proferido exatamente neste voto-vista:

> "3. Por outro lado, em razão da importância do crédito bancário, seja para as empresas em normal situação financeira, seja para aquelas em recuperação judicial, é absolutamente justificável o especial tratamento conferido pelo legislador às instituições financeiras no âmbito do processo recuperacional – a chamada "trava bancária" na recuperação judicial. (grifos conforme o original).
>
> Com efeito, até mesmo pela teleologia da exclusão de certos créditos do processo de recuperação, não tenho dúvida em afirmar que o credor garantido por cessão fiduciária de direitos creditórios enquadra-se na regra própria aplicável ao "credor titular da posição de proprietário fiduciário" a que se refere o art. 49, § 3º, da Lei, nos termos do que propugna o voto proferido pela Sra. Ministra Isabel Gallotti, permitindo a conclusão de que o credor garantido por cessão fiduciária de crédito também "não se submeterá aos efeitos da recuperação judicial e prevalecerão os direitos de propriedade sobre a coisa e as condições contratuais."

Como visto, o eminente Ministro Luis Felipe Salomão, a nosso ver, pela primeira vez, utilizou a expressão "trava bancária na recuperação judicial", referindo-se à cessão fiduciária de direitos creditórios, e, ao mesmo tempo, afirmando que o credor deste instituto enquadra-se na regra própria aplicável ao "credor titular de posição de proprietário fiduciário", e que, como a Ministra Relatora, também concluía que o credor garantido por cessão fiduciária enquadrava-se no parágrafo 3º do artigo 49, excluído, portanto, dos efeitos da recuperação judicial.

Após longa e muita bem justificada exposição, o ínclito Ministro sintetiza o que exatamente pretende com sua divergência, ou seja, que a liquidação do crédito garantido por cessão fiduciária deveria ser sindicada pelo juízo da recuperação, propondo a seguinte solução:

> "i) os valores deverão ser depositados em conta vinculada ao Juízo da recuperação, os quais não serão rateados para o pagamento dos demais credores submetidos ao Plano;
>
> ii) o credor fiduciário deverá pleitear ao Juízo o levantamento dos valores, ocasião em que será decidida, de forma fundamentada, sua essencialidade ou não – no todo ou em parte – ao funcionamento da empresa;
>
> iii) no caso de os valores depositados não se mostrarem essenciais ao funcionamento da empresa, deverá ser deferido o levantamento em benefício do credor fiduciário."

Finaliza, assim, o seu voto-vista:

> "Diante do exposto, rogando novas vênias à Relatora para dela divergir parcialmente, dou parcial provimento ao recurso especial para excluir do Plano de Recuperação Judicial o crédito garantido por cessão fiduciária de títulos – assim como o fez a douta Relatora –, mas determinar também o retorno dos autos à origem para que o Juízo da recuperação, fundamentadamente, avalie a essencialidade dos valores ao funcionamento da empresa, devendo, em caso negativo, ser deferido o levantamento em benefício do credor fiduciário.
>
> Em razão da reforma parcial da decisão interlocutória proferida na origem, fica também afastada a multa cominatória.
>
> É como voto."

A Ministra Relatora, por seu turno, mesmo entendendo o lado social proposto pelo Ministro Luis Felipe Salmão em seu voto-vista, dele discordava e mantinha na íntegra o seu voto, cujo resultado final, conforme o teor da certidão da respectiva Secretaria, foi este:

> "Certifico que a egrégia QUARTA TURMA, ao apreciar o processo em epígrafe na sessão realizada nesta data, proferiu a seguinte decisão:
>
> Prosseguindo no julgamento, após o voto-vista do Ministro Luis Felipe Salomão, dando parcial provimento ao recurso especial, divergindo parcialmente da Relatora, e os votos dos Ministros Antonio Carlos Ferreira, Marco Buzzi e Raul Araújo acompanhando o voto da Ministra Relatora, a Quarta Turma, por unanimidade, deu provimento ao recurso especial, com ressalvas do Ministro Luis Felipe Salomão.
>
> Os Srs. Ministros Antonio Carlos Ferreira, Marco Buzzi e Raul Araújo Filho votaram com a Sra. Ministra Relatora."

60.5 Resp número 1.202.918 – SP.: o segundo a tratar da trava bancária

O segundo Resp, como já se disse, na ordem cronológica, que trata da **trava bancária** é o de número 1.202.918 – SP, só que na outra Turma, a Terceira, tendo como Relator o eminente Ministro Ricardo Villas Bôas Cueva, julgado cerca de 30 (trinta) dias após o primeiro, isto é, no dia 07 de março de 2013, com a respectiva publicação no DJe dois dias antes da publicação daquele, ou seja, em 10/04/2013. Recebeu a seguinte ementa e e o respectivo acórdão:

> "EMENTA
>
> RECURSO ESPECIAL. RECUPERAÇÃO JUDICIAL. CÉDULA DE CRÉDITO GARANTIDA POR CESSÃO FIDUCIÁRIA DE DIREITOS CREDITÓRIOS. NATUREZA JURÍDICA. PROPRIEDADE FIDUCIÁRIA. NÃO SUJEIÇÃO AO PROCESSO DE RECUPERAÇÃO JUDICIAL. "TRAVA BANCÁRIA".
>
> 1. A alienação fiduciária de coisa fungível e a cessão fiduciária de direitos sobre coisas móveis, bem como de títulos de crédito, possuem a natureza jurídica de propriedade fiduciária, não se sujeitando aos efeitos da recuperação judicial, nos termos do art. 49, § 3º, da Lei nº 11.101/2005.
>
> 2. Recurso especial não provido.
>
> ACÓRDÃO
>
> Vistos e relatados estes autos, em que são partes as acima indicadas, decide Prosseguindo no julgamento, após o voto-vista do Sr. Ministro Paulo de Tarso Sanseverino, a Terceira Turma, por maioria, negar provimento ao recurso especial. Vencido a Sra. Ministra Nancy Andrighi. Votaram com o Relator os Srs. Ministros Sidnei Beneti e Paulo de Tarso Sanseverino."

Essa Terceira Turma do STJ, composta como todas as demais, de ilustres, cultos e respeitados integrantes, votaram, acompanhando o Relator, à exceção da Ministra Nancy Andrighi, cujo voto, também muito bem lançado, transcrevemos na íntegra.

Voto do Ministro Relator:

> "O EXMO. SR. MINISTRO RICARDO VILLAS BÔAS CUEVA (Relator): A controvérsia ora em evidência cinge-se a examinar se a cessão fiduciária de crédito está ou não enquadrada no art. 49, § 3º, da Lei nº 11.101/2005, que exclui dos efeitos da recuperação judicial os créditos decorrentes da propriedade fiduciária de bens móveis e imóveis.
>
> O art. 49, § 3º, da Lei nº 11.101/05 dispõe:
>
> "Art. 49. Estão sujeitos à recuperação judicial todos os créditos existentes na data do pedido, ainda que não vencidos.
>
> (...)

§3º Tratando-se de credor titular da posição de proprietário fiduciário de bens móveis ou imóveis, de arrendador mercantil, de proprietário ou promitente vendedor de imóvel cujos respectivos contratos contenham cláusula de irrevogabilidade ou irretratabilidade, inclusive em incorporações imobiliárias, ou de proprietário em contrato de venda com reserva de domínio, seu crédito não se submeterá aos efeitos da recuperação judicial e prevalecerão os direitos de propriedade sobre a coisa e as condições contratuais, observada a legislação respectiva, não se permitindo, contudo, durante o prazo de suspensão a que se refere o § 4º do art. 6º desta Lei, a venda ou a retirada do estabelecimento do devedor dos bens de capital essenciais a sua atividade empresarial.

Da leitura do mencionado dispositivo legal, depreende-se que, em se tratando de credor titular da posição de proprietário fiduciário de bens móveis ou imóveis, seu crédito não se submeterá aos efeitos da recuperação judicial e prevalecerão os direitos de propriedade sobre a coisa e as condições contratuais, observada a legislação respectiva."

Em um primeiro momento, o ilustre Ministro Relator, partindo do geral, nos parece, entendeu que, em se tratando de credor titular da posição de proprietário fiduciário, conforme parte do disposto no § 3º do artigo 49, tal crédito não se submeteria aos efeitos da recuperação judicial. Em direção ao particular, passaria a investigar, especificamente, se a cessão fiduciária de títulos de crédito, seria, para ele, considerada propriedade fiduciária. Para tanto, busca na doutrina apoio ao que constrói:

"Assim, resta investigar se a cessão fiduciária de títulos de crédito, modalidade do gênero negócio jurídico fiduciário, é considerada propriedade fiduciária.

Segundo Fábio Ulhoa Coelho, a cessão fiduciária de títulos de crédito é definida como "o negócio jurídico em que uma das partes (cedente fiduciante) cede à outra (cessionária fiduciária) seus direitos de crédito perante terceiros ('Recebíveis') em garantia do cumprimento de obrigações" (in, *Revista Magister de Direito Civil e Processual Civil*. Cessão Fiduciária de Títulos de Creditórios e a Recuperação Judicial do Devedor Cedente, Porto Alegre: Magister, 2004, v.37-jul/ago 2010, pág. 21).

No que se refere à propriedade fiduciária, Maria Helena Diniz ensina que "o devedor de empréstimo obtido junto ao credor transfere a este, em garantia, a propriedade de determinado bem ou de determinado crédito de sua titularidade" (DINIZ, Maria Helena. *Curso de Direito Civil*: Direito das coisas, 22 ed. São Paulo, Saraiva, 2007, págs. 576-577).

Desse modo, o credor fiduciário passa a ser titular da propriedade resolúvel do bem ou crédito até que ocorra evento futuro e incerto, qual seja o adimplemento integral das prestações avençadas no empréstimo.

Acrescenta a renomada doutrinadora que "uma das principais obrigações do devedor fiduciante é não dispor da coisa alienada fiduciariamente, onerosa ou gratuita, porque o bem não mais lhe pertence, é da propriedade do seu credor."

Não satisfeito apenas com as opiniões dos ilustres doutrinadores citados pelo eminente Ministro Relator, parte ele, agora, para a legislação, e cita o Código Civil:

"No âmbito da legislação nacional, o Código Civil de 2002 contempla a disciplina da propriedade fiduciária, limitando-a, entretanto, a bens móveis infungíveis e mesmo assim somente para fins de garantia.

Nesse sentido, veja-se o art. 1.361 do novo código: "Art. 1.361. Considera-se fiduciária a propriedade resolúvel de coisa móvel infungível que o devedor, com escopo de garantia transfere ao credor".

Com efeito, constata-se que o Código Civil de 2002 restringiu a possibilidade de constituição da propriedade fiduciária àqueles bens móveis que não podem ser substituídos por outros da mesma espécie, quantidade e qualidade".

Novamente, auxiliando-se da doutrina, cita os ensinamentos do Professor Fábio Ulhoa sobre o artigo 1.361 do Código Civil

"Sobre esse ponto, relevante é a observação de Fábio Ulhoa Coelho:

'No CC/02, o legislador disciplinou o instituto de direito real, isto é, a propriedade fiduciária, no Capítulo IX do Título III (Da propriedade) do Livro III (do direito das coisas) da Parte Especial. Nele, reservou apenas um dispositivo para o instituto de direito obrigacional, a alienação fiduciária em garantia: o art. 1362, que estabelece os elementos essenciais ao contrato constitutivo da propriedade fiduciária. Nos demais, albergou normas respeitantes ao direito real em garantia.

O importante passo dado pelo legislador na disciplina da matéria com a edição do Código Civil, contudo, não representou a última etapa do processo de evolução legislativa aqui descrito. Originado de projeto de lei dos anos de 1970, o Código Civil infelizmente não recebeu, durante a arrastada tramitação no Congresso Nacional, a constante adaptação que a dinâmica da economia exige. Em outros termos, importa assinalar que o CC/02 não disciplinou, como deveria, a propriedade fiduciária de todos os bens, mas unicamente a dos 'móveis infungíveis'. Mesmo após a entrada em vigor do Código Civil, a propriedade fiduciária dos imóveis continuou integralmente disciplinada pela Lei nº 9.514/97.'" (op. cit. pág. 18).

Avançando em seu pensamento, O Ministro Ricardo Villas Bôas Cueva volta à legislação, e enfatiza que a Lei 10.931/2004, possibilitou que o crédito se tornasse objeto de alienação fiduciária em garantia.

"Posteriormente, no ano de 2004, com a edição da Lei nº 10.931, o ordenamento jurídico pátrio contemplou a possibilidade de crédito ser objeto de alienação fiduciária em garantia.

A esse respeito, Fábio Ulhoa acrescenta que 'a Lei nº 10.931/04, além de resolver a questão da pertinência da propriedade fiduciária de bens móveis fungíveis, aclarou também outra questão relacionada ao instituto, a da possibilidade de ele ter por objeto títulos de crédito.' (op. cit. pág. 19)

Nesse sentido, o art. 66-B, § 3º, da Lei nº 4.728/65, na redação dada pela Lei nº 10.931/04, assim estabelece:

'Art. 66-B. O contrato de alienação fiduciária celebrado no âmbito do mercado financeiro e de capitais, bem como em garantia de créditos fiscais e previdenciários, deverá conter, além dos requisitos definidos na Lei no 10.406, de 10 de janeiro de 2002 – Código Civil, a taxa de juros, a cláusula penal, o índice de atualização monetária, se houver, e as demais comissões e encargos.

§3º É admitida a alienação fiduciária de coisa fungível e a cessão fiduciária de direitos sobre coisas móveis, bem como de títulos de crédito, hipóteses em que, salvo disposição em contrário, a posse direta e indireta do bem objeto da propriedade fiduciária ou do título representativo do direito ou do crédito é atribuída ao credor, que, em caso de inadimplemento ou mora da obrigação garantida, poderá vender a terceiros o bem objeto da propriedade fiduciária independente de leilão, hasta pública ou qualquer outra medida judicial ou extrajudicial, devendo aplicar o preço da venda no pagamento do seu crédito e das despesas decorrentes da realização da garantia, entregando ao devedor o saldo, se houver, acompanhado do demonstrativo da operação realizada.

Em síntese, com a vigência da Lei nº 10.931/2004, permitiu-se a alienação fiduciária de coisa fungível e a cessão fiduciária de direitos sobre coisas móveis ou de título de crédito, hipóteses em que, salvo disposição em contrário, a posse direta e indireta do bem objeto da propriedade fiduciária ou do título representativo do direito ou do crédito é atribuída ao credor.

Além disso, a Lei nº 10.931/2004 também cuidou de incluir no Código Civil o art. 1.368-A, com a seguinte redação:

'Art. 1.368-A. As demais espécies de propriedade fiduciária ou de titularidade fiduciária submetem-se à disciplina específica das respectivas leis especiais, somente se aplicando as disposições deste Código naquilo que não for incompatível com a legislação especial.'

Desse modo, é inarredável a conclusão de que nosso ordenamento contempla a propriedade fiduciária que decorre de alienação fiduciária de bens móveis, infungíveis (artigos 1.361 a 1.368-A do Código Civil) e fungíveis (artigo 66-B da Lei nº 4.728, de 1965) e a cessão fiduciária de direitos sobre coisas móveis ou de títulos de crédito."

O ilustre Ministro Relator se embasa ainda com mais profundidade na doutrina brasileira a respeito do seu ponto de vista:

"Nessa linha, Arnaldo Rizzardo:

'Apenas as coisas infungíveis constituíam objeto da propriedade fiduciária, restrição que ficou estampada no art. 1.361 mencionado. Entretanto, a Lei nº 10.931/04 inclui as coisas fungíveis e a cessão fiduciária de direito sobre coisas móveis, bem como títulos de crédito, como objetos de propriedade fiduciária. O § 3º do art. 66-B trouxe essa inovação.' (*Direito das Coisas*, 3ª edição, Forense, Rio de Janeiro, 2007, pág. 468)

Ainda sobre esse aspecto, Jean Carlos Fernandes, em obra específica a respeito do tema, anota que a cessão fiduciária de direitos sobre coisas móveis ou de títulos de crédito constitui espécie do gênero 'propriedade fiduciária':

"Com isso o sistema legal brasileiro passou a contar com duas espécies do gênero 'negócio fiduciário' : 1) a alienação fiduciária de coisa, que pode ser móvel ou imóvel, e 2) a cessão fiduciária de direitos sobre coisas móveis ou de título de crédito.

Assim pode-se concluir que o ordenamento jurídico brasileiro contempla as seguintes modalidades, sob a rubrica de propriedade fiduciária:

1) alienação fiduciária: a) de bens móveis infungíveis (Código Civil); b) bens móveis fungíveis (Lei de Mercado de Capitais); c) de bens imóveis, bens enfitêuticos, direito de uso especial para fins de moradia, direito real de uso e propriedade superficiária (Lei nº 9.514, de 1997); d) de ações, debêntures, partes beneficiárias e bônus de subscrição (Lei nº 6.404, de 1976); e) de aeronaves e embarcações (Decreto-lei nº 413, de 1969, Lei nº 7.565, de 1986, e Lei nº 7.652, de 1988);

2) titularidade fiduciária: a) cessão fiduciária de direitos e títulos de crédito (Lei de Mercado de Capitais); b) regime fiduciário sobre créditos ou recebíveis imobiliários (Lei nº 9.514, de 1997; c) cessão fiduciária de crédito para fomento da construção civil (Lei nº 4.864, de 1965, e Decreto-lei nº 70, de 1966); d) cessão fiduciária de recebíveis pra financiamentos concedidos às concessionárias de serviço (Leis nº 8.987, de 1995 e 11.079, de 2004).

É inquestionável, portanto, que alienação fiduciária e a cessão fiduciária são modalidades de negócio fiduciário de constituição de propriedade fiduciária, preferindo-se, por técnica jurídica, quando se tratar de cessão fiduciária de direitos, falar-se em titularidade de direitos, deixando-se o termo propriedade para quando a garantia incidir sobre bens móveis ou imóveis." (*Cessão fiduciária de títulos de crédito*: a posição do credor fiduciário na recuperação judicial, Rio de Janeiro: Lúmen Júris, 2ª ed., 2010, p. 194-195)

Veja-se também a lição de Melhim Namem Chalhub (*Negócio Fiduciário*, Rio de Janeiro, Renovar, 4ª ed., 2009, págs. 359-360):

"No que tange especificamente à garantia fiduciária sobre direitos sobre bens móveis e sobre títulos de crédito, a expressão empregada na Lei nº 11.101/2005 – 'credor titular da posição de proprietário fiduciário de bens móveis ou imóveis' – deve ser entendida em sentido abrangente, compreendendo os bens corpóreos e incorpóreos, entre eles os direitos sobre bens móveis e os títulos de crédito a que se refere o art. 66B da Lei nº 4.728/65, com a redação dada pelo art. 56 da Lei nº 10.931/2004".

Conclui-se, assim, que a alienação fiduciária de coisa fungível e a cessão fiduciária de direitos sobre coisas móveis, bem como de títulos de crédito, afiguram-se como (ou possuem a natureza jurídica de) propriedade fiduciária, não se sujeitando, portanto, aos efeitos da recuperação judicial, nos termos do § 3º do art. 49 da Lei nº 11.101/2005.

Como consequência, na hipótese de recuperação judicial, os direitos do proprietário fiduciário não podem ser suspensos, já que a posse direta e indireta do bem e a conservação da garantia são direitos assegurados ao credor fiduciário pela lei e pelo contrato.

No mesmo sentido é o comentário de Jorge Lobo ao art. 49, § 3º, da Lei de Recuperação Judicial:

"Destarte, a Lei nº 11.101/2005, ao referir-se, no art. 49, § 3º, a ‹proprietário fiduciário de bens móveis›, e, no art. 85, a 'proprietário de bem arrecadado', abrange tanto o proprietário fiduciário, que adquiriu essa qualidade por força de contrato de alienação fiduciária em garantia de bens móveis, quanto o proprietário fiduciário, que ostenta essa posição em decorrência de contrato de cessão fiduciária em garantia de recebíveis, ambos espécies de negócio fiduciário ou 'venda para garantir' e institutos de Direito Econômico, que têm a finalidade precípua de servir de instrumentos, a serviço do Estado e dos particulares, do desenvolvimento econômico e social do país, daí serem regulados por princípios jurídicos próprios, que não seguem a ideia de justiça, mas de eficácia técnica, o que explica, justifica e fundamenta a sua exclusão dos processos de recuperação judicial e de falência do devedor-fiduciante". (Paulo F.C. Salles de Toledo e Carlos Henrique Abrão, coordenadores, Comentários à Lei de Recuperação de Empresas e Falência, São Paulo, Saraiva, 2010, 4ª ed., págs. 189-190 – grifou-se)

Também oportuna é a observação de Manoel Justino Bezerra Filho que, no tocante ao § 3º do art. 49 da Lei nº 11.101/2005, asseverou o seguinte:

"esta disposição foi o ponto que mais diretamente contribuiu para que a lei deixasse de ser conhecida como 'lei de recuperação de empresas' e passasse a ser conhecida como 'lei de recuperação do crédito bancário', ou 'crédito financeiro', ao estabelecer que tais bens não são atingidos pelos efeitos da recuperação judicial. Ou seja, nenhum dos bens da empresa que for objeto de alienação fiduciária, arrendamento mercantil ou reserva de domínio estará englobado pela recuperação". (Lei de Recuperação de Empresas e Falências Comentada, 5ª edição, São Paulo, Editora Revista dos Tribunais, 2008, pág. 148)

Em outra perspectiva, não há falar em ofensa ao princípio da preservação da empresa, pois a análise evolutiva da legislação relacionada aos institutos jurídicos ora em estudo evidencia que o intento da lei ao criar um mecanismo jurídico que permite a obtenção de empréstimos a juros mais baixos, é o de promover um ambiente propício ao desenvolvimento econômico, especialmente em casos em que a ausência de lastro patrimonial, em regra, impossibilitava essa alternativa.

Ante o exposto, nego provimento ao recurso especial.

É o voto."

A nossa observação é a de que o ilustre Ministro Relator, buscou bases, nos parecem, muito bem solidificadas, para o embasamento do seu voto, tanto na legislação quanto na doutrina. Nada obstante, por melhor que sejam as suas fundamentações, as mesmas não conseguiram convencer todos os ilustres Ministros integrantes dessa Terceira Turma. Decorrente desse inconformismo, pediu voto-vista a ilustre Ministra Nancy Andrighi, que também, em seu respeitado entendimento, buscou as mais sólidas bases para justificar o seu voto, muito importante, aliás, também, para a ampliação do entendimento de todos os operadores do direito no deslinde dessa tão questionada e intrigante **trava bancária**.

E é exatamente nesse voto vista que a Ministra Andrighi discorda da questão de favorecimento às instituições financeiras (de não se sujeitarem aos efeitos da recuperação judicial) para, em contra partida diminuirem os *spreads*, que para ela, aboslutamente, isto não aconteceu. Eis, portanto, o inteiro teor do voto da Ministra Nancy Andrighi:

"VOTO-VISTA

A EXMA. SRA. MINISTRA NANCY ANDRIGHI:

Cuida-se de recurso especial interposto por ZELEPEL INDÚSTRIA E COMÉRCIO DE ARTEFATOS DE PAPEL LTDA., com fundamento no art. 105, III, "a" e "c", da CF, contra acórdão proferido pelo TJ/SP.

Ação: pedido de recuperação judicial, ajuizado pela recorrente, no âmbito do qual foi interposta medida cautelar incidental objetivando, entre outras coisas, suspender trava bancária imposta sobre mútuo garantido por cessão fiduciária de direitos creditórios.

Decisão interlocutória: o Juiz de primeiro grau de jurisdição indeferiu o pedido de suspensão da trava bancária. Inconformada, a recuperanda interpôs agravo de instrumento.

Acórdão: o TJ/SP negou provimento ao agravo de instrumento, mantendo o depósito dos valores resultantes da garantia em conta vinculada (fls. 172/174, e-STJ).

Recurso especial: alega violação dos arts. 47 e 49, § 3º, da Lei nº 11.101/05, bem como dissídio jurisprudencial (fls. 177/195, e-STJ).

Prévio juízo de admissibilidade: o TJ/SP admitiu o recurso especial (fls. 247/248, e-STJ).

> Voto do Relator: nega provimento ao recurso especial, sob o argumento de que a alienação fiduciária de coisa fungível e a cessão fiduciária de direitos sobre coisas móveis, bem como de títulos de crédito, possuem a natureza de propriedade fiduciária, não se sujeitando aos efeitos da recuperação judicial.
>
> Revisados os fatos, decido.
>
> Cinge-se a lide a determinar a sujeição da cessão fiduciária de direitos creditórios aos efeitos da recuperação judicial.
>
> Recentemente, tive a oportunidade de manifestar em processo – REsp 1.279.525/PA, 3ª Turma, Rel. Min. Ricardo Villas Bôas Cueva – que discutiu tema análogo, qual seja, a sujeição dos adiantamentos de contratos de câmbio – ACC's aos efeitos da recuperação judicial.
>
> Embora o julgamento do mencionado recurso não tenha se encerrado, parte do raciocínio lá desenvolvido para inaugurar a divergência se aplica à hipótese dos autos, notadamente o fato de que, assim como o adiantamento de contrato de câmbio, a cessão fiduciária de crédito **NÃO** possui diferença ontológica frente às antecipações realizadas em outras operações de mútuo bancário.
>
> Entendimento semelhante foi externado pelo i. Min. Cesar Asfor Rocha no julgamento do REsp 469.390/RS, 4ª Turma, DJ de 03.11.2003, versando sobre ACC's. Ao proferir o voto condutor, sua Exa. bem lembrou que os contratos de câmbio não passam de "verdadeira modalidade de contrato bancário, camuflando apenas mais um instrumento colocado à disposição das instituições financeiras."

O Recurso Especial acima mencionado pela Ministra Nancy Andrighi, de número 1.279.525/PA, Relator o Ministro Ricardo Villas Bôas Cueva, que trata de ACC Adiantamento de Contrato de Câmbio, também, segundo o parágrafo seguinte a ser estudado – o 4º deste artigo 49 –, não se sujeita aos efeitos da recuperação judicial.

Diz a Ministra Nancy Andrighi que, quando do julgamento deste Resp que discute a sujeição ou não dos dispositivos deste § 3º aos efeitos da recuperação judicial, o outro Resp – o de número 1.279.525/PA, ainda não tinha encerrado o seu julgamento. O mesmo, entretanto, já foi devidamente encerrado, e as brilhantes colocações da eminente Ministra Nancy Andrighi lá relatadas, a exemplo das relatadas neste Resp, lamentavelmente, foram voto vencido.

Abaixo, quando dos estudos do § 4º deste artigo 49, abordaremos com mais detalhes essa questão, mas a verdade é que os ACC Adiantamentos de Contratos de Câmbio, conforme entendimento da 2ª Seção do STJ, definitivamente, e também – a exemplo das disposições deste § 3º, estão fora da recuperação judicial, ou seja, a ela não se submetem.

Continua expondo seu ponto de vista a Ministra Andrighi:

"Aliás, uma análise detida do conteúdo do § 3º do art. 49 da Lei nº 11.101/05 permite inferir que o próprio legislador não pretendeu excluir a cessão fiduciária de direitos creditórios da recuperação judicial.

Com efeito, de acordo com o referido dispositivo legal, "tratando-se de credor titular da posição de **proprietário fiduciário de bens móveis ou imóveis** (...), seu crédito não se submeterá aos efeitos da recuperação judicial e prevalecerão os direitos de propriedade sobre a coisa e as condições contratuais (...)" (grifei).

Em seu percuciente voto, o i. Min. Relator realiza uma digressão histórica desde a edição do CC/02 (que em seu art. 1.368 originalmente restringe a possibilidade de constituição da propriedade fiduciária a bens móveis infungíveis) e posterior advento da Lei nº 10.931/04 (que passou a admitir a alienação fiduciária de coisa fungível e a cessão fiduciária de direitos sobre coisas móveis, bem como de títulos de crédito), incluindo no CC/02 o art. 1.368-A, para concluir que a alienação fiduciária de título de crédito possui a natureza jurídica de propriedade fiduciária, não se sujeitando, portanto, aos efeitos da recuperação judicial, nos termos do art. 49, § 3º, da Lei nº 11.101/05.

No entanto, rogando ao i. Min. Relator as mais elevadas vênias, penso que o panorama legislativo surgido com entrada em vigor da Lei nº 10.931/04 é outro.

Assevera a Ministra Nancy Andrighi, que o nobre Relator defende o pensamento de que posteriormente à vigência da Lei 10.931/04, a alienação fiduciária de coisa fungível e a cessão fiduciária de direitos sobre coisas móveis passaram a ser admitidas, com a inclusão no Código Civil do artigo 1.368-A, o que levou o Ministro Relator a concluir que a alienação fiduciária de título de crédito possui a natureza jurídica de alienação fiduciária, cuja consequência, e conforme o disposto no § 3º do artigo 49, é a não sujeição à recuperação judicial.

Rogando ao Ministro Relator as mais elevadas vênias, a Ministra Nancy Andrighi, em sua tradicional fineza, disse pensar que com a entrada em vigência da Lei 10.931/2004, o panorama legislativo surgido em consequência, era outro, e não aquele exposto pelo Relator. Para ela, a partir de então, duas espécies do gênero **negócios fiduciários** passaram a ser comportadas pelo ordenamento jurídico. Como segue:

"Desde então, fica claro que o ordenamento jurídico passou a comportar duas espécies do gênero **negócios fiduciários**, quais sejam: (i) a **alienação** fiduciária de coisa, móvel ou imóvel; e (ii) a **cessão** fiduciária de direitos sobre coisas móveis ou de títulos de crédito. Afinal, não fossem elas – alienação e cessão – espécies distintas de fidúcia, não teriam merecido do legislador trato individualizado.

Constituem, em suma, diferentes tipos de fidúcia. Partindo-se da própria redação do art. 66-B, § 3º, da Lei nº 10.931/04, tem-se que na alienação se atribui ao credor a posse direta e indireta do bem objeto da propriedade fiduciária, enquanto na cessão atribui-se ao credor a posse direta e indireta apenas do título representativo do direito ou do crédito.

Seja como for, sem nos aprofundarmos na análise das características que compõem cada espécie de fidúcia, o que releva para o deslinde da presente controvérsia é a constatação de que alienação fiduciária e cessão fiduciária constituem modalidades **distintas** de negócio fiduciário.

Nesse contexto, nota-se que o § 3º do art. 49 da Lei nº 11.101/05 se limita a mencionar o "proprietário fiduciário de bens móveis ou imóveis", ou seja, o dispositivo legal contempla apenas a **alienação** fiduciária. Quanto muito, poder-se-ia admitir que o dispositivo legal compreende também a cessão fiduciária de direitos sobre coisas móveis, mas jamais a cessão fiduciária de títulos de crédito.

Tanto é assim que o mencionado artigo de lei afirma que "prevalecerão os direitos de propriedade **sobre a coisa**" (grifei). Ao utilizar a expressão "coisa", o legislador deixa claro que a exceção ao regime da recuperação judicial alcança apenas a propriedade fiduciária sobre bens (móveis ou imóveis), nunca sobre direitos, ainda mais sobre direitos de crédito."

Conclui a Ministra Andrighi parte de seu pensamento e interpretação do § 3º do artigo 49, firmando-se nas disposições deste dispositivo que afirmam que "prevalecerão os direitos de propriedade **sobre a coisa**", o que, para ela, o legislador, ao fazer uso dessa expressão "coisa", tira toda e qualquer dúvida que a exceção ao regime de recuperação judicial (a não sujeição aos seus efeitos), tem alcance apenas sobre a propriedade fiduciária sobre bens (móveis ou imóveis). E que esse alcance, por ser limitado ao exposto, nunca atingiria quaisquer outros direitos, especialmente os direitos de crédito. E,

"Dessa forma, não há como incluir a cessão fiduciária de direitos de crédito no bojo do § 3º do art. 49 da Lei nº 11.101/05. Por se tratar de uma regra de exceção, limitadora de direitos, a boa hermenêutica exige que a referida norma seja interpretada restritivamente, sendo incabível qualquer forma de presunção, analogia ou ampliação.

Acrescente-se, por oportuno, que a nova Lei de Falências é **posterior** à Lei nº 10.931/04, de modo que, fosse essa de fato a sua intenção, teria o legislador excluído da recuperação judicial, de forma expressa, também as cessões fiduciárias de crédito.

Evidente, pois, não ter sido essa a vontade do legislador. Até porque o ideal de superação da crise econômico-financeira das empresas que norteia a Lei nº 11.101/05 depende da existência de instrumentos para tanto, entre eles a liberação das chamadas travas bancárias, sujeitando os créditos garantidos por cessão fiduciária ao regime de recuperação judicial. Afinal, o que se busca é a recuperação da empresa – em prol da fonte produtora, do emprego e dos credores – e não apenas a recuperação do crédito bancário, que viria em benefício exclusivo das instituições financeiras."

O agravamento da situação do devedor em recuperação judicial ou mesmo daqueles que vierem a encontrar-se em situação de crise econômico-financeira, mas cujos contratos de empréstimos contraídos junto às instituições financeiras **tiverem a natureza jurídica de alienação fiduciária** ou se referirem a **ACC – Adiantamento a Contrato de Câmbio**, é de uma verdade tão clara quanto a luz solar, que o próprio Superior Tribunal de Justiça, por parte de alguns dos seus ínclitos Ministros que integram as Terceira e Quarta Turmas – as competentes para os julgamentos das questões originadas da Lei 11.101/05 –, tem reconhecido tal situação e sobre ela se manifestado sob maneira de alerta, como é o pensamento e exposição ora sob análise da Ministra Andrighi.

Vejamos como a sensibilidade da Ministra Andrighi ultrapassa, inclusive, as salas das sessões do STJ, para demonstrar que também fora, como por exemplo, na Câmara dos Deputados, há um projeto de Lei, cuja finalidade é exatamente colocar fim a essa proteção às instituições financeiras que operam sob essa modalidade – **cessão fiduciária de títulos de crédito** –, e, ao contrário, expressamente incluí-los na recuperação judicial. Vejamos:

> "Aliás, com vistas a evitar o surgimento de qualquer dúvida na exegese do § 3º do art. 49 da Lei nº 11.101/05, o Deputado Federal Carlos Bezerra apresentou o Projeto de Lei nº 4.586/09, propondo seja dada nova redação ao *caput* da norma, para consignar expressamente que "estão sujeitos à recuperação judicial todos os créditos existentes na data do pedido, **inclusive aqueles garantidos por cessão fiduciária de títulos de crédito**, ainda que não vencidos" (grifei).

> "Finalmente, considero importante tecer algumas considerações acerca da alegação que comumente se faz, no sentido de que a sujeição do mútuo garantido por cessão fiduciária de direitos creditórios à recuperação judicial geraria retração desse tipo de empréstimo no mercado e/ou elevação das taxas de juros.

Essas mesmas palavras abaixo, até a citação do Professor Écio Perin, foram também ditas pela Ministra Nancy Andrighi no Recurso Especial acima mencionado e que será objeto de análise dos estudos do próximo parágrafo deste artigo 49, o 4º:

> "Em primeiro lugar, vale frisar que outras modalidades de linha de crédito, inclusive aquelas destinadas a pessoas jurídicas e voltadas especificamente para incentivar o desenvolvimento da economia, estão sujeitas à recuperação judicial e, nem por isso, têm sua oferta reduzida.

> Quanto aos juros praticados, a questão na verdade se resolve pela prática de uma política de governo tendente à redução desse encargo, como a verificada atualmente (que, diga-se, evidenciou que os bancos vinham operando com um *spread* muito acima do razoável), e não na concessão de vantagens desproporcionais à instituição financeira para artificialmente reduzir seus custos, em detrimento do próprio tomador do empréstimo e dos seus empregados e demais credores.

> Como bem anota Ecio Perin Junior, um dos principais objetivos da nova Lei de Falências é "ampliar o acesso ao crédito e reduzir seu custo no Brasil, ou seja, dar condições para a diminuição do *spread* bancário". Nesse contexto, o autor destaca que a necessidade de diminuição do *spread* bancário foi, inclusive, apresentado como justificativa para beneficiamento dos bancos, mas ressalva que "tal favorecimento tem-se mostrado ineficaz quanto à pretensa redução de juros, proporcionando, em realidade, um dos maiores obstáculos para o êxito de muitos processos de recuperação judicial, colocando em risco o sucesso da própria lei falitária" (*Curso de direito falimentar e recuperação de empresas*, 4ª ed. São Paulo: Saraiva, 2011, pp. 408-412).
>
> Por outro lado, embora se reconheça a necessidade de conferir proteção às instituições financeiras enquanto fomentadoras da própria atividade empresarial, não se pode olvidar que os bancos não são obrigados a conceder créditos, somente o fazendo após uma criteriosa análise dos riscos envolvidos, notadamente a capacidade de pagamento do solicitante.
>
> Em síntese, conclui-se que a melhor exegese do art. 49, § 3º, da Lei nº 11.101/05 aponta para a sujeição das cessões fiduciárias de direitos de crédito ao regime da recuperação judicial.
>
> Forte nessas razões, peço vênia para divergir do voto do i. Min. Relator, dando provimento ao recurso especial."

Ora, por ser o segundo Resp que tratava da **trava bancária** e ter o seu julgamento por outra Turma, a Terceira, nos pareceu que esta divergência manifestada pelo voto-vista da eminente Ministra Nancy Andrighi poderia ser a chama de alguma luz no fim do túnel para, ou que a acompanhassem ou mesmo se abrissem novas divergências, e daí, talvez uma virada, para a ocorrência futura da uniformização da jurisprudência entre as duas Turmas (3ª e 4ª) que compõem a Segunda Seção.

É que as argumentações da Ministra Nancy Andrighi foram muito contundentes, principalmente quando chamou a atenção para as espécies de fidúcia, nos parecendo ter demonstrado com muita satisfação e propriedade a completa distinção entre ambas, o que para ela era relevante para o deslinde da questão, além de demonstrar que, na prática, a reciprocidade tão propalada que os bancos dariam como a diminuição dos seus *spreads*, por receber tão exagerada proteção legal em seus empréstimos aos destinatários da Lei 11.101/05, na verdade, nunca ocorreu, baseando-se nas afirmações do Professor Ecio Perin.

Fato interessante ocorreu imediatamente após o voto-vista da Ministra Andrighi: o pedido de vista pelo eminente Ministro Paulo de Tarso Sanseverino que, nada obstante, ao final, entendeu que

> "Tanto na alienação fiduciária como na cessão fiduciária há a transferência em garantia da titularidade resolúvel de um bem.

> A variação de terminologia se deve ao fato de que, na alienação fiduciária, o bem objeto da transferência é corpóreo, ao passo que na cessão o bem é incorpóreo, ainda que materializado em documento ou em título de crédito.
>
> Portanto, se a alienação fiduciária e a cessão fiduciária são, na essência, o mesmo negócio jurídico, distinguindo-se apenas quanto à materialidade do objeto dado em garantia pelo devedor, não há justificativa para o tratamento diferenciado dos credores garantidos pela alienação ou pela cessão.
>
> Neste sentido, é importante destacar que, na falência, não há diferença no tratamento da alienação fiduciária e da cessão fiduciária, pois tanto o credor garantido pela alienação como o garantido pela cessão podem se valer do pedido de restituição.
>
> No caso da alienação fiduciária, a restituição é, como sabido, assegurada pelos arts. 7º do Decreto-lei 911/69 e 85 da LRF, enquanto que, relativamente à cessão fiduciária, a restituição decorre do §3º do art. 66-B da Lei 4.728/65 c/c o art. 20 da Lei 9.514/97."

Ao finalizar o seu voto, o Ministro Sanseverino fez menção ao primeiro Resp analisado acima, declinando, inclusive o seu número, o qual ainda não havia sido publicado, concluindo que:

> "Em síntese, o enunciado normativo do § 3º do art. 49 da LRF deve ser interpretado de forma a também contemplar o credor garantido por cessão fiduciária, **conforme, aliás, decidiu recentemente a Quarta Turma no Recurso Especial n.º 1.263.500/ES, em acórdão ainda não publicado.**
>
> Ante o exposto, renovando a vênia à respeitável divergência, acompanho o relator para negar provimento ao recurso especial.
>
> É o voto." (grifos nossos).

Assim, apesar de um voto divergente, a **trava bancária**, também na outra Turma – a Terceira –, que tem competência para julgar a questão, saíra vencedora, ou seja, a cessão fiduciária de direitos creditórios se enquadra na abrangência da fidúcia prevista no parágrafo 3º do artigo 49 da Lei 11.101/05, não se submetendo, por consequência, aos efeitos da recuperação judicial.

A certidão da respectiva Seretaria recebeu a seguinte redação:

> "Certifico que a egrégia TERCEIRA TURMA, ao apreciar o processo em epígrafe na sessão realizada nesta data, proferiu a seguinte decisão:
>
> Prosseguindo no julgamento, após o voto-vista do Sr. Ministro Paulo de Tarso Sanseverino, a Turma, por maioria, negou provimento ao recurso especial. Vencido a Sra. Ministra Nancy Andrighi. Votaram com o Relator os Srs. Ministros Sidnei Beneti e Paulo de Tarso Sanseverino."

60.6 Terceiro recurso EDcl no recurso em mandado de segurança número 41.646 – PA

Novamente, a 4ª Turma do Superior Tribunal de Justiça volta a julgar uma questão análoga, tendo como Relator o eminente Ministro Antonio Carlos Ferreira, agora no dia 24 de setembro de 2013, porém, com publicação no dia 11/10/2013. A questão, à medida que vai chegando para conhecimento e julgamento da mais alta Corte brasileira para questões infraconstitucionais, nessa hipótese, tudo foi tomando a mesma direção e o mesmo entendimento tanto na Terceira quanto na Quarta Turmas – a de que os créditos garantidos por cessão fiduciária de recebíveis não se sujeitam à recuperação judicial, e, a exemplo da citação anterior da 3ª Turma sobre um julgamento desta 4ª, esta, no presente caso, já cita o julgamento daquela, além de rememorar o seu.

A Ementa e o respectivo acórdão receberam as seguintes redações:

> "EMENTA
>
> PROCESSUAL CIVIL. DIREITO EMPRESARIAL. EMBARGOS DE DECLARAÇÃO NO RECURSO ORDINÁRIO EM MANDADO DE SEGURANÇA. EMBARGOS DE DECLARAÇÃO RECEBIDOS COMO AGRAVO REGIMENTAL. CARÁTER INFRINGENTE. PRINCÍPIO DA FUNGIBILIDADE. RECUPERAÇÃO JUDICIAL. CÉDULA DE CRÉDITO GARANTIDA POR CESSÃO FIDUCIÁRIA DE DIREITOS CREDITÓRIOS. NATUREZA JURÍDICA. PROPRIEDADE FIDUCIÁRIA. NÃO SUJEIÇÃO AO PROCESSO DE RECUPERAÇÃO JUDICIAL.
>
> 1. O nítido caráter infringente das razões dos embargos de declaração autorizam o seu recebimento como agravo regimental em homenagem aos princípios da fungibilidade recursal e da economia processual.
>
> 2. Os créditos garantidos por cessão fiduciária de recebíveis não se sujeitam à recuperação judicial, a teor do que dispõe o art. 49, § 3º, da Lei n. 11.101/2005.
>
> 3. No caso concreto, foi determinado nos autos de recuperação judicial que instituição financeira devolvesse, diretamente à empresa recuperanda, os créditos recebidos por cessão fiduciária. Tal decisão representa violação frontal à norma jurídica, uma vez que os créditos garantidos por cessão fiduciária não se subsumem aos efeitos da recuperação judicial (art. 49, § 3º, da Lei n. 11.101/2005), impondo-se, em consequência, a sustação de seus efeitos lesivos ao direito do embargante.
>
> 4. Embargos de declaração recebidos como agravo regimental, ao qual se dá provimento.
>
> ACÓRDÃO
>
> A Quarta Turma, por unanimidade, recebeu os embargos de declaração como agravo regimental e deu-lhe provimento, nos termos do voto do Sr. Ministro Relator. Os Srs. Ministros Marco Buzzi, Luis Felipe Salomão, Raul Araújo e Maria Isabel Gallotti votaram com o Sr. Ministro Relator."

Essa Quarta Turma, de início, recorda que, ao examinar hipóteses análogas, tanto a Terceira Turma, como ela própria – a Quarta Turma, concluíram o seguinte:

> "A Quarta Turma desta Corte, ao examinar hipóteses análogas, concluiu que os créditos garantidos por cessão fiduciária de recebíveis não se sujeitam à recuperação judicial, a teor do que dispõe o art. 49, § 3º, da Lei n. 11.101/2005, conforme se infere dos seguintes julgados:
>
> "RECURSO ESPECIAL. RECUPERAÇÃO JUDICIAL. CÉDULA DE CRÉDITO GARANTIDA POR CESSÃO FIDUCIÁRIA DE DIREITOS CREDITÓRIOS. NATUREZA JURÍDICA. PROPRIEDADE FIDUCIÁRIA. NÃO SUJEIÇÃO AO PROCESSO DE RECUPERAÇÃO JUDICIAL. "TRAVA BANCÁRIA".
>
> 1. A alienação fiduciária de coisa fungível e a cessão fiduciária de direitos sobre coisas móveis, bem como de títulos de crédito, possuem a natureza jurídica de propriedade fiduciária, não se sujeitando aos efeitos da recuperação judicial, nos termos do art. 49, § 3º, da Lei nº 11.101/2005.
>
> 2. Recurso especial não provido.
>
> (REsp n. 1.202.918/SP, Relator Ministro RICARDO VILLAS BÔAS CUEVA, TERCEIRA TURMA, julgado em 7/3/2013, DJe 10/4/2013)."
>
> "RECURSO ESPECIAL. RECUPERAÇÃO JUDICIAL. CONTRATO DE CESSÃO FIDUCIÁRIA DE DUPLICATAS. INCIDÊNCIA DA EXCEÇÃO DO ART. 49, § 3º DA LEI 11.101/2005. ART. 66-B, § 3º DA LEI 4.728/1965.
>
> 1. Em face da regra do art. 49, § 3º da Lei nº 11.101/2005, não se submetem aos efeitos da recuperação judicial os créditos garantidos por cessão fiduciária.
>
> 2. Recurso especial provido."
>
> (REsp n. 1.263.500/ES, Relatora Ministra MARIA ISABEL GALLOTTI, QUARTA TURMA, julgado em 5/2/2013, DJe 12/4/2013)."

A Certidão de julgamento da respectiva Secretaria recebeu a seguinte redação:

"A Quarta Turma, por unanimidade, recebeu os embargos de declaração como agravo regimental e deu-lhe provimento, nos termos do voto do Sr. Ministro Relator.

Os Srs. Ministros Marco Buzzi, Luis Felipe Salomão, Raul Araújo e Maria Isabel Gallotti votaram com o Sr. Ministro Relator."

60.7 Quarto recurso AgRg no conflito de competência número 124.489 – MG

O julgamento da presente questão tem uma singularidade que os demais citados e analisados anteriormente não tiveram: o órgão julgador aqui é a Segunda

Seção, ou seja, todos os ilustres Ministros integrantes das Terceira e Quarta Turmas para julgar questão semelhante. O resultado? Imaginem!

Nesse Recurso o Relator é o ilustre Ministro Raul Araújo, e o respectivo julgamento ocorreu no dia 09 de outubro de 2013, com publicação no dia 21/11/2013. Ementa e acórdão receberam as seguintes redações:

"EMENTA

AGRAVO REGIMENTAL CONTRA DECISÃO LIMINAR EM CONFLITO DE COMPETÊNCIA. RECUPERAÇÃO JUDICIAL. EXECUÇÃO DE CÉDULAS DE CRÉDITO GARANTIDAS POR AVAL E ALIENAÇÃO FIDUCIÁRIA. POSSIBILIDADE. INCLUSÃO DOS COOBRIGADOS NO POLO PASSIVO. PERTINÊNCIA. NÃO SUBMISSÃO AOS EFEITOS DA RECUPERAÇÃO JUDICIAL.

1. A cessão fiduciária de direitos sobre títulos de crédito, possuindo a natureza jurídica de propriedade fiduciária, não se sujeita aos efeitos da recuperação judicial (art. 49, § 3º, da Lei 11.101/2005). Não ocorrência, na hipótese, de peculiaridade apta a recomendar o afastamento circunstancial da regra.

2. Os credores do devedor em recuperação judicial conservam seus direitos e privilégios contra os coobrigados, fiadores e obrigados de regresso (art. 49, § 1º, da Lei 11.101/2005).

3. Agravo regimental desprovido.

ACÓRDÃO

Vistos e relatados estes autos, em que são partes as acima indicadas, decide a Segunda Seção, por unanimidade, negar provimento ao agravo regimental, nos termos do voto do Sr. Ministro Relator. Os Srs. Ministros Paulo de Tarso Sanseverino, Maria Isabel Gallotti, Antonio Carlos Ferreira, Ricardo Villas Bôas Cueva, Marco Buzzi, Nancy Andrighi e João Otávio de Noronha votaram com o Sr. Ministro Relator. Ausente, justificadamente, o Sr. Ministro Sidnei Beneti."

A essas alturas, o entendimento daquela Egrégia Corte – a Segunda Seção –, já se encontrava pacificado sobre a questão, com citações e transcrições dos acórdãos aqui referidos, mencionados e analisados.

Até a ilustre Ministra Nancy Andrighi, cujo magnífico voto divergente foi analisado em sua Turma, a Terceira, agora, como integrante da Segunda Seção, por óbvio, quedou-se diante da totalidade de pensamentos contrários, acompanhando, por consequência, o entendimento de que, realmente, a cessão fiduciária de direitos sobre títulos de crédito, possuindo a natureza jurídica de propriedade fiduciária, não se sujeita aos efeitos da recuperação judicial (art. 49, § 3º, da Lei 11.101/2005).

Acompanhemos parte do voto e as citações e transcrições efetuadas:

"Outrossim, não procede o argumento de que o dispositivo legal em epígrafe não se aplica aos *créditos de cessão fiduciária de direitos recebíveis*, porquanto, nos moldes do pacífico entendimento desta egrégia Corte, a cessão fiduciária de direitos sobre títulos de crédito possui a natureza jurídica de propriedade fiduciária, não se sujeitando, portanto, aos efeitos da recuperação judicial.

Confiram-se:

RECURSO ESPECIAL. RECUPERAÇÃO JUDICIAL. CONTRATO DE CESSÃO FIDUCIÁRIA DE DUPLICATAS. INCIDÊNCIA DA EXCEÇÃO DO ART. 49, § 3º DA LEI 11.101/2005. ART. 66-B, § 3º DA LEI 4.728/1965.

1. Em face da regra do art. 49, § 3º da Lei nº 11.101/2005, não se submetem aos efeitos da recuperação judicial os créditos garantidos por cessão fiduciária.

2. *Recurso especial provido.* (REsp 1.263.500/ES, Rel. Ministra MARIA ISABEL GALLOTTI, QUARTA TURMA, DJe de 12/4/2013)

RECURSO ESPECIAL. RECUPERAÇÃO JUDICIAL. CÉDULA DE CRÉDITO GARANTIDA POR CESSÃO FIDUCIÁRIA DE DIREITOS CREDITÓRIOS. NATUREZA JURÍDICA. PROPRIEDADE FIDUCIÁRIA. NÃO SUJEIÇÃO AO PROCESSO DE RECUPERAÇÃO JUDICIAL. "TRAVA BANCÁRIA".

1. A alienação fiduciária de coisa fungível e a cessão fiduciária de direitos sobre coisas móveis, bem como de títulos de crédito, possuem a natureza jurídica de propriedade fiduciária, não se sujeitando aos efeitos da recuperação judicial, nos termos do art. 49, § 3º, da Lei nº 11.101/2005.

2. *Recurso especial não provido.* (REsp 1.202.918/SP, Rel. Ministro RICARDO VILLAS BÔAS CUEVA, DJe de 10/4/2013)."

A observação que se faz, é a citação e transcrição das ementas dos julgados anteriormente analisados, que são e serão a base futura para todo qualquer julgamento, seja das Turmas – Terceira e Quarta –, ou mesmo da Segunda Seção.

A certidão do julgamento recebeu a seguinte redação:

"Certifico que a egrégia SEGUNDA SEÇÃO, ao apreciar o processo em epígrafe na sessão realizada nesta data, proferiu a seguinte decisão:

A Seção, por unanimidade, negou provimento ao agravo regimental, nos termos do voto do Sr. Ministro Relator.

Os Srs. Ministros Paulo de Tarso Sanseverino, Maria Isabel Gallotti, Antonio Carlos Ferreira, Ricardo Villas Bôas Cueva, Marco Buzzi, Nancy Andrighi e João Otávio de Noronha votaram com o Sr. Ministro Relator.

Ausente, justificadamente, o Sr. Ministro Sidnei Beneti."

60.8 Quinto e último Recurso AgRg no Recurso Especial número 1.326.851 – MT

O Relator deste recurso é eminente Ministro Sidnei Beneti, tendo o mesmo sido julgado em 19 de novembro de 2013 e publicado no dia 03.12.2013. Embora a situação já esteja mais que pacificada, conforme vimos anteriormente com o acórdão da Segunda Seção (Terceira e Quarta Turmas), esse acórdão é de origem da Terceira Turma, mas entendemos transcrever parte dele e ressaltar que, doravante, seja por qualquer uma das Turmas ou mesmo pela Segunda Seção, desde que o objeto do julgamento seja esta questão da **trava bancária**, o que se vai ver nos acórdãos são as referências e repetições dos julgados passados semelhantes. Como este, cuja ementa e relatório, receberam as seguintes redações:

> "EMENTA
>
> AGRAVO REGIMENTAL. RECURSO ESPECIAL. DIREITO EMPRESARIAL. RECUPERAÇÃO JUDICIAL. CRÉDITO GARANTIDO POR CESSÃO FIDUCIÁRIA. NÃO SUBMISSÃO AO PROCESSO DE RECUPERAÇÃO JUDICIAL. PRECEDENTES.
>
> 1.- Conforme a jurisprudência das Turmas que compõem a Segunda Seção desta Corte o crédito garantido por cessão fiduciária não se submete ao processo de recuperação judicial, uma vez que possui a mesma natureza de propriedade fiduciária, podendo o credor valer-se da *chamada trava bancária*. (grifos nossos).
>
> 2.- Agravo Regimental improvido.
>
> ACÓRDÃO
>
> Vistos, relatados e discutidos os autos em que são partes as acima indicadas, acordam os Ministros da Terceira Turma do Superior Tribunal de Justiça, por unanimidade, negar provimento ao agravo regimental, nos termos do voto do Sr. Ministro Relator. Os Srs. Ministros Paulo de Tarso Sanseverino (Presidente), Ricardo Villas Bôas Cueva, Nancy Andrighi e João Otávio de Noronha votaram com o Sr. Ministro Relator."

O voto do Relator:

> "3. A irresignação não merece prosperar.
>
> 4. A decisão agravada, ao negar provimento ao Recurso Especial dos agravantes, o fez pelos seguintes fundamentos (e-STJ fls. 307/308):
>
> 5. Com efeito, o Acórdão recorrido está em conformidade com a orientação das Turmas que compõem a Segunda Seção desta Corte no sentido de que o crédito garantido por cessão fiduciária não se submete ao processo de recuperação judicial, uma vez que possui a mesma natureza de propriedade fiduciária, podendo o credor valer-se da chamada trava bancária.
>
> Nesse sentido:

RECURSO ESPECIAL. RECUPERAÇÃO JUDICIAL. CÉDULA DE CRÉDITO GARANTIDA POR CESSÃO FIDUCIÁRIA DE DIREITOS CREDITÓRIOS. NATUREZA JURÍDICA. PROPRIEDADE FIDUCIÁRIA. NÃO SUJEIÇÃO AO PROCESSO DE RECUPERAÇÃO JUDICIAL. "TRAVA BANCÁRIA".

1. A alienação fiduciária de coisa fungível e a cessão fiduciária de direitos sobre coisas móveis, bem como de títulos de crédito, possuem a natureza jurídica de propriedade fiduciária, não se sujeitando aos efeitos da recuperação judicial, nos termos do art. 49, § 3º, da Lei nº 11.101/2005.

2. Recurso especial não provido.

(REsp 1.202.918/SP, Rel. Ministro RICARDO VILLAS BÔAS CUEVA, TERCEIRA TURMA, julgado em 07/03/2013, DJe 10/04/2013); e

RECURSO ESPECIAL. RECUPERAÇÃO JUDICIAL. CONTRATO DE CESSÃO FIDUCIÁRIA DE DUPLICATAS. INCIDÊNCIA DA EXCEÇÃO DO ART. 49, § 3º DA LEI 11.101/2005. ART. 66-B, § 3º DA LEI 4.728/1965.

1. Em face da regra do art. 49, § 3º da Lei nº 11.101/2005, não se submetem aos efeitos da recuperação judicial os créditos garantidos por cessão fiduciária.

2. Recurso especial provido.

(REsp 1.263.500/ES, Rel. Ministra MARIA ISABEL GALLOTTI, QUARTA TURMA, julgado em 05/02/2013, DJe 12/04/2013).

Incide, portanto, a Súmula 83/STJ a inviabilizar o apelo (AgRg no Ag 135.461/RS, Rel. Min. ANTONIO DE PÁDUA RIBEIRO, DJU 18.8.97).

5. Verifica-se que, embora evidente o esforço dos agravantes, não trouxeram eles nenhum argumento capaz de alterar os fundamentos da decisão agravada, a qual, frise-se, está absolutamente de acordo com a jurisprudência consolidada desta Corte, devendo, portanto, a decisão agravada, ser mantida por seus próprios fundamentos.

6. Pelo exposto, nega-se provimento ao Agravo Regimental".

Da mesma forma que nos comentários anteriores, a base, a fundamentação, seja da Terceira ou da Quarta Turma ou mesmo da Segunda Seção, será a referência e a transcrição dos julgados anteriores, demonstrando que a questão está pacificada e que os precedentes citados e transcritos refletem a mesma realidade do passado – outros julgados –, assemelhados ao presente.

A certidão desse acórdão recebeu a seguinte redação:

"Certifico que a egrégia TERCEIRA TURMA, ao apreciar o processo em epígrafe na sessão realizada nesta data, proferiu a seguinte decisão:

A Turma, por unanimidade, negou provimento ao agravo regimental, nos termos do voto do(a) Sr(a). Ministro(a) Relator(a).

Os Srs. Ministros Paulo de Tarso Sanseverino (Presidente), Ricardo Villas Bôas Cueva, Nancy Andrighi e João Otávio de Noronha votaram com o Sr. Ministro Relator."

60.9 A Recuperação judicial pode ser um direito inalcançável

Mesmo preenchendo todos os requisitos, condições, exigências legais (artigos 48 e 51 da Lei 11.101/05), mesmo encontrando-se em situação de crise econômico-financeira (art. 47), mesmo a Lei dizendo que estão sujeitos à recuperação judicial todos os créditos existentes na data do pedido, ainda que não vencidos (art. 49), mesmo o impetrante do benefício legal provando por todos os meios que a sua atividade é viável e recuperável, e que assim poderá manter o emprego dos trabalhadores, a manutenção dos interesses dos credores, promovendo, inclusive, a preservação da empresa, sua função social e o estímulo à atividade econômica (art. 47), é possível, ainda assim, que o empresário individual ou a sociedade empresária – os únicos destinatários da Lei 11.101/05 –, não possam usufruir os potenciais benefícios desse diploma legal.

A hipótese, podem pensar, é risível, mas é de uma profunda e incontestável verdade, que pode levar à falência uma atividade que detenha todos os predicados mencionados no parágrafo anterior. Basta que a situação de crise econômico-financeira dessa atividade tenha por origem empréstimos adquiridos junto às instituições financeiras sob a modalidade de alienação fiduciária, incluindo-se as suas variações, assim como os ACCs Adiantamentos a Contratos de Câmbio, que estudaremos logo abaixo (§4º do art. 49).

60.10 Um exemplo, dentre centenas, talvez milhares

Um exemplo muito comum: uma indústria de confecção de roupas finas, que só produz seus artigos com tecidos importados. Para obter a matéria-prima, utiliza-se dos ACCs Adiantamentos de Contratos de Câmbio, enquanto internamente, todas as vendas efetuadas no atacado com prazos de 30, 45, 60 ou mais dias, são garantidas por duplicatas que decorrem das respectivas faturas, as quais são remetidas aos bancos que só emprestam por essa modalidade – cessão fiduciária de títulos de crédito. Nenhuma dessas espécies de empréstimo sujeita-se aos efeitos da recuperação judicial. O STJ já pacificou este entendimento, conforme estudado sobre a "cronologia da trava bancária no STJ". Da mesma forma, quando do estudo dos ACCs logo a seguir, veremos também que o posicionamento do STJ é o mesmo.

Ocorrendo, portanto, o exemplo acima ou qualquer outro semelhante, se materializaria a frase acima por nós criada, parafraseando ao contrário o artigo 49 da Lei 11.101/05, e que pode constar de um despacho indeferitório por qualquer juiz distribuído, de que "não está sujeito à recuperação judicial **nenhum crédito deste devedor**, nem vencidos e tampouco os a vencer, pois todos eles estão 'blindados' quanto à impetração do presente pedido de recuperação judicial, conforme os precisos termos do § 3º do artigo 49 da Lei 11.101/05. De consequência, decreto a falência...".

60.11 No STJ, a questão está pacificada. A matéria é infraconstitucional

O que fazer? O STJ, tanto na Terceira quanto na Quarta Turmas – ambas competentes para julgar questões originadas da Lei 11.101/05 –, já pacificaram o entendimento acima exposto; e ainda, a 2ª Seção deste Tribunal, composta pelas duas Turmas acima aludidas – a Terceira e a Quarta –, também firmaram, à unanimidade, o mesmo entendimento (tudo detalhado nos estudos da **trava bancária no STJ**). Não haverá, por consequência, nenhum incidente de uniformização da jurisprudência, até porque esta já está uniformizada entre as Turmas (terceira e Quarta) e na própria 2ª Seção, que seria a competente para processar e julgar os incidentes de uniformização de jurisprudência, na hipótese de ocorrer divergência na interpretação do direito entre as Turmas que as integram (o que já foi superado), fazendo editar a respectiva súmula, conforme dispõe o inciso IX, do Artigo 12, do Regimento Interno do Superior Tribunal de Justiça, conforme o sítio do STJ <http://www.stj.jus.br/publicacaoseriada/index.php/regimento/article/viewFile/1452/1721>. Acesso em: 05 fev. 2014.

60.12 A confirmação da autorresposta do Ministro Luis Felipe Salomão

Em comentários alhures dávamos destaque à indagação do emérito Ministro do STJ, Luis Felipe Salomão, componente da Quarta Turma e da 2ª Seção, Presidente desta, conforme o sitio do STJ <http://www.stj.gov.br/portal_stj/publicacao/engine.wsp?tmp.area=431>. Acesso em: 05 fev. 2014, eis que, na obra publicada junto com o ilustre advogado e Professor Paulo Penalva Santos, *Recuperação Judicial, Extrajudicial e Falência*, o mesmo se indagava do por que do aumento da concessão de empréstimos pelas instituições financeiras na modalidade de **cessão fiduciária de direitos de créditos** como garantia nos financiamentos, inclusive, nas operações de capital de giro, frente à utilização cada vez mais rara do penhor de direitos de crédito, destacando que esta última modalidade, anteriormente, era dominante nessa forma de financiamento.

O próprio Ministro Luis Felipe Salomão, de imediato, se autorespondeu, "A preferência pela cessão fidciária de créditos em detrimento do penhor, ao que tudo indica, decorre exclusivamente da suposta diferença de tratamento de ambas as figuras na recuperação judicial e na falência (grifei). (SALOMÃO; SANTOS, 2012, p. 211) (como no original).

Era um prenúncio do futuro próximo que todos nós, operadores do direito, viveríamos. Inclusive o ínclito Ministro Luis Felipe Salomão, com muito mais intensidade, pois integrante da Quarta Turma do STJ (uma das que tem competência para julgar questões originadas da Lei 11.101/05), e porque também ali na sua Casa e sob a sua Presidência (a da 2ª Seção), – órgão jurisdicional de última instância a quem compete processar e julgar, se ocorresse a hipótese de divergência de interpretação do direito entre as Turmas que a integram – a Terceira e a Quarta –, os incidentes de uniformização de jurisprudência.

Embora tenha dito o Ministro Luis Felipe Salomão, quando da edição da citada obra, no ano de 2012, que até aquele momento "nenhum julgado ainda, no âmbito do Superior Tribunal de Justiça, destarte, analisou o mérito da questão em exame", nas mesmas páginas 211 de sua obra citada.

O que se observa hoje é uma tendência muito grande das instituições financeiras se utilizarem das modalidades de empréstimos – como a **cessão fiduciária de créditos** –, porque, como disse o emérito Ministro Luis Felipe Salomão em sua autoresposta, "... ao que tudo indica, decorre exclusivamente da suposta diferença de tratamento de ambas as figuras na recuperação judicial e na falência".

Nada obstante tenha o Ministro amenizado o seu ponto de vista sobre a questão quando disse "...**da suposta** diferença...", quem o leu, por certo, não alimentaria qualquer esperança e tampouco viveria uma expectativa de que, quando lá no STJ – a última instância para conhecer e julgar questões como a presente – matéria infraconstitucional –, chegasse, o que ele próprio denominou primeiramente no STJ de **trava bancária** para se julgar o mérito da questão, que ele votasse diferentemente do que fez, ou seja, excluindo-a dos efeitos da recuperação judicial. Como analisamos acima, no primeiro caso da cronologia da trava bancária no STJ, a Relatora Ministra Maria Isabel Gallotti votou no mesmo sentido, tendo o ilustre Ministro Luis Felipe Salomão pedido voto-vista, mas, em absolutamente nada mudou a confirmação da exclusão da **trava bancária** dos efeitos da recuperação judicial.

Em respeito ao posicionamento do Ministro Luis Felipe Salomão, lançado neste Resp 1263500/ES, Rel. Ministra Maria Isabel Gallotti, QUARTA TURMA, julgado em 05/02/2013, DJe 12/04/2013), o mesmo a ele fez referências quando foi Relator do AgRg no Recurso Especial número 1.181.533 – MT, DJe de 10.12.2013, justificando o seu entendimento àquela época – 05.02.2013 –, mas que, aproximadamente 10 (dez) meses depois, em observância ao princípio da colegialidade, fazia ressalvas ao seu entendimento pessoal, mas que entendia dever aplicar o entendimento da maioria formado nas turmas de Direito Privado, referindo-se às Terceira e Quarta Turmas, tomamos a liberdade de transcrever desse último a Ementa, o acórdão, o voto do Ministro Relator e, por fim, o seu antigo posicionamento e a ressalva a este:

"EMENTA

AGRAVO REGIMENTAL EM RECURSO ESPECIAL. DIREITO EMPRESARIAL. RECUPERAÇÃO JUDICIAL. CRÉDITOS RESULTANTES DE

ARRENDAMENTO MERCANTIL E COM GARANTIA FIDUCIÁRIA. NÃO SUBMISSÃO À RECUPERAÇÃO.

1. Interpretando o art. 49, § 3º, da Lei n. 11.101/2005, a jurisprudência entende que os créditos decorrentes de arrendamento mercantil ou com garantia fiduciária – inclusive os resultantes de cessão fiduciária – não se sujeitam aos efeitos da recuperação judicial.

2. Agravo regimental não provido."

"ACÓRDÃO

Vistos, relatados e discutidos estes autos, os Ministros da QUARTA Turma do Superior Tribunal de Justiça acordam, na conformidade dos votos e das notas taquigráficas a seguir, por unanimidade, negar provimento ao agravo regimental, nos termos do voto do Sr. Ministro Relator. Os Srs. Ministros Raul Araújo (Presidente), Maria Isabel Gallotti e Antonio Carlos Ferreira votaram com o Sr. Ministro Relator."

"VOTO

O SENHOR MINISTRO LUIS FELIPE SALOMÃO (Relator):

2. Não se vislumbra razão para a reforma da decisão ora impugnada, motivo pelo qual submeto seus fundamentos ao referendo do Colegiado:

3. Quanto ao mais, a controvérsia orbita a aplicação do art. 49, § 3º, da Lei de Recuperação e Falência, no que concerne a créditos bancários eleitos pelo legislador como privilegiados, a ponto de não se submeterem à recuperação judicial.

A despeito do esforço argumentativo e inconformismo dos recorrentes, a jurisprudência da Casa não acolhe a tese desenvolvida no recurso especial. Entende-se que os créditos decorrentes de arrendamento mercantil ou com garantia fiduciária – inclusive os resultantes de cessão fiduciária – não se sujeitam aos efeitos da recuperação judicial.

Nesse sentido, confiram-se os precedentes:

RECURSO ESPECIAL. RECUPERAÇÃO JUDICIAL. CÉDULA DE CRÉDITO GARANTIDA POR CESSÃO FIDUCIÁRIA DE DIREITOS CREDITÓRIOS. NATUREZA JURÍDICA.

PROPRIEDADE FIDUCIÁRIA. NÃO SUJEIÇÃO AO PROCESSO DE RECUPERAÇÃO JUDICIAL. "TRAVA BANCÁRIA".

1. A alienação fiduciária de coisa fungível e a cessão fiduciária de direitos sobre coisas móveis, bem como de títulos de crédito, possuem a natureza jurídica de propriedade fiduciária, não se sujeitando aos efeitos da recuperação judicial, nos termos do art.

49, § 3º, da Lei nº 11.101/2005.

2. Recurso especial não provido.

(REsp 1202918/SP, Rel. Ministro RICARDO VILLAS BÔAS CUEVA, TERCEIRA TURMA, julgado em 07/03/2013, DJe 10/04/2013)

RECURSO ESPECIAL. RECUPERAÇÃO JUDICIAL. CONTRATO DE CESSÃO FIDUCIÁRIA DE DUPLICATAS. INCIDÊNCIA DA EXCEÇÃO DO ART. 49, § 3º DA LEI 11.101/2005. ART. 66-B, § 3º DA LEI 4.728/1965.

1. Em face da regra do art. 49, § 3º da Lei nº 11.101/2005, não se submetem aos efeitos da recuperação judicial os créditos garantidos por cessão fiduciária.

2. Recurso especial provido.

(REsp 1263500/ES, Rel. Ministra MARIA ISABEL GALLOTTI, QUARTA TURMA, julgado em 05/02/2013, DJe 12/04/2013)".

RESSALVA DO ENTENDIMENTO DO MINISTRO:

"No último precedente acima citado, em voto vista proferido, fiz ressalva de entendimento que, em princípio, socorreria os interesses dos ora recorrentes:

Com efeito, a solução que se me afigura correta é a que harmoniza a situação da empresa em crise e as garantias do credor fiduciário, de modo que os valores recebíveis mediante o instrumento de cessão fiduciária não sejam simplesmente diluídos para o pagamento dos outros credores submetidos ao Plano, tampouco liquidados extrajudicialmente pelo credor fiduciário na satisfação do próprio crédito, sem a interferência judicial.

Assim, reconheço que o crédito garantido por cessão fiduciária de título não faz parte do Plano de Recuperação Judicial, mas sua liquidação deverá ser sindicada pelo Juízo da recuperação, a partir da seguinte solução:

i) os valores deverão ser depositados em conta vinculada ao Juízo da recuperação, os quais não serão rateados para o pagamento dos demais credores submetidos ao Plano;

ii) o credor fiduciário deverá pleitear ao Juízo o levantamento dos valores, ocasião em que será decidida, de forma fundamentada, sua essencialidade ou não – no todo ou em parte – ao funcionamento da empresa;

iii) no caso de os valores depositados não se mostrarem essenciais ao funcionamento da empresa, deverá ser deferido o levantamento em benefício do credor fiduciário.

Não obstante, a mencionada reserva de entendimento não foi acolhida pela Quarta Turma, que adotou solução segundo o qual o Juízo da recuperação não deve embaraçar a satisfação dos mencionados créditos, salvo na hipótese de retirada de bens de capital (categoria na qual o dinheiro não se enquadra) essenciais ao funcionamento da empresa.

Assim, em observância ao princípio da colegialidade, ressalvo meu entendimento pessoal, mas devo aplicar o entendimento da maioria formado nas Turmas de Direito Privado.

3. Diante do exposto, nego provimento ao agravo regimental.

É como voto."

60.13 A trava bancária é a falência da recuperção judicial

Lamentavelmente, o trocadilho ANTERIOR é também mais uma irrefutável verdade. Com a confirmação pelo STJ de que a **trava bancária** não está sujeita aos efeitos da recuperação judicial, e isso é recente, do final do último ano de 2013, as instituições financeiras, como já vimos observando ultimamente, por certo, concentrarão suas operações de concessão de empréstimos só nessa modalidade, decretando, assim, literalmente, a falência do instituto da recuperação judicial.

60.14 Cumprida a profecia do Mestre e jurisconsulto Manoel Justino Bezerra Filho

É, como disse este gigante da Lei 11.101/05, que ela passaria a ser conhecida como "lei de recuperação do crédito bancário" ou "crédito financeiro". A confirmação pelo Superior Tribunal de Justiça de que créditos de tais natureza – **cessão fiduciária de créditos (a trava bancária)** – estão fora da recuperação judicial, confirma as predições do eminente jurista Manoel Justino Bezerra Filho. De outro lado, decreta, a nosso ver, a falência do instituto da recuperção judicial, pois, que força terá agora o empreendedor – o empresário individual e a sociedade empresária – para, diante das sempre urgentes necessidades de contratação de empréstimos bancários, não se submeterem à vontade soberana das instituições financeiras de contratarem só na modalidade **cessão fiduciária de créditos**?

60.15 A solução, nos parece, é a modificação da Lei

Por fim, a Lei 11.101/05 está em pleno vigor e em seu artigo 40, § 3º, excluiu da recuperação judicial os créditos que tenham a natureza de **credor titular da posição de proprietário fiduciário**. A nossa mais alta Corte para decidir sobre matéria infraconstitucional – o STJ –, julgou e pacificou a sua jurisprudência, no sentido de que a denominada **trava bancária – cessão fiduciária de títulos de crédito** –, não está sujeita à recuperação judicial. Nos parece agora só restar o caminho de se trabalhar no sentido de modificação da Lei, aliás, o que foi alertado pela Ministra do STJ, Nancy Andrighi, em linhas volvidas, quando em seu brilhante voto, trazendo à discussão o Projeto de Lei número 4.586/09 em trâmite na Câmara Federal, de autoria do Deputado Federal Carlos Bezerra, que tem por fundamento único a modificação do teor deste § 3º do artigo 49 da Lei 11.101/05.

Vale a pena transcrever abaixo parte da opinião da ilustre Ministra Nancy Andrighi, acima transcrita na integralidade, bem como a nova redação que o citado Deputado Federal Carlos Bezerra quer dar ao § 3º do arrigo 49, antes que, literalmente, se veja o instituto da recuperação judicial no estado de faldo."

> "Aliás, com vistas a evitar o surgimento de qualquer dúvida na exegese do § 3º do art. 49 da Lei nº 11.101/05, o Deputado Federal Carlos Bezerra apresentou o Projeto de Lei nº 4.586/09, propondo seja dada nova redação ao *caput* da norma, para consignar expressamente que "estão sujeitos à recuperação judicial todos os créditos existentes na data do pedido, **inclusive aqueles garantidos por cessão fiduciária de títulos de crédito**, ainda que não vencidos" (grifei). (como no original).
>
> § 4º Não se sujeitará aos efeitos da recuperação judicial a importância a que se refere o inciso II do art. 86 desta Lei.

61. ACC – ADIANTAMENTO A CONTRATO DE CÂMBIO

Diz o mencionado artigo 86, inciso II, da Lei 11.101/05, que, proceder-se-á à restituição em dinheiro:

> "I (...)
>
> II – da importância entregue ao devedor, em moeda corrente nacional, decorrente de adiantamento a contrato de câmbio para exportação, na forma do art. 75, §§ 3º e 4º, da Lei no 4.728, de 14 de julho de 1965, desde que o prazo total da operação, inclusive eventuais prorrogações, não exceda o previsto nas normas específicas da autoridade competente."

Segundo os sábios ensinamentos do mestre Manoel Justino Bezerra Filho,

> "o exportador nacional promete vender mercadorias ao importador estrangeiro por meio de contrato de venda internacional, de tal forma que adquire um crédito a ser pago, dentro de determinado prazo, pelo importador estrangeiro, ou seja, o preço da mercadoria prometida à venda. Ao fechar o contato de câmbio com o banco nacional para a viabilização da entrada do dinheiro estrangeiro no País, o exportador brasileiro consegue do banco esse tipo de financiamento por adiantamento a contrato de câmbio. Dessa forma, o banco adianta ao exportador brasileiro os reais relativos à moeda estrangeira que deverá ser entregue no prazo estabelecido no contrato de compra e venda firmado entre exportador brasileiro e exportador estrangeiro." (BEZERRA FILHO, 2011, p. 139)

Para o ilustre escritor, e por este tipo de empréstimo também não se sujeitar aos efeitos da recuperação judicial, será mais um óbice para se conseguir esses fins.

Mais uma vez, com razão o mestre Manoel Justino, vez que o próprio Superior Tribunal de Justiça, no Recurso Especial número 1.279.525 – PA, cujo Relator é o Ministro Ricardo Villas Boas Cueva, da Terceira Turma, ao julgar o Recurso

Especial de uma empresa mineradora, cuja maioria dos débitos eram decorrentes desse tipo de empréstimo – o ACC – Adiantamento a contrato de câmbio –, não logrou êxito frente à disposição legal, recebendo a seguinte ementa:

> "RECURSO ESPECIAL. RECUPERAÇÃO JUDICIAL. ADIANTAMENTO A CONTRATO DE CÂMBIO – ACC. PRESERVAÇÃO DA EMPRESA. ARTS. 47 e 49, § 4°, DA LEI N° 11.101/05.
>
> 1. As execuções de títulos de adiantamento a contrato de câmbio – ACC não se sujeitam aos efeitos da recuperação judicial (art. 49, § 4°, da Lei n° 11.101/05). Precedentes.
>
> 2. Sem declaração de inconstitucionalidade, as regras da Lei n° 11.101/05 sobre as quais não existem dúvidas quanto às hipóteses de aplicação, não podem ser afastadas a pretexto de se preservar a empresa.
>
> 3. Recurso especial provido."

Esse Recurso Especial foi objeto de alguns comentários quando da análise do § 3° deste artigo 49, em que a Ministra Nancy Andrighi fez referências a ele, dizendo que havia proferido voto-vista mas que o julgamento ainda não havia encerrado. Agora, mostramos que efetivamente o citado julgamento encerrou-se, e que, lamentavelmente, o seu belo voto ficou vencido.

Este § 4° é também mais uma proteção que o legislador concedeu às instituições financeiras, pois, simplesmente, diz que **não se sujeitará aos efeitos da recuperação judicial a importância a que se refere o inciso II do art. 86 desta Lei**. E ao verificarmos o contido para o qual fomos remetidos, encontramos mais uma proteção às instituições financeiras, especificamente sobre o ACC – Adiantamento a Contrato de Câmbio, que não se sujeitam aos efeitos da recuperação judicial.

Nada obstante o mesmo sentido dado pelo legislador e pelos eminentes Ministros do STJ nos dispositivos contidos nos §§ 3° e 4° deste artigo 49 da Lei 11.101/05, mas cada um com suas peculiaridades, vamos explorar um pouco mais as disposições deste último parágrafo sob estudos – o 4°, por meio das lições extraídas das exposições do eméritos Ministros do STJ, no julgamento do Resp número 1.279.525 – PA.

De início, o Ministro Relator expõe que:

> "Trata-se de recurso especial interposto por HSBC Bank Brasil S.A. Banco Múltiplo, com fundamento no art. 105, inciso III, alíneas a e c, da Constituição Federal, contra acórdão proferido pelo Tribunal de Justiça do Estado do Pará, assim ementado:
>
> "DIREITO EMPRESARIAL – CRISE FINANCEIRA – MUNDIAL EXPORTAÇÃO DE MINÉRIO DE FERRO – SIDERÚRGICA – RECUPERAÇÃO JUDICIAL – PRINCÍPIO DA PRESERVAÇÃO DA EMPRESA. NATUREZA EXTRA-CONCURSAL DOS CONTRATOS DE ADIANTAMENTO DE

CÂMBIO. EXECUÇÃO DOS CRÉDITOS (ART. 49, 4º DA LEI 11.101/05) EM COLISÃO COM O PRINCÍPIO GERAL DA NORMA (ART. *47 DA LEI 11.101*/05)- HAVENDO CONFLITO ENTRE FUNDAMENTOS DA MESMA NORMA (ART. 47 E ART. 49, 4º DA LEI 11.101/05) CUMPRE AO JUÍZO CONTEMPLAR QUAL DISPOSITIVO DEVERÁ CEDER LUGAR AO OUTRO COM VISTA A APLICABILIDADE MAIS HARMÔNICA E AO RESULTADO JURIDICAMENTE MAIS ADEQUADO – SUJEIÇÃO DOS ACCS AOS EFEITOS DA RECUPERAÇÃO JUDICIAL – DECISAO EM CONSONÂNCIA COM OS OBJETIVOS DA REPÚBLICA, E COM OS PRINCÍPIOS DA ORDEM ECONÔMICA CONSTITUCIONALMENTE PREVISTOS (ART. 3º E 170 DA CF/88) – RECURSO CONHECIDO E PROVIDO – MAIORIA DE VOTOS. I. A pedra angular da Lei de Recuperação de Empresas (nº 11.101/2005) é o princípio da preservação da empresa, que compreende a continuidade das atividades de produção de riquezas sempre que possível;

II. O art. 47 da LRE não é apenas uma norma programática, e sim principiológica, alinhando-se perfeitamente a pelo menos dois dos objetivos fundamentais da República previstos no art. 3º da CR garantir o desenvolvimento nacional (II) e reduzir as desigualdades sociais e regionais;

III. Constatada a impossibilidade fática de coexistência harmônica entre os preceitos dos arts. 47 e 49, 4º da Lei de Recuperação de Empresas, deve, o aplicador do direito optar por aquele que melhor se alinha aos objetivos da Republica e aos princípios constitucionais da ordem econômica; (...)".

A questão sob análise neste Resp é que a Recorrida, a Siderúrgica e devedora/recuperanda, e conforme se depreende, afirma o Relator,

> 'Segundo o Tribunal de origem, observadas as circunstâncias dos autos – em que mais da metade das dívidas da empresa seriam de ACCs, afigurando-se então quase inócua a recuperação concedida sem a sujeição daqueles –, a regra do 4º do art. 49 da Lei nº 11.101/05 estaria em conflito com o preceito do próprio art. 47 da mesma lei, representando a primeira praticamente a negação da segunda, sendo que esta, por veicular propósitos mais elevados, deveria prevalecer no caso concreto."

O Tribunal de origem, diante da situação que se lhe apresentava, qual seja, a de que a grande maioria dos débitos da Recorrida era de ACC, que não se sujeitam aos efeitos da recuperação judicial (§ 4º do art. 49), mas, por certo, por entender que a devedora era recuperável, sensibilizou-se, e diante do princípio que lhe pareceu primordial – o da conservação da empresa (art. 47) –, optou por aplicá-lo em seu julgamento, alegando até mesmo que a execução dos créditos entrara em colisão com o princípio geral da norma, e que por isso, houve conflito entre fundamentos da mesma norma.

O ilustre Relator, após demonstrar seu entendimento de que a questão não deveria ser tratada da forma posta pelo Tribunal de origem, citou e transcreveu o julgado abaixo que, demonstra que a 2ª Seção do STJ já tinha entendimento pacificado sobre a questão de ACCs:

> "COMERCIAL E PROCESSUAL CIVIL. ACÓRDÃO ESTADUAL. NULIDADE NÃO CONFIGURADA. FALÊNCIA. ADIANTAMENTO DE CONTRATO DE CÂMBIO. VALOR PERTENCENTE AO CREDOR, NAO À MASSA. IMPOSSIBILIDADE DE PRETERIÇÃO FRENTE A CRÉDITOS TRABALHISTAS. RESTITUIÇAO DEVIDA. SÚMULA N. 307/STJ. I. Não padece de nulidade o acórdão estadual que enfrenta suficientemente as questões essenciais ao deslinde da controvérsia, apenas por conter conclusão desfavorável à parte.
>
> II. Constitui entendimento pacificado na 2a Seção do Superior Tribunal de Justiça, que o adiantamento de contrato de câmbio, por representar patrimônio do credor em poder da falida e não bem da Massa, não pode ser preterido em favor de créditos trabalhistas, cabendo ser restituído ao banco titular, antes do pagamento daqueles.
>
> III. Recurso especial conhecido em parte e provido."
>
> (REsp nº 486.240/RS, Rel. Ministro Aldir Passarinho Júnior, Quarta Turma, DJe 5/5/2008)".

De consequência, o nobre Relator, após longa exposição, conheceu do Recurso especial e lhe deu provimento, oportunidade em que a Ministra Nancy Andrighi solicitou voto-vista, o qual, apesar de belíssimo e muito bem fundamentado, ao final, restou vencido, conforme nossos comentários quando dos estudos do § 3º acima.

> § 5º Tratando-se de crédito garantido por penhor sobre títulos de crédito, direitos creditórios, aplicações financeiras ou valores mobiliários, poderão ser substituídas ou renovadas as garantias liquidadas ou vencidas durante a recuperação judicial e, enquanto não renovadas ou substituídas, o valor eventualmente recebido em pagamento das garantias permanecerá em conta vinculada durante o período de suspensão de que trata o § 4º do art. 6º desta Lei.

62. CRÉDITO GARANTIDO POR PENHOR SOBRE TÍTULOS DE CRÉDITOS

Este parágrafo 5º determina que, durante o prazo de suspensão das execuções das ações e execuções contra quem se encontra em recuperação judicial, o valor que ele pagar ao credor que tem garantias de penhor de títulos de credito, direitos creditórios, aplicações financeiras ou valores mobiliários, deverá ficar depositado em conta vinculado ao juizo da recuperação. Para Manoel Justino,

"(...) todos os papéis que ao menos teoricamente se transformam em dinheiro no momento do vencimento, em tais casos as garantias podem ser substituídas ou renovadas.

Um exemplo demonstra a extensão exata deste artigo. Se o devedor tem um débito com um banco e entregou a este banco notas promissórias de terceiro, este terceiro, não sujeito a qualquer efeito da recuperação, deverá fazer normalmente o pagamento quando do vencimento. Em uma situação normal, o banco abateria o valor recebido da dívida e ficaria com o dinheiro. Este parágrafo prevê que aquela garantia pode ser substituída e, portanto, o dinheiro recebido viria diretamente para a empresa em recuperação" (BEZERRA FILHO, 2011, p. 141).

Art. 50. Constituem meios de recuperação judicial, observada a legislação pertinente a cada caso, dentre outros:

I – concessão de prazos e condições especiais para pagamento das obrigações vencidas ou vincendas;

II – cisão, incorporação, fusão ou transformação de sociedade, constituição de subsidiária integral, ou cessão de cotas ou ações, respeitados os direitos dos sócios, nos termos da legislação vigente;

III – alteração do controle societário;

IV – substituição total ou parcial dos administradores do devedor ou modificação de seus órgãos administrativos;

V – concessão aos credores de direito de eleição em separado de administradores e de poder de veto em relação às matérias que o plano especificar;

VI – aumento de capital social;

VII – trespasse ou arrendamento de estabelecimento, inclusive à sociedade constituída pelos próprios empregados;

VIII – redução salarial, compensação de horários e redução da jornada, mediante acordo ou convenção coletiva;

IX – dação em pagamento ou novação de dívidas do passivo, com ou sem constituição de garantia própria ou de terceiro;

X – constituição de sociedade de credores;

XI – venda parcial dos bens;

XII – equalização de encargos financeiros relativos a débitos de qualquer natureza, tendo como termo inicial a data da distribuição do pedido de recuperação judicial, aplicando-se inclusive aos contratos de crédito rural, sem prejuízo do disposto em legislação específica;

XIII – usufruto da empresa;

XIV – administração compartilhada;

XV – emissão de valores mobiliários;

XVI – constituição de sociedade de propósito específico para adjudicar, em pagamento dos créditos, os ativos do devedor.

§ 1º Na alienação de bem objeto de garantia real, a supressão da garantia ou sua substituição somente serão admitidas mediante aprovação expressa do credor titular da respectiva garantia.

§ 2º Nos créditos em moeda estrangeira, a variação cambial será conservada como parâmetro de indexação da correspondente obrigação e só poderá ser afastada se o credor titular do respectivo crédito aprovar expressamente previsão diversa no plano de recuperação judicial.

63. A LEI 11.101/05 POSSIBILITA A NEGOCIAÇÃO ENTRE CREDOR E DEVEDORES

Ao contrário dos restritivos meios proporcionados pelo Decreto-Lei número 7.661/45 para a antiga Concordata Preventiva – dilatórios, remissórios ou mistos, a Lei 11.101/05, em seu artigo 50, quando trata dos meios de recuperação judicial, abriu um leque que, enquanto dentro da legalidade, pode-se usar a exagerada expressão de interminável. Discriminou, especificamente, 16 (dezesseis) itens neste arrtigo 50, mas que não se reduzem a somente 16 (dezesseis) meios de recuperação como se cada item fosse destinado a cada meio. Por exemplo, no item II, temos mais de 4 (quatro) meios de recuperação expressos. Se isso não fosse o bastante, o final da redação do artigo 50 diz **dentre outros**, não os especificando, entretanto.

A verdade é que esse novo diploma legal disponibiliza para devedor e credores uma verdadeira e interminável série de opções para que encontrem um verdadeiro caminho para a efetiva reestruturação da atividade. Não é que todos os meios previstos no artigo 50 e mais quaisquer outros, desde que legais, necessariamente serão aplicados em uma recuperação judicial. A Lei diz que constituem meios de recuperação judicial, querendo dizer que qualquer um deles ou mais que um podem ser utilizados para os fins.

Até mesmo porque, como no direito cada caso é um caso, há que se analisar com profundidade a situação de um ponto de vista genérico da empresa para, a partir daí, conhecer-se especificamente as suas necessidades (que são próprias e peculiares a cada uma) para se saber o que é melhor para os fins de reerguimento, especialmente qual o meio ou quais os meios que serão mais objetivos, práticos, e que podem encontrar nos credores a reciprocidade necessária para que se alcance os fins objetivados com o êxito necessário.

Uma atividade que em um processo de recuperação apresente um plano de recuperação em que conste meios completamente inconsistente, com certeza não quer recuperar-se e pode mesmo até querer uma falência, pois, com toda certeza, ao se chegar nas deliberações de uma assembleia-geral de credores, estes, por si ou por profissionais habilitados saberão da consistência ou não para a viabilização daquela recuperação frente ao plano apresentado. E, como determina a Lei, não sendo o plano aprovado, modificado com a aquiescência do devedor, necessariamente será rejeitado, cuja consequência legal é a falência. Nessa hipótese, acreditamos que um pedido de falência requerida pelo próprio devedor, conforme faculdade do artigo 105 – a conhecida autofalência –, terá resultados mais práticos.

Mas pode ocorrer que não haja por parte de qualquer credor, qualquer rejeição ao plano de recuperação apresentado pelo devedor. Se essa hipótese absurda – absurda porque ou um ou outro credor se manifestará contra ou parte ou todo o plano – acontecer, as coisas se tornam mais práticas, menos onerosas, vez que diante da não rejeição, e entendendo o juiz que o plano obedece os mandamentos da Lei, o homologa, sem a necessidade de se publicar edital para convocação da assembleia-geral de credores e, por consequência, concede a recuperação judicial.

Mas, como sempre existem rejeições ao plano apresentado, há a necessidade de ficarem frente a frente credor e devedores, pois quis o legislador que a situação assim fosse resolvida, pois ninguém melhor do que os próprios protagonistas deste evento, por meio da abertura que a Lei concede aos mesmos, podem, por meio de meios de recuperação judicial consistentes e bem expostos no plano de recuperação judicial, pelo diálogo e pela realidade documental exposta em uma assembleia-geral de credores, encontrar uma situação louvável para todas as partes, sabendo-se, entretanto que, como muito bem diz Jorge Lobo, é "um momento de sacrifício" e que, nessas situações, não se pode negociar sem a presença da "ética da solidariedade".

64. OS DIVERSOS MEIOS DE RECUPERAÇÃO JUDICIAL

64. 1 Concessão de prazos e condições especiais para pagamento das obrigações vencidas ou vincendas

O legislador, se agiu por uma lógica, o fez, a nosso ver, corretamente, já que o que, em termos gerais, mais se utiliza em uma negociação de um plano de recuperação judicial é, sem dúvida, a elasticidade dos prazos e em condições não só especiais, mas, às vezes, muito especiais para o devedor cumprir com sua responsabilidade junto ao credor. Como dissemos, não só um meio de recuperação pode ser utilizado, assim como também, necessariamente, nem todos serão utilizados em uma mesma recuperação. Mas, como já decorre da própria Lei em seu art. 47, que a recuperação judicial tem por objetivo viabilizar a superação da situação de crise econômico-financeira do devedor, naturalmente se encontrará em qualquer pretendente, como o primeiro dos maiores problemas, a crise econômico-financeira.

Daí, sendo a atividade recuperável, pois, se não o for a própria Lei diz que ela deve sair do mercado, a cuidadosa elaboração de um plano em que conste, dependendo do estado de cada devedor, até mesmo uma carência além dos 6 (seis) meses de suspensão das ações e execuções, carência que pode ser vinculada a tantos meses após a aprovação do plano em assembleia-geral de credores, além do alongamento da dívida pelo prazo que se entender necessário. Pode-se também incluir no plano deságios em valores variados, entre outros, pois o que a Lei diz neste inciso I é que o meio previsto implica na concessão de prazos e condições especiais para o pagamento, pelo devedor, das obrigações vencidas e vincendas, em condições especiais. Se passar na AGC, muito bem. Se não, há que se abrir as negociações com os devedores para se obter vantagens o mais próximo possível das plantadas no plano de recuperação judicial.

64.2 Cisão, incorporação, fusão ou transformação de sociedade, constituição de subsidiária integral, ou cessão de cotas ou ações, respeitados os direitos dos sócios, nos termos da legislação vigente

Conforme dispõe o *caput* do artigo 50, há que se observar, quando da aplicação de qualquer plano em uma recuperação judicial, a respectiva legislação. É o que se deve observar quando da realização de qualquer uma das operações acima, cujas previsões legais encontram-se no Código Civil, em seus artigos 1.113 e seguintes – Da Transformação, da Incorporação, da Fusão e da Cisão das Sociedades –, com aplicação nas sociedades em geral, e artigo 220 e seguintes da Lei 6.404/76 (Lei das Sociedades Anônimas), que trata também da Transformação, Incorporação, Fusão e Cisão das companhias.

Pode ocorrer que, em um caso específico, além da situação de crise econômico-financeira em que se encontre um devedor, veja ele num dos institutos acima mais um meio no sentido de viabilização da recuperação da sua atividade, e o inclua no respectivo plano de recuperação. Aos olhos do credor, isso causa impressão, mas há a necessidade absoluta de uma especificação altamente detalhada e pormenorizada de como se vai aplicar o instituto ou institutos que serão utilizados para o reerguimento da atividade.

Assim, por exemplo, se a hipótese for uma fusão, não basta para uma palpável consistência no plano as meras alegações que, dentre outras medidas, o devedor fará uma fusão. Não! Há que se descer a detalhes e pormenorizar no plano que esta fusão será feita, se aprovada na AGC, com a empresa X mais Y, que vai agregar à recuperanda estes e aqueles melhoramentos, etc. Se possível, inclusive juntar um instrumento em que as partes se comprometem com a fusão, trazendo também ao plano os demonstrativos contábeis da interessada, bem como seus representantes para se fazerem presentes na AGC e estarem aptos a serem questionados. A coisa é assim mesmo, muito séria.

Em síntese, os institutos ora sob estudos, são, resumidamente:

(i) Incorporação: uma ou mais sociedades são absorvidas por uma terceira que sucede as incorporadas na sua plenitude;

(ii) Cisão: uma sociedade transfere parte de seu patrimônio para uma ou mais sociedades, extinguindo-se a sociedade original se houver transferência integral do patrimônio e permanecendo existente se a transferência for de apenas parte;

(iii) Transformação: conforme o próprio nome diz, é a operação pela qual uma sociedade se transforma de um tipo para outro, por exemplo, uma sociedade simples se transforma em limitada;

(iv) Fusão: é a operação onde duas ou mais sociedades se unem para a formação de uma terceira, constituindo, assim, uma nova sociedade;

(v) Constituição de subsidiária integral: segundo o artigo 251 da Lei 6.404/76, a companhia pode ser constituída, mediante escritura pública, tendo como único acionista sociedade brasileira, que deve ser necessariamente uma sociedade brasileira, para um determinado fim de interesse da sociedade brasileira original; e,

(vi) Cessão de cotas ou ações: referindo-se, por óbvio, aos ativos da sociedade em processo de recuperação, respeitando-se a legislação respectiva, ou seja, se cotas as disposições do Código Civil e, se Companhia, as da Lei 6.404/76.

64.3 Alteração do controle societário

"Controle societário" implica dominação, preponderância nas deliberações sociais. Uma sociedade é controlada, na qual a controladora, diretamente ou por meio de outras controladas é titular de direitos de sócios que lhe assegurem ininterruptamente, domínio quando das deliberações sociais, bem como o poder de eleger os administradores, em sua maioria. Por óbvio, a questão aqui trata-se exclusivamente de Companhias, e essa alteração prevista neste inciso III é regulada pela Lei especifica das Sociedades Anônimas – 6.404/76, conforme seu artigo 254-A e seu parágrafo único, conforme abaixo.

A alienação, direta ou indireta, do controle de companhia aberta somente poderá ser contratada sob a condição, suspensiva ou resolutiva, de que o adquirente se obrigue a fazer oferta pública de aquisição das ações com direito a voto de propriedade dos demais acionistas da companhia, de modo a lhes assegurar o preço no mínimo igual a 80% (oitenta por cento) do valor pago por ação com direito a voto, integrante do bloco de controle (art. 254-A).

Entende-se como alienação de controle a transferência, de forma direta ou indireta, de ações integrantes do bloco de controle, de ações vinculadas a acordos de acionistas e de valores mobiliários conversíveis em ações com direito a voto, cessão de direitos de subscrição de ações e de outros títulos ou direitos relativos a valores mobiliários conversíveis em ações que venham a resultar na alienação de controle acionário da sociedade (parágrafo único).

Todo esse procedimento é submetido às normas da Comissão de Valores Mobiliários que, autorizará a alienação de controle de que trata o *caput*, desde que verificado que as condições da oferta pública atendem aos requisitos legais. É algo muito específico para as Companhias, mas pode, em ocorrendo a necessidade, de alguma se utilizar desse meio de recuperação judicial que, aprovado pela assembleia-geral de credores e pelas normas da CVM, realmente se verifique.

64.4 Substituição total ou parcial dos administradores do devedor ou modificação de seus órgãos administrativos

Em muitos casos nos quais o devedor encontra-se em situação de crise econômico-financeira, no fundo, sabe-se que a responsabilidade é dos seus administradores, salvo raríssimas exceções, quando há, por exemplo, o estouro de uma crise que a todos atinge ou que abrange apenas o setor daquele atividade, e daí, não se poder responsabilizar o atual comando. Por outro lado, é bastante comum em processos de recuperação judicial a substituição dos atuais administadores, podendo essa medida já constar do respectivo plano ou ser mesmo uma carta na manga para as negociações durante a assembleia-geral de credores, se essa for uma das exigências destes.

Para o Mestre Fabio Ulhoa,

> "além da substituição dos administradores, pode se mostrar útil à reorganização da atividade econômica a modificação dos órgãos societários (p. ex.: criação de comitês especializados nos Conselhos de Administração ou de conselhos consultivos) ou mesmo algum grau de ingerência dos credores na administração da sociedade empresária em crise, com poderes de indicar diretores ou obstar determinadas decisões. Por se tratar também de matéria sensível aos interesses do controlador e dos diretores da devedora, é medida de recuperação mais comum em planos alternativos." (COELHO, 2011, p. 206)

64.5 Concessão aos credores de direito de eleição em separado de administradores e de poder de veto em relação às matérias que o plano especificar

Muitos meios de recuperação têm semelhança muito próxima com outros e, às vezes, um é complemento do outro dependendo da necessidade do devedor. Esse do inciso V, por exemplo, tem tudo a ver com o do inciso IV, pois, conceder aos credores o direito de eleição em separado de administradores, pode significar, em outras palavras, a substituição total ou parcial dos administradores do devedor, ou mesmo a modificação dos seus órgãos administrativos.

Esse possível privilégio que pode ser concedido aos credores, a nosso ver somente ocorrerá em uma situação por demais clara de absoluta falta de gestão dos administradores do devedor. A decorrência maléfica é a perda de confiança dos credores, o que será um complicador muito grande para uma possível aprovação do plano com a permanência da atual administração isoladamente. É hora, então, de imaginando o reerguimento da atividade e o ganho de confiança dos credores e de todos os atores envovidos, durante a realização da AGC, a concessão de poderes de ingerência aos credores, como a eleição em separado de administradores e, se for o caso, também, outorgar-lhes poderes para vetar qualquer matéria prevista no plano que possa causar prejuízos ao bom andamento da recuperação judicial.

64.6 Aumento de capital social

Nos parece, à primeira vista, um dos meios mais fáceis de se operar para a recuperação de quem se encontre em situação de crise econômico-financeira.

É só injetar mais capital na atividade, pois vai resolver os seus problemas de endividamento e uma série de outras coisas. Mas estamos falando dessa medida como meio de recuperação judicial, isto é, no curso do processo. Ou o plano de recuperação judicial já venha pronto, discriminando que o meio ou um dos meios para a pretensa recuperação é o aumento do capital social – dizendo quanto, quando, quem vai injetar esse novo capital, de que forma, etc., ou, mesmo durante a realização da AGC, se encontre algum investidor que, vendo vantagens no negócio, ali se compromete para a deliberação.

"Esse dinheiro novo, para ser barato, deve provir de aumento de capital social: quem o presta concorda em assumir o risco de sócio e não pretende ser remunerado como mutuante. A reestruturação do capital e, assim, o meio por excelência para a recuperação da generalidade das empresas em estado crítico", é a lição que nos dá Fábio Ulhoa (COELHO, 2011, p. 207). Mas ele também vê nessa situação um senão: quem é que pode estar interessado na subscrição e integralização de capital novo em uma sociedade ora em recuperação judicial, praticamente em um estado pré-falimentar? Ele conclui acreditando ser difícil encontrar, naquele momento, qualquer investidor que assuma esse papel.

Entretanto, como tudo é possível, pode ocorrer de alguém, naquele determinado momento, entender que aumentar o capital daquela sociedade em recuperação judicial pode ser um excelente investimento. Se for uma sociedade limitada, as normas que autorizam tanto o aumento quanto a redução do capital social são encontradas a partir do artigo 1.081 e seguintes do Código Civil. Entretanto, se for uma Companhia, é a partir do artigo 166 e seguintes da Lei respectiva para o aumento, e, se for para a redução, os dispositivos correspondentes são os artigos de números 173 e 174, Lei 6.404/76, conhecida como a Lei das Sociedades Anônimas.

64.7 Trespasse ou arrendamento de estabelecimento, inclusive à sociedade constituída pelos próprios empregados

Em determinadas situações – em certos processos de recuperação judicial –, por exemplo, nenhuma outra alternativa, nada mesmo a não ser a mudança da titularidade do devedor resolverá a questão. Às vezes isso é questão fechada na própria assembleia-geral de credores, ou, os atuais administradores do dedevedor, de antemão, já conhecendo essa posição dos seus principais credores, fazem constar do plano o trespasse (literalmente a venda) da atividade, ou, em outra hipótese, o arrendamento do estabelecimento que pode ser para os empregados por meio de sociedade por eles constituída.

Nessa segunda hipótese – arrendamento –, ao contrário da primeira que importa na perda da titularidade da atividade pelo devedor, a propriedade do estabelecimento continua com o devedor; entretanto, a direção da atividade econômica passará para a total responsabilidade do arrendador. Este pode até ser pior administrador do que o devedor pretendente da benesse, mas se situação é essa, o arrendador terá de assumir e provar o contrário.

64.8 Redução salarial, compensação de horários e redução da jornada, mediante acordo ou convenção coletiva.

Nem os trabalhadores escaparam dos efeitos da recuperação judicial. Aliás, é o próprio artigo 47 desta Lei que diz que estão sujeitos à recuperação judicial todos os créditos existentes na data do pedido, ainda que não vencidos. Não é essa, entretanto, a menção da Lei nesse inciso VII, pois aqui a situação é pior, pois pode o devedor prever no plano de recuperação judicial – e é só a assembleia aprovar para valer –, tanto a redução dos salários, como a compensação de horários e ainda, a redução da jornada de trabalho. Exige-se que tais medidas sejam efetivadas mediante acordo ou convenção coletiva. Na primeira hipótese, o acordo, é realizado diretamente entre o sindicato da categoria dos empregados com devedor, enquanto que no segundo – a Convenção Coletiva de Trabalho –, é também um acordo, só que entre o sindicato que representem a categoria dos trabalhadores e o sindicato, do outro lado, que representa os a categoria patronal.

Muito interessantes, além de verdadeiros e corajosos, os comentários do mestre Manoel Justino Bezerra Filho sobre as disposições deste inciso VIII, quando afirma que

> "este inciso, referindo-se a salário, faz expressa indicação no sentido de haver redução salarial, compensação de horários e redução de jornada de trabalho, indicando que, como era de se esperar, há necessidade de colaboração de todos os segmentos envolvidos. Portanto, sinaliza no sentido de exigir a dose de sacrifício necessária dos empregados, o que, em tese, está correto. No entanto, se compararmos este inciso com o inciso XII, abaixo, mais uma vez fica patente a pressão

que o capital financeiro exerceu para que os sacrifícios fossem exigidos de todos os outros interessados, menos do próprio capital financeiro." (BEZERA FILHO, 2011, p. 144)

Voltaremos a este assunto ao comentarmos o referido inciso XII.

64.9 Dação em pagamento ou novação de dívidas do passivo, com ou sem constituição de garantia própria ou de terceiro

O Código Civil diz que "o credor não é obrigado a receber prestação diversa da que lhe é devida, ainda que mais valiosa" (art. 313). Mas nada o impede de fazê-lo, mesmo que a prestação a ser recebida é menos valiosa do que a devida. Esse primeiro instituto – a dação em pagamento –, é um acordo que se faz sobre a substituição da prestação devida como modalidade de solução do problema, e é um dos meios de recuperação judicial. Ela pressupõe: (i) uma dívida entre o devedor e o credor; (ii) consentimento do credor em receber uma prestação diferente da que lhe é devida, oferecida pelo devedor; (iii) a intenção tanto do devedor quanto do credor de, por meio dessa prestação completamente diferente da convencionada, solucionar a dívida e, por consequência, extinguir a obrigação entre as partes.

O outro instituto previsto neste inciso IX é a novação, também como meio de recuperação, sendo ela um ato pelo qual se contrai nova obrigação para se colocar fim (extinção) e substituir a anterior, devendo concorrer para tanto a simultaneidade de três elementos: (i) uma obrigação preexistente; (ii) a constituição de nova obrigação; e, (iii) o ânimo – a vontade expressa –, de substituir a obrigação anterior.

O grande jurista José da Silva Pacheco, ao comentar sobre o conteúdo deste inciso IX, afirma que

> "da focalização do artigo 360 do novo Código Civil de 2002, resulta evidente uma possibilidade de ocorrência de duas espécies: I – a novação objetiva ou real, quando o devedor contrai com o credor nova dívida para extinguir a primeira e ficar no seu lugar (art. 360, I, DD); II – a novação subjetiva, quando há alteração dos sujeitos da relação obrigacional (art. 360, II e III, CC). (...) Na recuperação judicial, pode ocorrer qualquer uma dessas espécies. Pode haver a novação subjetiva ou real, em que o devedor em recuperação contrai outra dívida para com o mesmo credor, com garantia ou sem ela, em lugar da anterior, que fica extinta. É preciso que haja concordância expressa de ambos(...)" (PACHECO, 2006, p. 140).

64.10 Constituição de sociedade de credores

A Lei dá aqui aos credores o que poderíamos chamar de *carta branca*, pois só diz constituição de sociedade. É uma faculdade aos credores que podem, se quiserem, modificar as suas posições para as de sócios, trocando-a pelos seus direitos creditícios, podendo, conseguintemente, constituir qualquer tipo de sociedade que melhor lhes convier.

Para Fábio Ulhoa

> "uma variação desse meio de recuperação é a capitalização de crédito, ou seja, o ingresso de credor ou credores na sociedade devedora como sócios. Nesse caso, o credor concorda em substituir o crédito titulado perante a sociedade por participação societária. Reduz-se o passivo da sociedade ao mesmo tempo que aumenta seu capital social. Seja como for, como qualquer renegociação no âmbito da recuperação judicial está condicionada à sua implementação e sucesso, sua eventual convolação em falência (na hipótese de fracasso total do plano de recuperação) fará com que o sócio retorne à condição de credor." (COELHO, 2011, p. 209)

64.11 Venda parcial dos bens

Como diz o inciso XI, "a venda parcial de bens" é também um meio de recuperação judicial, e pode estar nele a solução para o problema de situação de crise econômico-financeira do devedor, desde que ele, por exemplo, possua bens dos quais pode se desfazer para fins de caixa e sem que haja comprometimento total da continuidade da atividade, além do produto a ser apurado com a venda desses bens ser satisfatório a ponto de solução da questão, ou mesmo, uma minimização sensível.

Tudo isso, é claro, vai se submeter ao crivo da assembleia-geral de credores por meio do plano de recuperação devidamente elaborado, ou ainda, se for a hipótese, a apresentação dessa proposta devidamente detalhada no momento de realização daquela, na fase das deliberações, com as especificações de quais bens (contidos e provados ali na contabilidade da empresa) que serão vendidos e a que preço, em um determinado prazo, cujo resultado tem o único objetivo de pagar os credores. Se possível pagar a todos, melhor. Se não, deve-se pedir um deságio para que o produto da venda possa satisfazer a todos os credores, entre outras reivindicações do gênero para se levar à deliberação da AGC.

64.12 Equalização de encargos financeiros relativos a débitos de qualquer natureza, tendo como termo inicial a data da distribuição do pedido de recuperação judicial, aplicando-se inclusive aos contratos de crédito rural, sem prejuízo do disposto em legislação específica

Quando dos comentários do inciso VIII, alertamos que quando fôssemos analisar este inciso XII, voltaríamos ao assunto – tratávamos das críticas do mestre Manoel Justino – que aqui continuam. São palavras do mestre:

> "Compare este inciso com o inciso VIII, acima: lá, quanto a salários, fala-se expressamente em 'redução de salários'; aqui, quanto a 'encargos financeiros', fala-se em 'equalização', palavra equívoca que, em termos jurídicos, nada significa.
>
> Em termos meramente gramaticais, equalizar significa 'igualar, tornar uniforme' (*Houaiss*, verbete). Aliás, lendo-se o inciso não é possível discernir com segurança o que pretendeu a Lei afirmar, ao contrário da clareza do inciso VIII; mais ainda, parece que a Lei efetivamente quis deixar a matéria na penumbra, pois o dispositivo é de difícil intelecção. Em termos econômicos, deve-se entender a expressão como a proposta, a todos os credores financeiros, de uma uniformização nos encargos das dívidas existentes." (BEZERRA FILHO, 2011, p. 145)

64.13 Usufruto da empresa

Esse instituto do usufruto está previsto no artigo 1.390 e seguintes do Código Civil, e pode ele ser considerado, de uma maneira geral, como o direito de gozar, temporariamente, de bens ou direitos alheios, sem alterar-lhes a substância. O usufruto pode se dar sobre um ou mais bens, tanto móveis quanto imóveis; ou sobre a totalidade ou parcialidade de um patrimônio, abrangendo-lhe, no todo ou em parte, os frutos e utilidades. O usufrutuário – aquele que goza do instituto –, tem direito à posse, uso, administração e percepção dos frutos.

> "Trata-se, [diz Fábio Ulhoa] "de mais uma medida destinada a transferir a direção da atividade econômica em crise para mãos mais hábeis e preparadas. Pelo usufruto, o novo dirigente do negócio torna-se usufrutuário do estabelecimento empresarial, revertendo em seu benefício os frutos da exploração deste. O empresário individual ou sociedade devedora continua proprietária do estabelecimento, durante o prazo do usufruto. Normalmente, terá sentido essa medida enquanto o usufrutuário assumir a obrigação não só de investir na ampliação e modernização do estabelecimento, como também a de mantê-lo ativo e frutífero ao tempo da extinção do usufruto". (COELHO, 2011, p. 201/211)

64.14 Administração compartilhada

Este inciso ou é o complemento de outro, ou um outro inciso é complemento deste, porque se constitui em um desdobramento da reestruturação da administração, já examinado acima. Administração compartilhada deve ser entendida, segundo as sábias palavras de Fábio Ulhoa, como:

> "a divisão de responsabilidades entre o devedor e seus credores, ou parte deles, nas decisões administrativas de interesse da empresa em crise.
>
> Normalmente se promove o compartilhamento pela indicação, pelos credores, de um ou mais representantes nos órgãos de administração da sociedade devedora, mas outros instrumentos podem ser adotados, como o de consultas recíprocas ou a obrigação contratual de colher a prévia anuência do credor para determinadas decisões ou negócios (*waive*, isto é, a renúncia do credor ao direito de obstar o ato)." (COELHO, 2011, p. 211)

64.15 Emissão de valores mobiliários

Esse outro meio de recuperação judicial – emissão de valores mobiliários –, é disciplinada e fiscalizada de acordo com a Lei 6.385 de 1976, com a redação da Lei 10.303, de 2001, e com as normas da Comissão de Valores Mobiliários.

Em conformidade com o artigo 2º da Lei 6.385/76, são valores mobiliários sujeitos ao regime da Lei:

> "I – as ações, debêntures e bônus de subscrição; II – os cupons, direitos, recibos de subscrição certificados de desdobramento relativos aos valores mobiliários referidos no inciso II; III – os certificados de depósito de valores mobiliários; IV – as cédulas de debêntures; V – as cotas de fundos de investimento em valores mobiliários ou de clubes de investimento em quaisquer ativos; VI – as notas comerciais; VII – os contratos futuros, de opções e outros derivativos, cujos ativos subjacentes sejam valores mobiliários; VIII – outros contratos derivativos, independentemente dos ativos subjacentes; e IX – quando ofertados publicamente, quaisquer outros títulos ou contratos de investimento coletivo, que gerem direito de participação, de parceria ou de remuneração, inclusive resultante de prestação de serviços, cujos rendimentos advêm do esforço do empreendedor ou de terceiros."

64.16 Constituição de sociedade de propósito específico para adjudicar, em pagamento dos créditos, os ativos do devedor.

Esse último meio de recuperação judicial previsto expressamente na Lei 11.101/05, para José da Silva Pacheco, "(...) trata-se de medida complexa que exige: 1º) que o ativo do devedor seja altamente suficiente para atender ao passivo; 2º) que haja interessados em participar de sociedade com o devedor ou sociedade devedora, para o fim de liquidar os débitos, com adjudicação dos bens". (PACHECO, 2006, p. 143). Segundo o mestre, no direito brasileiro pode haver três espécies de adjudicação: voluntária, compulsória e judicial. Frisa ainda o ilustre jurista que a adjudicação voluntária com o objetivo de pagar débito nada mais é do que a dação em pagamento.

E por fim,

> "a constituição de sociedade com este objetivo não só nos parece desnecessária, como também uma forma onerosa, procrastinante, e de duvidosa eficácia recuperatória da empresa. Contudo, se dessa forma, se conseguir formalizar um plano adequado para a recuperação, nada há que a impeça, permitida que é pelo artigo 5º, XVI." (PACHECO, 2006, p. 143)

> **§ 1º Na alienação de bem objeto de garantia real, a supressão da garantia ou sua substituição somente serão admitidas mediante aprovação expressa do credor titular da respectiva garantia.**

65. GARANTIA REAL. SUPRESSÃO. ALIENAÇÃO DO BEM

Trata este parágrafo primeiro do artigo 50 sobre a venda de qualquer bem objeto de garantia real – hipoteca, penhor ou anticrese –, caso ela aconteça, tenha que ser suprimida ou substituídos os seus bens objeto, é indispensável o consentimento expresso do credor. Na recuperação judicial, portanto, e sem a concordância expressa do credor, não pode, absolutamente, haver qualquer tipo de alienação dos objetos que garantem (real) a dívida.

65.1 Plano aprovado em assembleia vale para todos.

Muita celeuma interpretativa se verificou quando da publicação da decisão do Egrégio STJ, cuja ementa abaixo transcrevemos na íntegra, dizendo que o plano aprovado em assembleia vale para todos. Muitos juristas se insurgiram contra a decisão, pois entendiam que a mesma era ampla, geral e irrestrita, querendo com isto dizer que liberava, inclusive, os garantidores. A verdade, entretanto, é que esta validade é somente entre o devedor/recuperando e os respectivos credores. A seguir, o inteiro teor da citada ementa:

> "RECURSO ESPECIAL. CONTROLE JUDICIAL DE LEGALIDADE DO PLANO DE RECUPERAÇÃO JUDICIAL APROVADO PELA ASSEMBLEIA GERAL DE CREDORES.
>
> POSSIBILIDADE, EM TESE. PREVISÃO DE SUPRESSÃO DAS GARANTIAS FIDEJUSSÓRIAS E REAIS NO PLANO DE RECUPERAÇÃO JUDICIAL DEVIDAMENTE APROVADO PELA ASSEMBLEIA GERAL DE CREDORES. VINCULAÇÃO, POR CONSEGUINTE, DA DEVEDORA E DE TODOS OS CREDORES, INDISTINTAMENTE.
>
> RECURSO ESPECIAL PROVIDO.
>
> 1. Afigura-se absolutamente possível que o Poder Judiciário, sem imiscuir-se na análise da viabilidade econômica da empresa em crise, promova controle de legalidade do plano de recuperação judicial que, em si, em nada contemporiza a soberania da assembleia geral de credores. A atribuição de cada qual não se confunde. À assembleia geral de credores compete analisar, a um só tempo, a viabilidade econômica da empresa, assim como da consecução da proposta apresentada. Ao Poder Judiciário, por sua vez, incumbe velar pela validade das manifestações expendidas, e, naturalmente, preservar os efeitos legais das normas que se revelarem cogentes.
>
> 2. A extinção das obrigações, decorrente da homologação do plano de recuperação judicial encontra-se condicionada ao efetivo cumprimento de seus termos. Não implementada a aludida condição resolutiva, por expressa disposição legal, "os credores terão reconstituídos seus direitos e garantias nas condições originariamente contratadas" (art. 61, § 2º, da Lei n. 11.101/2005).

2.1 Em regra, a despeito da novação operada pela recuperação judicial, preservam-se as garantias, no que alude à possibilidade de seu titular exercer seus direitos contra terceiros garantidores e impor a manutenção das ações e execuções promovidas contra fiadores, avalistas ou coobrigados em geral, a exceção do sócio com responsabilidade ilimitada e solidária (§ 1º, do art. 49 da Lei n.

11.101/2005). E, especificamente sobre as garantias reais, estas somente poderão ser supridas ou substituídas, por ocasião de sua alienação, mediante expressa anuência do credor titular de tal garantia, nos termos do § 1º do art. 50 da referida lei.

2.2 Conservadas, em princípio, as condições originariamente contratadas, no que se insere as garantias ajustadas, a lei de regência prevê, expressamente, a possibilidade de o plano de recuperação judicial, sobre elas, dispor de modo diverso (§ 2º, do art. 49 da Lei n. 11.101/2009).

3. Inadequado, pois, restringir a supressão das garantias reais e fidejussórias, tal como previsto no plano de recuperação judicial aprovado pela assembleia geral, somente aos credores que tenham votado favoravelmente nesse sentido, conferindo tratamento diferenciado aos demais credores da mesma classe, em manifesta contrariedade à deliberação majoritária.

3.1 Por ocasião da deliberação do plano de recuperação apresentado, credores, representados por sua respectiva classe, e devedora procedem às tratativas negociais destinadas a adequar os interesses contrapostos, bem avaliando em que extensão de esforços e renúncias estariam dispostos a suportar, no intento de reduzir os prejuízos que se avizinham (sob a perspectiva dos credores), bem como de permitir a reestruturação da empresa em crise (sob o enfoque da devedora). E, de modo a permitir que os credores ostentem adequada representação, seja para instauração da assembleia geral, seja para a aprovação do plano de recuperação judicial, a lei de regência estabelece, nos arts. 37 e 45, o respectivo quorum mínimo.

4. Na hipótese dos autos, a supressão das garantias real e fidejussórias restou estampada expressamente no plano de recuperação judicial, que contou com a aprovação dos credores devidamente representados pelas respectivas classes (providência, portanto, que converge, numa ponderação de valores, com os interesses destes majoritariamente), o que importa, reflexamente, na observância do § 1º do art. 50 da Lei n. 11.101/2005, e, principalmente, na vinculação de todos os credores, indistintamente.

5. Recurso especial provido.

(REsp 1532943/MT, Rel. Ministro MARCO AURÉLIO BELLIZZE, TERCEIRA TURMA, julgado em 13/09/2016, DJe 10/10/2016)".

§ 2º Nos créditos em moeda estrangeira, a variação cambial será conservada como parâmetro de indexação da correspondente obrigação e só poderá ser afastada se o credor titular do respectivo crédito aprovar expressamente previsão diversa no plano de recuperação judicial.

66. CRÉDITOS EM MOEDA ESTRANGEIRA. CONSERVAÇÃO DA VARIAÇÃO CAMBIAL

Normalmente, credores de moeda estrangeira são as instituições financeiras. Nessa hipótese, diz a Lei que, na recuperação judicial a variação cambial será conservada como parâmetro de indexação da correspondente obrigação. Se o titular do crédito em moeda estrangeira tiver boa vontade pode autorizar o afastamento dessa variação cambial, deixando ela de ser o indexador da obrigação. Mas isso tem que constar expressamente no plano de recuperação judicial. Se assim não for, prevalece a variação cambial como indexador da obrigação contraída em moeda estrangeira.

Seção II
Do Pedido e do Processamento da Recuperação Judicial

Art. 51. A petição inicial de recuperação judicial será instruída com:

I – a exposição das causas concretas da situação patrimonial do devedor e das razões da crise econômico-financeira;

II – as demonstrações contábeis relativas aos 3 (três) últimos exercícios sociais e as levantadas especialmente para instruir o pedido, confeccionadas com estrita observância da legislação societária aplicável e compostas obrigatoriamente de:

a) balanço patrimonial;

b) demonstração de resultados acumulados;

c) demonstração do resultado desde o último exercício social;

d) relatório gerencial de fluxo de caixa e de sua projeção;

III – a relação nominal completa dos credores, inclusive aqueles por obrigação de fazer ou de dar, com a indicação do endereço de cada um, a natureza, a classificação e o valor atualizado do crédito, discriminando sua origem, o regime dos respectivos vencimentos e a indicação dos registros contábeis de cada transação pendente;

IV – a relação integral dos empregados, em que constem as respectivas funções, salários, indenizações e outras parcelas a que têm direito, com o correspondente mês de competência, e a discriminação dos valores pendentes de pagamento;

V – certidão de regularidade do devedor no Registro Público de Empresas, o ato constitutivo atualizado e as atas de nomeação dos atuais administradores;

VI – a relação dos bens particulares dos sócios controladores e dos administradores do devedor;

VII – os extratos atualizados das contas bancárias do devedor e de suas eventuais aplicações financeiras de qualquer modalidade, inclusive em fundos de investimento ou em bolsas de valores, emitidos pelas respectivas instituições financeiras;

VIII – certidões dos cartórios de protestos situados na comarca do domicílio ou sede do devedor e naquelas onde possui filial;

IX – a relação, subscrita pelo devedor, de todas as ações judiciais em que este figure como parte, inclusive as de natureza trabalhista, com a estimativa dos respectivos valores demandados.

§ 1º Os documentos de escrituração contábil e demais relatórios auxiliares, na forma e no suporte previstos em lei, permanecerão à disposição do juízo, do administrador judicial e, mediante autorização judicial, de qualquer interessado.

§ 2º Com relação à exigência prevista no inciso II do caput deste artigo, as microempresas e empresas de pequeno porte poderão apresentar livros e escrituração contábil simplificados nos termos da legislação específica.

§ 3º O juiz poderá determinar o depósito em cartório dos documentos a que se referem os §§ 1º e 2º deste artigo ou de cópia destes.

67. FASES DO PROCESSO DE RECUPERAÇÃO JUDICIAL

A doutrina brasileira aponta três fases no processo de recuperação judicial. A primeira delas, como é natural em todo e qualquer processo civil, é a **postulatória**, cujo postulante (impetrante) é a própria parte, nessa hipótese o devedor – único legitimado. Inicia-se, portanto, esta fase postulatória, com o protocolo da petição de recuperação judicial devidamente instruída junto ao juízo do principal estabelecimento do devedor e se encerra com o respectivo despacho judicial que determina o processamento do pedido (art. 52).

A segunda fase do processo de recuperação judicial, para Fábio Ulhoa Coelho (2011) referida como **deliberativa**, e para José da Silva Pacheco (2006) como **instrutória e decisória**, é quando, após a verificação de crédito (arts. 7º ao 20), existem as deliberações sobre a aprovação ou modificação do plano de recuperação judicial (de propósito, não nos referimos à rejeição do plano, pois se isso ocorresse fatalmente haveria o subsequente decreto de falência, e, de consequência, a inexistência da fase seguinte, a terceira e última do processo de recuperação judicial). O início dessa segunda fase é o mesmo do término da primeira – o despacho que manda processar a recuperação judicial –, terminando com a decisão concessiva do benefício, conforme artigo 58.

Por último, a terceira fase do processo de recuperação judicial – **fase de execução** –, se inicia, observando-se a mesma coincidência com o encerramento da segunda fase – a decisão concessiva da recuperação judicial –, e se estende com a efetiva fiscalização durante todo o cumprimento do plano, só findando com a sentença de encerramento do processo, conforme as disposições do artigo 63 da Lei 11.101/05, determinando que, "cumpridas as obrigações vencidas no prazo previsto no *caput* do art. 61 desta Lei, o juiz decretará por sentença o encerramento da recuperação judicial", determinando, consequentemente, uma série de medidas.

67.1 A petição inicial da recuperação judicial e seus requisitos

> I – a exposição das causas concretas da situação patrimonial do devedor e das razões da crise econômico-financeira.

67.2 Causas concretas da situação patrimonial

Bem, está ali o devedor diante do juiz do seu principal estabelecimento – se tiver mais que um –, com um pedido de recuperação judicial. E se chegou a essa condição, algo de relevante, por certo, ocorreu, e que seja motivo justificável da sua impetração. O juiz, de seu lado, antes mesmo de analisar o pedido, tem que se inteirar se determinados pressupostos processuais estão presentes, os quais, se inexistentes, são impeditivos do normal prosseguimento do processo. Ademais, a ele cabe também, nesta fase primeira, observar se os requisitos previstos no artigo 48, incisos e parágrafos da Lei de Recuperação e Falências também foram cumpridos. Atendidos, portanto, tais requisitos, passa o juiz à análise, já agora em conformidade com os ditames da Lei 11.101/05, como o cumprimento dos requisitos da impetração – que não são poucos –, e todos previstos neste artigo 51.

O primeiro deles, conforme alertado anteriormente, é o motivo pelo qual o devedor foi levado à presença do juiz para a presente impetração, significando que, como exige a Lei, para se pretender a concessão desse benefício legal, o fundamento básico, é encontrar-se o pretendente em situação de crise econômico-financeira e que o objetivo da formulação da sua pretensão é viabilizar a superação dessa situação (art. 47). Daí, ele ter que demonstrar ao juiz, ou no corpo de sua petição inicial ou mesmo em documento anexo, todas as causas absolutamente reais da sua atual situação patrimonial, bem como e por consequência, com a mesma realidade, todas as razões da sua atual crise econômico-financeira.

Isso é fundamental. Nada de alegações vazias comumente utilizadas, por exemplo: que a crise econômica mundial originada nos Estados Unidos afetaram profundamente a minha atividade e, por isto, as vendas se despencaram, além de terem sido também atingidos os meus clientes, que em decorrência não cumpriram com sua obrigações financeiras para com o devedor; consequentemente, o que se observou foi um efeito dominó, com as instituições financeiras fechando todos os créditos ou somente concedendo empréstimos com altíssimas e desumanas taxas de juros e com exigências absurdas de garantias de até 300% (trezentos por cento) sobre o valor concedido. Mas que a empresa é viável e tem tudo para dar a volta por cima, etc."

Todas essas alegações, ou quaisquer outras semelhantes, poderão até ser verdadeiras. Mas há que observar-se o que pede a Lei: **a exposição das causas concretas da situação patrimonial**. Ao dizer **concretas**, quer o legislador que o devedor traga algo palpável aos olhos do juiz, não se esquecendo de que este é, para assuntos dessa natureza, um leigo. Daí, a necessidade absoluta de que essa demonstração seja tão profunda e real que convença o juiz, significando que para tanto há que se provar a **concretude** que a Lei exige, ou seja, que documentos acreditáveis, robustos, até mesmo confeccionados por *experts*, se façam acompanhar a exposição. Essas mesmas argumentações também são válidas para as exigências previstas na parte final deste inciso I, quais sejam, a exposição das **razões da crise econômico-financeira**.

> II – as demonstrações contábeis relativas aos 3 (três) últimos exercícios sociais e as levantadas especialmente para instruir o pedido, confeccionadas com estrita observância da legislação societária aplicável e compostas obrigatoriamente de: a) balanço patrimonial: b) demonstração de resultados acumulados; c) demonstração do resultado desde o último exercício social; d) relatório gerencial de fluxo de caixa e de sua projeção.

67.3 Demonstrações contábeis. Três últimos exercícios sociais

A Lei pede as demonstrações contábeis referentes aos 3 (três) últimos exercícios e as levantadas especialmente para instruir o pedido. Essas últimas, por óbvio, se o pedido for ajuizado em meses nos quais não se coincide com o fechamento do exercício, assim: se o exercício fechar em dezembro e o pedido foi ajuizado em janeiro seguinte, basta que se apresente apenas as demonstrações dos últimos três exercícios. Se estamos em janeiro de 2014, há a necessidade de apresentação somente das demonstrações referentes aos exercícios de 2011, 2012 e 2013. Se, entretanto, o protocolo ocorrer no mês de abril de 2014, além das demonstrações dos três exercícios acima referidos, há a necessidade de se levantar uma referente aos meses de janeiro, fevereiro e março de 2014.

Nada obstante, a nosso ver, a lei dizer "confeccionadas com estrita observância da legislação societária aplicável", o que, em princípio, nos parece redundante, acreditamos que essas expressões têm, a exemplo de outras, o objetivo de realçar a correta obediência de determinados requisitos, os quais, se não observados exatamente como o mandamento, não serão aceitos para os fins, redundando ao desobediente consequências talvez inestimáveis. Outro alerta que fazemos é que o juiz do feito não tem, nessa hipótese – ele não é profissional desta área –, e mesmo se o fosse, a competência para analisar a legalidade de tais demonstrações contábeis e os seus compostos. Nesse caso, ele apenas observará se os documentos estão anexados ao pedido para os fins do despacho do deferimento do processamento da recuperação judicial.

A análise da legalidade desses documentos ficará sob a responsabilidade do administrador judicial que, como já vimos, poderá contratar, com a autorização do juiz, auxiliares até mesmo *experts* da área contábil, além dos próprios credores – estes, os mais interessados –, que por si próprios e seus assessores terão acesso a toda a documentação apresentada. Não se esquecendo também da função de fiscal da Lei pelo Ministério Público, das atribuições do Comitê de Credores, se existir, aumentando, dessa forma, os legitimados para quaisquer requerimentos denunciando irregularidades, o que, repetimos, pode vir em prejuízo do devedor.

> III – a relação nominal completa dos credores, inclusive aqueles por obrigação de fazer ou de dar, com a indicação do endereço de cada um, a natureza, a classificação e o valor atualizado do crédito, discriminando sua origem, o regime dos respectivos vencimentos e a indicação dos registros contábeis de cada transação pendente.

67.4 Relação nominal dos credores

A petição inicial da impetração da recuperação judicial, dentre outros documentos, deve fazer-se acompanhar deste, cuja responsabilidade até de confeccionar cabe ao devedor ou à sua assessoria, pois só eles têm acesso e controle sobre os seus credores e saberão, por consequência, o nome de todos eles, aqui compreendendo-se não só os credores de obrigações pecuniárias (inclusive os possíveis credores titulares de créditos decorrentes de acidente do trabalho), mas também aqueles por obrigação de fazer ou de dar. Daqui só se exclui a relação dos empregados e suas exigências específicas, pois objeto do inciso seguinte.

Observa a Lei a absoluta necessidade de se fazer constar também nessa relação, a indicação do endereço de cada um desses credores, como as respectivas natureza, classificação e o valor atualizado do crédito – o valor de face mais os encargos contratados até o dia do respectivo ajuizamento –, discriminando a origem de cada um deles, o regime dos vencimentos e, o que nos parece muitíssimo importante para o sucesso do pedido, inclusive o seu final, a indicação dos registros contábeis de cada transação pendente.

> IV – a relação integral dos empregados, em que constem as respectivas funções, salários, indenizações e outras parcelas a que têm direito, com o correspondente mês de competência, e a discriminação dos valores pendentes de pagamento.

67.5 A relação integral dos empregados

A Lei determina transparência na vida do devedor pretendente aos benefícios legais. Não só por questões principiológicas, mas ela quer que os credores saibam com profundidade a real situação econômico-financeira do devedor, em toda a sua plenitude, inclusive quanto ao seu quadro de empregados, pois amanhã, se deferido o processamento do pedido da recuperação judicial e o devedor encontrar-se em débito com seus empregados, serão estes também integrantes da mesma assembleia-geral de credores – na classe I – titulares de créditos derivados da legislação do trabalho ou decorrentes de acidentes de trabalho –, que irão deliberar juntamente com todos os demais credores sobre o mesmo assunto de interesse de todos: aprovação, modificação ou rejeição do plano de recuperação judicial.

José da Silva Pacheco sintetiza de forma claríssima o exato modelo a ser obedecido pelo devedor para o perfeito cumprimento dos requisitos deste inciso IV. Diz o mestre:

> "II – Relação de empregados. O requerente deve instruir a petição inicial: 1º) com a lista completa dos seus empregados, indicando a função e o salário de cada um; 2º) com a relação dos empregados, que têm direito a indenizações e as importâncias a que tem direito: 3º) com a indicação dos valores pendentes de pagamento; 4º) com a indicação do mês em que ocorreu o vencimento das obrigações acima".

E conclui:

> "Tem-se em vista pôr em realce a situação da empresa em relação aos créditos de natureza trabalhista". (PACHECO, 2006, p. 147)

> **V – certidão de regularidade do devedor no Registro Público de Empresas, o ato constitutivo atualizado e as atas de nomeação dos atuais administradores.**

67.6 Regularidade no Registro Público de Empresas (Junta Comercial)

Essa certidão de regularidade do devedor que a Lei exige para que se instrua a petição inicial da recuperação judicial é expedida pelas Juntas Comerciais dos respectivos estados onde está sediado o devedor, até mesmo porque isso é uma exigência legal, prevista no artigo 967 do Código Civil, ao determinar que "é obrigatória a inscrição do empresário no Registro Público de Empresas Mercantis da respectiva sede, antes do início de sua atividade, pois é o órgão onde ele – devedor – ou o empresário ou a sociedade empresária –, não importando a denominação –, está vinculado, ao teor das disposições da primeira parte do artigo 1.150 do mesmo diploma legal, ao prescrever que o empresário e a sociedade empresária vinculam-se ao Registro Público de Empresas Mercantis a cargo das Juntas Comerciais.

A *contrariu sensu*, o devedor que não cumpriu com esta responsabilidade, encontra-se, para os efeitos legais, **irregular**. Nessa condição não se pode pleitear o benefício da recuperação judicial, além de outras proibições legais existentes em desfavor do devedor irregular, o que fica muito claro também com as disposições da Lei do Registro do Comércio – 8.934/94. O rigorismo da Lei, desta feita a própria 11.101/05, atinge, inclusive, o próprio credor empresário que, ao requerer a falência de qualquer devedor seu, terá de fazer em juízo a mesma prova – apresentação da certidão do Registro Público de Empresas que comprove a regularidade de suas atividades, conforme as prescrições do parágrafo 1º do artigo 97.

Este inciso exige também a juntada do ato constitutivo atualizado, pois podem ocorrer mudanças tanto no quadro social quanto na administração do devedor, e isso exige os respectivos registros na Junta Comercial em que o devedor está situado, especialmente na última hipótese – a administração –, pois o poder de gestão é sempre do administrador, judicial e extrajudicial, e essa é uma cláusula obrigatória em qualquer ato constitutivo. Até mesmo para o juiz se certificar de que quem está outorgando poderes para o requerimento da recuperação é exatamente quem os detém, isso para os empresários e as sociedades empresárias. Para as Companhias, exige-se a juntada dos seus estatutos e ata de eleição da diretoria, também para os mesmos fins acima explicitados – só outorga poderes para a impetração de recuperação judicial quem os detém. E o juiz do feito precisa certificar-se disso.

> VI – a relação dos bens particulares dos sócios controladores e dos administradores do devedor.

67.7 A relação dos bens particulares dos sócios e dos administradores do devedor

A nosso ver, quis o legislador, ao instituir essas disposições, proporcionar aos legitimados amplo conhecimento da relação dos bens particulares daqueles que têm os poderes de gestão para, em existindo qualquer fraude destes, como, exemplificativamente, a transferência de bens do devedor para os administradores (de sociedades empresárias) ou controladores (das companhias), lhes proporcionar meios para ações contra estes. Vale a pena recordar que, quando dos trabalhos para a elaboração desta Lei 11.101/05, o país vivia uma realidade que esse diploma legal, entre outros fins, precisava, necessariamente, dar um basta, ou seja, a de que os devedores, por seus controladores ou administradores, tanto em processo de concordata ou mesmo de falência (então regulados pelo Decreto-Lei 7.661/45), ao final, encontravam-se em uma situação financeira altamente privilegiada e em detrimento da atividade. Era uma verdadeira inversão dos valores, corrigida agora pela Lei 11.101/05.

Entretanto, a doutrina diverge-se sobre esse mandamento legal, uns entendendo da sua absoluta necessidade e legalidade, enquanto outros o combatem de frente. Para o mestre Manoel Justino Bezerra Filho (2011, p. 150), é muito importante que essa informação – a relação dos bens particulares dos sócios controladores e dos administradores do devedor – acompanhe a petição inicial, pois ele vê aí duas utilidades: a primeira é o conhecimento da situação patrimonial destes; já uma segunda utilidade, diz o mestre, para uma eventual futura aplicação do artigo 82, parágrafo 2º dessa Lei – aplicável somente no processo de falência –, que prevê que o juiz do feito pode, de ofício ou mediante requerimento, ordenar a indisponibilidade de bens particulares daqueles em quantidade compatível com qualquer eventual dano cujo valor se esteja perquirindo.

Para o ilustre professor e advogado Gladston Mamede "trata-se de previsão estranha, já que rompe com o princípio da distinção entre pessoa jurídica de Direito Privado e a pessoa de seus membros: sócios, administradores e membros de conselhos (fiscal, consultivo etc.)" (MAMEDE, 2012, p. 143-144). Mamede vai mais fundo na questão, alegando, inclusive, a inconstitucionalidade do art. 51, inciso VI, desta Lei 11.101/05, pois, segundo ele, o artigo 5º, X e XII, da Constituição prevê ser inviolável a intimidade e a vida privada das pessoas, bem como o **sigilo dos dados**. O Mestre Fábio Ulhoa pensa da mesma forma que Gladston Mamede, afirmando, ainda que qualquer negativa de fornecimento desta relação de bens, é plenamente válida, e que isto não poderia vetar o acesso da sociedade requerente ao benefício da recuperação judicial, "por se tratar de ato de terceiro que ela simplesmente não pode impedir, judicial ou extrajudicialmente" (COELHO, 2010, p. 219-220).

67.8 Acionistas controladores são liberados de juntarem a relação dos seus bens particulares

Nada obstante as discussões acima travadas pela doutrina brasileira a respeito da legalidade ou não deste inciso VI do artigo 51 da Lei 11.101/05, na prática, o ilustre juiz de Direito Dr. Eudelcio Machado Fagundes, em substituição na 6ª Câmara Cível do Egrégio Tribunal de Justiça do Estado de Goiás, sem analisar de ofício ou mesmo no recurso que julgava, os Embargos de Declaração, partiu para um entendimento lógico, a nosso ver.

O nobre magistrado Eudelcio Machado Fagundes, analisando os questionamentos de que a ausência nos autos da relação de bens dos acionistas controladores causaria a nulidade da recuperação judicial, decidiu a questão buscando na respectiva legislação das Companhias, dispositivos que demonstram sobre a responsabilidade dos acionistas junto à devedora e as suas ações praticadas com base nestes, antes mesmo dos questionamentos, como podemos ver abaixo, na síntese da sua brilhante decisão:

> EMBARGOS DE DECLARAÇÃO. 1. EXISTÊNCIA DE OMISSÃO. SUPRIMENTO. O cabimento dos embargos de declaração pressupõe a existência de algum dos vícios previstos no artigo 535 do Código de Processo Civil, como no caso, em que omisso o julgado embargado que não apreciou a questão relativa a ausência da relação dos bens dos sócios controladores da recuperanda. 2. AUSÊNCIA DA RELAÇÃO DOS BENS DOS SÓCIOS CONTROLADORES. EXIGÊNCIA DO INCISO VI, DO ARTIGO 51, DA LEI 11.101/2005. SOCIEDADE ANÔNIMA. PRESCINDIBILIDADE. A ausência da relação de bens dos acionistas controladores não impinge de nulidade a recuperação judicial, haja vista que uma vez

integralizadas as ações subscritas, desaparece qualquer responsabilidade dos sócios pelas dívidas da sociedade. Sendo assim, desarrazoado exigir a apresentação das relações dos bens dos sócios controladores, vez que tal exigência impede o prosseguimento da recuperação judicial, impossibilitando a viabilização do seu fim. O escopo maior do instituto em estudo é justamente o de atender ao mandamento constitucional da função social da empresa. EMBARGOS DE DECLARAÇÃO CONHECIDOS E ACOLHIDOS.

(TJGO, AGRAVO DE INSTRUMENTO 34248-49.2012.8.09.0000, Rel. DR(A). EUDELCIO MACHADO FAGUNDES, 6ª CÂMARA CÍVEL, julgado em 07/08/2012, DJe 1125 de 16/08/2012).

VII – os extratos atualizados das contas bancárias do devedor e de suas eventuais aplicações financeiras de qualquer modalidade, inclusive em fundos de investimento ou em bolsas de valores, emitidos pelas respectivas instituições financeiras.

67.9 Extratos atualizados das contas bancárias

Dentro do mais amplo conceito de transparência para todos os atores de uma recuperação judicial, há, também, a determinação legal da juntada à petição inicial de extratos atualizados das contas bancárias do devedor e de eventuais aplicações financeiras. O sigilo bancário do devedor, nesa hipótese, está completamente descartado. Ora, se exigiu, conforme inciso VI, até a apresentação da lista de bens dos controladores e administradores, muito mais quer o legislador saber da realidade dos ativos financeiros da devedora no momento do pedido. O período que deve compreender esses extratos a Lei não o define. A doutrina, de seu lado, é pacífica em estimar os últimos 30 (trinta) dias de movimentação das contas bancárias. Caso o devedor tenha também aplicações financeiras de qualquer modalidade, inclusive em fundos de investimento ou em bolsa de valores, deverá apresentar os respectivos comprovantes.

VIII – certidões dos cartórios de protestos situados na comarca do domicílio ou sede do devedor e naquelas onde possui filial.

67.10 Certidões dos cartórios de protestos

Observamos que a Lei exige certidões dos cartórios de protestos, e não certidões **negativas**, o que tem levado muitos pretensos pretendentes ao benefício legal da recuperação judicial a certa confusão. Quando em vigor o Decreto-Lei 7.661/45, até um certo momento era válida a exigência da apresentação, pelo concordatário, de certidões dos cartórios de protestos **negativas**, conforme exigências do artigo 158 daquela Lei. Era uma verdadeira incongruência, que a própria jurisprudência tratou de corrigir, pois o que é mais natural em quem se encontre em situação de crise econômico-financeira, é ter títulos protestados.

Seguindo o mesmo direcionamento da jurisprudência então dominante antes da vigência da Lei 11.101//05 – exigia-se as certidões dos cartórios de protestos, ou positiva ou negativa –, esse inciso VIII do artigo 51 determina a juntada com a petição inicial desses documentos, extraídos junto aos cartórios da sede da Comarca do devedor, e, se ele possui filiais, também nos cartórios das Comarcas onde existam filiais.

Entretanto, a exigência da apresentação desses documentos prende-se a dois motivos muito importantes para a própria transparência do devedor, sendo o primeiro, para que se dê conhecimento da sua realidade financeira naquele momento da impetração. Não que isso seja, no fundo, o real espelho da situação financeira do devedor, mas é um grande indicativo. E o segundo é que essa recuperação judicial pode vir amanhã a ser convolada em falência, e daí a necessidade determinada pela própria Lei 11.101/05, em seu artigo 99, inciso II, de que a sentença que decretar a falência do devedor, dentre outras determinações, fixará o termo legal da falência, sem poder retrotraí-lo por mais de 90 (noventa) dias contados do pedido de falência, do pedido de recuperação judicial ou do 1º (primeiro) protesto por falta de pagamento.

> IX – a relação, subscrita pelo devedor, de todas as ações judiciais em que este figure como parte, inclusive as de natureza trabalhista, com a estimativa dos respectivos valores demandados.

67.11 Relação das ações judiciais

Se for a hipótese de o devedor ter contra si muitas ações ajuizadas, inclusive as de natureza trabalhista, basta ele se dirigir aos respectivos cartórios distribuidores de cada Justiça e, fornecendo seus dados, requerer uma certidão, que ele terá aí todos os dados que esse inciso exige. Talvez não seja possível a estimativa dos respectivos valores demandados, e daí, ter ele que fazer uma relação complementar com essa estimativa. A nosso ver, esse indicativo serve para que os demais credores possam aquilatar as possibilidades de recuperação do devedor, e se a finalidade for essa, pode não ser alcançada.

Nos referimos especificamente à parte final da redação deste inciso IX, quando diz "**com a estimativa dos respectivos valores demandados**", o que não é a realidade. Na Justiça do Trabalho, especialmente, pede-se tudo; exageradamente pede isto, aquilo, acolá, etc., mesmo sabendo que aquilo é irreal, mas, pode ser matéria de fato e talvez o Reclamado não compareça, por exemplo. Não pode, por consequência, fornecer um devedor uma relação das ações contra si em trâmite, especialmente na Justiça especializada, tendo por base **a estimativa dos respectivos valores demandados**. Mas pode sim, o devedor, por seu departamento de pessoal – e este tem que estar aparelhado – estimar com mais proximidade o passivo trabalhista em discussão. Esse alerta vale também para as outras ações.

§ 1º Os documentos de escrituração contábil e demais relatórios auxiliares, na forma e no suporte previstos em lei, permanecerão à disposição do juízo, do administrador judicial e, mediante autorização judicial, de qualquer interessado.

67.12 Documentos à disposição do juízo

Em uma recuperação judicial, em que toda a atividade segue seu curso normal, os documentos de escrituração contábil e demais relatórios auxiliares, a nosso ver, devem permanecer sob a responsabilidade do devedor, ou na sua sede ou na do contador, exatamente para não sofrer solução de continuidade os respectivos lançamentos e coisas afins. Entretanto, ao mesmo tempo, diz a Lei, permanecerão à disposição do juízo e do administrador judicial. A parte final do inciso, diz que tais documentos também permanecerão à disposição dos demais interessados, entretanto, **mediante autorização judicial**.

§ 2º Com relação à exigência prevista no inciso II do caput deste artigo, as microempresas e empresas de pequeno porte poderão apresentar livros e escrituração contábil simplificados nos termos da legislação específica.

67.13 Micro e Pequenas Empresas. Documentação simplificada

A Lei Complementar número 123/06, que institui o Estatuto Nacional da Microempresa e Empresa de Pequeno Porte, estabelece normas gerais relativas ao tratamento diferenciado e favorecido a ser dispensado às mesmas, dentre os quais, a apresentação, quando da instrução do respectivo pedido de recuperação judicial, de livros de escrituração contábil simplificados, conforme disciplina esta Lei Complementar 123/06. Observamos que o inciso II acima comentado, exige uma documentação contábil muito mais extensa e complexa, até mesmo porque, entendemos, está tratando do geral, cujas normas tem o alcance das médias e grandes empresas, cuja escrituração contábil acompanha a mesma complexidade das grandes corporações, não só as companhias, pois existem também outros tipos de sociedade empresárias, mesmo limitadas, que são consideradas grandes.

§ 3º O juiz poderá determinar o depósito em cartório dos documentos a que se referem os §§ 1º e 2º deste artigo ou de cópia destes.

67.14 Se o juiz determinar, documentos são depositados em cartório

Frente à mais moderna tecnologia de informática em que vivemos nos dias atuais, o juiz pode deixar que os livros e documentos contábeis permaneçam sob a responsabilidade do devedor, ou na sua sede ou no escritório do contador, e determinar que cópias de todos os dados necessários sejam remetidas para serem depositadas em cartório. Na atualidade, acreditamos que a tecnologia da informática esteja presente em todos os serviços dessa natureza, e extrair cópias para os fins deste parágrafo 3º não se constituirá em nenhuma dificuldade.

Art. 52. Estando em termos a documentação exigida no art. 51 desta Lei, o juiz deferirá o processamento da recuperação judicial e, no mesmo ato:

I – nomeará o administrador judicial, observado o disposto no art. 21 desta Lei;

II – determinará a dispensa da apresentação de certidões negativas para que o devedor exerça suas atividades, exceto para contratação com o Poder Público ou para recebimento de benefícios ou incentivos fiscais ou creditícios, observando o disposto no art. 69 desta Lei;

III – ordenará a suspensão de todas as ações ou execuções contra o devedor, na forma do art. 6º desta Lei, permanecendo os respectivos autos no juízo onde se processam, ressalvadas as ações previstas nos §§ 1º, 2º e 7º do art. 6º desta Lei e as relativas a créditos excetuados na forma dos §§ 3º e 4º do art. 49 desta Lei;

IV – determinará ao devedor a apresentação de contas demonstrativas mensais enquanto perdurar a recuperação judicial, sob pena de destituição de seus administradores;

V – ordenará a intimação do Ministério Público e a comunicação por carta às Fazendas Públicas Federal e de todos os Estados e Municípios em que o devedor tiver estabelecimento.

§ 1º O juiz ordenará a expedição de edital, para publicação no órgão oficial, que conterá:

I – o resumo do pedido do devedor e da decisão que defere o processamento da recuperação judicial;

II – a relação nominal de credores, em que se discrimine o valor atualizado e a classificação de cada crédito;

III – a advertência acerca dos prazos para habilitação dos créditos, na forma do art. 7º, § 1º, desta Lei, e para que os credores apresentem objeção ao plano de recuperação judicial apresentado pelo devedor nos termos do art. 55 desta Lei.

§ 2º Deferido o processamento da recuperação judicial, os credores poderão, a qualquer tempo, requerer a convocação de assembleia-geral para a constituição do Comitê de Credores ou substituição de seus membros, observado o disposto no § 2º do art. 36 desta Lei.

§ 3º No caso do inciso III do caput deste artigo, caberá ao devedor comunicar a suspensão aos juízos competentes.

§ 4º O devedor não poderá desistir do pedido de recuperação judicial após o deferimento de seu processamento, salvo se obtiver aprovação da desistência na assembleia-geral de credores.

Art. 52. Estando em termos a documentação exigida no art. 51 desta Lei, o juiz deferirá o processamento da recuperação judicial e, no mesmo ato.

68. DOCUMENTAÇÃO EM TERMOS

As palavras acima mencionadas – **documentação em termos** – significam a existência, o acompanhamento, a anexação, a juntada à petição inicial de toda a documentação que se exige para o juiz despachar no sentido de se deferir o pretendido. No caso de nossos estudos – recuperação judicial –, **documentação em termos** significa a petição inicial estar acompanhada de todos os diversos documentos exigidos no artigo 51 supra, pois só assim poderá o juiz atender ao que se está requerendo, ou seja, o deferimento do processamento da recuperação judicial.

A esta conclusão se pode chegar por analogia, vez que o artigo o art. 319 do Código de Processo Civil (conf. art. 189 da Lei 11.101/05), determina que "a petição inicial será instruída com os documentos indispensáveis à propositura da ação". Na sequência das disposições do CPC, que tratam da petição inicial, dizem os artigos 320 e 321, que o juiz, verificando que a petição inicial não preenche os requisitos legais ou que apresenta defeitos e irregularidades capazes de dificultar o julgamento de mérito, determinará que o autor a emende, ou a complete, no prazo de 15 (quinze) dias, sob pena de indeferimento.

Cumpridas as determinações do juiz – emenda ou complementação da inicial –, aí sim, a petição inicial **estará em termos**, merecendo o despacho deferitório do juiz. O mesmo se aplica à presente questão da petição inicial da recuperação judicial. Se toda a documentação exigida pelo artigo 51 acompanhá-la, **estará em termos**, merecendo, dessa forma o despacho de deferimento do processamento da recuperação judicial. Se faltar qualquer documento ou a petição estiver incompleta, o juiz determina que o impetrante a emende ou a complete. Feito isso, deferirá o processamento. Não cumpridas as determinações do juiz, este a indeferirá. Vale aqui, mais uma vez, a observação de que as funções do juiz, nessa hipótese, é a constatação pura e simples de que a documentação que acompanha a inicial **está em termos**. Ou seja, se toda a documentação exigida por Lei estará ali anexada à petição inicial. Se estiver, determinará os seguintes atos.

> I. Nomeará o administrador judicial, observado o disposto no art. 21 desta Lei.

68.1 Nomeação do administrador judicial

O primeiro ato do juiz ao despachar deferindo o processamento da recuperação judicial é nomear o administrador judicial, e, conforme diz a Lei, observado o disposto no artigo 21, para o qual remetemos o prezado leitor, que deverá também se inteirar dos nossos estudos dos artigos seguintes, os de números 22, 23, 24 e 25, que também tratam do administrador judicial, além dos de números 31, 32 e 33, que simultaneamente dedicam dispositivos ao administrador judicial e ao Comitê de Credores, e por último, o artigo 34, que tem tratamento direcionado ao administrador judicial, especificamente, todos da Lei 11.101/05.

> II – determinará a dispensa da apresentação de certidões negativas para que o devedor exerça suas atividades, exceto para contratação com o Poder Público ou para recebimento de benefícios ou incentivos fiscais ou creditícios, observando o disposto no art. 69 desta Lei.

68.2 Dispensa de certidões negativas

Lição interessante a do Professor Gladston Mamede sobre esse dispositivo, pois ele afirma que:

> "a dispensa da apresentação de certidões negativas tem por função única permitir o prosseguimento das atividades ordinárias do peticionário, razão pela qual não traduz uma faculdade, mas uma obrigação do juiz. O art. 52, II, da Lei 11.101/05 ao prever que no mesmo ato em que deferir o processamento da recuperação judicial o juiz **determinará a dispensa da apresentação de certidões negativas para que o devedor exerça suas atividades**, lista uma obrigação judicial: tal determinação é efeito decorrente, necessário, da decisão de deferimento, não podendo deixar de constar do ato judicial". (MAMEDE, 2012, p. 148) (grifos no original).

Mas à frente, complementa Gladston Mamede o seu raciocínio, dizendo que

> "a dispensa de tais certidões não pode ser usada para contratação com o Poder Público ou para recebimento de benefícios ou incentivos fiscais ou creditícios (artigo 52, II). Tem efeitos limitados a outras situações, como a pretensão da Administração Pública de interditar o estabelecimento ou de impedir o seu funcionamento regular, a vedação para a transferência de bens, se prevista no plano de recuperação judicial aprovado, etc." (MAMEDE, 2012, p. 148)

68.3 Pedir não ofende. Mas quando a Lei proíbe, nega-se a pretensão

Observamos nas disposições do inciso II deste artigo 52, acima mencionado e transcrito, que o juiz, ao deferir o processamento da recuperação judicial, dentre outras medidas que obrigatoriamente têm de ser tomadas, determinará a dispensa de certidões negativas para que o devedor possa continuar no exercício de sua atividade.

Todavia, os efeitos dessa certidão têm alcance limitado, não atingindo absolutamente o Poder Público, o que significa que o devedor não poderá contratar com qualquer dos poderes constituídos nas 3 (três) esferas de Governo, vez que esses órgãos, por suas especificidades, têm também Lei própria que regem as suas contratações – a Lei número 8.666, de 21 de junho de 1993, que institui normas para licitações e contratos da Administração Pública e dá outras providências.

Nada obstante a clareza de todos os dispositivos acima citados, muitos interessados que negociam com os poderes das esferas governamentais, podem também vir a se encontrar no estado de recuperação judicial, e necessitarem dessas certidões.

No julgamento cuja Ementa abaixo transcreveremos, o ilustre Juiz de Direito, Dr. Sérgio Mendonça de Araújo, em substituição na 4ª Câmara Cível do Egrégio Tribunal de Justiça de Goiás, em brilhante síntese, refutou o pedido de dispensa de apresentação de certidões negativas junto à Administração Pública, efetuado por um devedor em recuperação judicial, sob os seguintes argumentos:

> "AGRAVO DE INSTRUMENTO. AÇÃO DE RECUPERAÇÃO JUDICIAL. LICITAÇÃO. DISPENSA DE CERTIDÕES NEGATIVAS DE DÉBITOS. Em razão da negativa de vigência à Lei de Licitações bem como da supremacia do princípio da legalidade estrita que rege a Administração Pública, não há como deferir a dispensa de apresentação de certidões negativas para que a recorrente licite e contrate com o Poder Público. AGRAVO DESPROVIDO.
>
> (TJGO, AGRAVO DE INSTRUMENTO 72428-03.2013.8.09.0000, Rel. DR(A). SÉRGIO MENDONCA DE ARAUJO, 4ª CÂMARA CÍVEL, julgado em 13/06/2013, DJe 1327 de 21/06/2013)."

Ao final desse inciso há a determinação para que se observe o artigo 60 desta Lei, cuja determinação diz que em todos os atos, contratos e documentos firmados pelo devedor sujeito ao procedimento de recuperação judicial deverá ser acrescida, após o nome empresarial, a expressão "em Recuperação Judicial".

> III – ordenará a suspensão de todas as ações ou execuções contra o devedor, na forma do art. 6º desta Lei, permanecendo os respectivos autos no juízo onde se processam, ressalvadas as ações previstas nos §§ 1º, 2º e 7º do art. 6º desta Lei e as relativas a créditos excetuados na forma dos §§ 3º e 4º do art. 49 desta Lei.

68.4 Suspensão de ações e execuções contra o devedor

Esse assunto de suspensão de todas as ações e execuções contra o devedor, também já foram objetos de nossos estudos quando dos respectivos comentários do artigo 6º e seus parágrafos, para o qual também remetemos o prezado leitor, nada obstante as exceções previstas nos parágrafos 1º, 2º e 7º do artigo 6º, acima mencionados, correspondem, respectivamente, às ações que demandam quantias ilíquidas, às ações trabalhistas até a fixação do devido valor e às execuções fiscais.

As outras exceções previstas no inciso III, que também não se suspendem em decorrência do despacho de deferimento do processamento da recuperação judicial – as ações relativas a créditos excetuados na forma dos parágrafos 3º e 4º do artigo 49 dessa Lei –, são aquelas referentes ao credor titular da posição de proprietário fiduciário de bens móveis ou imóveis, de arrendador mercantil, de proprietário ou promitente vendedor de imóvel cujos respectivos contratos contenham cláusula de irrevogabilidade ou irretratabilidade, inclusive em incorporações imobiliárias, ou de proprietário em contrato de venda com reserva de domínio. Entretanto, mesmo em curso essas ações, proíbe a Lei que pelo prazo de 180 (cento e oitenta) dias a contar da publicação do despacho deferitório do processamento, nada obstante prevaleça os direitos de propriedade sobre a coisa, é proibida a venda ou a retirada do estabelecimento do devedor dos bens de capital essenciais a sua atividade empresarial (parágrafo 3º do art 49).

68.5 Aeronave não é bem essencial. Mesmo existindo o contrato de arrendamento mercantil, não há atração ou vinculação ao juízo recuperacional

Um devedor em recuperação judicial usufruiu dos benefícios da supensão por 180 (cento e oitenta) dias de uma ação de reintegração de posse que lhe movia o credor, decorrente de arrendamento mercantil sobre uma aeronave, ao lhe ser deferido o processamento de sua recuperação judicial. Expirado o prazo previsto em Lei, o credor prosseguiu com a ação, o que fez com que o devedor invocasse os benefícios da prorrogação da suspensão, sob as argumentações de que a aeronave era um bem essencial à atividade.

Essas argumentações, com sucesso no juízo singelo, foram alvos do recurso de Agravo de Instrumento distribuído ao ilustre Desembargador Camargo Neto, da 6ª Câmara Cível do Egrégio Tribunal de Justiça de Goiás, cujo credor entendia que, passado o período dos 180 (cento e oitenta) dias da suspensão legal, e, mesmo por não ser o bem objeto da reintegratória essencial às atividades do devedor, não deveria, por consequência, ser prorrogada a suspensão.

Com maestria, o ilustre Desembargador acatou o pedido, e proferiu julgamento, cuja Ementa, muito bem sintetizada, transcrevemos, na íntegra, a seguir:

> "AGRAVO DE INSTRUMENTO. REINTEGRAÇÃO DE POSSE. AERONAVE. LEILÃO. RECUPERAÇÃO JUDICIAL. 1. EXCEÇÃO LEGAL. A nova Lei de Falências (Lei nº 11.101/05) traz, no §3º do art. 49, uma exceção à regra da suspensão das ações em trâmite contra a empresa submetida à Recuperação Judicial, por se tratar de arrendamento mercantil, razão pela qual a demanda deverá ter seu curso retomado. 2. PREVENÇÃO. INEXISTÊNCIA. Não há que se falar em atração ou vinculação ao juízo falimentar, assim como ao eventual Relator dos recursos pendentes à ação coletiva, pois a ação possessória, em espécie, terá seu curso independente, sem mais sobrestamentos. 3. AERONAVE. NÃO É BEM ESSENCIAL. A atividade principal da primeira Agravada se resume à realização de obras de engenharia civil, não sendo imprescindível a utilização de aeronave para tanto. 4. PRORROGAÇÃO DO PRAZO DE SUSPENSÃO. Não havendo vínculo desta demanda com a Recuperação Judicial, irrelevante o prazo da suspensão noticiado. AGRAVO CONHECIDO E PROVIDO.
>
> (TJGO, AGRAVO DE INSTRUMENTO 132927-50.2013.8.09.0000, Rel. DES. CAMARGO NETO, 6ª CÂMARA CÍVEL, julgado em 28/05/2013, DJe 1318 de 10/06/2013)."

Embora a Lei faça tal previsão da não retirada ou venda de bens de capital do estabelecimento do devedor pelo seu proprietário (alienação fiduciária, *leasing*, reserva de domínio, etc.), pelo prazo de 180 (cento e oitenta) dias, a jurisprudência, inclusive no STJ, tem entendimento no sentido de prorrogação desse prazo até a efetiva realização da assembleia-geral de credores, desde que para tal atraso não tenha concorrido o devedor. Nossos estudos sobre os respectivos dispositivos têm uma dimensão maior, para a qual remetemos o amigo leitor.

Quanto ao parágrafo 4º do artigo 49, diz a Lei que não se sujeitará aos efeitos da recuperação judicial a importância a que se refere o inciso II do art. 86 desta Lei, que trata da importância entregue ao devedor, em moeda corrente nacional, decorrente de ACC para exportação, também já objeto de nossos estudos acima.

> IV – determinará ao devedor a apresentação de contas demonstrativas mensais enquanto perdurar a recuperação judicial, sob pena de destituição de seus administradores.

68.6 Apresentação de contas mensais

Gladston Mamede ensina que

> "(...) Essas contas demonstrativas mensais", (2012, p. 149-150) "não foram objeto de definição por parte do legislador. De abertura, tais contas não se confundem com as anotações do livro Diário, o que implicaria desrespeitar o sigilo escritural e empresarial. Mas a recuperação judicial da empresa é benesse excepcional, o que justificaria cautela com a condução e gestão da empresa, o que justifica a sujeição do empresário ou sociedade empresária ao dever de relatar como a atividade negocial está sendo conduzida. (MAMEDE, 2012, p. 149-150)

Desta maneira, creio que as *contas demonstrativas mensais* devem estruturar-se sob a forma de balancete mensal, indicando a receita bruta do período, destacando a sua origem, entre atos próprios da empresa (venda de bens ou prestação de serviços) e atos próprios da recuperação judicial já deferida (por exemplo: capitalização da empresa, aumento de capital, venda de bens do ativo, venda de filial ou de unidade produtiva isolada etc.), bem como as despesas, entre custo dos bens ou serviços, impostos, despesas operacionais e, mesmo, pagamento de credores, conforme o plano de recuperação judicial, quando já deferido. Cabe ao administrador judicial aferir a veracidade de tais dados, já que tem amplo acesso aos livros contábeis e outros documentos de escrituração do devedor e está, ele mesmo, obrigado à apresentação de um *relatório mensal de atividades do devedor* (art. 22, II, *c*, da Lei 11.101/05)." (MAMEDE, 2012, p. 149-150)

> V – ordenará a intimação do Ministério Público e a comunicação por carta às Fazendas Públicas Federal e de todos os Estados e Municípios em que o devedor tiver estabelecimento.

68.7 Intimação do Ministério Público

Embora diminuída, e muito, a atuação do Ministério Público nos processos de falência e recuperação judicial, o que foi alvo de nossos estudos e comentários sobre o artigo 4º (REVOGADO) da Lei 11.101/05, quando transcrevemos as respectivas razões do veto. O Ministério Público, nada obstante, será sempre, segundo as disposições do artigo 83 do Código de Processo Civil, o fiscal da Lei.

Embora diminuída a sua atuação, entendeu o legislador que, desde o princípio do processo de recuperação judicial, o Ministério Público deveria ser intimado, e, para funcionar, a nosso ver, como *custos legis*, observando se foram cumpridos os requisitos do artigo 48, bem como s exigências deste artigo 52 para a instrução da petição inicial.

As Fazendas Públicas Federal e de todos os Estados e Municípios em que o devedor tiver estabelecimento, exige a Lei, também serão comunicadas da impetração de recuperação judicial pelo devedor, com o respectivo nome empresarial, endereço, CNPJ, etc.

§ 1º O juiz ordenará a expedição de edital, para publicação no órgão oficial, que conterá:

I – o resumo do pedido do devedor e da decisão que defere o processamento da recuperação judicial;

II – a relação nominal de credores, em que se discrimine o valor atualizado e a classificação de cada crédito;

III – a advertência acerca dos prazos para habilitação dos créditos, na forma do art. 7º, § 1º, desta Lei, e para que os credores apresentem objeção ao plano de recuperação judicial apresentado pelo devedor nos termos do art. 55 desta Lei.

68.8 Publicação de edital e suas formalidades

Esse edital, por certo, é um dos documentos mais importantes desta fase do processo de recuperação judicial, pois é a partir da sua publicação no órgão oficial que começam a correr diversos prazos, além do seu conteúdo trazer: (i) o resumo do pedido do devedor; (ii) o resumo da decisão que defere o processamento da recuperação judicial; e, (iii) a relação nominal dos credores discriminando o valor atualizado e a classificação de cada crédito (com a observação de que esses dados devem ser extraídos da petição inicial ou da relação dos credores que a acompanha).

Não menos importante, como já frisamos acima, são os prazos previstos nesse edital, um deles no parágrafo 1º do artigo 7º para a apresentação por parte dos credores de suas respectivas habilitações junto ao próprio administrador judicial, que é de 15 (quinze) dias. O outro prazo também previsto nesse inciso III do parágrafo 1º é o de que os credores, se desejarem manifestar qualquer objeção ao plano de recuperação judicial apresentado pelo devedor, deverão fazê-lo nos termos do artigo 55 da Lei (análise abaixo). Daí, a necessária atenção a todos esses dispositivos, não apenas por todos interessados e participantes da recuperação, mas também por quem for confeccionar esse edital e pelo juiz do feito que, antes de assiná-lo, deverá conferi-lo e reconferi-lo, se necessário, até mesmo no sentido de se evitar qualquer nulidade futura e o consequente atraso da recuperação judicial.

Eis os exatos termos do artigo 55, segundo os quais os credores poderão manifestar objeção ao plano de recuperação judicial: "qualquer credor poderá manifestar ao juiz sua objeção ao plano de recuperação judicial no prazo de 30 (trinta) dias contado da publicação da relação de credores de que trata o § 2º do art. 7º desta Lei". Resumindo: terminados os 15 (quinze) dias acima mencionados para as habilitações dos créditos junto ao administrador, a este abre-se o prazo de 45 (quarenta e cinco) dias para, com base nas informações e documentos colhidos nos livros contábeis, documentos comerciais e fiscais do devedor e documentos que lhe forem apresentados pelos credores nas respectivas habilitações de créditos, publicar edital contendo a relação dos credores. Publicada esta, aí sim, inicia-se a contagem do prazo de 30 (trinta) dias para que qualquer credor possa manifestar ao juiz a sua objeção ao plano de recuperação. *Vide* comentários sobre os estudos do artigo 55 e seu parágrafo único.

> § 2º Deferido o processamento da recuperação judicial, os credores poderão, a qualquer tempo, requerer a convocação de assembleia-geral para a constituição do Comitê de Credores ou substituição de seus membros, observado o disposto no § 2º do art. 36 desta Lei.

68.9 Deferido o processamento. Convocação da assembleia-geral de credores

Essa faculdade que se oportuniza aos credores quando do deferimento do processamento da recuperação judicial para, a qualquer tempo, requerer a convocação de assembleia-geral de credores, tem por finalidade única a constituição do Comitê de Credores. E quando a Lei diz "**os credores poderão**", não está ela dizendo que qualquer credor, individualmente, ou mesmo que todos, coletivamente, têm este privilégio. É que, em princípio, a competência para a convocação de AGC é do juiz do feito, conforme dispõe o artigo 36, *caput*.

No parágrafo 2º desse artigo, a Lei excepciona, dizendo que credores que representem no mínimo 25% (vinte e cinco por cento) do valor total dos créditos de uma determinada classe poderão requerer ao juiz a convocação de assembleia-geral. Exemplificativamente, se na Classe I – Titulares de créditos derivados da legislação do trabalho ou decorrentes de acidente de trabalho, o total de créditos habilitados na recuperação judicial for de 10 milhões de reais, haverá a necessidade de que credores dessa classe, titulares de pelo menos 2,5 (dois milhões e quinhentos mil reais), se unam para poderem requerer ao juiz a convocação da AGC.

> § 3º No caso do inciso III do *caput* deste artigo, caberá ao devedor comunicar a suspensão aos juízos competentes.

68.10 Devedor comunica suspensão de ações e execuções aos juízos competentes

Por óbvio, o devedor somente poderá cumprir a obrigação de avisar aos juízos competentes para as respectivas suspensões de ações e execuções, quando do deferimento do processamento da recuperação judicial, se ele for réu em alguma delas e que se submeta aos efeitos do processo. Não é muito comum, mas existe ou existiu, e poderá existir, sim, recuperação judicial em que o devedor sequer tinha ou tenha ajuizada contra si qualquer ação ou execução. Se tiver, entretanto, cabe a ele a responsabilidade de, por meiode petição confeccionada e assinada pelo seu advogado e acompanhada da cópia da publicação do resumo da decisão que deferiu o processamento da recuperação judicial, cumprir a obrigação de comunicar a suspensão aos juízos competentes.

> § 4º O devedor não poderá desistir do pedido de recuperação judicial após o deferimento de seu processamento, salvo se obtiver aprovação da desistência na assembleia-geral de credores.

68.11 Desistência da recuperação. Autorização da AGC

Ao se impetrar um pedido de recuperação judicial, já analisamos, o devedor tem que encontrar-se em situação de crise econômico-financeira (art. 47). Sabe-se que, literalmente para se chegar ao momento de protocolizar um pedido de tal natureza, muito caminho terá sido percorrido pelo devedor, muitas providências terão que ter sido tomadas, etc. Assim, ficamos imaginando, nos autoindagando, sem, entretanto, encontrarmos uma resposta plausível, que nos convença do porquê, depois de tantos passos dados, depois de se conseguir comprovar os requisitos e exigências (que são muitos – arts. 48 e 51), depois de pagar as custas judiciais, depois da contratação e pelo menos pagamento de parte dos honorários do advogado que precisa ser especialista; ainda, quem sabe também, depois da contratação e pagamento de parte de uma empresa de auditoria para organizar a contabilidade, etc. depois de tudo, e esse tudo é muito, é muito mesmo, o que levaria um devedor a desistir de um pedido de recuperação judicial?

Contudo, se ajuizou o pedido e este não teve ainda o deferimento do seu processamento, e o devedor requerer a sua desistência, a Lei não a proíbe. Se, por outro lado, já houve o deferimento do seu processamento, e o devedor protocolar um pedido de desistência da recuperação judicial, o juiz do feito, em uma das duas previsões na Lei, terá de obrigatoriamente, convocar a AGC para deliberar sobre o pedido.

Só recordando, estudamos no artigo 41 a composição da assembleia-geral de credores e como ela vota em suas respectivas classes. Como as exceções previstas para a forma ordinária de votação só existem para estes casos – (i) nas deliberações sobre o plano de recuperação judicial nos termos da alínea "a" do inciso I do *caput* do art. 35 desta Lei; (ii) a composição do Comitê de Credores; ou (iii) forma alternativa de realização do ativo nos termos do art. 145 desta Lei – isso quer dizer que nas deliberações sobre o pedido de desistência, considerar-se-á aprovada a proposta que obtiver votos favoráveis de credores que representem mais da metade do valor total dos créditos presentes à assembleia-geral – que é a forma ordinária de votação (primeira parte do art. 42). Há também, a outra previsão legal do juiz convocar obrigatoriamente a AGC é quando qualquer credor apresentar objeção ao plano de recuperação judicial apresentado pelo devedor (art. 56), o que veremos logo abaixo.

Seção III
Do Plano de Recuperação Judicial

Art. 53. O plano de recuperação será apresentado pelo devedor em juízo no prazo improrrogável de 60 (sessenta) dias da publicação da decisão que deferir o processamento da recuperação judicial, sob pena de convolação em falência, e deverá conter:

I – discriminação pormenorizada dos meios de recuperação a ser empregados, conforme o art. 50 desta Lei, e seu resumo;

II – demonstração de sua viabilidade econômica; e

III – laudo econômico-financeiro e de avaliação dos bens e ativos do devedor, subscrito por profissional legalmente habilitado ou empresa especializada.

Parágrafo único. O juiz ordenará a publicação de edital contendo aviso aos credores sobre o recebimento do plano de recuperação e fixando o prazo para a manifestação de eventuais objeções, observado o art. 55 desta Lei.

69. PRAZO DE 60 (SESSENTA) DIAS PARA APRESENTAÇÃO DO PRJ

Sessenta dias. Esse prazo é fatal. É dentro dele que o devedor impetrante do benefício legal da recuperação judicial deverá apresentar o seu plano de recuperação judicial junto ao juízo distribuído e que deferiu o processamento do seu pedido. Publicada essa decisão, o prazo começa a correr. São somente 60 (sessenta) dias a partir da citada publicação para que o devedor possa demonstrar em juízo e, por consequência, aos seus credores, como, a forma, os meios pelos quais ele acredita no seu reerguimento. É nesse pequeno prazo que o devedor terá a oportunidade de expor concretamente, pormenorizadamente, quais os caminhos – todos os legais possíveis – que vai percorrer no sentido de manutenção da sua atividade, e, acima de tudo, da sua recuperação.

Esse prazo é fatal, pois diz a Lei que se ele não for cumprido, isto é, o devedor não apresentar – não protocolizar junto ao juízo da recuperação judicial o seu plano no prazo de 60 (sessenta) dias a contar da publicação da decisão do despacho deferitório, a sua impetração de recuperação judicial será convolada em falência. Essa, nessa hipótese, é irreversível. Se o devedor cochilou no prazo e este passou, é falência. É o final do caminho, pelo menos por bons anos, desse devedor, pois não há nesta Lei 11.101/05 a *recuperação judicial suspensiva*, como tinha a concordata suspensiva no revogado Decreto-Lei 7.661/45.

Além da observação do prazo acima mencionado, diz a Lei que, na apresentação do plano de recuperação judicial, este deverá conter: "I – discriminação pormenorizada dos meios de recuperação a ser empregados, conforme o art. 50 desta Lei, e seu resumo."

Ao estudarmos o artigo 50 acima, observamos que a Lei, em 16 (dezesseis) incisos, faculta ao impetrante da recuperação judicial diversos meios, dentre outros, para ele se reerguer. Os meios mais comuns existentes em planos de recuperação judicial são, normalmente, o alongamento do prazo para pagamento aos credores, eliminação de juros, correção monetária, deságio, carência, etc., o que, às vezes, pode ser a solução de quem assim projeta um plano.

Entretanto, fica aqui a observação de que a elaboração de um plano de recuperação judicial é algo muito sensível para o recuperando, seja no presente e talvez principalmente no futuro; daí, ter ele o critério de entregar essa responsabilidade para quem é da área, pois o técnico, ao conhecer em profundidade todas as dificuldades do impetrante, sejam as da situação de crise econômico-financeira, de gestão, etc., terá todas as condições de elaborar um plano com a utilização de tantos quantos forem necessários os meios para a recuperação, combinados entre si, para que mesmo, até perante a assembleia-geral de credores, tenha mais credibilidade e a consequente maior possibilidade de, quando das deliberações, ser aprovado.

Essa discriminação pormenorizada dos meios de recuperação a serem empregados, conforme o texto legal, e sobre isso já deixamos claro o nosso receio quando dos estudos do art. 50 e seus incisos, é tarefa para técnicos, pois, pormenorizar qualquer dos meios de recuperação a ser empregado em um plano, depende de conhecimentos específicos sobre esse meio e até mesmo a sua aplicabilidade propriamente dita no curso do tempo de duração da recuperação judicial.

II – demonstração de sua viabilidade econômica;

69.1 Viabilidade econômica. Necessidade de demonstração

São válidas as mesmas observações do inciso acima, se tal demonstração de sua viabilidade econômica for feita e assinada por um técnico da área, o que, por óbvio, despertará mais credibilidade e mostrará que o devedor, nada obstante a sua atual situação de crise econômico-financeira, continua acreditando na sua recuperação, pois está elaborando um plano de recuperação judicial por técnicos, pessoas habilitadas. Tais profissionais, pela sua *expertise*, e conhecendo o devedor em todas as suas dimensões, elaborarão um plano consistente, com a durabilidade necessária, mas com a firme demonstração de sua viabilidade econômica.

> III – laudo econômico-financeiro e de avaliação dos bens e ativos do devedor, subscrito por profissional legalmente habilitado ou empresa especializada.

69.2 Laudo. Avaliação dos ativos

O nosso alerta nos dois incisos acima justifica-se muito mais diante dos dispositivos deste inciso III, pois a presença de profissionais aqui é uma exigência da Lei, até mesmo porque a tarefa determinada não pode ser efetuada por quem não detém os conhecimentos específicos. Esse mesmo profissional legalmente habilitado ou mesmo a empresa especializada de que esse inciso trata, por certo também será apta a cumprir as exigências legais dos dois incisos anteriores. Ressalte-se, por fim, que o devedor deve ter em mente que esse plano é, em últimas palavras, a sua também última chance de convencer os credores de que sua recuperação é factível. Então, que a ele seja dedicada toda a atenção possível no sentido de que seja consistente, verdadeiro e, o que todos querem ao lado da Lei, viável.

> Parágrafo único. O juiz ordenará a publicação de edital contendo aviso aos credores sobre o recebimento do plano de recuperação e fixando o prazo para a manifestação de eventuais objeções, observado o art. 55 desta Lei.

69.3 Aviso aos credores. Oferecimento de eventuais objeções

Protocolizado e juntado aos respectivos autos o plano de recuperação judicial, diz a Lei que o juiz ordenará a publicação de edital contendo aviso aos credores sobre o seu recebimento e fixará o prazo para a manifestação de eventuais objeções. Entretanto, com o alerta de observar-se as disposições do artigo 55 desta mesma Lei 11.101/05.

Ora, ao estudarmos acima as disposições do artigo 52, especialmente as contidas em seu parágrafo 1º e seus três incisos, alertamos sobre a necessidade de muita atenção quanto ao seu conteúdo – a confecção do edital, a contagem de prazos, entre outras advertências. Ali já ficava claro que o prazo de 30 (trinta) dias para a manifestação de objeção por qualquer credor ao plano de recuperação judicial teria início quando da publicação da relação de credores pelo administrador judicial, raciocínio este sobre o disposto no artigo 55, para o qual nos remeteu o inciso III do parágrafo 1º do art. 52.

À primeira vista, as disposições desse parágrafo único do artigo 53, nos induzem a crer que o prazo inicial para que os credores possam manifestar sua objeção ao plano de recuperação judicial, é exatamente quando da publicação de edital ordenado pelo juiz avisando aos credores sobre o recebimento do plano, o que chocaria com as disposições mencionadas no parágrafo anterior, referente ao artigo 52, seu parágrafo 1º e seus incisos. Por evidente, temos dois prazos legais para que qualquer credor formalize sua objeção ao plano. Qual o correto? Ao estudarmos a artigo 55 e seu parágrafo único, para o qual remetemos o amigo leitor, saberemos.

> Art. 54. O plano de recuperação judicial não poderá prever prazo superior a 1 (um) ano para pagamento dos créditos derivados da legislação do trabalho ou decorrentes de acidentes de trabalho vencidos até a data do pedido de recuperação judicial.
>
> Parágrafo único. O plano não poderá, ainda, prever prazo superior a 30 (trinta) dias para o pagamento, até o limite de 5 (cinco) salários-mínimos por trabalhador, dos créditos de natureza estritamente salarial vencidos nos 3 (três) meses anteriores ao pedido de recuperação judicial.

70. PRIVILÉGIO AOS TRABALHADORES

Duas hipóteses inegociáveis em qualquer plano de recuperação estão previstas neste artigo 54 e seu parágrafo único: (i) o não pagamento de créditos derivados da legislação do trabalho ou decorrentes de acidentes de trabalho em prazo superior a 1 (um) ano, desde que vencidos até a data do protocolo da impetração da recuperação judicial; e (ii) previsão de prazo de pagamento superior a 30 (trinta) dias, até o limite de 5 (cinco) salários mínimos por trabalhador, dos créditos de natureza estritamente salarial (salários) e que vencidos nos 3 (três) meses anteriores ao protocolo do pedido de recuperação.

Por tratarem-se de direitos titularizados por trabalhadores, em ambas as hipóteses – o *caput* e seu parágrafo único –, trazem consigo a natureza alimentar, o que implica a preocupação do legislador em determinar para a ocorrência de tais eventos, prazos máximos. A *contrariu sensu*, prazos menores poderão ser previstos no plano de recuperação judicial.

O *caput* tem aplicação mais ampla, abrange mais verbas trabalhista, pois ele generaliza quando trata de créditos derivados da legislação do trabalho, aqui compreendendo-se, além do salário mensal de cada empregado, férias vencidas e seu abono de 1/3 (um terço), 13º salário, horas extras, adicionais, gratificações, enfim, todos os direitos decorrentes da legislação do trabalho, desde que vencidos até a data da impetração da recuperação judicial. Já a previsão do parágrafo único tem mais urgência, pois trata-se dos salários propriamente ditos (aqueles pagos até o 5º dia útil de cada mês vencido), mas em um período muito mais curto, de no máximo 3 (três) meses antes da data do protocolo do pedido de recuperação judicial.

Seção IV
Do Procedimento de Recuperação Judicial

> Art. 55. Qualquer credor poderá manifestar ao juiz sua objeção ao plano de recuperação judicial no prazo de 30 (trinta) dias contado da publicação da relação de credores de que trata o § 2º do art. 7º desta Lei.
>
> Parágrafo único. Caso, na data da publicação da relação de que trata o caput deste artigo, não tenha sido publicado o aviso previsto no art. 53, parágrafo único, desta Lei, contar-se-á da publicação deste o prazo para as objeções.

71. OBJEÇÕES AO PRJ. PRAZO DE 30 (TRINTA) DIAS

Quando dos estudos do artigo 53, chamamos a atenção para os estudos deste artigo 55 e seu parágrafo único, alertando que tais disposições nos tirariam dúvidas sobre como contar o prazo e de qual publicação, para que os credores manifestem ao juiz a sua objeção ao plano de recuperação judicial apresentado pelo devedor.

No *caput* desde artigo 55, abre a Lei essa faculdade a qualquer credor, desde que ele a pratique dentro do prazo de 30 (trinta) dias, contados da publicação da relação dos credores de que trata o parágrafo 2º do artigo 7º desta Lei. Por outro lado, o parágrafo único do artigo 53, determina que o juiz ordenará a publicação de edital contendo aviso aos credores sobre o recebimento do plano de recuperação e fixando o prazo para a manifestação de eventuais objeções, observado o art. 55 desta Lei. Há, sim, até aqui, uma contradição entre esses dispositivos da Lei 11.101/05, pois cada um prevê um *dies a quo* diferente para um mesmo ato.

Entretanto, o parágrafo único vem e conserta tudo, afirmando que, caso, na data da publicação da relação de que trata o *caput* deste artigo – **a relação dos credores publicada pelo administrador judicial 45 (quarenta e cinco) dias após o término do prazo para as habilitações, conforme parágrafo 2º do artigo 7º** –, não tenha sido publicado o aviso previsto no art. 53, parágrafo único, desta Lei – **o juiz ordenará a publicação de edital contendo aviso aos credores sobre o recebimento do plano de recuperação e fixando o prazo para a manifestação de eventuais objeções, observado o art. 55 desta Lei**, contar-se-á da publicação deste o prazo para as objeções.

Procurando simplificar: 1) Se a relação dos credores prevista no parágrafo 2º do artigo 7º for publicada antes da publicação do edital ordenada pelo juiz avisando os credores sobre o recebimento do plano de recuperação judicial, o prazo de 30 (trinta) dias para os credores manifestarem objeção, conta-se da publicação deste último – do edital. É uma questão de coerência, pois, se fosse o contrário, isto é, publicada a relação dos credores do parágrafo 2º do artigo 7º e o plano de recuperação judicial ainda não tivesse sido juntado aos autos de recuperação, a que os credores manifestariam qualquer objeção, se sequer conheciam os termos do plano? Ora, sem o plano junto aos autos da recuperação, de nada adianta abrir a contagem de prazo.

71.1 Pode ocorrer – e ocorreu – homologação de plano de recuperação judicial sem objeção de qualquer credor

O que parecia impossível, aconteceu: um plano de recuperação judicial ser homologado sem sofrer qualquer objeção de qualquer credor. Esse caso foi aanalisado e julgado pelo eminente Desembargador Carlos Escher, pertencente à 4ª Câmara Cível do Egrégio Tribunal de Justiça do Estado de Goiás, em Recurso de Agravo de Instrumento.

A insatisfação do recorrente baseava-se na existência de objeções ao plano de recuperação judicial protocolizadas tempestivamente, mas que foram objetos de desistências por seus autores, por provável negociação com o recuperando. Passados os 30 (trinta) dias da Lei, e havendo a desistência de quem tempestivamente tinha objetado, restou ao juiz singelo a homologação, e ao inconformado, o presente recurso que, com grande habilidade e profundo conhecimento, foi improvido pelo Relator, nobre Desembargador Carlos Escher, nos termos abaixo, conforme podemos observar em sua síntese:

> "AGRAVO DE INSTRUMENTO. RECUPERAÇÃO JUDICIAL. HOMOLOGAÇÃO DO PLANO DE RECUPERAÇÃO SEM REALIZAÇÃO DE ASSEMBLEIA-GERAL DE CREDORES. OBJEÇÕES INTEMPESTIVAS. DESISTÊNCIAS. 1 – A homologação do plano de recuperação judicial só será condicionada à prévia assembleia-geral de credores se houverem impugnações tempestivas, segundo o artigo 55 da lei de falências. Não havendo provas de tais impugnações, correta a decisão que homologa o referido plano. 2 – Tratando-se de direito disponível é lícito a qualquer credor desistir da objeção interposta. AGRAVO IMPROVIDO.
>
> (TJGO, AGRAVO DE INSTRUMENTO 446863-11.2009.8.09.0000, Rel. DES. CARLOS ESCHER, 4ª CÂMARA CÍVEL, julgado em 12/08/2010, DJe 652 de 31/08/2010).

71.2 Entretanto, se houve objeção tempestiva, o juiz do feito tem a obrigação de convocar a assembleia-geral de credores para deliberar

Contrariamente ao tópico acima analisado, o presente tem o mesmo fundo, só que neste houve o protocolo tempestivo da objeção, mas o entendimento do juiz singular foi no sentido contrário, isto é, que não houve nenhum protocolo de objeção efetuado a tempo.

Esse Recurso de Agravo de Instrumento foi julgado pela hoje Exma. Sra. Desembargadora Elizabeth Maria da Silva, à época juíza de Direito em substituição na 3ª Câmara Cível do Egrégio Tribunal de Justiça do Estado de Goiás.

Entendendo estar provado nos autos que houve o protocolo tempestivo da objeção ao plano de recuperação judicial do devedor, por parte do Agravante, a ilustre Desembargadora (hoje) Elizabeth Maria da Silva, não teve a menor dúvida, e proveu o inconformismo do Agravante, conforme síntese de seu julgamento abaixo:

> "RECUPERAÇÃO JUDICIAL. PLANO DE RECUPERAÇÃO. OBJEÇÃO. TEMPESTIVIDADE. NECESSIDADE DE CONVOCAÇÃO DA ASSEMBLÉIA GERAL DE CREDORES. Tendo o agravante protocolizado sua objeção dentro do prazo previsto no instrumento editalício respectivo, deve o magistrado a quo convocar a assembleia-geral para deliberar sobre o plano apresentado, nos termos do art. 56 da Lei n. 11.101/05. Recurso conhecido e provido.
>
> (TJGO, AGRAVO DE INSTRUMENTO 51516-87.2010.8.09.0000, Rel. DR(A). ELIZABETH MARIA DA SILVA, 3ª CÂMARA CÍVEL, julgado em 10/08/2010, DJe 652 de 31/08/2010).

> Art. 56. Havendo objeção de qualquer credor ao plano de recuperação judicial, o juiz convocará a assembleia-geral de credores para deliberar sobre o plano de recuperação.
>
> § 1º A data designada para a realização da assembleia-geral não excederá 150 (cento e cinquenta) dias contados do deferimento do processamento da recuperação judicial.
>
> § 2º A assembleia-geral que aprovar o plano de recuperação judicial poderá indicar os membros do Comitê de Credores, na forma do art. 26 desta Lei, se já não estiver constituído.
>
> § 3º O plano de recuperação judicial poderá sofrer alterações na assembleia-geral, desde que haja expressa concordância do devedor e em termos que não impliquem diminuição dos direitos exclusivamente dos credores ausentes.
>
> § 4º Rejeitado o plano de recuperação pela assembleia-geral de credores, o juiz decretará a falência do devedor.

72. OBJEÇÃO APRESENTADA PELOS CREDORES. PROCESSAMENTO

Diz a Lei que, havendo objeção de qualquer credor ao plano de recuperação judicial – mesmo os não sujeitos aos efeitos da recuperação judicial – ocorrerá aquela outra hipótese em que o juiz do feito, obrigatoriamente, terá que convocar a assembleia-geral de credores, dessa feita para a deliberação das propostas contidas no plano para o reerguimento do devedor.

Nada obstante os destinatários do conteúdo no plano de recuperação apresentado ao juiz sejam os credores, a quem compete, como dito acima, as deliberações a respeito, cabe, porém, ao juiz, a análise dos pressupostos e condições, e aquelas objeções apresentadas e desprovidas desses requisitos, poderão ser indeferidas liminarmente. Se for a hipótese de emenda ou complementação da peça, deve o juiz intimar a parte para fazê-lo. Passada esta fase, e mesmo que seja apenas uma só objeção apresentada, o juiz terá que cumprir o que manda o artigo ora sob estudos – determina a convocação da assembleia-geral de credores para deliberar sobre o plano de recuperação judicial apresentado pelo devedor.

E se não houver a apresentação de sequer uma objeção no prazo legal? Significa que, se o plano obedecer aos ditames legais, por óbvio, passando pelo crivo do juiz do feito, será homologado tal como apresentado. Ora, a Lei abre aos credores o prazo de 30 (trinta) dias para apresentar objeções, e estes se calam! Fica aí a natural presunção de que todos os credores estão de acordo com o inteiro teor do plano apresentado pelo devedor. O passo seguinte é o juiz conceder a recuperação judicial ao devedor, o que será objeto de estudos dos artigos seguintes.

> § 1º A data designada para a realização da assembleia-geral não excederá 150 (cento e cinquenta) dias contados do deferimento do processamento da recuperação judicial.

72.1 Prazo para a realização da AGC

Esse dispositivo, em obediência mesmo a um dos princípios norteadores da confecção desta Lei 11.101/05 – o da celeridade – determina, a nosso ver, um prazo muito curto de 150 (cento e cincoenta) dias para ser observado desde a data do deferimento do processamento da recuperação (entenda-se a sua pubicação) até a efetiva realização da assembleia-geral de credores.

Pelas contagens normais dos prazos previstos para os atos do processo de recuperação, em princípio e na teoria, é plenamente viável. Entretanto, a prática, e em decorrência do acúmulo de tantas outras responsabilidades das respectivas escrivanias, como do próprio juiz, tem nos mostrado que esse prazo não tem como ser cumprido, apesar dos grandes esforços dos responsáveis. Se não foi possível o cumprimento do prazo determinado em Lei, paciência. O ato será cumprido no prazo que for possível, até mesmo porque, conforme se observa dos dispositivos acima, a Lei não prevê qualquer sanção em desfavor de quem não o cumpra.

> § 2º A assembleia-geral que aprovar o plano de recuperação judicial poderá indicar os membros do Comitê de Credores, na forma do art. 26 desta Lei, se já não estiver constituído.

72.2 AGC que aprovar plano indica membros do Comitê de Credores

Estudamos em linhas volvidas que, a partir do deferimento do processamento da recuperação judicial, os credores poderiam requerer ao juiz a convocação de assembleia-geral de credores para a constituição do Comitê de Credores ou substituição de seus membros (parágrafo 2º do art. 52). Se isso ainda não foi feito – e não é necessário que isso seja feito, como já vimos –, mas se os credores quiserem constituir o Comitê, têm, nessa assembleia-geral para discutir a aprovação, rejeição ou modificação do plano de recuperação judicial apresentado pelo devedor, a oportunidade de fazê-lo.

Este parágrafo 2º é incisivo ao dizer que "a assembleia-geral que **aprovar** o plano de recuperação judicial (...)". E se não aprovar? Não poderá a asssembleia-geral indicar os membros do Comitê de Credores? A resposta é que, não aprovado ou rejeitado o plano, não haverá, por consequência, e mesmo que fosse da vontade dos credores, nem Comitê e nem mais assembleia-geral para os fins específicos do processo de recuperação judicial, porque a consequência dessa não aprovação ou rejeição pelos credores, conforme estudaremos logo abaixo – os dispositivos do parágrafo 4º –, significa, literalmente, a decretação da falência.

> § 3º O plano de recuperação judicial poderá sofrer alterações na assembleia-geral, desde que haja expressa concordância do devedor e em termos que não impliquem diminuição dos direitos exclusivamente dos credores ausentes.

72.3 Plano apresentado pode sofrer modificações na AGC

A redação deste parágrafo 3º nos dá o caminho certo de que o devedor, absolutamente, não terá aprovado aquele plano originalmente apresentado. Isso porque esse plano apresentado já foi objetado por um ou mais credores e daí, a realização da assembleia-geral. A finalidade da assembleia é a deliberação pelos credores, contando com a participação do devedor, que têm até o privilégio de não consentir com qualquer modificação apresentada na AGC. A Lei diz que *desde que haja expressa concordância do devedor*. Ora, se ele não concordar com as alterações ao plano apresentadas na AGC e os devedores não acordarem em aprovar a íntegra do plano como apresentado, o resultado será, inevitavelmente, o decreto de falência, que veremos no próximo parágrafo.

Entretanto, admitamos que o devedor tenha uma folga já propositalmente encaixada nesse plano e que lhe possibilite concordar com uma ou mais alterações propostas pela assembleia-geral e que, mesmo assim, o cumprimento do plano continue perfeitamente viável. Isso a Lei lhe possibilita fazer. Porém, há a ressalva na parte final desse parágrafo 3º, que, mesmo com sua concordância, não poderá permitir alterações no plano que impliquem diminuição dos direitos exclusivamente dos credores ausentes.

Ora, mas todos os credores não foram convocados por edital para essa assembleia-geral? Podem indagar e se autorresponder: se não compareceram é porque, em tese, estarão de acordo com todas as proposições que lá forem deliberadas e decididas. Não é bem assim que a Lei vê essa questão, infelizmente, pois temos a mesma opinião da indagação e resposta acimas, e explicaremos o porquê.

Antes, nos permitimos discordar do posicionamento do Mestre Fábio Ulhoa Coelho, em cuja visão, se o credor não compareceu à assembleia, é por que:

> "presume-se que o credor está satisfeito com a proposta do devedor, feita no plano por este apresentado, relativamente ao seu crédito; está tão satisfeito, que nem se interessa por comparecer à assembleia dos credores para discutir ou votar contrariamente à proposta do devedor. Se, contudo, no curso da assembleia, no bojo das negociações ali encetadas, o plano de recuperação originariamente proposto é objeto de alteração, não se pode prejudicar o tratamento dado ao crédito titulado por credores ausentes, já que não se sabe se estes, uma vez cientificados da nova condição que se pretende dar ao seu direito, ficariam igualmente satisfeitos." (COELHO, 2010, p. 240-241)

As justificativas do emérito professor, a par das disposições da parte final desse parágrafo sob estudos, a nosso sentir, não correspondem com a realidade, vez que, tendo havido qualquer objeção, diz o artigo 56, *caput*, "(...)o juiz convocará a assembleia-geral dos credores para **deliberar** sobre o plano de recuperação". O juiz não convocará a assembleia para aprovar o plano de recuperação. Ora, deliberar, segundo o Dicionário *online* de Português, é: achar, assentar, decidir, decretar, definir, determinar, dispor, estatuir, julgar, optar, resolver e sentenciar. Disponível em: <http://www.dicio.com.br/deliberar>. Acesso em: 15 jan. 2014.

Ademais, é a própria Lei 11.101/05 que, ao definir as atribuições da assembleia-geral de credores em seu artigo 35, não deixa a menor dúvida ao determinar que

> "Art. 35. A assembleia-geral de credores terá por **atribuições deliberar sobre**:
>
> I – na recuperação judicial:
>
> a) aprovação, rejeição ou modificação do plano de recuperação judicial apresentado pelo devedor;
>
> (...). (grifo nosso)."

Assim, é de sabença geral que na assembleia necessariamente haverá **deliberações,** das quais poderão resultar modificações do plano com a aquiescência do devedor. Ora, se a assembleia-geral não tivesse esta finalidade – a de **deliberar** sobre o plano de recuperação judicial apresentado pelo devedor e que sofreu objeção – não teria sentido a sua convocação. E, se a finalidade é essa, aliás, nos parece muito clara, nos dois dispositivos citados – art. 35, I, "a", e art, 56, *caput*, entendemos não poder assistir e favorecer ao credor a presunção de sua satisfação com a proposta original do plano de recuperação apresentado pelo devedor, e por isto, não atender à convocação e comparecer à AGC, para **deliberar.**

> **§ 4º Rejeitado o plano de recuperação pela assembleia-geral de credores, o juiz decretará a falência do devedor.**

72.4 Plano rejeitado. Falência decretada

Conforme já adiantado em comentários acima, a rejeição pela assembleia-geral de credores do plano de recuperação judicial apresentado pelo devedor, é a falência. Podemos afirmar que, na prática, isso é de raríssima ocorrência, principalmente se as partes mais interessadas no processo, de um lado o devedor que realmente quer o seu soerguimento, e de outro, os credores que, conhecendo as reais necessidades daquele, ajam nessa hora de crise, como disse o grande Jorge Lobo, com e sob a "ética da solidariedade", e contribuam com seu sacrifício em benefício de todos.

> **Art. 57. Após a juntada aos autos do plano aprovado pela assembleia-geral de credores ou decorrido o prazo previsto no art. 55 desta Lei sem objeção de credores, o devedor apresentará certidões negativas de débitos tributários nos termos dos arts. 151, 205, 206 da Lei no 5.172, de 25 de outubro de 1966 – Código Tributário Nacional.**

73. CERTIDÕES NEGATIVAS DE DÉBITOS TRIBUTÁRIOS

Neste artigo 57 a Lei faz uma exigência ao devedor, impossível de ser cumprida. Ela quer que o impetrante, após a juntada aos autos do plano de recuperação aprovado pela assembleia ou que não tenha sofrido qualquer rejeição, apresente certidões negativas de débitos tributários nos termos dos arts. 151, 205, 206 da Lei no 5.172, de 25 de outubro de 1966 – Código Tributário Nacional.

Os artigos acima referidos do CTN tratam das hipóteses de suspensão do crédito tributário e da forma de comprovação de quitação e suspensão de sua exigibilidade. Ora, o que quer o legislador é obrigar o devedor, antes da concessão da recuperação judicial, a quitar todos os seus débitos tributários, ou, no mínimo, parcelá-los. Em outras palavras, essa satisfação do crédito tributário é a inviabilidade da recuperação judicial.

Em nossa obra *Recuperação Judicial de Empresas* (2005, p. 63), tecemos pesadas críticas a esse dispositivo, pois sabíamos da impossibilidade de seu cumprimento por qualquer devedor em situação de crise econômico-financeira, pois quem chega nessa, há muito já deixou de cumprir diversas obrigações financeiras, sendo a primeira delas os tributos e contribuições. Dissemos que tal exigência se constituiria em um **complicador** para quem tentasse a recuperação judicial.

Os Tribunais, de seu lado, felizmente entenderam a situação como tal, a exemplo mesmo do que já era com o velho Decreto-Lei 7.661/45, que em seu artigo 174 exigia que, para que a Concordata fosse julgada cumprida, o devedor deveria apresentar comprovação de que havia pago todos os impostos, sob pena de falência. Como era absolutamente impossível o cumprimento de tal determinação, a jurisprudência, aos poucos, se firmou no sentido de possibilitar ao devedor a desistência da concordata.

Editada Lei Especial que regula o parcelamento dos Impetrantes de Recuperação Judicial.

Por ser mesmo um direito do devedor em recuperação judicial poder parcelar os seus débitos fiscais, conforme explicitado anteriormente, finalmente, editou-se a tão esperada e cobrada Lei que regulasse tal situação. Trata-se da Lei número 13.043, de 13 de novembro de 2014, que acrescenta à Lei número 10.522, de 19.08.2002, o artigo 10-A, que possibilita aos impetrantes de recuperação judicial (empresário individual, pessoa física, e sociedade empresária, pessoa jurídica, inclusive as microempresas e empresas de pequeno porte, a possibilidade de parcelarem os seus débitos junto à Fazenda Nacional em 84 (oitenta e quatro) parcelas mensais e consecutivas. Dentre os diversos efeitos causados até então pela inexistência da edição da citada Lei específica, encontramos o pensamento/interpretação dos Tribunais de Justiça, inclusive do Egrégio STJ que, por julgamento unânime de sua Corte Especial, entendeu afastar essa exigência, com julgamento na data de 19 de junho de 2013 (Dje de 21 de agosto de 2013)".

Assim é que, no Recurso Especial número 1.187.405-MT, cujo Relator é o Ministro Luis Felipe Salomão, o STJ entendeu a questão da seguinte forma, conforme inteiro teor da Ementa:

> "EMENTA
>
> DIREITO EMPRESARIAL E TRIBUTÁRIO. RECURSO ESPECIAL. RECUPERAÇÃO JUDICIAL. EXIGÊNCIA DE QUE A EMPRESA RECUPERANDA COMPROVE SUA REGULARIDADE TRIBUTÁRIA. ART. 57 DA LEI N. 11.101/2005 (LRF) E ART. 191-A DO CÓDIGO TRIBUTÁRIO NACIONAL (CTN). INOPERÂNCIA DOS MENCIONADOS DISPOSITIVOS. INEXISTÊNCIA DE LEI ESPECÍFICA A DISCIPLINAR O PARCELAMENTO DA DÍVIDA FISCAL E PREVIDENCIÁRIA DE EMPRESAS EM RECUPERAÇÃO JUDICIAL.

1. O art. 47 serve como um norte a guiar a operacionalidade da recuperação judicial, sempre com vistas ao desígnio do instituto, que é "viabilizar a superação da situação de crise econômico-financeira do devedor, a fim de permitir a manutenção da fonte produtora, do emprego dos trabalhadores e dos interesses dos credores, promovendo, assim, a preservação da empresa, sua função social e o estímulo à atividade econômica".

2. O art. 57 da Lei n. 11.101/2005 e o art. 191-A do CTN devem ser interpretados à luz das novas diretrizes traçadas pelo legislador para as dívidas tributárias, com vistas, notadamente, à previsão legal de parcelamento do crédito tributário em benefício da empresa em recuperação, que é causa de suspensão da exigibilidade do tributo, nos termos do art. 151, inciso VI, do CTN.

3. O parcelamento tributário é direito da empresa em recuperação judicial que conduz a situação de regularidade fiscal, de modo que eventual descumprimento do que dispõe o art. 57 da LRF só pode ser atribuído, ao menos imediatamente e por ora, à ausência de legislação específica que discipline o parcelamento em sede de recuperação judicial, não constituindo ônus do contribuinte, enquanto se fizer inerte o legislador, a apresentação de certidões de regularidade fiscal para que lhe seja concedida a recuperação.

4. Recurso especial não provido."

74. A LEI ESPECÍFICA (???) PARA O PARCELAMENTO E SUAS EXIGÊNCIAS

Ao dizermos "Lei específica", o fazemos somente com relação ao parcelamento, pois a Lei que o instituiu – a de número 13.043/2014 -, não o é quanto a este assunto, pois regula diversos. Mas, no que interessa ao parcelamento, esta Lei acrescentou à Lei de número 10.522/2002, o art. 10-A, que assim dispõe:

> "O empresário ou a sociedade empresária que pleitear ou tiver deferido o processamento da recuperação judicial, nos termos dos arts. 51, 52 e 70 da Lei no 11.101, de 9 de fevereiro de 2005, poderão parcelar seus débitos com a Fazenda Nacional, em 84 (oitenta e quatro) parcelas mensais e consecutivas, calculadas observando-se os seguintes percentuais mínimos, aplicados sobre o valor da dívida consolidada:
>
> I – da 1a à 12a prestação: 0,666% (seiscentos e sessenta e seis milésimos por cento);
>
> II – da 13a à 24a prestação: 1% (um por cento);
>
> III – da 25a à 83a prestação: 1,333% (um inteiro e trezentos e trinta e três milésimos por cento); e
>
> IV – 84a prestação: saldo devedor remanescente".

"Em princípio, nos parece, a intenção do legislador é a melhor das melhores, vez que o parcelamento é escalonado partindo-se de valores em percentuais considerados menores, especialmente nas 12 (doze) primeiras parcelas.

Entendemos, entretanto, que neste ponto o legislador teve bom senso, pois o prazo de oito anos e pela forma prevista de pagamento, é bastante razoável.

De outro lado não nos parece razoável o disposto nos sete parágrafos que integram este artigo 10-A, pois, a Fazenda Nacional dá com uma mão e toma com a outra. Por exemplo, ao prescrever que todos os débitos do empresário (pessoa natural) ou da sociedade empresária (pessoa jurídica) que pleitearem a recuperação judicial, exceto os débitos incluídos em parcelamentos regidos por outras leis, poderão constar do parcelamento, mas que aqueles que se encontrarem sob discussão – que o devedor acredita não dever ou não dever tudo – tanto na fase administrativa quanto na judicial, tem ele que comprovar de forma expressa e irrevogável, que desistiu de sua pretensão e ainda, que renunciou a quaisquer alegações de direito que lhe serviram de fundamentos para a referida discussão ou administrativa ou judicial. Não o fazendo, não haverá o parcelamento.

A Lei parece muito rigorosa quando prevê que a falta de pagamento de três parcelas, consecutivas ou não, ou de uma parcela estando todas as demais pagas, implicará na imediata rescisão do parcelamento e remessa do débito para inscrição em dívida ativa da União, ou o prosseguimento da execução, se suspensa, constituindo-se, também, em motivo para a decretação da falência.

Outro ponto negativo para quem necessitar do parcelamento e os seus débitos encontrarem-se inscritos na Dívida Ativa, a concessão do parcelamento fica condicionada à apresentação pelo devedor, de garantia real (hipoteca, etc.) ou fidejussória (pessoal), inclusive fiança bancária idônea e suficiente para o pagamento do débito, excluindo-se as microempresas e empresas de pequeno porte inscritas no Simples.

Outra exigência que pode contribuir para a não consecução do parcelamento, é quando o devedor, por si ou por terceiros responsáveis, já tenha bens e direitos constituídos em garantia dos respectivos créditos, mas decorrentes de outros procedimentos, e por necessitar dos benefícios da lei (a recuperação judicial), quer incluir, como faculta a lei, todos os débitos neste parcelamento. Diz a Lei que o parcelamento pode ser feito, mas que tais bens e direitos não serão liberados.

Por fim, a Lei específica prevista no CTN em seu art. 155-A para regular o parcelamento dos impetrantes do benefício da recuperação, na realidade, não existe, não veio. O que o legislador fez foi apenas acrescentar à Lei Geral de parcelamento da Fazenda Nacional – a de número 10.522/2002, um artigo específico para os pretendentes à recuperação judicial, concedendo a estes a possibilidade de, para terem concedido o benefício legal, parcelarem seus débitos junto à mesma em 84 parcelas mensais e consecutivas. Nem mais nem menos. Pois, os demais percalços impostos aos possíveis beneficiários (os devedores que requeiram a recuperação judicial), ou decorrem do mesmo artigo 10-A ou são disposições já constantes da citada Lei 10.522/2002.

Portanto, a nosso ver, além de frustradas as expectativas dos devedores sujeitos ao parcelamento por só existirem 84 parcelas, frustrados também ficamos nós, os operadores do direito, pois, depois de quase 10 anos de vigência da Lei 11.101/05, não temos editada uma lei específica tão esperada e com privilégios para os devedores em questão, mas sim um remendo agregado e dispositivos retirados de uma Lei que já vigorava três anos antes da LRF.

> Art. 58. Cumpridas as exigências desta Lei, o juiz concederá a recuperação judicial do devedor cujo plano não tenha sofrido objeção de credor nos termos do art. 55 desta Lei ou tenha sido aprovado pela assembleia-geral de credores na forma do art. 45 desta Lei.
>
> § 1º O juiz poderá conceder a recuperação judicial com base em plano que não obteve aprovação na forma do art. 45 desta Lei, desde que, na mesma assembleia, tenha obtido, de forma cumulativa:
>
> I – o voto favorável de credores que representem mais da metade do valor de todos os créditos presentes à assembleia, independentemente de classes;
>
> II – a aprovação de 2 (duas) das classes de credores nos termos do art. 45 desta Lei ou, caso haja somente 2 (duas) classes com credores votantes, a aprovação de pelo menos 1 (uma) delas;
>
> III – na classe que o houver rejeitado, o voto favorável de mais de 1/3 (um terço) dos credores, computados na forma dos §§ 1º e 2º do art. 45 desta Lei.
>
> § 2º A recuperação judicial somente poderá ser concedida com base no § 1º deste artigo se o plano não implicar tratamento diferenciado entre os credores da classe que o houver rejeitado.

75. CUMPRIDAS AS EXIGÊNCIAS, A CONCESSÃO DA RECUPERAÇÃO JUDICIAL

Do artigo sob estudos fica clara a obrigatoriedade do juiz do feito, após o cumprimento dos requisitos que a Lei exige, de conceder a recuperação judicial ao devedor, se (i) não houver objeção de qualquer credor; (ii) mesmo que tenha sofrido objeção, mas obteve a aprovação da assembleia-geral de credores nos termos do artigo 45; e, (iii) na hipótese de o plano de recuperação ter sido alterado na assembleia-geral de credores, mas com a concordância do devedor, conforme o parágrafo 3º do artigo 56.

Muito se tem questionado sobre a soberania da assembleia-geral de credores quando à aprovação do plano de recuperação judicial. É ela soberana em suas decisões ou pode o juiz cometer ingerências em suas decisões? Quem nos responde é o próprio Superior Tribunal de Justiça, por meio do Recurso Especial número 1.314.209 – SP, em decisão unânime de sua Terceira Turma, tendo como Relatora a Ministra Nancy Andrighi, com a ementa e o acórdão a seguir transcritos:

> "EMENTA
>
> RECURSO ESPECIAL. RECUPERAÇÃO JUDICIAL. APROVAÇÃO DE PLANO PELA ASSEMBLEIA DE CREDORES. INGERÊNCIA JUDICIAL. IMPOSSIBILIDADE. CONTROLE DE LEGALIDADE DAS DISPOSIÇÕES DO PLANO. POSSIBILIDADE. RECURSO IMPROVIDO.
>
> 1. A assembleia de credores é soberana em suas decisões quanto aos planos de recuperação judicial. Contudo, as deliberações desse plano estão sujeitas aos requisitos de validade dos atos jurídicos em geral, requisitos esses que estão sujeitos a controle judicial.
>
> 2. Recurso especial conhecido e não provido. DJe 01.06.2012."

A Lei faculta ao juiz, diferentemente das deliberações da assembleia-geral de credores previstas no artigo 45, uma outra possibilidade de aprovação do plano de recuperação judicial, desde que, nessa mesma assembleia, tenha esse plano obtido, de forma cumulativa:

I – o voto favorável de credores que representem mais da metade do valor de todos os créditos presentes à assembleia, independentemente de classes. Por exemplo, existem credores presentes nessa assembleia titulares de 50 mil reais. Há a necessidade de que titulares de créditos, de pelo menos 25 mil reais e um centavos, votem a favor do plano.

II – a aprovação de 2 (duas) das classes de credores nos termos do art. 45 desta Lei ou, caso haja somente 2 (duas) classes com credores votantes, a aprovação de pelo menos 1 (uma) delas. O artigo 45 determina que nas classes II (garantia real) e III (quirografários, privilégio geral, especial e subordinados), a proposta deverá ser aprovada por credores que representem mais da metade do valor total dos créditos presentes à assembleia e, cumulativamente, pela maioria simples dos credores presentes. Já na classe I, então solitários os credores titulares de créditos trabalhistas e de acidentes de trabalho, agora, pela prescrição da Lei Complementar 147/2014, que criou a classe IV de credores titulares de créditos enquadrados como microempresas e empresas de pequeno porte (art. 41, IV), entendeu por bem o legislador em conceder a ambas o mesmo privilégio, qual seja, o de aprovação da proposta pela maioria simples dos credores presentes, independentemente do valor de seu crédito (§ 2º do art. 45).

Nada obstante a criação, pela LC 147/2014, da classe IV de credores (titulares de créditos enquadrados como microempresa e empresa de pequeno porte, art. 41, IV), o legislador não previu, neste art. 58, a possibilidade do comparecimento e votação das 4 (quatro) classes de credores (se existir), com a aprovação de três e rejeição de uma, mas com voto favorável de mais de 1/3 (um terço) dos credores, computados na forma dos §§ 1o e 2o do art. 45.

A nosso ver, e por analogia, entendemos que os mesmos princípios previstos nos Incisos II e III deste art. 58 tem aplicabilidade na hipótese mencionada acima por nós. E mais, que a possível existência da citada hipótese, em absoluto, não desqualifica e tampouco significa que o Inciso II deste art. 58 tornou-se letra morta dentro da Lei 11.101/05. Muito ao contrário, a possibilidade ali prevista existe potencialmente e tal dispositivo deve continuar prevalecendo.

Por sua vez, o Inciso III, a nosso sentir, teve sua aplicabilidade aumentada, pois da mesma forma, por analogia, além da aplicação específica para a qual foi criado (sobre o Inciso II), também, se as hipóteses existirem, será aplicado quando da aprovação por três classes de credores com rejeição de uma das quatro; e ainda, da mesma forma, se tiver somente três classes, com a aprovação de duas e a rejeição da outra, tudo na forma dos §§ 1º e 2º do art. 45.

Com a necessária e imprescindível observação de que a recuperação judicial somente poderá ser concedida com base nos exemplos acima referidos, se o plano não implicar tratamento diferenciado entre os credores da classe que o houver rejeitado.

No Recurso Especial 1.388.051-GO, com Relatoria da Ministra Nancy Andrighi, Terceira Turma do Superior Tribunal de Justiça, ao julgar um caso semelhante, analisou uma das hipóteses por nós acima estudadas e exemplificadas, em uma questão na qual o plano foi aprovado com base no art. 58 e seu parágrafo 1º, havendo, entretanto, tratamento diferenciado dentro da classe que rejeitou o plano e a sua aprovação em desconformidade com as exigências legais, o que fez com que o mesmo não fosse homologado. Nessa hipótese, a soberania da AGC dos credores tem limitações pela Jurisdição, a qual tem o dever de observar o exato cumprimento de todas as formalidades legais. Analisemos o caso conceto abaixo, que recebeu a seguinte

"EMENTA

DIREITO PROCESSUAL CIVIL E FALIMENTAR. RECURSO ESPECIAL. RECUPERAÇÃO JUDICIAL. PREQUESTIONAMENTO. AUSÊNCIA. SÚMULAS 211/STJ E 282/STF. FUNDAMENTOS DO ACÓRDÃO NÃO IMPUGNADOS. SÚMULA 283/STF. ASSEMBLEIA-GERAL DE CREDORES. PLANO DE RECUPERAÇÃO EMPRESARIAL. CONDIÇÕES PRÉVIAS. EXIGÊNCIAS LEGAIS. CONTROLE JURISDICIONAL. POSSIBILIDADE. REEXAME DE FATOS E PROVAS. INADMISSIBILIDADE. APROVAÇÃO

DO PLANO. REQUISITOS. REJEIÇÃO DA PROPOSTA. CREDORES DE MESMA CLASSE. TRATAMENTO DIFERENCIADO. IMPOSSIBILIDADE. FUNDAMENTO CONSTITUCIONAL. AUSÊNCIA DE INTERPOSIÇÃO DE RECURSO EXTRAORDINÁRIO. ARTIGOS ANALISADOS: 35, 45 E 58 DA LFRE.

1. Recurso especial, concluso ao Gabinete em 17/7/2013, no qual se discute a possibilidade e os limites do controle jurisdicional sobre os atos praticados pela assembleia-geral de credores no procedimento de recuperação judicial. Ação ajuizada em 27/1/2009.

2. A ausência de decisão acerca dos dispositivos legais indicados como violados e quanto aos argumentos deduzidos nas razões recursais obsta o exame da insurgência.

3. A existência de fundamentos não impugnados do acórdão recorrido – quando suficientes para a manutenção de suas conclusões – impede a apreciação do recurso especial.

4. Submete-se a controle jurisdicional a análise do preenchimento das condições prévias à concessão da recuperação judicial e das exigências legais relativas à elaboração e à aprovação do plano. Inteligência do art. 58, *caput*, da Lei n. 11.101/2005.

5. A proposta de recuperação apresentada pelo devedor – por disposição expressa constante dos arts. 45, § 1º, e 58, *caput*, da Lei n. 11.101/2005 – deve ser aprovada, na classe dos credores com garantia real, pela maioria simples daqueles que comparecerem à assembleia. Não sendo aprovado o plano na forma estipulada nos precitados artigos, a Lei n. 11.101/2005, em seu art. 58, § 1º, prevê a possibilidade de a recuperação ser concedida mediante a verificação de um quórum alternativo. A viabilização dessa hipótese, todavia, exige que o plano não implique concessão de tratamento diferenciado aos credores – integrantes de uma mesma classe – que tenham rejeitado a proposta (art. 58, § 2º, da LFRE).

6. A alteração das premissas fáticas assentadas pelo acórdão recorrido não é possível na presente via recursal. Incidência da Súmula 7/STJ.

7. A insurgência é inadmissível quando o acórdão recorrido decide também com base em fundamento constitucional e a parte vencida não interpõe recurso extraordinário. Súmula 126/STJ.

8. Negado provimento ao recurso especial."

Parte do voto da Ministra Nancy Andrighi, abaixo transcrito, nos mostra que

" (...)

4- Do tratamento diferenciado a credores integrantes da classe que rejeitou o plano e da inviabilidade da concessão da recuperação judicial (arts. 45 e 58 da Lei n. 11.101/2005).

No que importa ao desate da presente controvérsia, sobreleva destacar, de um lado, que a concessão da recuperação judicial está condicionada – por disposição expressa constante dos art. 45, § 1º, e 58, *caput*, da LFRE – à aprovação do plano pela maioria simples dos credores detentores de créditos com garantia real e que tenham comparecido à assembleia-geral.

Em contrapartida, mesmo que a proposta não seja aprovada na forma estipulada pelos precitados dispositivos, a Lei n. 11.101/2005, em seu art. 58, § 1º, prevê, mediante a verificação de um quórum alternativo de aquiescência, a possibilidade de a recuperação pleiteada ser concedida. À viabilização dessa hipótese, todavia, é imprescindível a demonstração de que o plano aprovado não implique concessão de tratamento diferenciado aos credores – integrantes de uma mesma classe – que tenham rejeitado a proposta anteriormente (art. 58, § 2º, da LFRE).

Sucede que, ao examinar a *Ata da Assembleia-Geral de Credores da Ourolac Indústria e Exportação Ltda. 2ª Convocação*, o acórdão recorrido concluiu que, na classe dos credores com garantia real, o plano de recuperação **não foi aprovado** em conformidade com o quórum exigido pelo art. 45 da Lei Falimentar – maioria simples dos presentes (e-STJ, fl. 4.743).

O aresto impugnado assentou, igualmente, que houve concessão de **tratamento diferenciado** a credores integrantes de uma mesma classe (credores com garantia real), o que culminou na não homologação do plano apresentado, em virtude da vedação contida de forma textual no § 2º do art. 58 da LFRE (e-STJ, fl. 4.744).

Diante desse cenário, portanto, cotejando-se as premissas fáticas delineadas pelo Tribunal estadual (que, como é cediço, não comportam reexame na presente via recursal) com as hipóteses normativas às quais devem subsumir-se, infere-se que a solução dada à controvérsia pelo acórdão recorrido não ensejou, ao contrário do que sustenta a recorrente, violação à legislação federal.

5- Da Súmula 126/STJ.

Por derradeiro, no que concerne ao reconhecimento, pelo Tribunal de origem, da impossibilidade de se tratar de modo diferenciado os credores da sociedade recuperanda – na forma como constou no plano apresentado –, o acórdão impugnado (consoante apontado pela própria recorrente à fl. 4.804, e-STJ) decidiu também com base em fundamentos constitucionais (aplicação dos princípios da isonomia, da proporcionalidade e da razoabilidade). Recurso extraordinário, todavia, não foi interposto, o que impede, quanto ao tema, a apreciação da insurgência.

Forte nessas razões, NEGO PROVIMENTO ao recurso especial."

Em um julgamento efetuado em conformidade com o disposto no artigo 58 da Lei 11.101/05, no qual o juiz, após a aprovação do plano de recuperação judicial pela assembleia-geral de credores o homologou e concedeu a recuperação judicial, o eminente Desembargador Dr. Carlos Alberto França, do Egrégio Tribunal de Justiça de Goiás, 2ª Câmara Cível, ao julgar Agravo Regimental no

Agravo de Instrumento, no qual o Agravante pretendia a reconsideração da decisão que mantinha a sentença de primeira instância concedendo a recuperação, o nobre Desembargador, sob o argumento da inexistência de novidade no Recurso, o desproveu, confome vemos abaixo na íntegra de sua bem elaborada Ementa:

> "AGRAVO REGIMENTAL NO AGRAVO DE INSTRUMENTO. RECUPERAçãO JUDICIAL. HOMOLOGAçãO DO PLANO DE RECUPERAçãO. APROVAçãO PELA ASSEMBLEIA-GERAL DE CREDORES. CONCESSãO DA RECUPERAçãO JUDICIAL A EMPRESA AGRAVADA. ART. 58 DA LEI N. 11.101/2005. AUSêNCIA DE FUNDAMENTO NOVO. I – O PROVIMENTO DO AGRAVO DE INSTRUMENTO PRESSUPõE A SIMULTâNEA PRESENçA DOS REQUISITOS DA RELEVâNCIA DA FUNDAMENTAçãO E DO PERIGO DA DEMORA, ESTE NORMALMENTE CARACTERIZáVEL PELO RISCO DE LESãO GRAVE OU DE DIFíCIL REPARAçãO AO RECORRENTE, CASO A INSTâNCIA REVISORA MANTENHA O ATO ATACADO. II – 'IN CASU', DEVE SER MANTIDA A DECISãO SINGULAR QUE HOMOLOGOU O PLANO DE RECUPERAçãO APROVADO NA ASSEMBLEIA-GERAL DE CREDORES, CONCEDENDO A RECUPERAçãO JUDICIAL A EMPRESA AGRAVADA, UMA VEZ QUE OBEDECIDOS, NãO SÓ OS TRâMITES LEGAIS PREVISTOS NA LEI 11.101/05, BEM COMO OS PRINCíPIOS INSCULPIDOS NO ARTIGO 45 DA REFERIDA LEI. III – NãO TRAZENDO O RECORRENTE NENHUM ELEMENTO NOVO CAPAZ DE SUSTENTAR A PLEITEADA RECONSIDERAçãO DA DECISãO FUSTIGADA, DEVE SER DESPROVIDO O AGRAVO REGIMENTAL. AGRAVO REGIMENTAL CONHECIDO E DESPROVIDO.
>
> (TJGO, AGRAVO DE INSTRUMENTO 366156-17.2013.8.09.0000, Rel. DES. CARLOS ALBERTO FRANCA, 2ª CÂMARA CÍVEL, julgado em 12/11/2013, DJe 1431 de 21/11/2013).
>
> Art. 59. O plano de recuperação judicial implica novação dos créditos anteriores ao pedido, e obriga o devedor e todos os credores a ele sujeitos, sem prejuízo das garantias, observado o disposto no § 1º do art. 50 desta Lei.
>
> § 1º A decisão judicial que conceder a recuperação judicial constituirá título executivo judicial, nos termos do art. 584, inciso III, do *caput* da Lei nº 5.869, de 11 de janeiro de 1973 – Código de Processo Civil.
>
> § 2º Contra a decisão que conceder a recuperação judicial caberá agravo, que poderá ser interposto por qualquer credor e pelo Ministério Público.

76. NOVAÇÃO NA RECUPERAÇÃO JUDICIAL. PECULIARIDADES

Diz o artigo 59 que, o plano de recuperação judicial implica novação dos créditos anteriores ao pedido, ou seja, se o plano for aprovado em assembleia-geral de credores, opera-se a novação. Esse instituto está previsto no Código Civil, em seu artigo 360, que assim prescreve: "dá-se a novação: I – quando o devedor contrai com o credor nova dívida para extinguir e substituir a anterior; II – quando novo devedor sucede ao antigo, ficando este quite com o credor; III – quando, em virtude de obrigação nova, outro credor é substituído ao antigo, ficando o devedor quite com este".

No presente caso a operação da novação se daria com base no inciso I do artigo 360 acima transcrito, ou seja, quando o devedor – no caso o impetrante da recuperação judicial –, por meio do plano de recuperação judicial, contrai com o credor – ou os diversos credores – nova dívida, pois aquela antiga e já vencida e as ainda a vencer quando do protocolo do pedido de recuperação, por certo, serão renegociadas com a certeza de alongamentos dos prazos, deságios, exclusão de juros ou estes em patamares diferentes, ou com dação em pagamento, além dos diversos meios de recuperação judicial, já por nós estudados, e que podem ser objetos de novo pacto entre as partes na AGC.

Todavia, a novação operada dentro da recuperação judicial por meio do plano de recuperação judicial, tem peculiaridades, as quais devem ser respeitadas, até mesmo porque decorrentes de dispositivos que a própria Lei de Falência e Recuperação Judicial prevê. O artigo 61 e seus dois parágrafos da Lei 11.101/05 diz que após a concessão da recuperação, o devedor permanecerá nessa posição até que se cumpram todas as obrigações assumidas no plano que se vencerem nos próximos dois anos; se não as cumprir haverá a convolação da recuperação em falência, oportunidade em que todos os credores terão reconstituídos seus direitos e garantias originalmente contratados. Ou seja, existe aí uma condição resolutiva. Entretanto, passado o prazo legal e cumpridas as obrigações assumidas, cumprida estaria esta condição e a novação se operaria em sua plenitude.

76.1 STJ entende que a novação operada pelo plano de recuperação judicial fica sujeita a uma condição resolutiva

No Recurso Especial número 1.260.301-DF, DJe 21/08/2012, a Ministra Relatora, Nancy Andrighi, ao julgar caso semelhante, adentra, com a sua peculiar sabedoria, na questão da novação dentro da recuperação judicial, nos passando estes judiciosos ensinamentos, expressos na ementa, que teve a seguinte redação:

> "EMENTA
>
> RECUPERAÇÃO JUDICIAL. HOMOLOGAÇÃO. DÍVIDAS COMPREENDIDAS NO PLANO. NOVAÇÃO. INSCRIÇÃO EM CADASTRO DE INADIMPLENTES. PROTESTOS. BAIXA, SOB CONDIÇÃO RESOLUTIVA. CUMPRIMENTO DAS OBRIGAÇÕES PRVISTAS NO PLANO DE RECUPERAÇÃO.
>
> 1. Diferentemente do regime existente sob a vigência do DL nº 7.661/45, cujo art. 148 previa expressamente que a concordata não produzia novação, a primeira

parte do art. 59 da Lei nº 11.101/05 estabelece que o plano de recuperação judicial implica novação dos créditos anteriores ao pedido.

2. A novação induz a extinção da relação jurídica anterior, substituída por uma nova, não sendo mais possível falar em inadimplência do devedor com base na dívida extinta.

3. Todavia, a novação operada pelo plano de recuperação fica sujeita a uma condição resolutiva, na medida em que o art. 61 da Lei nº 11.101/05 dispõe que o descumprimento de qualquer obrigação prevista no plano acarretará a convolação da recuperação em falência, com o que os credores terão reconstituídos seus direitos e garantias nas condições originalmente contratadas, deduzidos os valores eventualmente pagos e ressalvados os atos validamente praticados no âmbito da recuperação judicial.

4. Diante disso, uma vez homologado o plano de recuperação judicial, os órgãos competentes devem ser oficiados a providenciar a baixa dos protestos e a retirada, dos cadastros de inadimplentes, do nome da recuperanda e dos seus sócios, por débitos sujeitos ao referido plano, com a ressalva expressa de que essa providência será adotada sob a condição resolutiva de a devedora cumprir todas as obrigações previstas no acordo de recuperação.

5. Recurso especial provido."

76.2 Para haver a novação na recuperação judicial, a AGC tem de aprová-la

O nobre Desembargador do Egrégio Tribunal de Justiça do Estado de Goiás, pertencente à 5a Câmara Cível, Dr. Francisco Vildon José Valente, ao enfrentar, como Relator em Agravo de Insrumento, questão da mesma natureza, mas com conotações diferenciadas, manifestou-se no sentido da liberdade de liberações das garantias reais e fidejussórias pelos integrantes da AGC, que buscam a melhor forma de soerguimento do devedor.

Entretanto, quanto às liberações das garantias, implicando dizer a caracterização plena da novação prevista no artigo 59 da Lei 11.101/05, o nobre Desembargador Francisco Vildon José Valente firmou posição no sentido de que isso somente é possível mediante a aprovação dos credores, vez que, se depois ocorrer a convolação da recuperação judicial em falência, prevê a Lei, todos os direitos dos credores retornam ao estado anterior. Daí, a vontade deles tem que ser expressa de maneira expressa e inequívoca. A seguir, a íntegra da Ementa com a síntese da decisão de Francisco Vildon José Valente:

"AGRAVO DE INSTRUMENTO. RECUPERAÇÃO JUDICIAL. ASSEMBLEIA-GERAL DOS CREDORES. MODIFICAÇÕES DO PLANO DE RECUPERAÇÃO JUDICIAL. POSSIBILIDADE. LIBERAÇÃO DAS GARANTIAS REAIS E FIDEJUSSÓRIAS. IMPOSSIBILIDADE. DISCORDÂNCIA EXPRESSA DOS CREDORES. 1. Pode haver a modificação dos termos contidos no plano de recuperação judicial durante os debates da assembleia-geral de credores, uma vez que se trata de solenidade em que os interessados poderão discutir e deliberar acerca das melhores condições para o soerguimento da empresa e o recebimento de seus créditos. Inteligência do art. 35, I, "a", da Lei 11.101/05. 2. A novação prevista no art. 59 da Lei 11.101/05 está sujeita a aprovação dos credores. Desse modo, havendo manifesta discordância quanto à novação dos créditos, deve prevalecer o interesse dos credores. 3. Somente há falar em liberação das garantias reais e fidejussórias no plano de recuperação judicial, se os credores, de forma expressa e inequívoca, concordarem com a liberação, uma vez que havendo a posterior decretação da falência da empresa recuperanda, os credores retornam, com todos os seus direitos, ao estado anterior à homologação do plano de recuperação judicial. 4. Não se verifica o tratamento diferenciado entre credores, quando, pertencentes à mesma classe, são submetidos às mesmas condições. AGRAVO CONHECIDO E PARCIALMENTE PROVIDO.

(TJGO, AGRAVO DE INSTRUMENTO 137393-24.2012.8.09.0000, Rel. DES. FRANCISCO VILDON JOSE VALENTE, 5ª CÂMARA CÍVEL, julgado em 24/01/2013, DJe 1244 de 15/02/2013).

76.3 Novação na recuperação judicial. Outro aspecto sob julgamento

Não bastassem as peculiaridades existentes no instituto da novação na recuperação judicial, diz também o artigo 49 em seu parágrafo primeiro, que "os credores do devedor em recuperação judicial conservam seus direitos e privilégios contra os coobrigados, fiadores e obrigados de regresso". Em outras palavras, isso quer dizer que, nada obstante a existência de novação no processo de recuperação judicial, esta não aproveita os coobrigados, fiadores e obrigados de regresso.

Esta questão foi analisada pelo emérito Desembargador Leobino Valente Chaves, pertencente à 2ª Câmara Cível do Egrégio Tribunalde Justiça do Estado de Goiás que, em Agravo Interno, delineou com profundidade a questão já objeto de julgamento – "A novação da dívida, oriunda da homologação do plano de recuperação judicial da empresa, não alcança os devedores solidários. Exegese dos artigos 49, parágrafo 1º e 59, caput, da Lei nº 11.101/05".

Em confirmação ao julgado anterior, afirmou Leobino Valente Chaves que o Agravo Interno nada trazia de novo que pudesse modificar o entendimento anterior, e assim decidiu, conforme abaixo:

"AGRAVO INTERNO. APELAÇÃO CÍVEL. AÇÃO MONITÓRIA. EMBARGOS. CERCEAMENTO DE DEFESA. PLANO DE RECUPERAÇÃO JUDICIAL. NOVAÇÃO. DEVEDOR SOLIDÁRIO. INEXISTÊNCIA DE FATOS A JUSTIFICAR A MODIFICAÇÃO DO JULGADO. I – Inocorre cerceamento de defesa pelo julgamento antecipado da lide quando os elementos probatórios constantes dos autos são suficientes para formar a convicção do Julgador e solucionar a controvérsia. II – A novação da dívida, oriunda da homologação do plano de recuperação judicial da empresa, não alcança os devedores solidários. Exegese dos artigos 49, parágrafo 1º e 59, caput, da Lei nº 11.101/05. III - Se o recorrente não demonstra qualquer motivo plausível nas razões do recurso, de forma indelével, capaz de ensejar a reforma do ato atacado, impositiva é a sua mantença. RECURSO CONHECIDO E IMPROVIDO.

(TJGO, APELAÇÃO CÍVEL 279913-91.2009.8.09.0006, Rel. DES. LEOBINO VALENTE CHAVES, 2ª CÂMARA CÍVEL, julgado em 14/01/2014, DJe 1475 de 30/01/2014).

§ 1º. A decisão judicial que conceder a recuperação judicial constituirá título executivo judicial, nos termos do art. 584, inciso III, do caput da Lei n. 5.869, de 11 de janeiro de 1973 - Código de Processo Civil.

76.4 A decisão judicial que concede a RJ é título executivo judicial

Verificamos nos comentários acima, inclusive na Ementa transcrita de lavra da ínclita Ministra Nancy Andrighi que, concedida a recuperação judicial, o devedor permanecerá nessa posição até que se cumpram todas as obrigações assumidas nos próximos dois anos, e que a novação prevista no artigo 59, por isso, não se opera na sua totalidade, havendo, de consequência, uma condição resolutiva, pois, o não cumprimento do decidido da AGC implicará na convolação da recuperação judicial em falência.

Por outro lado, esse parágrafo 1º determina que a decisão judicial que conceder a recuperação judicial constituirá título executivo judicial. Ora, poderão indagar: qual a necessidade desse título executivo judicial para os credores se, nos próximos dois anos o devedor descumprir suas obrigações, pois isto acarretará a convolação da recuperação em falência? E se isso ocorrer, todos os direitos e garantias anteriores serão reconstituídas na sua integralidade?

O que a Lei busca com essas disposições é a proteção dos credores, cujos créditos terão vencimentos após os dois anos, segundo o mestre Manoel Justino Bezerra Filho, que o devedor passar em *observação judicial*. Nessa hipótese é que o credor poderá se valer do título judicial previsto nesse parágrafo, para ou executar o devedor - cuja recuperação judicial continua em pleno vigor e andamento -, só que não diretamente sob a *observação judicial*, podendo promover execução, abatidas as importâncias pagas, ou mesmo requerer a falência do devedor, a essas alturas inadimplente. Tanto em uma hipótese como noutra, a distribuição do pedido do credor será feita na forma do regimento interno da Justiça do respectivo Estado onde correr o feito, vez que, após a sentença que decreta o encerramento da recuperação judicial (art. 63 que estudaremos logo abaixo), a prevenção do juízo da recuperação judicial deixa de existir.

§ 2º. Contra a decisão que conceder a recuperação judicial caberá agravo, que poderá ser interposto por qualquer credor e pelo Ministério Público.

76.5 Recurso de Agravo contra decisão que conceder a RJ

Pelo disposto neste parágrafo 2º, depreende-se que a decisão que concede a recuperação judicial não é uma sentença. Se assim o fosse, o recurso cabível seria a apelação. Entretanto, diz a Lei que o recurso a ser interposto contra essa decisão será o agravo, exatamente porque tal decisão não põe fim ao processo de recuperação judicial, o qual continua em *observação judicial* por mais dois anos, podendo, nesse período, ocorrer inclusive a convolação da recuperação judicial em falência, nas hipóteses por nós acima estudadas. Os legitimados para tanto, determina a Lei, são exclusivamente qualquer credor e o Ministério Público, conforme disposto na parte final das disposições deste parágrafo 2º da Lei 11.101/05.

> Art. 60. Se o plano de recuperação judicial aprovado envolver alienação judicial de filiais ou de unidades produtivas isoladas do devedor, o juiz ordenará a sua realização, observado o disposto no art. 142 desta Lei.
>
> Parágrafo único. O objeto da alienação estará livre de qualquer ônus e não haverá sucessão do arrematante nas obrigações do devedor, inclusive as de natureza tributária, observado o disposto no § 1º do art. 141 desta Lei.

77. ALIENAÇÃO DE FILIAIS OU DE UNIDADES PRODUTIVAS ISOLADAS

Ao iniciar seus sempre precisos e objetivos comentários sobre todo assunto que trata, o eminente jurista Jorge Lobo não o fez diferentemente quando da análise deste artigo 60 e seu parágrafo único, que tem por objeto regular a alienação judicial de filiais ou de unidades produtivas isoladas do devedor e delas retirar quaisquer ônus, desde que previstas no plano de recuperação judicial devidamente aprovado.

Após esclarecedores comentários sobre as doutrinas pátria e alienígena sobre o que Jorge Lobo denomina de "distinção entre *sociedade* e *empresa* na doutrina e na LRE", o que, a nosso ver, é de fundamental importância para o correto entendimento sobre o que exatamente o legislador estaria querendo dizer com estes termos quando se refere a alienação judicial de "**filiais ou de unidades produtivas isoladas do devedor**", (*caput*), e "**o objeto da alienação**" (parágrafo único). E, dentre as correntes que discutem a natureza jurídica da empresa, para uma delas – os unitaristas –, diz Jorge Lobo, "há equiparação entre *empresa* e *sociedade,* sendo rigorosamente sinônimos". (LOBO, 2010, p. 233)

Entretanto, ao comentar especificamente sobre a Lei 11.101/05, o mestre ressalta que

> "Entre as inúmeras inovações da LRE, destaca-se a nítida distinção entre *sociedade* e *empresa*, pois, para a LRE:

a sociedade é ser; a empresa, atividade produtiva economicamente organizada;

a sociedade é sujeito de direito; a empresa, objeto de direito:

a sociedade é forma; a empresa, conteúdo;

a sociedade é instituto jurídico; a empresa, fenômeno econômico;

a sociedade alicerça-se na teoria do contrato plurilateral; a empresa, na teoria institucionalista;

a sociedade é a personificação da empresa; a empresa, concretude da sociedade; e

a *sociedade* pode ter um ou mais *estabelecimentos empresariais*, continuando a existir mesmo que venda um, alguns ou todos" (grifos conforme o original). (LOBO, 2010, p. 233)

Para nos levar ao exato entendimento das expressões por nós acima grifadas e contidas no *caput* do artigo 60 e no seu parágrafo único, Jorge Lobo diz que:

"o artigo 60 da LRE, sob a denominação 'alienação judicial de filiais ou de unidades produtivas isoladas do devedor', regula, em verdade, o decantado 'trespasse do estabelecimento'. Destaque-se, de início, que a LRE peca, às vezes, por desprezar vocábulos e expressões consagradas, como ocorre, *in casu*, ao empregar a palavras 'filiais' e a expressão 'unidades produtivas isoladas' ao invés da clássica 'estabelecimento', hoje, inclusive, objeto de minuciosa disciplina no Código Civil, arts 1.142 e s." (grifos como no original). (LOBO, 2010, p. 233)

Entendendo, agora, sob os auspícios do mestre Jorge Lobo, que "alienação judicial de filiais ou de unidades produtivas isoladas do devedor" e que "o objeto da alienação...", não é outra coisa se não o "trespasse do estabelecimento", isto é, a venda do estabelecimento, e desde que ela conste no plano de recuperação judicial devidamente aprovado, diz o artigo 60, "o juiz ordenará a sua realização, observado o disposto no artigo 142 desta Lei".

De seu turno, o artigo 142 determina que, o juiz, ouvido o administrador judicial e atendendo à orientação do Comitê, se houver, ordenará que se proceda à alienação do ativo em uma das seguintes modalidades: i) leilão, por lances orais; ii) – propostas fechadas; iii) – pregão.

Os demais dispositivos deste artigo 142, de alto interesse para os exatos e necessários conhecimentos de como se opera a citada alienação judicial prevista em plano de recuperação judicial, são a seguir mencionados. Assim, a realização da alienação em quaisquer das modalidades de que trata esse artigo será antecedida por publicação de anúncio em jornal de ampla circulação, com 15 (quinze) dias de antecedência, em se tratando de bens móveis, e com 30 (trinta) dias na alienação da empresa ou de bens imóveis, facultada a divulgação por outros meios que contribuam para o amplo conhecimento da venda.

A alienação dar-se-á pelo maior valor oferecido, ainda que seja inferior ao valor de avaliação, e no leilão por lances orais, aplicam-se, no que couber, as regras do Código de Processo Civil. De outro lado, a alienação por propostas fechadas ocorrerá mediante a entrega, em cartório e sob recibo, de envelopes lacrados, a serem abertos pelo juiz, no dia, hora e local designados no edital, lavrando o escrivão o auto respectivo, assinado pelos presentes, e juntando as propostas aos autos recuperação judicial.

Já a venda por pregão constitui modalidade híbrida das anteriores, comportando 2 (duas) fases: I – recebimento de propostas, na forma do § 3º desse artigo; II – leilão por lances orais, de que participarão somente aqueles que apresentarem propostas não inferiores a 90% (noventa por cento) da maior proposta ofertada, na forma do § 2º desse artigo.

Quanto à venda por pregão, diz a Lei, respeitará as seguintes regras:

I – recebidas e abertas as propostas na forma do § 5º desse artigo, o juiz ordenará a notificação dos ofertantes, cujas propostas atendam ao requisito de seu inciso II, para comparecer ao leilão; II – o valor de abertura do leilão será o da proposta recebida do maior ofertante presente, considerando-se esse valor como lance, ao qual ele fica obrigado; III – caso não compareça ao leilão o ofertante da maior proposta e não seja dado lance igual ou superior ao valor por ele ofertado, fica obrigado a prestar a diferença verificada, constituindo a respectiva certidão do juízo título executivo para a cobrança dos valores pelo administrador judicial.

Vale aqui uma observação que o legislador, no intuito de prever qualquer possibilidade de fraude a essas disposições, determinou que em qualquer modalidade de alienação, o Ministério Público será intimado pessoalmente, sob pena de nulidade. É a seriedade da Lei que, nada obstante oportuniza formas diversas de recuperação ao devedor, inclusive essa que, em princípio, tem seus dispositivos e fundamentos direcionados para o processo de falência, quer dos envolvidos a recíproca responsabilidade de obedecerem as suas determinações.

Em brilhante julgamento, o ilustre Desembargador Alan Sebastião de Sena Conceição, da 5ª Câmara Cível do Egrégio Tribunal de Justiça do Estado de Goiás, quando Relator em Agravo de Instrumento, esclareceu ponto importante da questão enfrentada e até então não entendida pelo Agravante.

É que dispõe a Lei 11.101/05, em seu artigo 146, que em qualquer modalidade de realização do ativo adotda, fica a massa falida (também aplicável à recuperação judicial) dispensada da apresentação de certidões negativas. Entretanto, o que a julgadora singela tinha determinado em seu despacho, não era exatamente isso, conforme pensava o Agravante. Daí, a maestria e visão do digno Des. Alan Sebastião de Sena Conceição, quando, ao julgar a questão, colocou todas as coisas nos lugares corretos, conforme aprendemos na síntese de sua Ementa, abaixo:

"AGRAVO DE INSTRUMENTO. AÇÃO DE RECUPERAÇÃO JUDICIAL. VENDA DE BENS. PROPOSTA FECHADA. CERTIDÃO NEGATIVA DE DÉBITO FISCAL. DISPENSÁVEL. CERTIDÃO DE ÔNUS SOBRE O IMÓVEL. CABÍVEL RECURSOS DA VENDA DE BENS. DEPÓSITO JUDICIAL. 1- De acordo com a Lei de nº 11.101/05, em seu art. 142, o Magistrado poderá estabelecer a forma de alienação de bens, inclusive, além daquelas previstas em lei (art. 144), de modo a viabilizar o processo de recuperação judicial. 2- Nos termos do art. 146, da lei em referência, em qualquer modalidade de realização de venda do ativo adotada, fica a massa falida dispensada da apresentação de certidões negativas de débito fiscal. Todavia, ao que se vê do *decisum* fustigado, a d. Julgadora manifestou no sentido de que seja apresentada as 'certidões negativas de ônus dos imóveis', ou seja, aquelas oriundas dos respectivos Cartórios de Registro de Imóveis, o que é perfeitamente cabível, vez que não concernentes à empresa recuperanda propriamente dita. 3- O depósito dos recursos da venda das plantas deverá se dar de acordo com o estabelecido no plano de recuperação judicial. AGRAVO CONHECIDO E PARCIALMENTE PROVIDO.

(TJGO, AGRAVO DE INSTRUMENTO 329956-79.2011.8.09.0000, Rel. DES. ALAN S. DE SENA CONCEIÇÃO, 5ª CÂMARA CÍVEL, julgado em 12/01/2012, DJe 1000 de 08/02/2012).

Parágrafo único. O objeto da alienação estará livre de qualquer ônus e não haverá sucessão do arrematante nas obrigações do devedor, inclusive as de natureza tributária, observado o disposto no § 1º do art. 141 desta Lei.

77.1 Sucessão sem qualquer ônus

Um drama e um obstáculo na vida de qualquer empreendedor referentemente à aquisição de ativos em processos de falência e recuperação judicial, deixou de existir em 09 de junho de 2005, data da entrada em vigência da Lei 11.101/05. Até então, vigente o Decreto-Lei 7.661/45, e exclusivamente no processo de falência, qualquer aquisição de bens não estava, como se passou a denominar nessa nova Lei, "blindada", e, na hipótese de aquisição, corria o adquirente o risco de levar consigo também a responsabilidade de responder por um passivo trabalhista e um passivo tributário, por certo ocultos.

Com a vigência da Lei 11.101/05, observamos que os mesmos dispositivos próprios para serem aplicados na falência, também o são no processo de recuperação judicial, desde que preenchidas as condições previstas no *caput* do artigo 60, ou seja, o adquirente de qualquer ativo não responderá por qualquer ônus sobre o mesmo, seja de natureza trabalhista ou mesmo tributária, observando-se, na hipótese, as determinações do parágrafo 1º do artigo 141, que prevê que o disposto no inciso II (a "blindagem") do *caput* desse artigo não se aplica quando o arrematante for: I – sócio da sociedade falida, ou sociedade controlada pelo falido; II – parente, em linha reta ou colateral até o 4º (quarto) grau, consanguíneo ou afim, do falido ou de sócio da sociedade falida; ou III – identificado como agente do falido com o objetivo de fraudar a sucessão.

77.2 ADI 3.934-2. O STF resolveu, de vez, a questão

Durante alguns anos, até maio de 2009, quando o Supremo Tribunal Federal, com Relatoria do ilustre Ministro Ricardo Lewandowski, no julgamento da ADI número 3.934-2, julgou que esta "blindagem", tratando-se exclusivamente da sucessão trabalhista, não era inconstucional, houve, de um lado, uma polêmica extraordinariamente sem limites entre os defensores dos direitos dos trabalhadores ao lado da própria Justiça especializada, que pregavam a não "blindagem" aos titulares de créditos derivados da legislação do trabalho, e de outro, os defensores dos adquirentes e dos próprios devedores tanto em falência quanto em recuperação judicial, na defesa de suas teses da extensão da "blindagem" tanto aos créditos tributários quanto aos trabalhista.

O Ministro Relator, em seu voto de fundamentação inconteste, dentre outras observações, destacou que:

> "(...) não identifico a inconstitucionalidade aventada pela requerente quanto aos artigos 60, parágrafo único, e 141, II, da Lei 11.101/05. Primeiro, porque a Constituição não abriga qualquer regra expressa sobre o eventual direito de cobrança de créditos trabalhistas em face daquele que adquire ativos de empresa em processo de recuperação judicial ou cuja falência tenha sido decretada. Depois, porque não vejo, no ponto, qualquer ofensa direta aos valores implícita ou explicitamente protegidos pela Carta Política. No máximo, poder-se-ia falar, na espécie, uma colisão entre distintos princípios constitucionais (...)."

O Superior Tribunal de Justiça, de sua vez, tem mantido firme seu entendimento mesmo anterior à decisão da ADI acima mencionada e, sempre, nos conflitos de competência, tem decidido que o juízo da recuperação judicial é o competente para conhecer e julgar questões envolvendo a empresa em recuperação judicial. Assim é que, no Conflito de Competência de número 118.183-MG, envolvendo questão trabalhista, com Relatoria da Minstra Nancy Andrighi, a 2ª Seção, em julgamento unânime, DJe 17.11.2011, decidiu da seguinte forma, recebendo o julgado, a ementa e o acórdão com as seguintes redações:

> "EMENTA
>
> PROCESSO CIVIL. CONFLITO DE COMPETÊNCIA. RECUPERAÇÃO JUDICIAL. TRANSFERÊNCIA DE PARQUE INDUSTRIAL MEDIANTE ARRENDAMENTO. CONSTITUIÇÃO DE NOVA EMPRESA PARA ADMINSITRÁ-LO. SUCESSÃO TRABALHISTA RECONHECIDA PELA JUSTIÇA DO TRABALHO. IMPOSSIBILIDADE. CONFLITO CONHECIDO.
>
> 1. Aprovado o plano de recuperação judicial, dispondo-se sobre a transferência do parque industrial, compete ao juízo da recuperação verificar se a medida foi

cumprida a contento, se há sucessão quanto aos débitos trabalhistas e se a constituição de terceira empresa exclusivamente para administrar o parque.

2. O fato de a transferência se dar por arrendamento não retira do juízo da recuperação a competência para apurar a regularidade da operação.

3. O julgamento de reclamação trabalhista no qual se reconhece a existência de sucessão trabalhista, responsabilizando-se a nova empresa constituída pelos débitos da arrendante do parque industrial, implica invasão da competência do juízo da recuperação judicial.

4. Conflito de competência conhecido, estabelecendo-se o juízo da 1ª Vara Cível de Itaúna/MG, como competente para declarar a validade da transferência do estabelecimento a terceiros, inclusive no que diz respeito a eventual sucessão trabalhista, declarando-se nulos os atos praticados pelo juízo da vara do trabalho de Itaúna/MG.

ACÓRDÃO

Vistos, relatados e discutidos estes autos, acordam os Ministros da Segunda Seção do Superior Tribunal de Justiça, na conformidade dos votos e das notas taquigráficas constantes dos autos, por unanimidade, conhecer do conflito de competência, estabelecendo-se o Juízo da 1ª Vara Cível de Itaúna – MG como competente para declarar a validade da transferência do estabelecimento a terceiros, inclusive no que diz respeito a eventual sucessão trabalhista, declarando-se nulos os atos praticados pelo Juízo da Vara do Trabalho de Itaúna – MG, nos termos do voto da Sra. Ministra Relatora. Os Srs. Ministros Raul Araújo, Paulo de Tarso Sanseverino, Maria Isabel Gallotti, Antonio Carlos Ferreira e Ricardo Villas Bôas Cueva votaram com a Sra. Ministra Relatora. Ausentes, justificadamente, os Srs. Ministros Massami Uyeda, Sidnei Beneti e Marco Buzzi. Presidiu o julgamento o Sr. Ministro Luis Felipe Salomão."

Em uma outra questão – AgRg no Conflito de Competência número 112.638-RJ –, DJe 19.08.2011, envolvendo sucessão tributária de adquirente de ativos em processo de recuperação judicial, via leilão judicial, cujo Relator foi o eminente Ministro João Otávio de Noronha, a mesma 2ª Seção do STJ julga, à unanimidade, agravo regimental interposto pela Fazenda Nacional (União) contra decisão do nobre Relator que, conheceu do conflito para declarar a competência do Juízo de Direito da 1ª Vara Empresarial do Rio de Janeiro, tendo a ementa e o acórdão recebido estas redações:

"EMENTA

PROCESSO CIVIL. AGRAVO REGIMENTAL. CONFLITO POSITIVO DE COMPETÊNCIA. JUÍZO DE DIREITO DE VARA EMPRESARIAL. JUÍZO FEDERAL. RECUPERAÇÃO JUDICIAL. EXECUÇÃO FISCAL. ALÇADA DA SEGUNDA SEÇÃO. ART. 9º, § 2º, IX, DO RISTJ. NULIDADE DE DECISÃO DO RELATOR. ARGUIÇÃO IMPRÓPRIA E DESCABIDA. ALIENAÇÃO

DE UNIDADE PRODUTIVA, VIA LEILÃO JUDICIAL, NO PROCESSO DE RECUPERAÇÃO. AUSÊNCIA DE SUCESSÃO DO ARREMATANTE. ARTS. 60 E 141 DA LEI N. 11.101/2005. CONSTITUCIONALIDADE PROCLAMADA PELO STF (ADI N. 3.934-2/DF). CONFLITO CONHECIDO. COMPETÊNCIA DO JUÍZO DE DIREITO DA VARA EMPRESARIAL.

1. Estabelecido com base no art. 115, I, do CPC conflito de competência entre Juízo de vara empresarial e Juízo federal, fundado em pronunciamentos conflitantes sobre a sucessão de arrematante, em alienação judicial, nas obrigações de empresas em procedimento de recuperação judicial, é nítida a alçada da Segunda Seção para apreciar o incidente processual, conforme a regra contida no art. 9º, § 2º, IX, do RISTJ.

2. É imprópria e descabida a arguição de nulidade de decisão do relator fundada nas mesmas razões de anteriores decisões em casos semelhantes, várias delas amparadas em parecer do Ministério Público Federal e objeto de julgamento e confirmação pela Segunda Seção na via recursal de embargos de declaração e de agravo regimental.

3. O juízo responsável pela recuperação judicial detém a competência para dirimir todas as questões relacionadas, direta ou indiretamente, com tal procedimento, inclusive aquelas que digam respeito à alienação judicial conjunta ou separada de ativos da empresa recuperanda, diante do que prescrevem os arts. 6º, caput e § 2º, 47, 59 e 60, parágrafo único, da Lei n. 11.101/2005.

4. Como consectário lógico e direto dos pressupostos e alcance da Lei de Recuperação de Empresas e Falência, o Supremo Tribunal Federal, no julgamento da ADI n. 3.934-2/DF, proclamou a constitucionalidade dos arts. 60 e 141 da referida lei.

5. Decidido anteriormente pelo Juízo de Direito, nos autos da recuperação judicial, que o adquirente de unidade produtiva via alienação naquele processo não responderia pelas obrigações do devedor (art. 60, parágrafo único, da Lei n. 11.101/2005), tal deliberação sobrepõe-se a qualquer decisão sobre a matéria advinda de juízos diversos, sob pena de inibição do propósito tutelar e da operacionalidade do mencionado diploma legal.

6. Agravo regimental desprovido.

ACÓRDÃO

Vistos, relatados e discutidos os autos em que são partes as acima indicadas, acordam os Ministros da Segunda Seção do Superior Tribunal de Justiça, por unanimidade, negar provimento ao agravo regimental nos termos do voto do Sr. Ministro Relator. Os Srs. Ministros Sidnei Beneti, Luis Felipe Salomão, Raul Araújo, Paulo de Tarso Sanseverino, Maria Isabel Gallotti e Antonio Carlos Ferreira votaram com o Sr. Ministro Relator.

Afirmou suspeição o Exmo. Sr. Ministro Ricardo Villas Bôas Cueva.

Ausente, justificadamente, a Sra. Ministra Nancy Andrighi."

Art. 61. Proferida a decisão prevista no art. 58 desta Lei, o devedor permanecerá em recuperação judicial até que se cumpram todas as obrigações previstas no plano que se vencerem até 2 (dois) anos depois da concessão da recuperação judicial.

§ 1º Durante o período estabelecido no caput deste artigo, o descumprimento de qualquer obrigação prevista no plano acarretará a convolação da recuperação em falência, nos termos do art. 73 desta Lei.

§ 2º Decretada a falência, os credores terão reconstituídos seus direitos e garantias nas condições originalmente contratadas, deduzidos os valores eventualmente pagos e ressalvados os atos validamente praticados no âmbito da recuperação judicial.

78. DEVEDOR EM RECUPERAÇÃO JUDICIAL NOS 2 (DOIS) ANOS SEGUINTES

A decisão proferida no artigo 58, de que trata este artigo 61, é a da concessão da recuperação judicial, aquela logo após a aprovação do plano de recuperação judicial pela assembleia-geral de credores. Concedida a recuperação, diz a Lei, o devedor permanecerá nesta situação – em recuperação judicial – e conforme já dito anteriormente com base nas sábias palavras do mestre Manoel Justino Bezerra Filho, **em observação judicial**, até que ele cumpra todas as obrigações assumidas no plano aprovado durante os próximos dois anos.

A penalidade prevista para o devedor que não cumpra com suas responsabilidades conforme acima exposto, é a convolação da recuperação judicial em falência, uma pena muito grave, aliás, mas justa. Ora, se o devedor teve um plano aprovado, é porque ele acreditava, por seus motivos, na sua viabilidade; se não o foi, calculou mal, e a pena é a sua falência, conforme manda, as disposições do parágrafo 1º deste artigo 61.

Ocorrendo a convolação da recuperação judicial em falência, teoricamente, os credores não terão prejuízos, vez que terão reconstituídos seus direitos e garantias nas condições originalmente contratadas, ou seja, aquelas anteriores ao próprio pedido de recuperação judicial. Se o credor concedeu deságio, deixou de cobrar juros, etc., tudo isso nada valerá a partir da convolação, pois as coisas voltam ao *status quo*, por óbvio, deduzidos os valores eventualmente pagos e ressalvados os atos validamente praticados no âmbito da recuperação judicial, conforme dispõe o parágrafo 2º deste artigo 61.

No Recurso Especial número 1.299.981-SP, a Terceira Turma do Superior Tribunal de Justiça, DJe de 16.09.2013, tendo como Relatora a eminente Ministra Nancy Andrighi, julgou questão em que o devedor, durante o período previsto no *caput* deste artigo 61 – 2 (dois) anos –, descumpriu diversas obrigações previstas no plano de recuperação judicial. A consequência, foi a convolação em falência pelo juízo do feito, confirmada pelo TJSP. Decorrentemente, este Recurso Especial, cuja ementa e respectivo acórdão foram assim redigidos"

> "EMENTA
>
> DIREITO FALIMENTAR. RECURSO ESPECIAL. RECUPERAÇÃO JUDICIAL. CONVOLAÇÃO EM FALÊNCIA. ARTS. 61, § 1º, 73 E 94, III, "g", DA LEI N. 11.101/2005. DESCUMPRIMENTO DO PLANO APRESENTADO PELO DEVEDOR. EXISTÊNCIA DE CIRCUNSTÂNCIAS FÁTICAS, RECONHECIDAS PELO TRIBUNAL DE ORIGEM, QUE AUTORIZAM A DECRETAÇÃO DA QUEBRA. REEXAME DO SUBSTRATO FÁTICO-PROBATÓRIO DOS AUTOS. IMPOSSIBILIDADE. INCIDÊNCIA DO ENUNCIADO N. 7 DA SÚMULA/STJ.
>
> 1- A recuperação judicial – instituto que concretiza os fins almejados pelo princípio da preservação da empresa – constitui processo ao qual podem se submeter empresários e sociedades empresárias que atravessam situação de crise econômico-financeira, mas cuja viabilidade de soerguimento, considerados os interesses de empregados e credores, se mostre plausível.
>
> 2- Depois de concedida a recuperação, cabe ao juízo competente verificar se os objetivos traçados no plano apresentado foram levados a efeito pelo devedor, a fim de constatar a eventual ocorrência de circunstâncias fáticas que autorizam, nos termos dos arts. 61, § 1º, 73 e 94, III, "g", da Lei n. 11.101/2005, sua convolação em falência.
>
> 3- Caso se verifique a inviabilidade da manutenção da atividade produtiva e dos interesses correlatos (trabalhistas, fiscais, creditícios, etc.), a própria Lei de Falências e Recuperação de Empresas impõe a promoção imediata de sua liquidação – sem que isso implique violação ao princípio da preservação empresa, inserto em seu art. 47 – mediante um procedimento que se propõe célere e eficiente, no intuito de se evitar o agravamento da situação, sobretudo, dos já lesados direitos de credores e empregados.
>
> 4- O Tribunal de origem, soberano na análise do acervo fático-probatório que integra o processo, reconheceu, no particular, que: (i) o princípio da preservação da empresa foi respeitado; (ii) a recorrente não possui condições econômicas e financeiras para manter sua atividade; (iii) não existem, nos autos, quaisquer elementos que demonstrem a ocorrência de nulidade dos votos proferidos na assembleia de credores; (iv) nenhuma das obrigações constantes do plano de recuperação judicial apresentado pela devedora foi cumprida.
>
> 5- De acordo com o entendimento consagrado no enunciado n. 7 da Súmula/STJ, as premissas fáticas assentadas no acórdão recorrido – que autorizam, na hipótese, a convolação da recuperação judicial em falência – não podem ser alteradas por esta Corte Superior.
>
> 6- Recurso especial não provido."

"ACÓRDÃO

Vistos, relatados e discutidos estes autos, acordam os Ministros da TERCEIRA Turma do Superior Tribunal de Justiça, na conformidade dos votos e das notas taquigráficas constantes dos autos, por unanimidade, negar provimento ao recurso especial, nos termos do voto do(a) Sr(a). Ministro(a) Relator(a). Os Srs. Ministros João Otávio de Noronha, Sidnei Beneti, Paulo de Tarso Sanseverino e Ricardo Villas Bôas Cueva votaram com a Sra. Ministra Relatora."

Art. 62. Após o período previsto no art. 61 desta Lei, no caso de descumprimento de qualquer obrigação prevista no plano de recuperação judicial, qualquer credor poderá requerer a execução específica ou a falência com base no art. 94 desta Lei.

79. CONSEQUÊNCIAS DO DESCUMPRIMENTO DO PLANO

O prazo previsto no artigo 61, de que trata o acima transcrito artigo 62, são os 2 (dois) anos que o devedor fica na posição de recuperação judicial quando a mesma lhe é concedida por despacho do juiz do feito, logo após a aprovação do plano de recuperação judicial. Determina a Lei que, caso o devedor descumpra qualquer das obrigações previstas no plano, mesmo após o período de dois anos, qualquer credor poderá requerer contra o mesmo execução específica ou mesmo falência. Alhures, já frisamos que nessa hipótese a distribuição do feito se faz livremente, vez que a prevenção do juízo de recuperação judicial terminou quando do encerramento da recuperação judicial, sob *observância da justiça*.

Art. 63. Cumpridas as obrigações vencidas no prazo previsto no caput do art. 61 desta Lei, o juiz decretará por sentença o encerramento da recuperação judicial e determinará:

I – o pagamento do saldo de honorários ao administrador judicial, somente podendo efetuar a quitação dessas obrigações mediante prestação de contas, no prazo de 30 (trinta) dias, e aprovação do relatório previsto no inciso III do caput deste artigo;

II – a apuração do saldo das custas judiciais a serem recolhidas;

III – a apresentação de relatório circunstanciado do administrador judicial, no prazo máximo de 15 (quinze) dias, versando sobre a execução do plano de recuperação pelo devedor;

IV – a dissolução do Comitê de Credores e a exoneração do administrador judicial;

V – a comunicação ao Registro Público de Empresas para as providências cabíveis.

80. OBRIGAÇÕES CUMPRIDAS. SENTENÇA DE ENCERRAMENTO

Cumpridas todas as obrigações previstas no plano de recuperação judicial nos dois anos seguintes à concessão da recuperação judicial, determina a Lei, o juiz decretará, por sentença, o encerramento da recuperação judicial e determinará a série de providências objeto dos estudos abaixo. Fica ressaltada aqui a diferença notória da natureza dos atos do juiz, comparativamente, nas 3 (três) seguintes situações:

a) Deferimento do processamento da recuperação judicial. O ato do juiz constitui-se em despacho;

b) Concessão da recuperação judicial: conforme estudado, também é despacho;

c) Encerramento da recuperação judicial: conforme o *caput* deste artigo 63, o juiz decretará por sentença o encerramento da recuperação judicial.

Na sentença de decretação de encerramento da recuperação judicial, determina a Lei que o juiz terá de cumprir diversas medidas, sendo a primeira delas, conforme manda o inciso I, a determinação do pagamento do saldo de honorários ao administrador judicial, somente podendo efetuar a quitação dessas obrigações mediante prestação de contas, no prazo de 30 (trinta) dias, e aprovação do relatório previsto no inciso III do *caput* desse artigo.

O juiz determina o pagamento do saldo de honorários, mas sob 2 (duas) condições: (i) a apresentação de contas pelo administrador judicial no prazo de 30 (trinta) dias a contar da publicação da sentença; e, (ii) a aprovação de relatório circunstanciado a ser apresentado pelo administrador judicial, no prazo máximo de 15 (quinze) dias – também contado da publicação da sentença –, versando sobre a execução do plano de recuperação pelo devedor (inciso III).

Embora se apresente em ordem inversa, a obrigação do administrador judicial prevista no inciso III desse artigo 63, terá de ser cumprida e aprovada antes da obrigação prevista no inciso I, até porque se não houver o cumprimento daquela, nos parece, esta não se efetiva.

As outras providências que o juiz determinará quando da decretação da sentença de encerramento da recuperação judicial, é a apuração do saldo das custas judiciais a serem recolhidas, de responsabilidade do devedor, a dissolução do Comitê de Credores – caso este tenha se constituído; de consequência lógica, pois se a recuperação se encerrou, a exoneração do administrador judicial. Por fim, a comunicação ao Registro Público de Empresas – a respectiva Junta Comercial do Estado em que o devedor tem seu principal estabelecimento, se tiver mais que um, para as providências cabíveis (incisos II, IV e V deste artigo 63).

Art. 64. Durante o procedimento de recuperação judicial, o devedor ou seus administradores serão mantidos na condução da atividade empresarial, sob fiscalização do Comitê, se houver, e do administrador judicial, salvo se qualquer deles:

I – houver sido condenado em sentença penal transitada em julgado por crime cometido em recuperação judicial ou falência anteriores ou por crime contra o patrimônio, a economia popular ou a ordem econômica previstos na legislação vigente;

II – houver indícios veementes de ter cometido crime previsto nesta Lei;

III – houver agido com dolo, simulação ou fraude contra os interesses de seus credores;

IV – houver praticado qualquer das seguintes condutas:

a) efetuar gastos pessoais manifestamente excessivos em relação a sua situação patrimonial;

b) efetuar despesas injustificáveis por sua natureza ou vulto, em relação ao capital ou gênero do negócio, ao movimento das operações e a outras circunstâncias análogas;

c) descapitalizar injustificadamente a empresa ou realizar operações prejudiciais ao seu funcionamento regular;

d) simular ou omitir créditos ao apresentar a relação de que trata o inciso III do caput do art. 51 desta Lei, sem relevante razão de direito ou amparo de decisão judicial;

V – negar-se a prestar informações solicitadas pelo administrador judicial ou pelos demais membros do Comitê;

VI – tiver seu afastamento previsto no plano de recuperação judicial.

Parágrafo único. Verificada qualquer das hipóteses do caput deste artigo, o juiz destituirá o administrador, que será substituído na forma prevista nos atos constitutivos do devedor ou do plano de recuperação judicial.

Art. 65. Quando do afastamento do devedor, nas hipóteses previstas no art. 64 desta Lei, o juiz convocará a assembleia-geral de credores para deliberar sobre o nome do gestor judicial que assumirá a administração das atividades do devedor, aplicando-se-lhe, no que couber, todas as normas sobre deveres, impedimentos e remuneração do administrador judicial.

§ 1º O administrador judicial exercerá as funções de gestor enquanto a assembleia-geral não deliberar sobre a escolha deste.

§ 2º Na hipótese de o gestor indicado pela assembleia-geral de credores recusar ou estar impedido de aceitar o encargo para gerir os negócios do devedor, o juiz convocará, no prazo de 72 (setenta e duas) horas, contado da recusa ou da declaração do impedimento nos autos, nova assembleia-geral , aplicado o disposto no § 1º deste artigo.

81. O DEVEDOR OU SEUS ADMINISTRADORES (SOCIEDADE EMPRESÁRIA, PESSOA JURÍDICA) SERÃO MANTIDOS NA CONDUÇÃO DA ATIVIDADE EMPRESARIAL DURANTE O PROCEDIMENTO DE RECUPERAÇÃO JUDICIAL

O *caput* deste artigo 64 determina que durante o procedimento de recuperação judicial, **o devedor ou seus administradores**, serão mantidos na condução da atividade empresarial, sob fiscalização do Comitê de Credores, se existir, e do administrador judicial, **salvo se qualquer deles** incorrer em qualquer uma ou mais transgressões previstas nos incisos I, II, III, IV e V do Art. 64, ou "**tiver seu afastamento previsto no plano de recuperação judicial**" (inciso VI).

Chamamos, nesse ponto, a atenção do amigo leitor e estudante como nós, para a redação do artigo 1º desta Lei 11.101/05, que imaginamos, pode ser o caminho para um melhor entendimento do que exatamente quis o legislador dizer com o contido nas redações dos artigos 64 e 65:

> "Art. 1º Esta Lei disciplina a recuperação judicial, a recuperação extrajudicial e a falência do empresário e da sociedade empresária, doravante referidos simplesmente como devedor." (grifos nossos).

Sobre as palavras **referidos simplesmente como devedor**, quis o legislador, a nosso ver, dar a todos os destinatários da Lei 11.101/05 – o empresário individual e as sociedades empresárias –, a mesma denominação de **devedor,** igualando-os nominalmente em todos os institutos previstos nesta Lei, até mesmo na falência e na recuperação extrajudicial, aqui não analisados, vez que fogem do campo dos nossos estudos.

Se sob a denominação **devedor**, teve também o legislador a intenção de simplificar, podemos afirmar que nem em todos os casos atingiu sua finalidade; ao contrário, em alguns, teve o efeito inverso – o de complicar, para muitos, o exato entendimento da mens legis, como nas disposições destes artigos 64 e 65, conforme verificaremos nestes estudos, em entendimentos e pensamentos diversos, tanto na doutrina quanto na jurisprudência.

A utilização da palavra **devedor**, referindo-se indistintamente ao empresário individual, pessoa física, e à sociedade empresária, pessoa jurídica, por seus administradores societários, exige do intérprete não só uma atenção mais que especial para se saber se ali naquele momento em que ele se depara com a citada palavra, se ela está se referindo ou ao empresário individual, ou à sociedade empresária ou a ambos. A nosso sentir, isso não é tarefa das mais fáceis, mas não deve desestimular os pensadores do direito; ao contrário, que lhes sirva de incentivo para encontrarem na lei aquilo que o legislador quis dizer. De nosso lado, nos sentimos incentivados para essa tarefa, especialmente para encontrar ou descobrir nas disposições dos artigos 64 e 65 o que quis o legislador dizer. Também, por vermos tantos renomados juristas, doutrinadores, pensadores do direito com pensamentos e posições diferentes, e até mesmo julgadores, que nos parecem contrariar a intenção do legislador. Por isso, vamos procurar fazer nossa análise dos artigos 64 e 65 conjuntamente, justificando assim, a transcrição de ambos acima.

81.1 A nossa visão do que quis dizer o legislador nos artigos 64 e 65 da Lei 11.101/05, em conformidade com a Lei Complementar 95/1998

O legislador, por óbvio, ao confeccionar a Lei 11.101/05, seguiu os mandamentos da Lei Complementar número 95, de 26 de fevereiro de 1998, que dispõe sobre a elaboração, a redação, a alteração e a consolidação das leis, conforme determina o Parágrafo único do art. 59 da Constituição Federal, e estabelece normas para a consolidação dos atos normativos que menciona, regulamentada pelo Decreto número 4.176, de 28 de março de 2002.

Entretanto, em decorrência da diversidade de entendimentos na nossa doutrina de nomeada, de julgamentos efetuados nos mais consagrados Tribunais de Justiça de nosso país, com fundamentos na citada doutrina, mas que, a nosso sentir não refletem com exatidão os mandamentos prescritos na Lei 11.101/05 (especificamente com relação ao instituto da recuperação judicial), vamos nos deter na análise dos artigos números 64 e 65 da Lei 11.101/05, e procurar entender exatamente o que quis dizer o legislador, segundo a nossa visão, e de acordo com a LC 95/98. Não somos, entretanto, os donos da verdade, e respeitamos profundamente todos aqueles e seus pensamentos e opiniões, por acaso diferentes dos nossos.

Essa nossa forma de ver e entender a aplicação dos artigos 64 e 65 da Lei 11.101/05, repetimos, não é, entretanto, a de grande parte da doutrina e parte da jurisprudência, pois a primeira, em sua grande maioria, expressa o pensamento de que os dois dispositivos têm aplicabilidade associada entre si; também que, por exemplo, se não se puder aplicar um, o outro é consequência e deve ser aplicado; ou que, se se aplicar o primeiro em uma hipótese, ele, por si só, resolve toda a questão, não havendo, por consequência, a necessidade de aplicação do outro dispositivo.

Ainda, que o afastamento na condução da atividade empresarial durante o procedimento de recuperação judicial tem o mesmo procedimento tanto para uma (a sociedade empresária) quanto para o outro (o devedor empresário individual); e, também, que o gestor judicial pode ter atuação tanto em uma como em outra, entre outras opiniões. Até mesmo a opinião de que cabe ao juiz, ao analisar o caso concreto, ver e decidir o que é melhor para aquela situação analisada, segundo o que ele entender melhor para o juízo universal. A jurisprudência, de seu lado, ao fundamentar suas decisões nas opiniões doutrinárias, utilizando-as como base de suas decisões, confirmam, assim, entendimentos, que a nosso ver, não espelham a realidade e os fins que o legislador deu aos artigos 64 e 65.

81.2 Análise das disposições dos artigos 64 e 65

> "Art. 64. Durante o procedimento de recuperação judicial, o devedor ou seus administradores serão mantidos na condução da atividade empresarial, sob fiscalização do Comitê, se houver, e do administrador judicial, salvo se qualquer deles: I [...];" (grifos nossos).

A nosso ver, este art. 64 está se referindo especificamente às **sociedades empresárias, por seus administradores**, os quais, durante o procedimento da respectiva recuperação judicial, serão mantidos na condução das respectivas atividades empresariais, a não ser que quaisquer deles cometam uma ou mais das infrações previstas nos 5 (cinco) primeiros incisos ou que tenham previsto o seu afastamento no plano de recuperação (inciso VI).

Se cometerem ou infringirem qualquer uma das previsões da Lei, determina a Lei 11.101/05, no parágrafo único do mesmo art. 64, que a sanção será a **destituição do administrador** pelo juiz, com sua **substituição** na forma prevista nos atos constitutivos da sociedade empresária que teve o administrador destituído ou, se a hipótese for a do inciso VI, conforme a previsão do plano de recuperação judicial.

Embora praticamente toda a doutrina e mesmo alguns julgadores insistam em usar a palavra **afastamento** como a sanção ao administrador societário que comete qualquer das infrações previstas no *caput* do art. 64, até mesmo porque no inciso VI esse termo está expresso, veremos, no curso destes estudos, que literal e tecnicamente nenhum administrador será **afastado**, mas sim **destituído e substituído**, pois aprenderemos como se interpreta um artigo de Lei, bem como as técnicas que o legislador empregou quando da confecção da Lei 11.101/05, mais especificamente nos artigos 64 e 65 extraídas da Lei Complementar número 95/1998.

De seu lado, o art. 65 trata somente sobre a forma de como o outro **devedor** previsto no artigo 1º – **o empresário individual** –, durante o procedimento de recuperação judicial, será mantido na condução da atividade empresarial, a não ser que, também, cometa ou infrinja qualquer das disposições do *caput* do mesmo art. 64. Se o fizer, diz o artigo 65, que a sanção será o **afastamento do devedor** na condução das suas atividades empresariais, por ato do juiz do feito que, ao mesmo tempo, convocará assembleia-geral de credores para deliberar sobre o nome do gestor judicial que assumirá a administração das atividades do devedor, e que o administrador judicial exercerá as funções de gestor enquanto a assembleia-geral não deliberar sobre a escolha deste.

81.3 As palavras "destituição" e "afastamento"

De acordo com o Dicionário *Online* de Português: (i) "**Destituição**: s.f. Ato ou efeito de destituir. Demissão, afastamento: a destituição do ministro precipitou os acontecimentos"; e, (ii) "**Afastamento**: s.m. Ação de afastar: afastamento dos negócios. Estado do que está longe: o seu afastamento foi temporário". Embora as duas palavras sejam sinônimas, não podemos, deixar passar despercebido que o termo **destituição** significa **demissão** (ato independente da vontade do demitido e que é definitivo, não tem volta), enquanto que a palavra **afastamento** significa *afastamento dos negócios; o seu afastamento foi temporário*, querendo dizer que o ato pode ter partido do próprio afastado e que ele não é definitivo, nele estando implícita a temporariedade, podendo ter volta.

Nesse contexto, observaremos que a palavra **destituição** (art. 64 *caput,* incisos, alíneas e parágrafo único), tem aplicabilidade única e exclusivamente sobre o administrador societário, quando durante o procedimento de recuperação judicial, pratica ele qualquer das previsões dos seis incisos do art. 64; enquanto que a palavra **afastamento** (art. 65 e §§), de seu lado, tem aplicabilidade única e exclusivamente sobre o devedor empresário individual, quando, também, durante o procedimento de recuperação judicial, pratique qualquer das previsões do mesmo art. 64. É que a Lei Complementar número 95/1998 determina que o legislador restrinja o conteúdo de cada artigo da lei a um único assunto ou princípio (letra "b", do inciso III do art. 11), ou seja, o assunto ou princípio da **destituição** do administrador societário ficou restrito no art. 64 (*caput,* incisos, alíneas e parágrafo único), enquanto que o assunto ou princípio do **afastamento** do empresário individual, pessoa natural, ficou restrito no art. 65 (*caput* e §§). Por outro lado, e conforme dispõe o Parágrafo Único do artigo 64, se, no Plano de Recuperação Judicial estiver previsto que o administrador societário será **afastado de suas funções, ainda assim, será o mesmo destituído e substituído conforme os atos constitutivos da respectiva sociedade**".

Para a facilitação do nosso entendimento, procuraremos aprender também que os termos técnicos devem ser utilizados quando da confecção da Lei e repetidas tantas vezes quantas forem necessárias, assim como a utilização de sinonímias para efeitos meramente estilísticos deve ser desprezada, pois causa confusão ao leitor, sendo essas regras que o legislador instituiu e que devem ser observadas quando da confecção de qualquer ato normativo, conforme manda a Lei Complementar número 95/1998.

81.4 As hipóteses legais para a destituição na condução da atividade empresarial dos administradores societários e para o afastamento dos devedores empresários individuais

Portanto, durante o procedimento de recuperação judicial, **as hipóteses legais** para a **destituição** na condução da atividade empresarial pelos devedores **administradores societários** e para o **afastamento** dos devedores **empresários individuais** são todas as previstas nos 6 (seis) incisos deste art. 64, ou seja:

"I – houver sido condenado em sentença penal transitada em julgado por crime cometido em recuperação judicial ou falência anteriores ou por crime contra o patrimônio, a economia popular ou a ordem econômica previstos na legislação vigente;

II – houver indícios veementes de ter cometido crime previsto nesta Lei;

III – houver agido com dolo, simulação ou fraude contra os interesses de seus credores;

IV – houver praticado qualquer das seguintes condutas:

a) efetuar gastos pessoais manifestamente excessivos em relação a sua situação patrimonial;

b) efetuar despesas injustificáveis por sua natureza ou vulto, em relação ao capital ou gênero do negócio, ao movimento das operações e a outras circunstâncias análogas;

c) descapitalizar injustificadamente a empresa ou realizar operações prejudiciais ao seu funcionamento regular;

d) simular ou omitir créditos ao apresentar a relação de que trata o inciso III do *caput* do art. 51 desta Lei, sem relevante razão de direito ou amparo de decisão judicial;

V – negar-se a prestar informações solicitadas pelo administrador judicial ou pelos demais membros do Comitê;

VI – tiver seu afastamento previsto no plano de recuperação judicial"

81.5 Poderão indagar: então, por que o termo "afastamento", do inciso VI, consta das mesmas hipóteses legais tanto para o administrador societário quanto para o empresário individual?

Elas não são utilizadas pelo legislador como sinonímias. Analisaremos no art. 65 a correta aplicação do termo **afastamento**, cuja aplicabilidade, repetimos, é somente sobre o devedor empresário individual, pessoa física. Quanto à sua previsão (da palavra **afastamento**) no inciso VI do art. 64 e direcionada ao administrador societário, veremos que o parágrafo único, que é subdivisão do assunto do *caput,* e que por meio dele "são expressos os aspectos complementares à norma enunciada no *caput* do artigo e as exceções à regra por este estabelecidas", chama para si a responsabilidade de dar o direcionamento certo quanto ao uso do termo correto, que é o técnico, e que é utilizado em conformidade com a matéria que se está legislando, no caso, a do Direito Empresarial. Daí, conforme estudos, pesquisas e explanações seguintes, entenderemos o porquê de o legislador utilizar-se do termo **destituição** (parágrafo único do art. 64), ao invés de usar o termo **afastamento** (inciso VI do art. 64) quando e durante o procedimento de recuperação judicial o administrador societário pratique qualquer dos atos previstos nos seis incisos do art. 64, até mesmo o do inciso VI.

81.6 Assim, e preliminarmente, delimitamos:

1. Que o art. 64 (*caput*, incisos, alíneas e parágrafo único) cuida especificamente das hipóteses legais de **destituição do administrador societário** da condução da sua atividade empresarial durante o procedimento de recuperação judicial;
2. Que o administrador societário, infringindo qualquer das previsões contidas nos cinco primeiros incisos do art. 64 ou "tiver previsto o seu afastamento no plano de recuperação judicial" (inciso VI), será destituído e substituído;
3. Que essa substituição do administrador societário após sua destituição será feita por uma das duas formas previstas no parágrafo único do art. 64, sendo:
    a) Se ele infringiu qualquer dos cinco primeiros incisos do *caput* do art. 64, será destituído e substituído conforme a previsão dos atos constitutivos (estatuto para as companhias e contrato social para os demais tipos de sociedade empresária); e,
    b) Se o administrador societário previu o seu afastamento no plano de recuperação judicial, inciso VI do art. 64, será destituído e substituído conforme a previsão do plano de recuperação judicial, desde que aprovado pela assembleia-geral de credores e decidido pelo juiz, pois aquela tem o poder deliberativo enquanto este tem o poder decisório; ele é a Jurisdição.
4. Que o art. 65 (*caput* e seus §§) cuida especificamente das hipóteses de **afastamento do devedor empresário individual**, na condução de suas atividades empresárias durante o procedimento de recuperação judicial;
5. Que as hipóteses legais para o **afastamento do devedor empresário individual** são as mesmas do *caput* do art. 64 (todos os seis incisos);
6. Que, quando do **afastamento do empresário individual**, o juiz do feito convoca a assembleia-geral de credores para deliberar sobre o nome do gestor judicial que assumirá as atividades do devedor;
7. Que, enquanto a assembleia ainda não se reuniu para os fins de escolha do nome do gestor judicial que assumirá as atividades empresariais do devedor, o administrador judicial exercerá as funções deste.

81.7 Antes, todavia, vamos nos socorrer dos sábios mandamentos da Lei Complementar número 95/1998, onde cada questão ou matéria é tratada como "assunto" ou "princípio"

A partir do art. 10 da citada Lei Complementar número 95/1998, na seção II, que trata **Da Articulação e da Redação das Leis**, encontramos os seguintes dispositivos que ajudarão nosso raciocínio na formação do encadeamento e da concretização do nosso pensamento, no sentido de procurarmos demonstrar o que afirmamos anteriormente. Ou seja, que o legislador, utilizando-se dos mandamentos desta LC 95/98, trouxe à luz a Lei 11.101/05, objeto dos nossos estudos, específicos sobre o instituto da recuperação judicial:

"Art. 10. Os textos legais serão articulados com observância dos seguintes princípios:

I – **a unidade básica de articulação será o artigo**, indicado pela abreviatura "Art.", seguida de numeração ordinal até o nono e cardinal a partir deste;

II – **os artigos desdobrar-se-ão em parágrafos ou em incisos;** os parágrafos em incisos, os incisos em alíneas e as alíneas em itens;

[...]

Art. 11. As disposições normativas serão redigidas com clareza, precisão e ordem lógica, observadas, para esse propósito, as seguintes normas:

I – para a obtenção de clareza:

a) usar as palavras e as expressões em seu sentido comum, **salvo quando a norma versar sobre assunto técnico, hipótese em que se empregará a nomenclatura própria da área em que se esteja legislando;**

[...]

II – para a obtenção de precisão:

a) articular a linguagem, técnica ou comum, de modo a ensejar perfeita compreensão do objetivo da lei e a permitir que seu texto evidencie com clareza o conteúdo e o alcance que o legislador pretende dar à norma;

b) expressar a ideia, quando repetida no texto, por meio das mesmas palavras, evitando o emprego de sinonímia com propósito meramente estilístico;

c) evitar o emprego de expressão ou palavra que confira duplo sentido ao texto;

[...]

III – para a obtenção de ordem lógica:

a) reunir sob as categorias de agregação – subseção, seção, capítulo, título e livro – apenas as disposições relacionadas com o objeto da lei;

b) **restringir o conteúdo de cada artigo da lei a um único assunto ou princípio;**

c) expressar por meio dos parágrafos os aspectos complementares à norma enunciada no *caput* do artigo e as exceções à regra por este estabelecida;

[...]";

(os grifos são nossos e têm por finalidade realçar os respectivos dispositivos, vez que sua aplicação está contida, a nosso ver, nos artigos 64 e 65 da Lei 11.101/05).

81.8 A lição de quem é Professor na interpretação das leis.

Nos abeberamos ainda dos precisos e preciosos ensinos do Professor Sylvio Motta (é professor da Escola de Magistratura do Rio de Janeiro (Emerj) e diretor do curso Companhia dos Módulos), das lições extraídas de seu extraordinário artigo publicado no Boletim de Notícias Conjur, de 12 de junho de 2009, sob o título "Para entender a lei, é preciso saber como ela foi escrita". Após estabelecer alguns parâmetros sobre técnicas de redação e interpretação legislativa e demonstrar, que formalmente, os textos legais serão articulados com observância de diversos princípios, o Professor Sylvio Motta diz:

> "Estabelecidos estes conceitos, convém entender como se deve estudar um artigo de uma lei. O artigo é a menor porção de uma lei que ainda guarda as suas características. Sendo assim, a forma correta de interpretar um artigo é concêntrica e não linear, ou seja, deve-se entender que o centro orbital de um artigo é o seu caput, tudo o circunstancia: os parágrafos, incisos, alíneas e itens que porventura o integram. Assim, a interpretação exige certo grau de abstração do intérprete para que, em uma visão espacial mais acurada, compreenda que os parágrafos, por exemplo, são subdivisões do assunto do caput, enquanto os incisos são exemplificações do assunto do parágrafo ou do próprio caput; já as alíneas são enumerações (quase sempre taxativas) do conteúdo dos parágrafos; e, finalmente, os itens são enumerações do assunto que está na alínea. Dessa forma, a compreensão do artigo se torna mais fácil uma vez que o estudante já consegue entender quais foram os parâmetros formais que nortearam a sua redação". (grifos nossos).

Dessa forma, vamos analisar este art. 64 na sua íntegra (o *caput*, os incisos, as alíneas e o seu parágrafo único), como disse o Professor Sylvio Motta, pois que ele é a menor porção de uma Lei que ainda guarda as suas características, e deve ser **interpretado de forma concêntrica** e não linear. Nada obstante as explicações do Professor, vamos procurar conhecer mais de perto as exatas funções do parágrafo único como parte de um artigo, especialmente neste caso, pois o parágrafo único deste art. 64 fala de destituição seguida por substituição, e não de afastamento do administrador societário na condução de suas atividades empresariais.

Ora, a norma enunciada no *caput* do art. 64, o centro orbital do artigo, é a de que "**durante o procedimento de recuperação judicial, o devedor ou seus administradores serão mantidos na condução da atividade empresarial..., salvo se qualquer deles:** I [...], II [...]". Se nenhum cometer qualquer das ações previstas nos seis incisos, quer dizer a lei que **não será destituído da condução da atividade empresarial**. Mas, cometida qualquer uma das seis, eis que surge o parágrafo único e diz que:

> "Verificada qualquer das hipóteses do caput deste artigo, o juiz destituirá o administrador, que será substituído na forma prevista nos atos constitutivos

do devedor (primeira parte) ou do plano de recuperação judicial" (2ª parte). (grifos nossos).

É hora, pois, de fazermos uso dos ensinamentos transcritos anteriormente. Já sabemos que o parágrafo é subdivisão do assunto do *caput* e que por meio dele são expressos os aspectos complementares à norma enunciada no *caput* do artigo e as exceções à regra por ele estabelecidas. E se a hipótese tratar-se de assunto técnico, o que é o caso, o legislador tem que se utilizar da nomenclatura própria da área, ou seja, a do Direito Empresarial, pois a Lei 11.101/05 é matéria desta área.

81.9 Em busca da nomenclatura (o termo técnico) apropriada

A palavra **afastamento** não existe na matéria de Direito Empresarial, mais especificamente no Livro II – Do Direito de Empresa – do Código Civil brasileiro, assim como na Lei das Companhias, a de número 6.404/76. E **destituição**? Existirá esta palavra na matéria de Direito Empresarial? Por outro lado, devemos estar sempre lembrando de que a finalidade do parágrafo único, por ser ele uma subdivisão do *caput*, traz consigo expressos os aspectos complementares à norma enunciada no *caput*, bem como as exceções à regra por ele estabelecidas, querendo com isso dizer que, na hipótese por nós analisada, que o parágrafo único do art. 64 complementa a norma enunciada no *caput*, quando expressa que, "verificada qualquer das hipóteses do *caput*, o juiz destituirá o administrador, que será substituído na forma dos atos constitutivos ou do plano de recuperação judicial".

Vamos, portanto, e em atendimento ao que dispõe a LC 95/98, procurar a nomenclatura própria da área (a empresarial) para nos certificarmos se o legislador, efetivamente, na confecção da Lei 11.101/05, se utilizou dos mandamentos daquela. Pela lógica do contido nos respectivos dispositivos ora analisados, a questão sob enfoque é a **sociedade empresária e sua administração**. Por isso, comecemos pelo tipo de sociedade empresária Limitada, a mais comum dentre todas, para entendermos sobre sua administração, especialmente como ela se **efetiva** e **cessa**, pois é sobre isso que estamos estudando.

81.10 A Administração na Sociedade Empresária Limitada. O Livro II do Código Civil "Do Direito de Empresa"

Pelas disposições do artigo 1.063 do Código Civil, fica por demais claro que o exercício do cargo de administrador na Sociedade Empresária Limitada **cessa** por uma das duas formas: (i) **destituição**; e, (ii) término do prazo. A seguir, o respectivo dispositivo citado para a devida certificação:

> "Art. 1.063. O exercício do cargo de administrador **cessa pela (i) destituição, em qualquer tempo**, do titular, (ii) ou pelo término do prazo se, fixado no contrato ou em ato separado, não houver recondução." (grifos nossos).

Antes, todavia, da **cessação do cargo de administrador** em uma Sociedade Limitada, devemos entender como é que ele chegou a esta posição de administrador. A resposta nos vem pelas disposições do "Art. 1.060. **A sociedade limitada é administrada por uma ou mais pessoas designadas no contrato social** ou em ato separado". (grifos nossos).

Bem, então já encontramos, pelo menos nas sociedades limitadas, a palavra que o legislador utilizou para a materialização, para a efetividade do **afastamento** do administrador societário, qual seja, a **destituição**. Pelo menos nesse tipo de sociedade empresária, nos ficou muito claro que ela é administrada por uma ou mais pessoas designadas no contrato social (o ato constitutivo de que fala o parágrafo único do art. 64), e que a forma de **cessação** dessa administração, para os efeitos destes estudos, é pela **destituição**.

Ainda tratando das Sociedades Empresárias Ltda., na Seção V – Das Deliberações dos Sócios –, há a prescrição do art. 1.071 em seu inciso III, dizendo que dependem da deliberação dos sócios, além de outras matérias indicadas na lei ou no contrato, a **destituição dos administradores**. Então, se o nosso caso se tratasse de uma sociedade empresária limitada e os seus administradores tivessem cometido qualquer das irregularidades (as hipóteses legais, os seis incisos do art. 64), já estaríamos entendendo que esses administradores, literal e tecnicamente, não seriam **afastados**, mas sim **destituídos**. Saberíamos também que, destituídos os administradores, serão substituídos. Por quem? Nessa hipótese, conforme a previsão dos seus **atos constitutivos,** conforme vimos, que, por mandamento legal tem que prever essa situação.

Se a hipótese fosse outra – a de afastamento previsto no plano de recuperação judicial, inciso VI do art. 64 – os administradores também seriam destituídos, e agora, substituídos conforme o previsto no plano de recuperação judicial, devidamente aprovado e com sentença do juiz, não meramente homologatória, pois a assembleia-geral de credores deliberou aprovando, mas o juiz tem o poder decisório, o juiz é a jurisdição que diz a Lei. Ao decidir concedendo a recuperação judicial conforme o plano aprovado pela assembleia, o juiz tem que pronunciar-se sobre a destituição do administrador Beltrano, sendo o mesmo substituído por Ciclano, conforme o plano de recuperação judicial.

81.11 A Administração nas Companhias: Lei 6.404/76

Da mesma forma, inexiste na Lei 6.404/76 (a Lei das S/A), as palavras **afastamento, afastar, afastado,** para dizer qualquer coisa, muito menos para indicar que um administrador ou qualquer órgão de uma S/A estivesse sendo afastado da condução na atividade empresarial. Mas, todas as disposições da Lei das S/A referentes a não continuidade do comando da administração somente utilizam a palavra **destituição**, por certo, a nomenclatura própria para estes fins na área do

Direito de Empresa, conforme preceitua a LC 95/98. Vamos transcrever a seguir todas as disposições da Lei das S/A que tratam do tema – administração, não continuidade no comando das atividades e modo de substituição –, certificando-nos, assim, mais uma vez, que a nomenclatura correta para esses fins, em se tratando de devedora sociedade empresária, pessoa jurídica, por seu administrador, é **destituição**.

> "Art. 122. Compete privativamente à assembleia-geral:
>
> I [...];
>
> II – eleger ou destituir, a qualquer tempo, os administradores e fiscais da companhia, ressalvado o disposto no inciso II do art. 142.
>
> Art. 140. O conselho de administração será composto por, no mínimo, 3 (três) membros, eleitos pela assembleia-geral e por ela destituíveis a qualquer tempo, devendo o estatuto estabelecer:
>
> I [...];
>
> II – o modo de substituição dos conselheiros.
>
> Art. 142. Compete ao conselho de administração:
>
> I [...];
>
> II – eleger e destituir os diretores da companhia e fixar-lhes as atribuições, observado o que a respeito dispuser o estatuto;
>
> Art. 143. A Diretoria será composta por 2 (dois) ou mais diretores, eleitos e destituíveis a qualquer tempo pelo conselho de administração, ou, se inexistente, pela assembleia-geral, devendo o estatuto estabelecer:
>
> I – [...];
>
> II – o modo de sua substituição. (v. a seguir)"

O modo de substituição nas Companhias, conforme seu estatuto.

Se o administrador societário de uma Companhia é **destituído/demitido**, conforme manda o parágrafo único do art. 64 da Lei 11.101/05, a **sua substituição se dará na forma prevista nos atos constitutivos do devedor (primeira parte)**. Na hipótese, os atos constitutivos do devedor são os estatutos sociais da Companhia. Conforme observamos na transcrição dos dispositivos da lei das Companhias, em toda e qualquer **destituição,** a Lei determina que se observe o que a respeito dispuser o estatuto quanto à substituição.

> O art. 150 da Lei das S/A trata da questão da **Substituição e Término da Gestão dos Administradores** (Seção III, Administradores, Normas Comuns), conforme se transcreve a seguir:

"Art. 150. No caso de vacância do cargo de conselheiro, salvo disposição em contrário do estatuto, o substituto será nomeado pelos conselheiros remanescentes e servirá até a primeira assembleia-geral. Se ocorrer vacância da maioria dos cargos, a assembleia-geral será convocada para proceder a nova eleição.

§ 1º No caso de vacância de todos os cargos do conselho de administração, compete à diretoria convocar a assembleia-geral .

§ 2º No caso de vacância de todos os cargos da diretoria, se a companhia não tiver conselho de administração, compete ao conselho fiscal, se em funcionamento, ou a qualquer acionista, convocar a assembleia-geral, devendo o representante de maior número de ações praticar, até a realização da assembleia, os atos urgentes de administração da companhia.

§ 3º O substituto eleito para preencher cargo vago completará o prazo de gestão do substituído.

§ 4º O prazo de gestão do conselho de administração ou da diretoria se estende até a investidura dos novos administradores eleitos."

81.12 Da Administração da Sociedade em Comandita por Ações

O Código Civil Brasileiro, ao legislar sobre as Sociedades em Comandita por Ações, também nos dá a certeza de que a forma de investidura no cargo de administrador societário se verifica conforme os respectivos estatutos, que regulam também a **destituição**, em seu artigo 1.091 e seu 2º, abaixo transcritos na íntegra:

"Art. 1.091. Somente o acionista tem qualidade para administrar a sociedade e, como diretor, responde subsidiária e ilimitadamente pelas obrigações da sociedade.

§ 2º. Os diretores serão nomeados no ato constitutivo da sociedade, sem limitação de tempo, e somente poderão ser destituídos por deliberação de acionistas que representem no mínimo dois terços do capital social."

Administração na EIRELI.

Na Empresa Individual de Responsabilidade Limitada – a EIRELI, segundo o art. 980-A, em seu § 6º, **"aplicam-se à empresa individual de responsabilidade limitada, no que couber, as regras previstas para as sociedades limitadas."** (grifos nossos).

Citamos como exemplo apenas estes 4 (quatro) tipos societários – as Limitadas, as Companhias, as em Comandita por Ações e a EIRELI – vez que, praticamente, em tempos atuais, dificilmente encontra-se outro tipo de sociedade em franca atividade, até mesmo a em Comandita por ações. Nada obstante, em todos os tipos societários, se não tem prevista a forma própria da não continuação no comando da atividade por seus administradores, ou seja, a **destituição**, a lei determina que se apliquem dispositivos de outro tipo, subsidiariamente, que não será outro se não a **destituição**.

81.13 Destituído o administrador societário por qualquer infringência aos cinco primeiros incisos do art. 64, há a substituição conforme previsão nos atos constitutivos: Sociedade Empresária não sofre solução de continuidade

Operada pelo juiz a **destituição do administrador da sociedade empresária, pessoa jurídica**, "[...] que será substituído na forma prevista nos atos constitutivos do devedor [...]" (primeira parte), significa que a solução para a questão é dada de imediato – aliás, em cumprimento à lei e não por vontade do juiz ou de qualquer outro interessado. A solução está prevista na lei. Ocorrendo a **destituição** (por essa primeira forma, incisos I a V do art. 64), a **substituição** é ato subsequente, pois a lei assim o determina. A sociedade não ficará acéfala, pois a solução é dada pela Lei e nos atos constitutivos, conforme vimos, necessariamente constará a forma de substituição. Não se observa aqui lapso de tempo entre a **destituição** e a **substituição**. A questão é automática: **demitido o administrador**, a substituição está prevista nos atos constitutivos e opera-se na forma ali legislada. É vida que segue.

81.14 Para alguns doutrinadores e mesmo julgadores, destituído o administrador societário, há que se convocar assembleia-geral de credores para a escolha do gestor judicial

Para o entendimento de alguns doutrinadores e julgadores, dizem que, verificado o **afastamento do administrador da sociedade empresária, pessoa jurídica, será nomeado um gestor judicial, conforme deliberação da assembleia-geral de credores, tudo conforme as disposições do art. 65**. Ora, a sociedade empresária, por seu administrador, e conforme determina o parágrafo único do art. 64, ocorrendo a infração dos cinco primeiros itens do *caput*, será **destituído e substituído conforme previsão dos respectivos atos constitutivos** (primeira parte), mas nunca será **afastado** com a consequente convocação de assembleia-geral de credores para se deliberar sobre o nome do gestor judicial (o que só se verifica quando do afastamento do devedor empresário individual, pessoa física, conforme as disposições ou princípio que lhe é destinado especificamente no art. 65, que estudaremos logo a seguir).

Ora, se a lei determina o procedimento do parágrafo único do art. 64: "[...] o juiz destituirá o administrador, que será substituído na forma prevista nos atos constitutivos do devedor [...]", não pode o mesmo, absolutamente, afastar-se do comando da lei ou dar-lhe uma interpretação não condizente. Assim, se a lei manda que o juiz **destitua** o administrador da sociedade empresária, ele não poderá **afastá-lo** conforme os mandamentos do art. 65; se a lei manda que o **administrador** da sociedade empresária, pessoa jurídica, destituído, seja **substituído, conforme previsão nos respectivos atos constitutivos** (primeira parte), o juiz não pode atropelar a lei e, ou nomear gestor judicial ou determinar a convocação de assembleia-geral de credores para se deliberar sobre o nome dele; tampouco, determinar que o administrador judicial exerça as funções do gestor.

Alguns doutrinadores entendem também que, quando da **destituição do administrador da devedora sociedade empresária, pessoa jurídica**, além de o juiz convocar a assembleia-geral de credores para se deliberar sobre o nome do gestor judicial, há a necessidade da participação do Comitê de Credores, invocando a aplicação da letra "c" **do inciso II do art. 27**, já objeto de nossas considerações, para onde dirigimos a atenção do estimado leitor.

81.15 Segunda forma de substituição do administrador da sociedade empresária, também decorrente de sua destituição

> "verificada qualquer das hipóteses do *caput* deste artigo, **o juiz destituirá o administrador, que será substituída na forma prevista** nos atos constitutivos do devedor **ou do plano de recuperação judicial.**" (parágrafo único do art. 64) (grifos nossos)

Tendo a sociedade empresária impetrado pedido de recuperação judicial, conforme a faculdade do inciso VI, pode, na oportunidade da apresentação do respectivo plano, prever que a administração será afastada e substituída pela forma que expressar. Submetido o plano de recuperação à **deliberação** da Assembleia-Geral de Credores, o mesmo terá que ser aprovado como redigido, ou as partes (devedor e credores), em comum acordo, o modificam, mas que resulte daí a respectiva aprovação. Em consequência, o juiz do feito, em atendimento ao que dispõe o art. 58 da Lei 11.101/05, concederá a recuperação judicial ao devedor cujo plano não tenha sofrido objeção de credor nos termos do art. 55 dessa Lei **ou tenha sido aprovado pela assembleia-geral de credores**, que é o presente caso ora sob estudos.

81.16 A assembleia-geral de credores delibera; o juiz decide (tem o poder jurisdicional)

Ao comentar o art. 58, o Mestre Jorge Lobo, sob o título "1. Poderes do juiz", ressalta que:

> "O juiz, no processo civil comum, exerce: a) poder de 'caráter jurisdicional', 'relacionado com a atividade decisória', denominado '*poder-fim*'; b) [...].
>
> Na ação de recuperação judicial, o juiz exerce *poder-fim*, portanto, de cunho jurisdicional, por exemplo, nas hipóteses dos artigos 52, *caput*; 55, *caput*; 56, § 4º; 58, *caput* e § 1º; [...]." (LOBO, 2010, p. 225) (grifos nossos)

Visando ao melhor entendimento do exercício do poder jurisdicional acima mencionado por Lobo, vamos transcrever o art. 58:

> "Art. 58. Cumpridas as exigências desta Lei, o juiz concederá a recuperação judicial do devedor cujo plano não tenha sofrido objeção de credor nos termos do art. 55 desta Lei ou tenha sido aprovado pela assembleia-geral de credores na forma do art. 45 desta Lei."

Ao dizer o direito na sentença concessiva da recuperação judicial, o juiz não o faz como mero homologador das deliberações da assembleia-geral de credores, mas deve, na recuperação judicial, conforme assevera Jorge Lobo, " exercer sempre, necessária e obrigatoriamente":

> "1º) o controle da legalidade formal, quando examinará questões, por exemplo, como: a) legitimidade ativa (arts. 1º e 47); b) preenchimento dos requisitos do art. 48; c) atendimento das exigências sobre convocação, instalação e deliberação da assembleia-geral de credores (arts. 36 a 45); d) observância das formalidades legais referentes à publicação de editais; e, outrossim, 2º) o controle de legalidade material ou substancial, que em verificará se houve, por exemplo: a) fraude à lei ou abuso de direito, quer por parte do devedor, quer dos credores: b) acordos contrários à Lei, à moral, aos bons costumes, à boa-fé objetiva, ao interesse público etc.". (LOBO, 2010, p. 226-227)

Por fim, não é o bastante, por melhor que tenham sido as intenções de devedor e credores, por mais legal que se apresente o modo de afastamento do administrador societário previsto no plano de recuperação e sua substituição, quem o substitua, por quanto tempo, etc. Isso, por si só, constitui-se em parte do plano, que vai ser submetido à deliberação da assembleia-geral de credores. Havendo a consequente aprovação, cuja **atribuição de deliberar**, repetimos, é da assembleia-geral de credores, e, mesmo que aprovadas, não tem ainda a **efetividade**, a qual só ocorre quando do exercício do poder jurisdicional pelo juiz do feito que, após as considerações acima afirmadas por Jorge Lobo, decide, concedendo a recuperação judicial.

Nessa sentença concessiva da recuperação judicial, o juiz do feito, ao observar que a administração societária, conforme previsto no plano de recuperação judicial, deliberado e aprovado pela assembleia-geral de credores, deixará a condução da atividade empresarial e será substituída da forma como aprovada no plano, a nosso ver, necessariamente terá que se pronunciar a respeito, também dando **efetividade** ao acordo. O poder decisório é do juiz; ele é a Jurisdição.

Portanto, na **decisão** que concede a recuperação judicial, a jurisdição tem que se pronunciar, dizendo que a atual administração será substituída por outra. E, ao cumprir sua função jurisdicional, o juiz a fará segundo os mandamentos da Lei, seguindo o procedimento determinado, que não é outro para essa hipótese se não o previsto no parágrafo único do art. 64, que, imperativamente determina que "**verificada qualquer das hipóteses do *caput* deste artigo,** (o inciso VI é uma delas) **o juiz destituirá o administrador, que será substituído na forma prevista** nos atos constitutivos do devedor ou **do plano de recuperação judicial**". (grifos nossos)

Feito isso, e publicada a respectiva sentença com seu trânsito em julgado, é, a nosso ver, nesse exato momento que o até então administrador societário passa a quem o plano aprovado previu, a condução das atividades empresariais. Mas o rito legal tem que ser cumprido, o procedimento tem que se realizar conforme manda imperativamente a lei. O legislador não dá ao juiz qualquer margem para ele proceder diferentemente do que está previsto no parágrafo único do art. 64, tanto em uma como em outra forma de destituição com a respectiva substituição.

Ademais, conforme analisado em linhas volvidas, o termo **afastamento** é inexistente na legislação empresarial, como no Livro II do Código Civil – "Do Direito de Empresa", na Lei das S/A (6.404/76), Na Lei 8.934/94, que dispõe sobre o Registro Público de Empresas Mercantis e Atividades e Afins e dá outras providências, e tampouco no Decreto número 1.800/96, que a regulamenta. Mas o previsto na legislação empresarial e especificamente quando se trata da descontinuação no comando das atividades empresariais pelo administrador da sociedade empresária, é **destituição, seguida pela substituição**.

Mesmo que o administrador societário, quando da confecção do plano de recuperação judicial, tenha previsto o seu afastamento, diz a Lei que, tecnicamente, ele será destituído. E se assim o é, é porque o ato de destituição vem da Lei, independe da vontade do destituído/demitido. Por isso, não poderia estar previsto no inciso VI do art. 64 que "se tiver sua **destituição** prevista no plano de recuperação judicial". Usa-se o termo **afastamento** nesse inciso VI, primeiramente porque a sua destinação também tem por alvo o **devedor empresário individual** (art. 65). Entretanto, quando se trata do **administrador societário**, o parágrafo único deste art. 64, cumprindo sua finalidade (o que veremos a seguir), chama para si a responsabilidade de expressar os aspectos complementares ou as exceções à regra estabelecida no *caput* do artigo.

81.17 Como se deve interpretar e aplicar um artigo de Lei

Entretanto, nenhum intérprete, doutrinador ou aplicador da lei, deve ater-se a qualquer desses exercícios em apenas parte do artigo, mas ao interpretar, doutrinar e aplicar a lei, há que fazê-los levando-se em consideração todo o teor do artigo sob análise, com isso recordando que os mandamentos da Lei Complementar 95/1998, nos ensinam que a "**unidade básica da articulação será o artigo, o qual é desdobrado em parágrafos ou em incisos; os parágrafos em incisos, os incisos em alíneas e as alíneas em itens**" (art. 10, I e II). (grifos nossos)

Tampouco, nenhum intérprete, doutrinador ou julgador, na prática dos mesmos exercícios, pode desconsiderar que o legislador, na confecção da Lei, tem que observar na respectiva redação os requisitos (i) clareza; (ii) precisão; e (iii) ordem lógica. Ainda, quanto ao último dos três requisitos, a mesma Lei Complementar 95/1998 determina que o legislador deve "**restringir o conteúdo de cada artigo da lei a um único assunto ou princípio, e expressar por meio dos parágrafos os aspectos complementares à norma enunciada no caput do artigo e as exceções à regra por este estabelecida**" (art. 11, III, "b" e "c"). (grifos nossos)

De igual forma e para os mesmos fins, dos sábios ensinamentos do Professor Sylvio Motta, recordamos que:

> "O artigo é a menor porção de uma lei que ainda guarda as suas características. Sendo assim, a forma correta de interpretar um artigo é concêntrica e não linear, ou seja, deve-se entender que o centro orbital de um artigo é o seu caput, tudo o circunstancia: os parágrafos, incisos, alíneas e itens que porventura o integram. [...] em uma visão espacial mais acurada, compreenda que os parágrafos, por exemplo, são subdivisões do assunto do caput, enquanto os incisos são exemplificações do assunto do parágrafo ou do próprio caput; [...]." (grifos nossos)

Ora, o dispositivo sob estudos – o art. 64 da Lei 11.101/05 –, e segundo os mandamentos da LC 95/98, é composto do *caput*, incisos, alíneas e Parágrafo único. Nesse caso específico, o conteúdo do Parágrafo único, que "é subdivisão do assunto do *caput*, **expressa os aspectos complementares à norma enunciada neste**". Isto é, verificada qualquer das hipóteses no *caput* (e o afastamento previsto no plano de recuperação, inciso VI é uma delas), o juiz **destituirá** o administrador. Mas não o **afastará**.

Esse complemento ao *caput*, contido no Parágrafo único, destaca que o seu único destinatário é o administrador da sociedade empresária, pois, como já vimos anteriormente, a administração desta **cessa** pela **destituição**, e que, na legislação empresarial, absolutamente, não se encontra qualquer referência à palavra **afastamento**.

81.18 O artigo 65 da Lei 11.101/05. Análise

Por outro lado, na análise no Art. 65, constatamos que esse termo **afastamento** tem aplicação exclusiva sobre o **empresário individual, pessoa física**. Essa expressão foi utilizada pelo legislador somente nesta lei 11.101/05, pois o empresário individual, pelas suas características, não pode ser **destituído** de suas funções porque não tem **substituto**. Ele é, como diz o nome, individual. Ele será, se cometer qualquer das hipóteses previstas na lei (todos os incisos do art. 64, inclusive a do inciso VI), **afastado de suas funções**. Nessa palavra **afastamento** está implícita a temporariedade, pois presume-se que enquanto afastado, estará cumprindo qualquer mandamento legal ou mesmo obedecendo a sua vontade de afastar-se do comando de suas atividades. Ademais, é ele o único proprietário daquela atividade. E, enquanto ele encontrar-se afastado, a lei previu uma forma toda especial, um rito completamente diferente, conforme veremos a seguir.

Ao contrário do que foi previsto para o administrador societário, o devedor empresário individual, pessoa física, com base nos mesmos 6 (seis) incisos do art. 64, será **afastado**. É o que diz o art. 65, que,

> "quando do afastamento do devedor, nas hipóteses previstas no art. 64 desta Lei, o juiz convocará a assembleia-geral de credores para deliberar sobre o nome do gestor judicial que assumirá a administração das atividades do devedor, aplicando-se-lhe, no que couber, todas as normas sobre deveres, impedimentos e remuneração do administrador judicial." (grifos nossos)

As hipóteses legais de **destituição** e **afastamento** (todos os incisos do art. 64) são as mesmas, tanto para o devedor sociedade empresária, pessoa jurídica, por seu administrador, quanto para o devedor empresário individual, pessoa natural. Só que para aquelas, o assunto ou princípio se restringiu no art. 64 (*caput*, incisos, alíneas e parágrafo único), constituindo-se em **destituição com a consequente substituição por uma das duas formas analisadas**. Já para o devedor empresário individual, pessoa física, o assunto ou princípio (art. 11, III, "b", da LC 95/98), ficou restrito no art. 65 e seus §§, **com o seu afastamento e a assunção das suas atividades empresariais pelo gestor judicial**, que terá seu nome deliberado em assembleia-geral de credores (art.35, I, "e"), para onde remetemos a atenção do amigo leitor.

81.19 Extinto o DNRC – Departamento Nacional do Registro do Comércio e instituído o DREI – Departamento de Registro Empresarial e Integração

Dissemos anteriormente que o empresário individual utiliza-se apenas de inscrição do Requerimento de Empresário para a sua constituição, onde não há previsão de subtituição, nem de destituição. Pela necessária e indispensável orientação contida nas normas discriminadas a seguir sobre o foco – o empresário individual –, destacamos que a Instrução Normativa número 95, de 22 de dezembro de 2003, do então DNRC – Departamento Nacional do Registro Do Comércio –, é que regulava a forma como o mesmo cumpriria a exigência legal de se inscrever junto ao registro do comércio (art. 967 e seguintes do Código Civil) – a Junta Comercial do seu respectivo Estado –, simplesmente aprovando um formulário que dava o nome acima referido, além de outras providências.

Entretanto, o Decreto número 8.001, de 10 de maio de 2013, que "Aprova a Estrutura Regimental e o Quadro Demonstrativo dos Cargos em Comissão da Secretaria da Micro e Pequena Empresa da Presidência da República, altera o Decreto nº 7.096, de 4 de fevereiro de 2010, que aprova a Estrutura Regimental e o Quadro Demonstrativo dos Cargos em Comissão e das Funções Gratificadas do Ministério do Desenvolvimento, Indústria e Comércio Exterior, e dá outras providências", em sua estrutura organizacional criou o **DREI – Departamento de Registro Empresarial e Integração** (art. 2º, inciso II, letra "a", número 1) –, cuja competência, entre diversas outras, é "exercer as demais atribuições decorrentes do Decreto nº 1.800, de 30 de janeiro de 1996" (art. 8º, VI), ou seja, todas as competências até então atribuídas ao DNRC, o qual, por consequência, foi extinto.

Por seu turno, o DREI por meio da Instrução Normativa número 010 DREI, de 05/12/2013, aprovou os Manuais de Registro de **Empresário Individual**, Sociedade Limitada, Empresa Individual de Responsabilidade Limitada – EIRELI, Cooperativa e Sociedade Anônima, os quais, pela Portaria número 1, de 3 de junho de 2014, do Diretor do Departamento de Registro Empresarial e Integração da Secretaria de Racionalização e Simplificação da Secretaria da Micro e Pequena Empresa da Presidência da República, que foram publicados e disponibilizados no sítio eletrônico <www.drei.smpe.gov.br>.

Esta IN acima citada, também revogou a IN 95/2003 do extinto DNRC, entre outras, e fixou a data de sua vigência para 120 (centro e vinte) dias após a sua publicação. No mesmo sítio eletrônico observamos a edição das Instruções Normativas números 021 DREI, de 04/04/2014, e 022 DREI, de 02/05/2014, alterando, respectivamente, a data de vigência da IN 010 DREI para 150 e 180 dias da sua publicação, o que significa já estar em vigor desde os primeiros dias do mês de junho de 2014.

81.20 Conclusão das nossas análises sobre os artigos 64 e 65 da Lei 11.101/05

Assim, a **destituição** significa literalmente ato ou efeito de destituir, demissão, deposição; a **destituição é uma** sanção; enquanto a palavra **afastamento** traz o sentido de se afastar, afastamento dos negócios, a temporariedade. Em outras palavras, **os administradores da sociedade empresária, pessoa jurídica**, ao serem **destituídos (demitidos, depostos) e não afastados** da condução da atividade empresarial, o são definitivamente e independentemente de sua vontade, pois, prevê a Lei, como **sanção,** as suas **substituições** na conformidade do previsto no Parágrafo único do art. 64; enquanto que para o **devedor empresário individual, pessoa física**, a lei criou um rito, um procedimento todo exclusivo e especial, que também é imperativo conforme o artigo 65, vez que o mesmo determina, simplesmente, que ele é **afastado** da condução da sua atividade empresarial, e não será **substituído** – com a convocação subsequente, pelo juiz do feito, via edital, da assembleia-geral de credores para deliberar sobre o nome do gestor judicial que **assumirá as suas atividades** empresariais. Ele é só, trabalha sob firma, não tem substituto, nem contrato social ou estatuto (estes preveem a forma de substituição);

tem apenas o seu Requerimento de Inscrição de Empresário Individual junto ao órgão do Registro do Comércio (a Junta Comercial do seu respectivo Estado) com os dados exigidos pelo art. 968 do Código Civil.

Ele – **o devedor empresário individual, pessoa física** –, é o único proprietário da atividade da qual será **afastado** exclusivamente na sua condução, pressupondo esse ato a temporariedade. Ele não pode ser **substituído** naquilo que é dono e tampouco, **destituído**, embora possa ter cometido qualquer uma ou mais infrações, até mesmo todas as **hipóteses previstas na lei** as dos 5 (cinco) primeiros incisos do Art. 64, ou mesmo prever em seu plano de recuperação judicial o seu afastamento, (inciso VI); enfim, por mais infrações que ele tenha cometido, ele é o proprietário daquela atividade, e, por qualquer ato ou crime que cometa, a lei não prevê o perdimento do seu negócio. Só o seu **afastamento** sabendo-se que amanhã ou depois, ele reassumirá o comando. Não só por isto, mas pelo mandamento legal.

Mas, em havendo o **afastamento** do devedor empresário individual, a figura do gestor judicial assumirá a administração das suas atividades (temporariamente), não implicando esse ato, absolutamente, para os efeitos da lei, em substituição, isso após a convocação de assembleia-geral pelo juiz do feito e ter esta deliberado sobre o seu nome. Nesse ínterim, para que a atividade não fique acéfala, diz a Lei no parágrafo 1º do artigo 65, que o administrador judicial exercerá as funções de gestor enquanto a assembleia-geral não deliberar sobre a escolha deste (art. 35, I, "e", para onde direcionamos a atenção do prezado leitor), e que, na hipótese de o gestor indicado pela assembleia-geral de credores recusar ou estar impedido de aceitar o encargo para gerir os negócios do devedor, o juiz convocará, no prazo de 72 (setenta e duas) horas, contado da recusa ou da declaração do impedimento nos autos, nova assembleia-geral, continuando nas funções de gestor judicial o administrador judicial. E assim, a nosso ver, se novas recusas existirem, sucessivamente, até encontrar-se o gestor judicial.

Feitas as nossas considerações, nossas observações, nossos comentários e nossas analises sobre o que entendemos que o legislador quis dizer com as disposições dos artigos 64 e 65 da Lei 11.101.05, nos quais afirmamos que grande parte da doutrina e mesmo da jurisprudência pensa diferentemente, vamos, a partir de agora, neles adentrar e também fazer as nossas considerações, todas com fundamento nas nossas exposições, começando pelos doutrinadores.

82. O PENSAMENTO, A OPINIÃO, A INTERPRETAÇÃO DOS ARTIGOS 64 E 65 DA LEI 11.101/05, DE GRANDE PARTE DA DOUTRINA

82.1 Fábio Ulhoa Coelho

Abrimos os comentários sobre este tópico com o pensamento do eminente Professor, Mestre, Doutor e brilhante advogado, além de respeitadíssimo jurista, por certo o mais citado nessa área de recuperação judicial de empresas e falência, pois é, também, um dos pioneiros a interpretar artigo por artigo da Lei 11.101/05, além de ter contribuído com sua experiência e sabedoria específicas da área para a efetivação do projeto na lei sob análise.

Fábio Ulhoa Coelho, que acompanhava de perto no Congresso Nacional as discussões sobre o projeto que se converteria na Lei 11.101/05, de 09 de fevereiro de 2005, com vigência a partir 09 de junho de 2005, lançou neste mesmo ano, pela Editora Saraiva, sua primeira edição da obra *Comentários à Nova Lei de Falências e de Recuperação de Empresas*, na qual comenta artigo por artigo da Lei 11.101/05.

Além dos predicados acima mencionados, o Professor Fábio Ulhoa Coelho, não só pelos seus indiscutíveis conhecimentos, pela sua respeitabilidade, mas também, e acima de tudo, pelo seu pioneirismo e ousadia em comentar artigo por artigo de um novel diploma jurídico, ao trilhar nesses caminhos, angariou muitos adeptos ao seu pensamento, influenciou outros estudantes a segui-lo e até mesmo outros doutrinadores, por meio de citações de seus escritos e defendendo os mesmos pontos de vista, foi e é fonte de citações por todos os nossos Tribunais de Justiça, inclusive os Superiores, que em muitos julgados citam os ensinamentos do Mestre como fundamentos de suas decisões.

Vejamos, portanto, o pensamento do ilustre doutrinador sobre os artigos ora analisados – o 64 e o 65. Fica a observação de que este posicionamento de Fábio Ulhoa é o mesmo desde o princípio. Exatamente como ele escreveu na primeira edição da sua obra *Comentários à Nova Lei de Falências e Recuperação de Empresas*, em 2005, às páginas 175/179, ele o fez na 8ª edição, 2ª tiragem em 2011, e repetiu na 10ª edição, em 2014. Em nossos estudos utilizamos a obra de Fábio Ulhoa de 2011.

Primeiramente, quanto ao artigo 64, o grande Mestre assim se posiciona:

> "146. Substituição da administração da empresa em recuperação.
>
> Quanto à administração da sociedade beneficiada pela recuperação judicial, há duas hipóteses a considerar. Se os administradores eleitos pelos sócios ou acionista controlador estão se comportando lícita e utilmente, não há razões para removê-los da administração. Caso contrário, o juiz determinará o afastamento.

Cabe o afastamento dos administradores quando: a) tiverem sido condenados, mediante sentença definitiva, por crime cometido em anterior recuperação judicial ou falência, contra o patrimônio, economia popular ou ordem econômica; b) houver indícios fortes de terem cometido crime falimentar; c) existirem provas de ação dolosa, simulada ou fraudulenta contra os interesses dos credores; d) incorrerem em condutas incompatíveis com a situação de crise econômico-financeira da empresa, como, por exemplo, a descapitalização injustificada ou graves omissões na relação dos credores; e) negarem-se a fornecer informações solicitadas pelo administrador judicial ou Comitê, atrapalhando o exercício da função fiscal desses órgãos da recuperação; f) sua substituição estiver prevista no plano de recuperação judicial aprovado.

O afastamento do sócio ou acionista controlador dar-se-á pela suspensão do seu direito de voto na assembleia-geral da sociedade anônima em recuperação; já a do administrador, mediante a destituição do cargo." (COELHO, 2011, p. 256-259)

Já adentrando na análise e comentários sobre o artigo 65, o Professor Fábio Ulhoa Coelho, sob o título "147. O gestor judicial", assim procede:

"Determinando a destituição da administração da sociedade empresária requerente do benefício, o juiz deve convocar a Assembleia de credores para a eleição do gestor judicial. Trata-se da pessoa a quem será atribuída a administração da empresa em recuperação.

Ao gestor compete dirigir a atividade econômica e implementar o plano de recuperação, após sua aprovação. Ele passa a ser o representante legal da sociedade devedora nos atos relativos à gestão da empresa (assinatura de cheques, contratação de serviços, compra de insumos, prática de atos societários, etc.).

O gestor não se torna, porém, o representante da sociedade em recuperação para todos os fins. Nos atos relativos à tramitação do processo de recuperação judicial, a sociedade devedora continuará sendo representada nos termos de seus atos constitutivos. Assim, destituídos, por exemplo, todos os diretores, caberá aos sócios da limitada ou ao órgão competente da anônima (Assembleia-geral dos acionistas ou Conselho de Administração) a eleição dos substitutos. A esses competirá, por exemplo, apresentar o plano de recuperação (se ainda não havia sido apresentado), prestar informações ao administrador judicial ou ao juiz, apresentar os relatórios, etc." (COELHO, 2011, p. 258) (grifos nossos).

Em uma primeira observação da análise do grande jurista sobre os artigos ora sob comentários, nos chega a certeza de que ele, pelas suas exposições, entende que ambos são aplicáveis somente à devedora sociedade empresária, pessoa jurídica, por seu administrador, cuja evidência salta aos olhos já a partir do título que ele deu ao comentar o art. 64: "146. Substituição da *administração* da empresa em recuperação".

Ao comentar o art. 65, sob o título "147. O gestor judicial", as análises do ilustre Professor visam exclusivamente a sociedade empresária, nada obstante os dispositivos desse artigo terem por alvo exclusivamente o devedor empresário individual, pessoa natural, conforme anteriormente explicitado.

Ao comentar o art. 64, o Prof. Fábio Ulhoa Coelho, referindo-se à administração da sociedade empresária, pessoa jurídica, defende que se os administradores da sociedade beneficiada pela recuperação judicial estão se comportando bem, não há razão para **removê-los**. Caso contrário, o juiz determinará o **afastamento** e descreve as hipóteses para tal.

Ao utilizar o termo **removê-los**, o Mestre Fábio Ulhoa, nos parece, utiliza-se de uma palavra sinônima, que não consta da lei, e que, a nosso ver choca, vai de encontro ao disposto no art. 64, Parágrafo único (que complementa a norma enunciada no *caput*), além de não seguir os ensinamentos/mandamentos da Lei Complementar 95/1998. Ao referir-se ao afastamento na condução da atividade empresarial pelos administradores da sociedade empresária, pessoa jurídica, a lei 11.101/05 prescreve, de forma imperativa, o seu rito e emprega a nomenclatura própria – (técnica) –, da área em que se está legislando – do direito empresarial –, qual seja, a **destituição seguida pela substituição** (Parágrafo único do art. 64) e não **remoção**.

O legislador, ao elaborar e redigir a lei, e em obediência à LC 95/1998, teve que obedecer a determinados mandamentos para que ela se tornasse clara, precisa e tivesse ordem lógica, dentre os quais, "**b) expressar a ideia, quando repetida no texto, por meio das mesmas palavras, evitando o emprego de sinonímia com propósito meramente estilístico; e, c) evitar o emprego de expressão ou palavra que confira duplo sentido ao texto**". (art. 11, inciso II). (grifos nossos).

Assim, se a nomenclatura correta para a caracterização do afastamento nessa hipótese é a palavra **destituição**, que a mesma seja usada e repetida quantas vezes se fizer necessário, reforçando, dessa forma, a expressão da idéia por meio das mesmas palavras, ao invés de se usar palavras sinônimas. Ademais, a mesma LC 95/1998, também ensina neste mesmo art. 11, inciso I, letra "a", a "**usar as palavras e as expressões em seu sentido comum, salvo quando a norma versar sobre assunto técnico, hipótese em que se empregará a nomenclatura própria da área em que se esteja legislando**". (grifos nossos).

Na sequência, no último parágrafo, finalizando seus comentários sobre o art. 64, o Professor afirma que o **afastamento do sócio ou acionista controlador** dar-se-á pela suspensão do seu direito de voto na assembleia-geral da sociedade anônima em recuperação; já o administrador (acreditamos estar se referindo aos demais tipos de sociedades empresárias), mediante a destituição.

Nos parece um equívoco do Mestre, pois, conforme dito anteriormente, a nomenclatura correta para se referir ao afastamento dos administradores da sociedade empresária na condução da atividade empresarial durante o procedimento da recuperação judicial (seja ela sociedade anônima ou qualquer outro tipo de sociedade empresária), é **destituição**. Administradores de sociedade empresária, portanto, são **destituídos e substituídos conforme previsão nos atos constitutivos ou do plano de recuperação judicial** (Parágrafo único do art. 64).

Uma outra opinião do Professor Fábio Ulhoa, já agora comentando o art. 65, sob o título "147. O gestor judicial", e que a nosso ver não tem base na Lei 11.101/05, é quando ele afirma que, "**determinando a destituição da administração da sociedade empresária requerente do benefício, o juiz deve convocar a assembleia-geral de credores para a eleição do gestor judicial**". (grifos nossos)

Equivocou-se novamente o ilustre jurista, dessa vez ao afirmar que o juiz deve convocar a assembleia-geral de credores para a eleição do gestor judicial, em ato simultâneo ou sequencial à destituição. Com o merecido respeito, nos parece não ficar qualquer sombra de dúvidas de que o procedimento previsto na Lei 11.101/05 não é o defendido pelo Mestre. Manda a lei, entretanto, que durante o procedimento de recuperação judicial, a **destituição** da devedora sociedade empresária, pessoa jurídica, por seus administradores, na condução da atividade empresarial, se fará sob este rito previsto no Parágrafo único do art 64: "**Verificada qualquer das hipóteses do caput deste artigo, o juiz destituirá o administrador, que será substituído na forma prevista nos atos constitutivos do devedor ou do plano de recuperação judicial**". (grifos nossos)

De forma que, **destituídos e substituídos os administradores da sociedade empresária**, os substitutos são investidos nas mesmas funções daqueles e é vida que segue, estando aptos a desempenhar os mesmos atos de administração até então praticados pelos destituídos/demitidos, tanto se a substituição ocorrer conforme a previsão dos atos constitutivos (Estatuto para as Companhias e Contratos Sociais para os demais tipos de sociedades empresárias), quanto pela forma prevista no plano de recuperação judicial. Nessa hipótese, o procedimento, nos parece, é muito claro, objetivo, incisivo e imperativo, não dando sequer margens para se supor ou admitir-se a presença de gestor judicial, que a nosso ver seria uma intromissão nas atribuições funcionais dos administradores substitutos, com o que não compactuou o legislador.

Os demais comentários do jurista Fábio Ulhoa, quanto ao que pensa sobre os dispositivos do art. 65, com mais especificidade sobre a sua afirmação de que há na sociedade beneficiada pela recuperação judicial, "**duplicidade de representação prevista na lei**" (referindo-se ao gestor judicial e aos administradores conforme atos constitutivos), pedimos vênias ao Professor para dele discordarmos, mais uma vez, pois o que a lei real e efetivamente prevê, conforme nossa visão, é uma situação completamente individualizada para a sociedade empresária (a destituição de seus administradores seguida da substituição conforme a previsão dos atos constitutivos ou do plano de recuperação judicial, conforme o Parágrafo único do art. 64); de igual forma, ou seja, também individualizadamente, a previsão legal para o afastamento na condução das atividades empresariais durante o procedimento de recuperação judicial pelo devedor empresário individual, pessoa física, com a assunção de suas atividades pelo gestor judicial, que terá seu nome deliberado (escolhido) pela assembleia-geral de credores, convocada pelo juiz do feito, conforme dispõe o art. 65.

A lei, portanto, prevê que para cada hipótese (assunto ou princípio) um procedimento específico, pois trata-se de matérias distintas. Seguindo os ritos previstos na lei, absolutamente não haverá "duplicidade de representação", pois isto, ao contrário do que disse o Professor, não está previsto na lei.

82.2 Manoel Justino Bezerra Filho

O eminente jurista, Professor em diversos cursos da área empresarial, Doutor e Mestre em Direito Comercial e especialista em Filosofia e Teoria Geral do Direito pela Universidade de São Paulo (USP) e Desembargador do Egrégio Tribunal de Justiça do Estado de São Paulo, Manoel Justino Bezerra Filho, tem um currículo invejável na área do Direito Recuperacional e falências, foi também advogado antes do ingresso na magistratura, entre outras qualificações.

Toda essa experiência do eminente Professor e Desembargador redundou na sua conhecidíssima obra jurídica, muito respeitada e muito citada no mundo jurídico, *Lei de Recuperação de Empresas e Falências, comentada artigo por artigo*, da Ed. Revista dos Tribunais, que em 2013 lançou a 9ª edição, revista, atualizada e ampliada.

Nos abeberamos e abeberaremos dos conhecimentos vastos e experiência indiscutível do Mestre, agora mais especificamente quanto aos seus pensamentos e maneira de ver e interpretar os artigos 64 e 65 da Lei 11.101/05. Ao comentar esses artigos, exatamente o mesmo que disse o Mestre em sua 9ª edição, também o disse em sua 7ª edição, a qual é por nós usada nestes estudos.

A mesma observação inicial que fizemos sobre o Professor Fábio Ulhoa Coelho, também a registramos sobre as análises do Mestre Manoel Justino Bezerra Filho, pois, deduzimos de seus comentários, incluindo também os sobre o art. 65, que para ele, ambos têm aplicabilidade única e exclusivamente sobre a sociedade empresária, pessoa jurídica, por seus administradores.

Já bebendo de sua sabedoria, após listar as situações previstas nos incisos do artigo 64, (as hipóteses previstas na lei) para, durante o procedimento de recuperação judicial se operar o afastamento na condução da atividade empresarial pelos administradores da sociedade empresária, afirma:

> "3. Qualquer dessas situações resultará no afastamento dos administradores do devedor sob recuperação e nomeação de substituto, nos termos estipulados no artigo 65. [...]" (BEZERRA FILHO, 2011, p. 173-175)

Ao contrário do que afirma o Mestre Manoel Justino Bezerra Filho, nenhuma daquelas situações de afastamento (é **destituição**) dos administradores (refere-se à sociedade empresária) resultará **na nomeação de substituto, nos termos** estipulados no art. 65, pois, conforme já foi dito, esse artigo prevê exclusivamente o rito para o afastamento do devedor empresário individual, pessoa natural, (convocação da asembleia-geral de credores para as deliberações (escolha) do nome gestor judicial, que assumirá as atividades do afastado).

Nota-se que no pensamento do magistrado e grande jurista Manoel Justino Bezerra Filho é muito semelhante ao do Professor Fábio Ulhoa Coelho, ou seja, que decorrente do **afastamento dos administradores** nas hipóteses previstas no art. 64, há que nomear-se o substituto, que para ambos é o gestor judicial, nos termos estipulados no art. 65. Não! Nessa hipótese (a do Prof. Justino) a substituição se opera conforme previsão dos atos constitutivos ou do plano de recuperação judicial (parágrafo único do art. 64). Valem aqui, e para não sermos repetitivos, as mesmas observações por nós efetuadas sobre o pensamento de Fábio Ulhoa, às páginas anteriores (para onde dirigimos a atenção do amigo leitor).

Ao tecer comentários sobre o Parágrafo único do artigo 64, que prescreve: "verificada qualquer das hipóteses do *caput* deste artigo, o juiz destituirá o administrador, que será substituído na forma prevista nos atos constitutivos do devedor ou do plano de recuperação judicial", o Mestre Manoel Justino diz:

> "5. Em caso de destituição, a primeira opção para substituição é esta prevista no parágrafo único. Se acaso não houver previsão nos atos constitutivos do devedor ou ainda não houver plano de recuperação aprovado, o juiz nomeará administrador judicial mesmo que *pro tempore*." (BEZERRA FILHO, 2011, p. 173-175) (grifos nossos).

Alertamos que o procedimento previsto para essa situação sob a análise do Mestre Manoel Justino – durante o procedimento de recuperação judicial (artigos 55 ao 69), o afastamento na condução da atividade empresarial pela sociedade empresária, pessoa jurídica, por seus administradores –, não se efetiva, a nosso ver, conforme o seu pensamento, ou seja, "em caso de destituição...". Não! A hipótese é, sim, de **destituição! Só destituição!**

Também a forma de pensar do Mestre sobre a substituição que é decorrente da destituição, a nosso entender, não está em conformidade com os dispositivos legais pertinentes, pois a lei não previu que "a primeira opção para a substituição é esta prevista no Parágrafo único...". Também, tampouco a lei prescreveu que "se acaso não houver previsão nos atos constitutivos do devedor ou ainda não houver plano de recuperação aprovado, o juiz nomeará administrador judicial mesmo que *pro tempore*".

Ao contrário, a lei, por sua imperatividade, determinou um procedimento muito explícito para ser efetivado como ela determina, quando da **destituição** do administrador da sociedade empresária. É imperativo da lei e não **opção**.

Diferentemente da afirmativa do Dr. Manoel Justino que, "se acaso não houver previsão nos atos constitutivos do devedor ou ainda não houver plano de recuperação aprovado...", (ainda comentando sobre o Parágrafo único do Art. 64), entendemos que em todos os atos constitutivos de toda e qualquer sociedade empresária há, por obrigação legal, a forma prevista de substituição de seu administrador, quando da destituição. Aliás, em nossos estudos em linhas anteriores, demonstramos, inclusive citando e transcrevendo os dispositivos legais que tratam da presente situação nas Limitadas, nas Companhias, na Em Comandita por Ações e na EIRELI (praticamente os tipos mais em uso), mas também alertamos que os demais tipos de sociedades ora sob análise e previstas no Código Civil, se não tiverem dispositivos próprios que tratam da questão, haverá um mandamento para que, subsidiariamente, se utilizem de dispositivos de outra para a mesma situação.

Na parte final deste número 5, para o jurista, em não havendo a previsão nos atos constitutivos do devedor e nem plano de recuperação aprovado, o juiz deverá nomear administrador judicial mesmo que *pro tempore*. É que, segundo o entendimento do Mestre, esta defendida nomeação do administrador judicial *pro tempore*, visa a não deixar a empresa acéfala. Isso, efetivamente, nunca ocorrerá, pois sendo o administrador societário destituído e substituído ou por uma ou por outra forma, o substituto será investido nas mesmas funções com os mesmos direitos, obrigações e responsabilidades que detinha o substituído, querendo com isso afirmar que se excetuando a limitações previstas do art. 66 (que também alcançavam o administrador societário destituído), ele assumirá toda a condução da atividade empresarial, não ficando a sociedade, por consequência, acéfala, pois a substituição é ato sequencial à destituição. É vida que segue. Ademais, esse procedimento defendido pelo jurista, (nomeação de administrador judicial, *pro tempore*), é aplicado especificamente quando do afastamento do devedor empresário individual, que é o princípio previsto no art. 65, oportunidade em que o administrador judicial exercerá as funções de gestor enquanto a assembleia-geral não deliberar sobre a escolha deste (§ 1º do art. 65).

Ao encerrar seus comentários e análises sobre os ora estudados artigos 64 e 65, no penúltimo parágrafo dedicado ao assunto, o emérito Professor faz as seguintes observações:

> "4. Do exame teleológico e conjunto dos arts. 64 e 65, verifica-se que o juiz deve se orientar no sentido de que, na nomeação do gestor, seja procurada a otimização da 'condução da atividade empresarial', na expressão do art. 64. Mesmo a previsão do Parágrafo único deste artigo, no sentido de que a substituição será efetuada na 'forma prevista nos atos constitutivos', deve ser examinada à luz da boa condução da atividade. Assim, se a substituição por este caminho não atender ao fim visado, o juiz deve proceder 'na forma prevista... [no]... plano de recuperação judicial', sempre com a convocação da AGC, como prevê o art. 65. O objeto da substituição

é aquela pessoa ou órgão que efetivamente exerce, repita-se, 'a condução da atividade empresarial'." (BEZERRA FILHO, 2011, p. 175)

Afirma o Professor que do exame teleológico e conjunto dos artigos 64 e 65, é que o juiz vai se orientar no sentido de que na nomeação do gestor seja otimizada a 'condução da atividade empresarial' conforme expressa o art. 64. Ora, esse artigo apenas diz que, durante o procedimento de recuperação judicial, o devedor ou seus administradores (referindo-se à sociedade empresária) serão mantidos na condução da atividade empresarial, salvo se qualquer deles praticar as previsões dos respectivos 6 (seis) incisos. Se praticarem – os administradores da sociedade empresária, diz a lei no Parágrafo único do art. 64, serão destituídos e substituídos por uma das duas formas expostas anteriormente.

A nosso ver, o eminente Magistrado Dr. Manoel Justino Bezerra Filho passa para o juiz do feito a responsabilidade de ver e decidir o que é melhor para aquela situação que se lhe apresenta, como, se a substituição tiver que ser efetuada conforme a previsão dos atos constitutivos, o juiz deve examinar se essa prática é a melhor, ou ainda, se não o for, o juiz deve proceder na forma do plano de recuperação, mas sempre com a convocação da assembleia-geral de credores, conforme previsão do art. 65.

Nenhuma coisa nem outra quanto ao procedimento. Uma coisa é a destituição dos administradores da sociedade empresária que é feita, por imperativo legal, conforme manda o Parágrafo único do art. 64; outra coisa é o afastamento do devedor empresário individual, com a convocação da assembleia-geral de credores para a escolha do gestor judicial, que assumirá as suas atividades empresariais, conforme o art. 65. Não há como o juiz do feito fazer um exame teleológico e conjunto dos artigos 64 e 65, pois cada um regula um princípio, uma matéria específica; cada um restringe a si um assunto, conforme explanado em obediência aos ensinamentos/mandamentos da LC 95/1998. O juiz tem que obedecer ao que manda a lei, e, para todas as hipóteses citadas pelo Professor, a lei previu procedimentos específicos, rígidos e imperativos. Não dá ao juiz do feito a mínima margem sequer para pensar em decidir se isto ou aquilo é o melhor para a situação.

No último parágrafo de seus comentários, diz o Mestre que, "finalmente, não há prazo para que os administradores sejam substituídos...". Na realidade, a lei não diz que tais substituições devam ser feitas num determinado prazo. Entretanto, não só pela forma exposta na lei que diz "... o juiz destituirá o administrador que será substituído..." (Parágrafo único do art. 64), mas também pelas necessidades de a sociedade empresária ter que conduzir suas atividades e não ficar acéfala, entendemos que essa substituição, até mesmo por estar prevista nos atos constitutivos, deva ser feito de imediato, ao se tomar conhecimento oficial da destituição. E se ela for prevista no plano de recuperação judicial, a sociedade empresária também não ficará acéfala, pois essa substituição será imediata após a aprovação do plano pela assembleia-geral de credores e a decisão concessiva da recuperação judicial pelo juiz, oportunidade em que ele destituirá o atual administrador e determinará a investidura do substituto nas mesmas funções conforme o previsto no plano de recuperação judicial.

Com a agravante de que nessa espécie de afastamento na condução da atividade empresarial pela sociedade empresária, por seus administradores, não há qualquer previsão de que mesmo o administrador judicial exerça pro tempore (suas competências são específicas e não têm essa previsão na lei) as funções de administrador societário e muito menos, conforme pensam e pregam alguns doutrinadores, a participação do Comitê de Credores pelo que dispõe a letra "c" do inciso II do art. 27, que, repetimos, a nosso ver, só tem aplicação **quando ocorrer o afastamento do devedor empresário individual nas hipóteses previstas na lei (art. 65).**

A intervenção do Comitê de Credores na hipótese prevista para a destituição do administrador da sociedade empresária seria uma invasão de atribuições, primeiro porque o legislador não previu, e segundo, porque seja qual for a forma da substituição decorrente da destituição, o substituto será investido nos mesmos poderes do destituído e assumirá plenamente a condução da atividade empresarial. É vida que segue! (Orientamos o prezado leitor a dirigir a sua atenção para nossos comentários sobre o art. 27, II, "c", desta Lei).

82.3 Gladston Mamede

O eminente advogado, Professor, doutrinador, escritor de grandes obras e Doutor em Direito pela Universidade Federal de Minas Gerais, Gladston Mamede, em sua obra *Direito empresarial brasileiro: falência e recuperação de empresas*, comenta e expõe suas sempre sábias opiniões, agora especificamente sobre os temas focados nos artigos 64 e 65, por ele denominado de "4. Condução da atividade empresária".

Antes, entretanto, observamos que o jurista Gladston Mamede percebeu a abrangência no *caput* do art. 64 da Lei 11.101/05, pois a seu ver, as disposições ora analisadas – todos os seus seis incisos –, têm por alvo também o devedor empresário individual, pessoa física, além dos administradores (as sociedades empresárias, pessoas jurídicas). Faltou-lhe, entretanto, e conforme veremos em seguida, a percepção de que as disposições do Parágrafo único do art. 64 são aspectos complementares à norma enunciada no *caput* do artigo e as exceções à regra por este estabelecida.

Ao comentar o primeiro inciso do Art. 64: "4.1 Condenação penal transitada em julgado", no último parágrafo da página 184, diz o jurista que "a destituição do empresário ou do administrador societário [...]" (MAMEDE, 2012, p. 182). A nosso sentir, incorreu em equívoco o Mestre, pois o empresário individual, pessoa física, jamais é **destituído**, sendo essa palavra de uso específico para se operar o afastamento (a **destituição**) dos administradores societários (parágrafo único do art. 64). O empresário individual é simplesmente afastado, pois diz o art. 65 "quando do afastamento do devedor...". E, quando ele é afastado, o juiz determina a convocação da assembleia-geral de credores para deliberar (escolher) sobre o nome do gestor judicial que, conforme diz a lei, assumirá a administração das suas atividades. Enquanto não se deliberar sobre a escolha do gestor, diz o § 1º do mesmo Art. 65, o administrador judicial exercerá as suas funções.

Na sequência de seus comentários, o Professor Mamede traz o seu entendimento sobre o "5. Gestor Judicial":

> "**Se o juiz destituir o empresário** ou administrador societário da condução da atividade negocial (artigo 64 da Lei 11.101/05), sua substituição se fará na forma prevista nos atos constitutivos do devedor ou do plano de recuperação judicial, diz o parágrafo único do artigo 64. Contudo, o artigo 65 prevê que o juiz convocará a assembleia-geral de credores para deliberar sobre o nome *do* gestor judicial que assumirá a administração das atividades do devedor." (MAMEDE, 2012, p. 197) (grifos nossos).

Parte da frase acima destacada – **se o juiz destituir o empresário** –, serve como reforço da observação já expressa anteriormente, de que o juiz, em nenhuma hipótese, **destituirá o empresário**. A **destituição** tem como alvos específicos os administradores societários, conforme o parágrafo único do art. 64, pois a finalidade deste ou qualquer outro parágrafo de lei é expressar os aspectos complementares à norma enunciada no *caput* do artigo e as exceções à regra por ele estabelecida (art. 11, III, "c", da LC 95/1998).

O eminente jurista, nas demais partes dos seus comentários, mostra-se, a nosso ver, surpreso, diante das disposições do parágrafo único do art. 64 que determinam que quando da **destituição** na condução da atividade empresarial – para ele tanto do empresário quando do administrador societário –, "a substituição se fará na forma prevista nos atos constitutivos do devedor ou do plano de recuperação judicial". "Contudo...", observa ele – sendo esta, a nosso ver, a sua surpresa –, "[...] **o artigo 65 prevê que o juiz convocará a assembleia-geral de credores para deliberar sobre o nome *do* gestor judicial que assumirá a administração das atividades do devedor.**" (grifos nossos).

E exatamente nesse ponto de seus comentários, Gladston Mamede faz uma advertência com o que lhe aparenta ser uma antinomia, desta forma:

> "Há uma aparente antinomia entre os dispositivos. Acredito que, de forma imprecisa, a lei cuida de consequências diversas para situações diversas. Se o afastamento está previsto no plano de recuperação judicial, corresponderá à substituição **na forma prevista no plano de recuperação judicial**. Se não está previsto, o juiz poderá optar pela substituição **na forma prevista nos atos constitutivos do**

devedor, se considerar que atende aos interesses do juízo universal. Do contrário, será inevitável recorrer a um gestor judicial. Dessa maneira, se o afastamento se fez para preservação, inclusive, para os interesses dos sócios que não exercem a administração, o juiz poderá recorrer aos atos constitutivos para determinar a substituição. No entanto, verificando que a atuação do administrador reflete a posição dos sócios, será recomendável convocar a assembleia-geral de credores para deliberar sobre o nome de um gestor judicial que assumirá a administração das atividades do devedor [...]." (MAMEDE, 2012, p. 197) (grifos nossos)

A nosso ver, a aparente antinomia entre os dispositivos dos artigos 64 e 65, mencionada pelo emérito Professor, não existe. Nada, em um dispositivo, contradiz o outro.

Na sequência, o jurista faz a seguinte premissa: "Acredito que, de forma imprecisa, a lei cuida de consequências diversas para situações diversas". Não fossem as palavras de forma imprecisa na premissa do Mestre, ousaríamos dizer que ela estaria correta. Mas é exatamente o contrário, ou seja, a lei, de forma **precisa**, cuida de consequências diversas para situações diversas, da seguinte forma: (i) no parágrafo único do art. 64 prevê que a forma de substituição decorrente da **destituição do administrador societário** é a prevista nos atos constitutivos do devedor (a sociedade empresária) ou do plano de recuperação judicial; (ii) No art. 65 prevê que, **quando do afastamento do devedor (o empresário individual, pessoa física)**, o juiz convocará assembleia-geral de credores para deliberar sobre a escolha do nome do gestor judicial que assumirá as atividades do devedor **afastado**.

E conclui desta forma o Mestre:

"Se o afastamento está previsto no plano de recuperação judicial, corresponderá à substituição na forma prevista no plano de recuperação judicial. Se não está previsto, o juiz poderá optar pela substituição na forma prevista nos atos constitutivos do devedor, se considerar que atende aos interesses do juízo universal. Do contrário, será inevitável recorrer a um gestor judicial." (MAMEDE, 2012, p. 197) (grifos nossos)

Observamos que a conclusão do Professor Gladston Mamede aponta 3 (três) possibilidades para a **substituição** decorrente da **destituição** do empresário ou administrador societário na condução da atividade empresarial, durante o procedimento de recuperação judicial: (i) Se o afastamento está previsto no plano de recuperação judicial, corresponderá à substituição na forma prevista no plano de recuperação judicial; (ii) Se não está previsto, **o juiz poderá optar pela substituição na forma prevista nos atos constitutivos do devedor, se considerar que atende aos interesses do juízo universal**; e, (iii) Do contrário, será inevitável **recorrer a um gestor judicial**.

Sendo a primeira forma de substituição a prevista no plano de recuperação, assim o será. A segunda possibilidade de substituição apontada pelo digno

Professor Gladston Mamede, "se não está previsto (no plano de recuperação judicial), **o juiz poderá optar pela substituição na forma prevista nos atos constitutivos do devedor, se considerar que atende aos interesses do juízo universal**", nos parece, pensa ele da mesma forma que o Professor Manoel Justino, ou seja, passa a responsabilidade para o juiz do feito que, se considerar que esta possibilidade atende aos interesses do juízo universal, abre-se-lhe a **opção** de efetivar a substituição do administrador societário pela forma prevista nos atos constitutivos do devedor.

Ao referir-se aos *atos constitutivos do devedor*, mesmo estando comentando sobre a **destituição** do empresário ou do administrador societário na condução da atividade empresarial, a nosso ver, equivocou-se o ilustre Professor não só quanto ao termo destinado ao empresário pessoa natural (este nunca é **destituído**), mas também quanto ao documento que servirá para o juiz, se ele **optar** pela "**substituição na forma prevista nos atos constitutivos do devedor**", pois o empresário individual não possui atos constitutivos, senão um mero **requerimento** de inscrição perante a Junta Comercial do seu Estado, conforme determinação das disposições contidas nos do artigos 967 e 968 do Código Civil. (grifos nossos)

A nosso sentir, Gladston Mamede inova no procedimento dessa forma de substituição do administrador societário (prevista nos atos constitutivos), pois, nos parece, pensa ele, ela somente se efetivará se não houver previsão de afastamento do administrador societário no plano de recuperação judicial e se o juiz considerar que este tipo de substituição atende aos interesses do juízo universal.

Segundo a lei, nenhuma coisa nem outra. Ou seja, a substituição do administrador societário conforme previsão nos atos constitutivos, nada tem a ver com a existência ou inexistência anterior de previsão de substituição conforme o plano de recuperação judicial. Tampouco a lei concedeu ao juiz o poder de **optar** por aquela forma de substituição se considerar que a mesma atende aos interesses do juízo universal.

Ao contrário, a lei é rígida, imperativa no seu procedimento, e a nosso ver, não dá margem nenhuma para o juiz fazer qualquer **opção**. Já está tudo previsto. As disposições específicas para o afastamento do administrador societário na condução da atividade empresarial, por ele ter cometido qualquer das hipóteses previstas na Lei (todos os incisos do art. 64), são as do Parágrafo único deste mesmo artigo que, imperativamente, assim determina: "Verificada qualquer das hipóteses do caput deste artigo, o juiz destituirá o administrador, que será substituído na forma prevista nos atos constitutivos do devedor ou do plano de recuperação judicial". (v. nossos comentários sobre estes artigos em linhas anteriores).

Finalmente, a terceira possibilidade de substituição apontada pelo Professor Glatsdon Mamede: "do contrário, será inevitável **recorrer a um gestor judicial**". A nosso ver, esse pensamento do Professor também não está em conformidade com as disposições da lei. Voltamos a reafirmar aqui a semelhança dos entendimentos de Gladston Mamede e Manoel Justino quanto à presença, em uma derradeira hipótese, do gestor judicial quando do afastamento na condução da atividade empresarial pelo administrador societário.

Essa figura do gestor judicial, conforme já explicitado nestes mesmos comentários sobre os artigos ora analisados, só tem seu nome escolhido pela assembleia-geral de credores convocada pelo juiz, conforme prescrição do art. 65, "**quando do afastamento do devedor** (devedor este empresário individual, pessoa física) **nas hipóteses previstas no art. 64 desta Lei...**" (as mesmas hipóteses previstas para a destituição do administrador societário). Só que a lei, para **destituir o administrador societário**, instituiu o rígido procedimento do Parágrafo único do art. 64 (aspectos complementares à norma enunciada no *caput* do artigo e as exceções à regra por este estabelecida); enquanto que para o **afastamento do devedor empresário individual, pessoa física**, foi instituído o procedimento previsto no artigo 65, em que o gestor judicial assumirá as atividades do devedor (o empresário individual).

Após longas digressões, inclusive sobre procedimentos quanto ao afastamento do empresário ou administrador societário, a idoneidade do gestor judicial, entre outros, o Professor afirma que:

> "Caberá ao empresário ou sociedade empresária arcar com as despesas relativas à remuneração do gestor judicial" (MAMEDE, 2012, p. 200) (grifos nossos)

Em consonância com nossos entendimentos anteriormente comentados, e nos parece, demonstrados, nenhuma sociedade empresária arcará com despesas relativas à remuneração do gestor judicial, vez que este só terá atuação junto ao empresário individual, como diz o art. 65, "**quando do afastamento do devedor**", cabendo a este, por consequência, os ônus. Relembramos aqui, por oportuno, que a LC 95/1998, no requisito para "a obtenção de ordem lógica", há a expressa determinação para que o legislador "restrinja o conteúdo de cada artigo da lei a um único assunto ou princípio" (art. 11, inciso III, letra "b").

82.4 José da Silva Pacheco

De seu lado, o eminente jurista José da Silva Pacheco, grande e respeitado nome na literatura jurídica, em sua obra já citada, dá sua parcela de contribuição em busca da exata compreensão do que quis o legislador transmitir quando da confecção da Lei 11.1.01/05, especificamente sobre os artigos ora analisados, os de números 64 e 65.

A exemplo dos ilustres Fábio Ulhoa Coelho e Manoel Justino Bezerra Filho, o culto jurista José da Silva Pacheco, também deixa claro em sua análise dos artigos 64 e 65, o seu entendimento de que ambos se aplicam somente sobre a sociedade empresária, pois na sua primeira intervenção traz o título "153. Da manutenção ou da destituição dos administradores da sociedade em recuperação judicial".

A sua exposição, inclusive, é muito semelhante à de Fábio Ulhoa, pois dizem que se nada existirem contra os diretores que estavam à frente da administração da sociedade empresária, razões não existiriam para **removê-los** (ambos usam o mesmo termo), que é inexistente na lei. Por outro lado, havendo qualquer cometimento ou infringência do diretor, gerente ou administrador sobre os seis incisos do art. 64, o juiz poderá **destituí-lo**, impedindo-o de continuar na administração (segundo José da Silva Pacheco), e, para Fábio Ulhoa, "caso contrário, o juiz determinará o seu **afastamento**".

Nada obstante José da Silva Pacheco ter se utilizado do termo **remoção**, quando adentrou nas formas de substituição do administrador societário, destacou que "o juiz **poderá destituí-lo**, impedindo-o de continuar na direção". Ora, não existe nenhuma faculdade concedida ao juiz do feito se **poderá ou não destituí-lo**; o juiz tem um rito determinado na Lei, de natureza imperativa, e tem que segui-lo, desde que haja uma das razões. Assim, "**verificada qualquer das hipóteses do *caput* deste artigo, o juiz destituirá [...]**" (parágrafo único do art. 64). Por outro lado, dessa vez o Mestre fez uso do termo correto – **destituição** –, e especificou as formas de substituição "com observância: a) do estatuto ou dos atos constitutivos da sociedade empresária em recuperação; b) ou do plano de recuperação, se a substituição ocorrer após a decisão que o aprovou".

Mais à frente, comentando especificamente sobre o artigo de número 64, no item "155. Do administrador incurso no crime previsto no inciso I do at. 64", a certa altura, concluindo seu pensamento sobre este tópico, José da Silva Pacheco afirma que:

> "Se tal fato só veio a lume após a concessão da recuperação judicial, o administrador condenado é imediatamente afastado e demitido, do mesmo modo que os infratores dos demais itens do art. 64.
>
> Em sequência, convocará o juiz a assembleia-geral de credores para escolher o gestor judicial, como assinalaremos no item seguinte." (PACHECO, 2006, p. 172-173).

Já comentando sobre as disposições do artigo 65, especificamente sobre o item seguinte, o de número "156. Da convocação da assembleia-geral para a escolha do gestor", p. 172/173, ele afirma:

> "Para que venha a ocorrer a convocação, pelo juiz, para a deliberação a respeito da pessoa que deverá funcionar, no processo, como gestor judicial, insta que tenha sido afastado administrador da sociedade empresária em processo de recuperação judicial [...]". (PACHECO, 2006, p. 172-173)

Na mesma página 173, tecendo seus comentários sobre "157. As funções do gestor judicial", continua o Mestre em seus ensinamentos:

> "O seu principal encargo, todavia, é a assunção da administração das atividades do devedor, embora tenha sido substituído, de acordo com o ato constitutivo da sociedade devedora, o administrador afastado, consoante o disposto no art. 64.
>
> Ele não passa a representar a empresa em recuperação judicial, pois esta continuará a ser representada por sua diretoria, nos precisos termos dos seus estatutos ou respectivos atos constitutivos.
>
> [...]
>
> Com a atuação do gestor judicial, poder-se-ia admitir que a administração da sociedade, no que se refere à execução do plano aprovado, fica condicionada, de um modo especial, à orientação ou concordância do gestor judicial.
>
> Isso significa dizer que, em tudo que disser respeito à execução do estabelecido no plano de recuperação judicial, a administração da sociedade empresária está vinculada a cumpri-lo, em sintonia com a orientação do gestor judicial (p. 174)." (PACHECO, 2006, p. 173-174)

O entendimento de José da Silva Pacheco, conforme ele expõe, é de que ambos os artigos ora analisados têm como alvo específico somente o administrador societário, inclusive, com a convocação da assembleia-geral de credores para a escolha do nome do gestor judicial. Esse procedimento somente é aplicável ao devedor empresário individual (conforme já aludimos). Aliás, o que disse José da Silva Pacheco é muito semelhante aos comentários do Professor Fábio Ulhoa Coelho.

Por fim, deduz-se de sua exposição que a sociedade empresária beneficiada pela recuperação judicial terá uma administração compartilhada entre o gestor judicial e os administradores societários, nos parecendo estes últimos subordinados àquele. Absolutamente, nunca **existirá administração compartilhada** entre o gestor judicial e os administradores, pois, se efetuados todos os atos em conformidade com o que dispõe a Lei, nenhum gestor judicial terá ação sobre qualquer sociedade empresária, vez que a substituição dos **destituídos** nesta se dá, conforme determina o parágrafo único do art. 64, **em conformidade com a previsão dos atos constitutivos ou do plano de recuperação judicial**. O gestor judicial só atua quando do afastamento do devedor (empresário individual), conforme o art. 65.

82.5 Écio Perin Júnior

Outro eminente jurista e Professor a dar sua colaboração sobre comentários e análises dos artigos 64 e 65 é o Professor Écio Perin Júnior, em sua obra *Curso de direito falimentar e recuperação de empresas*, especificamente quanto trata da questão "80.3. Destituição do empresário na recuperação judicial", assim se pronuncia:

> "Quanto à possibilidade de destituição, o atual diploma prevê, como já mencionado, o duplo crivo fiscalizatório do administrador judicial e do comitê de credores, se houver, ou seja, se verificada uma das hipóteses do art. 64, poderão o empresário ou seus administradores ser destituídos na condução da atividade empresarial se tiverem sido condenados em sentença penal transitada em julgado [...]". (PERIN JÚNIOR, 2006, p. 337-338) (grifos nossos)

Observamos, desde o título sob análise do emérito jurista, brilhante advogado e Doutor em Direito, Écio Perin Júnior, que embora ele esteja se referindo a **empresário (pessoa natural)**, utiliza-se para o mesmo o termo **destituição**, quando o correto seria **afastamento**. Em seus comentários propriamente ditos, ele entende que o art. 64 abrange o **empresário ou seus administradores**, os quais, afirma, poderão ser **destituídos**.

A nosso ver, incorreto o seu entendimento quanto à abrangência do art. 64, pois este trata especificamente da sociedade empresária, por seus administradores, pois diz: "**Durante o procedimento de recuperação, o devedor ou seus administradores...**" e não diz **o empresário ou seus administradores**. O termo **destituição** tem como alvo específico o administrador societário (parágrafo único do art. 64), enquanto o termo **afastamento** cuida exclusivamente do empresário individual, pessoa natural (art. 65). Se dissesse o Professor que todas as hipóteses previstas na Lei (*caput*) do art. 64 são aplicáveis para o afastamento tanto do devedor empresário individual quanto dos administradores societários, a nosso ver, estaria correto. (Direcionamos a atenção do amigo leitor para os nossos comentários em linhas volvidas sobre a análise dos artigos 64 e 65).

82.6 Julio Kahan Mandel

O eminente advogado Julio Kahan Mandel, pertencente à terceira geração de uma família de advogados, especialista em direito falimentar e recuperacional, em sua obra *Nova lei de falências e recuperação de empresas anotada: Lei n. 11.101, de 9 de fevereiro de 2005*, ao comentar os citados artigos, diz, inicialmente, sobre as disposições do art. 64:

> "Há uma dificuldade de entendimento no que se refere ao afastamento do devedor, do acionista ou do administrador. Baseado na antiga legislação, aparentemente o legislador denomina como devedor o sócio gerente da empresa ou o acionista controlador no caso das sociedades anônimas. Especialmente nas limitadas, em várias ocasiões o sócio é também o administrador da empresa. Vale lembrar que os administradores e os donos da empresa em princípio não são devedores, mas sim a pessoa jurídica." (MANDEL, 2005, p. 138-139)

Por certo, a *dificuldade de entendimento* mencionada pelo culto advogado no que se refere, disse ele ao **afastamento do devedor** (se terminada a frase na palavra **devedor**, a nosso ver, o termo empregado estaria correto). Porém, quando o jurista acrescenta "do acionista ou do administrador...", pois aí está tratando de sociedades empresárias, e, segundo entendemos, deveria ter se utilizado do termo **destituição**, conforme a previsão do Parágrafo único do art. 64, pois é esta nomenclatura que caracteriza e dá efetividade ao afastamento do administrador societário.

Acreditamos, portanto, que essa dificuldade ora confessada pelo ilustre advogado, deve-se, conforme já nos pronunciamos em comentários anteriores nestes estudos – e ela não é só do Dr. Mandel –, ao uso, de forma indiscriminada, pela grande doutrina das palavras **afastamento, destituição, substituição, devedor, remoção, apartado, gestor judicial, alijamento**, ora aplicadas sobre a sociedade empresária, pessoa jurídica, por seus administradores, ora aplicadas sobre o empresário, pessoa natural, ou ainda, ora aplicadas sobre ambos, como se tais palavras sinônimas fossem. Assim, quanto aos artigos sob análise e a dificuldade:

(i) as palavras **remoção, apartado e alijado** inexistem no instituto da recuperação judicial, nosso objeto de estudos. O seu uso é por conta de quem o faz pois não consta da Lei, causa confusão ao estudante e desobedece aos ensinamentos/mandamentos da LC 95/1998;

(ii) A palavra **destituição** somente é aplicada sobre os administradores societários (Parágrafo único do art. 64);

(iii) A palavra **substituição** somente é aplicada na sequência da **destituição** do administrador societário por qualquer uma das duas formas: a) prevista nos atos constitutivos do devedor: e, b) ou do plano de recuperação judicial (Parágrafo único do art. 64);

(iv) A palavra **devedor** se aplica exclusivamente sobre o empresário individual, pessoa natural, e a Sociedade Empresária, pessoa jurídica (art. 1º);

(v) A palavra **afastamento** significa, durante o procedimento de recuperação judicial, a não continuidade na condução da atividade empresarial tanto do devedor empresário individual quanto dos administradores societários que praticarem qualquer das hipóteses previstas nos seis incisos do art. 64. Para o devedor empresário individual, ela se efetiva quando o mesmo é afastado por ter praticado qualquer das hipóteses previstas no art. 64, e o juiz convoca assembleia-geral de credores para deliberar sobre o nome do gestor judicial que assumirá as atividades do devedor (art. 65); para o administrador societário, a sua efetivação ocorre quando, verificada qualquer das hipóteses do *caput* do artigo 64, o juiz destituirá o administrador, que será substituído na forma prevista nos atos constitutivos ou do plano de recuperação judicial (parágrafo único do art. 64).

(vi) **Gestor judicial:** essa figura do gestor judicial aparece no instituto da recuperação judicial por 4 (quatro) vezes apenas e em todas referindo-se ao devedor empresário individual. A primeira está grafada no art. 35, inciso I, letra "e". As outras 3 (três) estão grafadas no art. 65 *caput*, e em seus §§ 1º e 2º (as duas últimas só com o nome **gestor**). O gestor judicial só tem atuação na recuperação judicial quando do afastamento do devedor empresário individual (art. 65). Ele não tem atuação prevista pela Lei 11.101/05 junto às sociedades empresárias, pois estas têm os seus administradores que, quando afastados – **destituídos** –, são substituídos por uma das duas formas (atos constitutivos ou plano de recuperação judicial) e é vida que segue. Não há que se falar nessa hipótese em nomeação de gestor judicial. Seria, se a lei assim tivesse previsto, uma invasão da competência/atribuições dos administradores societários, até mesmo dos substitutos, que ao assumirem as funções dos **destituídos/demitidos**, o fazem como se aqueles fossem.

Para melhor compreensão, vamos transcrever abaixo os dispositivos que tratam do gestor judicial:

"Art. 35. A assembleia-geral de credores terá por atribuições deliberar sobre:

I – na recuperação judicial:

a) [...];

o nome do gestor judicial, quando do afastamento do devedor.

Art. 65. Quando do afastamento do devedor, nas hipóteses previstas no art. 64 desta Lei, o juiz convocará a assembleia-geral de credores para deliberar sobre o nome do gestor judicial que assumirá a administração das atividades do devedor, aplicando-se-lhe, no que couber, todas as normas sobre deveres, impedimentos e remuneração do administrador judicial.

§ 1º O administrador judicial exercerá as funções de gestor enquanto a assembleia-geral não deliberar sobre a escolha deste.

§ 2º Na hipótese de o gestor indicado pela assembleia-geral de credores recusar ou estar impedido de aceitar o encargo para gerir os negócios do devedor, o juiz convocará, no prazo de 72 (setenta e duas) horas, contado da recusa ou da declaração do impedimento nos autos, nova assembleia-geral, aplicado o disposto no § 1º deste artigo". (grifos nossos).

Como a LC 95/1998 determina que o legislador, ao confeccionar qualquer artigo de lei deve restringir nele um assunto ou princípio, entendemos que ele reservou para o art. 64 (*caput*, incisos, alíneas e parágrafo único), o assunto ou princípio da destituição e as formas de substituição do administrador societário, enquanto que para o art. 65, ficou reservado o assunto ou princípio do afastamento do devedor, pessoa natural, nas hipóteses previstas no art. 64 desta Lei, com a convocação da assembleia-geral de credores para deliberar sobre o nome do gestor judicial que assumirá a administração das atividades do devedor.

Visto e analisado dessa forma estes artigos 64 e 65, nos parece, desaparece aquela "dificuldade de entendimento no que se refere ao afastamento do devedor, do acionista ou do administrador", percebida e confessada pelo ilustre advogado Dr. Mandel, pois tudo é uma questão de lógica, justificando, por conseguinte, a sua preocupação conforme expressa abaixo, relembrando, entretanto, que as disposições do art. 1º dessa Lei são aplicáveis ao devedor empresário individual, pessoa natural, e às sociedades empresárias, pessoas jurídicas, por seus administradores.

Prossegue o Dr. Mandel:

> "Algumas condutas descritas como passíveis de afastamento dificilmente podem ser aplicadas à pessoa jurídica do acionista controlador, e outras dificilmente podem ser imputadas somente ao administrador, pois normalmente este não poderia agir em certos casos sem a aprovação dos proprietários da empresa. Cada caso deverá ser estudado individualmente." (MANDEL, 2005, p. 138-139)

Essa "dificuldade de entendimento" a que se refere o jurista, acreditamos, é a mesma demonstrada pelos eméritos doutrinadores por nós retromencionados, embora por eles não confessada, mas clarificada na forma como interpretam e dizem como se aplicam os artigos 64 e 65.

Seguindo em seus comentários, o culto jurista Mandel afirma:

> "O afastamento do administrador na condução dos negócios é medida extrema e deve ser adotado com toda cautela possível e com respeito ao processo legal, ou seja, sempre se deve permitir ao administrador e aos proprietários da empresa que apresentem defesa [...]." (MANDEL, 2005, p. 138-139)

Ao referir-se "ao administrador e aos proprietários da empresa", está tratando o nobre jurista de sociedade empresária, cuja nomenclatura correta para a efetivação do afastamento na condução da atividade empresarial pelo administrador societário durante o procedimento de recuperação judicial é **destituição.**

Ao tecer comentários específicos sobre o Parágrafo único do art. 64 – substituição na forma prevista nos atos constitutivos do devedor –, o culto jurista assim se expressa:

> "O parágrafo único deixa bem claro que a substituição do administrador obedecerá, quando possível, o que estiver previsto nos atos constitutivos da empresa devedora. Ou seja, os acionistas ou sócios poderão nomear um novo administrador. Quanto à substituição (no caso, trata-se de afastamento) do acionista controlador, a medida deve ser ainda mais excepcional." (MANDEL, 2005, p. 138-139)

A confissão do eminente jurista quanto à sua "dificuldade de entendimento no que se refere ao afastamento do devedor, do acionista ou do administrador...", clarifica-se nos seus comentários acima sobre o Parágrafo único do art. 64, vez que:

(i) Uma das duas formas de substituição do administrador societário na condução da atividade empresarial, durante o procedimento de recuperação judicial (é do que tratam os comentários acima) é, como disse Mandel, "o que estiver previsto nos atos constitutivos da empresa devedora". Só que não conforme ele pensa e expõe, "**quando possível**". Pois essa forma de substituição será sempre possível. Ademais, o legislador regulou o procedimento de substituição do administrador societário de forma clara, imperativa, direta, não aventando sequer a possibilidade de ser ou não possível, pois ela é possível, conforme o citado Parágrafo único do art. 64, que assim determina imperativamente: "verificada qualquer das hipóteses do *caput* deste artigo, **o juiz destituirá o administrador, que será substituído na forma prevista nos atos constitutivos do devedor** ou do plano de recuperação judicial." (grifos nossos)

Em nossos estudos em páginas anteriores procuramos demonstrar que para todos os tipos de sociedades empresárias e sujeitas à recuperação judicial, ou existem dispositivos próprios cuidando da substituição da administração, pois isso é também um imperativo legal que deve constar obrigatoriamente dos contratos sociais e dos Estatutos (os atos constitutivos), ou existe dispositivo que determina que subsidiariamente utilizem o disposto neste fim previsto para as Limitadas, ou para as Companhias ou mesmo para as Sociedades Simples.

(ii) Ao dizer o Dr. Mandel que "os acionistas ou sócios poderão nomear um novo administrador", nos permitimos acrescentar na sua exposição que, desde que em conformidade com a previsão contida nos atos constitutivos. Ou seja, a forma ali prevista, compreendendo-se neste conceito a figura do substituto.

(iii) Por fim, ao referir-se à substituição do acionista controlador, que para o Dr. Mandel trata-se de afastamento, entende ele que "a medida deve ser ainda mais excepcional". Ora, a questão aqui é sim, de afastamento, o qual se efetiva pela **destituição** (parágrafo único do art. 64), pois o devedor ora sob análise é a sociedade empresária, pessoa jurídica, por seus administradores societários. E se o acionista controlador encontrar-se na posição de administrador, diz o § 3º do art. 117 da Lei 6.404/76, que "**o acionista controlador que exerce cargo de administrador** ou fiscal **tem também os deveres e responsabilidades próprios do cargo**". (grifos nossos)

O procedimento, portanto, para o afastamento (a **destituição**) do acionista controlador que se encontra desempenhando as funções de administrador, e por ser a Companhia uma sociedade empresária, não haverá, a nosso ver e conforme a disposição legal acima transcrita, nenhuma excepcionalidade. Se for essa a hipótese – de efetivação da **destituição** do acionista controlar que se encontrar no desempenho das funções de administrador da Companhia e infringir qualquer **das hipóteses previstas na lei** –, o procedimento será o mesmo, exatamente igual para todos os administradores societários, ou seja, o do Parágrafo único do art. 64, acima transcrito. Se a forma de substituição for a prevista nos atos constitutivos (Estatutos para a Companhia), nestes obrigatoriamente conterão, entre outras disposições, **o modo de sua substituição**, conforme inciso II do art. 143 da Lei 6.404/76).

Nos comentários sobre o art. 65, o jurista Julio Mandel destaca que:

> "Nada impede que o administrador judicial seja nomeado gestor, mas sua permanência no cargo dependerá da aprovação dos credores, em assembleia de convocação obrigatória. Também podem deliberar os credores em manter parte da administração da empresa, afastando-se somente o acionista controlador das decisões e o seu preposto que tenha cometido alguma das irregularidades previstas no Art. 64." (MANDEL, 2005, p. 138-139)

Quanto à primeira afirmativa do jurista – a de que "nada impede que o administrador judicial seja nomeado gestor, mas sua permanência no cargo dependerá da aprovação dos credores, em assembleia de convocação obrigatória" –, entendemos haver de sua parte um equívoco, vez que o administrador judicial só exercerá as funções de gestor, enquanto a assembleia-geral não deliberar sobre a escolha deste, conforme as disposições do parágrafo primeiro do art. 65. As demais possibilidades levantadas pelo nobre advogado Dr. Mandel, a nosso sentir, somente podem ser discutidas e até mesmo aprovadas na segunda hipótese de substituição decorrente da destituição do administrador societário, ou seja, se houver previsão no plano de recuperação judicial. Nessa modalidade, nada obstante o devedor sociedade empresária apresente seu plano de uma determinada forma, pode o mesmo, conforme afirma o Dr. Mandel, na própria assembleia-geral de credores, ser modificado e sair de lá aprovado com alguma decisão igual ou semelhante às sugeridas.

O ato seguinte é encaminhar o plano ao juiz do feito e, entendendo ele estar cumpridas as exigências da lei, concederá a recuperação judicial (art. 58) e nessa mesma sentença cumprirá o que manda o Parágrafo único do art. 64, ou seja: "Verificada qualquer das hipóteses do *caput* deste artigo, **o juiz destituirá o administrador, que será substituído na forma prevista** nos atos constitutivos do devedor ou **do plano de recuperação judicial**". (grifos nossos)

A primeira modalidade de substituição do administrador societário – a prevista nos atos constitutivos do devedor –, é inaplicável às sugestões do Dr. Mandel, porque decorrerão de infringência ou cometimento de qualquer ato praticado pelo administrador societário das disposições previstas nos cinco primeiros incisos do art. 64, o que significa destituição direta, por ato do juiz ("ao verificar qualquer das hipóteses..."), sem participação da assembleia-geral de credores, com a determinação da substituição conforme a previsão dos atos constitutivos.

82.7 Waldo Fazzio Júnior

Waldo Fazzio Júnior, emérito Professor e jurista, autor de várias obras jurídicas, também traz a sua contribuição sobre as formas de interpretação e aplicação dos artigos 64 e 65 da Lei 11.10/05 em sua obra *Nova Lei de Falência e Recuperação de Empresas*, comenta e analisa a presente questão. Na 6ª edição dessa obra, em 2012, o Professor, às páginas 180/181, diz a mesma coisa, ou seja: "8.13. SUBSTITUIÇÃO ADMINISTRATIVA".

O eminente advogado emite o seu conceito sobre administradores:

> "Compreenda-se aqui, por administradores os da sociedade limitada ou ilimitada e, nas companhias, os controladores e, bem assim, os que integram sua diretoria e/ ou conselho de administração [...]."

Relata, também, os motivos que dão origem ao que denomina de **afastamento dos administradores**, como sendo:

> "As causas de afastamento dos administradores tem respaldo na despersonalização da empresa e no afã de sua preservação como unidade socioeconômica produtiva [...]".

E ressalta os poderes do órgão jurisdicional para **afastar** o mau gestor:

> "Importante é que, agora, pode o órgão jurisdicional afastar o mau gestor, como um dos meios para propiciar a recuperação da empresa (art. 64, Parágrafo único)." (FAZZIO JUNIOR, 2012, p. 180-181)

Ao delimitar o seu conceito de administradores, Waldo Fazzio Júnior não deixa a menor dúvida de que os seus comentários são direcionados exclusivamente às sociedades empresárias. Entretanto, já que se cuida somente de sociedades empresárias, cabe-nos alertar de que o afastamento dos administradores societários se efetiva pela **destituição**, conforme as previsões do parágrafo único do art. 64.

Seguindo em seus comentários, afirma o ilustre advogado:

> "o devedor ou seu administrador não será mantido à frente da gestão da empresa se o plano de recuperação judicial estipular seu afastamento, e também nas hipóteses catalogadas nos incisos e alíneas do Art. 64 da LRE: [...]" (FAZZIO JÚNIOR, 2012, p.180-181)

O nobre advogado, a nosso ver, simplesmente inverteu a ordem das palavras mencionadas no citado art. 64, pois este diz que serão mantidos na condução da atividade empresarial, e ele diz que "o devedor ou seu administrador não será mantido à frente da gestão da empresa...".

Entretanto há, nos parece, um equívoco do Professor Waldo, já que ele, pela sua exposição, está cuidando somente das sociedades empresárias. Ao dizer "o devedor **ou seu administrador não será mantido...**", deduz-se que sua compreensão do art. 64 foi outra que não a que deu o legislador. Esse artigo diz em parte: "**durante o procedimento de recuperação judicial, o devedor ou seus administradores serão mantidos na condução da atividade empresarial...**". Aqui o legislador está dizendo que o devedor ou seus administradores (plural – referindo-se às sociedades empresárias, pessoas jurídicas) serão... (no plural).

É essa a intenção do legislador, pois, se fosse prevalecer o que disse o Professor "o devedor ou seu administrador não será mantido..." (no singular), a compreensão seria a de que o devedor (empresário individual) teria um administrador, e que nenhum deles (nem o administrador e nem o devedor empresário individual) será mantido na condução da atividade empresarial. A verdade é que o devedor empresário individual sequer tem administrador; é ele próprio que conduz a sua atividade empresarial, a que a lei denomina de titular.

82.8 Sérgio Campinho

Também Sérgio Campinho, outro eminente advogado e jurista, em sua obra *Falência e recuperação de empresa: o novo regime da insolvência empresarial*, ao comentar e analisar sobre "86 – Afastamento do devedor ou de seus administradores", observa que:

> "Entretanto, poderá surgir situação singular, na qual a substituição na forma do ato constitutivo não se venha mostrar factível, aflorando como solução o alijamento do próprio devedor pessoa jurídica.
>
> [...] Apartado o devedor, pessoa natural ou jurídica, do exercício de sua empresa, o juiz convocará a assembleia-geral de credores para deliberar sobre a escolha do gestor judicial a quem caberá assumir a administração das atividades.
>
> [...] Fique claro, em reforço ao que dissemos, que o gestor judicial só atuará quando o devedor for alijado da condução do seu negócio, seja ele empresário individual ou sociedade empresária [...]." (CAMPINHO, 2010, p. 159-160) (grifos nossos)

Conforme já afirmamos em nossos comentários, entendemos, ao contrário de Campinho, que sempre haverá uma forma de se substituir o administrador societário após o seu afastamento que, repetimos, se efetiva pela **destituição** (parágrafo único do art. 64), conforme previsto nos atos constitutivos (isto é obrigação decorrente da lei), que será encontrada ou nestes ou na lei.

Daí, ele aponta a solução de "**alijamento do próprio devedor pessoa jurídica**". A nosso ver, nem essa solução ou qualquer outra que fuja das estreitas e imperativas regras dispostas no Parágrafo único do Art. 64 serão utilizadas, pois a **destituição do administrador societário** tem procedimento próprio previsto na lei.

Outro termo também utilizado pelo Professor Sérgio Campinho e inexistente no instituto da recuperação judicial, além de **alijamento**, é **apartado**, nos parecendo ser mais uma palavra que a doutrina faz uso como se sinónima fosse de **destituição, afastado, alijado**, entre outras. Renovamos nossas observações sobre as disposições da LC 95/1998, que determinam que o legislador, na confecção da Lei, tem que "**expressar a ideia, quando repetida no texto, por meio das mesmas** palavras, evitando o emprego de sinonímia com propósito meramente estilístico". (Art. 11, II, "b") (grifos nossos).

Se acatada a sugestão do digno advogado, diz ele, o juiz convocará a assembleia-geral de credores para escolher o nome do gestor judicial que assumirá a administração das atividades, ressalvando, entretanto, que somente na hipótese de **alijamento, tanto do devedor empresário individual ou do devedor sociedade empresária**, é que o gestor judicial atuará.

Os termos **alijar** e **apartado**, utilizados pelos juristas, inexistem na Lei 11.101/05. Independentemente de qualquer termo de que se faça uso, a verdade é que sobre a sociedade empresária, pessoa jurídica, nenhum se aplica. Ela, por si, não é sujeita aos efeitos das práticas ou crimes previstos nos seis incisos do art. 64 pelos seus administradores. Estes, sim, serão atingidos pela **destituição**, seguida pela **substituição** por uma das duas formas previstas no Parágrafo único do art. 64 (previsão dos atos constitutivos ou do plano de recuperação judicial). Ainda, e repetindo, o gestor judicial só tem ação quando do afastamento do devedor empresário individual (art. 65), mas **nunca** junto às sociedades empresárias, segundo os exatos termos da Lei 11.101/05.

82.9 Marlon Tomazette

Advogado, Professor de Direito Empresarial, Mestre em Direito e doutorando em Direito, Marlon Tomazette, em sua obra *Curso de Direito Empresarial, Falência e Recuperação de Empresas*, publicada em 2014 pela Editora Atlas, também contribui para os fins destes estudos.

Na sua obra, sob o título "5. Afastamento", o ilustre advogado passa a expor seu pensamento sobre o que dispõe o art. 64 da Lei 11.101/05:

> Durante o procedimento de recuperação judicial, o devedor ou seus administradores serão mantidos na condução da atividade empresarial, sob fiscalização do Comitê, se houver, e do administrador judicial, salvo se qualquer deles.

Entretanto, ao comentar sobre o artigo, Tomazette diz que "ocorre que, excepcionalmente, poderá haver o **afastamento** dos devedores ou de **seus administradores** na condução da atividade empresarial, durante o procedimento da recuperação judicial...". (grifos nossos). Observa-se que o ilustre advogado, a exemplo de todos os demais doutrinadores aqui citados, utiliza-se do termo "**afastamento**" de forma genérica, aplicando-o também sobre "**seus administradores**", cujo termo correto para estes, por se tratar de sociedade empresária, é **destituição**.

Tomazette comenta individualmente todas as **hipóteses previstas na lei**, quais sejam, todos os incisos e alíneas do art. 64, mas usando somente o termo **afastamento**, nada obstante as hipóteses serem exclusivas da sociedade empresária. Quando da aplicação do art. 65 este diz "**nas hipóteses previstas no art.**

64", separando completamente a aplicação dos dispositivos, pois o art. 64 (*caput*, incisos, alíneas e parágrafo único) trata exclusivamente da devedora sociedade empresária, e o art. 65 (*caput* e seus §§) cuida exclusivamente do devedor empresário individual. Na sequência, veremos que, a exemplo dos demais doutrinadores, a utilização do termo **afastamento** pelo nobre advogado, também se dá como palavra sinônima de **destituição**.

No item "5.2.10 Omissão na prestação de contas mensais", traz o doutrinador à tona o que, na visão dele é mais uma hipótese de **afastamento** dos administradores, ou seja, o disposto no art. 52, IV "determinará ao devedor a apresentação de contas demonstrativas mensais enquanto perdurar a recuperação judicial, **sob pena de destituição de seus administradores**" (TOMAZZETE, 2014, p. 244) (grifos nossos). A nosso ver, o raciocínio do ilustre advogado está absolutamente correto, pois, na realidade essa **destituição** é a efetivação do afastamento. Todavia, o mesmo diz o que está na lei, que: "Não há margem de liberdade para o juiz, isto é, não apresentadas as contas, **a destituição** dos administradores é obrigatória". E segue:

> "A menção à destituição e não a afastamento poderia levar à conclusão de tratar-se de hipótese distinta. Todavia, o próprio artigo 64, Parágrafo único, da Lei 11.101/2005 fala em destituição dos administradores nas hipóteses do referido artigo. Desse modo, a ausência de prestação de contas mensais também significará o afastamento dos administradores. Ao se referir a administradores, o dispositivo se aplica perfeitamente às sociedades empresárias, mas não serve para o empresário individual. Ademais, o uso da expressão destituição denota tratar-se de providência distinta daquela prevista no artigo 64 da Lei número 11.101/2005." (TOMAZZETE, 2014, p. 244) (grifos nossos à exceção da palavra destituição, no final).

O legislador, ao prescrever no inciso IV do art 52, diz que, "...**sob pena de destituição dos administradores**", se utiliza, portanto, da nomenclatura **destituição**, que é a efetivação do afastamento, conforme os precisos e imperativos dispositivos do parágrafo único do art. 64. Isso, nos parece, ficou claro ao ilustre advogado e Professor, pois conforme afirma: "a menção à destituição e não a afastamento poderia levar à conclusão de tratar-se de hipótese distinta". Tem razão o ilustre advogado, pois o **afastamento** se aplica exclusivamente sobre o devedor empresário individual (é matéria distinta), pessoa natural (art. 65), enquanto que, para os administradores societários a lei prevê a **destituição** (parágrafo único do art. 64).

Ao afirmar o ilustre advogado que o dispositivo por ele comentado (Art. 52, inciso IV) "...se aplica perfeitamente às sociedades empresárias, mas não serve para o empresário individual", a nosso ver, o fez de forma correta, demonstrando seu entendimento, pelo menos em parte, da correta aplicação da Lei 11.101/05.

Às páginas 245, ao tratar do tema "**5.4 Substituição**", o nobre advogado diz que se o **afastamento** tiver previsto no plano de recuperação judicial, assim será feito; nos demais casos, diz ele, a Lei apresenta dois caminhos: "a nomeação do gestor judicial (art. 65) e a substituição nos termos dos atos constitutivos do devedor (art. 64, parágrafo único). Explicitando especificamente sobre a substituição do empresário individual, diz:

> "Em se tratando do próprio empresário individual, não há que se cogitar de atos constitutivos ou de administrador, logo, não se pode aplicar o Art. 64, parágrafo único, da Lei 11.101/2005. Assim, para substituir o devedor afastado, deverá ser nomeado um gestor judicial para conduzir os negócios, durante o processo de recuperação judicial. Apesar do nome, não cabe ao juiz a escolha do gestor, mas aos próprios credores reunidos em assembleia, vale dizer, ao decidir pela destituição do empresário individual, o juiz não nomeia um substituto, mas apenas convoca uma assembleia de credores para deliberar sobre o nome do gestor judicial. Até essa escolha, o administrador judicial conduzirá as atividades do devedor. [...]" (TOMAZZETE, 2014, p. 245)

Corretíssima a interpretação do Dr. Tomazette quando fala que no parágrafo único do Art. 64, por conter as palavras "atos constitutivos" e "administrador", sequer se cogita a sua aplicabilidade sobre o devedor empresário individual, pois tais termos são utilizados somente sobre as sociedades empresárias.

Na sequência de seu raciocínio, falando sobre o devedor empresário individual, pessoa natural, ele invoca o art. 65, que prevê a assunção das suas atividades pelo gestor judicial, só que não pela forma por ele exposta – **destituição do devedor empresário** –, mas sim pelo **afastamento do empresário individual**. Essa compreensão se clarifica quando lemos o inteiro teor do art. 65: "quando do afastamento do devedor (empresário individual), nas hipóteses previstas no art. 64 desta Lei...".

Ao cuidar especificamente da substituição do administrador de sociedade, e após transcrever a íntegra do parágrafo único do art. 64, conclui o nobre colega:

> "As menções a administrador e a ato constitutivo transparecem a intenção de tal dispositivo, no sentido de aplicar-se às sociedades. Desse modo, se for destituído o administrador de uma sociedade, haverá sua substituição nos termos do ato constitutivo da referida sociedade, normalmente com a eleição pelos sócios ou acionistas de novos administradores." (TOMAZZETE, 2014, p. 245)

Concluindo, podemos afirmar que raciocínio do Dr. Tomazette, excluindo a sua expressão **destituição** que ele entende aplicar-se ao empresário individual, está em conformidade com o que o legislador pensou para os artigos 64 e 65.

82.10 Jorge Lobo

Outro gigante da cultura jurídica, o Mestre Jorge Lobo, comentando, também, artigo por artigo da Lei 11.101/05 (só que parte, juntamente com outros grandes doutrinadores de nomeada), ao comentar o artigo 64, no item "2. Afastamento do devedor e destituição de administrador: art. 64, parágrafo único", o faz desta forma:

> "O juiz afastará o devedor ou qualquer dos administradores da sociedade empresária na condução dos negócios sociais se ficar provada a prática de conduta especificada no artigo 64, de I a VI, operando-se a sua substituição na forma prevista no contrato social ou nos estatutos da sociedade empresária em crise, ou, se verificada a hipótese do art. 64, VI, consoante proposto no plano de recuperação judicial." (LOBO, 2010, p. 246)

A nosso ver, como não poderia ser diferente, o Mestre Jorge Lobo dá todas as coordenadas absolutamente corretas para o afastamento dos administradores societários.

Continua Jorge Lobo:

> "Se se tratar de empresário que haja violado o art. 64, I a V, o afastamento é definitivo, passando o seu estabelecimento a ser gerido, primeiro, pelo administrador judicial, enquanto a assembleia-geral de credores não eleger o gestor judicial (art. 65, § 1º), e, depois, pelo gestor judicial (art. 65 *caput*)." (LOBO, 2010, p. 246)

Nos permitimos discordar do Mestre Jorge Lobo de que o afastamento do empresário é definitivo, por ter violado os incisos de I a V do art. 64. Conforme já comentado por nós nestes estudos e mesmo sobre estes artigos 64 e 65 da Lei 11.101/05, é, a nosso ver, a inteligência da Lei, pois, como afastar definitivamente um empresário da condução da sua atividade empresarial, se para ele sequer é prevista uma forma de substituição? Ele é, como diz o nome, individual, o único titular. A atividade empresarial é propriedade exclusivamente sua. É por isso, a nosso ver, que a Lei, diante das violações, e acrescentamos, até mesmo diante da previsão do seu afastamento conforme o inciso VI do art. 64, somente impõe ao empresário individual, pessoa natural, o seu afastamento da condução da atividade mas não do estabelecimento empresarial e durante um período em que ele ou cumpre alguma penalidade ou aguarda o cumprimento da recuperação judicial (art. 61), se assim foi previsto no plano.

Decorrentemente, o juiz convoca a assembleia-geral de credores para deliberar sobre a escolha do nome do gestor judicial que assumirá o comando da atividade empresarial. A questão, a nosso ver, é temporal. Amanhã ou depois, o empresário individual vai reassumir o comando, a condução daquilo que é seu e do que ele não será sequer desapossado e muito menos desapropriado. O afastamento na condução da atividade empresarial não significa o seu literal afastamento de junto de seu estabelecimento empresarial. Não! Ele é o dono e vai ficar dentro do seu estabelecimento, até mesmo auxiliando no que for necessário o gestor judicial, pois ele – o devedor – é o maior interessado na recuperação da sua empresa –, é ele que sabe de tudo e deverá, sim, ser o maior auxiliar do gestor judicial. Repetindo: ele é afastado da condução da atividade empresarial mas não afastado da empresa.

Nada obstante essas diferenças nestes pequenos detalhes por nós observados, o Professor Jorge Lobo detalhou, nos seus comentários, que uma coisa – um princípio –, é a destituição dos administradores, com as respectivas substituições previstas no art. 64 (e do art. 64 faz parte todo o seu conteúdo, inclusive o seu parágrafo único), e que outra coisa – outro princípio –, é o afastamento do devedor empresário individual (art. 65).

Decorrentemente, clarifica o Mestre Jorge Lobo que o legislador pensou e instituiu, para cada um dos sujeitos da recuperação judicial – o empresário e a sociedade empresária (art. 1º) –, as formas respectivas de, durante o procedimento de recuperação judicial, descontinuarem no comandado da atividade empresarial. Ao contrário, para a grande maioria de outros pensadores do direito, entendem e pregam que, "**afastado o administrador societário, de imediato o juiz tem que convocar assembleia-geral de credores para a escolha do gestor judicial, e que enquanto isto não ocorre, o administrador judicial desempenhará estas funções**".

82.11 Amador Paes de Almeida

Na sua obra *Curso de Falência e Recuperação judicial*, o Mestre Amador Paes de Almeida, ao comentar sobre "9. Efeitos da recuperação judicial. A administração", assim o faz:

> "Na eventualidade de afastamento do devedor ou de seus administradores, o juiz convocará a assembleia-geral de credores para deliberar sobre o nome do *Gestor Judicial* que assumirá a administração. No período de escolha do *Gestor*, o administrador o substituirá (art. 65)." (ALMEIDA, 2005, p. 313-314)

O grande, querido e experiente Mestre Amador Paes de Almeida, autor de tantas obras jurídicas, também é chamado por nós para nos ajudar na correta interpretação dos artigos 64 e 65 da Lei 11.101/05. Como sempre, muito econômico em seus comentários, o Mestre sintetiza sua opinião sobre o assunto nas linhas acima transcritas.

Também é muito econômico o grande Mestre ao sintetizar que após o **afastamento** (genérico, aqui incluindo-se não só o empresário individual, mas também os administradores societários) "o juiz convocará a assembleia-geral de credores para deliberar sobre o nome do *Gestor Judicial* que assumirá a administração". (Direcionamos o amigo leitor para nossas considerações de outros doutrinadores).

82.12 Ricardo Negrão

Ricardo Negrão, o grande jurisconsulto, Professor e emérito Desembargador do Tribunal de Justiça de São Paulo, na sua obra *Manual de direito comercial e de empresa*, também traz sua expressiva colaboração sobre a interpretação, aplicação, comentários e análises sobre os artigos ora estudados, os de números 64 e 65. Em comentários, diz o jurista:

> "A Lei 11.101/2005 provê, entretanto, o afastamento e a substituição compulsória do devedor e dos administradores na condução da atividade judicial (sic), por ato judicial, nas seguintes hipóteses previstas no art. 64:
>
> I [...]." (NEGRÃO, 2012, p. 224-225)

Ricardo Negrão, a exemplo de todos os seus ensinamentos, demonstra os seus reais conhecimentos sobre a matéria. Nessa pequena frase disse tudo o Mestre, a exemplo de Jorge Lobo.

Nada obstante já ter o Mestre sintetizado todo o ideário que o legislador pensou para os artigos 64 e 65, ao terminar o seu raciocínio sobre o tema sob análise, Ricardo Negrão diz:

> "Se o afastamento atinge um dos administradores, a substituição será feita pelo juiz segundo previsto nos atos constitutivos da sociedade ou, na ocorrência do disposto no inciso VI, o que for previsto no plano de recuperação (art 64)". (NEGRÃO, 2012, p. 225)

De igual forma, Ricardo Negrão, ao dizer "**se o afastamento atinge um dos administradores, a substituição será feita pelo juiz...**", também deixa claro seus conhecimentos sobre a exata efetividade do afastamento dos administradores societários pela **destituição**, vez que as substituições por ele mencionadas "...**segundo previsto nos atos constitutivos da sociedade ou, o que for previsto no plano de recuperação judicial**" são atos subsequentes àquela. (grifos nossos).

E encerra Ricardo Negrão, mencionando seu correto entendimento do princípio que o legislador restringiu no art. 65:

> "Entretanto, se o ato atinge o próprio devedor – o empresário individual –, o juiz deve convocar a assembleia-geral de credores para deliberar sobre o nome do gestor judicial que assumirá a administração das atividades empresariais. Enquanto não se reunir a assembleia-geral , a função será exercida pelo administrador judicial (art. 65, § 1º)." (NEGRÃO, 2012, p. 225)

Fica a observação de que o raciocínio do ilustre Desembargador Ricardo Negrão está na mais absoluta conformidade com o que diz a Lei em seus artigos 64 e 65, pois os princípios por ele expressados são que: (i) Se o afastamento tem por alvo o administrador societário, verificando-se a sua efetividade pela destituição deste, a substituição é conforme a previsão dos atos constitutivos ou do plano de recuperação judicial (parágrafo único do art. 64); e, (ii) se o afastamento atinge o devedor empresário individual, o juiz deve convocar a assembleia-geral de credores para se deliberar sobre o nome do gestor judicial que assumirá a administração das atividades empresariais (art. 65).

82.13 Conclusão sobre os pensamentos dos doutrinadores

Ao finalizarmos esses comentários sobre os pensamentos dos eméritos doutrinadores sobre os artigos 64 e 65 da Lei 11.101/05, expressamos o nosso contentamento, a nossa alegria, pois, pelo menos, dois gigantes e pensadores do direito recuperacional – Jorge Lobo e Ricardo Negrão –, a nosso ver, entenderam e expressaram o pensamento do legislador, conforme, modestamente, entendemos e defendemos em nossas exposições.

Mas, como veremos a seguir, alguns dos nossos julgadores não pensam como os dois Mestres acima referidos, inclusive pares do eminente Desembargador Ricardo Negrão (Desembargadores do Egrégio Tribunal de Justiça do Estado de São Paulo), das Câmaras Especializadas. A seguir, veremos decisões, que a nosso ver contrariam os mandamentos legais, pois o fazem nestes termos: **afastam os administradores societários, convocam assembleia-geral de credores para a escolha do nome do gestor judicial e nomeiam o administrador judicial enquanto não se decide via assembleia.** Isso, infelizmente, não nos permite afirmar que é uma exceção, nos parecendo, lamentavelmente, ser a regra! Ou seja, ao longo dos seus 9 (nove) anos de vigência, nessa particularidade dos artigos 64 e 65, a Lei 11.101/05 vem sendo aplicada erroneamente. E o mais incrível é que essa incorreção, de tanto ser dita e aplicada, tornou-se verdade entre a maioria dos grandes doutrinadores e mesmo entre os julgadores. É hora, a nosso ver, de colocar o trem sobre os trilhos, doutrinar e se decidir conforme o pensamento do legislador.

83. EXEMPLOS DE JULGAMENTOS QUE SEGUIRAM OS MESMOS CAMINHOS DA MAIORIA DOS DOUTRINADORES

83.1 Do Egrégio Tribunal de Justiça do Estado de São Paulo, 2ª Câmara Reservada de Direito Empresarial

Citamos, como exemplo, três julgamentos:

(i). Agravo de Instrumento número 0053075-37.2012.8.26.0000, da Comarca de Jundiaí, em que é Agravante Andre Woiler e Agravada Cinalp Produtos Alimentícios Ltda (Em Recuperação Judicial), cujo Relator foi o nobre Desembargador Tasso Duarte de Melo, da 2ª Câmara Reservada de Direito Empresarial, com a participação dos Exmos. Desembargadores José Reynaldo

(Presidente sem voto), Lígia Araújo Bisogni e Roberto Mac Cracken, em Acórdão de 16 de outubro de 2012. A Ementa recebeu a seguinte redação:

> "RECUPERAÇÃO JUDICIAL. Destituição dos sócios da gestão da empresa recuperanda. Negativa de prestação de informações requeridas pelo administrador judicial. Assembleia de Credores não agendada, um ano e meio após a decretação da recuperação judicial. Nomeação de outro gestor judicial necessária. Artigo 64, IV, "c", e V, da Lei 11.101/05. Cerceamento de defesa não concretizado. Necessidade de convocação imediata de assembleia-geral de credores para deliberar sobre o novo gestor judicial. Artigo 65 da Lei 11.101/05. Recurso não provido com determinação".

Transcrevemos também, pelo interesse na questão, os dois últimos parágrafos do voto do Exmo. Sr. Desembargador Relator Tasso Duarte de Melo:

> "Por fim, como bem salientado pelo parecer do Ministério Público, de rigor a determinação de que o juízo a quo convoque, imediatamente, assembleia-geral de credores para decidir quem será o gestor judicial da recuperanda, nos termos do artigo 65 da Lei 11.101/05.
>
> Diante do exposto, nega-se provimento ao recurso, com a determinação de que o juízo *a quo* convoque, imediatamente, assembleia-geral de credores, nos termos do artigo 65 da Lei número 11.101/05".

Observamos que o julgamento, em princípio, obedeceu os mandamentos da Lei 11.101/05, pois se constituiu em **destituição dos sócios da gestão da empresa recuperanda**, com base no Art. 64, IV, "c" e V (negativa de prestação de informações requeridas pelo administrador judicial).

Ora, a 2ª Câmara julgadora teria que ter determinado ao juízo *a quo* o devido cumprimento do rito previsto, ter obedecido ao procedimento prescrito na Lei para esta hipótese, qual seja, e conforme a determinação do parágrafo único deste Art. 64 que, "**verificada qualquer das hipóteses do *caput* deste artigo, o juiz destituirá o administrador, que será substituído na forma prevista nos atos constitutivos do devedor...**" (grifos nossos).

Entretanto, a nobre 2ª Câmara Reservada de Direito Empresarial determinou que o juiz *a quo* procedesse como se tivesse ocorrido o **afastamento do devedor empresário individual, pessoa natural**, pois a convocação de assembleia-geral de credores para a escolha do gestor judicial, prevista no artigo 65, é procedimento direcionado especificamente para, "**quando do afastamento do *devedor (individual, pessoa física)*, nas hipóteses previstas no art. 64 desta Lei, o juiz convocará a assembleia-geral de credores...**". (grifos nossos). (V. nossos comentários acerca dos artigos 64 e 65).

83.2 No mesmo sentido, do mesmo Egrégio Tribunal de Justiça de São Paulo

(ii) Agravo de Instrumento número 994.09.273116-0 (687.461-4/9), da Comarca de Fernandópolis, em que figura como Agravante Indústrias Reunidas CMA Ltda (EM RECUPERAÇÃO JUDICIAL) e Agravado Antonio Carlos Cantarela (Administrador Judicial), cujo Relator foi o nobre Desembargador Elliot Akel, da Câmara Reservada à Falência e Recuperação, com a participação dos Exmos. Desembargadores Boris Kauffmann (Presidente sem voto), Pereira Calças e Lino Machado, em Acórdão de 04.05.2010, cuja ementa recebeu a seguinte redação:

> "RECUPERAÇÃO JUDICIAL – AFASTAMENTO DE ADMINISTRADORES DA RECUPERANDA DETERMINADA – EXISTÊNCIA DE FATOS A JUSTIFICAR A MEDIDA – ARRENDAMENTO DE BEM SEM PRÉVIA AVALIAÇÃO – ADMISSIBILIDADE NA ESPÉCIE – SITUAÇÃO DELICADA DA EMPRESA A RECLAMAR A PROVIDÊNCIA, AO MENOS POR CURTO PERÍODO, SEM PREJUÍZO DA FUTURA REAVALIAÇÃO – ESCOLHA DO GESTOR QUE, CONTUDO, COMPETE À ASSEMBLEIA-GERAL, A SER CONVOCADA PARA TANTO, E NÃO AO ADMINISTRADOR JUDICIAL – RECURSO PARCIALMENTE PROVIDO".

83.3 Ainda, do Egrégio TJSP

(iii) No mesmo sentido, Agravo de Instrumento número 990.10.445366-6, da Comarca de São José do Rio Preto, em que figura como Agravante Danilo de Amo Arantes e Agravados Arantes Alimentos Ltda (EM RECUPERÇÃO JUDICIAL) E OUTROS, cujo Relator foi também o nobre Desembargador Elliot Akel, da Câmara Reservada à Falência e Recuperação, com a participação dos Exmos. Desembargadores Lino Machado e Romeu Ricúpero, em Acórdão de 01 de março de 2011, cuja ementa recebeu a seguinte redação:

> "DECISÃO JUDICIAL – FUNDAMENTAÇÃO – SUFICIENTE MOTIVAÇÃO – NULIDADE INOCORRENTE RECURSO IMPROVIDO.
>
> CERCEAMENTO DE DEFESA – DEVIDO PROCESSO LEGAL – PREJUÍZO NÃO DEMONSTRADO – VALIDADE DE ATOS QUE CUMPRAM SUA FINALIDADE ESSENCIAL – NULIDADE INOCORRENTE – RECURSO IMPROVIDO.
>
> RECUPERAÇÃO JUDICIAL – DESTITUIÇÃO DE SÓCIO ADMINISTRADOR – INFORMAÇÕES SOLICITADAS NÃO PRESTADAS, DIFICULTANDO-SE O EXERCÍCIO DA FISCALIZAÇÃO – CABIMENTO DA MEDIDA COM DESIGNAÇÃO DE ASSEMBLEIA PARA ELEIÇÃO DE GESTOR – RECURSO IMPROVIDO".

No Egrégio TJSP, por suas Câmaras Especializadas, julgamentos de tais natureza, nos parece, são a regra e não a exceção, pois a questão, a nosso sentir, já está pacificada, conforme, exemplificativamente, mais um julgamento do qual citamos parte.

83.4 Mais um julgado do Egrégio TJSP

No Agravo de Instrumento número 2011812-20.2014.8.26.0000, com julgamento na data de 25 de julho de 2014, embora o mérito da questão não seja a destituição dos administradores societários com a nomeação de gestor judicial, observa-se que elas existiram, pois na Ementa, cujo Relator é o nobre Desembargador Araldo Telles, com a participação dos ilustres Desembargadores José Reynaldo e Ricardo Negrão, consta:

> "[...];
>
> Recuperação judicial. Alienação de UPI. Devedor representado por gestor judicial. Assentimento à proposta admissível".

Em parte do voto do eminente relator, também constatamos que:

> "Relatam, em suma, que a Companhia vinha enfrentando dificuldades financeiras e resolveu contratar assessoria jurídica, que optou pela Impetração de Recuperação judicial, que, recebida, ocasionou o afastamento de diretores e acionista, sendo nomeado gestor judicial..."

83.5 Tribunal de Justiça de Santa Catarina

> "Agravos de Instrumento n. 2012.073350-8, 2012.071659-5, 2012.072402-8, 2012.071660-5 , da comarca de Joinville (5ª Vara Cível), em que são agravantes Amarildo Chaves Flores e outros, e agravadas Busscar Ônibus S.A. e outras. A Quarta Câmara de Direito Comercial decidiu, por votação unânime, conhecer dos recursos e dar-lhes provimento para o fim de reconhecer a nulidade da Assembleia-geral de Credores e desconstituir a decisão que decretou a falência das recuperandas. Determina-se o afastamento dos sócios/devedores da administração da empresa, cabendo ao administrador judicial cumprir o artigo 65, § 1º da LRE enquanto não deliberada a escolha do gestor judicial (art. 65, caput, LRF). Custas legais."

O julgamento, realizado no dia 26 de novembro de 2013, foi presidido pelo Exmo. Sr. Des. Lédio Rosa de Andrade, com voto, e dele participou o Exmo. Sr. Des. Saul Steil.

O nobre Desembargador Relator, em seu relatório, faz comparações entre o velho Decreto-Lei 7.661/45 e a Nova Lei de Recuperação de Empresas, 11.101/05, afirmando que

"Dentre as inovações trazidas pela atual Lei de Quebras, o administrador judicial substituiu o síndico na falência e o comissário na concordata, todavia com funções diferentes da previstas no antigo normativo. Vale registrar, então, que a atuação do administrador judicial (LRF, arts. 21 e ss.) não se confunde com a do administrador da sociedade (CPC, art. 1.010 e ss). Em verdade, no processo de recuperação/falência, o administrador judicial age fiscalizando a recuperanda ou falida e somente atuará efetivamente como administrador da sociedade caso ele venha a ser afastado da condução de seus negócios, e até que um gestor judicial seja indicado pela Assembleia-geral de Credores (LRF, arts. 64 e 65)."

Ao ensejo, o ilustre Relator ressalta que:

"Sobre tal perfil, eis as palavras esclarecedoras do Prof. Fábio Ulhoa Coelho:

> Em toda recuperação judicial, como auxiliar do juiz e sob sua direta supervisão, atua um profissional na função de administrador judicial. Ele, em geral, é pessoa da confiança do juiz, por este nomeado no despacho que manda processar o pedido de recuperação judicial. Se, porém, o nomeado pelo juiz for substituído pela Assembleia dos Credores, a competência para a escolha do substituto é desse órgão colegiado.
>
> [...]
>
> Na recuperação judicial, as funções do administrador judicial variam de acordo com dois vetores: caso o Comitê, que é órgão facultativo, exista ou não; e caso tenha sido ou não decretado o afastamento dos administradores da empresa em recuperação.
>
> De acordo com o primeiro vetor, uma vez instalado o Comitê, ao administrador judicial caberá basicamente proceder à verificação dos créditos, presidir a Assembleia de Credores e fiscalizar o empresário individual devedor ou a sociedade empresária devedora. Não havendo Comitê, o administrador assumirá também a competência reservada pela lei a esse órgão colegiado, exceto se houver incompatibilidade.
>
> Pelo segundo vetor, o administrador judicial é investido no poder de administrar a empresa e representar a sociedade empresária requerente da recuperação judicial quando o juiz determinar o afastamento dos seus diretores, enquanto não for eleito o gestor judicial pela Assembleia-geral. Somente nesse caso particular, tem ele a prerrogativa de se imiscuir por completo na intimidade da empresa e tomar as decisões administrativas atinentes à exploração do negócio. Não tendo o juiz afastado os diretores ou administradores da sociedade empresária requerente da recuperação judicial, o administrador judicial será mero fiscal dessa, o responsável pela verificação dos créditos e o presidente da Assembleia dos Credores." (COELHO, Fábio Ulhoa. *Comentários à Nova Lei de Falências e de Recuperação de Empresas:* (Lei nº 11.101/2005). 7. ed. São Paulo: Saraiva, 2010. p. 71-72).

Na sequência de seu relatório, o eminente Desembargador Relator, adentrando mais especificamente na competência da Assembleia-geral de Credores, invoca e cita mais uma vez os ensinamentos de Fábio Ulhoa:

> "E sobre a competência desse órgão deliberante, o Prof. Fábio Ulhoa Coelho assim escreve:
>
> '[...] na recuperação judicial, a competência da Assembleia de Credores compreende: a) aprovar, rejeitar e revisar o plano de recuperação judicial; b) aprovar a instalação do Comitê e eleger seus membros; c) manifestar-se sobre o pedido de desistência da recuperação judicial; d) eleger o gestor judicial, quando afastados os diretores da sociedade empresária requerente ; e) deliberar sobre qualquer outra matéria de interesse dos credores. [...] (Op. cit. p. 97).'"

As atribuições da assembleia-geral de credores encontram-se dispostas no Art. 35, e as específicas sobre a recuperação judicial constam das alíneas "a", "b", "c (vetado)", "d", "e" e "f" do inciso I. Na citação acima do Professor Fábio Ulhoa, as alíneas terminam na letra "e", pois, por óbvio, sem citar a alínea "c", que foi vetada.

Entretanto, ao dizer na letra "d" acima negritada, com suas palavras e não com as palavras da Lei 11.101/05 que, na recuperação judicial as atribuições da assembleia-geral de credores compreende "[...] **d) eleger o gestor judicial, quando afastados os diretores da sociedade empresária requerente**", quando na verdade as palavras da Lei 11.101/05, no referido art. 35 dizem que

> "A assembleia-geral de credores terá por atribuições deliberar sobre:
>
> I – na recuperação judicial:
>
> a) [...];
>
> e) o nome do gestor judicial, quando do afastamento do devedor".

É algo absolutamente incompreensível, pois a lei, absolutamente, não disse o que o Professor disse que ela disse. Ora, ao afirmar que uma das atribuições da assembleia-geral de credores, na recuperação judicial, é "eleger o gestor judicial, **quando afastados os diretores da sociedade empresária requerente**", tem um sentido completamente diferente do que disse o legislador, ou seja, que uma das atribuições da assembleia, na recuperação, é deliberar sobre "o nome do gestor judicial, **quando do afastamento do devedor**" (devedor este empresário individual, conforme o art. 65).

Ora, conforme amplamente demonstrado no curso destes estudos, o legislador destinou o art. 64 (*caput,* incisos, alíneas e parágrafo único) para o *princípio* ou assunto do afastamento do administrador societário, cuja efetividade se dá pela **destituição** prevista no parágrafo único desse artigo com a consequente substituição conforme previsto nos atos constitutivos ou no plano de recuperação judicial. Já quanto ao devedor empresário individual, pessoa natural, quando, no curso do procedimento de recuperação judicial, pratica qualquer das previsões dos mesmos seis incisos do art. 64, o seu **afastamento** (o que disse a lei acima), ganha efetividade com o edital de convocação da assembleia-geral de credores para deliberar sobre o nome do gestor judicial que assumirá as atividades do devedor, conforme o art. 65 e seus §§.

83.6 Estaria aqui – neste equívoco do Prof. Fábio Ulhoa Coelho –, a origem de todos os erros, desacertos, confusões e aplicações errôneas sobre os artigos 64 e 65 da Lei 11.101/05?

Acreditamos que sim, ter origem nesta "criação" do Mestre Ulhoa, todos os erros e confusões no exato direcionamento e aplicabilidade correta dos citados dispositivos, pois, ao invés dele repetir entre aspas o que disse a lei "**e) o nome do gestor judicial, quando do afastamento do devedor**", disse com suas próprias palavras "**d) eleger o gestor judicial, quando afastados os diretores da sociedade empresária requerente**".

Daí, por ser ele o marco, o precursor, um auxiliar do legislador quando da confecção da Lei 11.101/05, despertar nos operadores do direito, inclusive nos julgadores, a crença de que o seu pensamento exposto nesta hipótese estaria correto. Vejam aonde chegamos! Ao absurdo de se aplicar erroneamente a Lei 11.101/05, pois o rito previsto para o afastamento dos administradores societários e que ganha efetividade é a **destituição** com a consequente substituição, conforme os atos constitutivos ou o plano de recuperação judicial (parágrafo único do art. 64), mas nunca a convocação de assembleia-geral de credores para a eleição de gestor judicial. A nosso ver, a interpretação do Prof. Fábio Ulhoa foi precipitada, e nunca sofreu reparos, vez que ela já consta desde a edição primeira da sua obra *Comentários à Nova Lei de Falências e de Recuperação de Empresas,* publicada em 2005, quando de seus comentários ao art. 35, p. 88; *idem* na 8ª edição, 2ª tiragem, 2011, às p. 141, e *idem* à 10ª edição, 2014, às p. 129. Pior, é que ela serve de fundamento para decisões, como acima. E o errado vai se tornando certo. Até quando?

83.7 Tribunal de Justiça de Rondônia

Processo número 10101020060061470 RO 101.010.2006.006147-0. Juiz Edenir Sebastião A. Rosa. Data do julgamento: 10/07/2007.

"DECISÃO:

1ª CÂMARA CIVEL AG. DE INSTRUMENTO N.101.010. AGRAVANTE: JOSE ROBERO EGREJA ALVES DA COSTA AGRAVADO: CONDESA NORTE INDÚSTRIA E COMÉRCIO LTDA. RELATOR: JUIZ CONVOCADO EDENIR SEBASTIÃO ALBUQUERQUE DA ROSA JOSÉ ROBERTO EGREJA ALVES DA COSTA interpõe agravo de instrumento com pedido liminar para recondução à administração da Agravante contra decisão proferida pelo MM. Juiz da 1ª Vara

Cível da Comarca de Rolim de Moura que homologou e concedeu recuperação judicial da empresa agravada e nomeou administrador No exame ao conteúdo da decisão agravada, verifica-se a Condesa, empresa produtora de leite condensado no interior deste Estado requereu, em 09/08/2006 a recuperação judicial, processando-se, na forma da Lei 11.101/05 o estudo de viabilidade econômica da recuperação..."

Após um longo Relatório, o nobre Desembargador Relator votou, concluindo assim o seu raciocínio sobre a questão:

"Isto posto, com fulcro no art. 58 e seguintes da Lei n. 11.101/05 e nos poderes gerais de cautela do art. 798 do Código de Processo Civil c/c 82 da LRJ: a) homologo e concedo a recuperação judicial à CONDESA NORTE INDUSTRIA E COMERCIO LTDA, do plano fls. 1461/1657, aprovado pela Assembleia-geral de Credores em 11/05/2007, destacando-se o seu cumprimento nos termos dos arts. 59 a 61 da mesma Lei, sob a supervisão dos credores do Comitê de Credores eleito, homologado neste ato e do administrador judicial, também nomeado neste ato como gestor, pelo prazo de 60 dias, até ulterior convocação e deliberação pela Assembleia-geral de Credores, sem prejuízo das habilitações e divergências ainda em processamento; b) determino o afastamento imediato dos sócios José Roberto Egreja Alves da Costa e Maria Bethânia Fernandes Egreja Alves da Costa da administração da empresa Condesa, com efeitos a partir das 7h30 da presente data do corrente ano; c) determino a busca e apreensão na fábrica, escritório central e demais locais suspeitos, de eventuais documentos vinculados às condutas descritas no art. 64/65 da LRJ e autorizo, por precaução, a tiragem de uma cópia de segurança (backup) dos arquivos e banco de dados da empresa em meios magnéticos, na presença do oficial de justiça e testemunhas. Autorizado o lacre de salas/imóveis, caso necessário; d) determino a quebra do sigilo bancário e fiscal dos sócios pessoas físicas da Condesa e o arresto e a indisponibilidade dos bens constantes na declaração de imposto de renda anexado aos autos em fls. 1112/1115. [...]".

Fica a observação de que esse julgamento, conforme acima transcrito, ocorreu já no longínquo ano de 2007. Ou seja, desde então, já se afasta diretor societário e nomeia-se o administrador judicial por 60 (sessenta) dias enquanto não se convoca e realiza a assembleia-geral de credores para se deliberar sobre o nome do gestor judicial, *pro tempore*, segundo os ensinamentos do Mestre Manoel Justino Bezerra Filho.

83.8 Tribunal de Justiça da Bahia

Processo AI 00020417120138050000 BA 0002041-71.2013.8.05.0000, cuja Relatora é a eminente Desembargadora Maria do Socorro Barreto Santiago, julgado em 18.02.2014, pela 3ª Câmara Cível e publicado no dia 19.02.2014:

"AGRAVO DE INSTRUMENTO. RECUPERAÇÃO JUDICIAL. PERDA SUPERVENIENTE DE OBJETO. ABERTURA DE EDITAL DE CONVOCAÇÃO DE ADMINISTRADOR JUDICIAL.

I – O inconformismo, que tem como real escopo a pretensão de reformar o decisum, não há como prosperar, porquanto o presente recurso encontra-se prejudicado, pela perda superveniente do seu objeto, tendo em vista que o Juízo a quo, através da abertura de Edital de convocação para realização de Assembleia-geral, cuja primeira convocação se deu em 02/05/2013, determinou a deliberar sobre nomeação temporária de um gestor judicial para a Recuperanda até a solução da demanda em torno da matéria.

II – Assim, considerando que o pleito do agravante se voltava contra o restabelecimento dos poderes de gestão aos antigos sócios da Recuperanda, tem-se por patente a perda do objeto processual, ratificada pela inércia da agravante em relação à intimação para que se manifestasse sobre eventual prosseguimento do feito.

NEGADO SEGUIMENTO AO AGRAVO DE INSTRUMENTO [...]". (grifos nossos).

83.9 Tribunal de Justiça do Paraná

"AGRAVO DE INSTRUMENTO Nº 981403-7 DA 1ª VARA CÍVEL DA COMARCA DE CASCAVEL AGRAVANTES: DIPLOMATA S/A – INDUSTRIAL E COMERCIAL EM RECUPERAÇAO JUDICIAL e OUTROS AGRAVADOS: ASTAL BIOTECNOLOGIA DO BRASIL LTDA. e OUTROS RELATOR: Desembargador MÁRIO HELTON JORGE.

[...]

VISTOS, relatados e discutidos estes autos de Agravo de Instrumento n.º 981403-7, da 1ª Vara Cível da Comarca de Cascavel, em que são agravantes DIPLOMATA S/A – INDUSTRIAL E COMERCIAL EM RECUPERAÇAO JUDICIAL e OUTROS e agravados, ASTAL BIOTECNOLOGIA DO BRASIL LTDA. e OUTROS. I EXPOSIÇAO DOS FATOS DIPLOMATA S/A INDUSTRIAL E COMERCIAL EM RECUPERAÇAO JUDICIAL e outros interpuseram recurso de Agravo de Instrumento contra a decisão (fls. 103/111 TJ), proferida nos autos sob o nº 24946-35.2012.8.16.0021 (Recuperação Judicial), GRAVO DE INSTRUMENTO Nº 981403-7 DA 1ª VARA CÍVEL DA COMARCA DE CASCAVEL AGRAVANTES: DIPLOMATA S/A – INDUSTRIAL E COMERCIAL EM RECUPERAÇAO JUDICIAL e OUTROS AGRAVADOS: ASTAL BIOTECNOLOGIA DO BRASIL LTDA. e OUTROS RELATOR: Desembargador MÁRIO HELTON JORGE AGRAVO DE INSTRUMENTO. RECUPERAÇAO JUDICIAL. PEDIDO DE DESTITUIÇAO DOS SÓCIOS ADMINISTRADORES. JUNTADA DE DOCUMENTOS. AUSÊNCIA DE PRÉVIA INTIMAÇAO DAS PARTES INTERESSADAS (ART. 398/CPC). NULIDADE. OFENSA AOS PRINCÍPIOS DO CONTRADITÓRIO E DA AMPLA DEFESA. INOBSERVÂNCIA, ADEMAIS, AO PROCEDIMENTO

ESTABELECIDO PELA LEI 11.101/2005. DECISAO CASSADA. VISTOS, relatados e discutidos estes autos de Agravo de Instrumento n.º 981403-7, da 1ª Vara Cível da Comarca de Cascavel, em que são agravantes DIPLOMATA S/A – INDUSTRIAL E COMERCIAL EM RECUPERAÇAO JUDICIAL e OUTROS e agravados, ASTAL BIOTECNOLOGIA DO BRASIL LTDA. e OUTROS. I EXPOSIÇAO DOS FATOS DIPLOMATA S/A INDUSTRIAL E COMERCIAL EM RECUPERAÇAO JUDICIAL e outros interpuseram recurso de Agravo de Instrumento contra a decisão (fls. 103/111 TJ), proferida nos autos sob o n° 24946-35.2012.8.16.0021 (Recuperação Judicial), que determinou o imediato afastamento de todos os sócios com poderes de administração nas respectivas empresas em recuperação; nomeando como gestor judicial a empresa Integra Associados Reestruturação Empresarial Ltda, sociedade limitada com sede em São Paulo/SP".

84. A INGERÊNCIA DO JUDICIÁRIO NA GESTÃO DAS SOCIEDADES EMPRESÁRIAS QUANDO AFASTA (DESTITUI) OS ADMINISTRADORES E NOMEIA GESTOR JUDICIAL

A nosso ver, além da aplicação incorreta dos mandamentos legais dispostos nos artigos 64 e 65 da Lei 11.101/05, constitui-se em inadmissível ingerência do Poder Judiciário na gestão da sociedade empresária, quando a mesma, em processo de recuperação judicial, tem seus administradores destituídos com a consequente nomeação de gestor judicial ou do administrador judicial para exercer as funções de gestor enquanto a assembleia-geral não deliberar sobre a escolha deste. Nessa hipótese (tratando-se de sociedades empresárias), a aplicação correta da Lei seria por meio do parágrafo único do art. 64, que prevê a destituição com a consequente substituição conforme a previsão dos atos constitutivos ou do plano de recuperação judicial. Ressaltamos que a presente análise se circunscreve exclusivamente sobre primeira forma de substituição, qual seja, a prevista nos atos constitutivos, objeto dos julgamentos acima citados.

O Judiciário, ao fazer diferentemente, ou seja, destitui os administradores societários e nomeia gestor judicial conforme art. 65 (este art. só se aplica ao devedor empresário individual), desobedece por completo o mandamento do parágrafo único do art. 64 e retira da sociedade empresária o seu inalienável direito de se autoadministrar, pois, destituídos os atuais administradores, manda a lei que eles serão substituídos conforme previsão dos atos constitutivos. Nestes, estatutos (para as Companhias e contratos sociais para os demais tipos de sociedades empresárias), necessariamente – isto é uma obrigação decorrente da Lei –, constará a forma de substituição dos destituídos/demitidos (v. estudos específicos sobre os artigos 64 e 65), sendo esta a maneira pela qual deveria proceder o Judiciário.

Mas, ao nomear gestor judicial, o Judiciário, além da clara e inegável desobediência à Lei, adentra indevidamente num assunto cuja competência é exclusiva da sociedade empresária – a substituição dos seus administradores societários destituídos/demitidos –, cometendo, a nosso sentir, uma ingerência desmedida nas funções de quem de direito, pois além de retirar-lhes as prerrogativas que lhe são próprias e exclusivas conforme os seus atos constitutivos, impõe goela abaixo à sociedade empresária um gestor judicial com todos os poderes até então restritos àquela por seus administradores, mesmo os substitutos dos destituídos/demitidos.

84.1 Convite a todos os operadores do direito para o correto cumprimento dos artigos 64 e 65 da Lei 11.101/05

Por fim, fica o nosso convite, (ou convocação?) aos doutrinadores, aos julgadores, aos pensadores do direito (aqueles que pensam, doutrinam e julgam contrariamente ao exposto em nossas considerações), para, doravante, em um esforço conjunto, doutrinar, julgar e pensar o instituto da recuperação judicial, especialmente as disposições dos artigos 64 e 65, conforme a *mens legis*. Para tanto, a nosso ver, são fundamentais os mandamentos/ensinamentos da Lei Complementar 95/1998, pois, no caso sob estudos – os artigos 64 e 65 –, da forma pensada e decidida pelos eméritos doutrinadores e ínclitos julgadores, falta lógica. Daí, a dificuldade de se entender, e especialmente a de se explicar o que não se entendeu. Vamos, todos juntos, cumprir a lei?

85 A PROVA IRREFUTÁVEL DO ACERTO DA CONCLUSÃO DA NOSSA ANÁLISE SOBRE OS ARTIGOS 64 E 65 DA LEI 11.101/05

85.1 A origem: O relatório do saudoso Senador Ramez Tebet, de 04 de maio de 2004 – Comissão de Assuntos Econômicos, sobre o PLC número 71, de 2003...

Em 04 de maio de 2004, o saudoso Senador Ramez Tebet, então Relator da "Comissão de Assuntos Econômicos, sobre o PLC número 71, de 2003, que regula a recuperação judicial, a extrajudicial e a falência de devedores pessoas físicas e jurídicas que exerça, atividade econômica regida pelas leis comerciais e dá outras providências", apresentou seu Relatório, no qual diz

> "que tramita nesta Comissão de Assuntos Econômicos o Projeto de Lei da Câmara número 71, de 2003, que regula a recuperação judicial, a extrajudicial e a falência de devedores pessoas físicas e jurídicas que exerçam atividade regida pelas leis comerciais, e dá outras providências, que tramitou na Câmara dos Deputados como PL número 4.376, de 1993.

O Projeto de Lei número 4.376, de 1993, foi apresentado pelo Poder Executivo durante o governo do Presidente Itamar Franco. Depois de 484 emendas e 5 substitutivos, apresentados durante os dez anos de tramitação, a matéria foi votada e aprovada pelo Plenário da Câmara dos Deputados, na forma de Subemenda Substitutiva de Plenário apresentada pelo Relator, Deputado Osvaldo Biolchi, na sessão deliberativa de 15 de outubro de 2003.

[...].

Na reunião desta Comissão de Assuntos Econômicos realizada em 13 de abril de 2004, lemos relatório sobre o projeto e, com o relatório, oferecemos Substitutivo Integral ao texto do PLC número 71, de 2003, para cuja elaboração foram levadas em consideração as modificações propostas pelas Emendas dee números 1 a 18. Na mesma reunião foi deferida vista coletiva.

[...].

Dessa forma, em virtude das modificações a que se visa – apresentadas adiante – e das consequências sobre os demais dispositivos do projeto, entendemos mais adequada a elaboração de substitutivo ao PLC número 71, de 2003, mesmo porque, dos 222 artigos constantes do texto original, apenas oito são integralmente aproveitados na redação que propomos. [...].

Por fim, o voto foi no sentido de aprovação do PLC número 71, de 2003, na forma do Substitutivo, cuja redação integral foi apresentada, incorporando total ou parcialmente algumas Emendas, outras ficando prejudicadas e outras rejeitadas, ficando assim a citada redação: 'PROJETO DE LEI DA CÂMARA NÚMERO 71, DE 2003. EMENDA NÚMERO 1 – CAE (SUBSTITUTIVO). Regula a recuperação judicial, a falência e a recuperação extrajudicial do empresário e da sociedade empresária'".

85.2 Equivocadamente, na redação do PLC 71, de 2003, omitiu-se a redação do art. 65, e do art. 64 avançou-se para a redação do art. 66

Nessa redação, especificamente sobre os artigos acima analisados, cuja transcrição do Relatório acima segue como tal, vamos observar que a redação do artigo 64 abrange indistintamente, em um equívoco sem tamanho, toda a matéria relativa às formas de afastamento e destituição, durante o procedimento de recuperação judicial, na condução da atividade empresarial. Pior, é que ainda se omitiu a inclusão do art. 65, passando diretamente da redação do art. 64 para a redação do art. 66. Vamos conferir:

"Art. 64. Durante o procedimento de recuperação judicial, o devedor ou seus administradores serão mantidos na condução da atividade empresarial, sob fiscalização do Comitê, se houver, e do administrador judicial, salvo se qualquer deles:

I – houver sido condenado em sentença penal transitada em julgado por crime cometido em recuperação judicial ou falência anteriores ou por crime contra o patrimônio, a economia popular ou a ordem econômica previstos na legislação vigente;

II – houver indícios veementes de ter cometido crime previsto nesta Lei;

III – houver agido com dolo, simulação ou fraude contra os interesses de seus credores;

IV – houver praticado qualquer das seguintes condutas:

a) efetuar gastos pessoais manifestamente excessivos em relação a sua situação patrimonial;

b) efetuar despesas injustificáveis por sua natureza ou vulto, em relação ao capital ou gênero do negócio, ao movimento das operações e a outras circunstâncias análogas;

c) descapitalizar injustificadamente a empresa ou realizar operações prejudiciais ao seu funcionamento regular;

d) simular ou omitir créditos ao apresentar a relação de que trata o art. 51, III, sem relevante razão de direito ou amparo de decisão judicial;

V – negar-se a prestar informações solicitadas pelo administrador judicial ou pelos demais membros do Comitê.

VI – tiver seu afastamento previsto no plano de recuperação judicial;

§ 1º Verificada qualquer das hipóteses do caput, o juiz destituirá o administrador, que será substituído na forma prevista nos atos constitutivos do devedor ou do plano de recuperação judicial.

§ 2º Quando do afastamento do devedor, nas hipóteses previstas no caput, o juiz convocará a assembleia-geral de credores para deliberar sobre o nome do gestor judicial que assumirá a administração das atividades do devedor, aplicando-se-lhe, no que couber, todas os normas sobre deveres, impedimentos e remuneração do administrador judicial.

§ 3º O administrador judicial exercerá as funções de gestor enquanto a assembleia-geral não deliberar sobre a escolha deste.

§ 4º Na hipótese de o gestor indicado pela assembleia-geral de credores recusar ou estar impedido de aceitar o encargo para gerir os negócios do devedor, o juiz convocará, no prazo de setenta e duas horas, contado da recusa ou da declaração do impedimento nos autos, nova assembleia-geral, aplicado o disposto no § 3º.

Art. 66. Após a distribuição..." Disponível em: <http://legis.senado.leg.br/mateweb/arquivos/mate-pdf/86307.pdf>. Acesso em: 05 set. 2014.

85.3 Descoberto o equívoco da redação. Emenda corrige o erro

Esse gravíssimo erro somente foi descoberto quando do Relatório Parecer 2004 do Plenário do Senado Federal, que "Em substituição à Comissão de Assuntos Econômicos e à Comissão de Constituição, Justiça e Cidadania, sobre as emendas de Plenário apresentadas em turno suplementar ao Substitutivo PLC n. 71, de 2003, que *regula a recuperação judicial, a extrajudicial e a falência de devedores pessoas físicas ou jurídicas que exerçam atividade econômica regida pelas leis comerciais, e dá outras providências*".

Segundo o Relatório,

"Foi aprovada no Plenário deste Senado, no dia 17 de junho de 2004, a Emenda n. 2-CCJ (Substitutivo) ao PLC n. 71, de 2003, que trata da nova Lei de falências, restando, para a votação da matéria em turno suplementar, a discussão das Emendas de Plenário apresentadas ao Substitutivo aprovado. Passamos à análise das referidas Emendas [...]."

Analisadas, algumas Emendas foram acolhidas, outras não. Entretanto, a certa altura do Relatório, surge, sob o título "**EMENDAS (DE REDAÇÃO) DO RELATOR**", a identificação de equívoco de redação, assim expresso:

"Além disso, claramente houve um equívoco ao deixar-se incluir um art. 65 e ao numerar o disposto nos §§ 2º, 3º e 4º do art. 64, pois trata-se de matéria suficientemente distinta do *caput*. Assim, deve-se renumerar o § 2º do art. 64 como *caput* do art. 65, os §§ 3º e 4º do art. 64 como §§ 1º e 1º do art. 65, e o § 1º do art. 64 como parágrafo único do art. 64, alterando-se a remissão feita ao *caput* do art. 64 pelo § 2º do mesmo artigo".

A votação foi feita, recebendo a segunda redação:

"EMENDA NÚMERO – PLEN (de redação, ao Substitutivo ao PLC n. 71, de 2003). Renumerem-se o § 2º do art. 64 como *caput* do art. 65, os §§ 3º e 4º do art. 64 como §§ 1º e 2º do art. 65, e o 1º do art. 64 como parágrafo único do art. 64, e altere-se a remissão feita ao *caput* do art. 64 pelo § 2º do mesmo artigo, que, após correção, passa a ter a seguinte redação:

'Art. 65. Quando do afastamento do devedor, nas hipóteses previstas no artigo 64, o juiz convocará a assembleia-geral de credores para deliberar sobre o nome do gestor judicial que assumirá a administração das atividades do devedor, aplicando-se-lhe, no que couber, todas as normas sobre deveres, impedimentos e remuneração do administrador judicial'".

Feitas as correções determinadas, as redações dos dispositivos acima transcritos conforme o PLC 71, de 2002, incluindo-se o art. 65, ficaram assim, ou seja, como consta na Lei vigente:

"Art. 64. Durante o procedimento de recuperação judicial, o devedor ou seus administradores serão mantidos na condução da atividade empresarial, sob fiscalização do Comitê, se houver, e do administrador judicial, salvo se qualquer deles:

I – houver sido condenado em sentença penal transitada em julgado por crime cometido em recuperação judicial ou falência anteriores ou por crime contra o patrimônio, a economia popular ou a ordem econômica previstos na legislação vigente;

II – houver indícios veementes de ter cometido crime previsto nesta Lei;

III – houver agido com dolo, simulação ou fraude contra os interesses de seus credores;

IV – houver praticado qualquer das seguintes condutas:

a) efetuar gastos pessoais manifestamente excessivos em relação a sua situação patrimonial;

b) efetuar despesas injustificáveis por sua natureza ou vulto, em relação ao capital ou gênero do negócio, ao movimento das operações e a outras circunstâncias análogas;

c) descapitalizar injustificadamente a empresa ou realizar operações prejudiciais ao seu funcionamento regular;

d) simular ou omitir créditos ao apresentar a relação de que trata o inciso III do caput do art. 51 desta Lei, sem relevante razão de direito ou amparo de decisão judicial;

V – negar-se a prestar informações solicitadas pelo administrador judicial ou pelos demais membros do Comitê;

VI – tiver seu afastamento previsto no plano de recuperação judicial.

Parágrafo único. Verificada qualquer das hipóteses do caput deste artigo, o juiz destituirá o administrador, que será substituído na forma prevista nos atos constitutivos do devedor ou do plano de recuperação judicial.

Art. 65. Quando do afastamento do devedor, nas hipóteses previstas no art. 64 desta Lei, o juiz convocará a assembleia-geral de credores para deliberar sobre o nome do gestor judicial que assumirá a administração das atividades do devedor, aplicando-se-lhe, no que couber, todas as normas sobre deveres, impedimentos e remuneração do administrador judicial.

§ 1º O administrador judicial exercerá as funções de gestor enquanto a assembleia-geral não deliberar sobre a escolha deste.

§ 2º Na hipótese de o gestor indicado pela assembleia-geral de credores recusar ou estar impedido de aceitar o encargo para gerir os negócios do devedor, o juiz convocará, no prazo de 72 (setenta e duas) horas, contado da recusa ou da declaração do impedimento nos autos, nova assembleia-geral , aplicado o disposto no § 1º deste artigo."

O mais importante a ressaltar é a confirmação das nossas análises, sempre procurando demonstrar que o art. 64 cuida de uma coisa, enquanto que o art. 65 cuida de outra, o que foi visto e corrigido pela redação quando percebeu que todas as disposições estavam concentradas em um único artigo, o 64, quando, por "**tratar-se de matéria suficientemente distinta**", cada uma deveria constar especificamente de um artigo próprio.

Assim, ao cuidar do **afastamento do administrador societário** na condução da atividade empresarial durante o procedimento de recuperação, o qual ganha efetividade quando "**Verificada qualquer das hipóteses do caput deste artigo, o juiz destituirá o administrador, que será substituído na forma prevista nos atos constitutivos do devedor ou do plano de recuperação judicial**" (parágrafo único do art. 64), a Lei restringiu no art. 64 (*caput*, incisos, alíneas e parágrafo único) a matéria específica sobre o administrador societário.

Da mesma forma, mas por ser **matéria suficientemente distinta da acima referida**, ao cuidar do **afastamento do devedor empresário individual**, pessoa natural, na condução da sua atividade empresarial durante o procedimento de recuperação judicial, embora tendo por fundo as mesmas hipóteses previstas no *caput* do art. 64, o legislador instituiu que a efetividade deste ato, se dará quando do afastamento, oportunidade em que "**o juiz convocará a assembleia-geral de credores para deliberar sobre o nome do gestor judicial que assumirá a administração das atividades do devedor ...**". (grifos nossos)

Se assim não fosse, ou seja, se não houvesse a distinção das matérias em ambas as questões contidas e especificadas nos artigos 64 e 65, por certo todos os dispositivos permaneceriam como na redação do PLC 71, ou seja, somente no art. 64. Entretanto, como cada uma regula questões específicas, e em obediência aos mandamentos da Lei Complementar 95/1998 (**b**) **restringir o conteúdo de cada artigo da lei a um único assunto ou princípio** (Art. 11, III)), assim o fez o legislador. (grifos nossos). (Direcionamos a atenção do amigo leitor para o início dos nossos comentários sobre estes artigos 64 e 65).

86. QUE CONSEQUÊNCIAS PODERÃO ADVIR DECORRENTES DA APLICABILIDADE EQUIVOCADA DESTES DISPOSITIVOS (ARTS. 64 E 65) DA LEI 11.101/05 DURANTE TODO ESTE TEMPO?

Decorrentemente de ter havido a prática de muitos atos em desconformidade com a Lei, pode algum interessado que entenda ter sofrido prejuízos, tentar alguma nulidade, anulabilidade, rescisória, ineficácia ou qualquer coisa semelhante? Teria sucesso? Ficam estas indagações.

Art. 66. Após a distribuição do pedido de recuperação judicial, o devedor não poderá alienar ou onerar bens ou direitos de seu ativo permanente, salvo evidente utilidade reconhecida pelo juiz, depois de ouvido o Comitê, com exceção daqueles previamente relacionados no plano de recuperação judicial.

87. PEDIDO DE RJ AJUIZADO. DEVEDOR PROIBIDO DE ALIENAR

O devedor em recuperação judicial, por si ou por seus administradores, como vimos acima, continua no comando do devedor, não sofrendo qualquer restrição quanto à administração, não podendo, entretanto, alienar ou onerar bens ou direitos do seu ativo permanente, salvo evidente utilidade reconhecida pelo juiz, depois de ouvido o Comitê de Credores, caso exista. Por outro lado, se do plano de recuperação judicial apresentado pelo devedor constar a venda ou oneração de bens ou direitos do ativo permanente, observar-se-á a decisão da assembleia-geral de credores a que for submetido.

O devedor pode apresentar um plano de recuperação, em que a venda de uma de suas unidades produtivas se apresenta como necessária, conseguindo ele demonstrar essa realidade à assembleia, a qual a aprova. Pode ocorrer também de o devedor apresentar como um dos meios de recuperação, a venda do próprio estabelecimento, ou mesmo de outros ativos permanentes. Se houver a aprovação da AGC, poderá efetuar a alienação. A *contrariu sensu*, está o devedor em recuperação proibido de se desfazer ou mesmo onerar bens ou direitos do seu ativo permanente.

Pode ainda ocorrer que, no curso do cumprimento do plano de recuperação judicial já aprovado pela AGC, sem contudo constar alienação ou oneração de bens ou direitos do ativo permanente, haja alguma desequilíbrio que afete profundamente a viabilização do cumprimento do plano, como aprovado. Pode, a nosso ver, nessa hipótese, o devedor, com base em fundamentações inequívocas, provar ao juiz do feito esse desequilíbrio que ameaça o cumprimento do plano, nada obstante a atividade ser viável, e provocar dele a convocação de uma AGC para se rediscutir o plano; até mesmo para propor alienação ou oneração sobre bens ou direitos de seu ativo permanente.

Alguns doutrinadores, a nosso ver, de forma incorreta, ao comentar este artigo 66, como é o caso do eminente jurista José da Silva Pacheco, diz que:

> "Aliás, compete, também, ao Comitê submeter à autorização do juiz, a alienação do ativo permanente, a constituição de ônus reais e outras garantias, bem como atos de endividamento necessário à continuação da atividade empresarial durante o período que antecede a aprovação do plano de recuperação judicial, quando ocorrer o afastamento do devedor, nas hipóteses previstas nesta lei (art. 27, II, letra "c")". (PACHECO, 2006, p. 174)

A nosso ver, uma coisa é o que dispõe o artigo 66 (como dito acima abrange o empresário individual e a sociedade empresária), outra coisa é a afirmação acima do Mestre ao referir-se ao art. 27, II, letra c, pois este tem aplicação exclusivamente sobre **o devedor empresário individual, quando do seu afastamento das atividades nas hipóteses previstas na Lei (todos os incisos do art. 64).**

É que nas hipóteses do citado art. 27, II, letra "c", ao ter o seu **afastamento** decretado pelo juiz do feito, e para assumir as atividades do devedor empresário individual, será convocada a assembleia-geral de credores para se deliberar sobre o nome do gestor judicial (art. 65). Este processo, sabemos, é demorado, nada obstante, nesta vacância, o juiz determine que o administrador judicial exerça as funções de gestor. Daí, a necessidade de, enquanto não se aprovar o plano de recuperação judicial (o que quer dizer que se aprovado este, dele sairá um gestor), a necessidade da intervenção do Comitê de Credores para os atos acima mencionados, ou seja, submeter à autorização do juiz a alienação do ativo permanente, a constituição de ônus reais e outras garantias, bem como atos de endividamento necessário à continuação da atividade empresarial. (v. nossos comentários sobre o art. 27, II, letra "c", e art. 65).

87.1 Quem encontra-se no estado de recuperação judicial é proibido de alienar bens, exceto as hipóteses acima

No curso de uma ação de execução, houve o deferimento em favor da executada, do benefício da recuperação judicial, hipótese em que, conforme o artigo 6º da Lei 11.101/05, suspende-se as ações e execuções contra o devedor.

Questão dessa natureza foi analisada e julgada pelo emérito Desembargador Stenka Isaque Neto, da 4ª Câmara Cível do Egrégio Tribunal de Justiça do Estado de Goiás, em Agravo de Instrumento, onde o Agravante alegava prejuízos potenciais frente a uma possível venda de bens por parte de devedor.

O eminente Desembargador Stenka Isaque Neto, com sua conhecida habilidade e experiência de julgador, refutou as alegações do Agravante, sob as sábias argumentações de que a própria Lei proíbe que o devedor em recuperação aliene qualquer bem, por expressa determinação do artigo 66. Dentre outros valorosos argumentos, ficou assim, a síntese do julgamento do digno Des. Stenka Isaque Neto:

> COMERCIAL. CIVIL. PROCESSUAL. PEDIDO DE RECUPERAÇÃO JUDICIAL DEFERIDO NO PRIMEIRO GRAU. SOBRESTAMENTO DA EXECUÇÃO E MEDIDA CONSTRITIVA DE CARÁTER INDIVIDUAL. PRINCÍPIO DA FUNÇÃO SOCIAL DA EMPRESA. 1. O ACOLHIMENTO DO PLEITO DE RECUPERAÇÃO DA EMPRESA AGRAVADA PELO DIGNO MAGISTRADO DE INSTÂNCIA SINGELA, NOS TERMOS DO ARTIGO 6 DA LEI N. 11.101/05, TEM O CONDÃO DE POSTERGAR O PROSSEGUIMENTO DE MEDIDAS

EXECUTIVAS E CONSTRUTIVAS EM DESFAVOR DO PATRIMÔNIO DA PESSOA JURÍDICA. PRECEDENTES DO STJ. 2. ADEMAIS, IMPÕE-SE OBEDIÊNCIA AO REGRAMENTO PRÓPRIO DO PROCEDIMENTO DE RECUPERAÇÃO, TAIS COMO MODIFICAÇÃO DE VENCIMENTOS E CONDIÇÕES ESPECIAIS DE PAGAMENTO, NOS TERMOS DA INTELEÇÃO DOS ARTIGOS 50 E 51, DA LEI DE RECUPERAÇÃO, SALVAGUARDANDO, POR CONSEGUINTE, A CONFIABILIDADE NO NOVEL INSTITUTO, QUE ABARCA O INTERESSE SOCIAL NA MANUTENÇÃO DA ATIVIDADE EMPRESÁRIA. 3. POR DERRADEIRO, SUBLINHE-SE A INEXISTÊNCIA DE POSSIBILIDADE DE PREJUÍZO A INSTITUIÇÃO FINANCEIRA, PORQUE A EMPRESA-AGRAVADA ENCONTRA-SE IMPEDIDA DE ONERAR SEUS BENS, EM RAZÃO DE TER AJUIZADO PEDIDO DE RECUPERAÇÃO JUDICIAL, POR EXPRESSA DETERMINAÇÃO DO ARTIGO 66 DA LEI N. 11.101/05. RECURSO CONHECIDO E IMPROVIDO.

(TJGO, AGRAVO DE INSTRUMENTO 69373-8/180, Rel. DES. STENKA I. NETO, 4ª CÂMARA CÍVEL, julgado em 22/01/2009, DJe 283 de 26/02/2009).

Art. 67. Os créditos decorrentes de obrigações contraídas pelo devedor durante a recuperação judicial, inclusive aqueles relativos a despesas com fornecedores de bens ou serviços e contratos de mútuo, serão considerados extraconcursais, em caso de decretação de falência, respeitada, no que couber, a ordem estabelecida no art. 83 desta Lei.

Parágrafo único. Os créditos quirografários sujeitos à recuperação judicial pertencentes a fornecedores de bens ou serviços que continuarem a provê-los normalmente após o pedido de recuperação judicial terão privilégio geral de recebimento em caso de decretação de falência, no limite do valor dos bens ou serviços fornecidos durante o período da recuperação.

88. CRÉDITOS MUDAM DE CLASSIFICAÇÃO

Em recuperação judicial, o devedor continua no comando das ações da atividade, exceto nos casos já analisados, praticando todos os atos de gestão, como comprando, vendendo, etc. Como a Lei 11.101/05 traz consigo dentre os diversos princípios, o da manutenção das atividades ou da preservação da empresa, fez constar em seu seio dispositivos que beneficiam aqueles verdadeiros parceiros do devedor, que mesmo nesta condição continua gozando da confiança daqueles que com ele negociam a prazo, citando a Lei, inclusive, aqueles relativos a despesas com fornecedores de bens ou serviços e contratos de mútuo.

A citação acima, sabemos, é meramente exemplificativa, pois o que a Lei quer mesmo é que a atividade não sofra solução de continuidade e, para isso, frente à situação do devedor em crise econômico-financeira, concede privilégios àqueles que, mesmo sem o pagamento à vista, lhe fornecem bens, serviços ou mesmo empréstimos em dinheiro, no sentido de que, mesmo na situação de recuperação judicial, o devedor tenha alavancas para o desenvolvimento de sua atividade.

As disposições do artigo 67, *caput*, visando os fins acima explicitados, e para aqueles que durante a fase de cumprimento da recuperação judicial acreditaram no recuperando, coloca-os em uma posição privilegiada se, nada obstante, o devedor em recuperação judicial, por um insucesso, e antes do término do período em que fica nessa situação (dois anos após a concessão da RJ), tiver a sua falência decretada. Esta confiança demonstrada por fornecedores, prestadores de serviços, empréstimos em dinheiro, por exemplo, no período pós-concessão da recuperação e até o decreto de uma possível falência, e, claro, estando em aberto, serão considerados pela Lei como extraconcursais (fora do concurso-geral de credores), respeitada, no que couber, a ordem estabelecida no artigo 83 (classificação dos créditos na falência).

Os créditos extraconcursais estão previstos no artigo 84 da Lei 11.101/05, assim dispostos:

> "serão considerados créditos extraconcursais e serão pagos com precedência sobre os mencionados no art. 83 desta Lei, na ordem a seguir, os relativos a: I – remunerações devidas ao administrador judicial e seus auxiliares, e créditos derivados da legislação do trabalho ou decorrentes de acidentes de trabalho relativos a serviços prestados após a decretação da falência; II – quantias fornecidas à massa pelos credores; III – despesas com arrecadação, administração, realização do ativo e distribuição do seu produto, bem como custas do processo de falência; IV – custas judiciais relativas às ações e execuções em que a massa falida tenha sido vencida; V – obrigações resultantes de atos jurídicos válidos praticados durante a recuperação judicial, nos termos do art. 67 desta Lei, ou após a decretação da falência, e tributos relativos a fatos geradores ocorridos após a decretação da falência, respeitada a ordem estabelecida no art. 83 desta Lei."

Isso significa que os que acreditaram no devedor após a concessão da sua recuperação judicial, negociando com ele a prazo ou emprestando-lhe dinheiro e, ocorrendo-lhe a falência com esses débitos em aberto, os credores não entrarão na fila do artigo 83, independentemente da classificação do seu crédito, e passarão à condição de extraconcursais (art. 84), ou seja, receberão antes dos credores relacionados artigo 83 e na ordem acima transcrita, ou seja, serão classificados no inciso V.

Já os créditos quirografários sujeitos à recuperação judicial em pleno andamento, ou seja, aqueles que estão submetidos ao plano judicial ora em cumprimento, e pertencentes a fornecedores de bens ou serviços que continuarem a fornecê-los normalmente após o pedido de recuperação judicial, terão seus créditos reclassificados para **privilégio geral** (recebe primeiro que os quirografários) na hipótese de decretação da falência, até o limite do valor dos bens ou serviços fornecidos ao devedor em recuperação durante o período da recuperação, ou seja, durante o período de fornecimento (parágrafo único do art. 67).

88.1 Crédito quirografário é reclassificado, em julgamento, para a natureza de extraconcursal

Como, infelizmente, nem todas as recuperações judiciais concedidas chegam a bom termo, Lei 11.101/05, inclusive, previu a hipótese de ela ser convolada em falência. Entretanto, e visando a continuação das atividades com toda a normalidade possível na recuperação judicial, a Lei trouxe benefícios àqueles fornecedores, parceiros, que continuam acreditando na recuperação do devedor, instituindo benefícios a eles, caso ocorra a convolação acima mencionada.

O nobre Desembargador Walter Carlos Lemes, da 3ª Câmara Cível do Egrégio Tribunal de Justiça de Goiás, enfrentou uma questão semelhante e não teve nenhuma dúvida ao confirmar que, num contrato de prestação de serviços firmado entre o fornecedor e o devedor em recuperação, que originariamente receberia a natureza de quirografário, fosse, pelas condições, elevado à natureza de crédito extraconcursal, o que significa dizer da preferência absoluta quanto ao recebimento por este credor antes dos demais. Na Ementa abaixo, Walter Carlos Lemes ensina que:

> AGRAVO DE INSTRUMENTO. FALÊNCIA. CLASSIFICAÇÃO DE CRÉDITOS EXTRACONCURSAIS. ARTS. 67 E 84, V, DA LEI N. 11.101.2005. COMPORTABILIDADE. I – "Serão considerados créditos extraconcursais e serão pagos com precedência sobre os mencionados no art. 83 desta Lei, na ordem a seguir, os relativos a: (...) V – obrigações resultantes de atos jurídicos válidos praticados durante a recuperação judicial, nos termos do art. 67 desta Lei..." – art. 84, V, da Lei de Falências. II – Tratando os contratos celebrados entre as partes, de prestação de serviços, firmados durante a recuperação judicial, o crédito deles advindos configura-se em extra concursais. Agravo conhecido e provido.
>
> (TJGO, AGRAVO DE INSTRUMENTO 424386-86.2012.8.09.0000, Rel. DES. WALTER CARLOS LEMES, 3ª CÂMARA CÍVEL, julgado em 02/07/2013, DJe 1349 de 23/07/2013)."

Art. 68. As Fazendas Públicas e o Instituto Nacional do Seguro Social – INSS poderão deferir, nos termos da legislação específica, parcelamento de seus créditos, em sede de recuperação judicial, de acordo com os parâmetros estabelecidos na Lei nº 5.172, de 25 de outubro de 1966 – Código Tributário Nacional.

Parágrafo único. As microempresas e empresas de pequeno porte farão jus a prazos 20% (vinte por cento) superiores àqueles regularmente concedidos às demais empresas.

89. PARCELAMENTO DE DÉBITOS JUNTO ÀS FAZENDAS E AO INSS. DIREITO DO DEVEDOR EM RECUPERAÇÃO

Já citamos acima jurisprudência do SuperiorTribunal de Justiça dizendo que a concessão de parcelamento de débitos do devedor junto às 3 (três) esferas de governo e ao INSS é um direito do contribuinte em recuperação judicial, e não como a Lei prevê no artigo 68, dizendo que "poderão deferir...". Se assim fosse, e como é a vontade do Fisco, seria um verdadeiro caos.

Para adaptar as normas processuais tributárias em conformidade com a Lei 11.101/05, na mesma data que ela entrou em vigência, ou seja, em 09 de junho de 2005, foi editada a Lei Complementar número 118, que incluiu o parágrafo 3º no artigo 155-A do Código Tributário Nacional, determinando que "lei específica disporá sobre as condições de parcelamento dos créditos tributários do devedor em recuperação judicial".

"Finalmente, com quase 10 (anos) de existência - o que ocorrerá em 09 de fevereiro de 2015 -, editou-se, não uma Lei específica, mas um remendo a uma antiga, ou seja, a inclusão pela Lei 13.043/2014 do Artigo 10-A à Lei 10.522/2002, possibilitando aos impetrantes da recuperação judicial, desde que cumpridas todas as exigências - e que não são poucas –, o parcelamento de seus débitos tributários junto à Fazenda Nacional. (Direcionamos a atenção do amigo leitor para os nossos comentários ao art. 57, onde detalhamos toda a questão). Mas a não existência desta Lei, absolutamente e em momento algum a partir da vigência da Lei 11.101/05, se constituiu em qualquer impedimento para a concessão do benefício legal, conforme podemos comprovar através do sábios ensinamentos do Ministro do STJ, Luis Felipe Salomão, como Relator do Recurso Especial número 1.187.404-MT, na Egrégia Corte Especial do STJ".

Nesse Resp, nos posiciona o emérito Ministro os fins buscados:

> "1. Cuida-se, na origem, de agravo de instrumento interposto pelo Banco do Brasil S.A. contra decisão proferida pelo Juízo da 2ª Vara Cível da Comarca de Primavera do Leste/MT, que homologou o Plano de Recuperação Judicial (PRJ) de Viana Trading Importação e Exportação de Cereais Ltda. Além de desenvolver outras teses a respeito de apontadas ilegalidades no Plano de Recuperação e na Assembleia-Geral de Credores, aduziu o agravante a impossibilidade de sua homologação, uma vez que a sociedade recuperanda não apresentou as certidões negativas de débitos tributários, conforme exigido pelo art. 57 da Lei n. 11.101/2005 – Lei de Recuperação Judicial e Falência (LRF)."

Acompanhado à unanimidade dos seus pares da Egrégio Corte Especial do Superior Tribunal de Justiça, o eminente Ministro Luis Felipe Salomão redigiu a seguinte ementa:

"EMENTA

DIREITO EMPRESARIAL E TRIBUTÁRIO. RECURSO ESPECIAL. RECUPERAÇÃO JUDICIAL. EXIGÊNCIA DE QUE A EMPRESA RECUPERANDA COMPROVE SUA REGULARIDADE TRIBUTÁRIA. ART. 57 DA LEI N. 11.101/2005 (LRF) E ART. 191-A DO CÓDIGO TRIBUTÁRIO NACIONAL (CTN). INOPERÂNCIA DOS MENCIONADOS DISPOSITIVOS. INEXISTÊNCIA DE LEI ESPECÍFICA A DISCIPLINAR O PARCELAMENTO DA DÍVIDA FISCAL E PREVIDENCIÁRIA DE EMPRESAS EM RECUPERAÇÃO JUDICIAL.

1. O art. 47 serve como um norte a guiar a operacionalidade da recuperação judicial, sempre com vistas ao desígnio do instituto, que é "viabilizar a superação da situação de crise econômico-financeira do devedor, a fim de permitir a manutenção da fonte produtora, do emprego dos trabalhadores e dos interesses dos credores, promovendo, assim, a preservação da empresa, sua função social e o estímulo à atividade econômica".

2. O art. 57 da Lei n. 11.101/2005 e o art. 191-A do CTN devem ser interpretados à luz das novas diretrizes traçadas pelo legislador para as dívidas tributárias, com vistas, notadamente, à previsão legal de parcelamento do crédito tributário em benefício da empresa em recuperação, que é causa de suspensão da exigibilidade do tributo, nos termos do art. 151, inciso VI, do CTN.

3. O parcelamento tributário é direito da empresa em recuperação judicial que conduz a situação de regularidade fiscal, de modo que eventual descumprimento do que dispõe o art. 57 da LRF só pode ser atribuído, ao menos imediatamente e por ora, à ausência de legislação específica que discipline o parcelamento em sede de recuperação judicial, não constituindo ônus do contribuinte, enquanto se fizer inerte o legislador, a apresentação de certidões de regularidade fiscal para que lhe seja concedida a recuperação.

4. Recurso especial não provido."

89.1 Microempresas e empresas de pequeno porte em recuperação judicial ganham prazos maiores para parcelamentos de débitos tributários

A Lei Complementar número 147, de 07 de agosto de 2014, incluiu no artigo 68 um parágrafo único, o qual favorece o segmento dos micro e pequenos empresários quanto a parcelamentos de débitos tributários quando em recuperação judicial. A nosso ver, foi um aumento pífio de 20% (vinte por cento) sobre os prazos concedidos às médias e grandes empresas, ou seja, na ausência da Lei específica acima mencionada, o teto hoje é de 60 (sessenta) meses, o que significa 72 (setenta e dois meses) para o segmento.

A acima mencionada LC147 entrou em vigência no dia 7 de agosto de 2014. Entretanto, com pouco mais de 3 (três) meses de vigência, foi editada a Lei número

13.043, de 13 de novembro de 2014, que acrescentou à Lei 10.552/2002, o Artigo 10-A, com estas disposições: "O empresário ou a sociedade empresária que pleitear ou tiver deferido o processamento da recuperação judicial, nos termos dos arts. 51, 52 e 70 da Lei no 11.101, de 9 de fevereiro de 2005, poderão parcelar seus débitos com a Fazenda Nacional, em 84 (oitenta e quatro) parcelas mensais e consecutivas, calculadas observando-se os seguintes percentuais mínimos, aplicados sobre o valor da dívida consolidada:

I – da 1a à 12a prestação: 0,666% (seiscentos e sessenta e seis milésimos por cento);

II – da 13a à 24a prestação: 1% (um por cento);

III – da 25a à 83a prestação: 1,333% (um inteiro e trezentos e trinta e três milésimos por cento); e

IV – 84a prestação: saldo devedor remanescente".

Ora, ao mencionar o art. 70 da Lei 11.101/05, incluiu-se o segmento das microempresas e empresas de pequeno porte nas mesmas condições dos outros segmentos, querendo isto dizer, nos parece, que os acima mencionados 20% de tempo a mais e favoráveis às micro e pequenas empresas, foi revogado pela lei posterior, já que regula a mesma situação, além de, teoricamente, ser mais benéfica. Portanto, a partir de 13 de novembro de 2014 (é necessária a regulamentação), tanto as grandes quanto as médias, pequenas e microempresas, no aspecto quanto ao parcelamento de seus débitos tributários junto à Fazenda Nacional, estão em igualdade de condições: 84 (oitenta e quatro) parcelas mensais e consecutivas.

Art. 69. Em todos os atos, contratos e documentos firmados pelo devedor sujeito ao procedimento de recuperação judicial deverá ser acrescida, após o nome empresarial, a expressão "em Recuperação Judicial".

Parágrafo único. O juiz determinará ao Registro Público de Empresas a anotação da recuperação judicial no registro correspondente.

90. FULANO DE TAL – "EM RECUPERAÇÃO JUDICIAL"

Aquele devedor que obtém o benefício legal da recuperação judicial, além de recebê-lo, tem a obrigação de usá-lo em todos os atos, contratos e documentos firmados, em forma escrita e à frente do nome empresarial. Assim, por exemplo: "João Falido Ltda. 'Em recuperação Judicial'". Alguns dizem que é para alertar aqueles com quem negocia, mas nos parece mesmo um rastro negativo que a Lei criou para o devedor, que por óbvio, só por esses caracteres, terá muitos caminhos fechados diante de si.

Concedida a recuperação judicial, é obrigação do juiz do feito oficiar à respectiva Junta Comercial do principal estabelecimento do devedor em recuperção, se ele tiver mais que um, determinando à mesma que faça a anotação da recuperação judicial no registro correspondente.

Seção V
Do Plano de Recuperação Judicial para Microempresas e Empresas de Pequeno Porte

Art. 70. As pessoas de que trata o art. 1º desta Lei e que se incluam nos conceitos de microempresa ou empresa de pequeno porte, nos termos da legislação vigente, sujeitam-se às normas deste Capítulo.

§ 1º As microempresas e as empresas de pequeno porte, conforme definidas em lei, poderão apresentar plano especial de recuperação judicial, desde que afirmem sua intenção de fazê-lo na petição inicial de que trata o art. 51 desta Lei.

§ 2º Os credores não atingidos pelo plano especial não terão seus créditos habilitados na recuperação judicial.

Art. 71. O plano especial de recuperação judicial será apresentado no prazo previsto no art. 53 desta Lei e limitar-se á às seguintes condições:

I – abrangerá todos os créditos existentes na data do pedido, ainda que não vencidos, excetuados os decorrentes de repasse de recursos oficiais, os fiscais e os previstos nos §§ 3º e 4º do art. 49;

II – preverá parcelamento em até 36 (trinta e seis) parcelas mensais, iguais e sucessivas, acrescidas de juros equivalentes à taxa Sistema Especial de Liquidação e de Custódia – SELIC, podendo conter ainda a proposta de abatimento do valor das dívidas;

III – preverá o pagamento da 1ª (primeira) parcela no prazo máximo de 180 (cento e oitenta) dias, contado da distribuição do pedido de recuperação judicial;

IV – estabelecerá a necessidade de autorização do juiz, após ouvido o administrador judicial e o Comitê de Credores, para o devedor aumentar despesas ou contratar empregados.

Parágrafo único. O juiz também julgará improcedente o pedido de recuperação judicial e decretará a falência do devedor se houver objeções, nos termos do art. 55, de credores titulares de mais da metade de qualquer uma das classes de créditos previstos no art. 83, computados na forma do art. 45, todos desta Lei.

Art. 72. Caso o devedor de que trata o art. 70 desta Lei opte pelo pedido de recuperação judicial com base no plano especial disciplinado nesta Seção, não será convocada assembleia-geral de credores para deliberar sobre o plano, e o juiz concederá a recuperação judicial se atendidas as demais exigências desta Lei.

Parágrafo único. O juiz também julgará improcedente o pedido de recuperação judicial e decretará a falência do devedor se houver objeções, nos termos do art. 55 desta Lei, de credores titulares de mais da metade dos créditos descritos no inciso I do caput do art. 71 desta Lei.

91. AS MICROEMPRESAS E AS EMPRESAS DE PEQUENO PORTE

Ao ler pela primeira vez o título dado a esta Seção V – "Do Plano de Recuperação Judicial para Microempresas e Empresas de Pequeno Porte", e ver no § primeiro do artigo 70 que esses segmentos "poderão apresentar plano especial de recuperação judicial" –, confesso que a minha satisfação foi indizível, pois num primeiro pensamento a presença da crença de que o legislador, finalmente, tinha se despertado para a grandeza dos pequenos empreendedores, se sensibilizado com a imensidão das suas dificuldades e, encontrado efetivamente uma forma que viabilizasse a recuperação daqueles que viessem a se encontrar em situação de crise econômico-financeira.

Ledo engano! Que decepção! E as indagações: mas que plano especial é esse de que o legislador trata? Ou essa denominação é algo puramente técnico que o legislador encontrou para diferenciar daquela outra previsão legal que nós, operadores do direito, comumente chamamos simplesmente de plano de recuperação judicial? A resposta é exatamente essa. O termo especial é porque a aplicação desse plano tem como destinatários ou é especialmente destinados ao micro e pequenos empresários. É especial porque foge do comum.

Grande parte da doutrina defende que para as microempresas e as empresas de pequeno porte, o plano especial é o ideal, principalmente diante da pequena estrutura dessas sociedades empresárias, e só por isto, não haveria a necessidade de se utilizar o plano comum, vez que ele tem como destinatárias as grandes corporações, as macroempresas.

91.1 Manual do Supersimples

Logo no início do ano de 2007, quando entrava em vigor a Lei Complementar 123/06, que institui o Estatuto Nacional das Microempresas e das Empresas de Pequeno Porte, entre outras providências, lançávamos, pela Editora Juruá a obra jurídica, comigo analisando e comentando a parte geral, enquanto meu filho e meu sócio, Alexandre Fernandes Limiro, mestre em Direito e especialista em Direito Tributário, analisava e comentava a parte tributária, sob o título *Manual do Supersimples*.

Por certo, tecemos os melhores comentários sobre os fins da Lei Complementar 123/06, pois os pequenos empreendedores, no Brasil, finalmente, ganhavam melhores condições para o desenvolvimento de seus empreendimentos, especialmente na questão que já lhe previa a Constituição Federal, quanto a favorecimento e facilitação do desempenho de suas atividades, àquela época, principalmente, com a instituição do Supersimples, o que facilitava e em muito a vida fiscal dos pequenos.

À época já tínhamos também lançado a obra *Recuperação Judicial de Empresas – Nova Lei de Falências, Lei 11.101/05* (2005, p. 35-36), na qual fizemos alguns comentários sobre as Microempresas e Empresas de Pequeno Porte, sem, entretanto, adentrarmos, como o fazemos agora nesta obra comentada artigo por artigo. A nosso ver, os benefícios a este segmento ficaram circunscritos à própria Lei Complementar 123/06, pois na própria Lei que regula a recuperação judicial, ora sob análise, não compreendemos que suas disposições especificas aos pequenos empreendedores, efetivamente, lhes tenham favorecido.

91.2 O "plano especial" não é obrigatório ao segmento

De pronto, discordamos plenamente, até mesmo porque ele não é de caráter obrigatório, seja para a micro ou mesmo para as empresas de pequeno porte. Pelo contrário, ele somente será utilizado – o plano especial – se o impetrante manifestar expressamente, em sua petição, que vai utilizá-lo. Se não o fizer, aplica-se o plano comum, previsto para todo e qualquer devedor que impetre recuperação judicial. Nas linhas seguintes, procuraremos demonstrar que a utilização desse plano especial é um zero à esquerda para o segmento próprio, e que seja qual for a situação do devedor, seja qual for a sua dimensão, a nosso ver, deve ele optar pelo comum.

Bem, diz o artigo 70 que as pessoas de que trata o artigo 1º desta Lei – empresários e sociedades empresárias –, e que se incluam nos conceitos de microempresa e empresa de pequeno porte, nos termos da Lei vigente sujeitam-se às normas deste Capítulo. Vamos, então, buscar junto à Lei vigente, os exatos conceitos de micro e pequenas empresas, para delimitarmos o alcance desse plano especial.

91.3 Conceitos legais de Micro e Pequenas empresas

É na Lei Complementar número 123, de 14 de dezembro de 2006, que institui o Estatuto Nacional da Microempresa e da Empresa de Pequeno Porte, que encontraremos os exatos conceitos destes segmentos, mais especificamente em seu arrigo 3º. Aliás, a própria Lei deixa claro que não é apenas um conceito, mas denominou de definição:

> "Art. 3º Para os efeitos desta Lei Complementar, consideram-se microempresas ou empresas de pequeno porte a sociedade empresária, a sociedade simples, a empresa individual de responsabilidade limitada e o empresário a que se refere o art. 966 da Lei no 10.406, de 10 de janeiro de 2002 (Código Civil), devidamente registrados no Registro de Empresas Mercantis ou no Registro Civil de Pessoas Jurídicas, conforme o caso, desde que:
>
> I – no caso da microempresa, aufira, em cada ano-calendário, receita bruta igual ou inferior a R$ 360.000,00 (trezentos e sessenta mil reais); e

II – no caso da empresa de pequeno porte, aufira, em cada ano-calendário, receita bruta superior a R$ 360.000,00 (trezentos e sessenta mil reais) e igual ou inferior a R$ 3.600.000,00 (três milhões e seiscentos mil reais)."

91.4 Necessidade de registro nas Juntas Comerciais dos Estados

Observamos a necessidade para se enquadrar neste segmento do registro junto às respectivas Juntas Comerciais dos Estados-sedes, ou seja, para gozar dos benefícios que esta Lei Complementar 123/06 disponibiliza às microempresas e empresas de pequeno porte, tem que estar devidamente regularizadas, o que se comprova com uma simples certidão extraída junto a qualquer órgão do Registro do Comércio.

91.5 "Plano especial". Necessidade de mencioná-lo

Preenchidas as condições que a Lei requer, diz a Lei 11.101/05, no § 1º do artigo 70, que microempresas e as empresas de pequeno porte poderão apresentar plano especial de recuperação judicial, desde que afirmem sua intenção de fazê-lo na petição inicial de que trata o art. 51 desta Lei. Este artigo 51 é o que trata de como a petição inicial de recuperação judicial será instruída, naquilo que comumente se chama de plano comum. Se o impetrante manifestar em sua inicial a intenção de apresentar plano especial de recuperação, ele receberá tratamento diferenciado, vez ser ele completamente diferente daquele comum. E, mesmo sendo micro ou pequena empresa, mas não se manifestando a intenção de apresentar o plano especial, fica subentendido que a intenção do devedor é apresentar o plano comum.

91.6 Lei Complementar número 147/2014 amplia classes de devedores sujeitos aos efeitos das recuperações judiciais das microempresas e empresas de pequeno porte

A partir do dia 7 (sete) de agosto do ano de 2014, o segmento das micro e pequenas empresas teve ampliado o seu quadro de devedores para se sujeitarem aos efeitos das respectivas recuperações judiciais, vez que até então delas participavam somente os credores enquadrados na classe dos quirografários. Agora, lém dos quirografários, também estão sujeitos os das classes: I – titulares de créditos derivados da legislação do trabalho ou decorrentes de acidentes de trabalho, e da classe; II – titulares de créditos com garantia real. Como era na redação antiga, permanecem não sujeitos aos efeitos da recuperação judicial os créditos decorrentes de repasse de recursos oficiais, os fiscais e os previstos nos §§ 3º e 4º do art. 49 (para onde direcionamos a atenção do amigo leitor).

A nosso ver, foi este o maior avanço que a Lei Complementar número 147/2014 trouxe ao segmento dos micro e pequenos empresários, pois igualou tal segmento aos das demais atividades empresariais, fazendo com que os credores trabalhistas e decorrentes de acidentes do trabalho, bem como os titulares de créditos com garantia real, se submetessem aos efeitos do instituto da recuperação judicial. De nosso lado, a par da doutrina especializada, em artigos publicados as críticas não foram poucas e de forma contundente, pois o posicionamento do legislador até então contrariava todos os princípios constitucionais que favorecem os micros e os pequenos empresários.

91.7 "Plano Especial". Limite de no máximo 36 (trinta e seis) parcelas, mas LC 147/2014 concede aos micro e pequenos empresários possibilidades de abatimento nos seus débitos

Outro grande benefício da LC 147/2014 às microempresas e às empresas de pequeno porte, a par da inclusão aos efeitos da recuperação judicial das demais classes de devedores, é a oportunidade que foi aberta ao segmento de, quando da apresentação do plano especial de recuperação judicial, poder propor aos seus credores o abatimento do valor das dívidas, o que é mais conhecido hoje quando das recuperações das demais atividades empresariais, como deságio. Até então, os devedores do segmento tinham (e continuam a ter) o prazo máximo de 36 (trinta e seis) parcelas iguais e sucessivas corrigidas monetariamente e acrescidas de juros de 12% ao ano.

Com a alteração da redação do inciso II do Artigo 71 pela LC 147/2014, além do benefício de se poder negociar os valores dos débitos para baixo, substituiu-se a correção monetária pelos juros equivalentes à taxa Sistema Especial de Liquidação e Custódia – SELIC. É pouco ainda, comparativamente com as outras atividades empresariais, pois nestas, além de se negociar os valores das dívidas para baixo, não há a obrigação de se conter no plano de recuperação qualquer cláusula que estipule a obrigação do devedor de pagar qualquer acréscimo a título de juros ou correção monetária, podendo até mesmo, como tem ocorrido, não se comprometer a tal. A nosso ver, faltou maior sensibilidade ao legislador, que deveria, a exemplo das médias e das grandes empresas, deixar livre para que as partes estipulassem via negociação o prazo para o pagamento. Prevalece, como na antiga redação, a obrigação de constar do plano de recuperação que o pagamento da primeira parcela será efetuado no prazo máximo de 180 (cento e oitenta) dias.

91.8 "Plano especial". Há correção monetária e juros de 12% ao ano

Nesses 36 (trinta e seis) meses, os débitos serão igualmente divididos em parcelas mensais iguais e sucessivas, corrigidas monetariamente e acrescidas de juros de 12% a.a. (doze por cento ao ano), enquanto que no plano comum, além de se poder negociar o não pagamento de juros, pode-se também obter deságios significativos.

O pagamento da primeira parcela, diz a Lei, deverá constar no plano especial e deverá ser paga no prazo máximo de 180 (cento e oitenta dias), contado da distribuição do pedido de recuperação judicial. No plano comum, a primeira parcela será paga após a aprovação do plano de recuperação judicial, conforme se aprovar na assembleia-geral de credores, podendo ser em um ano ou até mesmo em tempo maior.

91.9 "Plano especial". Não suspende execuções de créditos não abrangidos

Um complicador, a nosso ver, que existia na antiga redação e que infelizmente, prevalece, é a previsão do parágrafo único do artigo 71 que estabelece que o pedido de recuperação judicial com base no plano especial, não acarreta a suspensão da prescrição nem das ações e execuções por créditos não abrangidos pelo mesmo. Aqui permanece a desigualdade com as médias e grandes empresas, vez que no art. 60 desta Lei há a determinação tanto do curso da prescrição quanto da suspensão de todas as ações e execuções em face do devedor, seja na recuperação judicial ou na falência.

O § 4º desse mencionado artigo 60, estabelece um prazo de suspensão de no máximo 180 (cento e oitenta dias), os quais passados, determina a lei que as execuções suspensas podem sofrer continuidade, enquanto as não propostas poderão sê-lo. Todavia, o STJ já pacificou o entendimento de que, não havendo culpa do devedor, não se deve dar prosseguimento a qualquer execução ou mesmo praticar-se qualquer ato que possa implicar na recuperação do devedor. Deveria, a nosso ver, os mesmos privilégios serem estendidos igualmente aos micro e pequenos empresários, inclusive o não ajuizamento ou prosseguimento de qualquer ação que possa retirar do devedor bens de capital. (Direcionamos a atenção do amigo leitor para o artigo 60 e seus §§, quando, com mais extensão, tratamos da questão).

91.10 Todas as classes de credores de microempresa e empresa de pequeno porte deverão aprovar o plano especial de recuperação judicial

Como última inovação no sentido de se beneficiar o segmento das microempresas e empresas de pequeno porte na recuperação judicial, o legislador, pela LC 147/2014, modificou a redação do parágrafo único do artigo 72, ficando assim:

> "Parágrafo único. O juiz também julgará improcedente o pedido de recuperação judicial e decretará a falência do devedor se houver objeções, nos termos do art. 55, de credores titulares de mais da metade de qualquer uma das classes de créditos previstos no art. 83, computados na forma do art. 45, todos desta Lei."

Da forma como constava antes, e porque existia como participante somente a classe dos credores quirografários, havendo mais da metade dos créditos oferecido objeção, o juiz teria que decretar a falência. Isto era muito cruel para o segmento. Acabou a crueldade? Não. A nosso ver, parece ter piorado, pois se, nos moldes antigos, tinha ele que administrar apenas uma classe de credores, no modelo novo pode ter que administrar até 4 (quatro) classes, o que pode dificultar a aprovação do seu plano especial. É que basta que apenas em uma das classes de credores exista mais da metade dos mesmos – e não mais da metade dos créditos de uma classe –, objetando ao plano.

Uma vez que não há assembleia-geral de credores na recuperação judicial quando se prevê a utilização do plano especial para o segmento das microempresas e empresas de pequeno porte (art. 72) e, como diz a nova redação do parágrafo único deste artigo, há a necessidade, para ser aprovado, de não sofrer objeção de qualquer das classes de credores em número maior que a sua metade, o citado dispositivo foi alterado para prever que será decretará a falência do devedor na hipótese ora mencionada, por qualquer uma das classes de créditos previstos no artigo 83, computados na forma do artigo 45.

Capítulo 4

DA CONVOLAÇÃO DA RECUPERAÇÃO JUDICIAL EM FALÊNCIA

> Art. 73. O juiz decretará a falência durante o processo de recuperação judicial:
>
> I – por deliberação da assembleia-geral de credores, na forma do art. 42 desta Lei;
>
> II – pela não apresentação, pelo devedor, do plano de recuperação no prazo do art. 53 desta Lei;
>
> III – quando houver sido rejeitado o plano de recuperação, nos termos do § 4º do art. 56 desta Lei;
>
> IV – por descumprimento de qualquer obrigação assumida no plano de recuperação, na forma do § 1º do art. 61 desta Lei.
>
> Parágrafo único. O disposto neste artigo não impede a decretação da falência por inadimplemento de obrigação não sujeita à recuperação judicial, nos termos dos incisos I ou II do *caput* do art. 94 desta Lei, ou por prática de ato previsto no inciso III do *caput* do art. 94 desta Lei.

92 DECRETO DE FALÊNCIA DURANTE A RECUPERAÇÃO JUDICIAL

Concedida a recuperação judicial ao devedor, diz a Lei, ele permanecerá nesta posição nos próximos 2 (dois) anos, desde que cumpra todas as previsões contidas no plano de recuperação judicial aprovado pela assembleia-geral de credores. Até este ponto – a concessão da recuperação judicial –, imaginamos, pensou o legislador: "tudo o que se fez em termos de legislação no sentido de se preservar a atividade, conforme as diversas disposições contidas na Lei 11.101/05, foram disponibilizadas a este devedor. E se ele obteve a concessão da recuperação judicial após a aprovação do seu plano apresentado à AGC, é porque ele, bem ou mal, serviu-se do direito posto, dos seus princípios. Agora, é hora da caminhada solo".

Passa, portanto, o devedor, a partir deste momento, ao estrito cumprimento do previsto no plano de recuperação aprovado pela assembleia-geral de credores.

Embora tenha ele buscado esta nova realidade, tudo lhe é diferente, tudo é novo. Embora seja a sua volta à continuidade do cumprimento dos compromissos declarados até o dia do protocolo da impetração da recuperação judicial, mas tudo lhe é diferente, tudo é novo. É um recomeço do começo; é uma continuação do que não terminou; são as pisadas nos mesmos caminhos; é um erguer de cabeça sem tê-la baixado; é ver mais longe sem ter deixado de ver perto; é um novo dia que já foi vivido no passado; é um novo tempo de tempos idos; é a caminhada, enfim, que nunca parou.

E segue o devedor em recuperação judicial acobertado em seus atos pelo manto da Justiça. Esta o amparou, o protegeu, o protege. E pode até amanhã, se as estruturas tremerem, socorrê-lo e novamente ampará-lo com uma revisão do plano. Mas essa mesma Justiça que o amparou, o socorreu e o protege, dele exige a mesma reciprocidade: caminhar reto nos caminhos, embora tortuosos; pagar a cada um dos credores, nas datas aprazadas, o pactuado.

É que, se o devedor não honrar os seus compromissos durante o período em que se encontra no estado de recuperação judicial, a própria Lei que o trouxe até aqui segurando em sua mão, pode soltá-lo e, literalmente, opor-se-lhe. O artigo 73 prevê 4 (quatro) possibilidades de, mesmo estando o devedor em recuperação judicial, ter o juiz o dever de decretar a sua falência. São os seguintes:

I – por deliberação da assembleia-geral de credores, na forma do art. 42 desta Lei. Este, em sua parte inicial, prevê que se considerará aprovada a proposta que obtiver votos favoráveis de credores que representem mais da metade do valor total dos créditos presentes à assembleia-geral. Ou seja, se se discute numa AGC a falência do devedor, o *quorum* geral de deliberação é o da maioria, computada sempre com base no valor dos créditos dos credores que representem mais da metade do valor ali presentes.

II – pela não apresentação, pelo devedor, do plano de recuperação no prazo do art. 53 desta Lei. Este diz: "o plano de recuperação será apresentado pelo devedor em juízo no prazo improrrogável de 60 (sessenta) dias da publicação da decisão que deferir o processamento da recuperação judicial, sob pena de convolação em falência...".

III – quando houver sido rejeitado o plano de recuperação, nos termos do § 4º do art. 56 desta Lei. Diz o § 4º do artigo 56 que "rejeitado o plano de recuperação pela assembleia-geral de credores, o juiz decretará a falência do devedor."

IV – por descumprimento de qualquer obrigação assumida no plano de recuperação, na forma do § 1º do art. 61 desta Lei. Determina o § 1º do artigo 61 que, "durante o período estabelecido no *caput* deste artigo" – até que cumpra todas as obrigações que se vencerem nos próximos 2 (dois) anos depois da concessão da recuperação judicial –, "o descumprimento de qualquer obrigação prevista no plano acarretará a convolação da recuperação em falência, nos termos do art. 73 desta Lei."

O parágrafo único do artigo 73 prevê também a possibilidade de o juiz decretar a falência do devedor, só que com fundamento na prática de atos não sujeitos aos efeitos da recuperação judicial em cumprimento, mas levados a efeito após a data do protocolo do pedido do benefício legal, porque até este momento, e conforme o artigo 49 da Lei 11.101/05, todos os créditos, vencidos e a vencer, estão sujeitos à recuperação judicial.

Os motivos ensejadores da decretação da falência por obrigações não sujeitas à recuperação judicial estão previstas nos três incisos do artigo 94 desta Lei 11.101/05, e são os seguintes:

> I – sem relevante razão de direito, não paga, no vencimento, obrigação líquida materializada em título ou títulos executivos protestados cuja soma ultrapasse o equivalente a 40 (quarenta) salários-mínimos na data do pedido de falência;
>
> II – executado por qualquer quantia líquida, não paga, não deposita e não nomeia à penhora bens suficientes dentro do prazo legal;
>
> III – pratica qualquer dos seguintes atos, exceto se fizer parte de plano de recuperação judicial:
>
> a) procede à liquidação precipitada de seus ativos ou lança mão de meio ruinoso ou fraudulento para realizar pagamentos;
>
> b) realiza ou, por atos inequívocos, tenta realizar, com o objetivo de retardar pagamentos ou fraudar credores, negócio simulado ou alienação de parte ou da totalidade de seu ativo a terceiro, credor ou não;
>
> c) transfere estabelecimento a terceiro, credor ou não, sem o consentimento de todos os credores e sem ficar com bens suficientes para solver seu passivo;
>
> d) simula a transferência de seu principal estabelecimento com o objetivo de burlar a legislação ou a fiscalização ou para prejudicar credor;
>
> e) dá ou reforça garantia ao credor por dívida contraída anteriormente sem ficar com bens livres e desembaraçados suficientes para saldar seu passivo;
>
> f) ausenta-se sem deixar representante habilitado e com recursos suficientes para pagar os credores, abandona estabelecimento ou tenta ocultar-se de seu domicílio, do local de sua sede ou de seu principal estabelecimento;
>
> g) deixa de cumprir, no prazo estabelecido, obrigação assumida no plano de recuperação judicial.
>
> **Art. 74. Na convolação da recuperação em falência, os atos de administração, endividamento, oneração ou alienação praticados durante a recuperação judicial presumem-se válidos, desde que realizados na forma desta Lei.**

93 PRESUNÇÃO DE VALIDADE DOS ATOS REALIZADOS DURANTE A RECUPERAÇÃO JUDICIAL, NA OCORRÊNCIA DA CONVOLAÇÃO

Já se disse muito por aí que "na Lei não existem palavras inúteis". Mas, não é, pelo menos, uma redundância, dizer que "... os atos [...] presumem-se válidos, desde que realizados na forma da Lei"?

Este último artigo que trata da recuperação judicial parece dizer o óbvio. Mas se disse o óbvio, é porque o óbvio precisa ser dito. Não pensa, assim, entretanto, o Mestre Fábio Ulhoa Coelho, que afirma: "159. Um dispositivo inútil. Este é um dispositivo inútil. É evidente que atos – quaisquer atos – praticados na forma da lei – qualquer lei – presumem-se válidos. O legislador não precisa dizê-lo". (COELHO, 2009, p. 271)

São estes os super objetivos comentários do Mestre Ulhoa sobre o artigo 74, nos chamando a atenção para uma nota no pé da página, que diz: "Em minhas contribuições ao aperfeiçoamento da lei, enquanto tramitava o projeto no Senado, propus à Consultoria Jurídica do Senado a supressão desse preceito".

Manoel Justino Bezerra Filho, o grande jurista e magistrado, já pensa diferente:

> "Pretende-se, com tal artigo, incentivar terceiros a participarem dos autos da recuperação judicial, estabelecendo-se presunção de validade para os atos praticados antes da convolação em falência, o que encontra respaldo também no disposto no art. 131, o qual traz estipulação que, em princípio, pretende afastar a possibilidade de ajuizamento de ação revocatória para alguns outros atos". (BEZERRA FILHO, 2011, p.185)

O Emérito jurista e Professor mineiro, Gladson Mamede nos alerta de que, não só os atos mencionados neste artigo 74 presumem-se válidos, mas também "os créditos decorrentes de obrigações contraídas pelo devedor durante a recuperação judicial, inclusive aqueles relativos a despesas com fornecedores de bens ou serviços e contratos de mútuo, serão considerados extraconcursais, em caso de decretação da falência...". (MAMEDE, 2012, p. 201)

Para outro grande jurista e magistrado paulista, Carlos Henrique Abrão, na obra *Comentários à Lei de Recuperação de Empresas e Falência*, 4ª edição revista e atualizada, Editora Saraiva, 2010, cujos coordenadores são o próprio autor Carlos Henrique Abrão e Paulo F. C. Salles de Toledo, p. 285/286, ao comentar sobre o artigo 74, enfatiza que:

> "Descansa na presunção *juris tantum*, pois, a validade dos atos praticados durante o tempo de recuperação da empresa em crise, na medida em que o ato de convolação ao estado de quebra, por si só, não tem o condão de tornar ineficaz ou destituído de efeito jurídico. Resta tornar transparente e muito claro no contexto que os atos realizados devem ser todos aqueles que se encontram disciplinados

pela legislação, quer de oneração, de alienação, endividamento, na sistemática de se afigurar compatíveis com o processo de reorganização da empresa [...]" (TOLEDO, 2010, p. 285-286)

O eminente jurista, advogado e professor Sérgio Campinho, obra já citada, 193, ao comentar sobre: "98 – Eficácia dos atos", assim se expressa:

"Os atos de administração, endividamento, oneração ou alienação realizados durante o processo de recuperação judicial, em princípio, não ficam prejudicados em virtude da convolação em falência. Presumir-se-ão válidos e eficazes desde que realizados em observância aos preceitos legais". (CAMPINHO, 2010, p. 193)

E, a exemplo do emérito magistrado paulista Carlos Henrique Abrão, Sérgio Campinho também observa que "Mas a presunção, contudo, é relativa. Apesar da obediência à forma legal na prática do ato, este, em seu conteúdo, poderá revelar-se viciado, fruto, por exemplo, de fraude. Provado o vício, não há como se deixar de operar o seu desfazimento". (CAMPINHO, 2010, p. 193)

Outro emérito magistrado paulista, Ricardo Negrão (2012, p. 235), ao comentar sobre "**9.6. Efeitos da convolação**", destaca quatro efeitos: a) *Validade dos atos e contratos* (referindo-se ao artigo 74); b) *Obrigações contraídas durante a recuperação* (obrigações contraídas durante a recuperação judicial são considerados créditos extraconcursais); c) *Reclassificação de créditos anteriores* (créditos quirografários reajustados para privilégio geral); d) *Reconstituição de direitos e garantias originais* (referindo-se ao § 2º do art. 61, para o Mestre de difícil compreensão).

Pensando da mesma forma que Carlos Henrique Abrão e Sérgio Campinho, o emérito advogado e professor Waldo Fazzio Júnior afirma que

"a rescisão da recuperação e a consequente decretação da falência não invalidam os atos de administração, endividamento, oneração ou alienação de bens, praticados durante o período de recuperação. A validade de tais atos é presumida, desde que praticados conforme a Lei. As obrigações provenientes de tais atos são extraconcursais. Devem ser pagas tão logo haja disponibilidade de dinheiro [...]". (FAZZIO JÚNIOR, 2012, p. 185)

Já o pensamento do ilustre jurista José da Silva Pacheco apresenta uma conotação um pouco diferenciada sobre o assunto, dizendo ser ele assim tratado até mesmo para não haver confusão com o antigo tratamento dado ao concordatário quando tinha rescindida a sua concordata.

Ao tratar do tema "**170. Da presunção de validade dos atos praticados durante o processo de recuperação**", dentre outros comentários importantes, o Mestre José da Silva Pacheco afirma que:

Nessa conjuntura, em que o empresário que se encontra em processo de recuperação passa a ser falido, por causa da convolação daquele processo em falência, dá-se tratamento completamente diferente do que era dado ao concordatário, quando houvesse rescisão da concordata ou superveniente decretação da falência. Enquanto a concordata não fosse, por sentença, julgada cumprida, o devedor não podia, sem prévia autorização do juiz, ouvido o Ministério Público, alienar ou onerar bens. Os atos praticados pelo concordatário eram ineficazes em ralação à massa, no caso de rescisão da concordata, como dispunha o artigo 149 do Decreto-Lei 7.661/45. (PACHECO, 2006, p. 188-189)

Atualmente, por força do disposto no art. 74 da Lei 11.101, de 2005, na convolação da recuperação judicial em falência, "**presumem-se válidos, desde que realizados na forma desta Lei, os atos de administração, de endividamento, de oneração e de alienação**".

BIBLIOGRAFIA

ALMEIDA, A. P. D. *Curso de falência e concordata*. 20. ed. rev. e atual. ed. São Paulo: Saraiva, 2002.

ALMEIDA, A. P. D. *Curso de falência e recuperação de empresa*. 21. ed. reform. ed. São Paulo: Saraiva, 2005.

ALMEIDA, P. D. *Manual das sociedades comerciais*: direito de empresas. 16. ed. São Paulo: Saraiva, 2007.

AMARAL, L. O. D. O. *Teoria geral do direito*. Rio de Janeiro: Forense, 2004.

BEZERRA FILHO, M. J. *Jurisprudência da nova lei de recuperação de empresas e falências*: decisões, ofícios judicias, resoluções, sentenças, acórdãos, dentre outros documentos. São Paulo: Editora Revista dos Tribunais, 2006.

BEZERRA FILHO, M. J. *Lei de recuperação de empresas e falência*: Lei 11.101/2005: comentada artigo por artigo. 7. ed. rev, atual. e ampl. ed. São Paulo: Editora Revista dos Tribunais, 2011.

BORBA, J. E. T. *Direotp societário*. 10. ed. rev. e atual. ed. Rio de Janeiro: Renovar, 2007.

CAMPINHO, S. *Falência e recuperação de empresa*: o novo regime da insolvência empresarial. Rio de Janeiro: Renovar, 2006.

CAMPINHO, S. *Falência e recuperação de empresa*: o novo regime da insolvência empresarial. 5. ed. Rio de Janeiro: Renovar, 2010.

CAMPOS, R. F. M. D. *Novo direito falimentar brasileiro*. Goiânia: IEPC, 2005.

COELHO, Fábio Ulhoa, *Comentários à Lei de Falências e Recuperação de Empresas* – 11ª Ed. rev,, atual. e ampl. – São Paulo, Ed. Revista dos Tribunais, 2016.

COELHO, F. U. *Curso de Direito Comercial*. 13. ed. São Paulo: Saraiva, v. I, 2009.

COELHO, F. U. *Curso de direito comercial*: direito de empresa. 13. ed. São Paulo: Saraiva, v. II, 2009.

COELHO, F. U. *Curso de direito comercial*: direito de empresa. 10. ed. São Paulo: Saraiva, v. III, 2009.

COELHO, F. U. *Comentários à lei de falência e de recuperação de empresas*. 8. ed. São Paulo: Saraiva, 2011.

COELHO, F. U. *Comentários à Lei de Falências e de Recuperação de Empresas*. 8. ed., 2. tiragem. ed. São Paulo: Saraiva, 2011.

COELHO, F. U. *Comentários à Lei de Falências e de Recuperação de Empresas*. 10. ed. São Paulo: Saraiva, 2014.

COSTA, Daniel Carnio. *Comentários completos à Lei de Recuperação de empresas e falências*. Curitiba: Juruá, 2015, volumes I, II e III.

DINIZ, Maria Helena. *Dicionário jurídico*. 2. ed. São Paulo: Saraiva, 2005, v. 3.

FÜHRER, M. C. A. *Roteiro das recuperações e falências*. 20. ed. São Paulo: Revista dos Tribunais, 2009.

FAZZIO JUNIOR, W. *Lei de Falência e Recuperação de Empresas*. 6. ed. rev. e ampl. São Paulo: Atlas, 2012.

FAZZIO JÚNIOR, W. *Manual de direito comercial*. 2. ed. São Paulo: Atlas, 2002.

FAZZIO JUNIOR, W. *Nova lei de falência e recuperação de empresas*. 2. ed. São Paulo: Atlas, 2005.

FIÚZA, R. *Novo Código Civil Comentado*. São Paulo: Saraiva, 2003.

GUERRA, Érica; LITRENTO, Maria Cristina Frascari. *Nova lei de falências:* Lei 11.101 de 9/2/2005, comentada. Campinas: LZN, 2005.

GUIMARÃES, M. C. M. *Recuperação judicial de empresas*. Belo Horizonte: Del Rey, 2001.

HANUM, Danielle Fernandes Limiro. *Créditos de Carbono*. Curitiba: Juruá, 2006.

IMHOF, C. *Lei de falência e de recuperação de empresas e sua interpretação jurisprudencial*: anotada artigo por artigo. Florianópolis: Conceito Editorial, 2009.

MANDEL, J. K. *Nova lei de falências e recuperação de empresas anotada*: Lei n. 11.101, de 9 de fevereiro de 2005. São Paulo: Saraiva, 2005.

MAMEDE, G. *Direito empresarial brasileiro*: falência e recuperação de empresas. 5. ed. São Paulo: Atlas, v. IV, 2012.

MARTINS, Adriano de Oliveira. *Recuperação da Empresa em Crise: a efetividade da autofalência no caso de inviabilidade de recuperação*. Curitiba: Juruá, 2016.

MARTINS, Glauco Alves. *A Recuperação Extrajudicial* – São Paulo, Quartier Latin, 2012.

NEGRÃO, R. *A eficiência do processo judicial da recuperação de empresa*. São Paulo: Saraiva, 2010.

NEGRÃO, R. *Manual de direito comercial e de empresa*. 7. ed. São Paulo: Saraiva, v. III, 2012.

OLIVEIRA, C. M. D. *Comentários à nova lei de falências*. São Paulo: IOB Thonsom, 2005.

PACHECO, J. D. S. *Processo de falência e concordata*. 12. ed. Rio de Janeiro: Editora Forense, 2001.

PACHECO, J. D. S. *Processo de Falência e Concordata*. 13. ed. Rio de Janeiro: Editora Forense, 2004.

PACHECO, J. D. S. *Processo de Recuperação Judicial, Extrajudicial e Falência*. Rio de Janeiro: Editora Forense, 2006.

PACHECO, J. D. S. *Processo de recuperação judicial, extrajudicial e falência*: em conformidade com a Lei n. 11.101/05 e a alteração da Lei n. 11.127/05. Rio de Janeiro: Forense, 2006.

PERIN JUNIOR, E. *Curso de direito falimentar e recuperação de empresas*. 3. ed. rev., atual. e ampl. ed. São Paulo: Editora Método, 2006.

SALOMÃO, L. F.; SANTOS, P. P. *Recuperação judicial, extrajudicial e falência*: teoria e prática. Rio de Janeiro: Forense, 2012.

SARDINHA, Gustavo Augusto Hanum. *Marca Comercial*: quanto vale a sua? Curitiba: Juruá, 2009.

SILVA, Renaldo Limiro; LIMIRO, Alexandre Fernandes. *Manual do Supersimples*. Curitiba: Editora Juruá, 2007.

SILVA, Renaldo Limiro. *Recuperação Judicial de Empresas*. Nova Lei de Falências – Lei 11.101/05. Goiânia: AB Editora, 2005.

SOUZA JÚNIOR, Francisco Sátiro de; PITOMBO, Antônio Sérgio A. de M. (Coord.) *Comentários à Lei de recuperação de empresas e falências*. 2. ed. São Paulo: Editora Revista dos Tribunais, 2007.

RAMOS, T. L. *Plano especial de recuperação das micro e pequenas empresas*: de acordo com a nova lei de falências. São Paulo: Iglu, 2006.

REQUIÃO, R. *Curso de direito comercial*. 26. rev. e atual. ed. São Paulo: Saraiva, v. II, 2009.

RIZZARDO, A. *Direito de empresa*: Lei n. 10.406, de 10.01.2002. 2. rev. atual. ed. Rio de Janeiro: Forense, 2007.

TOLEDO, Paulo F.C. Salles de; ABRÃO, Carlos Henrique. *Comentários à lei de recuperação de empresas e falência*. 4. ed. rev. e atual. ed. São Paulo: Saraiva, 2010.

<www.receita.fazenda.gov.br/Legislacao/ins/2002/in2572002.htm>. Acesso em: 23 jan. 2014.

TOMAZETTE, Marlon, *Curso de Direito Empresarial:* Teoria geral e direito societário, v. 1, 8ª edição ver. e atual. – São Paulo: Atlas, 2017.

SALOMÃO, Luis Felipe, *Recuperação Judicial, Extrajudicial e Falência, Teoria e Prática/* Luis Felipe Salomão, Paulo Penalva Santos, - 2ª Ed. rev., atual. e. - ampl – Rio de Janeiro, Forense, 2015;

SRF. <http://www.receita.fazenda.gov.br/Legislacao/ins/Ant2001/1998/in12798.htm>. Acesso em: 4 jan. 2014

STJ   <www.stj.jus.br/publicacaoseriada/index.php/regimento/article/viewFile/1452/1721> Acesso em: 5 fev. 2014.

STJ   <http://www.stj.gov.br/portal_stj/publicacao/engine.wsp?tmp.area=431>. Acesso em: 5 fev. 2014.

<http://www.dicio.com.br/deliberar.> Acesso em: 15 jan. 2014.

<http://www.stj.jus.br/SCON/sumanot/toc.jsp?materia=%27DIREITO+EMPRESARIAL%27.mat.&&b=TEMA&p=true&t=&l=10&i=1> Acesso em: 10 fev. 2014.

<http://www.tjsp.jus.br/Institucional/CanaisComunicacao/Noticias/Noticia.aspx?Id=10401>. Acesso em: 10 jan. 2014.

TOMAZZETTE, Marlon. *Curso de Direito Empresarial, falência e recuperação de empresas.* 3. ed. São Paulo: Atlas, 2014.